孙中山与近代中国研究丛书

孙中山与中华民族的复兴

林家有 ◆ 著

中山大学出版社
SUN YAT-SEN UNIVERSITY PRESS
·广州·

版权所有　翻印必究

图书在版编目（CIP）数据

孙中山与中华民族的复兴/林家有著. —广州：中山大学出版社，2017.3
（孙中山与近代中国研究丛书）
ISBN 978-7-306-05990-1

Ⅰ. ①孙… Ⅱ. ①林… Ⅲ. ①孙中山（1866—1925）—思想评论 Ⅳ. ①D693.0

中国版本图书馆CIP数据核字（2017）第020076号

出版人：徐　劲
策划编辑：邹岚萍
责任编辑：邹岚萍
封面设计：曾　斌
责任校对：刘丽丽
责任技编：何雅涛
出版发行：中山大学出版社
电　　话：编辑部 （020）84111996，84113349
　　　　　发行部 （020）84111998，84111981，84111160
地　　址：广州市新港西路135号
邮　　编：510275　传　真：（020）84036565
网　　址：http://www.zsup.com.cn　E-mail：zdcbs@mail.sysu.edu.cn
印　刷　者：佛山市浩文彩色印刷有限公司
规　　格：787mm×1092mm　1/16　24.75印张　455千字
版次印次：2017年3月第1版　2017年3月第1次印刷
定　　价：85.00元

本书如有印装质量问题影响阅读，请与出版社发行部联系调换

目　录

绪论 ··· (1)

第一章　孙中山与中华民族的复兴道路 ····················· (1)
　一、孙中山与中华民族的前途 ································ (1)
　二、孙中山与中华民族的觉醒 ································ (21)
　三、孙中山与中华民族的振兴 ································ (40)
　四、孙中山与中华民族的发展 ································ (49)
　五、孙中山与中华民族的复兴 ································ (69)

第二章　孙中山民族主义与国际主义思想 ··················· (85)
　一、孙中山的世界观 ·· (85)
　二、孙中山的全球意识 ··· (105)
　三、孙中山民族主义思想的产生及其内涵 ·················· (116)
　四、孙中山的民族主义思想与世界和平 ····················· (137)
　五、孙中山的"人学"思想与和平学说 ······················· (156)

第三章　孙中山与民族国家理论的构建 ······················ (175)
　一、孙中山与中国国民的觉醒 ································ (175)
　二、孙中山改造中国国民性的思想 ··························· (188)
　三、孙中山对中国社会变革道路的反思和设想 ············· (199)
　四、孙中山建构民族国家理论对中华民族觉醒的影响 ······ (217)

第四章　孙中山与中华文化的复兴 ···························· (233)
　一、孙中山兴学育才的思想 ···································· (233)
　二、孙中山与近代中国文化发展的走向 ····················· (247)
　三、孙中山与中国的文明建设 ································ (269)

四、孙中山对新文化运动的态度 ………………………………（287）
　　五、孙中山与中华文化的复兴 …………………………………（315）

第五章　孙中山的大中华思想与国家的统一 ……………………（331）
　　一、孙中山大中华思想的内涵 …………………………………（331）
　　二、孙中山大中华思想与中华民族的团结统一 ………………（344）
　　三、孙中山与中华民族精神的复兴 ……………………………（353）
　　四、弘扬孙中山的爱国主义思想，实现中华民族的伟大复兴 ……（378）

后记 …………………………………………………………………（386）

绪　　论

孙中山是中国各族人民一致景仰的杰出的民主革命政治家，也是开辟和建构中华民主共和国的伟大思想家，他不仅用毕生的精力守护和捍卫国家的独立，也为弘扬中华民族的觉醒和民族精神，以及增强民族凝聚力，建设团结、统一和繁荣富强的国家奉献了自己的全部智慧，赢得中国人民永恒的纪念。

为了应对世界的复杂形势，实现中华民族的复兴，我们要继承和弘扬孙中山的爱国精神，增强中华民族的凝聚力和守护中华文化的精神遗产，实现祖国的和平统一。

孙中山说他"忧国之责，未敢稍懈"，"忧国之责，义不敢懈"。他强调指出，民族分裂，必然导致国家灭亡，故他说："爱国心重者，其国必强，反是则弱。"救世、救人、救国靠的都是民族的团结、民族的凝聚力和奋斗精神。何谓团结？团结就是一种力量，团结就是万众一心为着一个共同的目标去奋斗。何谓凝聚力？凝聚力就是强国的黏合力、骨肉同胞的亲和力和汇聚力；也是民族的坚强意志和不可分割的震撼力。所谓奋斗的精神，就是无论遇到什么情况，都要勇往直前，不屈不挠地坚持到底。中国具有悠久的历史和文化，在各民族共同创造中国历史的过程中凝聚起来的坚忍不拔、艰苦奋斗的精神是中国力量的表现，也是中国取得辉煌成就的根本原因。中华民族各族人民不仅具有高度的认同感、亲密无间的黏合力和不可动摇的团结力，还具有开拓创新，敢为天下先，以及热爱和平、实现"天下为公"和世界和平的伟大理想。

中华民族是中国各民族自觉形成的生命共同体。中华民族由自在实体到自觉实体的形成是人民觉醒的体现，是中华民族凝聚力的前提，没有民族的觉醒就不会有民族的真正强大的凝聚力，而没有民族凝聚力的民族就不是自觉的实体，更不是优秀的民族。孙中山在传承中华民族优秀文化和建构民族国家的理论中付出毕生精力，在他鼓舞和提倡下，"中华民族"形成为代表中国各民族的国族，并随着国族意识的增强，民族的向心力和凝聚力也不断地加强。所以，孙中山强调，中华民族有无力量，它的凝聚力的大小强弱关系到国家的生存和发展，也关系到民族的复兴和国家的统一和富强。孙中山在晚年作民族主义讲演时，一再强调必须重视民族精神的研究，要用正确的态度去总结和弘扬中华民族的伟大精神，加速中华民族意识的觉醒，而要加速中华民族的觉醒，增强中华民族的凝聚力、向心力，就必须对全体国民加强爱国主义教育，强化中华民族国族意识，使中华民族的全体国民树立起强烈的强国精神，增强民族的自信心、自豪感和认同感。

中华文化是中华民族团结统一的源泉，各民族只有文化的认同，才有民族的认同，也只有文化强民族才会强，只有文化的自觉，才会有人心的统一和强大的精神力量，所以，自觉是人心的统一，自信与自豪是力量的根源。孙中山重视弘扬中华民族的优秀文化，强调各族人民团结起来，目的是为了反帝反封建民主革命的胜利，也是为了建构新的独立、民主和富强的国家，是为了实现中华民族的复兴，可见，民族精神的弘扬、民族凝聚力的问题，是国家政治建设中的新议题。当今的世界虽然已经不是孙中山生活时代的世界，当今的中国也不是19世纪末20世纪初的中国，但是，世界上一些不怀好意的反华分子总是没事找事，他们总是希望我们的民族复兴受挫，希望中国保持落后状态。这是力量的较量，也是智慧和民心的检验。所以，强调民族精神的复兴和民族文化和国家的认同，仍是一项关系国家、民族前途的历史使命。只有中华民族团结统一，增强中国各民族的爱国心，合力共建一个文明、共和、民主和富强的国家，中华民族才会有复兴和强盛的光明未来。中华民族的复兴需要民族精神，也需要民族英雄。我们必须弘扬孙中山发扬民族精神，自觉地守卫中华民族的文化根系，坚持民族团结和国家统一的英雄行为。只有这样，全国人民才能朝气勃勃地为美好的未来、为实现复兴中华的中国梦，团结一致，奋发向前。任何民族和国家的发展都需要理想，没有理想就没有未来，没有信仰就没有方向。中华民族是伟大的民族，为了建设一个强大的和平的中国，我们要坚持复兴中华的伟大理想，也要毫不动摇地守护和捍卫我们建设具有中国特色社会主义国家的信仰。继承和弘扬中华民族精神和传统的优秀文化是保卫国家主权独立和中国繁荣富强，以及实现社会文明、进步、发达的根本保证。只要中华民族的各民族相互尊重、相互学习，形成一个多元一体的坚强生命共合体，只要我国各族人民发挥巨大的正能量，就定能早日实现祖国的和平统一和复兴中华的伟大理想。中华民族只有复兴，国家只有强大，中国才会有美好的未来，人民才会有幸福的生活，所以，复兴中华是中华民族各族人民的共同愿望和根本诉求。

2016年11月是孙中山先生150周年诞辰，在纪念孙中山诞辰时，回忆和追述孙中山当年振兴中华、复兴中国的思想和精神，对于当今全国人民发扬爱国主义精神、实现复兴中华中国梦仍然具有重要的启迪和现实意义。

第一章　孙中山与中华民族的复兴道路

一、孙中山与中华民族的前途

（一）

孙中山亲手创建了中国近代第一个资产阶级革命政党——中国同盟会，并为《民报》确立了宣传的宗旨。作为革命的刊物——《民报》，在辛亥革命时期为革命制造舆论，它催人觉醒，唤起当时人们的反清觉悟，并向人们指出中国民族的前途和正确的救国道路。

《民报》是中国同盟会的机关报，1905年11月26日创刊于日本东京。孙中山说："《民报》，意思就是'人民'报。"①

《民报》的前身是《二十世纪之支那》。这份刊物是湖南留日学生也就是华兴会主要成员创办的。只出版了两期，就因鼓吹革命和抗议日本侵占辽东半岛，于1905年8月被日本政府勒令停刊。同盟会成立后，由于创办《二十世纪之支那》杂志社的成员多半加入同盟会，黄兴主张把它改为同盟会机关报，他的提议获得通过，于是《二十世纪之支那》便改名为《民报》。《民报》共出版26号，第1～6号，以张继的名义编辑发行，实际上由胡汉民、汪精卫、朱执信、陈天华、宋教仁等经营，并兼主要撰稿人。第7～18号，由章太炎主编。后因章太炎脑病辞职，由张继接办第19号，陶成章接办第20～22号。从第23号起仍由章太炎主编，出至第24号，就被日本政府以"扰乱秩序，妨害治安"为名封禁②。1910年，汪精卫又在日本秘密刊行《民报》第25、26号。

孙中山说："吾人之立同盟会以担任革命也，先从事于鼓吹，而后集其有

---

① 孙中山：《复鲁赛尔函》，《孙中山全集》第1卷，中华书局2006年版，第323页。
② 参见汤志钧编《章太炎年谱长编》上册，中华书局1979年版，第287页。

志于天下国家之任者,共立信誓,以实行三民主义为精神,以创立中华民国为目的。"① 为实行同盟会"先从事于鼓吹"的宗旨,《民报》承担了宣传革命的主要任务,它提出六大主义为办刊方针:"(一)倾覆现今之恶劣政府;(二)建设共和政体;(三)土地国有;(四)维持世界真正之和平;(五)主张中国日本两国之国民的联合;(六)要求世界列国赞成中国革新之事业。"② 这实际上是以三民主义加上对外关系的主张而形成的,因此,人们说《民报》是"以振扬革命理论,阐明三民主义为宗旨"③。《民报》行销中国大陆、南洋、美洲、欧洲许多国家和地区,创刊号印 6000 份,仍满足不了需要,先后重版 7 次。第 2、3 号印 5 版,第 4、5 号印 4 版。④ "发行购阅,数逾数万","逆说横流,如疫传染"⑤。其发行面之广,销售量之大,影响之深远,实为革命党人"有杂志以来,可谓成功之最著者也"⑥。

孙中山在日本《民报》创刊周年庆祝大会上的演说中明确指出:《民报》所讲的是"中国民族前途的问题"⑦。他一语道破了当时中国有两种前途和两种命运,即是推翻帝国主义、封建主义的压迫,变中国为一个独立的共和国家,还是维护半殖民地半封建国家。中国人民是坚决反对后一种前途和命运的。如何推翻帝国主义、封建主义的压迫,变中国为一个独立的共和国家呢?当时无数爱国者和各种政治流派都在进行探索并展开论争。但围绕中国民族前途充分发表主张的只有以孙中山为代表的革命派和以康有为、梁启超为代表的改良派。两派交绥和论争的实质是坚持革命道路推翻清朝政府建立民主共和国,还是走改良主义道路维持帝国主义列强支持的清朝政府卖国统治的问题。

以孙中山为代表的革命派同以康有为、梁启超为代表的改良派(后变为保皇派)围绕中国民族前途之间的论战,当然,也有一个是非曲直和正确谬误的问题,但不是阶级之间的斗争。革命和改良两派起初都出于改变中国贫弱落后、挽救民族危亡、发展资本主义的目的而登上政坛,但由于他们同帝国主义、封建主义的关系和对中国国情的认识深浅不同,因此在对待清朝的态度上有明显的不同。康、梁等人坚持依赖帝国主义和"惟皇上是恃",说明他们的一切"变革"离不开帝国主义和封建地主阶级。而孙中山等人则坚持国家独

---

① 《孙中山选集》,人民出版社 1981 年版,第 174 页。
② 汉民:《民报之六大主义》,《民报》第 3 号。
③ 曼华:《同盟会时代民报始末记》,中国史学会主编:《辛亥革命》资料丛刊(二),上海人民出版社 1957 年版,第 438 页。
④ 参见(日)小野川秀美《〈民报〉索引》下,第 31 页。
⑤ 端方:《清平满汉畛域密折》,中国史学会主编:《辛亥革命》资料丛刊(四),第 41~43 页。
⑥ 邹鲁:《中国国民党史稿》上编,商务印书馆 1938 年版,第 471 页。
⑦ 《孙中山全集》第 1 卷,第 324 页。

立富强、振兴中华,只能走推翻帝国主义走狗清政府的革命道路。所以,革命派与改良派关于中国民族前途的论战,不仅是"排满"或"扶满"、民主共和或君主立宪政体形式之争,而且是在"爱国"要不要革命、爱中华还是爱"大清"的问题上旗帜鲜明地分别营垒和划清资产阶级内部革命与保皇两条路线斗争的界线。

革命派认为,中国的贫弱、民族地位的低下都是由清政府的腐败统治造成的,因此,要救国,要为中华民族寻求新的出路,首先就要振兴民族精神,推倒卖国的清政府以维护民族的地位,免致灭亡。

改良派则认为,中国的落后,原因不在于清政府本身,而在于它是否实行"开明"政策、实行"开明政治",只要清朝"皇上"实行"立宪",给资产阶级放权,国家保留"君主",也一样能建设资本主义,走上独立富强的道路。

革命与改良两派关于中国民族前途的看法各异,争论便无法避免。双方争论的起点是1906年1月出版的《新民丛报》第73号连载由梁启超撰写的《开明专制论》和《申论种族革命与政治革命之得失》两篇文章。梁启超在文章里竭力反对革命,主张要求清政府先实行"开明专制",然后再确立君主立宪,甚至要求清政府改良还必须持"如子之于其父母",要索取必当"量彼所能以予我者的态度"[①]。他把这两篇文章合刊为《中国存亡一大问题》的单行本,印刷1万册,到处散发。革命派深深感到,不经过理论上激烈斗争,要使革命主张深入人心是万难做到的,为此,《民报》围绕中国民族的前途问题,同《新民丛报》展开论战。两报之间的大规模论战是从1906年4月开始的。在该月出版的《民报》第3号上,首先发表了汪精卫的长篇政论文章《希望满洲立宪者曷听诸》,列举《新民丛报》文章中的一些论点,逐条进行批驳。这篇文章很长,分载《民报》第3、5两号,发表时还加上了一个副题《附驳〈新民丛报〉》,这是《民报》系统地批驳《新民丛报》各种观点的第一篇文章。这一期《民报》还发表号外,列举了双方在12个问题上的根本分歧,表示"自第四期以下,分类辩驳,期与我国民解决此大问题"。《民报》指名和《新民丛报》辩论的文章主要有:①精卫:《希望满洲立宪者曷听诸》(1906年4月第3号、1906年6月第5号);②精卫:《驳〈新民丛报〉最近之非革命论》(1906年5月第4号);③辩奸:《斥〈新民丛报〉之谬妄》(1906年6月第5号);④县解:《就论理学驳〈新民丛报〉之论革命》(1906年7月第6号);⑤精卫:《驳革命可以召瓜分说》(1906年7月第6号);⑥精卫:《再

---

① 梁启超:《开明专制论》,《饮冰室合集·文集》第17卷,中华书局1989年版。

驳〈新民丛报〉之政治革命论》（1906年7月第6号、1906年9月第7号）；⑦枝头抱香者：《〈新民丛报〉之怪状》（1906年7月第6号）；⑧精卫：《驳革命可以生内乱说》（1906年11月第9号）；⑨寄生：《答〈新民〉难》（1906年11月第9号）；⑩精卫：《杂驳〈新民丛报〉第12号》（1906年12月第10号）；⑪寄生：《〈新民丛报〉杂说辨》（1907年1月第11号）；⑫精卫：《杂驳〈新民丛报〉》（1907年1月第11号、1907年3月第12号）；⑬民意：《告非难民生主义者——驳〈新民丛报〉13号社会主义论》（1907年3月第12号）；⑭县解：《土地国有与财政——再驳〈新民丛报〉之非难土地国有政策》（1907年7月第15号、1907年9月第16号）；⑮太邱：《斥〈新民丛报〉土地国有之谬》（1907年10月第17号）。

此外，还有一些正面阐述革命派观点的文章，如朱执信的《论满洲虽欲立宪而不能》（第1号）、汪东的《论支那必先以革命》（第2号）、胡汉民的《排外与国际法》（第6～13号）、章太炎的《排满平议》（第21号）等。

由此可见，《民报》发表同《新民丛报》论战的文章，集中在1906年4月出版的第3号到1907年10月出版的第17号上。

《新民丛报》发表的主要论战文章有：①饮冰：《开明专制论》（第75、76期）；②饮冰：《申论种族革命与政治革命之得失》（第76期）；③饮冰：《答某报第四号对于本报之驳论》（第79期）；④饮冰：《暴动与外国干涉》（第82期）；⑤饮冰：《杂答某报》（第86期）；⑥饮冰：《驳某报之土地国有》（第89期）；⑦饮冰：《再驳某报之土地国有论》（第90期）。作者署名都是"饮冰"，可见，这些文章均出自梁启超一人的手笔①。

综观《民报》与《新民丛报》辩论文章，是针对孙中山的民族、民权、民生三个方面进行的，但关于中国民族前途方面论战的主要内容则是要不要在中国进行政治革命与种族革命推翻清政府，以及要不要建立资产阶级民主共和国等问题。这场论战是同盟会成立前以孙中山为首的资产阶级革命派同以康有为、梁启超为首的资产阶级改良派围绕着中国民族前途问题论战的继续。但因同盟会成立前的论战只是批驳梁启超"名为保皇，实则革命"的谎言，挫败了改良派不可一世的嚣张气焰，客观上加速了改良派的分化，使许多误投保皇会的兴中会会员和华侨群众"至是纷纷登报脱党"②，趋向革命，至于为什么要实行民族革命、推翻君主专制、建立民主共和政体的道理并没有从理论上充分阐述。同盟会成立后，康有为、梁启超为首的改良派重新组织力量，以

---

① 参见方汉奇《中国近代报刊史》下，山西人民出版社1981年版，第391～392页。
② 冯自由：《革命逸史》第4集，中华书局1981年版，第20页。

《新民丛报》为阵地同革命派进行最后较量。梁启超"名为保皇，实则革命"的假面目被革命派戳穿后，他立即抛掉了曾一度认为民族主义实在是"世界最光明、正大、公平之主义"的观点，转而鼓吹康有为的"满汉不分，君民一体"，根本道路在于君主立宪、改良救国的主张。他说，"中国今日情势，……举国人民其在法律上，本已平等，无别享特权者"①。他吹捧光绪皇帝是"数千年之所未有"之"圣主"②。所以，他首先否定"民族主义为国家成立维持之不必要，故排斥种族革命论"，然后对中国实行革命的结果进行预测，指出在中国绝不能实行革命，因为"革命必生内乱"，"革命必召瓜分"，所以"革命决非能得共和而反以得专制"，③"因习惯而得共和政体者常安，因革命而得共和者常危"④，只要对国家的政治加以改良就行了。至于如何实行改良救国，梁启超说："今日议保中国，惟有一策，曰尊皇而已。"⑤ 而"政治上正当之要求，实为救国之惟一手段也"⑥，并且声称："今者我党与政府死战犹是第二义，与革命党死战乃是第一义。有彼则无我，有我则无彼！"⑦ 孙中山也动怒了，说梁启超比清廷还坏。但是《民报》还是相当克制，虽然争论两方互相诘难，但《民报》仍坚持以说理取胜，并无谩骂和强词夺理。

《民报》心平气和地批判梁启超的错误言论，指出他希望用改良的办法来避免革命，无异"见将溃之疽而戒毋施刀圭"⑧，并批判梁启超的"革命必召瓜分"说，指出列强对中国的政策由瓜分主义变为门户开放领土保全主义，这不是由于清政府有什么能力阻止瓜分，而是由于中国人民的强烈反抗，特别是义和团反帝运动表现出中国民气不可侮和各国之间的均势造成的。中国不能独立才是招致瓜分的原因，而中国之所以不能独立又是由于清政府执行了腐败的政策所致，因此"满洲政府一日不去，中国一日不能自立，瓜分原因一日不息"⑨。《民报》在反驳"革命必生内乱"和"真爱国者"应当节制其仇满

---

① 饮冰：《申论种族革命与政治革命之得失》，《新民丛报》第76期。
② 饮冰：《申论种族革命与政治革命之得失》，《新民丛报》第76期。
③ 饮冰：《尊皇论》，《清议报》第9册，"论说"，第2页。
④ 饮冰：《尊皇论》，《清议报》第9册，"论说"，第2页。
⑤ 饮冰：《答某报第四号对于本报之驳论》，《新民丛报》第79期。
⑥ 饮冰：《开明专制论》，《新民丛报》第75期；《政治学大家伯伦理之学说》，《新民丛报》第38、39合期。
⑦ 清光绪三十二年十一月《与夫子大人书》，《梁任公先生年谱长编》"光绪三十二年丙午"。
⑧ 寄生（汪东）：《论支那立宪必先以革命》，《民报》第2号。
⑨ 精卫：《驳革命可以召瓜分说》，《民报》第6号。

的感情①时指出：改良派所谓抑制仇满的感情，其实是在"竭力掩盖满汉矛盾，主张中国不能行专制，也不能行共和，只能实行满汉平等参政的立宪大帝国"②。《民报》列举事实痛斥改良派所谓"满汉平等的立宪大帝国"的论调，义正词严地揭露了清政府实行民族歧视和民族压迫的罪恶，指出在清政府的统治下，所谓"满汉平等"只是欺人之谈。汪精卫在《民族的国民》一文中一针见血地指出："满洲入寇首严旗人汉人之别"，"满人汉人地位，莫不厘然各殊焉"。③ 在政治上，"满洲人数得汉族八十分之一，而其官缺，则占三分之二"。"政权之不平等，未有过于此也"。在军事上，"兵权之不平等，盖为尤甚"。"其军事组织未尝有所悖于绿营，且谋所以制其死命焉"。在法律上，"刑律之不平等则令人发指"。"清律中，凡酷刑苛律皆专为我族而设，而五刑中，其不适用于满人者凡四"。在经济上，"其最大者，为强占土地所有权"。满族贵族"皆吸人之血，敲人之骨，寡人之妻，孤人之子而以之自肥其族也"。据此，汪精卫指出：清朝统治中国的 260 年是不平等的"贵族政治"，有力地驳斥了改良派通过否认清政府实行民族压迫政策、行其所谓"保清救国"的谬论。朱执信在《心理的国家主义》一文中还批判改良派所奉行的所谓"国家主义"实则是清政府的"奴隶主义"，指出清政府是卖国政府，不能代表独立自主的中国。真正的国家主义只有在实行民族主义、驱除鞑虏、恢复中华、创立共和国以后才能提倡④。因此，革命派大声疾呼："今欲破此贵族政治，别无他道，唯恃民族主义而已。"⑤

《民报》在论证"排满"民族革命的必要性和急迫性时，还对中国的历史和国情进行分析，用不可辩驳的事实说明要改变中国民族"永世为牛为马为隶"的地位，"民族主义、民权主义，殆不可以须臾缓"⑥，民族革命与民权革命必须同时进行。汪精卫以澳大利亚为例，指出民族与政治有深厚之关系，种族问题未解决，各民族势同水火，立宪徒具虚名。他又指出：满洲非汉族，亦未同化于汉族，满洲立宪，目的在巩固其政治上的势力，满洲与汉族利害冲突。中国种族问题不解决，政治问题亦无由解决，故主张政治革命与种族革命

---

① 梁启超在《申论种族革命与政治革命之得失》一文中说："举国人民其在法律上本已平等，无别享特权者，即如某报（指《民报》）所举满洲人于公权私权上，间有与汉人异者，其细已甚。"杨度也竭力鼓吹满汉族应崇奉"国家主义"，认为只有这样，满汉两个民族才能"各得其平等自由之乐"，然后再使蒙回各民族化于汉族（杨度：《金铁主义说》，《中国新报》第 2 号）。
② 赵金钰：《民报》，《辛亥革命时期期刊介绍》第一集，人民出版社 1982 年版，第 511 页。
③ 精卫：《民族的国民》，《民报》第 1、2 号。
④ 执信：《心理的国家主义》，《民报》第 21 号。
⑤ 精卫：《民族的国民》，《民报》第 1、2 号。
⑥ 孙中山：《〈民报〉发刊词》，《民报》第 1 号。

并行。① 革命派从中国历代君主专制的弊政和当时清政府的腐败卖国来论证必须以民族革命来达到推翻清朝、建立民国的主张，很有说服力。

革命派指出：从历史上看，中国2000多年来的君主专制制度，"陈陈相因，积弊不扫，而曾无一度之廓清也"。因此，要想"除旧布新"，"积秽尽去"，必须横下决心，进行一场"毁屋重构"的大革命，推翻清政府，方能"轮换一新"。② 指望清政府立宪而行改革，"此事断无有也"，因为"现政府之所为，无一不为个人专利，强横专制者"。③ 满洲贵族的野蛮专制"必不认人民之自由"，人民"只有义务而无权利"可言。④ 言要求，必以实力为基础，无实力而言要求，等于"絷豕于牢，乃对于操刀者摇尾乞怜"⑤，终为被宰杀。革命派以雄辩的说理、严密的论证，驳斥了梁启超所谓革命"宜以要求，而勿以暴动"⑥ 的保皇论调，向革命者指出，"欲救中国于今日列强竞争之世，非先扑灭满洲不可"⑦。解决中国民族的前途，"舍革命外，更无他策"⑧。而革命"舍排满而外，决无自全之策"⑨。

革命派指出：从国情上看，《辛丑条约》签订后，在帝国主义所谓"保全"口号掩盖下，社会矛盾日趋激化，民族危机日益加深。"庚子之役，乃彼妇一念之私，蹂躏数省，使我十八省之汉人担任数十年数百兆之赔款，敲脂吸髓，十室九空，来日方长，其曷堪此？"⑩《民报》临时增刊《天讨》还愤慨地历数了清政府投降列强、充当走狗的事实。江苏革命者指出："今满虏以汉族膏腴之地，取媚外人，江苏岌岌，岂能久安。我其任之割让于人乎？抑尚冀自全，舍革命不为功。"⑪ 河南革命者指出："满政府乃乘豫民未醒之际，假路权于比利时（实则假于俄），且许以沿途支路，择利而修"。"顾河南之膏腴，尽在此区，矿产被据于外人，不啻河南被割于外人也"。⑫ 云南革命者指出："今日云南之患在滇越铁路，而滇越铁路敷设权，……由虏廷盗送法人。"法

---

① 参见精卫《希望满洲立宪者曷听诸》，《民报》第5号。
② 寄生（汪东）：《论支那立宪必先以革命》，《民报》第2号。
③ 思黄：《论中国宜改创民主立宪政体》，《民报》第1号。
④ 精卫：《民族的国民》，《民报》第1、2号。
⑤ 精卫：《驳〈新民丛报〉最近之非革命论》，《民报》第4号。
⑥ 饮冰：《开明专制论》，《新民丛报》第75期。
⑦ 铁郎：《论各省宜速响应湘赣革命军》，中国史学会主编：《辛亥革命》资料丛刊（二），第525页。
⑧ 相如：《四川革命书》，中国史学会主编：《辛亥革命》资料丛刊（二），第315页。
⑨ 吴樾：《意见书》，《民报》第3号。
⑩ 吴樾：《意见书》，《民报》第3号。
⑪ 素子：《江苏革命书》，《辛亥革命》资料丛刊（二），第328页。
⑫ 光武：《河南讨满洲檄》，《辛亥革命》资料丛刊（二），第334页。

人占据云南的"种种恶因"是由于清廷"国债不能清偿,欲占据云南为抵"。革命者愤怒指出,清政府"放弃主权,分裂河山,今日卖铁路,明日赠矿山,恶极滔天,神人共愤"。① 中国沦落到这个地步,固然是帝国主义侵略造成的,但其"根源乃在于满清政府的衰弱与腐败"②。因此,"欲思排外,则不得不先排满;欲先排满,则不得不出以革命"③。

由上述可见,革命派与改良派关于中国民族前途方面的论战,首先是围绕中国走什么道路的问题展开的。《新民丛报》反对孙中山的民权主义,反对资产阶级民主革命。它认为中国"未有可以行议院政治之能力",还没有"可以为共和民主资格",因此只能实行"开明专制"和"君主立宪",不能"越级"地闹革命和建立什么"共和"政体。《民报》则坚决反对君权,主张民权,号召国民用革命的手段,推翻封建君主政体,建立资产阶级民主共和国,并指出《新民丛报》所鼓吹的"立宪"是君主立宪,不是民主立宪,其目的是为了巩固封建君主专制政体,使人民永远沦为封建君主的奴隶。其次是围绕要不要进行"排满"革命,推翻清政府的民族革命,同改良派驳难。《新民丛报》反对革命派的"排满"革命,它认为满汉之间并不存在矛盾,满人早已同化于汉人,为"爱国"计,不应该再搞什么"排满"的民族主义革命,"排满"纯粹是节外生枝,没有必要。《民报》则指出满洲贵族对汉族和其他少数民族实行残酷的民族压迫政策,清政府不仅是摧残人民的暴虐政府,而且是投降洋人的卖国政府,"扶满不足以救亡","不为种族革命则不能立宪"。《民报》列举事实批驳《新民丛报》所说的"爱国"只是爱清政府、"爱洋奴"而已,并不是真正的爱国,而是"害国"。《民报》还从各个方面论证:"若欲驱除强胡,不得不革命;欲保存种族,不得不革命;欲去奴隶之籍,而为汉土之主人翁,不得不革命。"④ 中华民族唯一的出路是革命,革命的首要任务是推翻清王朝,建立民主共和国。所以,当时的爱国主义者可以反对讲民权,但民主主义者必定以爱国为前提,以挽救中国民族前途作为立志献身的出发点。这种通过恢复民族独立达到救国的途径,乃是以孙中山为代表的民主主义者走上革命的必由之路。

---

① 金马:《云南讨满洲檄》,中国史学会主编:《辛亥革命》资料丛刊(二),第 356、357、358 页。
② 孙中山:《中国问题的真解决》,《孙中山选集》,第 62 页。
③ 吴樾:《遗书》,中国史学会主编:《辛亥革命》资料丛刊(二),第 382 页。
④ 吴樾:《遗书》,中国史学会主编:《辛亥革命》资料丛刊(二),第 377 页。

（二）

孙中山在《〈民报〉发刊词》中说："罗马之亡，民族主义兴，而欧洲各国以独立。"① 1906 年 4 月，孙中山在同胡汉民的一次谈话中谈到宣传民族主义时，又说："以余之意，则中国民族主义日明，人心之反正者日多，昔为我敌，今为我友，革命军之兴必无极强之抵力。"② 所以，孙中山说：要使我们"聪明强力，超绝等伦"的中华民族"奋发振强，励精不已"，《民报》必须以民族、民权、民生三民主义这个"非常革新之学说"，"输灌于人心而化为常识"，让人民群众去"实行"。《民报》在和改良派斗争中阐述和宣传了三民主义革命纲领，在资产阶级民主革命的实践中发挥了舆论的战斗作用。

《民报》作为一个整体来看，它比较充分地阐述了推翻清王朝、建立民主共和国、实行平均地权的革命纲领。如果分别来看，《民报》宣传民族主义最突出也最成功，民生主义次之，民权主义宣传则过少而又不突出。

《民报》抓住当时改良派的保清论调，以民族主义宣传作为推翻政府的突破口，这不仅揭露了改良派的保清面目，而且也有很大的鼓动性。革命者通过宣传民族主义，继承中华民族的爱国传统，发扬我国人民热爱本民族和民族国家的思想，并把这种思想灌输给全国人民，再由爱民族的情感进而发展为民族意志，号召全国人民立下推翻清政府的共同志愿，这是伟大的力量所在。我们可以说，孙中山革命派的民族意识不能超出中国古代所谓"夷夏之辨"的大汉族主义思想，但他们号召人们以热烈情感爱自己的民族，发扬我们民族伟大的爱国传统起来反清，正是辛亥革命能够取得胜利的一个重要原因。

《民报》的民族主义宣传促进了中华民族的觉醒和推动近代中国民族运动进入高潮，使中国人民"醒其渴睡，旦夕之间，奋发振强，励精不已"③。正如孙中山所说：这种宣传不仅使人"知满清之当革，汉族之当复"，"知革命排满为救国之必要"，而且也是全国人民"犯难冒险而为之"、"一举而覆满清"的根本原因。④

《民报》关于民族主义的宣传，在不同阶段虽有不同的特点，但通过宣传民族主义，发扬民族精神，团结全民族的力量，立定志向推翻清朝、建立民主共和国的思想则始终是不变的。以 1907 年冬《新民丛报》停刊为标志，《民报》的民族主义宣传可分前后两个时期。

---

① 孙中山：《〈民报〉发刊词》，《民报》第 1 号。
② 《孙中山全集》第 1 卷，第 292 页。
③ 孙中山：《〈民报〉发刊词》，《民报》第 1 号。
④ 孙中山：《建国方略之一：孙文学说——行易知难（心理建设）》，《孙中山选集》，第 174 页。

前期,是《民报》与《新民丛报》进行激烈论战、革命派取得辉煌胜利的时期,也是《民报》宣传和阐明民族主义的主旨在于建立民族国家、作为"恢复中华"解救中华民族的重要时期。这个时期《民报》的民族主义宣传有下面一些特点:

首先,《民报》直接揭露和打击清政府的民族压迫和阶级压迫,为革命派武装夺取清政权大造革命舆论。

摆脱民族压迫的问题是政权问题。为推翻清朝的民族压迫政权,革命派确定辛亥革命的中心任务和最高形式是武装夺取政权,是战争解决问题。1906年秋冬间,孙中山和黄兴、章太炎等制定了《革命方略》等文件,提出了革命党人武装反清的基本原则和策略,作为各地举行武装起义的纲领。在《军政府宣言》中明确宣告:"今汉人倡率义师,殄除胡虏,此为上继先人遗烈,大义所在,凡我汉人当无不晓然。惟前代革命如有明及太平天国,只以驱除光复自任,此外无所转移。我等今日与前代殊,于驱除鞑虏、恢复中华之外,国体民生尚当与民变革,虽纬经万端,要其一贯之精神则为自由、平等、博爱。故前代为英雄革命,今日为国民革命。所谓国民革命者,一国之人皆有自由、平等、博爱之精神,即皆负革命之责任,军政府特为其枢机而已。"① 但是,正如陈天华所指出的,要使全国"汉人皆认革命为必要",必使全国的中下等社会的人都明白"革命主义"。如果做到这点,"斯时也,一夫发难,万众响应,其于事何难焉?若多数犹未明此义,而即实行,恐未足以救中国,而转以乱中国也"②。因此,同盟会成立后,革命党人便克服兴中会时期不注意革命宣传的缺点,把"革命主义"宣传摆在重要位置上,成为武装夺取清政权的先导。正是在革命党人的宣传、组织下,一场为实现"覆彼政府,还我主权"的民主革命在祖国大地爆发了。从 1906 年冬至 1908 年,革命党人连续发动萍浏醴起义和粤、桂、滇的多次起义后,武装反清烈火在神州大地越烧越旺。"自国民军起,移檄天下,民族主义、国民主义炳如日月,凡为民无不激昂慷慨,敌忾同仇"③,沉重打击了"衰朽"的清朝政府的统治。

在这期间,《民报》一面继续驳斥改良派反对民族革命的论调,一面配合革命党人的武装反清起义,对清政府民族压迫专制主义暴行进行了猛烈的揭露和抨击。

革命派在政治上、经济上、法律上系统地揭露清政府民族压迫的同时,对

---

① 孙中山:《中国同盟会革命方略》,《孙中山全集》第 1 卷,第 296 页。
② 陈天华:《绝命书》,《民报》第 2 号。
③ 孙中山:《中国同盟会革命方略》,《孙中山全集》第 1 卷,第 311 页。

清政府的腐败，官吏的勒索、横暴也进行了犀利的抨击。1907 年 4 月 25 日，《民报》发行临时增刊《天讨》，虽然主要是讲民族主义，但对于清政府的苛捐暴政、出卖主权，都有统计资料和事实根据。在军政府《讨满洲檄》中，除了义正词严、历数清政府 14 条罪状之外，还强调："扫除鞑虏，恢复中华，建立民国，平均地权，有渝此盟，四万万人共击之。"又提出："毋作妖言，毋仇外人，毋排他教"，"宗教殊涂，初无邪正；黄白异族，互为商旅，苟无大害于我军事者，一切当兼包并容"。这些对内对外政策无疑是正确的，但檄文宣布对于"汉族仕官于满洲者"的政策时则说："我政府肃将天讨，为民理冤，以为有人心者，宜于此变，若能舍逆取顺，翻然改图，有吏身为命，及一城一垒迎降者，任官如故。"这就有问题了。这种"舍逆取顺、任官如故"的政策，实际上把封建统治者原封不动地保存下来，武昌起义后各省巡抚以归顺为辞，纷纷钻入革命队伍，窃取要职，跟这个政策的影响不无关系。但是《讨满洲檄》对清朝腐败的内政外交进行淋漓尽致的抨击，对于造成全国讨伐清政府的声势起了重要作用。檄文指出："鞑虏自入关以来，以诈力夺我天下，盗我主权，廉耻道丧，罪恶贯盈。淫乱之丑，上及骨肉；杀戮之惨，下逮狗彘；裂峨冠而豚尾，袒左衽而马蹄，官方贪婪，赋役繁重。诗祸史狱，诛夷为亘古所未闻。驻防厘金，暴虐为全球所未见。"文章还大胆地斥责"淫妇那拉氏""独夫载湉"的"荒淫无道，昏庸尸位"的投降卖国面目。① 革命者在列举各地贪官污吏"暴敛横征，肆行无已"的事实后指出："民受其毒，官逞其淫"，"悉由于政府之恶劣"。② 因此，革命党人号召人们"共兴讨虏之师，创立共和之政"③。《天讨》中的插画及漫画也很有意思，尤其是漫画《过去汉奸之变相》绘曾国藩翎顶头面，附以蛇类之身；绘左宗棠翎顶头面，附以兽类之身；绘李鸿章翎顶头面，附以鱼类之身，三者尾皆拖辫一条。《现在汉奸之真相》，绘袁世凯半身像，剖其头面；绘张之洞衣冠像，将头置诸胯下；绘岑春煊清衣冠像，将头斜倒置颈上。这些插画用鲜明的形象说明，"排满"必须同时反对清朝的汉族督抚重臣，这对争取满人倾向革命发生了一定的影响。

《民报》这种具有针对性的宣传，鼓动性强，它不仅促进了全国各民族人民的反清怒潮，也强烈地冲击着摇摇欲坠的清朝反动统治。

其次，革命派根据中国历史的特点，阐明民族主义基本观点，为中华民族

---

① 金马：《云南讨满洲檄》，中国史学会主编：《辛亥革命》资料丛刊（二），第 357 页。
② 退思：《广东人民对于光复前途之责任》，中国史学会主编：《辛亥革命》资料丛刊（二），第 351 页。
③ 金马：《云南讨满洲檄》，中国史学会主编：《辛亥革命》资料丛刊（二），第 358 页。

指明复兴道路。

中国民族主义狂热的最初浪头是由反对帝国主义刺激起来的①。革命派既要发动一个迅速的革命,又要求一个能够预先防止外国干涉的革命,因此,在准备同清王朝摊牌的时候,他们最担心的是外国人的干涉。为了避免同外国列强直接冲突,"排满"就成为《民报》宣传中国民族前途的重点。我们从《民报》的文章中不仅可以清楚看出同盟会采纳了孙中山提出的三民主义口号,而且从《民报》每期篇首那些"最能兴奋国民"的"图画"中②,也直观地感觉到《民报》在形象地宣传三民主义。如《民报》创刊号篇首就刊登了"世界第一之民族主义伟大黄帝""世界第一之民权主义大家卢梭""世界第一共和国建设者华盛顿""世界之平等博爱主义大家墨翟"四幅画像,借中外历史上或传统中的英雄人物形象地宣传三民主义纲领。但是《民报》对"三大主义"的宣传,首先侧重于民族主义,但由于革命派各人的出身、所受的教育以及社会经历不同,他们的思想陶冶也有差别。不同的革命者在《民报》发表文章不仅强调的侧重点不同,观点也有别。比如同盟会的学生会员因为在外国接受过资产阶级政治学说的教育,不需要向孙中山学习资产阶级的民族主义和民主主义,而孙中山对民族主义宣传的贡献也只是在于把民族主义和种族复仇主义区别开来,使"排满"运动从种族斗争中挣脱出来,赋予它深刻的民族平等和民主主义内容。孙中山为了争取知识分子对他创新的学说——"社会革命"和"五权宪法"等的支持,曾热心地对他的追随者作过解释,并保证三大革命——民族革命、国民革命和社会革命可以同时进行。可是这些却偏偏又是最受人冷淡的东西,而他们最关心的是"排满",以及如何迅速地推翻清政府,以振民气。因此,《民报》对三民主义的宣传随着主编和主要撰稿人的更换,从内容到风格都有明显的变化。就以《民报》着力宣传的民族主义为例,《民报》前期以胡汉民、汪精卫和朱执信等人为主要撰稿人期间与后期章太炎主编期间就有明显的不同,前者基本上是按照孙中山关于中国民族前途的通盘考虑以及他的民族革命思想进行宣传、解释的;后者则有较多的离孙偏向,并随着革命斗争的深入,孙、章之间思想分歧也逐步扩大。

前期《民报》,关于民族革命方面的宣传文章,善于以法理言胜。在革命还是保皇问题上,革命者发表的文章侧重从哲学、政治、历史等理论方面去驳斥论敌,阐述民族、民主主义思想,论证民族、民主革命的必然性和正当性以及必须走民主共和建国道路的理由。

---

① (美)史扶邻:《孙中山与中国革命的起源》,中国社会科学出版社1981年版,第318页。
② 邹鲁:《中国国民党史稿》上编,第474页。

胡汉民在《民报之六大主义》一文中指出："革命报之作，所以使人知革命也。……或谓革命者，非徒以触发社会之感情而已，必且导其知识，养其能力，三者具，而后革命可言，若革命作，其触发于人感情者独多，人无知识能力，而动其感情，则发为狂热，周脉偾兴，无与匡救。"所以，"舆论之真价者，贵其依于理性为判断，而感情用事尚焉"。① 应该肯定，这种办报的方针和宗旨是正确的。由于《民报》坚持以理服人，从哲学、政治、历史等方面对改良派反对民族革命及清廷的伪"立宪"进行系统深入的分析批判，所以它具有较大的说服力和感染力。正如湖南留日学生黄尊三在留学日记中所说：《民报》"鼓吹革命，提倡民族主义，文字颇佳，说理亦透"。汪东的《论支那立宪必先以革命》一文，用辩证的观点分析社会现状，不仅把革命看作"争权利捍生命之通则"，而且还将它列为社会进步的动力，从而说明，要改变满族贵族的恶劣政治，非革命不行。它明确指出："天下事无中立也，不进则退。……求其进步，惟动力而已，动力速者，其进也随之而速，动力弛者，其进也亦随之而少弛"，"人类之压动力何？革命是也。"它还指出："法国之革命""美国之独立""英国之骚乱""日本之维新"，皆革命动力的功劳。"返观中国革命……上溯汤武，下迄洪杨，或已成，或未成，……几以革命为日夕餐事"，说明不通过暴力革命夺取政权，新的国民政府是不会从清廷的伪"立宪"中产生出来的。这些宣传，言之有理，持之有据，哲理性强，确实对改良派是有力打击。不足的是，它认为"一度压力之后毋需有第二次之压力"。② 汪精卫在《民族的国民》一文，从政治上系统地剖析了清朝260年的贵族政治，以资产阶级"天赋人权"学说为依据，说明"法者，国民之总意也"，而法的精神就是"自由、平等、博爱"。只有把"种族革命和政治革命并行"，才能恢复汉人的地位和固有的人权，建立反映"国民总意"的"国法"③。朱执信的《论满洲政府虽欲立宪而不能》一文，则着重从中外历史经验的角度驳斥了改良派"立宪易，革命难"的论点。陈天华的《中国革命史议》一文，进一步从历史的角度论证社会进步对于革命的需要。结论是："革命者，救人救世之圣药也。终古无革命，则终古成长夜矣。"④ 革命派从历史的角度和残酷的现实两个方面阐述革命救国道理，论证"中国不过误于从前不变"，现在的一切思想议论必须使人明白"中国从前不变"乃是由于人们"皆不知改革"，说明"言救国"必须以革命为先，这就把爱国必须革命的道理讲清楚

---

① 汉民：《民报之六大主义》，《民报》第3号。
② 寄生（汪东）：《论支那立宪必先以革命》，《民报》第2号。
③ 精卫：《民族的国民》，《民报》第1、2号。
④ 陈天华：《中国革命史议》，《民报》第1、2号。

了。不过,革命派在国家观和民族观上也有片面之处。他们不可能从生产方式、社会经济、阶级状况去分析,并指出它的阶级实质。在历史观上,一方面认为清朝实行的是贵族政治,另一方面却又说:"吾国之贵族阶级,自秦汉而来,久已绝灭",还说汉唐之时,就已是"开明专制时代"。① 这种自相矛盾的说法,不仅说明他们的历史观受到时代和思想的局限,不能历史地辩证地说明历史的发展规律,而且也表明革命派的资产阶级革命理论基础十分薄弱。

《民报》从第7号起由章太炎主编。章太炎主编《民报》后,"揭橥革命,箴贬新党",文字锐利,大都有针对性。据许寿裳回忆:章氏主持《民报》以前,《民报》也有诘难康、梁之作,"然还不免近于诟谇之处,惟有先生持论平允,读者益为叹服,而又注意于道德节义,和同志们互相切励;松柏后凋于岁寒,鸡鸣不已于风雨,如《革命道德论》《箴新党论》二篇,即系本此意而作"②。其实也不然,前期的《民报》虽然没有指名道姓地诘责,但是对于康、梁的保皇论诘责之处尚多,不过只是侧重理性说理驳难罢了。心平气和地说理是很必要的,因为那样做不仅可以争取那些一度支持康、梁的知识分子同情革命派,而且对于提高人们的认识水平也起到有益的启发。而章太炎主编《民报》所不同的,不在于"道德节义""持论平允",而在于他更加注重现实,"排满"的针对性更强。正如章太炎出任主编时所说:宣传要首在"感情"。他强调:"要成就这感情,有两件事是最重要的,第一是用宗教发起信心,增进国民的道德;第二是用国粹激动种性,增进爱国的热肠。"③ 这是章太炎主编《民报》的基本指导思想。他主编《民报》期间,关于民族前途问题的宣传,做了两件事:一是编辑出版《天讨》,把当时"排满"最激烈的文章编辑成册,付印出版,广泛传播,用以"鼓动排满"革命;二是同与一些封建文化联系较深的士大夫一起掀起了一股鼓吹国粹的救国热潮,用以宣传汉族的悠久文化和丰功伟绩,增进人们的爱国心。

《民报》临时增刊《天讨》,在当时是一本很有影响的著作,它不仅反映了章太炎等人对当时时政的看法,也体现了革命派对当时中国革命问题和民族问题的基本观点。就现在的认识水平看,这本小册子的一些文章有许多错误见解,特别是种族复仇主义情绪过于严重,但瑕不掩瑜,《天讨》所收的各省讨满洲檄文大都写得很好,它以感人肺腑的诤诤之言和桩桩确凿的事实,揭露清朝的民族压迫和阶级压迫以及出卖祖国领土和路、矿权的真面目,读后使人怒

---

① 汉民:《民报之六大主义》,《民报》第3号。
② 汤志钧编:《章太炎年谱长编》上册,第225页。
③ 太炎:《演说录》,《民报》第6号。

不可遏，极其愤慨，真正起到催人觉醒的作用，这无疑对清朝官吏是有力的打击，对各族人民是极大的鼓舞。章太炎写的以军政府名义发表的《讨满洲檄》谓："今者民气发扬，黎献参会，虏亦岌岌不遑自保，乃以立宪改官之令，诱我汉民；阳示仁义，包藏祸心，专任胡人，死相撑拒。我国民伯叔兄弟，亦既烛其奸慝，弗为惑乱，以胡寇孔棘之故，惟奋起逐北，摧其巢穴，以为中华种族请命。""为是与内外民献四万万人契骨为誓，曰：'自盟以后，当扫除鞑虏，恢复中华，建立民国，平均地权。有渝此盟，四万万人共击之'！"① 他在《天讨》插图《猎胡图》下题辞："东方豸种，为貉为胡，射火既开，载鬼一车。"在《岳鄂王游池州翠微亭图》下题辞："经年尘土满征衣，特特寻芳上翠微。好水好山看不足，马蹄趁催月明归。"生动地体现了章太炎发扬民气推翻清朝、实现三民主义的誓愿，以及对革命和民族前途充满胜利信心的喜悦心情。所以，章太炎的民族主义宣传"重情"，与前期《民报》"重理""为知革命之必要，而有革命报；而革命报之作，又在使人有真知识，而不徒挑拨其感情"② 有很大不同。章太炎在《民报》第14号发表的《官制索隐》谓："吾侪所志，在光复宗国（《文录》作"中国"）而已。光复以后，复设共和政府，则不得已而为之也，非义所在，情所迫也。"以"情"激情，使"驱除异族""光复中国"的"威声远播"，是为了中国民族的前途，这应为章太炎记上一功。但是"光复以后"，他对于"复设共和政府"则发出"非义所在、情所迫"，说明他虽热心于"光复"，但对于建设民主共和政府则不那么热心宣传，这又应为章太炎记上一过。

谈到国粹主义思潮，应该指出，它与封建顽固派的复古主义思潮是不能混为一谈的。章太炎主编《民报》期间，发表大量宣扬国粹的文章。这些文章就其主导方面看作用是积极的。《民报》第14号发表章太炎《答铁铮》一文谓："故仆以为民族主义如稼穑然，要以史籍所载人物、制度、地理、风俗之类为之灌溉，则蔚然以兴矣。不然，徒知主义之可贵，而不知民族之可爱；吾恐其渐就萎黄也。"可见，章太炎等人通过宣扬汉族的历史人物的事迹、典章制度和悠久的文化，完全是为了使人们"知民族之可爱"，发扬人们的爱国思想。这种"研精覃思，钩发沉伏，字字征实，不蹈空言"等"实事求是之学"③，"其于种族，固有益无损已"④。章太炎等人宣传国粹是效法意大利文艺复兴的成功经验，把中国的古代文化发扬光大，借以振兴中国，同时，以古

---

① 军政府：《讨满洲檄》，《辛亥革命》资料丛刊（二），第289页。
② 汉民：《民报之六大主义》，《民报》第3号。
③ 《某君与人论国粹学书》，《国粹学报》第12号。
④ 太炎：《革命之道德》，《民报》第8号。

学复兴为号召"排满"反清,为反清革命大造舆论。他们认为,"国学不知,未有可言爱国者"①。诸如中国的"语言文字""典章制度""古事古迹,都可以动人爱国的心思"②,从而鼓动人们起来参加反清斗争,为光复中国而奋斗。景梅九在谈到国粹主义宣传的作用时说:"别的先莫说,单是一篇革命之道德,便把学界全体激动起来了,有多少顽固老先生见了这种议论,也都动魄惊心,暗暗地赞成了种族主义。"③ 以"古学复兴"相号召,鼓吹"排满"反清,对一些眷恋旧学而多少有点"反满"情绪的士大夫,确实起了积极的鼓动作用。

列宁曾把"酷爱自己的语言和自己的祖国"作为民族自豪感的主要内容之一④。语言同民族是两个不同概念,但民族总是离不开语言的,语言的状况对民族的发展是有影响的。一个民族只有语言、文字、思想相通,才能统一在一起。章太炎等人提倡国粹,重视和强调要维护、发扬光大中国的语言文字等文化传统,是与要求祖国的统一、民族独立、国家振兴的爱国主义紧密相连的。章太炎曾愤慨地指出:"近来有一种欧化主义的人一总说中国人比西洋人所差甚远,所以自甘暴弃,说中国必定灭亡,黄种必定剿绝。因为他不晓得中国的长处,见得别无所爱,就把爱国爱种的心,一日衰薄一日。"⑤ 这不能说章太炎反对"欧化",而是爱国,士大夫和近代知识分子在向西方学习过程中,对那些散布民族自卑感崇洋媚外的买办文人的批判,也是对帝国主义奴化教育的抗议。所以,国粹派大力宣扬汉族悠久文化和丰功伟绩,"以史籍所载人物、制度、地理风俗之类,为之灌溉",使民族主义"蔚然而兴",从而达到"振兴中华,维持国体"的目的,反映了章太炎等人有较为明确的反帝思想和维护民族独立的强烈愿望。

当然,也应该看到国粹主义宣传由于侧重于激起反清情绪,大汉族主义思想较为浓厚。同时,国粹主义者企图从封建"古先圣哲"的言论中寻找资产阶级的武器,把"国学"夸大为"国所以成立之源泉"⑥"立国之本",是决定国家兴亡、民族命运和历史发展的根本,这就缺乏具体分析,容易产生全盘继承"中国国学"而没有批判,并对西学(新学)又有全盘弃离而不吸收精

---

① 太炎:《国学讲习会序》,《民报》第7号。
② 太炎:《演说录》,《民报》第6号。
③ 景梅九:《罪案》,中国史学会主编:《辛亥革命》资料丛刊(二),第246页。
④ 列宁:《论大俄罗斯人的民族自豪感》,《列宁全集》第2卷,人民出版社1960年版,第610页。
⑤ 太炎:《演说录》,《民报》第6号。
⑥ 太炎:《国学讲习会序》,《民报》第7号。

华的可能。正由于他们对封建主义的文化遗产侧重于继承而无力批判，往往陷入封建主义泥坑而不能自拔。他们还牵强附会地把中国封建典章制度套上"社会主义"的招牌①，并认为资本主义的"代议政体"必不如中国传统的封建制度②，否定资本主义"代议政体"，又不加分析地颂扬中国的封建思想文化、典章制度。这不仅是思想方法上的片面，而且由于对中国古代封建文化过分热衷和缺乏批判精神，在新学与旧学、中学与西学的斗争中势必陷入复古倒退的泥坑。显然，他们的国粹言论容易局限人们开眼看世界和限制学习西方物质文明的进取精神的发挥。

《民报》从第19号开始的后期，由于种种原因，处境非常艰难，主编几经变易，各种不健康的思想趁机潜入。正如吴玉章所回忆的那样，1907年末至1908年《民报》被日本封禁以前，《民报》正遭遇到"极大的困难"③。由于经费不继，同盟会派系的裂痕、多次武装起义的失败，使无政府主义思潮乘虚而入，充斥于后期《民报》。第19号《民报》发表特别广告说："本社自二十期起改定篇次，专以历史事实为根据，以发挥民族主义，期于激动感情，不入空漠。"④ 在采用哪种手段实现民族革命的问题上，《民报》则鼓吹暗杀。《民报》第20～22号由陶成章主编，他"特别致力于掀动反清情绪和迫切要求推翻异族统治"⑤，称许游侠，激扬暗杀的文字、图片增多。《民报》第19～21号每期篇首登有鼓吹暗杀的照片。其中第19号上"1900年俄国虚无党女子谋击莫斯科总督图"内有运甓题词："无政府党有恒言曰，能俾我侪以自由者，唯铅丸与炸药耳，我亡所鉴，鉴于斯图。"还有一篇《崇侠篇》说："往者，吴樾一弹，徐锡麟一击，风雨为泣，鬼神为号，祖宗玄灵于是焉依，毡裘之族，震慑而丧所持守，有甚于萍乡之举义"，"其影响盖大捷速如此"。⑥他们把暗杀作为革命斗争的重要内容。胡汉民也认为：暗杀"无筹饷备械之费，事半功十，计莫便于是"⑦。在这种思潮的激荡下，刘师复、黄复生、温生才、彭家珍等革命志士，怀着侥幸取胜的心理，不惜孤注一掷，投身暗杀清吏的斗争，演出了一幕幕诛民贼、惩凶顽的壮烈场面。革命党人称许游侠，号召革命志士为国英勇牺牲，实际上就是一种为建立近代民族国家而献身的爱国

---

① 太炎：《演说录》，《民报》第6号。
② 太炎：《代议然否论》，《民报》第24号。
③ 吴玉章：《辛亥革命》，人民出版社1961年版，第95页。
④ 《本社特别广告》（三），《民报》第19号。
⑤ 薛君度：《黄兴与中国革命》，湖南人民出版社1980年版，第55～56页。
⑥ 汤增璧：《崇侠篇》，《民报》第23号。
⑦ 汉民：《就土耳其革命告我国军人》，《民报》第25号。

主义精神。辛亥革命时期，许多革命党人为了资产阶级革命事业而不惜抛头洒血的自我牺牲精神，将永远激励着中华民族的子孙为祖国的独立富强而英勇献身。然而对待暗杀，不能一概而论，正如孙中山所指出：如果不顾当时革命之情形"与敌我两者损害孰甚"而蛮干硬拼，不仅"其代价实不相当"，甚至还会"摇动我根本计划"。这种暗杀除了增加恐怖气氛外，对革命成功没有实际意义。然而暗杀作为打击敌人的手段也并非绝不可用，但必须以"不至摇动我根本计划者，乃可行耳"①。

总之，《民报》后期关于中国民族前途的宣传，在如何实现民族革命的方法上出现鼓吹暗杀侥幸取胜的偏差，这反映了革命党人的小资产阶级狂热性和幻想性，也表明他们不愿发动广大群众、作长期艰苦斗争的心理状态。但《民报》后期民族主义宣传的宗旨并没有改变，而且就民族主义的基本思想看，在某些方面还有新的阐述，其作用还是应该肯定的。

（三）

《民报》第3号发布六大主义宣传宗旨的后3条是关于对外方面的内容。一曰"维护世界之真正之平和"，二曰"主张中国日本两国之国民的连合"；三曰"要求世界列强赞成中国之革新事业"。从胡汉民《民报》六大主义的解释中，我们看到革命党人虽然在当时也提出过民族要独立的口号，但没有强烈的反帝要求。革命党人说，他们要"排满"，"倾覆现今之恶劣政府"，是"为独立计，为救亡计也"。"独立""救亡"口号当然也在一定程度上反映了中国半殖民地国家人民的民族觉醒与革命党人对帝国主义压迫中华民族的反抗情绪，但是他们缺乏反帝斗争的勇气。胡汉民说："欲求真正平和，当始以中国为独立强国之日。中国为独立强国，则远东问题解决，均势问题亦解决也。夫为大陆无垠，不能自守，而后导聚强以侵入；而是国之政府，又为纵横捭阖之术阴有所亲，而坐致其冲突，以至争战。日俄之外交破裂，清政府之外交实使然，且自诩能颠倒人国也。"② 这段话说明：①中国不能独立是由于清朝政府腐败"导聚"帝国主义列强侵入造成的；②帝国主义列强在中国领土内"争战"是由于清政府的外交政策造成的。第一点看法是对的，第二点就不完全正确，因为清政府的政策不是导致帝国主义侵略的主要原因，侵略是由帝国主义国家垄断资产阶级掠夺、奴役落后国家的侵略本质决定的。这种倒果为因的看法正反映革命党人把一切仇恨集中到清政府身上，它一方面说明革命者对帝

---

① 孙中山：《与胡汉民的谈话》，《孙中山全集》第1卷，第585～586页。
② 汉民：《民报之六大主义》，《民报》第3号。

国主义的侵略本质缺乏认识，另一方面也说明清政府同帝国主义的密切关系。因此，他们认为"扶满不足以救亡"，因为从"满洲政府之方面言，其视汉土本属傥来之物，割弃土地，丧失主权，原无顾惜，人民疾苦，更不相关；在汉人之方面言，无历史遗传之感情，而欲官吏效忠政府，无民族团结一致之感情，而欲军士舍身报国，此皆必不可得之数也。满洲政府实中国富强第一障碍，欲救亡而思扶满，直飓汤止沸，抱薪救火"①。要"救亡"必须"排满"，要独立必须"排满"。革命党人"革命排满所以求独立""为救亡"的思想，无疑也是反抗帝国主义扶清精神的反映。但是，思想要变为实际行动还要有各种条件，最重要的条件就是力量问题。由于革命派脱离人民群众，未能看到全民族奋起所结聚起来的伟大反帝力量，所以，他们虽然看到帝国主义对中国的危害，感到有反帝的必要，但行动上总是犹豫不决。这可从《民报》中得到证明。

《民报》对于帝国主义的侵略，不仅以大量的篇幅向人们描述了中国面临"眈眈狼虎，环伺于旁，一隙可乘，且将入室"②的危急形势，而且号召人民起来反对帝国主义的罪恶瓜分政策，维护民族独立。他们说："自西方东侵以来，我国陷于旋涡之地位，既无复孤立之余地，又不能自立，国力颓丧，瓜分在人，保全在人，岌岌然不可终日，国民所已知者也，而其所以致此者，实惟满洲人秉政之故"，"然则瓜分之原因，由于不能自立，自立不能之原因，由于满洲人秉政，可决言者也"。③把中国不能独立的原因归结为清政府"秉政"，并强调不能独立者不能生存，"故非扑满不能弭瓜分之祸"，"革命者，可以杜瓜分之祸"，表明革命党人的"排满"也包括反帝的内容。但是，当时不少革命者对于解除帝国主义的压迫都缺乏紧迫感，并错误地把民族主义仅解释为脱离清朝统治羁绊，以求"光复"汉族，没有把帝国主义包括进去。

"排满"为了独立，"独立"本身当然是对帝国主义侵略殖民政策的控诉。因此，革命者认为，凡"抱独立主义者"都要"共结誓盟"，推翻本国的帝国主义奴隶总管——反动政府，然后结合区域性民族解放统一战线，实现地区性民族独立。这是《民报》后期宣传民族主义来拯救中国以及拯救亚洲的一个明显特点。比如，1907年章太炎与张继、刘师培、苏曼殊、陶冶公等在日本东京发起"亚洲和亲会"，该会的《约章》为章太炎所写。《约章》开章明义地说："建亚洲和亲会以反对帝国主义，而自保其邦族。……一切亚洲民族，

---

① 吴樾：《意见书》，《民报》第3号。
② 寄生：《论支那立宪必先以革命》，《民报》第2号。
③ 精卫：《驳革命可以召瓜分说》，《民报》第6号。

有抱独立主义者，愿步玉趾，共结誓盟。"指出该会宗旨"在反对帝国主义，期使亚洲已失主权之民族，各得独立，其后陆续加入有越南、缅甸、菲律宾、朝鲜诸邦，形成亚洲民族解放统一战线"①。"亚洲和亲会"由于历史的种种原因，虽然没有作出较大的事业，但民族联合的思想毕竟开始了，民族间的国界被冲破了，这应该说是亚洲民族解放事业的一个伟大开端。章太炎在1908年期间，还在《民报》上先后发表了《五无论》《印度人之观日本》《革命军约法问答》《答桔民》等文章，论述了反对帝国主义侵略、争取民族独立的问题。他严峻地指出："至于帝国主义，则寝食不忘者，常在劫杀，虽磨牙吮血，赤地千里，而以为义所当然"，"综观今世所谓文明之国，其屠戮异洲异色种人，盖有胜于桀纣"。②帝国主义对中国社会的危害，"其烈千万倍于满洲"③，但是，清政府非但不抵抗帝国主义的侵略，还卖国求荣，将中国"重要之军港、商场壹以奉诸外人。……今日输一矿，明日献一路，雄邦六七，日肆凭陵，如入空虚之域"④，清政府的投降卖国更助长了帝国主义的侵略气焰。中国"主权失矣，利权去矣"的惨景，激起了全国人民的共愤。革命派指出：反对投降，反对卖国，要立定"发愤为雄之志"，"恢复已失之主权，以至中国于独立"。⑤但是，在如何争取民族独立问题上，革命派虽然从义和团运动中看到了"民气"可恃，并且发出"外侮愈烈，众心愈坚，男儿死耳，不为义屈。干涉之论，吾人闻之而壮气"⑥的几声呐喊，但毕竟深感力量不足，而显得色厉内荏，缺乏坚决彻底反帝的勇气。正如毛泽东所指出的："中国的民族资产阶级，即使在革命时，也不愿意同帝国主义完全分裂。"⑦不愿和不能彻底推翻帝国主义在中国的统治，没有把帝国主义作为直接打击的对象，这就决定了资产阶级革命派不能完成半殖民地半封建中国民主革命赋予它的历史任务。

但是，有一点是非常重要的，那就是资产阶级革命派从帝国主义在亚洲扩张、把亚洲弱小民族逐个变为西方列强的殖民地的事实中，醒悟到"东亚多亡国，情状迥异"，"夫亚洲兄弟国，印度夷于英，安南属于法，朝鲜亡于日……亚洲诸友邦，除日本外，谁则不与吾同感乎？"⑧亚洲各被压迫民族，

---

① 汤志钧编：《章太炎年谱长编》上册，第243～244页。
② 太炎：《五无论》，《民报》第16号。
③ 太炎：《革命军约法问答》，《民报》第22号。
④ 《仇一姓不仇一族论》，《民报》第19号。
⑤ 精卫：《论革命之趋势》，《民报》第25、26号。
⑥ 精卫：《驳革命可以召瓜分说》，《民报》第6、7号。
⑦ 《毛泽东选集》四卷横排合订本，人民出版社1968年版，第634页。
⑧ 揆郑：《亚洲和亲之希望》，《民报》第23号。

"言其亲也，则如肺腑，察其势也，则若辅车，不相互抱持而起，终无以屏蔽亚洲"①。因此，革命派大声疾呼，亚洲被帝国主义侵略的殖民地国家都是兄弟友邦，有着共同的历史遭遇和命运，必须联合起来，"相与为神圣同盟"，共同反帝，"为亚洲计，独立其先也！"②

章太炎还在《民报》发表文章，一再表明"其他之弱小民族有被征服于他之强民族而溢其政柄，奴虏其人民者，苟有余，必当一匡而恢复之"③。在取得本国民族独立的同时，要让亚洲各被压迫民族"令得处于完全独立之地位"，这才是"圆满民族主义"④。《民报》还刊登了《印度国民讨英吉利露布》《朝鲜人之露布》⑤等亚洲各国反殖民主义统治的檄文，支持各国人民要求民族解放和独立的正义行动。《民报》这些宣传，表明中华民族在觉醒，亚洲在觉醒。《民报》和其他革命刊物为造就独立、民主的资产阶级共和国大造革命舆论，唤起中华民族的新觉醒，使中国这个长期停滞的封建国家政治生活沸腾起来，社会运动和民主主义高潮汹涌澎湃地发展。古老的中国苏醒了，中华民族开始"奋发振强"了，在民族大义和爱国激情感召下，来自不同民族，不同阶级、阶层，具有不同的志趣、爱好、观念和信仰的爱国者都联合起来，投身于反清斗争。正因为如此，我们才说《民报》与其他革命书刊相结合开展关于中国民族前途的论战和宣传，为辛亥革命推翻封建帝制、创建资产阶级共和国、开辟中国资产阶级历史新纪年奠定了理论基础，同时也为近代中国的第一次腾飞和往后中国人民的思想解放与爱国运动的发展奠定了基础。孙中山等先进的民主革命思想家、宣传家及其他革命的先驱者利用《民报》为中华民族的振兴、奋起指明了方向。他们以《民报》为中心宣传爱国主义精神，为国的觉醒和反清救国树立了光辉榜样。

二、孙中山与中华民族的觉醒

（一）

在近代中国半殖民地半封建社会，外国侵略势力和中华民族的矛盾构成各种社会矛盾中最主要的矛盾，外国侵略势力处在这一矛盾的主要方面，中华民

---

① 太炎：《印度中兴之望》，《民报》第23号。
② 太炎：《印度独立方法》，《民报》第20号。
③ 太炎：《五无论》，《民报》第16号。
④ 太炎：《定复仇之是非》，《民报》第16号。
⑤ 《民报》第21号。

族反入侵的势力处在这一矛盾的另一方面。从总体上说,外国的入侵激起中华民族的反抗,但是反抗并不意味着民族的觉醒。

觉醒,本是一个生理概念,指睡眠过程的结束,它是人类和一些高等动物的本能行为。将这个概念引入社会科学范围,就是指人们的政治认识在质的方面的突变。近代中国的民族觉醒,是指中国人民意识到本民族的历史使命,并自觉起来为本民族的生存、发展和强盛而进行斗争。这种觉醒经历了一个逐步发展和深化的过程。过去我们在编写中国近代史时把外国资本—帝国主义的入侵造成中华民族的灾难如实地记录下来,这是完全必要的,因为一个民族只有真正意识到自己的处境、命运,才能设法去改变自己的环境、关心自己民族的前途;人们也只有了解和正确地认识本民族的现状,才能为本民族的振兴和未来的强盛描绘出宏伟蓝图,并为实现这个理想而努力奋斗。然而,历史只讲一面,忽视了另一面,毕竟是不全面的。在近代中国,历史作了这样一个明确的记录,外国入侵把中国由封建社会转变为半殖民地半封建社会,打断了中国历史的正常发展进程。在这个过程中,外国侵略者妄图完全征服中国,把中国变为殖民地,这是一方面;另一方面是中华民族在苦难中觉醒,争得了民族的地位,争得了做人的尊严,中华民族没有灭亡、没有被征服,中国也没有完全变为殖民地,这就是中华民族觉醒的结果。近代中华民族是怎样觉醒的?它的觉醒同孙中山有什么关系?弄清楚这些问题是很有意义的。

谈起近代中国的民族觉醒,人们自然会联想到孙中山。

孙中山是中国伟大的民族英雄和民主革命的先驱,民族的精神、民族的利益、民族的荣誉,把孙中山同中华民族、同中国人民紧紧联系起来。孙中山在领导中国旧民主主义革命的斗争中,以其深厚的爱国主义感情和忘我的献身精神,极大地促进了近代中国的民族觉醒,唤起了千百万中国人进行争取民主和民族独立的斗争,给"沉睡在中世纪停滞状态"的中国人民带来了新的希望,使辛亥革命前的中国"政治生活沸腾起来了,社会运动和民主主义高潮正在汹涌澎湃地发展"[①]。

1924年5月30日,孙中山在广州市广东大学(中山大学前身)南堤俱乐部对上海《中国晚报》的记者作了一次谈话,中心内容就是中华民族的觉醒问题。他说:

> 诸君:我们大家是中国的人,我们知道中国几千年来,是世界上头等的强国,我们的文明进步比各国都是领先的。……到了现在怎么样呢?现

---

① 《列宁选集》第2卷,人民出版社1972年版,第447页。

在的时代,我们中国,是世界上顶弱、顶贫的国家。现在世界上,没有一个国家能看得起中国人的。所以现在世界的列强,对于中国,就是有瓜分中国的念头,也就是由各国来共管中国的意思。为什么我们以前顶强的一个国家,现在变成这个地步呢?这就是中国,我们近来几百年,我们国民睡着了,我们睡了,不知道世界他国进步的地方。我们睡着的时候,还是以为我们几百年前是这样的富强的,因为睡着了,所以我们这几百年来,文明退步,政治堕落,变成现在不得了的局面。我们中国人,在今天应该要知道,我们现在这个地步,要赶快想法子,怎么样来挽救。那末,我们中国还可以有得救。不然中国就要成为一个亡国灭种的地位。大家要警醒!警醒!①

最后一句,台湾《国父全集》作"大家要醒!醒!醒!醒"②。两个"警醒!"和四个"醒!"完全是一个意思,即加重语气强调:中国的安危存亡,"全在我们中国的国民睡还是醒,如果我们还是睡,那末就很危险。如果我们能从今天就醒起来,那末中国前途的命运,还是(有)很大的希望"③。

很清楚,孙中山的意思是要通过唤起全中国人民的觉醒,立下救国革命的志向,改变中国"文明退步""政治堕落"的状况,把中国"变成一个富强的新中国"④。

近代中国社会内部各种矛盾和冲突异常尖锐,局势瞬息万变。资本—帝国主义的侵略和封建统治者的压迫使中国这片饱经沧桑的大地陷入无比苦难的深渊。中国人民为了民族的独立和解放进行了近一个世纪前仆后继的英勇斗争,尽管在无产阶级登上历史舞台以前,每一次斗争都遭到外国侵略势力的摧残,但是中国人民的每一次斗争都给外国侵略者和中国封建势力以沉重的打击,加速了中华民族的觉醒,使中国人民逐步认清了中国的反动统治者以中国"最良沃之土地,适投欧人之所好"⑤、充当帝国主义走狗的本质,因此"中国有志之士,感慨风云,悲愤时局,忧山河之破碎,惧种族之沦亡,多欲发奋为雄,乘时报国"⑥。革命志士为了国家民族的利益,不惜抛头颅洒热血,以"太空追攫国民魂"⑦的大无畏革命精神,呼唤救国,宣传革命,极大地促进

---

① 《孙中山对上海〈中国晚报〉记者的谈话》,《光明日报》1985年3月11日。
② 《国父全集》第2册,台北"中央文物供应社"1973年版,第689页。
③ 《国父全集》第2册,第688页。
④ 《国父全集》第2册,第689页。
⑤ 冯自由:《革命逸史》第5集,中华书局1981年版,第1页。
⑥ 《孙中山全集》第1卷,第187页。
⑦ 《辛亥革命回忆录》(一),文史资料出版社1981年版,第61页。

了中华民族的觉醒，为中国反帝反封建的民主革命的彻底胜利奠定了牢固的基础。

孙中山作为近代民族觉醒的旗帜，在祖国处于极端困难的环境下，深挚地爱着祖国和人民，时刻都在探求解放祖国、实现民族独立的道路。当历史进入19世纪末，中国许多爱国知识分子都还在寄希望于清朝实行改革、以救祖国出危亡时，孙中山便以审视的目光注视着世界，很快就认清了中国腐败的原因在于"庸奴误国"，他大声疾呼，要"拯斯民于水火，切扶大厦之将倾"，"振兴中华"，必须组织革命政党，并提出"驱除鞑虏，恢复中国，创立合众政府"的口号，在亿万人们的心中树起革命救国的旗帜。在以后长达30多年的革命生涯中，孙中山为中华民族的觉醒和祖国的振兴献出了自己的一切。孙中山的一生是伟大的一生，在中国近代史上他作为唤起中华民族觉醒的伟大象征而载入史册。

（二）

近代中华民族的觉醒，经历了一个逐步深化的过程。

在某种意义上说，一部中国近代史可以视为一部中华民族的觉醒史。中国人民在反封建反侵略斗争中培育了自己优秀的爱国者孙中山，而孙中山又在立志为祖国的独立、民主和强盛的斗争中极大地促进了中华民族的觉醒。中华民族和孙中山就好像母亲和儿子一样密不可分。

中华民族是伟大的民族，它永远可以凭借自己内在的活力战胜一切艰难险阻而生存下去，强盛起来。这样的民族，不仅可以经受任何环境的考验，而且只要人民认清了自己的道路，并为此而斗争，世间任何艰难险阻也阻挡不住他们前进的步伐。然而，近代中国，由于资本—帝国主义的侵略、奴役，国事蜩螗，危机重重。

鸦片战争的惨败，使中国结束了闭关自守的封建时代，中华民族带着沉重的锁链迈入了近代。中华民族受到了沉痛的刺激和巨大的震惊，不得不认真地观察世界，反省自我，一批先进的中国人开始睁眼看世界，寻求真理，拯救灾难中的民族，促进国家的进步，表明中华民族的初步觉醒。

第一、二次鸦片战争，中国被打败了，一系列不平等条约像沉重的锁链套在中国人民的脖子上，祖国遭受了耻辱，人民蒙受了巨大的灾难。但是，中国人民没有屈服，他们振奋精神，掀起了规模巨大的反侵略反封建斗争——太平天国革命。由于当时中国社会历史条件的局限，太平天国革命毕竟是有局限性的。李大钊早在20世纪20年代初研究近代中国民族民主革命运动的发展时就指出："太平党人虽然知道鸦片是帝国主义者麻醉中国民族的毒物，而不知宗教亦是帝国主义者麻醉中国民族的东西，其作用与鸦片一样。他们禁止了鸦片，却采用了宗教，不建设民国，而建设天国，这是他们失败的一个重要原因。他们宗教感念，在好的方面减少了狭隘的人种仇视，在坏的方面遮蔽了帝国主义者凶恶的真相，埋没了这次革命的反帝国主义性，使他们没有看清他们所认为洋兄弟的，可以摇身一变为扶助满清、扑灭太平天国的长胜军。"① 太平天国的英雄们虽然创造了农民的"上帝"来对抗封建统治阶级，并以推翻满洲人的皇帝建立一个符合于"上帝"意志的天国来号召一切被压迫的农民群众，但是，从宗教迷信中寻找他们的革命语言和思想武器的农民阶级，不可能认识援助清朝政府以消灭中国民族解放运动的敌人——资本主义侵略者的本质。但是不管怎样，太平天国革命的历史意义是不容置疑的，它为近代中华民族的觉醒和中国人民反封建反侵略斗争奠定了基础。孙中山在总结太平天国革命的历史教训时，就把太平天国革命史看作"吾国民族大革命之辉煌史"②，并以太平天国革命英雄们的革命精神作为鼓舞自己前进的动力和楷模。

太平天国亡后两年即 1866 年，孙中山诞生。从 1866 年到孙中山逝世的 1925 年，中国的民族危机愈来愈深重，社会的各种矛盾都在加剧。这种时势不仅加速了民族的觉醒，促进了革命运动，而且还造就了伟大的孙中山和一大批杰出的民族英雄，使他们从愤懑忧急的爱国者，转变为民主革命家，自觉地担负起保卫民族、拯救国家的伟大历史使命。

1884 年中法战争爆发，孙中山正在香港求学。中法战争期间，孙中山从中国香港工人的爱国主义斗争中，看到了中国人民潜在的力量，看到了清政府的腐败。但是当时孙中山和许多受过教育的中国知识分子一样，虽然处处为自己民族的处境担忧，但他在 1886 年又决定学医，"以学堂为鼓吹之地，借医术为入世之媒"③，这个决定一方面表明孙中山的爱国主义思想在发展，他决心以学医作为手段，达到鼓吹革命、进行革命活动的目的；一方面也表明孙中山职业上的雄心和政治上的抱负不断发展和加深。④ 随着民族危机的加深，孙中山对政治的兴趣超过了学医的兴趣，加之中国思想界对民族觉醒的议论增多，孙中山的思想也在发生急剧变化。

1887 年 1 月，曾纪泽在伦敦出版的《亚洲季刊》发表《中国先睡后醒论》，认为在 1860 年英法联军占领北京和经历了类似的同外国人的灾难性冲突

---

① 《李大钊选集》，人民出版社 1959 年版，第 541～542 页。
② 《孙中山全集》第 1 卷，第 217 页。
③ 《孙中山全集》第 6 卷，第 229 页。
④ 参见（美）史扶邻《孙中山与中国革命的起源》，第 17 页。这个时期孙中山"还不知道怎样使他的职业同他的新的政治觉醒协调起来"。

以后，中国终于认识到需要新的方针政策。她已不再沉睡，而是觉醒了，她已经完全了解外部的世界。他还列举出中国洋务派在加强沿海防御上所做的努力和军队的现代化计划，作为中国觉醒的证据。他对中国洋务派（他自己也是洋务派）这种优先加强军事力量的政策表示赞成，并且说："当中国把她的房子整理好后可以实行改革，但是只有在她觉得门闩和顶木是可靠的时候，才是讨论这种改革的适当时机。"① 何启发表文章驳斥曾纪泽，指出：中国深受外国侵略之害的病根不在军事上的弱点，而在于"社会的和政治的善恶不分"。何启说：中国"一定要有一支有效的海军，但在此之前必须先进行改革"。他列举了许多军事装备由于缺乏受过训练的人去掌握而成为废物的例子，指出：对于中国来说，在她把房子管理好之前就把门用"门闩"关起来是愚蠢的。②

何启同曾纪泽的辩论，反映了当时中国知识分子对中国民族前途的关注和振兴中华两种可能性的选择。何启的意见代表了新的社会阶层——民族资产阶级的观点，他对官僚制度的评论，对中国传统制度的强烈谴责，对于注重实际的孙中山来说，肯定比曾纪泽先把自家"房子整理好后"再"实行改革"中国的主张吸引力更大。何、曾等人的辩论使孙中山对中国问题有了一个更深刻的认识，同时也进一步激发了孙中山对改革中国、拯救中华民族的兴趣。

甲午中日战争后，中国严重的民族危机，震动了全中国人民的心，"救亡图存"成了全中国一切爱国人士的共同呼声。孙中山从甲午战败中，清醒地看到清政府"以愚民政策为治世的要义，以压榨人民的膏血为官吏治民的能事。积弊日深，卒致造成今日的衰弱不振，坐令大好山河，陷入任由他人宰割攘夺的悲境"。他把中华民族处境描写得既艰难又有希望。他在斗争中展示民族精神，展示对民族前途的信心，采取了与康有为"冒险犯难，欲乘变乱起事，以谋自立"③的不同路线，遂于1894年11月在檀香山创立革命团体——兴中会，"以爱国之心而振兴，以进取的气概而蹶起"④。孙中山认为，任何内外敌人的残酷压迫和劫难都不能使中华民族一蹶不振。但是，"清政府腐败，非从民族根本改革，无以救亡"⑤。"拯救中国四亿的苍生，雪除东亚黄种人的耻辱，恢复和维护世界的和平人道，关键只在于我国革命的成功。如果中国革命成功，其余问题均可迎刃而解"⑥。因此，孙中山认定，欲"拯斯民于水火

---

① Bouloger, D. C., *The Life of Sir Halliday Macartney*. K. C. M. G. London, 1908, pp. 431～432.
② 何启的文章见《德臣西报》1887年1月16日。
③ （日）宫崎滔天：《三十三年之梦》，花城出版社、三联书店香港分店1981年版，第122页。
④ （日）宫崎滔天：《三十三年之梦》，第123页。
⑤ 中国史学会主编：《辛亥革命》资料丛刊（一），第5～6页。
⑥ （日）宫崎滔天：《三十三年之梦》，第123～124页。

之中，而扶华夏于分崩之际"①，"不完全打倒目前极其腐败的统治而建立一个贤良政府"，中国要实现"任何改进"，②中华民族要振兴，都是不可能的。

但是，历史往往是很难意料到它的结果的。康有为呼唤变法维新，"风靡一时"，他满以为清政府会接受他的主张，实现改革中国的目的；孙中山也满怀信心，以为登高一呼，八方响应，摇摇欲坠的清朝封建大厦必然会坍塌。然而，1895年广州起义的流产和1898年维新变法运动的失败，说明当时中国的封建顽固派既不允许孙中山革命，也不允许康有为实行改良。但是，当时形势的发展已经到了"不变也得变"的时候了，因此，革命与变法维新的救国道路虽不同，但他们播下的救国种子则结下了民族觉醒之果。1900年义和团反帝爱国民族运动的失败，使全国为之震荡，首先觉悟的知识分子大声疾呼：要救国必革命。随着出版物的增多，中国人民进一步觉醒。从此，革命风潮日盛，不仅是革命派爱国、革命、共和的思想为越来越多的人所接受，而且孙中山也由被人唾骂为"乱臣贼子"变成受人尊敬的"革命者之初祖，实行革命者之北辰"③。所以，义和团运动失败后，资产阶级革命派号召要"振刷""国民精神"，"开廿世纪之风云"，并决心"腕力高扬，张自由之旗鼓，席卷廿一省，尽苏亿兆人，尽国民之责任，种同胞之幸福"，"辟创一新世界"，④正是当时中华民族觉醒的明显表现。社会风云变化和革命思潮的兴盛，标志着革命派已取代改良派成为当时振兴中华的主角，并随着革命报刊雨后春笋般出现，宣传爱国救亡、革命共和文章的增多，在民族主义革命思潮激荡下，中华民族迅速觉醒。中国各族爱国人士都聚集到以孙中山为代表的资产阶级民主革命派的旗帜之下，加速了全国革命的到来，这是近代中华民族觉醒的新象征，也是孙中山得以成就辛亥革命的重要原因。所以，甲午战争虽然失败，但它是中国民族觉醒的界碑。

（三）

20世纪初，随着以孙中山为代表的革命派在辛亥革命准备时期舆论工作的加强，中华民族的觉醒增添了新内容。

1. 民族主义思潮的兴起和反帝爱国思想的高潮。

历史进入20世纪，列强借镇压义和团爱国反帝运动之机，占领了中国的首都北京。这种占领一直延续到1901年9月清政府签订屈辱卖国的《辛丑条

---

① 《孙中山全集》第1卷，第47页。
② 《孙中山全集》第1卷，第88页。
③ 中国史学会主编：《辛亥革命》资料丛刊（一），第90页。
④ 《义和团有功于中国》，《开智录》，转引自《清议报全编》，第16册。

约》才告终。

在这个时期,沙皇俄国的军队又一直占领着东北三省的主要城市,并且准备进一步吞并整个东北。这一切极大地刺激了中国人民的民族感情,正如陈天华在《警世钟》一文中所申述:"于今各国不由我分说,硬要瓜分我了,横也是瓜分,竖也是瓜分,与其不知不觉被他瓜分了,不如杀他几个,就是瓜分了也值得些儿。"

"落落何人报大仇,沉沉往事泪长流,凄凉读尽支那史,几个男儿非马牛。"①《浙江潮》上的这首诗,以极其悲愤的笔调表述了中国人民饱受外来侵略压迫的痛苦心情,激发了人们的救国热情。革命者号召:"读书的放下笔,耕田的放了犁耙,做生意的放了职事,做手艺的放了器具,齐把刀子磨快,子药上足,同饮一杯血酒,呼的呼,喊的喊,万众直前,杀那洋鬼子,杀投降那洋鬼子的二毛子。"②革命宣传家向人民揭示了中国已经成了列强竞争角逐的焦点,"瓜分之祸""亡国灭种,就在眼前"的事实,指出中国已"为白人所公有","中国之主权,外人之主权也"③,中国人民已沦为"两重奴隶""三重奴隶""数重奴隶"。他们大声疾呼,处在这种情势下的中国人民只有树立"奋发尚武之精神",与"狮凶虎暴豺虐狼贪"④般之帝国主义作斗争,中国才有振兴的前途。

《辛丑条约》签订后,中国半殖民地化进一步加深。清朝统治集团的腐朽和可耻的卖国政策,使阶级矛盾、民族矛盾愈益激化。许多知识分子为了探求救国的道路,纷纷出洋留学。他们中的爱国青年,耳闻目睹西方和日本的富强,面对积弱愚昧的祖国,感到自己肩负着"唤起国民"民族意识的责任。孙中山指出:"百姓无所知,要在志士的提倡;志士的思想高,则百姓的程度高。"⑤革命志士向"百姓"提倡什么呢?孙中山说:"以余之意,则中国民族主义日明,人心之反正者日多"⑥。"罗马之亡,民族主义兴,而欧洲各国以独立"⑦。所以,要中华民族独立振作,"奋发有为",唯有以民族主义"输灌于民心","启迪并唤醒自己民族意识"⑧。因此,一场宣传民族主义、振奋民族精神的热潮霎时间在中国掀起来了。

---

① 《浙江潮》第 3 期。
② 中国史学会主编:《辛亥革命》资料丛刊(二),第 121 页。
③ 《原国》,《国民报》第 1 期。
④ 《论帝国主义之发达及二十世纪世界之前途》,《开智录》,转引自《清议报全编》第 15 册。
⑤ 《孙中山全集》第 1 卷,第 281 页。
⑥ 辨奸(胡汉民):《斥〈新民丛报〉之谬妄》,《民报》第 5 号。
⑦ 《孙中山全集》第 1 卷,第 288 页。
⑧ 《孙中山全集》第 1 卷,第 251 页。

孙中山在晚年谈起辛亥革命提倡民族主义救中国时说过："没有民族的精神"，虽有"四万万人结合成一个中国"，也只是"一片散沙"。我们中国"弄到今日是世界上最弱的国家，处国际中最低下的地位"，就是因为没有民族精神。今天"我们要挽救危亡的中国"，"便要提倡民族主义，用民族精神来救国"。①

革命者根据中国"不兴必亡，不亡必兴""不愤不兴""其兴其亡，决于今日"的认识，提出仅仅夸耀过去中华民族的光荣，"惟列举我支那美点以自豪，如卖药之功能书，备陈其功德之数"②，是不足以振起同胞真正的爱国心的，必须勇于揭露一切阻碍中国走上近代化道路的惰力因素，才能使全国人民觉醒和奋发起来，为振兴中华而踊跃投身于民族解放事业③。革命者遵循"革除奴隶之积性，振起国民之精神，使中国四万万人同享天赋之权利"④的宗旨，向全国人民宣告："欲达此莫大之目的，必先合莫大之大群；而欲合大群，必有可以统一大群之主义，使临事无涣散之忧，事成有可久之势，吾向欲觅一主义而不得，今则得一最宜吾国人性质之主义焉。无他，即所谓民族主义是也。"⑤ 革命者怀抱"救国之术在振起国民之精神，养成国家之思想"的目的，大声疾呼开展"国民教育"⑥，通过教育发扬国民的时代精神、爱国主义思想，胎孕民族事业，因此大量出现宣传民族主义和爱国革命的报刊和文章。

1903年1月由湖北留日学生在日本东京出版的《湖北学生界》，发表《俄人之与西藏》(第3期)、《黄河》(第2期)、《扬子江》(第5期)、《中国地理与世界的关系》(第1期)等文，列举种种事实，揭露帝国主义宰制中国、损我主权、掠夺资源、魔爪四伸、深达边陲的罪恶。一些杂文、新闻还控诉了帝国主义歧视、虐待华人，辱骂中国人为"亡国贱种""劣等民族"等情状。作者们对此感到痛心疾首，"旦旦而哭之，夕夕而呼之"。他们指出，帝国主义如此"日侵月夺"，中国"亡无日矣"⑦，他们不禁大声疾呼："危乎！危乎！黄帝羲轩之顽子孙，亡国绝种其在20世纪之上半期。"⑧ "中国之存亡关键在于今天。今日而欲存中国，即中国存矣！今日而欲亡中国，即中国亡

---

① 《国父全集》第1册，第4～5页。
② 章开沅：《辛亥革命与近代社会》，天津人民出版社1985年版，第9页。
③ 《二十世纪之中国》，《国民报》第1期。
④ 《国民报》社组织的"国民会"革命宗旨，《苏报》1903年5月31日。
⑤ 竞盦：《政体进化论》，《江苏》第3期。
⑥ 《民族主义之教育》，《游学译编》第10期。
⑦ 李书城：《学生之竞争》，《湖北学生界》第2期。
⑧ 《军国民思想普及论》，《湖北学生界》第3期。

矣!"① 革命者对帝国主义侵略的激愤之情,溢于言表;对清政府投降卖国的仇恨怒火,也时露笔锋。他们指出:"列强之所以擒之纵之威之胁之者,政府也,官吏也;政府官吏而外,我同胞之国民,固非列强所能擒之纵之威之胁之者也","且夫我中国固具有雄视宇内,威震环球,操纵万国,轹辗五洲之资格",② 只要全中国人民发扬"英雄豪杰龙战虎斗"的精神,团结奋斗,中国复兴是毫无问题的。可怕的是"柔顺屈从","甘随波兰、印度、埃及、土耳其之后尘",做世界列强的殖民地,那就"中兴无望",只好"飘零异域""没有家乡"!③ 因此革命者向亲爱的同胞发出呼吁:我们伟大的祖国已到了"危在旦夕"的地步了!"白人并吞之期迫矣"!倘若我们不"甘受他族之烹宰","宜振兴独立,以自尊爱",必须"互相联合,结巩固之团体,以与白人相角逐"。④ 发扬"宁为自由死",决不"生息于异种人压制之下"的民族自豪感,"励独立之气,复自主之权,集竞争之力,鼓爱国之诚,以与暴我者相抗拒相角逐,还吾中国真面目"。⑤ 他们号召人民要立下决心与列强"相与鏖战公敌,以放一线光明于昏天黑地之中"⑥。

在革命者的宣传鼓动下,人们的觉悟明显提高了,以留日学生的爱国斗争和国内的"学界风潮"作为开端,迎来了规模宏大的爱国运动——1903年的拒法和拒俄斗争。

人们唱爱国歌,讲爱国事,"寻着一个同声气"——爱国革命。一时"夏禹域兮我祖国""大支那兮我祖国"的爱国之声四起,"闻者莫不感发热诚"⑦。全国人民的奋起,爱国反帝、爱国反清革命高潮的形成,正是中华民族"伟大觉醒"⑧ 和中国未来发展的希望所在。

2. 推翻"洋人的朝廷",实现民族独立的要求更加迫切。

义和团运动后,首先觉醒的中国知识分子提出这样的疑问:为什么外国人能够夺取中国的大片领土,侵犯中国的主权?革命者最普遍的回答是因为清朝统治者"量中华之物力,结友邦之欢心"⑨,人们把清朝统治者与帝国主义相提并论。杨守仁指责欧洲压迫者"利用我土地以为其外府,则且利用满政府

---

① 《湖北学生界》第1期。
② 《二十世纪之中国》,《国民报》第1期。
③ 刘晴波、彭国兴编:《陈天华集》,湖南人民出版社1982年版,第38～41页。
④ 《法律概论》,《浙江潮》第3期。
⑤ 《公私篇》,《浙江潮》第1期。
⑥ 《议报界》,《苏报》1903年6月4日。
⑦ 《苏报》1903年5月8日。
⑧ 《孙中山全集》第1卷,第211页。
⑨ 周永林编:《邹容文集》,重庆出版社1983年版,第52页。

以为守藏之胥"①。陈天华认为清朝统治者是方便帝国主义征服中国的走狗，清政府是"洋人的朝廷"②。邹容则谴责满人把汉人移交给外国人当奴隶，把中国的土地"私相授受"施以外人，"以买其一家一姓五百万家奴一日之安逸"③。孙中山说：我们必须"发扬民族主义精神"，"这种精神一经唤起，中华民族必将使其四亿人民的力量奋起并永远推翻满清王朝"。④ 人们已经看清了清政府卖国的真面目，靠它不但谈不上保卫国家和民族的利益，相反，只会大量出卖国家权益，以换取帝国主义的支持来镇压人民的反抗、维护它的反动统治。因此，有人提出："列国对华政策，方利用其政府以压制我国民。不公然割我土壤入彼版图，起我国民之反抗力，及分利不均以引动全球战祸。乃出以至狡猾、至险狠之手段，尽网罗我国民之权利而留一地壳以居之，是将使我国民束缚于重重之压制以自相屠戮自相消灭，而满清政府为彼之功狗也。长此悠悠，暗无天日。我国民之目的，如即视政府为国家，则将实受覆亡之惨，而终其身在睡梦中，我同胞盍三思之。"⑤ 有的人更直截了当地喊出："起！起！排满排满！满洲不排，则我同胞无再生之日。"⑥

林懈在论证中国人怎样在同世界侵略势力斗争中，促成了自己的民族觉醒时作了这样的解释：如果我们"没有倒满、逐满、排满的能力，别的事也不用办了"。在当时种族竞争的世界，"我们所应该对付的有两种：一是共同一致对着满洲政府，实行攘夷；一是共同一致对着大陆各国，实行自卫"⑦。邹容也说："欲御外侮，先清内患"⑧。

由此可见，"排满"既是"作为维护中国民族气节的一种刺激力"，也是"作为有效地抵抗欧洲侵略者的出发点"⑨。反清"排满"情绪的高涨，是中华民族觉醒的一种象征，也是孙中山"驱除鞑虏，恢复中华"救国主张为革命知识分子所接受、迅速取得成就的标志。

3. "沉睡的巨人"醒过来了。

全民族的奋起斗争，表现了中国人民坚忍不拔、不达目标不罢休的劲头，

---

① 《辛亥革命前十年间时论选集》（以下简称《时论选集》）第1卷下册，三联书店1960年版，第626页。
② 刘晴波、彭国兴编：《陈天华集》，第36页。
③ 周永林编：《邹容文集》，重庆出版社1983年版，第52页。
④ 《孙中山全集》第1卷，第227页。
⑤ 云窝：《教育通讯》，《江苏》第6期。
⑥ 《国内时评》，《江苏》第6期。
⑦ 《时论选集》第1卷下册，第902、911页。
⑧ 《邹容文集》，第257页。
⑨ （美）史扶邻：《孙中山与中国革命的起源》，第257页。

使外国人不得不承认中华民族是伟大的民族。

中华民族在义和团反帝运动中表现出来的勇敢战斗、不屈不挠的顽强精神,以及《辛丑条约》签订后随着民族民主思潮的高涨而兴起的反帝爱国斗争和抨击清朝腐朽统治的愤怒情绪,显示了中华民族强大无比的力量。义和团运动后,虽然有一部分外国人更加狂妄,认为中国是一个随时可以征服的地区,竭力鼓吹帝国主义国家征服清政府,使中国成为外国控制的殖民地,但是,也有一些外国人看到中国的觉醒,不得不承认"沉睡的巨人"醒过来了。他们说:"中国有四百兆人众,日后必臻强盛。"① 连英国《泰晤士报》也认为:"吾侪生于今日,固不能意料百年以后之事,然使中国力自整顿,效法日本,自必能与之争雄。"② 尽管有不少外国人生怕中华民族的振兴会给欧美列强增加麻烦,于是什么中国的振兴会给欧洲大陆各国以及美国带来祸害的所谓"黄人联合以攻白人"的"黄祸论"也制造出来了,其中,有的人借"重提旧事"诬蔑中国;但也有不少明智的政治家、思想家看到:所谓"黄人联合以攻白人","此实过虑"。"像中国人这样众多而刚强的人民要说将永远受某一外国的领导则是不大可能的"。他们认为控制中国人,将为它们"背上了一个包袱"。③ 还有的人说:今之中国"如梦骤觉"④,"不可等闲视之"⑤。美国还有人说:就中华民族所具有的刚强、勤劳和孜孜不倦的性格看,世界上"没有一个民族或种族比中国人更配称得上是伟大的民族"⑥。外国人对中国看法的改变,说明中华民族勃兴和民族觉醒所萌发出的巨大力量在国外发生了影响。而这种力量又恰恰为革命者"开廿世纪之风云""辟创"中国的"新世界"准备了条件。

列宁说:"我们不知道,亚洲是否来得及在资本主义崩溃以前,也像欧洲那样,形成独立的民族国家的体系。但是有一点是无可争辩的,这就是资本主义使亚洲觉醒过来了,在那里到处都激起了民族运动,这些运动的趋势就是要

---

① 《论黄祸》,英国《显屈烈报》;《十九世纪以来》,《外文报》甲辰年(1904年)第3号第72期。
② 《论黄祸》,《泰晤士报》(1900年1月7日),《外交报》乙巳年(1905年)第3号第103期。
③ (美)勃罗沮:《论中外关系与黄祸》,《旧中国的新力量》(1904年初版),转引自吕浦、张振鹏等编译:《"黄祸论"历史资料选辑》,中国社会科学出版社1979年版,第202、214页。
④ 《论中国近情》,英国《摩宁普士报》1908年6月13日。
⑤ 中国总税务司赫禄在1908年6月13日答路透社记者时所说,《外交报》戊申年(1908年)第19号第218期。
⑥ (美)辩士达:《美国在东方的外交》(1904年版),张振鹍译,转引自《"黄祸论"历史资料选辑》,第201页。

在亚洲建立民族国家。"① 又说：在中国以孙中山为代表的资产阶级民主派，朝气蓬勃地领导人民进行战斗。他们"不是惧怕未来，而是相信未来，奋不顾身地为未来而斗争；它憎恨过去，善于抛弃死去了的和窒息一切生命的腐朽东西"②。列宁的意思是说：在1905年俄国革命之后，发生了土耳其、波斯和中国的革命，这是亚洲觉醒的表现，而在中国反映这种觉醒的就是以孙中山为代表的资产阶级革命民主派在1905年8月成立了中国同盟会，并自觉地承担领导人民进行"复兴"中国的民族运动和政治斗争。

毫无疑问，中国同盟会的成立，表明中国的民族资产阶级政治上的进步，也使近代中国的民族运动第一次成为自觉的群众性的运动。孙中山还通过创办《民报》等革命刊物，宣传指导革命的民族、民权、民生三民主义纲领，把一切革命阶级的居民吸引到政治生活中去，使争取政治自由、民族权利，建立民族国家的民族运动，成为"我们这个时代"，我们"东方发生的一连串有世界意义的事变"③ 之一。这是近代中华民族迅速觉醒的重要标志。

（四）

近代中华民族觉醒的进程同孙中山的作用是分不开的。

孙中山在近代中华民族觉醒中所起的作用，主要是他通过各种宣传和爱国革命的实际行动，把爱国革命志士对祖国无比深厚的感情凝聚起来，动员全中国人民起来"合力救国"，建立一个统一、独立、民主、富强的资产阶级新国家。孙中山为了达到上述目的有意识地做了许多唤起中华民族觉醒的工作。

1. 通过宣传中国是一个地广人众、文明发达的伟大国家，激起人们的爱国爱乡激情。

孙中山说：中国为世界"最老之文明国"，其"幅员之广，人口之多"为全球所无，它不仅有"四百兆苍生之众，数万里土地之饶"，而且又是东方文明古国，礼仪之邦。在我们伟大的祖国，"古先圣贤王教化文明之盛"旷世所无。然而，"中国积弱，至今极矣"，"堂堂华国，不齿于列邦；济济衣冠，被轻于异族"。④ 为什么呢？孙中山说：那是因为"清虏入寇，明社丘墟，中国文明沦于蛮野"，因此，欲"扶华夏于分崩之际"，恢复中华，只有"除虏"，清政府不打倒，中国无法"兴治"，也只有"罚恶"，打倒清朝统治者，才能"救民"。孙中山又说：中国的过去是伟大的，但在清朝的统治下一蹶不振，

---

① 《列宁选集》第2卷，第511页。
② 《列宁选集》第2卷，第424～425页。
③ 《列宁选集》第2卷，第518页。
④ 孙中山：《香港兴中会章程》，《孙中山全集》第1卷，第21页。

因此,要振奋起民众的爱国心,就必须使"吾国人果知天下兴亡,匹夫有责"。只要人们明白必须救国,"中国民众迟早将要起来"革命。

孙中山为了"发扬先烈,用昭信史",经常用"支那人爱国之心,忠义之气"的典型材料教育人们,唤起人们的爱国爱乡精神。他指出:"凡国之所以能存者,必朝野一心,上下一德,方可图治",欲保全"四百州之地",瓦存"四百兆之人"的中国,必须"以慰众心,而一众志",否则便"生灵涂炭""华夏陆沉"。总之,孙中山是以眷恋国土乡邦的情怀去"唤醒中国民众"的强烈民族观念,"将其由酣睡中引入现代进步时代",作为支撑中华民族保家卫国、发扬文化传统的精神力量。"倘能使中国人民认识到自己的力量和资源并对其加以适当利用,则中国将来定能成为最大的强国"。①

2. 在领导人民进行反清斗争中,宣传和启发人们的爱国主义热情。

孙中山是一位"重实际而黜玄想"的革命家,他的"务实精神"决定了他"志尽于有生,语绝于无验"。孙中山重视"行",但他反对无知"妄行"。他说:"行易知难"。虽然"不知亦能行",然而他认为只有正确的认识才会有正确的行动,这就是说,要"行"得正,必先有真知。所以,为了"行",必须使全国民众,"醒其渴睡",认识"行"的意义。因此,孙中山在领导人民进行反清斗争过程中,注意以"非常革新之学说,其理想输灌于人心而化为常识"②,让爱国志士自觉地实行革命。孙中山告诉国人:"中国土地、人口为各国所不及,吾侪生在中国,实为幸福",然而"吾侪既据此大舞台,而反谓无所藉乎,蹉跎岁月,寸功不展,使此绝好山河仍为异族所据,至今无有能光复之,而建一大共和国以表白于世界者",③是因为中国民众并未真正认识到"使吾侪至贫极弱,日沦于九幽十八狱者"是"朝秦暮楚之政府,迎新送旧之官场"④。因此,孙中山说:要"发达吾民之爱国心","与异族抗"⑤,先要号召国民"把中国民族前途的问题横在心上"⑥,然后"竖旗起义","驱逐满洲皇帝",才能"光复我们民族的国家"。而要如此,就须在反清斗争中做好宣传,使中国民众与"文明进步,忧国思潮与时俱长",做到全国人民"协力联合""披坚执锐,血战千里",⑦ 同清政府决战。由于清政府腐败造成中国

---

① 孙中山:《致麦格雷戈夫人函》,《孙中山全集》第 1 卷,第 225 页。
② 孙文:《〈民报〉发刊词》,《民报》第 1 号。
③ 过庭(陈天华):《记东京留学生欢迎孙君逸仙事》,《民报》第 1 号。
④ 蹈海子:《民呼日报宣言书》,《民呼日报》1909 年 5 月 15 日。
⑤ 《国魂篇》,《浙江潮》第 1 期。
⑥ 民意(胡汉民):《纪十二月二日本报记元节庆祝大会事及演说辞》,《民报》第 10 号。
⑦ 邓泽如辑:《孙中山先生廿年来手札》(1926 年印)卷 1。

"岌岌可危",又由于清朝统治者残酷镇压爱国革命志士,使中国人民的救国心受到极大压抑,在这种情况下,正如当时孙中山的战友们所说:要拯救中国,复兴中华民族,"舍革命更无他术"①。要救国就必须革命,要革命就必须推翻清朝。革命派的这些宣传不仅使孙中山领导的反清革命具有巨大的号召力和说服力,而且也表明孙中山为代表的革命派的爱国主义思想在内容上比起早期士大夫的单纯排外思想和"排满"思想要广泛和深刻得多。

3. 通过宣传恢复中华民族的地位,寻找"复兴"中国的道路。

近代中国的民族地位日益低落,深深地刺伤了中国人民的民族自尊心。孙中山在晚年作民族主义讲演时,就这样说过:由于清政府的腐败,中国不只"做一国的殖民地,是做各国的殖民地,我们不只做一国的奴隶,是做各国的奴隶"。又说:"中国人从前只知道是半殖民地,便以为很耻辱,殊不知实在的地位还要低过高丽、安南。故我们不能说是半殖民地,应该要叫做次殖民地。"孙中山告诫国人:"中国人再不觉悟",长此以往,"不到十年便要亡国"。② 因此,要抹掉中华民族的"耻辱"历史,恢复中华民族的历史地位,孙中山认定只有从"激动历史上民族之感慨"开始,"大倡革命",实现"扑满兴汉",然后打倒国际的"势力强权",才能指望中国"复兴"。民族和国家的"复兴"要靠"自强",只要全国"人心日醒,发奋为雄,大举革命,一起而倒此残腐将死之满清政府",列强国家"方欲敬我之不暇",也只有"先驱除客帝复我政权",始能免除其今日同帝国主义"签一约割山东,明日押一款卖两广"的惨况。孙中山从自强求胜、以胜求复兴的思想出发,得出"欲免瓜分,非先倒满洲政府,别无挽救之法"的结论。孙中山又从"我能发奋,则彼反敬畏"的思想出发,得出"拯救中国完完全全是我们自己的责任"③ 的结论。因此,他坚定地指出:要争取民族独立,就必须立下决心,用爱国思想去激荡人们奋起革命。他坚信只要"我们放下精神说要中国兴,中国断断乎没有不兴的道理"。可见,孙中山的意思很清楚,中国要独立,要恢复我们中华民族的地位,全恃"中国的觉醒"以及实现"先倒满洲政府"和"开明的政府之建立"。这就把启迪人民的觉悟和唤起民族意识同实现打倒清政府和"复兴"中国结合起来,从而使民族觉醒有了明确的目的。

4. 通过宣传发扬中华民族的悠久文明传统和学习"各国种种文明"结合起来,加速中华民族的文明进步。

---

① 广东省哲学社会科学研究所历史研究室编:《朱执信集》,中华书局1979年版,第7页。
② 孙中山:《民族主义第五讲》,《孙中山选集》,第673页。
③ 孙中山:《中国问题的真解决》,《孙中山全集》第1卷,第255页。

中国是一个文明古国，如何把中国的悠久文明发扬光大同学习世界各国的文明结合起来，从而加速中华民族的发展，这是孙中山毕生考虑的一个重要问题。1905年8月13日，孙中山在日本东京中国留学生欢迎大会发表演说时说：他此次东来是与诸君"商定救国之方针"。接着孙中山又谈到他离东京三年再回来一看"东方一切事皆大变局"，指出："近来我中国人的思想议论，都是大声疾呼，怕中国沦为非、澳。前两年还没有这等的风潮，从此看来，我们中国不是亡国了。这都由我国民文明的进步日进一日，民族的思想日长一日，所以有这样的影响。"然后谈到他在日本、美国考察时看到文明日进、"人物皆新"的情景时，他又感叹地说："中国的文明已有数千年，西人不过数百年，中国人又不能由过代之文明变而为近世的文明；所以人皆说中国最守旧，其积弱的缘由也在于此。殊不知不然。"如果我们中国"将来取法西人的文明而用之，亦不难转弱为强，易旧为新"。因此，孙中山指出：我们要发扬中华民族的悠久文明传统，树立民族自信心，但不能"误于说我中国四千年来的文明很好，不肯改革"，不愿"取法于人"① 来阻碍中国的进步。

孙中山还针对当时中国舆论界"夸词以为美，嚣听而无所终"的空谈作风，"斟时弊以立言"，"远瞩将来"，强调说：我们中国"以最大之民族，聪明强力，超绝等伦"闻名于世，于今"沉梦不起"，而"万事堕坏"。那是因为我国的革命志士不注意宣传，振兴中华思想鲜为人知，故孙中山提出要以"最良之心理"，"策其群而进之"。他说：文明进步是自然所致，不能逃避的。西方的"文明有善果，也有恶果，须要取那善果，避那恶果"。②"当我们在我们社会生活中确立现代的文明时，我们有可能选择那些符合我们愿望的东西"③。只要我们"应乎世界进步之潮流，合乎善长恶消之天理"，择取西方文明中对我国进步有用的东西，与中国优良传统文明结合起来，加速中华民族的发展，我们复兴中国的事业"则终有最后成功之一日"。④

总之，孙中山对于促进中华民族觉醒所做的工作是多方面的，他所作出的贡献也是多方面的。但最主要的是他从中国存在一个腐朽的清政府，导致中国愚昧、落后不能长进的实际出发，以启迪中国人民觉醒开始，进而组织人民起来斗争，实现推翻"衰朽"的清政府，"建一头等民主大共和国"⑤，然后，"取法西人的文明而用之"，使中国"转弱为强"，"易旧为新"。

---

① 孙中山：《在东京中国留学生欢迎大会的演说》，《孙中山全集》第1卷，第277～281页。
② 孙中山：《在东京〈民报〉创刊周年庆祝大会的演说》，《孙中山全集》第1卷，第327页。
③ 孙中山：《复鲁赛尔函》，《史学译丛》1957年第5期。
④ 邓泽如辑：《孙中山先生廿年来手札》（1926年印）卷2。
⑤ 过庭（陈天华）：《记东京留学生欢迎孙君逸仙事》，《民报》第1号。

（五）

民族觉醒以后，中华民族走向何方？孙中山认为，中国人应该走中国的路。但是当时中国有两条路：一条是半殖民地半封建的道路，一条是独立、统一、民主、富强的道路。而孙中山用自己的行动作了明确的回答：唤起民众，推翻清朝，建立民国，利用巩固的资产阶级革命政权从事实业建设，实现中国的近代化，使中国走向独立、统一、民主、富强的道路。

孙中山领导中国同盟会和人民群众发动的辛亥革命，推翻了清王朝的统治，建立了共和国，实现了中华民族的第一次腾飞。它是中国政治及人民生活方式走向近代化之路的一个划时代的起点，它开辟了中国和亚洲民主共和国的新曙光，给亚洲人民带来苏醒的晨曦，给世界进步人类有力的鼓舞。

作为辛亥革命领导者的孙中山，他在从事唤起中华民族觉醒的过程中，及时地把提高人民群众的民族觉醒和阶级觉醒结合起来，使这场由资产阶级革命派播民族斗争之种的辛亥革命结出了阶级斗争之果——成立了中国第一个资产阶级共和国——南京临时政府，使中国各族人民第一次跨入了民主共和国的大门，受到极大的鼓舞。这是以孙中山为代表的革命派宣传民族革命、领导近代中国第一次正规的资产阶级民族运动的结果。可见，资产阶级革命派通过宣传和发动人民群众起来进行民族、民主革命，推翻清政府，作为振兴中华的第一步，无论从斗争策略上讲或者从中华民族解放的角度去看，都是正确的。因为辛亥革命是中国的革命，中国的民族资产阶级要通过旧社会的死亡来获得一切，其中当然也包括民族的独立和解放。因此，中国民族资产阶级推翻清政府、取得反封建专制王朝的胜利是民族革命的胜利，也是民主革命的胜利，同时也是中华民族对帝国主义的胜利。

有些外国学者不完全了解辛亥革命时期中国的真实情况，指责我们肯定中国资产阶级民族、民主革命的作用是"美化中国人民在反抗列强侵略中国的团结精神和觉悟程度"，说什么中国"资产阶级宣传民族精神是承受了中国古代中世纪的一整套汉族中心论和沙文主义思想观念"。他们认为，革命派向人民群众灌输民族思想，在中国这样一个多民族的国家里，会"导致种族分立，人心涣散"。这些看法，笔者实在不敢苟同。有关这方面的论述，在笔者已往的论著中已有言及[①]，这里不再赘述，但有一点必须再强调，那就是辛亥革命

[①] 参见林家有《孙中山的民族主义思想与辛亥革命》，《中山大学学报》1979年第4期；《论中国资产阶级革命派的民族主义宣传及其对辛亥革命的影响》，《中山大学学报》1981年第3期；《辛亥革命与少数民族》，河南人民出版社1981年版；《孙中山与〈民报〉》，《孙中山研究论丛》第3集。

时期以孙中山为代表的革命派宣传民族革命思想和学说,启迪中华民族觉醒,不仅没有导致"种族分立,人心涣散",恰恰相反,正是资产阶级革命派的民族革命宣传,振奋了全国人民的爱国革命热情,凝聚了全国各民族的革命力量,孤立和打击了清朝政府的反动力量,加速了清政府的垮台。

其实在任何时候、任何民族,民族精神都是不可缺少的,一个民族只要精神上一瓦解,就会使政治、经济、文化一蹶不振。以孙中山为代表的资产阶级革命派,通过宣传爱国爱乡,发扬民族精神,唤起民族觉醒,既是中华民族本身发展的需要,也是革命的需要。1912年7月,列宁在《中国的民主主义和民粹主义》一文中,评价孙中山的革命思想和斗争后指出:"中国愈落在欧洲和日本的后面,就愈有四分五裂和民族解体的危险。只有革命人民群众的英雄主义才能'复兴'中国,才能在政治方面建立中华民国,在土地方面实行国有化以保证资本主义最迅速的发展。"又说:"以孙中山为代表的资产阶级革命民主派,正在尽量启发农民群众在政治改革和土地改革方面的主动性和勇敢果断精神,从中正确地寻找'复兴'中国的道路。"① 列宁的话有两层意思:其一,中国建立民族国家以后,必须实现近代化,才能维护国家的统一和推进民族事业的发展;其二,民族国家必须实行有益于民众尤其是农民的政策,尽量启发农民群众的积极性,才能"复兴"中国。列宁的话无疑是正确的。

孙中山作为近代中国民族资产阶级革命派的代表,他领导中国革命要达到的目标,显然是要实现发展资本主义,建立独立、民主、富强的中国。要如此,他必须首先实现"占世界人口四分之一的国家复兴"②,改变中国"异种残之,外邦逼之"的状况,把中国变为"至强至富"的国家,因此,他领导人民"颠覆满清专制政府",首先是要"巩固中华民国图谋民生幸福",实现"民族之统一"、"领土之统一"、"军事之统一"、"内治之统一"、"财政之统一"③。然后,利用统一的政权实行经济建设,创办实业,实现"民治""民有""民享"的资产阶级统一国家。这是孙中山为代表的革命民主派坚信只有统一的中国,中华民族才能振兴,只有民主的中国才能获得民族的真正独立,只有民族独立中国才能富强,只有国家富强人民才能享"民生"幸福的具体表现。但是建立新中国、振兴中华的前提条件是推翻清政府,消灭封建专制主义旧政权,因为如果不消灭封建政权,把君主专制的中国变为自由、共和民主的资产阶级共和国,中国没有民主,人民没有自由,中华民族的解放不可能实

---

① 《列宁选集》第2卷,第428页。
② 孙中山:《复鲁赛尔函》,《史学译丛》1957年第5期。
③ 《临时总统就职宣言书》,《临时政府公报》第1号。

现，民族不团结，实行共和、中国独立富强也没有希望。所以，孙中山领导的辛亥革命把民族革命、民主革命以及社会革命统一起来，把实现国家统一、人民民主、民族独立和国家富强的问题有机地联系起来，完整地体现了孙中山振兴中华、复兴中国的思想。

然而，由于时代和阶级的局限，孙中山在当时没有能够在争取国家民主共和及民族独立解放的斗争中，有效地实行有益于民众（尤其是各族农民）的政策，因此，没有能够尽量启发各族人民群众的革命积极性来实现国家和民族的统一、民主、共和，有力地推进民族事业的发展。正如孙中山所说："夫国者人之积也，人者心之器也，而国事者一人群心理之现象也"，"夫心也者，万事之本源也。满清之颠覆者，此心成之也；民国之建设者，此心之败也"。因为人心不齐造成辛亥革命后，建设无成、国事日非。"夫去一满洲之专制，转生出无数强盗之专制，其为毒之烈，较前尤甚"。①

回顾当年，孙中山及其所代表的资产阶级革命派在振兴中华的历程中，没有能够真正造成"万众一心，急起直追，以我五千年文明优秀之民族，应世界之潮流，而建设一政治最修明、人民最安乐之国家"，实现"为民所有，为民所治，为民所享"的革命目标，除了以孙中山为代表的革命派未能组成一个真正团结统一、巩固的革命政党，从政治、思想、文化等方面宣传、组织和发动人民群众起来同封建主义势力作坚决斗争的主观原因外，从客观上说是由于帝国主义不允许中国复兴和封建主义的腐败，加上中国没有一个独立发展的资本主义社会，资产阶级革命派政治上的软弱性和思想准备的不充分，在革命的紧要关头作了错误的选择，将政权交给袁世凯造成辛亥革命悲剧性的结局。辛亥革命的失败，资本主义制度未能在中国建立起来，不仅表明中国的民族资产阶级担负不了时代赋予它的历史使命，也说明当时的民族、民主派包括孙中山在内都由于受到时代的局限未能真正通过唤起民族觉醒来实现振兴中华、复兴中国的任务。先进的中国人必然继续探寻解救自己国家、振兴中华的真理。五四运动前以《新青年》杂志的创办为标志的新文化运动，是辛亥革命后先进的中国人继续探求解救祖国真理而掀起的新的民族觉醒运动。这个运动是由新成长的知识分子群发动的，他们树起民主与科学的旗帜，宣传民族觉醒，把继承和发扬辛亥革命的成果和俄国十月社会主义革命开辟的新时代的革命精神结合起来，向旧文化发起了多方面的进攻，从而再次敲开了辛亥革命后人们沉重的心扉。在民主与科学的旗帜下，再次激发起人们振兴中华、复兴中国的热

---

① 孙中山：《建国方略之一：孙文学说——行易知难（心理建设）自序》，《孙中山选集》，第158～159页。

情,为掀起真正的反帝反封建的五四爱国运动准备了条件。五四运动的爆发标志着中华民族的觉醒进入了无产阶级领导的为实现中华民族第二次腾飞的新阶段,这是近代中华民族觉醒的新的里程碑,是中国人民开始真正掌握民族历史命运的新的开始。

三、孙中山与中华民族的振兴

(一)

孙中山根据19世纪上半叶中国贫弱受列强欺侮的现实提出"振兴中华"的口号。这个口号的提出是中国人民不甘示弱有志气的表现,也是鼓舞中华民族自强不息、艰苦奋斗,号召人民起来为摆脱中国的贫穷落后,与世界先进国家并驾齐驱的战斗纲领。近百年来,我国各族人民遵照孙中山"振兴中华"的遗教,不仅实现了民族的独立,而且也初步实现了国家的民主和繁荣富强。今天我们重温百年前孙中山提出"振兴中华"口号的情景,再现他当年为国家、民族献身的精神,有非常重要的现实意义。

"振兴中华"口号是孙中山在1894年11月《兴中会章程》中提出来的。孙中山确立"振兴中华"理想不是偶然的,这不仅是他从青少年时代起就培养起来的强烈爱国主义思想的产物,也是我们中华民族伟大思想的结晶,是他留给我们许多宝贵遗产中的重要遗产。

孙中山要"振兴中华",就是要振兴中华民族各族人民共同缔造的中国。因此,1905年,孙中山在东京留学生会欢迎会上演说,又提出"振兴中国"的口号,并将"振兴中国"的责任置于自己肩上。怎样"振兴中华""振兴中国"呢?首先,他强调要树立对自己伟大国家的深厚爱国主义感情。这种感情,表现在我国悠久的民族史上,就形成了各族人民共同热爱自己祖国的爱国主义传统。而孙中山就是那个时代我们中华民族继往开来的爱国主义传统的优秀代表。他那种纯洁高尚的爱国思想和对伟大祖国的深厚感情,不仅表现在他对祖国壮丽山河纯真的爱,尤其是在他处理阶级斗争、民族斗争的复杂关系时,表现出的崇高的爱国革命精神和坚强的品格以及对自己"祖国和民族的尊严"充满乐观主义的希望。正如李大钊所指出的:孙中山先生"一生的事业在指挥中国民众向那掠夺中国,在中国援助民主主义和自由的仇敌进攻"[①]。

孙中山一生最可崇敬的是他不仅用行动教育人民"振兴中华"必须热爱

[①] 《李大钊选集》,人民出版社1959年版,第563页。

中华民族，而且还经常指出，中华民族要振兴，首先要振奋民族精神，提高民族自信力，加强全国各族人民的团结。他要求全体中国人都要"上下同德""朝野一心"，为建设"富强极盛"的"新国"共同奋斗。

爱自己的民族，这是永恒的精神。每一个有民族气节的人都应该满怀民族自豪感，只有这样才能同那些败坏伟大民族声誉的民族败类作斗争。但是民族不等于国家，只爱民族不爱国家容易产生狭隘民族情绪。孙中山在看待"民族"与"国家"这两个不同概念时，有他不科学的一面，但是，他把"民族与国家"看作一个不同概念的统一体，把人民同国家统一起来，强调爱民族与爱国家的一致性，却是可贵的。在中国近代史上，特别是中国面临着"瓜分豆剖"严重民族危机，而封建统治阶级对帝国主义侵略者又屈服投降的客观历史形势下，爱国的具体表现就是抵抗外来侵略，挽救民族危亡，打倒腐朽没落的封建政权，为已产生的中国资本主义向前发展创造条件。在当时，孙中山通过歌颂民族的历史文明和揭露民族地位的"退化"来宣传爱国主义精神，还有一番用意，就是把爱国与爱封建政权的界限区别开来。1904年，孙中山在痛斥保皇派的谬论时指出："彼开口便曰：'爱国'。试问其所爱之国，为大清国乎，抑中华国乎？若所爱之国为大清国，则不当有'今则驱除异族谓之光复'之一语自其口出。若彼所爱之国为中华国，则不当以保皇为爱国之政策，盖保异种而奴中华，非爱国也，实害国也。"① 这不仅痛斥了保皇派的"假爱国"、真害国的面目，而且指出了爱国主义的具体内容和实质。

"振兴中华"的口号在19世纪末叶被提出来，这不仅仅是孙中山个人的主张，实际上，它反映了辛亥革命时期中国一代爱国知识分子和广大民众的要求和心声。"振兴中华"首先要挽救民族危亡，而要这样就要推翻清朝的腐败统治，建设民国，然后振兴民族经济和文化。清政府不推翻，一切无从谈起。因此，孙中山与同在半殖民地半封建黑暗中国的许多热忱爱国者一样，都是用"我爱中华"来表达自己的爱国主义感情、抒发强烈爱国情怀的。孙中山早年的救国行动集中表现为通过宣传民族主义，激发和唤醒人民的爱国热情来开展反清斗争，达到推翻清政府为代表的中国封建君主专制的统治、建立共和新国家的目标。

由爱民族、爱国家发展到革命救国、拯救民族，这是孙中山一生思想发展的主线，也是辛亥革命时期革命志士忠于民族和国家伟大精神的主题歌。对于我们伟大的中华民族，孙中山始终是充满自豪和自信的。孙中山目睹清朝的腐败和"列强帝国主义"的掠夺与经济压迫，造成"中国之疮痍，民生之困

---

① 孙中山：《驳保皇报书》，《孙中山全集》第1卷，第233页。

楚",他"思切倾葵,热血满腔",极其"心伤"和悲愤。但孙中山并不是单纯地"扼腕椎心",消极等待恩赐,而是"以出万死一生之计,以拯斯民于水火之中,扶华夏于分崩之际","驱除残贼,再造中华"。① 他把自己的生死同民族、国家的前途紧紧地联系在一起,所谈的莫不为民族、国家的言论,所怀的莫不为民族、国家的思想,所研究的莫不为挽救民族国家的问题,所做的也是为着国家和民族的前途而战。

孙中山认为,作为一个中国人,应该有信心,有抱负,要自觉地立志"造福于吾民族、吾国家",让整个中华民族独立、富强起来,屹立于世界优秀民族之林。为此,孙中山要求每一个中国人都要将对民族国家的敬慕贯串于自己的全部经历之中。他说:"中华民族者,世界最古之民族,世界最大之民族,亦世界文明"之民族。就中国的民族说,"总数是四万万人","汉族人是多数",当中有"几百万蒙古人,百多万满洲人,几百万西藏人,百几十万回教之突厥人",② 还有"苗、彝、僚、僮"等族。我国的人口"占地球全人口四分之一,为他国所莫及",版舆辽阔,"物产较繁盛,占天然之优胜","人物聪秀,比白皙人种有过之无弗及"。我们的民族从前是"很文明的民族",我们的国家从前是"很强盛的国家",所以"常自称为堂堂大国,声名文物之邦",代代相传,到了今天,"还是世界最优秀的民族"。③ 孙中山对中华民族的崇高赞誉,目的是要人民树立坚定信心急起直追,把"悲观失望之中国"变为"乐观有望之中国",并用实际行动去参与振兴中华的伟大实践。这一方面正确地反映亚洲这个"充满着崇高精神和英雄气概的革命的民主主义者"孙中山,为避免中国的分裂和民族解体所表现的崇高精神和不懈努力;另一方面也表明孙中山的行动为中国各族人民指明了一条复兴中国、拯救民族的道路。

(二)

孙中山生活在1866—1925年资本—帝国主义侵略中国最酷烈的年代。在资本—帝国主义侵略面前,孙中山保持我们民族的尊严、自信,用他自己"风发泉涌"般的爱国激情去激发人们"爱国爱种的心""以毕生的精力,把中国民族革命种种运动,疏导整理,溶解联合,以入于普遍的民众革命的正轨",④ 指导中国人民向着自由与光明奋斗。

---

① 《国父全集》第2册,台北"中央文物供应社"1973年版,第1页。
② 孙中山:《三民主义:民族主义第一讲》,《孙中山选集》,第621页。
③ 孙中山:《三民主义:民族主义第二讲》,《孙中山选集》,第630页。
④ 《李大钊选集》,人民出版社1959年版,第543页。

孙中山从我们中华民族曾是世界古代文明摇篮的事实出发，曾经宣扬中华民族的文明胜于西方文明，从而改变人们对西方侵略的恐惧心理和民族自卑感。但他不是要人们陶醉在我们民族悠久的过去，而是要人们放眼世界，展望未来。他指出：中华民族要振兴，中国要"重新进步"，必须"采取西法"，首先"建设一开明政府"，然后全国各族人民立志共建"新国""改造中国"。各族人民推翻清朝后，孙中山又规划了在中国发展工商业和交通运输业、在中国实现近代化的宏伟蓝图，指导中国各族人民为民族振兴和国家富强而奋斗。

中国人民经过长期努力，一代又一代人为了国家的独立、民主的富强努力奋斗，流了许多鲜血，终于懂得了一个真理：每一个中国人都应有民族气节，要热爱自己的祖国和伟大的中华民族。孙中山经常以"国家兴亡，人人有责，我们怎能坐视不管"①来鞭策自己、激励自己。他对祖国和民族的一山一水一草一木都充满真诚的爱，但他对于清朝的腐败则非常愤慨，对于资本—帝国主义的掠夺造成中国的贫困落后更是不能容忍。1897年孙中山在日本与友人宫崎寅藏等谈论中国革命问题时曾嗟叹：中国"沃野河山，任人割取，灵苗智种，任人践踏，此所以陷于悲境而无如何也。方今世界文明日益增进，国皆自主，人尽独立，独我汉种每况愈下，濒于死亡"。一个伟大的国家弄到这步田地，孙中山无比悲愤："安忍坐圈此三等奴隶之狱，以与终古吗？"不能！不能！必须"推翻逆朝，力图自主"。②1924年孙中山在民族主义讲演时又指出："说到欧洲的科学发达，物质文明的进步，不过是近来二百多年的事。在数百年以前，欧洲还是不及中国"③，中国近200多年来是落后了，为什么会落后呢？孙中山说，有三方面的原因：一是列强的侵略，"三种压迫"④；二是清廷的"昏庸腐败""不及图治"；三是民族精神的丧失。正由于这三方面的原因，中国到了近代才受到列强的欺凌，沦为半殖民地。按照孙中山的意思，中华民族要振兴，就必须根据近代中华民族落后的三个原因，恢复和发扬民族精神，反对资本—帝国主义侵略，争取民族独立，推翻清朝结束腐败统治，建立民国，开始新的建设。他认为只有顽强的反抗斗争，才能粉碎资本—帝国主义列强灭亡中国的迷梦。他驳斥了下述一种错误理论：列强对于中国的权利，"彼此之间，总是要妒忌的"，列强在中国的努力，总是不能统一的，"长此以往，中国不必靠自己去抵抗，便不至于亡国"。孙中山尖锐地指出：这是靠不

---

① 转自尚明轩《孙中山传》，北京出版社1979年版，第7页。
② 《国父全集》第2册，第775页。
③ 孙中山：《三民主义：民族主义第四讲》，《孙中山选集》，第666～667页。
④ 所谓"三种压迫"，即政治压迫、经济压迫和人口增长的压迫。

住的,"这种痴心妄想是终不得了的,列强还是想要灭亡中国"。① 可见,当时人们对于20世纪初年帝国主义侵略中国虽然很感关切,但列强侵略中国对中华民族的压迫造成的严重后果则不是人人都十分清楚的。因此,孙中山为了激起人们反对外国侵略的爱国热忱,在晚年倾注了他全部心血,热情地探索民族崛起的道路,表现了对中华民族前途的忧虑和为国家呕心沥血的崇高精神。

孙中山说:"国家之生存要素,为人民、土地、主权"。"中国最强盛时代,领土是很大的"。可是,自鸦片战争以来,再战于甲寅,三战于甲申,四战于甲午,五战于庚子,每战必割地赔款,损失权利。外国列强凭借其侵略中国所索取的特权,对中国土地"日削百里,月失数城",这样,"中国便失去许多领土"。② 列强还通过侵略中国,强迫腐败的卖国政府签订许多不平等条约,在中国掠得"租界、海关和领事裁判权"。随着资本—帝国主义列强侵略的加剧,清政府对列强的态度也由"防民甚于防寇"的投降主张到充当帝国主义镇压中国人民的"鹰犬",由不抵抗到决定"量中华之物力,结友邦之欢心",死心塌地充当资本—帝国主义的走狗。这时的清政府,只有类具奴隶性质,而无爱国思想,"甘为人奴隶"。孙中山不仅从清政府的卑鄙卖国行径中透彻地看到:"甘于弃地日就削亡者,清国今日之趋势也",并指出:中国的国势,"危险已极,瓜分之祸,已岌岌不可终日"③。"苟不及早图治,将恐国亡无日"④。在这里,他通过揭露清朝的腐败卖国,把革命救国的重任向全国人民提出来了。为此,孙中山在1905年8月同盟会成立后,一方面注重革命宣传,另一方面组织和领导各族人民进行反清武装斗争。孙中山根据清政府投降卖国、奴颜婢膝、造成中华民族精神丧失的恶习,告诉人民:"满洲政府"腐败透顶,它不仅把中国"弄得贫弱无用",而且还采取一种手段,使中国人"都变做无知无识","把关于他们对待中国的事实,和侵掠的书籍与文学,尽量烧灭,他们又严禁人民的结社集会。细察他们的用意,是要消灭中国人的爱国精神"⑤。清朝"常图自保,以安反侧",对于爱国之士严加镇压,而"防民之法加密,满、汉之界尤严",其罪恶目的就是要灭绝汉族的爱国心,涣散汉族合群之志。但正如孙中山所说:清政府的高压政策,是不能抹去"备受凌虐之苦"的中华民族各族人民的革命救国热情的。在清朝200多年统治期间,各族人民"图恢复之举,不止一次,最彰彰在人耳目者,莫如洪秀全之

---

① 孙中山:《三民主义:民族主义第五讲》,《孙中山选集》,第671页。
② 孙中山:《三民主义:民族主义第二讲》,《孙中山选集》,第632页。
③ 《时报》1905年7月8日。
④ 《国父全集》第2册,第211页。
⑤ 《国父全集》第2册,第69页。

事。洪以一个书生，贫无立锥，毫无势位。然一以除虏朝，复汉国，提倡国人，则登高一呼，万谷皆应，云集雾涌，裹粮竞从，一年之内，连举数省；破武昌，取金陵，雄据十余年。后以英国助清，为之供给军器，为之教领士卒，遂为所败"①。从此以后，中华民族各族人民的斗争几经曲折，"满朝以杀戮威汉人"，许多忠贞志士为国捐躯。这虽然消灭不了中国人民的爱国精神，但许多人都是"含恨已深，敢怒不敢言"，人民处于"郁勃之气积久待伸"状态。孙中山又说：经过义和团运动，"外国人知道中国人还有民族思想，这种民族是不可消灭的"，义和团失败后，中国一般有思想的人，便知道要中国强盛，要中国能够昭雪城下之盟的那种大耻辱，事事便非仿效外国不可，不但是物质文明要学外国，就是一切政治社会上的事都要学外国。所以经过义和团之后，中国人的自信心便完全失去，崇拜外国的心理便一天高过一天。此中最大的原因，"就是由于我们失了民族精神"，由于民族精神的丧失，不仅盲目"崇拜外国的心理"在人民中抬头，而且"国家也一天退步一天"。到了晚年，孙中山预感到问题的严重，所以，他在1924年1月开始作民族主义讲演时曾多次提出从前我们只做满洲贵族的奴隶，现在做各国人的奴隶，"所受的痛苦，比从前还要更甚"。长此以往，如果不想方设法来恢复民族主义，发扬我们中华民族的精神，"中国将来不但要亡国，或者要亡种"。②怎么办呢？孙中山充满信心地说："全赖我四万万同胞"，只要大家都"为国家前途计"，"人人存爱国心，何事不成？"他说：我们中华民族不但是以刻苦耐劳著称于世，同时又是酷爱自由、热爱和平和富于革命传统的民族。我们中华民族的这种伟大精神，正如清末江苏的一位革命者在一篇题为《民族精神论》的文章中所说："正气之歌，德义之粹，正吾族自古及今一大精神之所凝积而成者也。"③怎样发挥民族精神？他们说："知之匪难，真知实难，力行尤难。"④贵在于行。只要同胞们明白今日危急之所在，而猛勇奋发，"振其气，坚其志，固其操，不以富贵撄其心，不以死生挠其志，不以目前之小小成败挫折其目的"⑤，发扬"以死救中国"的高尚精神，全体国民"结合成一个民族大团体"⑥，中华民族就会振兴，革命就一定"能够成功"，国家也一定会富强。

---

① 《国父全集》第2册，第589页。
② 孙中山：《三民主义：民族主义第五讲》，《孙中山选集》，第668页。
③ 《辛亥革命前十年间时论选集》第1卷下册，三联书店1977年版，第845页。
④ 《辛亥革命前十年间时论选集》第1卷下册，第848页。
⑤ 《辛亥革命前十年间时论选集》第1卷下册，第849页。
⑥ 孙中山：《三民主义：民族主义第五讲》，《孙中山选集》，第677页。

（三）

忠于自己祖国和伟大中华民族的孙中山，通过在辛亥革命和革命后从事实业建设等反复的实践和总结，认识到，要民族振兴、国家富强，原因是多方面的，但最重要的有两条：其一，要实现国家的完全统一和民族团结，使国家的资源和人才得到充分的利用；其二，要学习一切民族和国家的长处，把外来的条件变为加速本民族发展的一个因素。

革命和建设需要团结。人们都知道，中国的伟大在于多民族，更在于能团结多民族。中国是由我国各民族共同缔造的，维护祖国的统一是各民族的最高利益，是关系中华民族前途的重大任务。清政府推行"一民族宰制于上"的政策，不仅影响到祖国的统一，而且给中华民族人民带来沉重灾难。孙中山说："我们中国早已有远东病夫的名号，当然是欧洲人野心垂涎的地方。"[①] 只有团结才能抵御侵略，也只有团结才能建设中国。

孙中山认为，站在中国民主革命的对立面的是封建主义和帝国主义这两个敌人，要振兴中华，必须战胜它们；要建设独立富强的国家，也必须战胜它们。而要战胜这两个敌人，不仅需要强大的物质力量，也需要号令一致、步伐一致的各族人民的团结战斗。从兴中会成立起，孙中山就制定了明确的革命纲领，为推翻清朝腐朽统治、实现国家统一和民族团结作了不懈努力，领导人民进行反清武装斗争。辛亥武昌起义后，孙中山在说明各省"独立"问题时强调指出："所谓独立者，对于清廷为脱离，对于各省为联合。蒙古、西藏意亦同此。"他说："国家之本，在于人民，合汉、满、蒙、回、藏诸地为一国，即合汉、满、蒙、回、藏诸族为一人，是曰民族之统一。"[②] 他号召各族人民团结起来，为实现国家和民族的统一而奋斗。外蒙古叛国分裂主义分子哲布尊丹巴等人，利用辛亥革命之机，在沙俄挑唆和煽动下搞分裂祖国的独立活动。1912年，孙中山从维护祖国统一和民族团结的愿望出发，曾多次致电内外蒙古王公、活佛，劝诫他们以祖国民族利益为重，不要中沙俄分裂中国的圈套，希望他们把南京临时政府五族共和的民族政策迅速"遍告蒙古同胞，戮力一心，共图大计"[③]，取消"独立"。但外蒙古卖国贼不听劝诫，与中华民族为敌。根据这种情况，1912年9月19日，孙中山在太原商学界欢迎宴会演讲时又指出："今日最要之事，乃各省当统一是也。"[④] 孙中山认为，中国"如能以

---

① 《国父全集》第2册，第67页。
② 孙中山：《中华民国临时大总统宣言书》，《孙中山选集》，第90页。
③ 《近代史资料》1961年第1期，第30页。
④ 《国父全集》第2册，第276页。

各民族合而为一，则可称雄地球"①。

但是，资本—帝国主义不支持孙中山统一中国，攻击孙中山"乏统一全国之力"，有的公开"倡为南北分治"，公然向孙中山提出："假如你们与北方协议把国家划分为二，每边各别建立一个政府，你们也将得到承认"。对于这种破坏我国统一的论调，孙中山给予迎头痛斥："不，那不行。我国人民的情绪是一致的。"② 为了把我国人民统一祖国实现团结的愿望用法律形式固定下来，他还在《中华民国临时约法》中明文规定：国家政权属于人民全体，"中华民国人民，一律平等，无种族、阶级、宗教之区别"③，明确宣布满、蒙、回、藏各族"与汉人平等"，实行"五族共和""五族一家"的政治主张。孙中山为此奋斗了一生，直到晚年，对于祖国的统一和民族团结还非常珍视，指出："统一是中国全体国民的希望，能够统一，全国人民便享福，不能统一，便要受害。"④ 孙中山说："我们推翻清朝，承继清朝的领土，才有今日的共和国，为什么要把向来统一的国家，再来分裂呢？提倡分裂中国的人一定是野心家。"⑤

国家的统一是建立在民族团结基础之上的，而民族团结又必须建立在各族人民"全心全力"、为国家前途尽力的基础之上。所以，孙中山认为，"中国欲建巩固之国家，非大众一心，群策群力，不足以杜外人之觊觎"，"万不足以建稳固"的共和国基础。因此，孙中山希望全国人民"互相团结，以致共和政治于完善之域"。⑥

1912年孙中山就任临时大总统后，到处讲演，其中一个中心内容就是号召人民大众"当勉为爱国之国民"，度过艰难困顿，建设稳固、统一的"极盛国家"。

由此可见，孙中山关于振兴中华与国家富强的思想是建立在依靠全体国民为民族国家"尽力效责"基础上的，表现出他对我国各族人民的无比信赖和对中华民族充满自信。

孙中山熟知清朝的"闭关"给中国带来的愚昧无知和贫困落后，他总是睁开眼睛，了解世界，把探求民族振兴、国家富强的眼光，投向欧美和日本等

---

① 《国父全集》第2册，第277页。
② 张玉法译：《麦高迈访问孙逸仙临时大总统记》，台北"中华民国"史研究中心编：《孙中山先生的史料与史学》，第360页。
③ 中国史学会主编：《辛亥革命》资料丛刊（八），第30页。
④ 《国父全集》第2册，第875页。
⑤ 孙中山：《三民主义：民族主义第五讲》，《孙中山选集》，第747页。
⑥ 《国父全集》第2册，第826页。

国,反对守旧和故步自封,号召国民要向一切先进民族学习先进的科学技术。

一切民族的先进文化和长处都要学习,这是孙中山一贯的思想。从早期寻求革命真理时学习法国资产阶级革命的"自由、平等、博爱"思想,到学习美利坚合众国林肯总统的"民有、民治、民享"资产阶级建国纲领,直到晚年主张学习外国先进科学技术,促进国民经济的发展,无一不反映孙中山对于那种闭目塞听、夜郎自大、故步自封思想的鄙视。但他又反对盲目"拿过来",反对全盘西化。孙中山认为,一个民族政治上获得独立之后,必须正确地处理好内外文化交流的关系。

1894 年孙中山在《上李鸿章书》中就提出以西方国家为楷模,发展工农业生产,改革教育制度和选拔人才的制度,达到国家独立富强的目的。① 他这种思想在以后的著述中得到进一步的发挥。1904 年秋孙中山用英文发表在美国报纸上的《中国问题的真解决》一文,进一步明确指出:就经济的论点来看,"中国如果觉醒了,建设了文明政府"以后,中华民族不仅可与世界民族并驾齐驱,而且将成为一"至强极盛之国"。通过种种探索和实践,他终于认识到要实现这一伟大理想,除了恢复我们民族固有的"智力和能力以外","去学欧美的长处,然后才可以和欧美并驾齐驱。如果不去学外国的长处,我们还要退后"。② 外国的长处是什么?主要"是科学"。孙中山认为,学习外国的"长处"一要注意确立正确的态度,二要注意学习方法。正确的态度,首先,要敢于学习外国和超越外国。孙中山说:辛亥革命,"仿效外国革命政治,成立民主政体",所以"把外国很高的政治哲理,和最新的政治思想,都拿来实行"。③ 其次,学习外国要"取法乎上"。孙中山所说的"取法乎上",就是说要树立起中国人民的雄心壮志,通过学习外国赶上并超过外国的先进水平,走出一条中国式的民主、独立和富强道路。再次,外国一切好的东西都要吸取,但不能盲目地拿过来。他说:当时欧美先进国家先进的科学是自然科学,不是政治哲学。我们主要是学外国发达的自然科学,不是学习人家的"政治哲学",因为"中国古时有很好的政治哲学。我们以为欧美的国家,近来很进步,但是说到他们的新文化,还不如我们政治哲学的完全"④。复次,"要迎头赶上去,不要后跟着他"。这样学法"好比是军事家的迎头截击一样。如果能够迎头去学,十年之后虽然不能超过外国,一定可以和他们并驾齐驱"。孙中山说:学科学采取迎头赶上去的方法,起码"可以减少二百多年的

---

① 孙中山:《上李鸿章书》,《孙中山选集》,第 1~13 页。
② 孙中山:《三民主义:民族主义第六讲》,《孙中山选集》,第 688~689 页。
③ 孙中山:《三民主义:民族主义第五讲》,《孙中山选集》,第 759~760 页。
④ 《总理遗教全集》"讲话",第 3 页。

光阴"①。以这种态度去学外国的长处,则终久会有超过它们的希望,"后来者居上"。总之,孙中山认为,我们学习外国的目的是要尽快改变我国国民经济和文化的落后面貌,赶上和超过世界先进国家。所以,我们不但要把外国的好东西学到手,还要在学习外国的过程中积极发挥自己的创造精神。他对留学生说:你们到外国留学,如果学习外国只学习人家怎样生活,变成所学国家那样的人,那就毫无用处。我们学外国的目的是为了利用人家的学问,改变自己国家的落后状态。所以,孙中山说,我们学习外国要以"我们固有的文化做基础",如果我们的文明,"都是从外国输入进来的,全靠外国人提倡,这是几千年以来从古没有的大耻辱"。② 孙中山认为,只要抱着这种目的去学外国的长处,就不怕学不成,学成了也是为了"振兴工业",建设强盛国家,不是学帝国主义来"消灭别的国家,压迫别的民族"。

孙中山为了中华民族的振兴和国家的独立富强所谆谆教导中国各族人民的许多道理、具体实施方法和应该引为借鉴的问题,不仅表现了他作为伟大政治家的英明、勇敢和爱国的崇高品质,而且也是他留给整个中华民族的一笔珍贵遗产。孙中山为国为民,"天下为公",为中华民族的振兴建立了卓越功勋。今天每一个中国人都应该学习孙中山从中华民族的最高利益出发,热爱自己的民族和祖国,完成祖国统一大业,实现复兴中华和祖国繁荣富强,这是我们继承和发扬孙中山和革命志士为中华民族振兴和国家独立、民主、富强思想和精神的最好行动。

四、孙中山与中华民族的发展

(一)

民族的发展是一个含义很广,但又不十分明确的概念。比如,社会的发展、政治的发展、经济的发展、文化教育的发展等,都属于民族发展之列。孙中山对民族发展的主张也包括多方面的内容,但他讲得最多的是关于社会的发展,尤其是关于民族经济的发展。研究孙中山关于民族发展方面的思想,应该坚持历史唯物主义和现实主义相结合的观点,否则就不能进行科学的解说。

鲁迅先生曾经批评中国人总不肯研究自己,所以对自己没有一个正确的看法,做什么事情总是犹豫不决。他以文学为例指出,怕自己立论不周密,便主

---

① 孙中山:《三民主义:民族主义第六讲》,《孙中山选集》,第690页。
② 《总理遗教全集》"重要讲话",第1062页。

张主观，怕观察别人不看重，有时又主张客观，把自己弄得糊涂不堪。他说：如果当真，就要无路可走。① 这个批评提出了一个重要的问题，即中国人应该重视对自己的研究，研究自己，了解自己，也是为了研究别人，了解别人，任何民族、任何国家，如果不能正确地了解自己、认识自己，也就不可能正确地了解别人、认识别人。要了解自己、认识自己，首先要了解和认识我们的民族——中华民族。中华民族是一个什么样的民族呢？看法历来不一，无非是两种情况：一种是认为中华民族历史悠久、人口众多、土地辽阔、资源丰富，是世界上一个优秀的民族；一种是认为中华民族经济文化落后、人口素质差、民族素质差，"百事不如人"。孙中山通过对自己民族的研究，认为中华民族不是"一切不如人"，当然也不是一切都优于人。他针对"一切不如人"（或称"百事不如人"，不如人就是不如西方）的论调，将中华民族跟欧美民族作比较，明确指出：尽管近代中国的物质文明落后了，但并不是中国"百事不如人"，我们中国比外国强的地方也不少。他说：中国人一旦能将独立、民主的法制建立起来，中国比"米国（即美国，下同）还要强几分的"。何以见之？孙中山说：因为"米国无此好基础"。就是西欧的英、法、德、意也不能跟中国相比。又说：日本近几十年有很大发展，但"日本不过我中国四川一省之大"，"米国土地虽有清国版图之大，而人口不过八千万"，"英国不过区区海上三岛，其余都是星散的属地"，"德、法、意诸国虽称强于欧西，土地人口均不如我中国"，俄国"土地虽大于我，人口终不如我"。总之，"中国土地人口，世界莫及"。② 中国土地辽阔，"物产之丰、宝藏之富，实居世界之第一。至于人民之数则有四万万，亦为世界之第一。而人民之聪明才智自古无匹，承五千年之文化，为世界所未有，千百年前已尝为世界之雄矣"③。所以，孙中山说：中华民族是"文明优秀之民族""世界至大之民族"，它的"聪明强力，超绝等伦"④，常以自称"堂堂大国"，声名"文物之邦"。我们中国不仅古代就有"很好的政治哲学"，而且从前中国人的能力也比外国人大得多。"外国现在最重要的东西，都是中国从前发明的"。比如指南针、印刷术、磁石、火药都是中国最早发明和利用的。"至若人类所享衣食住行种种设备，也是我们从前发明的"。比如饮料茶叶、丝织品，就是中国几千年前发明的。还有造房屋的原理和房屋各重要部分都是中国人发明的，比如拱门就是以中国的发明为

---

① 鲁迅：《读书杂谈》，《鲁迅全集》第 3 卷，人民文学出版社 1956 年版，第 333 页。
② 孙中山：《在东京中国留学生欢迎会的演说》，《孙中山全集》第 1 卷，第 279 页。
③ 孙中山：《建国方略之一：孙文学说——行易知难（心理建设）》，《孙中山全集》第 6 卷，第 223 页。
④ 孙中山：《三民主义：民族主义第三讲》，《孙中山全集》第 9 卷，第 215 页。

最早。至于走路，外国人现在所用的吊桥，外国人"从前没有见中国的吊桥，以为这是外国先发明的，及看见了中国的吊桥，便把这种发明归功到中国"①。由此，孙中山指出："中国古时不是没有能力的，因为后来失了那种能力，所以我们民族的地位也逐渐退化。现在要恢复固有的地位，便先要把我们固有的能力一齐都恢复起来"。"恢复我一切国粹之后，还要去学欧美之所长，然后才可以和欧美并驾齐驱。如果不学外国的长处，我们仍要退后"②。由此可见，孙中山发思古之幽情不是为了玩古，他肯定中华民族就是肯定中国。肯定中国，不是要人们背上中国伟大的精神包袱，而是为了树立民族的自信心，要全国人民下定决心赶超欧美，"跟上世界的潮流"，做到"后来者居上"。

中华民族既往的文明成就，只能说明过去中国人民的生活历程。中华民族有光明，也有黑暗；有智慧，也有愚昧；有精华，也有糟粕；有伟大，也有落后。对待我们民族过去曾经产生过的生动活泼万千景象，不能只是陶醉，只言进步、成就、精华，无视落后、愚昧、糟粕等不良影响。对于中华民族的不足和缺点，不但要指出来，而且还要及时纠正和克服，才能促使民族进步。孙中山说：因为"我中国人民久处于专制之下，奴性已深，牢不可破"。在专制积威下形成的奴隶性，"实在不容易改变"。③ 加上中国人民知识程度不足，"数千年专制之毒，深中乎人心"，使得中国一些地区人民的知识水平比"美国之黑奴及外来人民知识尤为低下"。由于我们中国人文化落后，"修身的功夫太缺乏"，也曾出现过一些"野蛮陋劣""鄙陋行为"，但是孙中山认为，中国落后是可以改变的，落后不可怕，可怕的是缺乏自信、民族精神不振。因此，孙中山警告中国人说：中国虽然比起西方强国来说经济文化比较落后，我们民族存在的缺点和不足还不少，但"国事只靠我们自己努力，不关外人帮助不帮助"，我们中国并不缺乏人才，"只因我们失却自信，故效果少见"。我们"中国人口有四万万"，有几千年的文明历史，"为什么我们的国际地位一落千丈呢？这就是因为我们中国人不自振作"。如果我们不振作民族精神，"我们四万万人的地位是不能万古长存的"。④ 因此，孙中山指出：要恢复我们的国际地位，首先要恢复我们的民族精神。只要大家团结起来，共同向前去奋斗，中华民族的振兴还是很有希望的，如果中国人不自振作，中国的事中国人不解决，"全靠外人提倡"，"中国便事事落后在人尾，永远不能自己发达，永远没

---

① 孙中山：《三民主义：民族主义第六讲》，《孙中山全集》第9卷，第251页。
② 孙中山：《三民主义：民族主义第六讲》，《孙中山全集》第9卷，第251页。
③ 孙中山：《在上海中国国民党本部会议的演说》，《孙中山全集》第5卷，第401页。
④ 孙中山：《在广州岭南学生欢迎会的演说》，《孙中山全集》第8卷，第535页。

有进步。推其极端,中国便非沦于灭亡不可"。① 孙中山的这些言论,无非是要我们对自己的民族有个正确的看法,不要肯定我们的一切,也不要否定我们的一切,既不要骄傲自满,也不要自暴自弃。

一切都好,或一切都不好,都不是历史唯物主义观点。对我们中华民族的看法要有一个基本的出发点,这就是实事求是。如果中华民族是一个劣等的没有前途的民族,她根本就不可能历久而不衰,几千年于兹,历经世道沧桑和人间种种疾苦,她还是蓬勃生机,向前发展。然而,中华民族也不是一切都比其他民族好,因此,指出她的不足和缺点,以便在发展中加以改造,熔铸新的民族性,创造和发展新的文明业绩,也是十分必要的。孙中山之所以伟大,一方面是由于他为了中华民族的发展,提出了一个民族独立、统一、民主和富强的革命和建设纲领,并为此领导人民进行了不屈不挠的斗争;其次是由于他高瞻远瞩,他不仅看到了中华民族潜存的许多发展的优势,也看到了中华民族潜伏的危机因素,因此,他总是告诫人民:中华民族"到了今日的地位,如果还是睡觉,不去奋斗,不知道恢复国家的地位,从此以后便要亡国灭种"②。由此可见,孙中山对中华民族的发展充满信心和乐观情绪,但他对中华民族也充满了强烈的忧患意识。这就是由他的民族观所决定的。

孙中山根据中华民族历史悠久、文化源远流长的特点,以及人口众多、经济文化落后的情况,并由于近百年来中华民族受外国侵略、欺凌所形成的自卑、缺乏自信和由害怕外国侵夺采用闭关、自我封锁政策而造成的盲目自大、深藏固拒的民族心态,对中华民族的看法是喜忧参半。因此,他在寻求中国政治变革中、在探索中华民族复兴的因果关系时,既充满着对古老中华民族的深深留恋,又充满着复兴中华民族和树立一种新的"国民性格"的信心。但是,当他看到中华民族由于"欧风东渐",遭受到政治、经济、人口等几方面的压力和中国不自振作、民族精神衰退的情况时,又对中国的未来充满焦虑和忧患。表面上看,孙中山具有强烈的历史主义眼光,他在谈论中华民族危机的现象中,总爱将历史上的中国同当今的中国比较,将中国与外国比较;然而由于他只是着重于从中外文化、古今文明中作情感的判断或逻辑的判断,缺乏历史的判断,因此他对中华民族的发展又缺乏明确的时代选择。所以,孙中山的民族发展观是建立在现实主义和历史主义基础之上的,具有强烈的政治性、社会性和历史性,是他的爱国主义和时代觉醒的产物,但也充满矛盾。他的民族观既反映他对严酷的环境和历史现实对中国所造成的危机感同振兴中华的紧迫感

---

① 孙中山:《三民主义:民族主义第二讲》,《孙中山全集》第9卷,209页。
② 孙中山:《三民主义:民族主义第六讲》,《孙中山全集》第9卷,第252页。

的最终融合，预感到中华民族必须及时奋起，迅速赶上时代的潮流，才能恢复和保持在世界民族中的应有地位；也反映了他的民族发展观带有对时代性的排解，未能指明中华民族沿着什么样的道路发展，最终走向何方。

（二）

民族的发展应体现在各个方面，但主要的是生产力的发展，即民族经济的发展。而生产力的发展又不是孤立的问题，它有赖于科学技术、教育的发展和人口素质的提高，也有赖于生产关系的作用，即有赖于各种制度的完善、政策的促进以及经营得当等因素。对于中国来说，进行一场工业革命，经过与英国同样的历史进程来使自己的民族经济发展，变成一个强国简直是不可能的。中国也不能完全依靠资本主义国家的帮助来实现自己民族经济的发展。所以，孙中山主张以自己的力量为基础，借助资本主义国家的科学技术和资金走民族独立的经济发展道路。他认为，一个民族只有政治上的独立，民族才能真正独立，也只有经济上的独立，才能保证政治上的自由和社会的和谐、稳定。

早在1904年，孙中山在《中国问题的真解决》一文中就指出：中国问题的真正解决在于通过革命推翻清政府，"建立一个新的、开明的、进步的政府来代替旧政府"后，就"要向文明世界的社会经济活动而敞开"，[①] 实现民族经济的发展。但是在中国因为经济问题受到政治问题的制约，所以经济问题的解决有赖于政治问题的解决。孙中山说：他领导的"中国的革命运动具有单纯的政治性质，而不是经济的性质。但是它将为我们未来的经济发展打下基础"[②]。"我们革命的目的是为众生谋幸福"[③]，在"令中国大富"[④]。

为中华民族求富，这不仅是孙中山的理想，也是近代中国一切先进的中国人的理想，然而孙中山的"求富"观跟近代许多政治家和经济思想家单纯追求的"国富民强"的目标不同。孙中山的所谓"大富"，就是中国人普遍的"富"，不是少数人"富"、多数人"穷"，也不是"国富民穷"。他认为，中国的问题在于"患贫"，"贫穷就是我们的痛苦"，因此，他主张"发财主义"。但是"发财"不只是少数人之富而大多数人贫困，而是要在民族经济发展的基础上，使人民得到实利，而不能像欧美国家那样，其国家很富强，但有些平民却很贫困，贫与富的差距很大，这不是国家的真正富，至少不是我们中国所追求的富。所以，他尖锐地指出："欧美强矣，其民实困，观大同盟罢工

---

① 孙中山：《中国问题的真解决》，《孙中山全集》第1卷，第254～255页。
② 孙中山：《复鲁赛尔函》，《孙中山全集》第1卷，第323页。
③ 孙中山：《在东京〈民报〉创刊周年庆祝大会的演说》，《孙中山全集》第1卷，第329页。
④ 孙中山：《在欧洲的演说》，《孙中山全集》第1卷，第560页。

与无政府党、社会党之日炽，社会革命其将不远。吾国纵能媲迹于欧美，犹不能免予第二次之革命，而况追逐于人已然之末轨者之终无成耶！夫欧美社会之祸，伏之数十年，及今而后发见之，又不能使之遽去。吾国治民生主义者，发达最先，睹其祸害于未萌，诚可举政治革命、社会革命毕其功于一役。还视欧美，彼且瞠乎后也。"① 孙中山对于资本主义社会的实质认识不清，故以发展民族经济，避免人民贫困，作为避免"第二次革命"、巩固资本主义制度的手段，充分表明孙中山的经济思想的两面性：一方面，他对西方世界空前的"物质文明"表示赞赏；另一方面，对这种"物质文明"带来的严重社会后果，他又忧心忡忡。一方面，他目睹"其民实困"之后，对受压迫受剥削的平民深表同情，从而联想到中国人民的苦难；另一方面，对"第二次之革命"，又抱反对和否定的态度，希望通过某些改革，避免各种社会弊端，"毕其功于一役"。就实际意义上来看，孙中山是"希望用一种理想化的资本主义来取代当今实际存在着的西方式的资本主义"② 制度，建设一个具有中国特色的资本主义制度，使中国成为资本主义国家。

在孙中山看来，西方资本主义国家之所以会出现国家强盛、其民实困的怪现象，是因为西方资本主义国家的生产发展了，从而使这些国家成为世界有数的经济强国，但是由于分配制度上的不合理、不公平，则制造了许多严重的社会问题。而分配上的不合理、不公平又反映在"资本主义是以赚钱为目标"，不是以解决社会福利为目的上。因此，孙中山主张发展民族经济要"以养民为目标，不以赚钱为目标"。为了实现这种"以养民为目的"的经济主张，孙中山提倡发展民族经济要避免社会财富为少数人所得而私，而必须切切实实地解决人民关切的"食、衣、住、行"四件大事。通过对人民做实事，把人民的注意力集中到建设上来，上下一致来解决"社会的生存、国民的生计、群众的生命"等社会问题，做到使人民"安居乐业""丰衣足食"。孙中山这些思想主张，在他晚年的民生主义演讲中，作了具体细致的阐述。③

孙中山认为，要发展民族经济，解决中国社会问题，关键不在于提出什么理论和主张，重要的是办法。中国的出路在振兴实业，"实业不振，商战失败"，"外货之入口超于土货之出口"，"此为中国之最大漏卮"，如果无法弥补这一漏卮，"遂至民穷财尽，举国枯涸"，④ 中华民族的前途则不堪设想。所以，振兴实业是振兴中华的首要任务。"中国宝藏至富，甲于世界，开发振

---

① 孙中山：《〈民报〉发刊词》，《孙中山全集》第1卷，第288～289页。
② 张启承、郭志坤：《孙中山社会科学思想研究》，安徽人民出版社1985年版，第80页。
③ 参见《孙中山全集》第9卷，第355～426页。
④ 孙中山：《中国实业如何能发展》，《孙中山全集》第5卷，第133页。

兴，中国必强"，为此他制订了一整套振兴实业的详细计划，提出了明确的实施办法。

孙中山发展民族经济的思想和主张，充分反映了他奋发图强、建设国家的决心，不仅表明他渴望把封建主义旧中国改造成为近代文明国家的宏伟抱负，而且也体现了他把发展民族事业、振兴中华作为解决中国社会问题的治国主张和爱国主义思想。孙中山为祖国、为民族谋发展，为人民谋幸福的"理想和主义都是客观情形的反映"[①]。他的经济建设主张和实业计划没有能够实现，主要问题不在于他的思想、主张和计划本身，而在于他想得到资本主义国家的帮助，但由于资本主义国家反对中国走向独立、统一、民主和富强的道路，他无法在平等的条件下得到资本主义国家的资金和技术；加上计划经济必须由执政的政府来实施。但孙中山不是统一的政府的领袖，无权实施经济建设计划。正由于当时种种条件的限制，孙中山根本没有一个安定的政治环境和经济环境去实施各种建设计划，致使他建设国家、发展民族经济的主张无法实现，但他留下的思想和经验教训则值得我们认真加以总结和借鉴。

1. 振兴实业，振兴中华，首先要振兴科学。

孙中山说："学向为立国之本"，要振兴中华，必须"普及教育，提倡科学"，要"将民国造成一极乐之世界，非国民有充足之知识不为功"。[②]"今日文明已进于科学时代，凡有兴作，必先求知而后从事于行，则中国富强事业，非先从事于普及教育，使全国人民皆有科学知识不可。"[③] 但是孙中山也并不认为只要有知识就能救国，要救国必须要有理想，要有革命思想指导下的革命行动。孙中山以革命作为救国的第一步，这同"科学救国""教育救国""实业救国"论者的主张都不同，所以他同急功近利者显然不同。19世纪末，我国一些爱国知识分子鉴于清政府的腐败致使中国对外战争失败、丧权辱国，他们为了救国曾经设想从资本主义国家引进科学技术建设军事民用工厂，达到富国强兵的目的。20世纪初年，在我国知识界又出现教育救国、科学救国、实业救国的呼号，可是，他们只是从救危的眼前利益去谈救国，没有能够从根本上去考虑救治国家、民族。所以，正如一位学者所指出："与孙先生同时代的人只求近功，不肯研究中国实际问题的症结所在，希望不必根据历史、社会学、心理学、科学等所得的知识，就把事情办好，更不愿根据科学知识来订定国家的建设计划。因此，他们诬蔑孙先生的计划是不切实际的空中楼阁。他们

[①]《蔡和森文集》（上），湖南人民出版社1979年版，第365页。
[②] 孙中山：《在广西阳朔人民欢迎会的演说》，《孙中山全集》第5卷，第637页。
[③] 孙中山：《建国方略之一：孙文学说——行易知难（心理建设）》，《孙中山全集》第6卷，第222页。

的'现实的'眼光根本看不到远大的问题,更不知道他们自己的缺点就是无知和浅见,缺乏实际能力倒在其次。以实在而论,他们自己认为知道的东西,实只限于浅薄的个人经验或不过根据一种常识的推断。这样的知识虽然容易获得,但以此为实践基础反常常会遭受最后的失败。"① 由于孙中山深知西方文明的发展过程,加上他对中国的发展前途具有远大的眼光,所以他深感有超越急功近利的必要。他从中华民族的发展前途着想,指出要学习西方先进民族的长处,来提高我们民族的科学水平,全面发展民族的经济、科学和文化,使中华民族长治久安,立于永远不败之地。他在晚年作民族主义讲演时,反反复复地将中华民族与世界各国民族比较,指出:必须学习西方的科学,取他国之长,以补中国之短,吸取外国科学弥补国家民族之缺失,作为中国发展的基础,只有这样中华民族才能与世界先进民族并驾齐驱。但他从不认为只盲目地将外国的科学知识、政治思想搬运到中国,中国就能同人家并驾齐驱。关键是学习外国对中国有用的东西来提高我们自己的科学水平,用我们的智慧去建设我们的国家,不是靠人家提倡、靠人家摆布。他说:我们东方有个岛国日本,他们的民族叫做大和民族,他们"乘欧化东渐,在欧风美雨中,利用科学新法发展国家,维新五十年,便成现在亚洲最强盛的国家,和欧美各国并驾齐驱,欧美人不敢轻视","因为日本人能学欧洲,所以维新之后便赶上欧洲,……可知,白人所能做的事,日本人也可以做,……日本人能够学欧洲,便知我们能够学日本。我们可以学到像日本,也可知将来可以学到像欧洲"。② 日本学欧洲,中国学日本,学些什么呢?孙中山说:"欧洲之所以驾乎我们中国之上的,不是政治哲学,完全是物质文明。因为他们近来的物质文明很发达,所以关于人生日用的衣食住行种种设备,便非常便利,非常迅速;关于海陆军的种种武器毒〔弹〕药便非常完全,非常猛烈。所有这些新设备和新武器,都是由于科学昌明而来的。……我们现在要学欧洲,是要学中国没有的东西。中国没有的东西是科学,不是政治哲学。"③ 因此,他要求我们学习外国不要盲目地统统拿过来,而主要的是学习别人先进的科学,来振兴我们民族的经济,发展我们民族的科学文化,培养我们时代的新人。既然我们中华民族不是"百事不如人",也就用不着全靠外国人输入文明。他还以中国派留学生到美国学习为例,指出有的留学生"到了美国,只要学成美国人一样便够了。所以他们在外国的时候,便自称为什么'佐治'、'维康'、'查理',连中国

---

① 蒋梦麟:《西潮》,香港磨剑堂1960年版,第118页。
② 孙中山:《三民主义:民族主义第一讲》,《孙中山全集》第9卷,第189~190页。
③ 孙中山:《三民主义:民族主义第四讲》,《孙中山全集》第9卷,第230~231页。

的姓名也不要。回国以后，不徒是和中国的饮食起居，不能合宜，就是中国的话也不会讲。所以住不许久，便厌弃中国，仍然回到美国。"对于这种"只要自己变成美国人，不管国家"的人，孙中山说他们忘了为什么要学习外国的根本问题。① 因此，孙中山反对事事仿效外国。他说："中国从前是守旧的，在守旧的时候总是反对外国，极端信仰中国要比外国好；后来失败，便不守旧，要去维新，反过来极端的崇拜外国，信仰外国是比中国好。因为信仰外国，所以把中国的旧东西都不要，事事都是仿效外国；只要听到说外国有的东西，我们便要去学，便要拿来实行。"② 结果因为跟中国国情不合，效果也甚微。孙中山批评对于外国的文明只求拿过来的人是不了解中国文明，也不了解外国文明，尤其是不了解西方文明。

中国的文明和西方的文明有什么不同呢？1919年孙中山出版《孙文学说》一书，他在书中就"知难行易"学说作阐述时，指出：中西文化不同之一就是中国人重应用，而西洋人重理知。中国重实际，所以常常过分强调实践过程中的困难，有时是实在的困难，有时只是想象的困难，以致忽视实际问题背后原理原则。所以，中国多出实际家，少出理论家。在文明进步、科学发达的今天，我们不仅需要实际家，更需要理论家，因为理论家不仅可以通过他们的理论成果来提高民族的思维能力、创造能力，更重要的是没有正确的理论作指导，就不可能有正确的思辨能力，更不可能提高全民族的文化科学水平，这样不仅国家落后的面貌改变不了，由于国民素质差，不懂得革命和建设的道理，也就不可能求革命和建设的成功。所以他说：这样下去，中国只有革命造成的破坏，无建设的成就。这种情况不改变，"而国治民福永无可达之期也"③。孙中山在这本书中重点论述的问题就是要中国改变"知易行难"传统文化心理结构，通过文化的创新造就中国新型的文明，树立新思维，以求中国革命和建设的成功。

振兴科学，首先要振兴教育。教育不发达，培养不出科学人才，不仅外国的科学技术学不成，振兴中华也只是一句空话。因此，孙中山非常重视对人才的培养和使用。他认为，学校为"文明进化之泉源"，所以他动员全社会都重视办学，强调要因陋就简普及教育。他说：办学为了"挽救中国的危亡"，办学为"富国之大经"。"今日欲回复其人格，第一件事须从教育始。中国人数四万万，此四万万之人皆应受教育"。④ 他认为，中国的复兴在于人才的培养，

---

① 《孙中山全集》第8卷，第538～539页。
② 孙中山：《三民主义：民族主义第四讲》，《孙中山全集》第9卷，第230～231页。
③ 孙中山：《建国方略》，《孙中山全集》第6卷，第214～215页。
④ 上海《民立报》1921年5月13日。

在于提高整个民族的文化素质。办教育和发展经济是互为因果、相辅相成的。要实行普及教育，必须经济上有相当的发展，但是经济的发展又要靠教育，因为经济建设要依靠科学技术知识，而"要有知识，就要有教育"①。"教育进步，以政治为基础"。政治不改良，"无论如何提倡教育亦不为功"。②

2. 振兴科学、振兴教育，必须正确地处理中西文化交流的关系。

孙中山是一位很有民族自尊心和自信心的政治家，他热爱中华民族，主张维护中华民族的优良传统，但他并不是盲目地维护中华民族的一切传统。他反对中华民族自我封闭，主张对外开放，提倡文化交流；但他也反对唯西洋人至上、无知盲从。他经常强调，世界上任何一个民族都有其独特的文明发展史，在与世界民族接触中，要自觉地认识自己民族的文化传统，正确地对待一切外来的先进文明，以正视和改变自己的落后状态。在建设中国物质文明和精神文明时，他反对顽固国粹论，也反对将外来文化盲目向中国搬运。他主张外来文化"中国化"，反对中国全盘西化。持"全盘西化"观点的人，把中国传统文化看得一无是处，认为中国文化的任何特质都没有生存的余地，只要是中国传统文化，不问其是否合理，一概排斥；反之，对西方文化，则不问其优劣，一概全盘接受，这是一种极端片面性的认识，他们的错误在于把"西化"等同于"现代化"，而没有把现代化看成涉及各国政治、经济、文化传统、社会心理等因素互相作用的一个极复杂、多层次、多侧面的历史过程。在世界各国走向现代化的过程中，每个国家都不可能把自己的传统像破布一样扔弃。英、法、德、日在走向现代化时，也都对本国的传统文化进行了一番改造和吸取，并没有对本民族的传统全盘否定。③

中国是否要学西方？如何学？从来争论很多。应当如何看待西方文化与中国传统文化、西方文化与中国现代化的关系？这也是长期来有争论的问题。孙中山主张向西方学习，而且他认为，中国必须学习西方，只有学习西方，振兴科学，振兴教育，全力发展生产，才能实现中华民族强盛的理想。但他并不认为学习外来文化就必须全盘否定中国的传统文化，也不认为西化就等于中国的现代化。

中国的封建传统是我们中华民族的沉重负担，我们应该卸下这个负担。但是中国的传统文化又是形成中华民族特点的重要部分，完全丢掉传统文化，也就脱离了中国的实际。所以，要中国实现现代化必须处理好西方文化与传统文

---

① 孙中山：《在桂林学界欢迎会的演说》，《孙中山全集》第 6 卷，第 79 页。
② 孙中山：《在广东省第五次教育大会闭幕式的演说》，《孙中山全集》第 5 卷，第 565 页。
③ 参见茅家琦主编《台湾 30 年》(1949—1979)，河南人民出版社 1988 年版，第 142～143 页。

化、西方文化与现代化的关系。1939年10月，嵇文甫在一篇《漫谈学术中国化问题》文章中讲的道理，虽然不是就研究孙中山的思想而发的，但他所讲的意见，笔者认为大部分同孙中山的看法是相吻合的。他说："中国需要现代化，需要把世界上进步的学术文化尽量吸收，使自己迅速壮大起来。然而我们有自己的社会机构，有自己的民族传统，有自己的历史发展阶段；不是可以随便安上美国的头，英国的脚，要方就方，要圆就圆的。世界上任何好的东西，总须经过我们的咀嚼消化，融合到我们的血肉机体中，然后对于我们方为有用。我们不能像填鸭似地，把外边的东西尽管往自己肚里硬填，不能像小儿学舌似地，专去背诵旁人的言语，我们要'中国化'，要适应着自己的需要，把世界上许多好东西都融化成自己的。"他说：所谓"中国化"自然不同于顽固的国粹论。因为照国粹派的看法，什么都是中国的好，一切都用中国固有的。"中国化"的含义，"当然是说把本非中国的东西化成中国的，它是以吸收外来文化为其前提条件的。它所反对的，只是不顾自己的需要，不适应自己的消化能力，不和自己固有的东西有机地联系起来；而只把外来文化机械地、生吞活剥地，往里面搬运。"所以，他说：要实现中国"现代化"就不能实行文化上的排外主义。我们只能在吸收外来文化的基地上进行"中国化"，并不能关起门来，把中国自己的东西再来"中国化"。"中国化不仅不排斥外来文化，而且恰好相反，非吸收外来文化也就根本无所谓"中国化"。"中国化""就是要把现代世界性的文化，和自己民族的文化传统，有机地联系起来。离开民族传统，就无从讲'中国化'"。① 这段话不仅将中国传统文化与外来文化的关系解释得很实在，而且也把中国的现代化同外来文化的"中国化"问题讲活了。

  谈到文化，人们都知道，每一个民族都有自己的文化传统。同一个国家的不同时期，也有时以科学文化为主（开放时期），有时以民族文化为主（封闭时期）；但是，任何一个国家和民族，也不能只有人文文化（或民族文化）而没有科学文化。我们中华民族要振兴、要繁荣发展，也必须正确地认识和处理科学文化和民族文化的关系。无论是国粹主义，还是拿来主义，都反映了我们的片面性和盲目性。所以，孙中山清醒地指出：我们中国要进步，民族要发展，必须有正当的学术活动和正当的思想，"中国近两千多年文明不进步的原因，便是在学术的思想不正当"，由于学术思想和活动不正常，对于不同国家不同民族的文化不能作认真的深入的研究和比较，因此造成有时候"中国不信外国"，有时候"外国不信中国"，这种反复，不仅误了中国，也误了学

---

① 嵇文甫：《漫谈学术中国化问题》，《理论与现实》第1卷，第4期（1939年10月）。

者。① 孙中山说：只要我们稍微留意研究，我们就会发现外国的文化也不是一切都好。"就物质一方面的科学讲，外国驾乎中国，那是不可讳言的。但是外国在政治一方面究竟是怎么样呢？外国的政治哲学和物质科学两种学问的进步，又是哪一种最快呢？政治的进步远不及科学"②。所以，我们要学习人家的科学，不要盲目地学习外国的政治和哲学。学习外国的科学也是为了提高全民族的科学文化水平，振兴中华，并不是要把中国变成外国。

几千年来，我们中华民族创造了许许多多我们今天仍引以为自豪的文明业绩。然而，我们中华民族在发展过程中也遭受过种种挫折。但挫折并非来自于对中国传统文化的继承，或者是对外来文化的吸收，而主要的原因在于我们不能正确地认识中国的国情和正确处理传统文化与外来文化的关系。孙中山说：我们中华民族"不能乎？不行乎？不知乎？吾知其非不能也，不行也；亦非不行也，不知也"，主要是由于"知之非艰，行之维艰"的思维方式的影响，对事物缺乏深入研究，凭肤浅的一知半解和主观意志行事。因此孙中山批判了古代传统的"知之非艰，行之维艰"的片面观点，又批判了"离行而谈知"的"良知"学说，创立了"知行"、"学用"和"言行"统一的学说，发展了我国古代知行观中的真理部分。他说：只要能了解他的知行统一学说并用于实践，"则建设事业亦不过如反掌折枝耳"③。由于我们不善于把握有利时机，在发展民族经济、文化的过程中，及时地将我们民族文化的开放性、独立性、自觉性、坚韧性，以及创造力、创新力、凝聚力和恢复能力有机地融合起来，正确地认识我们民族在发展过程中可能出现的各种问题，以及制定出相应的可行措施，因而我们在文化交流中，在吸收外来文化对中国民族文化进行思辨、融汇过程中，就容易产生片面性，不是"全盘西化"，就是"国粹化"，总是在两个极端中徘徊，既不能正确地认识和处理中华民族传统文化与现代化的关系，又不能正确地认识和处理传统文化与外来文化（尤其是西方文化）的关系。孙中山力图解决这个问题，但他没能解决好，主要原因是他未能处理好以下几个方面的关系：

第一，孙中山为了摆脱封建文化和资本主义文化的束缚，有寻求将文化创新与改革民族文化心理结构同提高全民族的思想文化新素质联系起来的设想；但由于孙中山面临西方资本主义文明的挑战，他的注意力不得不放在解决迫在眉睫的民族危机这个近代中国的主题上，因此对外国侵略与吸收外来文化进行

---

① 孙中山：《在桂林学界欢迎会的演说》，《孙中山全集》第6卷，第70页。
② 孙中山：《三民主义：民族主义第五讲》，《孙中山全集》第9卷，第317页。
③ 孙中山：《建国方略之一：孙文学说——行易知难（心理建设）》，《孙中山全集》第6卷，第159页。

文化创新便发生尖锐矛盾。又由于孙中山具有强烈的民族主义思想，这又在一定程度上排斥了思想启蒙和妨碍了对外来文化的吸收。这样的结果又阻碍了他对近代中国思想主题的深入认识，因此他不能处理救国反侵略解除民族危机与吸收列强国家的科学文化的关系。对于学习西方科学文化发展中华民族经济、科学文化与中华民族的独立、解放的关系，孙中山也无力解决。

第二，孙中山对解救民族危机进行反对外国侵略、争取民族独立的斗争不采用轰轰烈烈的反对资本主义列强的外部运动的方式，而是表现为对内的民族运动，认为复兴中国的障碍先是清政府，后是北洋政府。孙中山虽认为"非革命不足以救国"，但是革命与保留传统文化的关系怎么样？虽然强调要树立新思想、新观念，但树立新思想、新观念同反对封建思想文化的关系怎么样？批判封建思想文化同维护民族优良传统的关系又怎么样？孙中山不仅认识不清，也没有能力去解决这些问题。

第三，由于思想的局限，孙中山也未能从对中华民族文化的动态系统的把握与分析中去区分民族文化的精华与糟粕、优点与缺点，从而根据时代的要求，破除传统文化的弊端，发扬民族文化的活力，将继承优良传统同向西方学习很好地结合起来，促使中国文化结构的更新，使中国文化向现代化形态转变。因此，孙中山没有能够明确解决中华民族的发展除了经济繁荣外，文化的结构和新思想、新观念应该如何树立，最终应走向何方等重大问题。

（三）

民族的发展是一个综合的概念，它包括民族社会经济的繁荣、文化教育的发展、科学技术的进步、民族素质的提高与民族精神的振兴。顾此失彼或重此轻彼都会造成民族的畸形发展，给民族事业带来失误，留下社会后患。孙中山民族发展观一个明显的特点，就是他把民族的发展繁荣同民族精神的振兴有机地统一起来，强调用"民族精神救国"。

何谓民族精神？

关于精神，孙中山曾作过解释："中国学者，亦恒言有体有用。何谓体？即物质。何谓用？即精神。比如人之一身，五官百骸皆为体，属于物质；其能言语动作者，即为用，由人之精神为之。二者相辅，不可分离，若猝然丧失精神，官骸虽具，不能言语，不能动作，用既失，而体亦即成为死物矣。由是观之，世界上仅有物质之体，而无精神之用者，必非人类，人类而失精神，则必非完全独立之人。"[①] 精神与物质相辅为用，"全无物质亦不能表现精神，但专

---

① 孙中山：《在桂林对滇赣粤军的演说》，《孙中山全集》第6卷，第12页。

恃物质，则不可也"。孙中山说：物质与精神"两相比较，精神能力实居其九，物质能力仅得其一"。孙中山从人的物质之体和精神之用的结合过程中，以"体"和"用"的对立统一来比喻物质和精神的相互关系，说明孙中山坚持唯物主义观点。但他又说"物质之力量小，精神之力量大"①，过分夸大精神作用。民族精神是民族物质生产活动所创造的物质文化的直接产物，如民族社会心理，民族风俗习惯，民族的政治、法律、道德、教育、文学、艺术、美学、科学理论、哲学、宗教等社会意识形式以及与之相适应的制度的组织机构，都属于民族精神的内容。它主要表明在由物质生产决定的精神生产活动中，处于一定社会关系中的人，认识、掌握和改造世界的创造力量的表现程度和发展程度②。

民族精神是在民族长久的历史发展中形成的，它包含强烈的时代性，时代不同，民族精神的内容也会不同，但是只要是民族精神，它必然有继承性，又有创造性，而且因为民族精神是民族优秀文明的结晶，它又必然具有很大的稳定性。任何民族、任何时候都不能不强调发扬民族精神，但是无论什么民族，也不能只强调精神的力量，忽视物质的力量。民族精神的振兴是一个综合的发展过程，它有赖于精神的力量，更有赖于物质的力量。精神的东西既然产生于物质，它就只能是在物质文明发展的基础上提高、发展，它不可能仅仅依靠精神本身力量来提高和发展。

民族的经济制度和意识形态制约着民族成员的观念和意识。中华民族有许多优良的品质，但由于受到2000多年的封建专制、自然经济和封建意识造成的心理、意识、思想的严重影响，也必然存在着某些不良性。但民族精神既然是民族的优良传统，它就不可能是民族不良习性或丑陋习性的结晶。所以，任何民族，无论在什么时候都不能没有民族精神，一个民族只要民族精神丧失，它就会失去自尊、自信，就必然会涣散并最后解体。

按照历史唯物主义观点，人类世界存在两种现象：一是物质现象，一是精神现象。物质是第一性的，精神是第二性的。意识和存在、观念和物质是对立统一、互相作用的关系。毛泽东说过："我们承认总的历史发展中是物质的东西决定精神的东西，是社会的存在决定社会的意识；但是同时又承认而且必须承认精神的东西的反作用，社会意识对于社会存在的反作用，上层建筑对于经济基础的反作用。"③ 即是说社会意识必须与社会存在相适应，但社会意识又

---

① 孙中山：《在桂林对滇赣粤军的演说》，《孙中山全集》第6卷，第13页。
② 张立文等主编：《传统文化与现代化》，中国人民大学出版社1987年版，第4页。
③ 毛泽东：《矛盾论》，《毛泽东选集》四卷横排合订本，第300～301页。

有相对的独立性，对社会存在具有反作用。孙中山承认物质存在决定精神，因此，他虽过分强调精神的作用，但不能说他是唯意志论者，更不能说他是唯心主义者。

民族精神，根植于一定的社会生产方式、生活方式与政治文化土壤，成为一种巨大的力量，所以，一个民族要振兴、要发展，除了政局稳定、民族团结，以及国际环境等因素外，必须发扬自尊、自信的民族精神。1923年12月，李大钊在《艰难的国运与雄健的国民》一文中指出：任何一个民族，"历史的道路，不全是平坦的，有时走到艰难险阻的境界，这是全靠雄健的精神才能够冲过去的"，"我们的扬子江、黄河，可以代表我们的民族精神，扬子江及黄河遇见沙漠、遇见山峡都是浩浩荡荡的往前流过去，以成其浊流滚滚，一泻千里的魄势。目前的艰难境界，哪能阻抑我们民族生命的前进"。① 可见，民族精神的力量是不能低估的，在民族遇到艰难困境的情况下更是如此。

孙中山说：在民族危机的年代，拯救民族要发扬民族精神，"要用精神来救国"。抵抗外国侵略的积极方法"就是振起民族精神"。在振兴经济、文化的年代，更需要振兴和发扬民族精神，国家一天退步一天是"由于我们失了民族的精神"，"我们今天要恢复民族的地位，便先要恢复民族精神"。孙中山有一个很形象的比喻，他说：从前失去民族精神，好比是睡着觉，"现在要恢复民族精神，就要唤醒起来"。唤醒国民就是振起爱国的热情，"恢复辛亥革命时代之民气"。②

"辛亥革命时代之民气"，就是爱国革命的精神。它包含三方面的内容：一是推翻清朝统治的民族革命意识，一是反对帝国主义侵略实现民族独立的意识，一是发展民族经济实现国家富强和民族兴旺的富国富民意识，实质上，三者反映了中华民族要求革命、独立和民主、富强的意识，这种意识揭示了近代中国思想的主题，即解除民族的危机，实现民族独立、民主和富强。

解除民族危机，加速中华民族的发展，实现近代中国民族独立、民主和富强靠的是什么？一代又一代的中国知识分子都在艰苦地探索着。孙中山从革命之初就清醒地认识到，中国的政治问题不解决，经济问题也无从解决，而要解决政治问题只是"假借武力"还不行，还必须认识到改造人的重要性和艰难性。因此，在辛亥革命失败后，孙中山深感宣传革命理论和学说的重要性，提出了知行统一学说。他告诉人们，辛亥革命的失败，不在于民权主义、民生主义有没有实行，而在于人们民族情绪极度膨胀，变成了盲目地反对异族统治的

---

① 《李大钊选集》，人民出版社1959年版，第497～498页。
② 上海《民国日报》1917年8月4日。

行动。清政府被推翻后,旧的思想、旧的意识未能改造,使民族革命的成果未能换来全民族思想的更新,因此,他提出要改造国民的旧思想、旧意识,树立新思想、新意识的新课题。

革命的首要任务就是唤起民众。孙中山认识到,科学知识是力量,而愚昧无知也是力量,有时是更可怕的力量。因此,孙中山非常重视从事艰苦细致的启蒙教民工作,与群众的落后意识及传统的落后习惯斗争,提出要改造"国人社会心理",进行"心理建设"。他指出:"中国习俗去古已远,暮气太深,顾虑之念,畏难之心,较新进文明之人为尤甚",并同日本比较,说:"日本之维新,不求知而便行。中国之变法,则非先知而不肯行,……故日本之维新,多赖冒险精神,不先求知而行之;及其成功也,乃名之曰维新而已。中国之变法,必先求知而后行,而知永不能得,则行亦无其期也。"所以,孙中山说,他写《孙文学说》"以不惮其烦,连篇累牍以求发明'行易知难'之理者,盖以此为救中国必由之道也",并指出:"中国近代之积弱不振、奄奄待毙者,实为'知之非艰,行之维艰'一说误之也。此说深中于学者之心理,由学者而传于群众,则以难为易,以易为难。遂使暮气畏难之中国,畏其所不当畏,而不畏其所当畏。由是易者则避而远之,而难者又趋而近之。始则欲求知而后行,乃其知之不可得也,则惟有望洋兴叹,而放去一切而已。间有不屈不挠之士,费尽生平之力以求得一知者,而又以行之尤为难,则虽知之而仍不敢行之。如是不知固不欲行,而知之又不敢行,则天下事无可为者矣。此中国积弱衰败之原因也。"① 孙中山说:中国人不改变畏难保守,对什么事都不敢为、不懂得为和"素自尊大、目无他国,习惯自然,遂成为孤立之性"的保守和自我封闭性,中国的独立和富强民主就没有希望,国家的建设和民族的振兴也没有希望。因此,孙中山看到了做学说、广宣传、破"国民心里之大敌""助人类心性文明之发达"的重要性,说明孙中山通过总结辛亥革命失败的原因,开始意识到任何一场革命首先都是一场思想意识的较量。思想意识的斗争是一场牵动全社会的斗争,思想的真理能够战胜谬误,就是因为真理代表正义者的利益,能够得到人民的拥护,能够动员人民去争取去战斗。所以,在近代中国人民反对资本—帝国主义争取民族独立的斗争中,几乎所有爱国者都重视思想舆论,强调要发扬民族的精神。他们有一个共识,就是要恢复我们民族的地位就必须恢复民族精神,到了民族精神恢复以后,才可以恢复我们民族的地位。但是,由于每个人对中华民族精神的理解不同,因此所作的概括也不一

---

① 孙中山:《建国方略之一:孙文学说——行易知难(心理建设)》,《孙中山全集》第6卷,第198~199页。

样。辛亥革命时期的革命者认为"民族精神所由发现者有二：其一曰由历史而发生者也，其二曰由土地而发生者也……故言民族之精神，则以知民族之历史与其土地之关系为第一义，而后可以进而言生存竞争之理"，因此，他们认为，中华民族的精神则表现为"坚忍不拔之操，勤苦奋励之气"。① 孙中山则认为，中华民族的精神是"固有的道德""固有的知识"。所谓固有的道德，"首是忠孝，次是仁爱，其次是信义，其次是和平"。忠孝，"不忠于君，要忠于国，要忠于民，要有四万万人去效忠"。② 所谓固有的知识，孙中山说："中国有一段最有系统的政治哲学，在外国的大政治家还没有见到，还没有说到那样清楚的，就是《大学》中所说的'格物、致知、诚意、正心、修身、齐家、治国、平天下'那一段的话。……这就是我们政治哲学的知识中独有的宝贝，是应该要保存的。"因为"失了民族精神之后，这些知识的精神当然也失去了"，所以，"我们今天要恢复民族精神，不但是要唤醒固有的道德，就是固有的知识也应该唤醒他"。③ 孙中山所指出的中华民族的"固有的道德"如忠、孝、仁、爱、信、义、和平，以及"固有的知识"格物、致知、诚意、正心、修身、齐家、治国、平天下，都是重人伦、重道德，提倡人格的自我完善，致力于人际关系的统一和谐。格物、致知是认知的来源，诚意是内省的起点，"意诚而后心正，心正而后身修"。修身是完善道德的根本，这种与民族文化心态相融合的政治伦理意识，一旦进入中国人的文化心理结构，便影响和引导着人们，按照封建礼教修身，约束个人的思想行为，在完善道德修养中求得进取和发展。④ 显然，孙中山对中华民族精神的概括带有明显的片面性和保守性。正如一位外国学者所指出：孙中山为了达到他的治国建国目的所采取的途径，作成一定的程式，就是他要把新的有用的东西和旧的好的东西混合在一起，这就是说保守的与革命的进步的合而为一。在这个大杂烩当中，所谓保守的，就是中国的来源，这就是"无为"的精神，也就是说，任其自生自灭，顺天之道，亦即是亘古不易之"道"，对于革命前进的态度，孙中山多得力于欧美思想界，他的晚年又受到苏俄的影响。"他的一生，吸收了很多的新的东西，但是他永远是中国人"。因此，孙中山的革命观虽多接近于西方文化的影响，但"他的革命意志则是道地的'中国式'"。⑤ 也有人指出：孙中山的学

---

① 《民族精神论》，《江苏》第7、8期连载。
② 孙中山：《三民主义：民主主义第六讲》，《孙中山全集》第9卷，第243～244页。
③ 孙中山：《三民主义：民主主义第六讲》，《孙中山全集》第9卷，第247页。
④ 张立文等主编：《传统文化与现代化》，第48页。
⑤ （德）海法特（H. Herrfahrdf）著：《孙中山传》，王家鸿译，台湾商务印书馆股份有限公司1978年版，第65～66页。

说是"秉承了中国文化优良的传统，吸取了西方世界进步的思想与制度，加以融会贯通，而树立了一项人类和谐相处的崇高理想和目标"①，他"将东方孔子学说和西方学说融贯，超越中国国界，而谋世界人类的幸福"②。

我们应当承认，孙中山将中国"固有的道德""固有的知识"，看作中华民族的精华，带有保守的倾向，但他并不复古，因为他要革命，要建立民主共和制度。表面上看，孙中山学说的核心是民主共和，这是学西方的，但他的精神基础又是旧的传统，这是中国固有的。这不是矛盾了吗？是的，在充满矛盾的时代和社会，人们的思想也必然充满矛盾。孙中山也同样如此。但我们作细一层的考察便发现，孙中山的目的是要使"有用的新的"与"好的旧的"联合起来，使新与旧调和，更新中华民族的文化心理结构，以适应新旧时代变化的需要。

孙中山在研究人类思想不断变化的过程中，发现"凡在同一文化之下，孕育的各分子，容易养成共同的精神。故凡以民族文化传递于下一代，实为统一民族的必经途径"③，他告诉人们修身的道理，以及应如何迁善去恶，目的是在唤起新民族意识，促使他们团结，使他们觉悟中国情形的特殊，鼓励人民对国家尽忠，并要中华民族保留强烈的民族意识，培育对外求生存的力量，争取民族独立、自由、平等。由此可见，问题不在于孙中山要维持中国"固有的道德"和"固有的知识"，而在于如何认识和解释中国"固有的道德"和"固有的知识"。

民族精神是民族的特质和优良文化传统的反映，它涉及民族的精神文化与物质文化两重内容，必须从特定民族的精神心态和思维方式、抒情方式、行为方式的确定模式等方面去总结和探索，才能正确地总结民族精神，显然，孙中山没有能够做到这一点，所以他没有能够就中华民族特有的精神作出科学的概括，也没有能就中华民族的性格、气质作出科学的结论。

中华民族具有哪些特质？这的确是一个重要问题，因为这个问题不解决，我们就无法去谈继承和发扬。没有继承就没有发展，不能正确地继承，也就不能健康地发展。

过去我们以刻苦耐劳、酷爱自由、富于革命传统作为中华民族的特质来概括，这个概括是正确的，因为它在一定程度上反映了我们这个古老民族在长期成长进步过程中形成的特质。但显然又是不全面的，因为一个民族只是刻苦耐

---

① 台湾近代史研究所主编：《辛亥革命研讨会论文集》，台北1983年版，第4～5页。
② 蒋一安主编：《中山学术论集》上册，台北正中书局1986年版，第1页。
③ 吴鼎：《民族主义与中国伦理》，台北"中央文物供应社"1982年版，第48页。

劳，不豁达乐观，不追逐利益，没有创造力、创新力、凝聚力；只酷爱自由，没有抗争精神和刚毅顽强的民族性格，就容易守旧不进，守旧保守不奋进，民族就不可能繁荣发展，也就算不上是优秀民族。

任何一个民族的民族精神，都是这个民族文化的优良传统。什么叫做传统？传统有世代相继之义。传统在现代意义上是英文 tradition 的汉译，是指由历史沿袭下来的，经过人们选择的，具有一定特色的文化、思想、道德、风俗、心态、艺术、制度等，是一个外延最宽、反映客观事物最一般规定性的概念①。传统有进步的也有落后的。落后的传统"是一种巨大的阻力，是历史的惰性力"，其作用"是消极的"。② 这些落后的传统，自然要感染人民群众。进步的传统是一种不可忽视的精神力量，其作用是积极的。所以，对传统要进行科学分析，不能认为凡是民族过去的东西，或者过去留传下来的东西就是传统，也不能认为凡是传统都是进步的、积极的或者说是好的；也不能认为凡是传统都是落后的、消极的，或者说是坏的。从民族学的意义上看，世界各个民族各有其传统，它包含各民族的文化、思想、思维方式、伦理道德、风俗习惯、心理素质传统以及文字传统等要素。传统作为一种社会存在，具有多方面、多层次的复杂内容和关系网络。既然传统是从历史上得到的，并经过选择的这样一种东西，当然好的、坏的，进步的、落后的都会传下来，人们选择也有好的，有坏的，有积极的，有消极的，因此，传统就是各种文化类型里面的基本核心，或核心精神。

对于民族传统，有人认为"习惯存，则民族之精神存"③。也有人说：传统已成为传统，自有它的价值，而且也有它的外在根据，"作为传统，固然带有蚀痕斑斑的时代烙印，但也饱含根深叶茂的民族精神，而且，在其时代性的品格中，又潜存着永久性的因素，在其民族性的品格中，还包容着人类性的成分"④。还有人认为，传统意味着过去，意味着保守，就是历史，因此他们要"彻底和传统决裂"。见"传统"就骂，这未免过于简单。有的人将中国社会中的一些坏的现象，都归罪于我们这个中华民族的"传统"。他们错误地认为，传统"不论是好是坏，全都是生了锈的发条，全都不能配合新的齿轮发挥作用"。"我们要走向工业化，就得吞下'今不如昔'、'世风日下'这颗苦药丸。下定决心一剪剪掉传统的脐带"，"除了死心塌地学洋鬼子外，其他一

---

① 参见张立文等主编《传统文化与现代化》，第 23 页。
② 《马克思恩格斯选集》第 3 卷，人民出版社 1972 年版，第 402 页。
③ 精卫：《民族的国民》，《民报》第 1、2 号。
④ 庞朴：《传统与现代化》，《北京日报》1986 年 2 月 10 日。

切都是不实际的",① 其弦外之音,取代"传统"的东西自然就是西方的东西。这种完全鄙弃自己民族的文化而崇尚他人文化的倾向,当年就遭到很多人的批评。孙中山在晚年作民族主义讲演时也多次指出:西方新的进步的知识,例如自然科学、技术等,中国人都应当向人家学习,但中国在伦理方面有超过西方的地方,中国人的智慧较欧美人卓越,所以对西方的文化要进行分析,它有精华,也有糟粕。中国的传统文化有糟粕也有精华。是糟粕的应当进行清算和批判,但对传统文化也不能不分青红皂白、一股脑儿地全盘抛弃,搞民族虚无主义。正确的态度是对传统作实事求是的具体分析,做到取其精华,去其糟粕,有扬有弃。如果把民族传统都否定了,就等于否定这个民族。要让传统消亡就等于要民族消亡,至少让这个民族的文化消亡。否定一个民族的文化传统,那就等于把这个民族的一切精神财富剥夺了,把前进的基地铲平了,结果倒是轻松了,没有任何负担了,但是这样做的结果是这个民族必将变成一张白纸,真正"一无所有",那么这个民族的山河乃至人心又将会如何?不说人们都会清楚的。其实,传统虽不像人们想象的那么好,但也绝不像人们想象的那么坏。并且,不论情愿与否,传统终归是一个民族复兴的基础。只要我们不想让中华民族"解散"了、消亡了,就不应该盲目地提倡彻底否定中华民族的一切传统。更有自信心的民族,更有力量的民族,一定会更有意识地更积极地保存、发扬、更新和创造本民族的传统。因为任何民族都不能没有传统,否定民族的一切传统就必然会造成曾经是维护民族团结统一的传统的道德观念、理论观念被动摇,而新的道德、新的理论和观念又一时建立不起来,就会使人们不知所措、无所适从。如果整个民族失去了维系团结统一的精神纽带及人们共同承认和接受的传统力量,这个社会和民族就一定会有大动荡。

然而,每一个民族都有一些与新时代不相适应的传统,我们中华民族也一样。中国传统文化确实有许多严重的弊端,比如安于现状、比较保守、崇尚平均,只强调无我、忘我,不强调个人奋斗,散漫习气和阿Q精神严重,等等,对于这许多消极的传统,应该批判和扬弃,但我们不能抓住传统文化的弊端,就全盘否定传统文化,也不能强调继承传统文化就去复古,回复到"传统中国"。有一位学者说过:"近半个世纪以来,中国有许多'新青年'厌恶旧的,有条件的厌旧是可以的,无条件的厌旧则不可。对于旧的事物保持一个合理的保守态度,可以构成进步求新的动力","批评旧的价值和道德伦范是可以的,但是批评这些东西,并不等于一概不要,一概不要将归于无何有,完全无何有

---

① 李敖:《给谈中西文化的人看病》,《为中国思想趋向求答案》,台湾文星书店1964年版,第17~28页。

则生命飘荡"。① 彻底否定民族文化传统,势必会丧失民族自尊心、自信心,产生民族绝望心态。我们万万不能做这样的蠢事。

中华民族是一个历史悠久的文明民族,她有许多有价值,应该继承、保留和发扬的优良传统、品格和意识。认识中华民族的文化精华,就是掌握中华民族的脊梁。所以,在目前改革、开放,复兴中华,全民族为创造好中国而努力奋斗的形势下,如何正确地看待中华民族的文化精神及正确地对待世界先进民族及其文化,如何正确地学习、总结、体会孙中山关于振兴中华必须先要振兴民族精神思想的重要意义,对于我们的确是一个很重要的研究课题。

五、孙中山与中华民族的复兴

(一)

孙中山在1894年11月《檀香山兴中会章程》中提出"振兴中华、维持国体"②的口号,但与此同时,孙中山在《檀香山兴中会盟书》中又以"驱除鞑虏,恢复中国,创立合众政府"作为革命的目标。③ 1903年秋,孙中山在日本东京组织军事训练班,聘请日本军官为中国留学生教授军事知识,学员必须宣誓。孙中山在为东京军事训练班制订的誓词中,又将"恢复中国"改为"恢复中华"④,与此同时,孙中山又强调通过革命来"拯救中国"⑤"振兴中国"⑥"再造中华",随后又提到"中国复兴"⑦。由此可见,在辛亥(1911)年武昌起义前,孙中山一时说"振兴中华""恢复中华",一时又说要"拯救中国""振兴中国",他说过"中国复兴",但没有说过"中华复兴",更没有说过"中华民族的复兴"。民族和国家本来是两个概念,具有不同的内涵。然而,民族是什么?正如英国著名"左派"史学家埃里克·霍布斯鲍姆(E. J. Hobsbawm)所说:"'民族'的概念到今天,已被滥用到足以混淆是非、不具任何严肃意义的程度","'民族'这个字眼,阐述了纷扰人事的重要意

---

① 殷海光:《中国文化的展望》下册,香港文艺书屋1969年版,第280页,第73页。
② 孙中山:《檀香山兴中会章程》,《孙中山全集》第1卷,第9页。
③ 孙中山:《檀香山兴中会盟书》,《孙中山全集》第1卷,第20页。
④ 孙中山为东京军事训练班制订的誓词为:"驱除鞑虏,恢复中华,创立民国,平均地权"。《孙中山全集》第1卷,第224页。
⑤ 孙中山:《在檀香山正埠荷梯厘街戏院的演说》,《孙中山全集》第1卷,第226页。
⑥ 孙中山:《在东京中国留学生欢迎大会的演说》,《孙中山全集》第1卷,第283页。
⑦ 孙中山在《复翟理斯函》中提到"再造中华",《孙中山全集》第1卷,第46页。在《致鲁赛尔函》又提到过"中国复兴",《孙中山全集》第1卷,第318页。

义,但是,到底民族对人类有何意义可言?"他说:实际上,到现在,我们还很难解释清楚到底"民族是什么,也很难给它一个简单定义"。① 1905 年 10 月汪精卫(汪兆铭)在《民族的国民》一文中,就民族作了这样的解释:"民族云者,人种学上之用语也,其定义甚繁,今举所信者,曰:民族者同气类之继续的人类团体也。"所谓同"气类",其条件有六:一同血系,二同语言文字,三同住所,四同习惯,五同宗教,六同精神体质。正因为这样,"民族之结合,必非偶然,其历史上有相沿之共通关系,因而成不可破之共同团体,故能为永久的结合。偶然之聚散,非民族也"。② 梁启超认为,汪精卫以上民族之六要素是"根据于近世学者之说",他亦"乐承认之",但他据汪精卫关于民族六要素对汉人与满人的情况进行分析后指出:"满洲人实已同化于汉人,而有构成一混同民族之资格者也。"③ 指斥汪精卫种族革命论的错失,指出汪精卫的民族定义的不确定性。孙中山在晚年作民族主义讲演时曾就民族作解释,他说人类造成许多民族的原因,概括地说是自然力,分析起来便很复杂,当中最大的力是"血统",次大的力是"生活",第三大的力是"语言",第四个力是"宗教",第五个力是"风俗习惯"。④ 孙中山对民族作这样的解析,显然是不科学的,比如,信奉同一宗教的人不一定是同一个民族,相反,信奉不同宗教的人则可能是同一民族;又比如,讲同一种语言的人是一个民族,但讲同一种语言的人也可能是不同民族。与此同时,孙中山又就民族与国家作解释,他说:"本来民族与国家相互的关系很多,不容易分开,但是当中实在有一定界限,我们必须分开什么是国家,什么是民族。我说民族就是国族,何以在中国是适当,在外国便不适当呢?因为中国自秦汉而后,都是一个民族造成一个国家。外国有一个民族造成几个国家的,有一个国家之内有几个民族的。"⑤ 孙中山说中国自汉唐以来就是一个民族造成一个国家,不知他凭何而言,如果说中国就是由中华民族造成的,可以说得通,但中华民族成为一个稳定的共同体那是 20 世纪初的事,可见,孙中山对于民族与国家的认识是非常模糊不清的。他在前期,一会儿说"振兴中华""恢复中华",一会儿又说"拯救中国""振兴中国""复兴中国",在晚年则讲树立国族意识来"拯救中

---

① (英)埃里克·霍布斯鲍姆著:《民族与民族主义》,李金梅译,上海人民出版社 2000 年版,第 1 页。
② 汪精卫:《民族的国民》,《民报》第 1 号。
③ 饮冰(梁启超):《申论种族革命与政治革命之得失》,《新民丛报》第 79 期。
④ 孙中山:《三民主义:民族主义第一讲》,《孙中山选集》,第 620 页。
⑤ 孙中山:《三民主义:民族主义第一讲》,《孙中山选集》,第 617~618 页。

国"，"用民族精神来救国"。① 在孙中山的文章和演讲中，他是"中华"和"中国"混用。辛亥革命期间，孙中山已提出汉、满、蒙、回、藏五族共和。在辛亥革命以后，孙中山所言的"中华"即"中国"。伍廷芳在 1900 年 11 月便使用"中华民族"一词。② 所以，在孙中山的思想里，中华即中华民族，也即中国，复兴中华即复兴中国。正因为如此，蒋廷黻在 1938 年撰写的《中国近代史》就以"孙总理民族复兴方案"为题进行论述。③ 事实很清楚，通过振兴中华、实现复兴中国的目的是孙中山的伟大理想，也是他的宏大遗愿。然而，孙中山复兴中国的思想是来源于帝国主义的侵略压榨，还是来源于清朝的衰败，还是两者兼而有之，这是要首先探索清楚的问题。

  1840 年英国发动侵略中国的鸦片战争之后，把中国挤压到世界的边缘，这一方面激起了中国人对"异民族"的仇恨，另一方面也迫使中国人急于了解外国和外族人。孙中山时代的外族与 1840 年以前中国人所理解的"蛮夷"相比毕竟完全不同。鸦片战争以后的"蛮夷"不仅种类与我不同，而且还科技发达，具有"船坚炮利"，这些异族虽然与我地隔遥远，但它们到处开疆辟土，掠夺殖民地。由于西方这个"异民族"与我中华文化相异，绝无可能被我华夏传统文化所同化。西方"蛮夷"的入侵，逼迫中国人屈服于西方，使中国人真正面临着"亡国灭种"的威胁。为了振兴中华，复兴中国，中国的仁人志士纷纷发表议论，提倡救国。林则徐主张在抗拒侵略的同时，要"开眼看世界"，魏源提倡"师夷长技以制夷"，张之洞提倡"中体西用"，孙中山强调"世界潮流浩浩荡荡，顺之则昌，逆之则亡"，共产党人主张"将马克思主义普遍原理与中国革命的具体实践相结合"，还有陈序经的"全盘西化"和胡适的"充分世界化"，章士钊的"调和立国论"，等等，可见，经过鸦片战争之后西方列强的入侵造成的"亡国灭种"的威胁，加速了中国的觉醒，中国的仁人志士开始探讨民族复兴的道路，复兴中华成为国人的共同诉求和奋斗的目标。很显然，孙中山振兴中华、复兴中国的思想产生于资本—帝国主义列强的侵略、瓜分和掠夺，以及清政府的腐败与无能。因此，他的振兴中华、复兴中国的思想是同他的革命、建设，实现中国的独立、民主和富强紧密结合在一起的。1895 年 2 月，孙中山在《香港兴中会章程》中将其对当时中国的危局和振兴中华的计划和盘托出，说明他已投身拯救中国的大业，并顺应世界潮流追寻中国的复兴之路。他指出："中国积弱，至今极矣"。"夫以四万兆人民

---

① 孙中山：《三民主义：民族主义第一讲》，《孙中山选集》，第 621 页。
② 伍廷芳：《外国人在中国不受欢迎的原因》，《伍廷芳集》上册，中华书局 1992 年版，第 106 页。
③ 蒋廷黻：《中国近代史》，岳麓书社 1987 年版，第 10 页。

之众,数万里土地之饶,本可发奋为雄,无敌于天下",可是由于"政治不修,纲维败坏,朝廷则鬻爵卖官,公行贿赂;官府则剥民刮地,暴过虎狼"。也正由于这样,便造成中国社会"盗贼横行,饥馑交集,哀鸿遍野,民不聊生"。为了结束"强邻环列,虎视鹰瞵""瓜分豆剖"的局势,以及"拯斯民于水火,切扶大厦之将倾,庶我子子孙孙,或免奴隶(于)他族"① 的危险境地,孙中山指出:"追求积弱之故,不得尽归咎于廊庙之上,即举国之士农工商亦当自任其过当焉。"② 为此孙中山便确立振兴中华、复兴中国的志向:"(一)联络中外有志华人,讲求富强之学,以振兴中华,维持国体";"(二)设报馆以开风气,立学校以育人材,兴大利以厚民生,除积弊以培国脉"。③ 由此可见,孙中山早期振兴中华、复兴中国的主张归纳起来有下列几个内容:一是举国上下养成求知识、研究学术、"讲求富强之学"的风气;二是设报馆出版报刊,加强宣传,以开通民气,提高国人觉悟,造成救国的氛围;三是创立学校,培养人才,提高全民的文化素质,为振兴中华、复兴中国做准备;四是兴办实业,发展经济,增强财力,"以厚民生";五是改造国民性,树立高尚的道德和人格,建设文明的社会。振兴中华、复兴中国是一个巨大的社会工程,既然如此,孙中山认为,这样巨大的"国家的大事,不是一个人单独能够做成功的,必须要有很多的人才,大家同心做去,那才容易"④。所以,孙中山指出:"我们要求中国进步,造成一个三民主义、五权宪法的国家,非用群力不可。要用群力,便要合群策群力,大家去奋斗。不可依赖一人一部分,用孤力去做。用孤力做去,所收效果是很小,很慢的。"⑤

"合群"即团结,"群力"即"大家去奋斗",通过全国各族人民实现大团结,形成国族的力量,树立团结奋斗的民族精神,实现中华民族的独立、国家的民主和社会的富强,便是孙中山振兴中华、复兴中国的基本思想和主张。

(二)

孙中山积极探索符合中国国情的发展道路,制定复兴中华的步骤和方略,其基本主旨是通过革命实现共和,统一中国的政治、经济、军事和领土,为振兴中华创造条件;进而集中力量,引进外资外才,发展实业,复兴中国经济;最后动员全民族人民开展反对帝国主义支持军阀分割中国的合力革命,实现中

---

① 孙中山:《香港兴中会章程》,《孙中山全集》第1卷,第21页。
② 孙中山:《拟创立农学会书》,《孙中山全集》第1卷,第24页。
③ 孙中山:《香港兴中会章程》,《孙中山全集》第1卷,第22页。
④ 孙中山:《在广州岭南学生欢迎会的演说》,《孙中山全集》第8卷,第542页。
⑤ 孙中山:《在广州对国民党员的演说》,《孙中山全集》第8卷,第571页。

华民族的团结统一和国家的独立、民主、富强,建设一个文明和进步的社会。① 孙中山在《中国国民党第一次全国代表大会宣言》中说:"吾党之士,追随本党总理孙先生之后,知非颠覆满洲,无由改造中国,乃奋然而起,为国民前驱,激进不已,以至于辛亥,然后颠覆满洲之举,始告厥成。故知革命之目的,非仅仅在于颠覆满洲而已,乃在于满洲颠覆以后,得从事于改造中国。依当时之趋向,民族方面,由一民族之专横宰制,过渡于诸民族之平等结合;政治方面,由专制制度过渡于民权制度;经济方面,由手工业的生产过渡于资本制度生产。循是以进,必能使半殖民地的中国,变而为独立的中国,以屹然于世界。"② 文化方面,在"恢复我一切国粹"之后,积极学习西方的科学技术,实现中华民族传统优秀文化与西方先进文化的优势互补,实现文化的重构。

1. 民族方面。

孙中山从小便具有忧国忧民思想,他目睹"中国文明沦于蛮野""中国之疮痍,民生之困楚",热血满腔,立志"除虏兴治,罚罪救民""应天顺人""再造中华"。③ 为什么一个堂堂的中国在近两三百年来变成一个贫弱、受人欺凌的国家?孙中山认为,那是因为人家能随时代的进步而不断发展,而我们则墨守成规,故步自封,不求进取。所以,孙中山警戒国人,如果再不觉醒,还是昏昏然,沉睡不起,我们则没有复兴的希望。他诚心诚意地希望国人要认清自己的危险地位。他批评那些认为我国是一个文明古国,"和世界的民族比较,我们还是最多最大的"民族,我们中国虽然"经过天时人事种种变更",但"自有历史四千多年以来,只见文明进步,不见民族衰微"的观点,指出:具有这种"乐观的人,以为中国民族,从前不知经过了多少灾害,至今都没灭亡,以后无论经过若何灾害,是决不至灭亡的"。孙中山指出"这种论调,这种希望,依我看来,是不对的"。为什么不对?孙中山说,如果是"就天然淘汰力说,我们民族或者可以生存,但是世界中的进化力,不止一种天然力,是天然力和人为力凑合而成。人为的力量,可以巧夺天工,所谓人事胜天。这种人为的力,最大的有两种,一种是政治力,另一种是经济力,这两种力关系于民族兴亡,比较天然力还要大。我们民族处在今日世界潮流之中,不但是受这两种力的压迫,并且深受这两种力的祸害了"。所以,孙中山强调"如果在这十年以内有方法可以解脱政治力和经济力的压迫,我们民族还可以和列强的

---

① 参见林家有《孙中山和中华民族复兴思想》,《历史教学》2005年第8期。
② 孙中山:《中国国民党第一次全国代表大会宣言》,《孙中山选集》,第586页。
③ 孙中山:《复翟理斯函》,《孙中山全集》第1卷,第46~47页。

民族并存。如果政治力和经济力的压迫,我们没有方法去解脱,我们的民族便要被列强的民族所消灭,纵使不至于全数灭亡,也要被天然力慢慢去淘汰"。①既然中华民族的生存受到严重的威胁,中华民族要复兴,首先就要有力量抵御资本—帝国主义的侵略,结束殖民地、"次殖民地"的地位。为此,必须提倡民族主义,"如果再不留心提倡民族主义,结合四万万人成一个坚固的民族,中国便有亡国灭种之忧。我们要挽救这种危亡,便要提倡民族主义,用民族精神来救国"②。"救中国危亡的根本方法,在自己先有团体,用三四万个宗族的团体来顾国家,便有办法。无论对付那一国,也可以抵抗"③。

由此可见,孙中山复兴中华民族的第一步是通过提倡民族主义,发扬民族精神,结成强固的国族主义,首先实现救亡,其次才谈发展。

发展是硬道理。一个民族如果故步自封,不求进取,在世界发展一日千里的大势下,别人不来灭亡,自己也自然会灭亡。

孙中山在《建国方略(1917—1919)》中强调:"夫事有顺乎天理,应乎人情,适乎世界之潮流,合乎人群之需要……此古今之革命维新、兴邦建国等事业是也。"④ 只有发展才能"适应潮流",只有发展民族才能复兴,才能赶上"世界之进步"。然而,"世界上人物,有新旧两种,新人物有新思想、新希望,所以凡事都步步往前;旧人物反是,则步步退后。此新旧二潮流,当不相容"⑤。然"当今之世界,以竞争而立,又依此而发展"⑥。"现在世界的潮流,都是进到新的文明。我们如果大家醒来,向新的文明这条路去走,我们才可以跟得到各国来追向前去"⑦。孙中山根据"吾人内觇国情,外察大局",提出要"本互助之主义,奋斗之精神,以顺应趋势,积极进行",⑧ 努力发展国家的各项事业,中华民族就会屹立于世界民族之林。基于以上认识,孙中山认为要恢复我们民族的地位,除了恢复民族精神之外,还要恢复我们固有的道德、知识和能力,然后"去学欧美之所长","和欧美齐驱","跟上世界的潮流",并"决定一种政策,要济弱扶倾","我们对于弱小的民族要扶持他,对于世界的列强要抵抗他","我们将来能够治国平天下,便先要恢复民族主义和民族地

---

① 孙中山:《三民主义:民族主义第二讲》,《孙中山选集》,第632页。
② 孙中山:《三民主义:民族主义第一讲》,《孙中山选集》,第621页。
③ 孙中山:《三民主义:民族主义第五讲》,《孙中山选集》,第677~678页。
④ 孙中山:《建国方略(1917—1919)》,《孙中山全集》第6卷,第228页。
⑤ 孙中山:《在汕头各界欢迎会上的演说》,《孙中山全集》第4卷,第112页。
⑥ 孙中山:《在日本参观济济黉时的演说》,《孙中山集外集补编》,上海人民出版社1994年版,第128页。
⑦ 孙中山:《应上海〈中国晚报〉所作的留声演说》,《孙中山全集》第10卷,第237页。
⑧ 孙中山:《致粕谷义三函》,《孙中山全集》第11卷,第79页。

位，用固有的道德和平做基础，去统一世界，成一个大同之治"①，"对于世界诸民族，务保持吾民族之独立地位，发扬吾固有之文化，且吸收世界之文化而光大之，以期与诸民族并驾齐驱于世界，以驯致于大同"②。

2. 政治方面。

孙中山经过一番调查得出一个结论："吾国土地如此之大，人民如此之多，物产如此之富，何至于如此之贫！推原其由，实因前清专制政体，人民无权利，遂无义务的思想。无自由平等的幸福，自甘暴弃责任，毫无竞争之心，进取之性。"他认为"此实吾国民至于贫弱之一大原因也"。③ 孙中山审时度势，从国外到国内寻找中国积弱的根源，以及探讨中国复兴的办法和道路。他认为世界存在贫弱的国家大约有"以地小而贫者"，有"以地瘠而贫者"，有"以民小而弱者"，有"以民愚而弱者"。然而，"中国之土地则四百余万方咪之广，居世界之第四，尚在美国之上。而物产之丰、宝藏之富，实居世界之第一。至于人民之数则有四万万，亦为世界之第一。而人民之聪明才智自古无匹，承五千年之文化，为世界所未有，千百年前已尝为世界之雄矣。"所以，孙中山指出：世界贫弱国家的四大原因，"我曾无一焉。然则何为而贫弱至是也？曰：官吏贪污、政治腐败之为害也"。④ 由于官吏贪污，又使"中国人民遭到四种巨大的长久的苦难：饥荒、水患、疫病、生命和财产的毫无保障"，所以，"贪污是产生饥荒、水灾、疫病的主要原因，同时也是武装盗匪常年猖獗的主要原因"。⑤ 因此，在中国要救贫首先要改变清朝的贪污官僚体制，但是，要改变中国存在已久、积弊深远的"痼疾"，除了"推翻帝政之外，别无挽救之法"⑥。有人出于好心，避免战乱，提议清政府实行自改革，改变政治弊端，为国家的发展创造一个良好的环境，但孙中山指出："与清政府谈改革，无异于与虎谋皮"。在中国只有"发动民主革命，推翻这个昏庸腐朽的政府"，才能"为改革政治创造条件"。⑦ 清政府"颠覆之时必然是国政倾颓之际，必有革新志士出而建国改造，古今无异。目前清国国势不振，盖其时将近"⑧。基于这种认识，孙中山认为，应该加强宣传鼓动，将国内外的爱国华

---

① 孙中山：《三民主义：民族主义第六讲》，《孙中山选集》，第 691 页。
② 孙中山：《中国革命史》，《孙中山全集》第 7 卷，第 60 页。
③ 孙中山：《在山西实业界学界及各党派欢迎会的演说》，《孙中山全集》第 2 卷，第 476 页。
④ 孙中山：《建国方略（1917—1919）》，《孙中山全集》第 6 卷，第 223 页。
⑤ 孙中山：《中国的现在和未来——革新党呼吁英国保持善意的中立》，《孙中山全集》第 1 卷，第 89 页。
⑥ 孙中山：《与喜嘉理的谈话》，《孙中山集外集补编》，第 24 页。
⑦ 陈锡祺主编：《孙中山年谱长编》上册，中华书局 1991 年版，第 339 页。
⑧ 陈锡祺主编：《孙中山年谱长编》上册，第 349 页。

人及留学生发动起来，实行一场改朝换代、革新政治的革命，推翻君主专制，实行民主共和。

由此可见，孙中山经过周密的考察后认识到，要实现振兴中华、恢复中国的目标，最基本的条件是要结束清政府的腐朽政治制度，"择地球上最文明的政治法律来救我们中国"①。所以，以革命确立民主政制，通过军政、训政、宪政三个步骤的循序渐进，实行民主建政，然后以三民主义、五权宪法作为建设国家的方略，"把中国造成一个新世界"②，使中国"可以变成一个富强的新中国"③，改造国家的贫弱地位，便成为孙中山革命救国、振兴中华的基本政治理念。

3. 经济方面。

孙中山非常重视革命与建设的关系，用他的话说，"革命"即"破坏"，破坏是为了更好地建设，如果只讲破坏不讲建设，那是背离革命的初衷。革命、救国、建设即救亡与发展体现了时代的主题，离开了这个时代的主题，去空谈中国的发展，都是对历史的不尊重，都是对前人奋斗史的不尊重。孙中山认为，在近代中国只有实行革命化，才能实现中国的近代化。

美国著名的政治学家塞缪尔·P. 亨廷顿在其《变化社会中的政治秩序》一书中说："革命，就是对一个社会据主导地位的价值和神话，及其政治制度、社会结构、领导体系、政治活动和政策，进行一场急速的根本性的、暴烈的国内变革。"所以，亨廷顿指出，"革命是现代化所特有的东西。它是一种使一个传统社会现代化的手段"。④ 即是说，对于一个腐朽的政治体制，只有通过革命推翻阻碍社会进步的旧体制才能有效地进行现代化建设。所以，革命与建设并不是对立的，而是相辅而行。孙中山指出："革命之建设者，非常之建设也，亦速成之建设也。夫建设固有寻常者，即随社会趋势之自然，因势利导而为之，此异乎革命之建设者也。革命有非常之破坏，如帝统为之斩绝，专制为之推翻；有此非常之破坏，则不可无非常之建设。是革命之破坏与革命之建设必相辅而行，犹人之两足，鸟之双翼也。"⑤ 基于这个认识，孙中山指出，要除去障碍物，便要革命，要人类和国家进步，便不能不革命。所以，在革命的同时，孙中山就考虑中国的建设和发展，将革命视为复兴中国的第一步骤。

---

① 孙中山：《在东京中国留学生欢迎大会的演说》，《孙中山全集》第1卷，第281页。
② 孙中山：《在桂林军政学七十六团体欢迎会的演说》，《孙中山全集》第6卷，第8页。
③ 孙中山：《应上海〈中国晚报〉所作的留声演说》，《孙中山全集》第10卷，第237页。
④ （美）塞缪尔·P. 亨廷顿：《变化社会中的政治秩序》，王冠华等译，生活·读书·新知三联书店1988年版，第264页。
⑤ 孙中山：《建国方略（1917—1919）》，《孙中山全集》第6卷，第207页。

孙中山在领导中国同盟会发动辛亥革命取得成功之后，即强调发展经济，实行民生主义，解决民生问题，消除社会的不公平和贫富的差异，"造成国利民福"①。在第一次世界大战结束后，孙中山即从事于研究国际共同开发中国实业，制订发展中国实业的计划。他强调："中国富源之发展，已成为今日世界人类之至大问题，不独为中国之利害而已也。惟发展之权，操之在我则存，操之在人则亡，此后中国存亡之关键，则在此实业发展之一事也。"并对交通的开发，商港的开辟，水力的发展，冶铁制钢、采煤、水泥和制船厂的建设，农、林、牧、渔业的发展，新式城镇建设和商埠的开辟作了详细的计划，对资金、人才的筹措也有具体的设想。② 诚如蒋廷黻所指出，孙中山明白"欲想建立新中国，中国人就必须吸收全世界的资源、精神方面的和物质方面的"。所以，"他在计划发展中国经济时，却提出中国要尽量利用外国资本及技术的主张"。他称他发展中国的计划是"国际开发中国"。此一工作的名称曾经引起人们批评。而蒋氏则"认为这是国父思想太新的缘故，他不仅比中国人，甚至比许多世界上其他人也新了几十年"。③

孙中山将发展中国经济、振兴实业视为革命复兴中国的目的，这是同孙中山的政治理念分不开的。他认为，既然"国民政府本革命之三民主义、五权宪法，以建设中华民国"，那么"建设之首要在民生。故对于全国人民之衣食住行四大需要，政府当与人民协力，共谋农业之发展，以足民食，共谋织造之发展，以裕民衣；建筑大计划之各式屋舍，以乐民居；修治道路、运河，以利民行"。④ 可知，通过以民为本、以人为本来规划和建设国家便是孙中山治理国家的基本理念。这种政治理念的最大特点就是追求经济的发展，积累财富，消除过分悬殊的贫富差别，实现均富，建设一个"天下为公"的和谐大同社会。

然而，又由于孙中山复兴中国的追求过于急切，中华民国成立，孙中山即认为破坏已经结束，建设应立即开始。将革命视为夺取政权即了事，忽视了革命的阶段性和反复性，结果是革命不彻底，政权巩固不了，失去了政权，便失去了建设的主动权和控制权，所以建设也不可能顺利进行，而且还招致后来再次革命的反复。可见，在近代中国革命和建设是一对相关联又相区别的概念。在近代中国革命与发展体现了时代的主题，只有革命化才能现代化，也只有现代化，才有民族的独立和国家的富强，这是由近代中国帝国主义与中华民族、

---

① 孙中山：《在南京参议院解职辞》，《孙中山全集》第2卷，第317页。
② 孙中山：《建国方略之二：实业计划（物质建设）》，《孙中山选集》，第212～382页。
③ 蒋廷黻：《蒋廷黻回忆录》，岳麓书社2003年版，第84页。
④ 孙中山：《国民政府建国大纲》，《孙中山选集》，第601页。

封建主义与人民大众的矛盾决定的，离开了中国的具体国情去谈发展，或只谈革命忽视建设，都是不可能成功的。孙中山将革命和建设视为解救中国、实现民族复兴的关键，但因他的革命不彻底，民族和国家都未能实现统一。民族不统一，则"不能成国"，国家不统一，则不能复兴，这又阻碍了社会的发展，为后来者的建国遗留了许多问题。

4. 文化方面。

拯救中国复兴中华，孙中山从不认为借靠西方文化或维护中国的传统文化便可以成功。但毫无疑问，孙中山复兴中华的思想起源于中西比较，他认为中国落后是由于文化和教育落后于西方。文化是最根本的根，要复兴中国首先要看清世界，通过比较选择西方的科学技术同中国传统人文精神，实现中外文化优势互补，建构中国文化的特色。只有文化先进才会有民族的进步，才会有中国的强盛，也只有中国的强盛才有力量抵抗外国的侵略，实现国家的独立，洗刷民族的耻辱。然而，孙中山提倡学习西方的科学技术，但他没有抛弃以儒学作为价值取向的中国传统文化，所以他是一个典型的把变革中国社会与维护中国传统文化结合起来考虑中国未来的混合型人物，因此他是一位民族主义者，又是具有开放意识的国际主义者。正由于孙中山具有这种特性，他能人所不能，他的思想和人格魅力具有极强的感染力，同时代的任何人都无法与他相比。

任何人都生活在特定的时代，任何人包括卓越的人物都无法超越他的时代。诚如美国著名学者柯文所说："每一代都产生自己的新人。但从（这）一代到下一代的更新程度却可能极不相同"。"孙中山在本世纪初（按，20世纪）之所想所做，部分是建筑在他的前辈当年所想所做的基础之上。孙中山并非在不成熟的氛围中创造革命（事件）。实际上，在他出生之时（1866），中国已经孕育了革命（进程）"。柯文将孙中山与王韬比较指出："虽然孙中山代表了革命进程的稍晚阶段，在这种意义上他比王韬要新。但若就他们个人一生所包括的文化变化容量而言，从代际变化的相对观点（而非累积或展望的观点）来看，王韬却比孙中山要新。"[①] 王韬生活在鸦片战争前后，从前从未有过的变化发生了，从不认识的西方叩门入关，改变了中国人的观念。他面对西方列强侵略中国所带来的一系列问题，如西洋人与东洋人、西洋文化与东方文化碰撞带来的困扰，正常经商与经济侵略和压迫所带来的两难抉择，闭关与开关所带来的新问题，等等。而孙中山生活在19世纪末20世纪初，孙中山面

---

① （美）柯文：《在传统与现代性之间——王韬与晚清改革》，雷颐、罗检秋译，江苏人民出版社2003年版，第3页。

对的问题,不仅仅是文化问题,还有政治、经济、军事和社会各方面的问题,就这方面而言,孙中山比王韬的创新性又要复杂得多、深刻得多。所以,就孙中山而言,在文化上建构新的体系,关键不在于传承,而主要的是创新,即如何将世界多元的异质文化变为中华多元一体文化,使中国具有不中不西、又中又西的文化特色,使中国的复兴与世界的发展相适应。既要避免中国人的自大,克服封闭意识,又要在世人面前建立起中国人的自立、自强、自信价值观,正确地处理文化的交流和吸收,以及文化霸权和奴性所带来的各种不协调和冲突,营造一个和平的、和谐的人文环境,加速中国社会的文明进步和发展。这是一道难题。所以,孙中山指出:"对于世界诸民族,务保持吾民族之独立地位,发扬吾固有之文化,且吸收世界之文化而光大之,以期与诸民族并驱于世界,以驯致于大同。"① 对于西方文化,孙中山不是盲目地抗拒,但也不是无条件地吸收,只有在"恢复我一切国粹之后",再去"学欧美之所长",不是盲目地吸收"欧美从前的旧东西"来维护我们的旧东西。我们要复兴中国是要学"他们的最新发明"、最新成就。只有这样"才可以驾乎各国之上"②。"如果不管中国自己的风土人情是怎么样,便像学外国的机器一样,把外国管理社会的政治硬搬进来,那便是大错"③。孙中山对于外国文化的态度是相当的理性和大度的,强调在恢复我国优秀传统文化的基础上,借鉴外国先进的文化,为我所用,以有用就是好、没有用便是不好作为价值判断。可见,孙中山的文化观并不复杂,即将中国古代好的、有用的继承,外国好的先进的于我有用的拿来,继承和拿来都是为了营造一种宽松与融合的人文环境,让国人在复兴中华的大目标下尽力尽责,共同奋斗。他认为,建设国家不是光靠热情可以成功,也不是蛮干就会出现辉煌。近代中国在地球上为一最贫弱的国家,皆因教育、实业两不发达。要实现国家的富强,振兴中华,必须依靠文化,要有高深学问。"建设事业,不仅要与破坏时代持同一之牺牲主义,并且要一绝大学问"④。为此,孙中山提倡发展教育,通过新式的教育,培养人才,"增进全国民族之文化"⑤ 和见识,他将教育视为实现中华民族复兴的奠基工作,将发展中国的文化视为他实现强国目标的源泉。孙中山在振兴中华、复兴中国的过程中,是欲通过建立优势互补的多元一体文化架构,来维护民族的团结和国家的统一,以及建立一个睦邻友好、共存共荣的"世界大同""天下为

---

① 孙中山:《中国革命史》,《孙中山全集》第7卷,第60页。
② 孙中山:《三民主义:民权主义第六讲》,《孙中山选集》,第787~788页。
③ 孙中山:《三民主义:民权主义第五讲》,《孙中山选集》,第764页。
④ 孙中山:《在东京中国留学生欢迎会的演说》,《孙中山全集》第3卷,第22页。
⑤ 孙中山:《中国国民党宣言》,《孙中山全集》第7卷,第3页。

公"的国际体系。所以,孙中山不是简单地维护中国传统的文化,也不是盲目地毫无保留地拿来西方的洋文化,而是创造一种既符合中国的国情,又面向现代、面向世界、面向未来的多元一体文化,既能稳定社会,巩固民族团结,国家统一;又追赶时代潮流,展示新思潮,与世界共忧,思人类所共思,创人类尚未创之业,可见孙中山具有宽阔的胸怀和宏大抱负。孙中山不强调文化对立对抗,文化调和是孙中山文化选择的出发点和归宿点,这是他以和为贵思想的体现,也是他对全盘西化派和东方文化派两极对立文化观的折中。折中有利于团结,有利于进步,也是他对当时文化取代论的一种否定。有人指出:"孙氏学说是有目的的对儒教文化、民生主义(社会主义)和西方民主这三个传统的结合。孙氏相信一个独特和自豪的中国,只要以儒教文明为基础(按,应是以中国优秀的传统文化为基础),就会在文化上复兴。"① 此说不大清晰,但大致说来正确。总之,孙中山"既不想彻底抛弃中国的传统,又不愿意不加修改地照抄西方的模式",所以"他一直在苦苦思索着一条现代化和他所看到的中国文化之精髓之间的折中道路"。②

综观孙中山振兴中华、复兴中国所作的思考,笔者认为既符合中国当时的实际,又带有追随时代潮流的特色。他否定了维新派的君主立宪保守倾向,又否定了清政府自改革的不可行性。他所提出的复兴中华强国主张,尽管由于种种原因未能在他的生前和身后得以实现,但这不是说明他的思想和主张有什么不对,他为了建立一个民主法制以及共和统一的中国的思想应该说没有什么问题,关键在于帝国主义从外面对中国施加影响,造成中国的混乱和分裂。社会不稳定、政治的恶劣,尤其是日本的全面侵略,使 100 多年来中国仁人志士努力奋斗的复兴中华的目标在 20 世纪未能实现,但它给我们提供了许多经验和教训,对于我们今天复兴中华的伟大事业提供有益的启迪。

(三)

孙中山振兴中华、复兴中国的思想来源于他的政治救国抱负,来源于他建设一个伟大的中华民族的理想。所谓政治救国,就是组织政党,发动民众举行武装起义,摧毁清王朝至高无上的特权和地位;扫除军阀割据势力,统一中国,建立一个民有、民治、民享的三民主义和实行五权宪法的共和民主政制,通过政治途径来改造社会,为中国的近代化发展扫清障碍,然后发展教育,振

---

① 张文蔚:《孙中山思想与中国前途》,郑竹园主编:《孙中山思想与当代世界》,台北编译局 1996 年版,第 359 页。
② 余英时:《孙文学说与中国传统文化》,郑竹园主编:《孙中山思想与当代世界》,第 107、第 112 页。

兴科学，实行强国富民政策。孙中山这个选择无疑是正确的，因为清政府的腐败已经不能通过体制内的改革来克服社会和民族的危机。在当时，"如果不实行彻底的政治革命，改变中国在国际上的地位"，中国的任何进步都是不可能实现的。所以，"中国的现代化不能走日本的明治维新之路，而只能走乔治·华盛顿式的共和革命之路"。① 孙中山领导的辛亥革命推翻了清王朝，但是并没有从政治上、经济上和思想上、文化上彻底摧垮封建势力的根基。因此，孙中山的革命"尚未成功"，伴随着政治上封建主义的复辟活动的卷土重来，文化上尊孔读经的邪说和谬论的纷至沓来，又一次扰乱国人的神经，造成思想和行为的混乱。这说明，中国的复兴并不是通过革命精英领导一次革命便"完全可以像日本那样通过干预来推动革命的发展"，取得近代化建设的辉煌成就。② 这不是由于孙中山的思想和他担当指导的他那一代人的能力有什么问题，而正如美国学者所指出的主要是由于在 1912 年前就"已经像海啸一样席卷了全世界的经济、政治、社会、思想和文化方面的巨大近代化转变，开始将中国文明碾为齑粉"。正由于这样，那些从当时起"经历了这一前所未有的时代的中国人经受了每一个层面上个体或是公众、实践上或是理论上的大混乱"。在当时，中国"没有任何一处地方对一种新秩序、一种民族力量的复兴和国民生活重塑的探索寻求，比在中国受到更长时期的拖延和更多的挫折了"。③ 思想的混乱，以及各种实践的挫折，扰乱了人们的思想，造成了孙中山的民主共和思想未能在全民中树立。"五四"时期许多爱国者在呼唤"德先生"和"赛先生""拯救中国"，孙中山也提倡"重新革命"铲除三种"陈土"，颇有一番重来一次革命的气势和决心，完成未竟的事业，但由于地方实力派和军阀的搅局，孙中山所指导和创建的共和制革命又屡遭挫折，从而又加深了社会危机和民族危机。日本侵略者在 1931 年发动"九一八"事变，发动灭亡中国的侵略战争，救亡成为首要任务，建设只好让退，这又阻碍了中国复兴的进程。当时的中国，正如林语堂先生所说：他本来经常在做梦，梦见了许许多多有趣的美好的未来。但后来梦也少了，不欲追求理想，专注重现实了。"我不梦见周公，也很久了。大概因为思想日益激烈，生活日益稳健，总鼓不起勇气，热心教育，热心党国。不知是教育党国等不叫人热心，还是我自己不是，现在硬不必去管他。从前，的确也曾投身武汉国民政府，也曾亲眼看见一个不贪污，不爱钱，不骗人，不说空话的政府，登时，即刻，几乎就要实现。

---

① 爱泼斯坦：《中国现代化的先驱》，中国和平出版社 1987 年版，第 5、7～8 页。
② （美）费正清：《中国：传统与变迁》，张沛等译，世界知识出版社 2002 年版，第 48 页。
③ （美）费正清：《中国：传统与变迁》，张沛等译，第 490 页。

到如今，南柯一梦，仍是南柯一梦。其后，人家又一次革命，我又一次热心，又在做梦，不过此时的梦，大概做得不很长，正在酣蜜之时，自会清醒过来。到了革命成功，连梦遂也不敢做了，此时我已梦影烟消，消镜对月，每夜总是睡得一寐到天亮。"他说："这大概是因为自己年纪的缘故，人越老，梦越少。人生总是由理想主义走上写实主义之路"，"我现在不做大梦，不希望有全国太平的天下，只希望国中有小小一片的不打仗，无苛税，换门牌不要钱，人民不必跑入租界而可以安居乐业的干净土"。① 林语堂原来有好多梦想，现在连梦都不做了，更加不梦想什么未来了，为什么？因为在那个年代，梦得越多，想得越多，越是烦恼。这大概也反映了中国从孙中山提出三民主义号召革命、振兴中华到他逝去的 20 世纪 20 年代末 30 年代初中国政治黑暗、军阀混战、灾荒繁发和日寇入侵的现实。因为许多国人都曾有过美好的梦想，可是一切的一切都成为泡影，因此许多人都由理想主义转变为现实主义，只希望"不打仗、无苛税"，有一个安稳的环境，随遇而安。环境迫使人们生活不下去了，原来孙中山领导的革命带来的喜悦却慢慢地消弃了，中国的出路在哪里？国人的怀疑产生了。为什么外国人做得到的，中国却做不到？是不是指导当时中国进行民族复兴的孙中山的三民主义思想有什么问题？正如有学者所指出：孙中山"三民主义之中到目前为止，成绩最著的，要算民族主义了"。孙中山如炬的眼光，"在国人半醉半梦的时辰，揭出民族主义，作为开宗明义第一章，这是他把握着历史，把握着时代精神的中心"，"民族主义是为民族的，民生主义也是为民族的"，民权主义为谁？他不说，恐怕不是不能说，而是不好说。② 其实，孙中山在《建国方略（1917—1919）》《中国国民党第一次全国代表大会宣言》《国民政府建国大纲》以及他晚年的三民主义讲演中对他的复兴中国的思想、政策、步骤和方法都讲得很清楚，如果能有一个良好的政治环境，全国人民共同努力去建设国家、振兴中华，中华民族的复兴并不是可想而不可成就的。可是由于政局的动荡，以及在孙中山逝世之后，国人对孙中山三民主义思想的认识和解读都越来越偏离了他的本义。比如，三民主义是否为时代所需要？时代需要什么样的三民主义？就连胡汉民、蒋介石及汪精卫都不敢对三民主义给予肯定的回答。戴季陶在《国民革命与中国国民党》文中说："共信不立，互信不生，互信不生，团结不固"，一直为国民党各阶层奉为经典，但他们对共信的理解又不同，所以共信之中又有"他信"。胡汉民"纯正"的三民

---

① 刘仰东编：《梦想的中国》，西苑出版社 1998 年版，第 3 页。
② 林同济：《民族主义与二十世纪——列国阶段的形态观》，原载《战国副刊》第 29～30 期，转引自重庆《大公报》1924 年 6 月 17、24 日。

主义、蒋介石"儒化"的三民主义、汪精卫"卖国"的三民主义，互异明显。至于中共，于第一次国共合作时期，虽然表示不反对戴季陶的所谓"共信"，但在"共信"之外，还要兼信共产主义；在第二次国共合作时期，中共认为三民主义为抗日战争所必需，但中共又坚持即使革命的三民主义也只是共产主义的最低纲领，与此同时又进行新旧三民主义的大论战。可见，中共在坚持"共信"，但又不迷信"共信"。因此，长期以来对于孙中山复兴中国的指导思想——三民主义，它的实质是什么？它的精神又是什么？在国人中从来就没有形成共信。[①] 缺乏共信，就没有共识，所以在实践中也必然产生偏离，各说各的，各做各的，未能在一种统一的思想指导下，形成一种大致相同的理念，团结奋进，最后又由于分裂分治，造成了人力资源的内耗和丧失经济复兴的机遇。

中华民族的复兴关系到政治、经济、思想、文化、社会和国际环境的各种问题和因素，不可能在某一方面加以整合，我们在这里是就孙中山谈孙中山，就孙中山的思想与实践对中国近代化建设、复兴中国所起的作用考量。毫无疑问，"孙中山的思想理论，是鸦片战争以后先进的中国人探寻救民救国真理，最先形成的具有现代意义的、完整的革命理论。这种理论，不但成为20世纪中华民族复兴之路的旗帜，而且对于其后的中国历史进程也产生重大影响"[②]。袁世凯的中国法律顾问美国学者古德诺说："中国的未来在于科研"。他认为中国的变革在于"把经济的控制权把握在中国人自己手中，中国才可能从外国人的掌握中挣脱出来"，所以中国的发展的中心问题不是文化问题。他认为，中国人虽然早就在探索中国复兴的道路，但必须更清楚地看到中国"要依靠自身的力量解救自己的国家，需要的是促进经济进步，而不是像现在这样把希望寄托于对哲学领域来一场激进的革命"[③]。这个看法是否正确仁者见仁，智者见智，但社会的变迁与思想和文化有关，这大概是不争的事实，但也正如古德诺所言，社会变迁的主因不在文学的革命和思想的变迁。这是古德诺的看法，他作为一个美国人对中华民族的复兴道路提出自己的看法，应该肯定，兼听则明。对于民族复兴这个大文章，中国人做了100多年还未完篇，还在继续做，这是中国觉醒的表现，也是中华民族不达目的誓不罢休精神的体现。复兴

---

① 参见张军民《对接与冲突——三民主义在孙中山身后的流变》，天津古籍出版社2005年版，第287～289页。

② 朱成甲：《孙中山思想理论与20世纪中国历史进程——兼论20世纪中国三大思想主潮间的内在联系》，牛大勇、藏运祜主编：《中外学者纵论20世纪的中国》，江西人民出版社2003年版，第5页。

③ （美）古德诺：《解析中国》，蔡向阳、李茂增译，国际文化出版公司2005年版，第50页。

中华由少数仁人志士的思考、呼唤和呐喊，到形成一种国人共同追求的思潮和行动，已经付出了很多很多。中华民族复兴思潮是在中国鸦片战争后经历了"亡国灭种"的危机之后兴起的一种求生存、求独立和求发展的进步社会思潮，它的作用和影响无疑是深远和巨大的，国人绝不可对前人的努力有半点漠视和不屑一顾的想法和行为。中国有今天，正是昨天和前天中国人努力的结果，如果没有前人的努力，也不可能在复兴中华思潮的激荡下有那么多的救国方案，如果没有这许许多多的中国仁人志士的呼吁，造成一种强大的爱国主义意识，形成一种强烈的求强求富求发展的愿望，也不可能有今天。100多年来，中国仁人志士的思想主张和努力实践，为现今中国的民族复兴大业凝聚和积累了深厚的精神财富，提供了丰富的经验和启迪。而伟大的爱国者孙中山为中华民族的复兴所探求的道路、所做的奋斗，累积起来的经验教训是一笔宝贵的财富，为我们今天复兴中华大业提供借鉴和启迪，值得我们去珍惜、去总结和继承。

第二章　孙中山民族主义与国际主义思想

一、孙中山的世界观

（一）

所谓世界观，简而言之就是对世界的看法。孙中山认为世界是一个整体，世界不能没有中国，中国也不能没有世界。世界分为东半球和西半球，人种不同、文化不一，但东方人与西方人都生活在地球上，应该天下为公，世界大同，不能尔虞我诈，不能只有对抗，没有对话；不能只讲斗争，不讲调和；不能只讲功利强权，不讲仁义道德。孙中山了解世界是为了中国，也是为了世界。他提倡文明共享共同发展，主张国与国相交，必须平等互惠。孙中山的世界观有一个由文化世界观向民族世界观转变的过程，这个转变是他进步和觉醒的表现。孙中山在对欧洲、亚洲、北美的了解和解释中，将现代与传统结合起来，将中国和亚洲与西方结合起来，形成无私、为公和大同的世界观，说明其虽是中国的民族主义者，但也是国际主义者。

孙中山了解世界，一是靠书本，二是亲历考察，三是通过别人间接了解。关于读书成为孙中山的嗜好为学人所知，也被许多人传为佳话。曾任孙中山大元帅府机要秘书的邵元冲在《总理学记》一文中，对孙中山读书治学的认真执着的精神有许多钦崇的话语。他说："先生平日所治甚博，于政治、经济、社会、工业、法律诸籍，皆笃嗜无勒"，凡一切有助于他革命建国的书都"研精不懈，所学益进"。又说：孙中山读书"虽伏暑祁寒，不稍间断"，"平时读书虽不甚速，而阅读之时，字字着眼，行行经心，不肯随意放过，故阅后于书中要义无不了然"。[①] 吴稚晖也在《我亦讲中山先生》文中，讲到孙中山"手

[①] 邵元冲：《总理学记》，尚明轩、王学庄、陈崧编：《孙中山生平事业追忆录》，人民出版社1986年版，第698页。

不释卷",说:"1908 年他到伦敦时,似乎旅费甚穷。所以有位朋友曹亚伯,在学生中凑了三四十镑送他。不料三天以后,我们到他寓里见他,已把那个钱买了一大堆紧要书籍,指示我们什么什么。我是惊骇他的好学……后来我每见他,不是谈国事,便是看书,终不谈闲天。什么麻雀下棋,更生平不懂得的了。直到前一月,皮海寰先生也对我说:'孙先生真用功。他把最新欧美的社会学说,无不浏览'。"① 正由于孙中山"无书不读,而且无不精了"②,所以他的思想活跃,见闻广远。他通过书本了解世界是为了世界,但更重要的是为了中国,为了中华民族。中国要走向世界、要追赶欧美需要比照,需要论别人和自己的长短,找到追赶的路向和振兴本民族的问题所在,才能做到心中有数,行中有度。美国著名的孙中山研究专家史扶邻(Harold Z. Schiffrin)教授说过:孙中山作为一位"民族主义领袖竟有了强烈的国际主义思想意识!在为中国现代化奋斗的过程中,孙中山清楚地认识到,在达到民族平等的目的后,与国际社会的合作是必不可少的。他还想到未来的国际合作是世界和平的基础"③,这说明孙中山具有开放的、务实的、前瞻性的世界观和全球意识。孙中山从不认为自己是孤立于世界之外的圣人,也从不认为中国可以孤立于世界之外去实现什么近现代化。孙中山讲过:"夫事有顺乎天理,应乎人情,适乎世界之潮流,合乎人群之需要……此古今之革命维新、兴邦建国等事业是也。"④ 又说:"现在世界的潮流,都是进到新的文明。我们如果大家能醒起来,向新的文明这条路去走,我们才可以跟得到各国来追前去。"⑤ 可见孙中山是从中国应该追赶世界的先进潮流作为他建构世界观的出发点、立足点,提倡中国向世界先进的新的文明学习,追赶发展国家,建设高度的物质文明、心性文明和政治文明是他了解世界的目的。诚如美国哥伦比亚大学著名学者韦慕庭(C. Marfir Wilbur)教授所正确指出的:"孙中山是一位重要的世界性人物",是一个"属于全世界的人"。⑥ 他是一位对祖国怀抱崇高理想的、无与伦比的杰出人物,又是一位具有国际主义倾向的、同情和支持世界受苦受难的民

---

① 吴敬恒:《我亦讲中山先生》,尚明轩、王学庄、陈崧编:《孙中山生平事业追忆录》,第 699～701 页。
② 黄季陆:《孙中山先生的健谈和好学》,尚明轩、王学庄、陈崧编:《孙中山生平事业追忆录》,第 702～703 页。
③ (美)史扶邻著:《孙中山:勉为其难的革命家》,丘权政、符致兴译,中国华侨出版社 1996 年版,第 29～30 页。
④ 孙中山:《建国方略(1917—1919)》,《孙中山全集》第 6 卷,228 页。
⑤ 孙中山:《应上海〈中国晚报〉所作的留声演说》,《孙中山全集》第 10 卷,第 237 页。
⑥ (美)韦慕庭著:《孙中山——壮志未酬的爱国者》,杨慎之译,中山大学出版社 1986 年版,"中译本新序",第 1 页。

族和人民的国际主义者。他是将民族主义与国际主义完满结合起来的20世纪中国杰出的有远见的政治家和思想家,又是脚踏实地、非常认真和执着的实行家。我们研究孙中山不能不与世界联系起来,更不能将孙中山的个人历史同世界政治史和社会史分割开来。然而,要将孙中山与世界结合起来研究困难不少,因为研究孙中山这样的人物,仅是从文本和孙中山论著中寻找资料显然是不够的,但在世界上包括中国在内真正能了解孙中山的人也不多,时至今日能够回忆起孙中山所生活的时代是什么样子、当时的中国和世界又是一种什么情状的人也是为数不多的。所以,在试图了解孙中山与世界的努力中,我们只能凭借现成的而又能够见到的文字资料,即孙中山本人的著述文字、有记载的言论和其他人的回忆文字及其他成果。

世界是复杂的、多面的,就是伟大的人物对世界的了解、对世界的看法也不可能很全面,只能粗略地了解世界各国过去、现在的基本情况,并尽自己的能力预见世界的发展趋势、发展潮流,从中得到启迪。人类生活在地球上,由于人种不同,生活的环境和条件有异,文化特征、人格特点都不同。我们要了解世界,首先必须了解清楚自家与别人的不同,探寻自己的长处与短处,才能学习别人的优长,克服自己的短处,使社会向着新的文明迈进。曾受命出使过美国、西班牙、秘鲁,后支持孙中山革命,曾任孙中山广东军政府外交部长、广东国民政府外交部长兼财政部长的伍廷芳在1899年就《中国和西方的关系》作过演讲,他讲过一些意味深长的话。他说:

> 本世纪(按,19世纪)内,西方的各不相同的国家,已经在科学、知识和财富方面发展得如此迅速,以致人们一提起他们,就认为是世界上最文明的国家,并认为东方的一些国家,他们的文明程度是如此的低——事实上是野蛮或半开化。对东方国家具有的优良特点视而不见,不考虑他们已有的成就,这是不能令人容忍的习惯。这简直是不公正的,东方也有她自己的文明。其间中国是主要典型。
>
> 中国和西方文明的相遇是两种社会力量的会合。我们所当期待的不是一种力量完全被另一种力量融合,而是靠两种努力相结合达到推动社会前进的效果。①

伍廷芳指出这一点非常重要,如果对东西方的历史和文明、文化没有一个基本正确的认识,便会产生偏离现状的世界观,它带来的错误不仅仅是在方法论上出现问题,如果用来指导实践,则造成偏向,危害更大。

---

① 伍廷芳:《中国和西方的关系》,丁贤俊、喻作风编:《伍廷芳集》上册,第67~68页。

1890年，孙中山在《致郑藻如书》中提到他"远观历代，横览九洲"[①]，总结治理国家的经验，说明孙中山一方面重视历史，另一方面重视世界的经验。以古论今、从外到内寻找治国的良方，这是智者、贤者的所为。1891年，孙中山又从泰西国家在农政、农学方面的优长，建议我国派专员赴泰西各国学习农学，"综理农事，参仿西法"，"讲求树艺农桑、养蚕牧畜、机器耕种、化瘠为腴一切善法，渤为专书"加以推广。[②] 从早年孙中山思考治国平天下的这些粗疏主张中，我们朦胧地意识到孙中山是从中国去看世界，又从世界反观中国，他从不孤立地就自己谈自己，也不盲目地就世界谈世界。在我国极端思想（中国好，一切皆好；西方好，一切皆好）弥漫全国之时，发表不偏不倚的思想，在当时中国是相当的不容易。正如蒋梦麟先生所指出："凡是经常接触抽象原则和理论的人，或者熟悉如何由问题中找出基本原则的人，都不难了解中山先生的立论。在另一方面，凡是惯常注重近功实利而不耐深思熟虑的人，可就不容易了解中山先生的主张了。"[③] 蒋先生还说："在清室式微的日子里，中国并不缺乏锐意改革的人，但是真能洞烛病根，且能策定治本计划的人却很少。孙先生深知西方文化的发展过程，同时对中国的发展前途也具有远大的眼光，因此他深感超越急功近利的原理原则的重要，他知道只有高瞻远瞩的知识才能彻底了解问题的本质。"[④] 这话说到了问题的要害处，中国之不能快速发展就是因为太缺乏既了解世界、又了解中国且有气度和魄力的人才。

1894年，孙中山在《上李鸿章书》中就中国与泰西各国治国的方法作比较，他说："泰西之儒以格致为生民根本之务，舍此则无以兴物利民，由是孜孜然日以穷理致用为事。"又说："泰西各国体恤商情，只抽海口之税，只设入国之关，货之为民生日用所不急者重其税，货之为民生日用所必需者轻其敛"，"中国则不然。过省有关，越境有卡，海口完纳，又有补抽，处处敛征，节节阻滞。"加上交通不便，货不能畅其流，人不能尽其才，所以我国弱，泰西各国强。中国仿行西法，于今已有三十余年，而犹不能与欧洲颉颃者，其故就在于不能根据中国之人民材力，步武泰西，参行新法。他指出："夫天下之事，不患不能行，而患无行之之人。方今中国之不振，固患于能行之人少，而尤患于不知之人多。夫能行之人少，尚可借材异国以代为之行；不知之人多，则虽有人能代行，而不知之辈必竭力以阻挠。此昔日国家每举一事，非格于成

[①] 孙中山：《致郑藻如书》，《孙中山全集》第1卷，第2页。
[②] 孙中山：《农功篇》，《孙中山全集》第1卷，第5页。
[③] 蒋梦麟：《西潮》，台北辅欣书局1990年版，第130~131页。
[④] 蒋梦麟：《西潮》，第131页。

例,辄阻于群议者。此中国之极大病源也。"① 孙中山还向李鸿章表示:"文今年拟有法国之行,从游其国之蚕学名家,考究蚕桑新法,医治蚕病,并拟顺道往游环球各邦,观其农事。"如李鸿章有意兴农,孙中山表示他"回华后可再行游历内地、新疆、关外等处,察看情形,何处宜耕,何处宜牧,何处宜蚕,详明利益,尽仿西法,招民开垦,集商举办,此于国计民生大有裨益"。② 对这篇上书,过去我们只强调孙中山利用李鸿章推行自上而下改革中国提出的温和主张,多有批评和责骂,而对孙中山了解世界,改造中国,将仿行西法与实际运用于中国建设、促进中国富强的思想和方法则多有忽视,所以未能深切了解孙中山学习西方改革中国的主张的思想价值和思维方式。

孙中山常言,他"综览古今,旷观世宙"得到一个认识就是"国家得臻隆盛、人民克享雍熙者,无非上赖君相之经纶,下藉师儒之学术,有以陶熔鼓舞之而已。是一国之兴衰,系夫上下之责任,师儒不以独善自诿,君相不以威福自雄,然后朝野交孚,君民一体,国于是始得长治久安"。他说:我中国衰败至今,已经很严重了,"追求积弱之故,不得尽归咎于廊庙之上,即举国之士农工商亦当自任其过当焉"。他以泰西为例,指出:"泰西士庶,忠君爱国,好义急公,无论一技之能,皆献于朝,而公于众,以立民生富强之基。"而"中华以士为四民之首,外此则不列于儒林矣。而泰西诸国则不然,以士类而贯四民","以视我国之农仅为农、工仅为工、商仅为商者,相去奚啻霄壤哉?故欲我国转弱为强,反衰为盛,必俟学校振兴,家弦户诵,无民非士,无士非民,而后可与泰西诸国并驾齐驱,驰骋于地球之上"。③ 从孙中山的言论中得知,他早年对于泰西各国寄予厚望,他不仅认真地探索泰西富强的缘由,而且将其同中国的现状相比较,并从中找出中国贫弱的根由,进而采取步法泰西、揖睦邻国、通商惠工等事端举措,达到振兴中国的目标。所以,毛泽东说孙中山是旧中国向西方寻求真理的先进人物,是正确的评述。

1896年10月,孙中山伦敦蒙难是他人生的转折点,也是他反清救国事业的新起点。经过这次蒙难,孙中山一方面因得到英国政府、宣传媒体和各界友好人士的拯救得以获释,心中充满感激之情;另一方面,他对清政府的自我改革已完全失望,他认为,"期望当今的中国政府能在时代要求影响下自我革新,并接触欧洲文化,这等于希望在农场的一头猪会对农业全神贯注并善于耕作"一样的荒唐④。基于此,孙中山在伦敦《双周论坛》(*Fortnightly Review*)

---

① 孙中山:《上李鸿章书》,《孙中山全集》第1卷,第12~16页。
② 孙中山:《上李鸿章书》,《孙中山全集》第1卷,第18页。
③ 孙中山:《拟创立农学会书》,《孙中山全集》第1卷,第24~25页。
④ 孙中山:《与〈伦敦被难记〉俄译者等的谈话》,《孙中山全集》第1卷,第86页。

发表《中国的现在和未来——革新党呼吁英国保持善意的中立》文章，呼请英国政府对中国的革新事业保持善意的中立。他指出："在英国，有人以为只要说服李鸿章等人，使他们相信铁路、电话、欧洲陆军和海军组织等效用，启发中国人民，并设法把整套文明机器输入中国，那么中国的新生活就会开始。"孙中山说，这也是和"使吃人的野兽改用银制餐具，想藉此把它们改变成素食者是同样的荒唐！"① 孙中山说："全体中国人民正准备着要迎接一个变革。有大多数的诚实的人们，准备着而且决心要进入公共民主的生活"，迎接新的斗争，进行新的革命。孙中山说他写这篇文章的目的"就是要向英国人民说明，让我们成功"，我们成功既是为了中国的进步，也是为了欧洲的利益而特别是为了英国的利益，并说"目前我们所需要的援助仅是英帝国以及其他列强善意的中立"，只要列强保守不偏袒清政府的善意态度，"就可使得目前的制度让位于一个不贪污的制度了"。② 这时的孙中山还不了解欧洲列强，尤其是不了解这些国家的统治者对华政策的出发点和企图，以一种善良的君子之心幻想帝国主义国家统治者对中国的怜悯，诚如美国学者柯文所指出："孙中山不可能生活在1800年的中华世界……之所以说孙中山不可能生活于1800年，只是为了说明，在任何特定的一代人中所能发生的变化都是有限度的，而这种限度是任何人物——无论多么卓越——都无法超越的。"所以，"孙中山在本世纪（按，20世纪）初之所想所做，部分是建筑在他的前辈当年所想所做的基础之上"。③ 不过，随着情况的变化和孙中山的觉醒，他对世界的认识也深入了一大步。

1897年8月中下旬，孙中山与日本友人宫崎寅藏、平山周谈话时就指出：我国土之大，人民之众，列强"而为俎上之肉，饿虎取而食之，以振其蛮力，雄视世界。自热心家用之，以提挈人道，足以号令宇内，反掌之间，相去天壤。余为世界之一平民，而人道之拥护者，犹且不可恝然于此，况身生于其国土之中，尝直接而受其苦痛者哉！"孙中山还表示："余短才浅智，不足以担任大事；而当此千钧一发之秋，不得不自进为革命之先驱，而以应时势之要求"，并说明，中国革命是"为支那苍生，为亚洲黄种，为世界人道"。④ 由于

---

① 孙中山：《中国的现在和未来——革新党呼吁英国保持善意的中立》，《孙中山全集》第1卷，第103～104页。
② 孙中山：《中国的现在和未来——革新党呼吁英国保持善意的中立》，《孙中山全集》第1卷，第106页。
③ （美）柯文：《在传统与现代性之间——王韬与晚清改革》，雷颐、罗检秋译，江苏人民出版社2003年版，第2～3页。
④ 孙中山：《与宫崎寅藏平山周的谈话》，《孙中山全集》第1卷，第173～174页。

孙中山要革命反清，势必引起世界的关注。他一方面想"中东合同，以亚洲之盟主"以抗衡和"阻遏西势东渐"，但又担心"以招欧人之忌""欧洲联盟而制我"，尤其担心"俄人东向"，但他又说："欧洲联盟制我之事，或未必有，然不可不为之防"。① 可见，这个时期，孙中山对俄国不放心，并产生防俄意向，1899年孙中山手绘《支那现势地图》，翌年7月14日在日本出版发行，孙中山在《支那现势地图》跋中指出："中国舆图，以俄人所测绘者为精审。盖俄人早具萧何之智，久已视此中华土地为彼囊中之物矣。"② 防俄不能说不对，因为沙皇俄国是掠夺中国领土最多的国家，问题在于此时的孙中山有联合日本形成大亚洲主义以防"西势东渐"的意图。对于孙中山的大亚洲主义，日本伊原泽周先生称为"泛亚洲主义"。他认为"被帝国主义列强侵略已沦为'次殖民地'的中国，怎么能与帝国主义日本去并肩携手为解放被压迫的弱小民族而共同推进'大亚洲主义'呢？"但他也认为，"今日或未来的国际纷争的解决，仍可使用孙中山的泛亚洲主义的哲学理念与思想，也就是说孙中山的泛亚细亚主义并未失掉它的现实意义"。③

西方列强对于中国的领土和权益的攫取图谋已久，但未能如意实现，这有列强之间的矛盾和相互制衡，也有中国人民的顽强斗争，挫败了它们的图谋。面对1900年八国联军侵略中国并激起中国强大的民族主义潮头和民族觉醒时，西方的政界、学界对中国的看法产生分歧，有保全和分割之论。

对此，孙中山指出："今天下之大事，无过于支那之问题矣。东西洋政家筹东亚之策者，其所倡皆为保全、分割之二说。"倡分割者认为，要"维持文明之福，防塞黄毒之祸，宜分割支那，隶之为列强殖民之地"。倡保全者认为，中国"今虽积弱不振，难以自保，然皆清廷失措有以致之，其汉民之勤忍和平亘古如斯，未尝失德也。凡望世界和平、维持人道、奖进文明者，不可不保全此老大帝国。助之变法维新，为之开门户，辟宝藏，以通商而惠工，则地球列国岂不实蒙其福也哉"。日本对中国也有保全与分割两种意见。孙中山强调"就国势而论，无可保全之理也；就民情而论，无可分割之理也"。他说："从支那之现势而观，保全既无其道，分割又实难行，然则欲筹东亚治安之策以何而可？曰：惟有听之支那国民，因其势顺其情而自立之，再造一新支那而已。"④ 到了这时，孙中山对东西方列强的了解则进了一大步，起码使他

---

① 孙中山：《与宫崎寅藏等笔谈》，《孙中山全集》第1卷，第181～182页。
② 孙中山：《〈支那现势地图〉跋》，《孙中山全集》第1卷，第188页。
③ （日）伊原泽周：《从"笔谈外交"到"以史为鉴"——中日近代关系史探研》，中华书局2003年版，第337页。
④ 孙中山：《支那保全分割合论》，《孙中山全集》第1卷，第218～224页。

明白无论列强要瓜分中国，或保全中国，都有一个目的，那就是阻止中国人觉醒，妨碍中国富强，使中国这个富饶的文明古国永远成为列强掠夺的对象。孙中山认识到，列强要瓜分中国，是因"政府无振作也，人民不奋发也。政府若有振作，则强横如俄罗斯，残暴如土耳其，外人不敢侧目也。人民能发奋，则微小如巴拿马、激烈如苏威亚，列强向之承认也。盖今日国际，惟有势力强权，不讲道德仁义也。满清政府今日已矣，要害之区尽失，发祥之地已亡，浸而日削百里，月失数城，终归于尽而已。尚有一线生机之可望者，惟人民之发奋耳"，"清国帝后今日日媚外人矣，日日宴会公使及其夫人矣；媚外人之中又与俄国为最亲昵矣，然而据其发祥之地者则俄也"。① 从孙中山所论证，清政府希望列强保全自己，但列强保全清政府是为了灭亡中国，所以，要保全中国，首先要清政府垮台，保全清政府不能保全中国；其次是要保全中国，只有"革命为惟一法门，可以拯救中国出于国际交涉之现时危惨地位，只有革命成功推倒清政府"②。1904 年 8 月，孙中山在《支那问题真解》中又揭露"今日全球之视线，集于远东"，"而支那久有'东方病夫'之称，以世界最良沃之大地，适投欧人之所好。虽亚米利加（按，指美国，今译美利坚）对于万国政策，表其孟罗主义，然谓其手段异于他国则可，谓其甘放弃权利则不可也"。又说"日露战争之结果，由种种方面思之，或有解决之道。由支那观之，则此时已处冲激之旋涡，而战争之止，且莫知所从。盖彼不过两国最高权之问题，而其他若英、美、德、法诸国将如何收其利益，其条件复杂，属于将来之解决，不能与战争为终始也"。而清政府又不能调和列强之间的利益和矛盾，列强侵略中国、瓜分中国势所必然。所以，中国问题的解决"必须更造文明之新政府以代其旧政府"，只要此目的已达，"不止建新纪元之国家，而更可分其文明于全世界之人类。普通之平和，固可随之而苏复；社会主义经济主义之理想的世界，亦将现于实际"。③ 8 月 13 日，孙中山在日本东京参加中国留学生欢迎会，在会上发表演说，谈他由东到西、由西到东中经美国，由美至英、德、法国的见闻。他将世界各国与中国比较指出：日本与中国不同有两件：第一件是日本的旧文明皆由中国输入，但今中国文明已落后于日本；第二件如日本的衣、食、住的文明乃由中国输入，但因中国改从满制，则我中国的文明之失日本了。孙中山又说：美国的人物皆新，于今的文明，即欧洲列强亦不能及。各洲从前极文明者，如罗马，埃及、希腊、雅典等皆败，极野蛮者

---

① 孙中山：《驳保皇报书》，《孙中山全集》第 1 卷，第 233～234 页。
② 孙中山：《在檀香山正埠荷梯厘街戏院的演说》，《孙中山全集》第 1 卷，第 226 页。
③ 孙中山：《支那问题真解》，《孙中山全集》第 1 卷，第 243～248 页。

如条顿民族等皆兴。

我们中国土地、人口，世界莫及，但不能利用此一片好河山，建一头等民主大共和国，以握全球的牛耳，实为可叹！所以现在中国国民要兴起，要立下决心改变旧观念，追赶世界潮流，取法现代世界文明，把我们中国造起一个20世纪头等的共和国来。我们如果认为中国四千年（按，孙中山有时又说五千年）来的文明很好，不肯改革，中国仍将落居人后。所以，中国的出路决不要随天演的变更，定要为人事的变更，其进步方速。①

由上述可见，孙中山在辛亥革命以前通过各种方法去了解世界，他的目的很明显，就是要找寻出中国落后的根本原因，确立改变中国，实现中国的独立、民主和富强，与世界先进国家拉近距离，所以，孙中山了解世界是为了振兴中华，即复兴中国。但他的世界观扬弃了狭隘的民族主义意识，具有明显的国际主义。他热爱人类，关注全球。所以，他既不排外，也不随便投向某一国家；他反对霸权，但不随便与列强结仇。他认为，世界属于全人类，全人类分享世界财富，天下应该为公，人类应该大同。作为一个文明古国、大国的政治家在当时具有这样豁达无私的思想的确世所罕见。

（二）

东方与西方文化不同，价值观不同，人们的行为取向也有别。但东方的人与西方的人都生活在地球上，不能只有对抗，没有对话；不能只讲斗争，不讲调和；也不能只讲功利强权，不讲仁义道德。

孙中山指出：

> 欧洲近百年是什么文化呢？是科学的文化。是注重功利的文化。这种文化应用到人类社会，只见物质文明，只有飞机炸弹，只有洋枪大炮，专是一种武力的文化。欧洲人近有专用这种武力的文化来压迫我们亚洲，所以我们亚洲不能进步。这种专用武力压迫人的文化，用我们中国的古话说就是"行霸道"，所以欧洲的文化是霸道的文化。②

孙中山认为，是欧洲人用武力文化来压迫我们亚洲人，造成亚洲人的落后。因此孙中山反对武力文化，但他并不因亚洲要进步要发展也提倡用武力文化来抗拒西方武力文化，相反，他鼓吹用东方的王道文化来抗衡西方的武力文化（霸道文化）。他说：

---

① 参见孙中山《在东京中国留学生欢迎大会的演说》，《孙中山全集》第1卷，第281～282页。
② 孙中山：《对神户商业会议所等团体的演说》，《孙中山全集》第11卷，第405页。

> 东方的文化是王道，西方的文化是霸道；讲王道是主张仁义道德，讲霸道是主张功利强权。讲仁义道德，是由正义公理来感化人；讲功利强权，是用洋枪大炮来压迫人。①

孙中山认为，东方王道文化的本质是仁义道德，是感化人，不是压迫人，是要怀德，不是要人畏威，这种文化好过霸道文化。因此，尽管孙中山也提倡要学欧洲的科学，振兴工业，改良武器，但他明确指出，我们学习欧洲的科学"不是学欧洲来消灭别的国家，压迫别的民族，我们是学来自卫的"②。这种对待科学和西方的态度，如果不是一个大国、文明古国的政治家，是很难有这种大度的。孙中山既肯定人家科学的先进，并说要向人家学习，但不是学习西方霸权主义对待我们中国的方法去威胁和侵略别的落后国家。这种平权、平等的思想便成为他辛亥革命后指导国家与国家、民族与民族关系的原则和准则。

1906年11月，孙中山在复侨居日本的俄国民粹派《民意》报主编鲁赛尔函中公开声明："在现代文明的发展方面，我们完全还处在未开垦的境况"，"在我们的道路上也就没有现代文明高度发展的国家里那种重大的障碍。中国是一个相当清一色的贫穷国家，大多数居民过着贫困的生活……直到最近几年，现代文明还没有触动过中国，直到目前我们还没有尝到它的善果，也没有受到它的恶果。而且，当我们在我们社会生活中确立现代的文明时，我们有可能选择那些符合我们愿望的东西。我们不指望外来的援助（不管这种援助的愿望如何），它如果不是出于真正利他主义动机的话"③。毫无疑问，"利他主义"是孙中山对待科学和物质文明的基本态度，是他对待弱小国家的基本立场，也是他要求所谓文明国家对待中国的基本要求。从"利他主义"立场出发，孙中山便主张文明共享。他说：文明越发达，社会问题越多，越着紧，这是因为文明进步，生产力发达了，生产的物品丰富了，"不愁不足，只愁有余，故此更重商业，要将货物输出别国，好谋利益，这是欧美各国大概一样的。照这样说来，似乎欧美各国应该家给人足，乐享幸福，古代所万不能及的。然而试看各国的现象，与刚才所说正是反比例。统计上，英国财富多于前代不止数千倍，人民的贫穷甚于前代也不止数千倍，并且富者极少，贫者极多"④。所以，不是科学万能，更不是物质文明发达了，国民就得实惠，享受

---

① 孙中山：《对神户商业会议所等团体的演说》，《孙中山全集》第11卷，第407页。
② 孙中山：《对神户商业会议所等团体的演说》，《孙中山全集》第11卷，第407页。
③ 孙中山：《复鲁赛尔函》，《孙中山全集》第1卷，第322～323页。
④ 孙中山：《在东京〈民报〉创刊周年庆祝大会的演说》，《孙中山全集》第1卷，第326～327页。

幸福。文明进步是自然所致，是不能逃避的，但如果由少数人把持文明和财富，世界便成为"不平等的世界"。所谓科学，孙中山指出："世界之学有二大类，其一曰自然科学，其一曰人事科学。自然科学者，如天算、地文、地质、物理（声光电热力等学）、生物（动物、植物两学）、化学是也。人事科学者，如社会学、心理学、伦理学、政治学、法律学、经济学、历史学是也。"① 科学是不分国界的，但科学技术由人来掌控，由人来运用，人的立场决定科学的效用。人类在生产和创业过程中发明科学是为了改造自然，改造社会，目的是让人类共享科学文明的善果，而不是要人们享受科学带来的恶果。就中国来说，孙中山认为，中国革命成功"将取欧美之民主以为模范，同时仍取数千年前旧有文化而融贯之。语言仍用官话（按，即中国普通话），此乃统一中国之精神，无庸稍变。汉字每字一义，至为简洁，亦当保存；惟于科学研究须另有一种文字以为补助，则采用英文足矣"。并言中国物产丰盛甲于全球，实现共和后，将输入外资，振兴工商业，并表示中国"共和政府之精神，决无帝国派之野心，决不扩张军备，但欲保其独立及领土完全而已"。② 然而，由于中国科学落后，运用"科学专门知识以暨工程上之经验，尚在幼稚时代，亦非取材异域不可。法为共和先进国，当必稍以助中国者矣"③。又说：中国反清革命胜利，"临时政府成立以后，当尽文明国应尽之义务，以期享文明国应享之权利"④。以我五千年文明优秀之民族，应世界之潮流，建设政治最修明、人民最安乐之国家，便是孙中山的基本国策。所以，中国不能孤立于世界之外，它应同世界上的所有国家和民族相互交往，促使文化交流，取长补短，共同进步，共同发展，实现社会文明和天下为公。

孙中山在《建国方略》"孙文学说"篇中，仔细地考察了近世欧美文明进步与中国文明落后的原因是"知之非艰，行之惟艰"的认识思维误致，因此他在文中以饮食为证、以用钱为证、以作文为证说明近世文明进步与日加速，最后之百年已胜于以前之千年，而最后之十年又胜以往之百年，但文明程度愈高，则去自然亦会愈远，而自作之孽亦多，因此人们应改变"知之非艰，行之惟艰"的思维定式，下苦功研究学问，重视科学，人类和社会才能由野蛮而进文明。然后孙中山就世界各国的物质文明和心性文明进行比较指出：

中国近代物质文明不进步，因之心性文明之进步亦为之稽迟。顾古来

---

① 孙中山：《平实开口便错》，《孙中山全集》第 1 卷，第 386～387 页。
② 孙中山：《在欧洲的演说》，《孙中山全集》第 1 卷，第 560～561 页。
③ 孙中山：《与巴黎〈巴黎日报〉记者的谈话》，《孙中山全集》第 1 卷，第 562 页。
④ 孙中山：《中华民国临时大总统宣言书》，《孙中山选集》，第 91 页。

之研究，非可埋没。持中国近代之文明以比欧美，在物质方面不逮固甚远，其在心性方面，虽不如彼者亦多，而能与彼颉颃者正不少，即胜彼者亦间有之。彼于中国文明一概抹杀者，殆未之思耳。且中国人之心性理想无非古人所模铸，欲图进步改良，亦须以远祖之心性思想，究其源流，考其利病，始知补偏救弊之方。①

孙中山的意思很明白，即是说，世界各国的文明各有所长也各有所短，国与国、民族与民族之间不能自设藩篱，应该相互交流，文明共享，"近世科学之发达，非一学之造诣，必同时众学皆有进步，互相资助，彼此乃得以发明"②。科学文明是为了促使人类进化，而人类进化之目的，"即孔子所谓'大道之行也，天下为公'，耶稣所谓'尔者得成，在地若天'，此人类所希望，化现在之痛苦世界而为极乐之天堂者是也"③。"世界人类之进化，当分为三时期：第一由草昧进文明，为不知而行之时期；第二由文明再进文明，为行而后知之时期；第三自科学发明而后，为知而后行之时期。欧美幸而无'知易行难'之说为其文明之障碍，故能由草昧而进文明，由文明而进于科学。其近代之进化也，不知固行之，而知之而乐行之，此其进化不息，所以得有今日突飞之进步也"。"夫科学者，统系之学也，条理之学也。凡真知特识，必从科学而来也。舍科学而外之所谓知识者，多非真知识也"④。所以，孙中山号召中国学界应该学习欧美和日本"翻然觉悟，知锁国之非计，立变攘夷为师夷，聘用各国人才，采取欧美良法，力图改革"。只要如此，"中国欲达于富强之地位，不过七年已足矣"。⑤

中国是世界的中国，"夫今日立国于世界之上，犹乎人处于社会之中，相资为用、互助以成者"⑥。中国的发展，"固不仅中国一国之益也，而世界亦必同沾其利"⑦。基于这种全球意识，孙中山在制订中国实业发展计划时，便将他的计划称为 *The International Development of China*（《国际共同发展中国实业计划》）。该书是孙中山在 1918 年 11 月第一次世界大战停战后开始撰写的。1919 年 1 月，孙中山致函美国驻北京公使芮恩施，3 月 17 日，芮恩施复函孙

---

① 孙中山：《建国方略之一：孙文学说——行易知难（心理建设）》，《孙中山选集》，第 139～140 页。
② 孙中山：《建国方略之一：孙文学说——行易知难（心理建设）》，《孙中山选集》，第 153 页。
③ 孙中山：《建国方略之一：孙文学说——行易知难（心理建设）》，《孙中山选集》，第 156～157 页。
④ 孙中山：《建国方略之一：孙文学说——行易知难（心理建设）》，《孙中山选集》，第 161 页。
⑤ 孙中山：《建国方略之一：孙文学说——行易知难（心理建设）》，《孙中山选集》，第 163 页。
⑥ 孙中山：《建国方略之一：孙文学说——行易知难（心理建设）》，《孙中山选集》，第 187 页。
⑦ 孙中山：《建国方略之一：孙文学说——行易知难（心理建设）》，《孙中山选集》，第 191 页。

中山说："来函经于2月1日收到。函内手著《国际共同发展中国实业计划》，拜读之余，良深钦佩。先生对于此重要问题，能以宏伟精深之政策运用之，可喜可贺。"① 由此可知，孙中山似在1919年1月份已经写成《国际共同发展中国实业计划》英文本寄发各国有关人士。但1919年4月下旬，孙中山在复《新中国》杂志社函中，在谈到实业计划的写作时又说："关于实业计划，弟方从事以累年研究者与海内商榷，而时逾半岁，尚未竣稿。"② 14日，孙中山批唐继尧来函，告"来函赞同实业计划甚善。如果大局早定，当以贵省列入计划之中也"。15日，又复函唐继尧，告将就实业计划述为专书，创导国人。并告"贵省天产丰富，矿脉尤盛，徒以交通未便，各种事业遂未能遽见猛进。今执事既表示赞助民生政策，则此后如果大局早定，文当以贵省实业发展之方法列入计划之中"，③ 由此可见，直至1919年4月全书尚未完稿。美国哥伦比亚大学韦慕庭教授在其《孙中山——壮志未酬的爱国者》书中有如下陈述：在1919年初，孙中山寄给芮恩施的《国际共同发展中国实业计划》是计划大纲，不是全书。又说：孙先生还给亨德利克·克里斯琴·安德森（他本人是一个国际开发的计划工作者）一份复本，安德森转过手来又给在巴黎的威尔逊总统递呈了一份复本，"敦促他对此事予以充分的和深入的考虑"，这样，在孙中山和安德森之间开始了广泛的通信讨论，彼此将自己的计划与对方切磋琢磨。3月，孙中山把他们初步计划的复本送交美国商业部和美国内阁各成员，也可能送交了其他协约国列强的领导人物。同月，由孙中山的朋友乔治·布朗森·雷主持出版的《远东评论》，刊载有如下标题的介绍性短文："前任中华民国总统撰，《中国的国际发展，帮助战后工业国再调整所设计的计划》"。在这份杂志上，一直到1920年11月，不时地披露了孙中山这一专著的其他部分，因此，当它附以某些从其他作品中引用来的恰当的例证，最终以书的形式问世的时候，《远东评论》所发表的这些文章实际上已经主要地形成这部著作了。孙中山完成这部著作，还得到了在上海他的中国基督教友的帮助，早期计划的中文版在1919年8月出现于党的刊物《建设》杂志。④

由此可见，从1918年起，孙中山就与国际上许多国家的领导者和友人书信往返，合议制订国际共同开发中国的计划。所谓开发就是"盖欲利用战时宏大规模之机器，及完全组织之人工，以助长中国实业之发展，而成我国民一

---

① 孙中山：《驻京公使芮恩施复函译文》，《孙中山全集》第6卷，第405页。
② 孙中山：《国际共同发展中国实业计划》，《孙中山全集》第5卷，第50页。
③ 陈锡祺主编：《孙中山年谱长编》下册，第61、117页。
④ 参见（美）韦慕庭著《孙中山——壮志未酬的爱国者》，杨慎之译，中山大学出版社1986年版，第106页。

突飞之进步；且以助各国战后工人问题之解决"①。孙中山说："夫物质文明之标的，非私人之利益，乃公共之利益。而其最直捷之途径，不在竞争，而在互助。故在吾之国际发展计划中，提议以工业发展所生之利益"，让"人民将一律享受近代文明之乐矣"，也即"欲使外国之资本主义以造成中国之社会主义，而调和此人类进化之两种经济能力，使之互相为用，以促进将来世界之文明也"。②

孙中山非常重视科学的发展和文明进步，但他主张科学用于发展经济，提高物质文明，促进人类社会的文明进步。所以，他提倡文明共享，提倡用互助代替竞争，这种维护公道正义的主张，在当时的世界政治人物中没有人能出其右。

科学是人发明的，也是由人操控的，科学的进步能否为人类带来福利，关键在于人。因此，孙中山在晚年一再强调："我们现在要学欧洲，是要学中国没有的东西。中国没有的东西是科学，不是政治哲学。"③ 因为中国政治哲学中讲中国固有的道德，讲仁义、信义，讲忠孝、讲和平，现在世界中最文明的国家也没有像中国讲得这么完全，中国这种"极好的道德，是爱和平"④。所以，孙中山并不是泛科学主义者，他肯定科学是肯定它的积极面，他不认为科学万能。所以，他不是盲目地将西方的文明照搬过来，而是根据中国自己的风土人情、文化传统，仿效欧洲的物质文明来改造中国，发展中国的实业，至于政治法律和价值观，他则强调要"择地球上最文明的政治法律来救我们中国，最优等的人格来对待我们四万万同胞"⑤。"我们现在改良政治，便不可学欧美从前的东西，要把欧美的政治情形考察清楚，看他们政治的进步究竟是到了什么程度，我们要学他们的最新发明，才可以驾乎各国之上"⑥。可见，孙中山虽主张文明共享，共同进步，但他并不提倡完全按欧美国家的政治法律去改造世界，尤其反对欧美国家滥施霸道文化去欺凌、掠夺弱小的民族和国家。诚如他所指出的："对于世界诸民族，务保持吾民族之独立地位。发扬吾固有之文化，且吸收世界之文化而光大之，以期与诸民族并驱于世界，以驯致于大同。"⑦ 并表示："占世界人口四分之一的国家的复兴，将是全人类的福音"⑧。

---

① 孙中山：《建国方略之二：实业计划（物质建设）》，《孙中山选集》，第212页。
② 孙中山：《建国方略之二：实业计划（物质建设）》，《孙中山选集》，第369页。
③ 孙中山：《三民主义：民族主义第四讲》，《孙中山全集》第9卷，第230～231页。
④ 孙中山：《三民主义：民族主义第六讲》，《孙中山全集》第9卷，第246页。
⑤ 孙中山：《在东京中国留学生欢迎大会的演说》，《孙中山全集》第1卷，第281页。
⑥ 孙中山：《三民主义：民权主义第六讲》，《孙中山全集》第9卷，第342页。
⑦ 孙中山：《中国革命史》，《孙中山全集》第7卷，第60页。
⑧ 孙中山：《致鲁赛尔函》，《孙中山全集》第1卷，第319页。

一旦我们革新中国的伟大目标得以完成，不但在我们美丽的国家将会出现新纪元的曙光，整个人类也将得以共享更为光明的前景。普遍和平必将随中国的新生接踵而至，一个从来也梦想不到的宏伟场所，将要向文明世界的社会经济活动而敞开。① 这是一个开明政治家的宣示，也是他对世界未来的一种期盼。

（三）

1919年，孙中山对于世界的事情觉得无能为力了。同年1月，焦易堂、童萱甫拟发起世界和平共进会，呈函孙中山征询推他任理事长，孙复函谓："惟文近于外事，实觉无能为助。"② 党人建议孙中山或派遣代表出席欧洲和平会议，而孙中山又以"文以不才，谬承推及，实未克堪"③，加以推诿。他认为，"南方派遣特使，未得国际承认，断然不能代表发言，且文亦不能受北方伪政府所委托，此事当然无从进行"④。孙中山不出席欧洲和会的理由自当充足，但并不是说他从此则不注重外事，相反，他利用一切机会以个人名义向外发表对外主张。

1919年6月24日，孙中山在答日本《朝日新闻》记者问时，强烈谴责日本参加第一次世界大战取代德国在山东权利的野心。他指出：

> 夫此回欧战固分为两方面，旗帜甚为鲜明者也：其一即德、奥、土、布，乃以侵略为目的者；其一即英、法、美、俄，乃以反对侵略为目的者。故英、美之军在欧洲战场战胜攻取，由德国夺回名城大邑，不啻百倍于青岛也，且其牺牲，亦万千倍于日本也，而英、美所攻克之城地，皆一一归回原主也。日本为加入反对侵略之方面者也，何得以战胜攻取而要求承继山东德国之权利耶？若日本之本意，本为侵略，则当时不应加入协约国方面，而当加入德、奥方面也。或又谓中国于参战，并未立何等功绩，不得贪日本之功也。而不知此次为反对德、奥之侵略主义而战，则百数十年为德国侵略所得之领土，皆一一归回原主也。彼波兰、捷克二族亦无赫赫之功也，而其故土皆已恢复矣；我中国之山东青岛何独不然？……亦固其所也。乃日本人士日倡同种同文之亲善，而其待中国则远不如欧美。是何怪中国人之恨日本而亲欧美也。⑤

---

① 参见孙中山《中国问题的真解决——向美国人民的呼吁》，《孙中山全集》第1卷，第255页。
② 孙中山：《复焦易堂童萱甫函》，《孙中山全集》第5卷，第3页。
③ 孙中山：《复恩克阿穆尔函》，《孙中山全集》第5卷，第15页。
④ 孙中山：《复谢持函》，《孙中山全集》第5卷，第18页。
⑤ 孙中山：《答日本〈朝日新闻〉记者问》，《孙中山全集》第5卷，第73～74页。

孙中山强调："日本绝无可以占据胶州、青岛之理由"，如果"日本竟强行占据胶、青，无异强盗行为！"①

孙中山因巴黎和会日本承继德国在山东的权利而谴责日本政府的侵略行为，并谓中国人恨日本亲欧美，这是一种民族主义的宣泄，但也说明他有亲英美以抗衡日本的设想。一方面说明孙中山的平等、平权的对外诉求是合情又合理的公示，另一方面也说明任何民族与国家在对外方针方面都应是一律平等，要讲公理和正义，不能以强权或狭隘的民族主义破坏世界的秩序。

1920年4月，孙中山在美国《独立周报（英文版）》发表题为《中国人之直言》一文，由周由廑用文言体译刊于同年4月30日上海《时报》，在文中孙中山公开声言："中国不需要钱。我们需要智力与机器"，中国不能够经常对外进行借款。并指出："为什么我们要决定停留在落后与衰弱的情况？或是要以主权为担保而去借款？没有别的国家给予此种选择，为什么要强迫我们这样？日本已在这样压迫我们中国，但是我们相信美国是我们的朋友。因此，我们希望从美国借到两样东西：机器和教导我们如何使用机器的专家。"孙中山建议："美国的资本家们与中国人联合，共同开发中国的实业。美国人提供机器，负担外国专家们的开支；中国人提供原料和人力。合作的基础建立于平等互惠的原则上。"②经济上与外国合作要平等互惠，政治上合作也是如此。"用笔比用剑还有力"③，公道自在人心，任何事情都要有商量和允许议论，求得合理解决，随便挥舞刀剑解决不了复杂问题，尤其是解决不了国家与国家、民族与民族长期存在的历史问题。基于这种理由，孙中山呼吁舆论界和国民首先要求取消《马关条约》，扶持韩国人独立，继而要求取消"二十一条卖国条约"，以锄日本攫取山东之主根，因为日本在山东问题上表现了侵华的意向，孙中山为与日本抗衡便强调中国人有能力与日本较量。他说："世界在变化。不过中国国民始终还是中国国民。随着时代的变化，虽然也可以看出思想多少有些进步，但其实质仍是中国的。如果我中国国民对我们的主张有几分了解，我将喜出望外；多年来我们所主张的三民主义，我认为它没有更改的必要，并期待此一主义得以贯彻实行。"他对他的日本朋友宫崎寅藏、萱野长知说："至于说什么亲美之类的话，现在在彼此之间也再无说明的必要了。若有人还有疑问的话，那么，与其问我，不如去问日本当局好些。因为欲以亲美派、亲英派等名目强加于我者，不过出于日本当局的一厢情愿罢了。"④在这里孙中

---

① 孙中山：《与〈益世报〉记者的谈话》，《孙中山全集》第5卷，第206页。
② 孙中山：《中国人之直言》，《孙中山全集》第5卷，第247～249页。
③ 孙中山：《在上海欢迎美国议员团时的演说》，《孙中山全集》第5卷，第300页。
④ 孙中山：《与宫崎滔天萱野长知的谈话》，《孙中山全集》第5卷，第482页。

山虽不明说有亲英、亲美的想法，但当日本当局借孙中山亲英、亲美来抗日、煽动日本国民对中国对孙中山怨恨时，孙中山又不置可否。然而在1921年4月，孙中山与美国记者辛默谈话时又强烈谴责日本，说日本"欲在中国扩充其势力，彼拟以施诸高丽人之手段，复施诸吾人，将中国改成日本之殖民地"，虽没有明说要美国记者在美国做些什么，但孙中山说：美国虽"承认徐世昌为中华民国总统一事，实有害于国民"，然美国"历年来固未尝故意欲中伤中国也"，[①] 孙中山潜藏着对美国的好感，有联美抗日的意思。

　　由此可见，1921年孙中山在广州举行国会议员非常会议被选举为非常大总统的前后，的确有谋求英、美等国支持与日本抗衡和解决国内南北分裂实现和平统一的打算。可是在1922年情况发生了逆转，由于英国支持吴佩孚和陈炯明不支持孙中山使孙对英国很反感，加上美国在中国南北纷争问题上态度暧昧，对陈炯明叛变，美国又模棱两可，不表明态度，所以，孙中山认为英、美同日本一样未能以平等的态度待我，故一反常态投向俄、德等国，希图发展中、俄、德关系。1922年8月9日，孙中山离广州赴香港，在摩轩号舰上对幕僚的谈话指出："美国素重感情，主持人道；法国尊重主权，又尚道义；而英国外交，则专重利害，惟其主张，中正不偏，又能识别是非，主持公理，故其对外态度，常不失其大国之风，在在令以敬爱。吾国建设，当以英国公正之态度、美国远大之规模，以及法国爱国之精神为模范，以树吾民国千百年永久之计。"接着又说："然而今日中国之外交，以国土邻接、关系密切言之，则莫如苏维埃俄罗斯。至于以国际地位言之，其与吾国利害相同，毫无侵略顾忌，而又能提携互助策进两国利益者，则德国是也。……今后吾国之外交，对于海军国，固当注重，而对于欧亚大陆之俄、德二国，更不能不特别留意，不宜盲从他国，致为人利用也。"[②] 到此时孙中山关于对外政策的基本原则则明晰了，他虽表示要向美、英、法学习其建国的精神，但不宜与它们深交，因为它们不能以平等的态度对我，日本更排除在考虑建交之列，重点放在"其与吾国利害相同"的苏维埃俄罗斯和德国。孙中山到香港后转乘"俄国皇后号"邮船赴上海，14日抵达上海，17日在上海发布《对外宣言》（即《孙逸仙宣言》）宣称：中国"不采取和平的办法，要想达到统一那完全是幻想"，实行地方自治以提高政治效力和管理效率，希望爱好和平和支持中国统一的国家按照他在国际共同发展中国实业即《国际共同发展中国实业计划》书中宣布的原则和计划参与开发中国丰富的天然资源，造成我国人民的满足和幸福，但他

---

① 孙中山：《与美国记者辛默的谈话》，《孙中山全集》第5卷，第514～515页。
② 孙中山：《在摩轩号舰对幕僚的谈话》，《孙中山全集》第6卷，第516～517页。

又告诫世人:"中国是一个统一的国家,这一点已牢牢地印在我国的历史意识之中,正是这种意识才使我们能作为一个国家而被保存下来"①,希望一切参与开发中国的国家都必须尊重中国的主权、和平与统一。此后,孙中山便同共产国际和苏维埃俄国派来中国的代表频繁接触,讨论联俄的有关事宜。② 他也派朱和忠等人联德,进行合作可行性谈判。1922年9月22日,陈炯明在《香港电讯报》上公布孙中山任非常大总统期间致廖仲恺、曹亚伯函,指示他们同朱和忠联俄联德应注意事项的文件后,传说已久的孙中山采纳布尔什维克主义理论的议论四起。为此,孙中山以孙宅秘书处的名义在上海《大陆报》发表辩证外交密函的声明,在声明中孙中山不否认他与德国和俄国之间的谈判,并说明他之所以同德、俄谈判并希望建立中、德、俄之间的友好合作关系是因为德、俄两国能够以平等的原则对待中国。但他否认是在布尔什维克主义基础上实行中俄联盟,因为他认为中国不存在俄国那样的历史和经济条件,他说他"从未想及变中国为共产主义国家"③。这就奠定了孙中山国与国相交必须平等互惠的原则。正因为苏维埃俄国宣布废除与中国签订的一切不平等条约,愿与孙中山的国民党合作,并答应为孙中山的南方政府提供平等的互利的经济、政治和军事上的援助,所以孙中山决定联俄,也正因为孙中山联俄,才有联共和国共第一次合作,才有中国国民党第一次全国代表大会的召开和大会宣言的发表。"一大"宣言标志着孙中山的新认识和他所确立的对外政策。"一大"宣言公开向世界宣布:

(一)一切不平等条约,为外人租借地、领事裁判权、外人管理关税权以及外人在中国境内行使一切政治的权力侵害中国主权者,皆当取消,重订双方平等、互尊主权之条约。

(二)凡自愿放弃一切特权之国家,及愿废止破坏中国主权之条约者,中国皆将认为最惠国。

(三)中国与列强所订其他条约有损中国之利益者,须重新审定,务以不害双方主权为原则。④

上述原则的确立不能认为是孙中山的权宜之计,而是他经过革命的洗礼和

---

① 《孙中山全集》第6卷,第528~529页。
② 参见林家有《孙中山联俄的主要原因和目的》,中山大学《孙中山研究论丛》第1集,1983年;梁碧莹《孙中山从联美到联俄——共产国际东方政策的必然效应》,台北《国父纪念馆馆刊》1999年第5期。
③ 重庆《国民公报》1922年10月24日,参见陈锡祺主编《孙中山年谱长编》下册,第1510~1522页。
④ 孙中山:《中国国民党第一次全国代表大会宣言》,《孙中山选集》,第595页。

长期考察帝国主义列强的贪婪、掠夺本质和为实现中国的独立、主权的完整以及在世界中应有的尊严、地位而确立和制定的。在当时的中国只有孙中山有能力有气魄提出废除帝国主义列强国家强加给中国的一切不平等条约，也只有国共合作和即将进行国民革命，孙中山才敢于向帝国主义列强宣称，中国的主权必须受到尊重，中华民族应当具有人类所享有的一切权利，中国不称霸不欺侮弱小的民族和国家，但也不允许别人以"霸道"来对抗中国的"王道"。

（四）

综上所述，就孙中山的世界观与全球意识看，我们会得到如下认识：

1. 19 世纪末 20 世纪初，孙中山文章所涉及的西方都是以欧洲为主，所以他当时的世界观也只是西方观（他称为"泰西"观）。

当时的西方是侵略的西方，又是先进的西方，他对西方的侵略行为从不认可，但他对西方人和西方文化并未敌视，他以一种平和的心态去考察西方社会，对西方文化抱着学习、分辨和评判的态度，从比较中辨优劣。孙中山采取比照的办法去认知世界，带有明显的功利效应，抱着为我所用、改革自我的目的；好的吸收，拿来应用，不好的反对盲目拿来，他这样做是为了探寻中国未来改革的路向。

孙中山企图从文化层面入手，力图了解西方的社会、政治和法制，他了解西方是为了中国，通过了解世情和国情来构建自己的政治理论。孙中山世界观的基点是中国不是"百事不如人"，他不认为中国的文明会遭遇到根本性的挑战，但中国人的观念必须改变，文化应当更新、重构。他坚持中国中心论，认定世界不能没有中国，中国也不能没有世界。对于中国的文化或精神既要分析，又要正确对待；不能不理会西方文化，但又不能将西方人的价值观照搬过来，造成中国文明的脱序，贻误中国的复兴。他认为清末中国的问题是由于经济不发达，所以国家贫弱，弱则不能御敌保邦，而这个问题的关键不是西方的根本挑战造成的，而是因为清政府的腐败和官吏的无能。所以，孙中山了解西方的结果是不能让满族人执政，不能让清朝苟延残喘，只有改朝换代，改革政制，中国才能振兴。他认为，对西方的政制和西方人的文明应给予尊重，但这种尊重不是无原则地服从，而是通过借鉴来发展自己，只有这样才能达到"以夷治夷"的目的。

2. 由文化世界观向民族世界观转变是孙中山觉醒的表现。

孙中山在对西方、亚洲、北美的了解和解释中，将现代与传统结合起来，形成自己的无私、为公和大同的世界观。他对于欧美的看法是否客观倒在其次，但他从列强侵略别国的过程中，各谋其私，强凌弱，众暴寡，夺人之领土，掠人之财产，看到霸道行为的可恶，从而对东方、对中国的王道文化产生敬慕之心，并在晚年提倡用东方的"王道"文化去对抗西方的"霸道"文化，这显然是孙中山作为因近代中国所受到的不公正待遇而被激怒的中国人对西方文化的一种判断，这种判断不一定合适，但他将东西方的问题归结为文化问题，不是种族问题，则有他的高明之处。解决文化问题需要时间，需要耐性，更需要交流和比照，不能采取封闭和对抗的态度，不是一个消灭一个，也不是一个取代一个，应该是优长互补，多元文化共存共荣。因此，孙中山在政治方面接受西方的政治文明，在对外关系上接受西方近代民族主义观点，主张民族独立、贸易平等、文化交流。从这种世界观念出发，他有一种强烈的爱国热情，为什么历史悠久的中国未能同西方民族一样取得建设国家的辉煌？他认为中国人的弱点在于只有宗族观念而无国族意识，正是因为中国人缺乏这种团结的精神，因而无法向侵略民族挑战。由此看来，孙中山在政治上有向侵略中国的国家复仇的民族情绪，在经济上有赶超西方列强国家的强烈愿望，但他以宽宏和大度去看待历史和处理现实的问题，不是采取激化矛盾、加深仇恨的方式，而是希望建立一种平和的、平等的、大同的、公天下的关系，使人类能相互学习，共同进步，传承文明，向前发展。

孙中山接触西方人，了解西方人的行为方式和政治、社会制度，受到西方文化和物质影响，但又由于帝国主义的侵略以及由此带来的羞耻感，使他具有强烈的民族复兴意识，他不愿意和不甘心与侵略者合作，但他为了实现中国的富强又不能不取他人之长而补自己之短。他热爱祖国，但又不愿与卖国的中国政府合作，牺牲民族的利益和人格。所以，孙中山一方面要反对帝国主义，要恢复中国人的尊严和民族主义精神，但又由于他的公天下和建设大同社会的意识，又下不了决心和帝国主义决裂，以武力对抗武力，以暴易暴破坏国际秩序。个人的民族主义与国家的国际主义使孙中山的世界观具有激情的国族主义和反对侵略、"济弱扶倾"的国际主义双重性质。孙中山由文化世界观向民族世界观转变是在他的晚年，他强调要建立民族国家，废除外国强加给中国的一切不平等条约，收回租界和领事裁判权，实现民族独立和自决，这是他思想的进步。

3. 孙中山认为只有改革，走资本主义近代化道路，才能促使中国复兴、民族振兴。

孙中山生活的时代即19世纪下半期和20世纪初期，由于中国沦为资本—帝国主义的半殖民地，孙中山称为"次殖民地"，中国的发展正处在重大的历史十字路口。孙中山认为，中国要复兴，中华民族要振兴，必须进行改革，必须走西方人开启的资本主义近代化道路，只有这样才能摆脱中国的危险命运，但中国又绝对不能沿着西方资本主义的老路走下去，造成社会的贫富不均，引起社会革命。这种变化的观念表明孙中山包含对中国文化主导世界观念的新认识，又包含对中国与世界的新看法。他没有天朝上国、无所不有的陈旧傲慢的观念，但他对中国的优良文化又具有深深的依恋；他崇拜西方文明，但他又反对全盘倾倒，他将西方好的东西与中国的优秀文化结合起来考虑中国和世界未来，这标志着他已改变旧式的"天下"即中国即世界的意识，形成了相对性的世界观念，即中国是一个由中华民族创造的有悠久历史的文明古国，但它只是世界众多文明中的一员，它只能与世界各国友好相处（"益敦睦谊"），不能以中国去代表世界，称王称霸。基于此，"天下为公""世界大同"，和平共处、共同进步的泛文化、多元文化交融互惠便成为他的远大理想和追求。

二、孙中山的全球意识

（一）

在地球上生活的人，不管是白人、黑人或黄种人，都是地球的主人，他们发展的程度不同，但都应该平等，不能相互排斥和歧视。

孙中山对世界的了解有一个较长的过程，他对全球的认识也有一个由文化到种族，由种族、民族到全人类的认识过程，这是他思想的进步，也是他觉醒的具体表现。

文化世界观讲的是孙中山对世界的认识，首先是从文化的视角去区分东西（或称中西）国家的不同。比如，1894年6月，孙中山在《上李鸿章书》中陈述他对当时中国与泰西诸国的感受，谈到泰西诸国"奋筹富强之术，月异日新"，以及大清中国贫弱、衰朽的原因时，指出：中国与欧洲的差异不在于"快舰、飞车、电邮、火械"的船坚炮利，而在于人能否尽其才，地能否尽其利，物能否尽其用，货能否畅其流。[①] 这说明孙中山早年是以文化的差异作为考量和认识世界的标尺。泰西由贫穷落后进入富裕繁荣的社会在于大兴学校，培养和造就大批各式人才，在于文化的先进，而不是它的人种聪明或民主政治。孙中山认识世界初始阶段的感受，是他一心为公，一心为民，"以建民国，以进大同"，以吸收"富强之大经，治国之大本"[②]作为基本出发点。很明显，孙中山企图通过将西方的自然科学技术与中国的天地人一体同尊的政治

[①] 孙中山：《上李鸿章书》，《孙中山全集》第1卷，第8页。
[②] 孙中山：《上李鸿章书》，《孙中山全集》第1卷，第8页。

哲学糅合，形成"万物并育而不相害，道并行而不相悖"的宇宙观来考虑中国与世界的关系。孙中山曾说："以民立国之制，不得不取法欧美。""合中外精华，去一切流弊"是中国未来文化重构的必由之路，并认为西方进步的是科学，社会文明方面，中国并不落后，而且在心性文明方面，中国实居各国之先。这种合中西方文化的精华、去双方文化流弊的思想，便是孙中山早期认识世界所形成的文化取向，也是他发扬中华文化的优长，吸纳西方文化的精华，追赶世界潮流，重构中国新文化，振兴中华，再造中国的新思考。

1894年11月，孙中山在檀香山成立兴中会，举起反清革命大旗，提出"驱除鞑虏，恢复中国，创立合众政府"① 的口号。所谓"驱除鞑虏"，就是推翻满族人建立的清王朝；所谓"恢复中国"，就是恢复汉族人执掌国家政权的中国，用孙中山的话解读就是"奠我中夏""维持国体"②。孙中山之所以要反清，一是因为他"心伤鞑虏苛残，生民憔悴"，"拟驱除残贼，再造中华，以复三代之规，而步泰西之法，使百姓超甦，庶物昌运，此则应天顺人之作也"。二是改变"自清虏入寇，明社丘墟，中国文明沦于蛮野，从来生民祸烈未有若斯之亟也"的现象，光复中国，振兴中华。③ 表面看来，孙中山"志在驱逐满洲人"④，有为汉族复国的思想，但不能将孙中山的民族观视为种族主义，因为他"除虏兴治，罚罪救民"是为了"步法泰西，揖睦邻国"⑤，实现"四海兄弟，万邦归一"⑥。这种思想不是以前中国的"世界中心"的"天下主义"，也不是古代中国的"夷狄华夏"思想的重复，而是从文化层面入手，以西方作为强国的借鉴，实现中华民族的复兴。

从文化层面认识世界，有它的积极面。因为文化毕竟是人群生活的积累和创造，它具有特殊性，也有普遍性，但任何民族的文化都有精华，也有糟粕，从文化角度审视世界，任何民族都不应唯我独尊和实行文化霸权。但文化也很难区分长短、优劣，一个民族认为好的东西，不一定适合于世界所有民族。所以，文化有世界性，但也不一定具有普遍性。孙中山将西方的科学文化与中国的政治文化比较从而区分中西文化的优长，很明显这种区分带有随意性和主观性，其实中国的政治文化不见得都先进，西方的科学文化也不见得都能为人类

---

① 孙中山：《檀香山兴中会盟书》，《孙中山全集》第1卷，第20页。
② 孙中山：《檀香山兴中会章程》，《孙中山全集》第1卷，第19页。
③ 孙中山：《复翟理斯函》，《孙中山全集》第1卷，第46～47页。
④ 孙中山：《与斯韦顿汉等的谈话》，《孙中山全集》第1卷，第195页。
⑤ 孙中山：《复翟理斯函》，《孙中山全集》第1卷，第47页。
⑥ 孙中山：《为石井晓云题词》，孟庆鹏编：《孙中山文集》下册，团结出版社1997年版，第690页。

造福，任何文化都要以人为本，人创造文化，文化改造人、制约人。如果不能将人与文化，或人与民族、国家、文化的关系处理好，不仅文化制约不了人，而且还会为人所摆布，如果出现文化霸权主义，就将使人与文化撕裂，文化尤其是科学文化的发展便成为人类的灾难。如果以文化来衡量民族和世界各国的不同，也可能会以文化的不同或独特造成以文化论民族，容易生成民族优劣思维，造成民族分裂，产生抗拒外国文化的文化民族主义情绪化倾向。

可见，文化世界观有它的优点，但也有明显的缺点，这主要是以文化来区分民族，以文化论民族，容易生成以文野、文化高低来区分民族的贵贱和优劣，这不符合实际，也有碍于民族之间的联合和团结，但它比起种族主义又是一种进步，它不认为种族是天生的优劣，它们的差别只在于文化的高下和素质的不同，这是教育的问题、学习的问题，不是种族的问题。由于中国和世界的现实所形成孙中山的文化世界观，正如德国学者海法特（H. Herrfahrat）所指出：孙中山这样做，"一方面在对内政策上唤起新民族意识，促起他们的团结，使他们觉醒中国情形的特殊，并鼓励对国家尽忠；另一方面在外交政策上鼓励中国人争取自由平等"①，争取民族的地位。孙中山主张中国对于西方的物质文明应当迎头赶上，达到"并驾齐驱"，但对于西方的霸道不仁不义行为要以中国传统的道义、博爱与平等精神去取代，这是一种价值选择，这种选择表明中国需要科学、需要进步，但进步不是为了称王称霸，而是要以一种同情心和平等的观念去看待世界和对待不同人类。孙中山在前期一再说明他之所以要起来反清革命时指出："不错，我志在驱逐满洲人"②，但驱逐满洲人的目的是为了"救国救人"，因为"非锄去此恶劣政府必不可"得救国救民。③ "满洲政府腐败，我辈所以革命，即令满人同情于我，亦可许其入党。革命党宗旨不专在排满，当与废除专制创造共和并行不悖"④。孙中山及其同志们的抱负，是"发动一次有如三十年前日本所发生的革命，希望在中国实现日本化"，"像日本人那样，准备实行改革"，实现中国的近代化，"这是拯救祖国的惟一方法"。⑤ 可见，孙中山"反满"革命是通过革命"再造支那之谋，创兴共和之举"⑥，是用共和政体来代替"帝政统治"，实现中国与日本一样的工业化和

---

① （德）海法特著：《孙中山传》，王家鸿译，台北商务印书馆有限股份公司1978年版，第77页。
② 孙中山：《与斯韦顿汉等的谈话》，《孙中山全集》第1卷，第195页。
③ 孙中山：《学生要勉术学问琢磨道德——在广州岭南学堂的演说》，孟庆鹏编：《孙中山文集》下册，第692页。
④ 孙中山：《在中国同盟会筹备会议的演说》，《孙中山集外集补编》，第27页。
⑤ 孙中山与林奇谈话的报道，《孙中山全集》第1卷，第210页。
⑥ 孙中山：《〈三十三年之梦〉序》，《孙中山全集》第1卷，第216页。

社会近代化。诚如孙中山所言：中国同盟会系"世界最新之革命党，应立志远大，必须将种族、政治、社会三大革命，毕其功于一役"。"不当专向种族、政治二大问题，必须并将来最大困难之社会问题亦连带解决之，庶可建设一世界最良善富强之国家"。① 由此可见，孙中山革命的目标是为将中国由封建君主专制转换为民主共和制度，通过政治的转型，凝聚全国人心，实现中国社会的富强、文明和进步。他是为了改革图存，不是为了"反满"图存，这在当时中国是一种很前瞻的思想。这种思想，来源于西方，也是孙中山与世界同步的一种表现。

台北政治大学蒋永敬先生在回忆录《浮生往忆》中讲到他对孙中山思想的认识时指出："中山认为中国历史上之分裂，源于专制政体，务以防民为目的，以致民自为民，国自为国，国与民不能一体，故彼创立中华民国，以根本解决中国历史上之分裂问题，所谓'分久必合，合久必分'，不再重演。"② 所以，孙中山革命是为了民族共和，中国统一，不是为了分裂，是为了中国的进步，不只是为了"光复"汉族。保持文化的开放性、兼容性、科学性是孙中山综观世界各国历史，总结中华民族数千年发展历程，通过吸收与整合外来文化来构筑适应中国社会发展的文化观，这种观念的特征就是让文化来指引我们的时代，让文化来陶冶我们民族的性格，并给全球以和平，给人类以慈悲。这种观念是大同的观念、平等的观念，它与那些盲目的唯我独尊的祖先崇拜有着根本的不同。孙中山能在其生活的时代建构出一种新的文化观，使他个人与时代精神结合，使其超越千古，显示了我们民族的智慧，所以他活得深刻而有意义，他的存在也是我们民族的骄傲。

孙中山一贯认为，中国与外国，进步就能与世界同步。所以，他正视中国的落后，主张把中华民族从根底救起，追赶世界潮流，对于先进的科学要努力学习，迎头赶上去。他是一位能够看清世界与正视中国，并决心通过努力奋斗实现中国独立、民主和富强近代化国家的伟大人物。

台湾"中央研究院"近代史研究所陈三井先生在其《中山先生与法国》一书中深刻地写道：孙中山"长期遁迹外洋，具有世界眼光的他，对法国国情与法国文明有相当全面而深入的认识"③，并列了孙中山论述法国的十个方面。他认为"在孙中山的心目中，法国是西方一个崇尚自由、平等、博爱的先进民主国家，既尊重人权，复尚道义，较为接近他的革命思想"。所以他

---

① 孙中山：《在中国同盟会筹备会议的演说》，《孙中山集外集补编》，第27页。
② 蒋永敬：《浮生往忆》，台北近代中国出版社2002年版，第231页。
③ 陈三井：《中山先生与法国》，台北台湾书店2002年版，第1页。

"拿法国革命家喻户晓的自由、平等、博爱三个口号,来与他所提倡的三民主义相比拟阐扬,虽不无用法国大革命来为自己革命主张服务的想法,并多少有点简单化和片面性……但总体而言,在继承中亦有创发,内容较富新意,并具中国特色"。① 陈先生所言甚是。孙中山作为一个世界性人物,他将视野投向世界,通过认识和了解世界的文化来为中国崛起服务。他以法国为借鉴,追求民主、自由和博爱,他越觉得人家民主就越感到中国不民主,对于中国也从"夷夏之辨"中激起反清的情绪。孙中山说:"我们一定要在非满族的中国人中间发扬民族主义精神……这种精神一经唤起,中华民族必将使其四亿人民的力量奋起并永远推翻清王朝,然后将建立共和政体。"② 通过发扬汉民族的精神来推翻清朝建立共和政体,首先因为清朝是封建专制政体,其次因为清朝是满族人当国家的统治者,所以"反满"当然是反清。孙中山这个意图在《支那问题真解》一文中讲得很清楚,他说:"当满洲人之未入支那,不过黑龙江畔之野蛮游牧,常寇支那北方平和边境。乘明季内乱,长驱入关,据有燕京,如北狄之蹂躏罗马,其时则千六百四十四年也。支那人尔时不愿为之隶属,各谋反抗。而满洲人强欲压制,遂不得不为种种残忍之政策:鞭笞丁壮,及于老弱;火其居,夺其产;逼之从其服制。由剃发令之下,总其所杀戮以亿万计。"③ 孙中山对落后于汉族的少数民族统治中国心存不满,带有文化的优劣情绪,但重要的是他反对民族压迫。孙中山撰写此文是为了呼吁美国人民支持他的反清革命,孙中山的意图很明显:"既然你美国能在不堪忍受英国的压迫时奋起反抗,那我们汉族人民在清廷如此残暴的专制统治下度过了三百多年,如今在实在不堪忍受的情况下起来造反,本是顺理成章的事,所以应该受到世界各国的谅解和支持。"④ 孙中山一再说明中华民族是"世界上最爱好和平的民族",中国的觉醒与经济的振兴,"不但对中国人,而且对全世界都有好处"。⑤ 孙中山说这些话,无疑是为了消除外国人对他"反满"的误解,也是他真实思想的流露,这种思想的本质就是,不推倒清朝,不会有民主,也不会有共和,更不会有中华民族的复兴。

由此可见,孙中山前期的"反满",还是站在中国的立场上为结束民族的不平等、人民的不民主,实现革新中国,建设美好的未来,让中国人乃至

---

① 陈三井:《中山先生与法国》,台北台湾书店2002年版,第4页。
② 孙中山:《在檀香山正埠的演说》,《孙中山全集》第1卷,第227页。
③ 孙中山:《支那问题真解》,《孙中山全集》第1卷,第244页。
④ 郝平:《孙中山革命与美国》,北京大学出版社2000年版,第246页。
⑤ 孙中山:《中国问题的真解决——向美国人民的呼吁》,《孙中山全集》第1卷,第253页。

"整个人类得以共享更为光明的前景"① 的愿望。孙中山前期从世界先进国家的文化入手认识世界，通过了解世界、吸收世界人类的先进文明来革命救国，振兴中华，复兴中国，使中国与世界同步发展，这种文化世界观的确有其高明之处。

（二）

1916年10月杜亚泉在《东方杂志》发表过一篇《静的文明与动的文明》的文章，他说："文明者，社会之生产物也。社会上发生文明，犹土地之发生草木，其草木之种类，常随土地之性质而别。西洋文明与吾国文明之差异，即由于西洋社会与吾国社会之差异。至两社会差异之由来，则由于社会成立之历史不同"；"西洋社会，由多数异民族混合而成，如希腊、腊丁、日尔曼、斯拉夫、犹太、马其顿、匈奴、波斯、土耳其诸民族，先后移居欧洲，叠起战斗。有两民族对抗纷争，至数百年之久者，至于今日，仍以民族的国家，互相角逐，至有今日之大战。吾国民族，虽非纯一，满、蒙、回、藏及苗族，与汉族之言语风俗，亦不相同；然发肤状貌，大都相类，不至如欧洲民族间歧异之甚，故相习之久，亦复同此。南北五代及辽金之割据，与元清两朝之创立，虽不无对抗纷争之迹，但综揽大局，仍为一姓一家兴亡之战，不能视为民族之争"。② 杜氏是在说，由于中国社会与西洋社会不同，则其对于社会存在的观念亦全然殊异。西洋人以及其社会之存在，乃是互相竞争的结果，依对抗力而维持，对抗力强者强矣，对抗力弱者弱矣。吾国人的观念，则以为社会的存在，乃各自相安之结果，凡社会中的各个人，皆为自然存在者。所以，西洋社会注重人为，我国社会皆注重自然。西洋民族观念亦与我国不同。我国人认为，所谓蛮夷、戎狄者，皆天生之蒸民，且多为古代帝王之后裔，以其地处僻远，俗殊文野，故加以区别；夏用夷礼则夷之，夷用夏礼则夏之，其区别本非国家，故与现时民族之区别不同。因此，动的文明发生的效果是富于冒险，静的文明的效果是专注于内部之相互节制，而不向外部发展。杜氏两种文明特征的叙说是否正确倒在其次，但他指出两种文明都有缺点，故他主张"两文明互相接近，故抱合调和，为势所必至"，则具有合理性。孙中山的看法与杜氏几乎相似，他们都认为，不同社会不同民族皆有所长，也有所短，就文化而言，没有什么绝对的优和绝对的劣，所以文化不可能取代，只能是相互吸纳，

---

① 孙中山：《中国问题的真解决——向美国人民的呼吁》，《孙中山全集》第1卷，第255页。
② 杜亚泉：《静的文明与动的文明》，《东方杂志》第13卷第10号（1916年10月），又见许纪霖、田建业编《杜亚泉文存》，上海教育出版社2003年版，第338～339页。

优长互补，共生共荣。孙中山指出："中国人向富于排外性质，与今之世界甚不相宜"，中国"以前事事不能进步，均由排外自大之故"。① 为了民族的振兴和国家的富强，我国必须"行开放门户政策"②，但是"开放门户，仍须保持主权"③。由闭关主义改为开放主义是为了迎合世界各国通商潮流，然而开放并不是将西方的物质文明和精神产品照单全收，更不是和不允许"各国对于我国种种之希望，必不能再肆其无理之要求"④。

在《建国方略（1917—1919）》中，孙中山不仅论述了交通运输、工业、农业、国防和科学技术现代化的必要性和重要性，而且为中国勾画出了建设的宏伟蓝图，指出了实现现代化的具体途径和对"国情"的正确把握，又是爱国主义和世界意识的具体体现。尽管在孙中山有生之年，由于受到环境和条件的限制，中国仍然没有获得独立自主和繁荣富强，但是，孙中山为革命和建设所做过的一切，却迈出了中国走向世界沉重而坚定的第一步。将"开放门户"与维护主权意识有机结合起来考虑中国的治国方略，便说明孙中山与中国封建的封闭的治国思维有别，也与民族投降主义的甘为人奴的洋奴走狗意识不同。"开放门户"就是说中国的发展离不开世界，要中国进步，也要世界进步，中国是世界的中国，中国的发展必须与世界联系，只有充分利用全世界所有民族的文明财富，才能加速中国的发展步伐。所以，孙中山强调，中国不能再过孤岛僻壤式的生活，应该转变封闭思维，敢于与世人交往，采取开放政策，吸引世界各路英雄到中国来创业，开辟富源，开启"国际共同发展中国"的局面。"我无资本，利用外资"，"我无人才，利用外国人才"，"我无良好方法，利用外人方法"，⑤ 目的都是为了振兴中国，使中国与世界先进国家并驾齐驱。

然而，吸纳先进国家的资本、文化和管理方法也会带来人们思想的混乱，但孙中山讲得很清楚，引进外国的先进文化不是要"全盘西化"，不是要认同西方文化在世界的主导地位，而是以我作为主导，通过中西文化的参照，取其所长为我所用。对于文化的确是有一个认识和认同的问题，只有认识它才能交流、选择，但选择不等于就是认同。一个民族认同另一个先进民族的文化，它可能会激发民族的上进心，将一个落后民族引向先进民族，但是，文化认同也可能带来民族的震荡和分离。所以，文化认同应在国家、民族认同的前提下正确对待，可是，文化认同不等于国家的认同、民族的认同。文化作为一种意

---

① 孙中山：《在上海报界公会欢迎会的演说》，《孙中山全集》第2卷，第481页。
② 孙中山：《在上海报界公会欢迎会的演说》，《孙中山全集》第2卷，第499页。
③ 孙中山：《在南京国民党及各界欢迎会的演说》，《孙中山全集》第2卷，第530页。
④ 孙中山：《在北京迎宾馆答礼会的演说》，《孙中山全集》第2卷，第448页。
⑤ 孙中山：《在北京招待报界同人时的演说和谈话》，《孙中山全集》第2卷，第460页。

识，它会给人一种导向，对这种导向有人接受，有人排拒，也可能有人既不接受，也不排拒，持中庸调和的态度，不管人们对异质文化采取什么样的态度，他的选择常常都以他个人的感受作为标尺。但无论如何，文化的认同都不能改变人的民族性，更不能淡化国家的观念。中国人或华人不会因他接受或认同某一种文化就变成别国人，或改变其民族成分。所以，由文化认同形成对民族和国家的自觉认同是一种进步的表现。苏共中央（原）总书记戈尔巴乔夫说过："民族的骄傲是与民族的尊严具有相同的意义。"所以，民族的自觉认同问题，任何一个民族的任何人都是要面对的，是不可回避的重大原则问题，因为它是一个民族"精神面、情绪面的一个支柱"。[①] 民族感情从人们形成民族共同体之后就再也没有消失过，将来也不可能消失。所谓的民族自觉认同，是指在某一个民族共同体的人们对本民族和国家产生的一种责任感，这种责任就是真诚地爱自己的民族和为国家承担责任，不爱自己的民族和祖国的人，对什么他也不可能有真诚的爱，更不会主动地自觉地承担责任。所以，不能把文化认同说成是人的根本认同，也不能把民族说成是一种单纯的血缘关系。但是，没有文化认同，当然也没有民族的认同。戈尔巴乔夫说："对我个人来说，'民族'首先是认为自己是俄罗斯人，这意味着对我们的祖国、国家命运负有责任的所有人们的一个命运共同体。"[②] 作为一个中国人对自己的祖国本来不存在民族认同问题，在过去，除了少数的"汉奸""卖国贼"外，在中国境内基本上不存在国家认同问题。但由于国内众多民族构成的大家庭——中华民族，每个成员之间的地位、经历、处境不同，也存在认同不自觉，或没有达到认同的觉醒，所以"国自为国""国与民不能一体"的情况在我国也是存在过的。

孙中山前期的"反满"，以及他"应乎人情，适乎世界之潮流"[③]，以西方文化作为改建中国政治和谋求中国出路的思维和实践，虽起到积极作用，但无疑也带来人们认同的困扰。满族既然是中华民族大家庭的成员，它也有权执掌中国中央大权，所以将"反满"界定为反对清朝的统治者可以，但"排满"则带有反对满人的意义，这实有失常理。同样的道理，吸取西方的文明来改建中国人的价值观，接受西方文化教育成功经验、学习西方的先进科学技术来推进中国的现代化进程，这是必要的和可行的，但如果由此带来"全盘西化"，彻底认同西方文化，废弃中国的传统文化，则会对中华民族带来认同的危机。诚如孙中山所言："对于世界诸民族，务保持吾民族之独立地位，发扬吾固有

---

① （俄）戈尔巴乔夫、（日）池田大作：《二十世纪的精神教训》，孙立川译，香港天地图书有限公司2014年版，第315页。
② （俄）戈尔巴乔夫、（日）池田大作：《二十世纪的精神教训》，第317页。
③ 孙中山：《建国方略（1917—1919）》，《孙中山全集》第6卷，第228页。

之文化，且吸收世界之文化而光大之，以期与诸民族并驱于世界，以驯致于大同。"①

1912年以后，随着国家的多事和孙中山大中华思想的形成，孙中山的文化世界观发生了变化，由原先强调吸纳西方先进的科学文化与发扬我国的传统文化改革中国、振兴中华，转而提倡发扬中华民族的国族精神，树立国权意识与世界侵略主义抗衡。这种转变是由于世界列强国家对孙中山及其政权采取敌视的态度的一种回应，也是他由民族主义而世界主义，又由世界主义向民族主义回归而形成的具有维护中华民族共同体与侵略的世界主义民族抗衡的一种意识形态的变革。

中国是一个由多民族组成的稳定的民族共同体，它与其他单一的民族国家不同，在中国，如果没有中华民族意识的觉醒，没有统一的民族精神的高扬，它不可能使国民对国家具有崇高的责任感，更加不会为国家的强盛、民族的独立和复兴去奋斗去献身。热爱自己的民族和祖国是每一个中华民族成员的崇高情感，这种情感是凝聚力、向心力的源泉，如让"脱民族化"的观点形成，中国将会四分五裂。所以，孙中山民族世界观的确立是当时现实的需要，也是他觉醒和进步的体现。

孙中山晚年在作三民主义演讲时指出："帝国主义就是用政治力去侵略别国的主义。"②正由于中国遭受帝国主义政治力、经济力的压迫，"如果政治力和经济力的压迫，我们没有方法去解脱，我们的民族便要被列强的民族所消灭，纵使不至于全数灭亡，也要被天然力慢慢去淘汰"③。所以，孙中山强调："要救中国，想中国民族永远生存必要提倡民族主义。……如果再不留心提倡民族主义，结合四万万人成一个坚固的民族，中国便有亡国灭种之忧。"④孙中山在三民主义演讲中，利用自己的影响力和对外部世界的了解，直陈中国很危险，必须通过发扬民族主义的精神反对帝国主义的侵略。正如史扶邻教授所说："孙中山的三民主义讲演的重要性，不在于其思想的连贯性或特殊性，而在于劝勉的效果。"⑤所谓"劝勉"就是他告诫国民，中国仍在内忧外患的关头，国人仍要发扬爱国的精神，团结一致形成中华民族的国族意识才能战胜强权政治，维护民族的独立。孙中山在民族主义的讲演中，就三民主义及民族主义的含义、民族的形成、民族主义与世界主义的关系、中国失去民族主义的原

---

① 孙中山：《中国革命史》，《孙中山全集》第7卷，第60页。
② 孙中山：《三民主义：民族主义第四讲》，《孙中山全集》第9卷，第221页。
③ 孙中山：《三民主义：民族主义第二讲》，《孙中山全集》第9卷，第198页。
④ 孙中山：《三民主义：民族主义第一讲》，《孙中山全集》第9卷，第189页。
⑤ （美）史扶邻著：《孙中山：勉为其难的革命家》，丘权政、符致兴译，第211页。

因、恢复民族主义及提高民族地位的办法,作了详细的陈述。尽管他的解读未必很圆满,但他重新强调"三民主义就是救国主义",提倡三民主义就是为了"促进中国之国际地位平等、政治地位平等、经济地位平等,使中国永久适存于世界",这就改变了过去三民主义只是对内的含义,而将其拓展为反对帝国主义与列强争平等的主义,并强调要"用民族精神来救国",指出"民族主义就是国族主义",是"国家图发达和种族图生存的宝贝"。[①] 孙中山特别强调:"古今民族生存的道理,要救中国,想中国民族永远存在,必须提倡民族主义",并指出中国的民族,除汉族外,还有蒙古人、满洲人、回教之突厥人,是一个多民族的国家,只要提倡民族主义,结合四万万中国人成一个坚固的民族,中国便没有"亡国灭种之忧",可见孙中山晚年重新强调提倡民族主义是为了"挽救中国危亡",说明他的民族主义真正回到了反对"外族"侵略、实现民族独立的本位,这就使他这位中华民族的杰出人士与世界更深刻地联结起来。他将中国与欧洲的英、德、奥、俄、法以及美洲的美国、亚洲的日本比较,指出世界上存在两种国家,一种是主张侵略的有强权无公理的霸道国家,一种是主张公理扑灭强权以实现王道为目标的国家,全世界"将来白人主张公理和黄人主张公理的一定是联合起来,白人主张强权的和黄人主张强权的也一定是联合起来。有了这两种联合,便免不了一场大战,这便是世界将来战争之趋势"[②]。在强国推行强权政治对中国实行权益瓜分时,没有什么比维护民族、国家的利益,捍卫民族国家的权利更重要的了。孙中山由对世界的文化切入认识本民族在文化上的优劣,进而从民族、国家的视角去透视世界民族和不同国家的政策,造成世界的不公和不平等,认识到只有所有民族、国家都建立和平的、平等的关系,实现"世界大同""天下为公",才有世界的稳定和发展。这种观点确立后,孙中山就向世界宣布,世界上任何国家都只是世界中的一员,任何国家只能与世界各国和平友好("益敦睦谊"),只能为公不能为私,只能"以进大同",不能扩大矛盾,加深裂痕,世界任何国家也不能以强欺弱,以大凌小,只能"济弱扶倾",共同发展。他强调指出,人类应当相亲相爱,共创文明,共享文明进步的成果。基于此,"天下为公""世界大同",和平共处,共享世界的物质、精神文明便成为孙中山的远大理想和追求,这是孙中山的进步和新的觉醒。这种进步和觉醒体现了中华民族对世界不同民族的关怀,表明"和为贵"所包含的对人类友好相处的共同愿望,反映了世界上被压迫民族和国家人们的心声。所以说,孙中山是中国伟大的民族英雄,也是

---

① 陈锡祺主编:《孙中山年谱长编》下册,第 1820~1821 页。
② 孙中山:《三民主义:民族主义第一讲》,《孙中山选集》,第 626 页。

20世纪全世界被压迫民族和国家可以信赖的好朋友。他是中国杰出的和平主义者，也是20世纪变革时代世界杰出的伟大人物之一。①

（三）

综上所述，孙中山认为，世界存在先进与落后两类国家，但在20世纪弱肉强食的大国、强国（帝国主义）主导下的世界秩序里，人类被人为分割为两个序列：一个是白种人和黄种人的帝国主义者，主张世界主义，推行"霸道"的侵略强权政治；一个是白种人、黄种人及其他肤色的人处于被人奴役的殖民主义统治，提倡民族主义反对侵略，争取民族的独立与平等。有了这两个主义，世界即处于对立和抗拒状态，但为了民族的生存以及人类的平等，中国不能提倡世界主义，只能恢复民族主义，弘扬民族精神，表明孙中山世界观的转变，由文化意识到民族的自觉，由对西方文化的向往到斥责西方推行压迫其他民族的强权政治，这是他对"脱民族化"、提倡"全盘西化"改变民族性的一种警醒，也是他对当时世界主义——强权政治行霸道西方思维的一种批判和回应。所以，孙中山由对西方文化的崇拜，转而肯定中国文化的优良传统，并提倡用中国的政治文明、伦理和道德文化与西方的科学技术文化抗衡，这是两极思维，大致反映了当时世界的政治格局。孙中山站在弱小的被压迫民族一边，支持尚处于弱小的落后的争取民族独立权、生存权、发展权的民族一边，无疑代表了世界被压迫民族的利益，是被压迫民族的代表。正由于这样，孙中山在晚年主张联俄，结成反对帝国主义侵略的大联盟，以中国的独立为目的建立与俄国和德国合作基础上的联盟，他的目的是通过联盟来摆脱列强的控制。②

民族主义是近代以来世界最强大的政治和社会力量之一，中国的统一无疑也是民族主义原则在中华民族中取得共识和认同的必然结果。所以，孙中山在辛亥革命后由文化世界观向民族世界观转变无疑是他的民族觉醒的表现，这个转变不仅为我们指明了中国发展的未来走向，而且为启迪我们思考世界问题提供了一个新的空间。

列宁在1913年发表《关于民族问题的批评意见》一文中写道："发展中的资本主义在民族问题上有两种历史趋势。民族生活和民族运动的觉醒，反对一切民族压迫的斗争，民族国家的建立，这是其一。各民族彼此间各种交往的发展和日益频繁，民族隔阂的消除，资本、一般经济生活，政治、科学等等的

---

① 参见王尔敏《孙中山先生在二十世纪之历史地位》，台北《近代中国》2004年第156期。
② 参见（德）费路《借助新的档案资料重新探讨孙中山——与苏俄的关系以及对德态度》，林家有、李明主编：《孙中山与世界》，吉林人民出版社2004年版，第355页。

国家统一的形成,这是其二。"① 民族主义控制了各国人民的感情,"民族"与"国家"已经融为一体,"民族第一"与"国家至上"的观念融入人们的意识之中,维护"民族权利"和"民族利益"成为国民的意志和行动。但是,狭隘的民族主义无疑是一种危害,民族主义的利益和要求在世界许多地区都造成紧张和冲突。孙中山之所以与其他世界列强国家的统治者不同,是他既看到民族主义的巨大能量,又对狭隘民族主义可能带来的消极影响有正确的认识,它区分了两种民族主义的作用,他反对将本民族置于其他民族更优越、更重要的地位,也反对其他民族利用民族主义做文章,将其与暴力和侵略战争联系起来、以武力征服其他民族的意愿和行为。孙中山常说:"有道德始有国家,有道德始成世界",他的民族主义由救国而强国,由"博爱"与"天下为公""以进大同",并把"济弱扶倾"看作"治国平天下"的好政策,这一切均说明孙中山的思想具有时代性、前瞻性,他超越国界和民族,放眼世界,共创文明,提倡文明人类共享,"天下为公""世界大同"。所以,孙中山在辛亥革命后,虽由文化世界观向民族世界观转变,但并没有改变其作为一位民族主义者、爱国主义者、和平主义者、国际主义者的定评,台湾李云汉先生说他是"东亚的大明星,世界的大伟人""弱小民族的救主"②。孙中山对全世界的文化、种族以及对全球了解的深入为他制定对外政策,树立"天下为公""世界大同"的和平理念,以及人类应相互帮助、共同发展、和平友好,具有新道德,维护世界新秩序的"人学"思想奠定了牢固的基础。

中国的价值观跟西方的不同,孙中山认为,我们与全球不同种族、民族和国家的关系,只能以保护我国的独立和民族利益为出发点,那就是任何民族都必须放弃霸权。世界上不同种族、民族和国家只有和平与平等相处,人类才有美好的未来。

三、孙中山民族主义思想的产生及其内涵

（一）

孙中山是一位亚洲弱国的民族主义者,又是一位亚洲大国的民族主义者。

---

① （俄）列宁:《关于民族问题的批评意见》,《列宁全集》中文版第24卷,人民出版社1990年版,第129页。

② 参见李云汉《中山先生民族主义思想的形成与发展》,刘真主编:《中山先生民族主义正解》,台北台湾书局1999年版,第34页;李云汉《济弱扶倾——中山先生与亚洲民族独立运动》,刘真主编:《中山先生民族主义正解》,第219～222页。

因为前者，他极力为国家、民族求强求富，又因为后者，他也具有大国中心主义思想。然而孙中山毕竟是了解世情和国情的爱国主义者和国际主义者，因此他更多的是从19世纪末20世纪初年中国和世界的面貌来确立自己的救国志向。他反复地研究世界进步和中国落后的原因，在继承中国传统的民族文化、思想意识和吸收西方民族主义思想的基础上来创造自己的民族主义学说，并确立建国的新目标：实现中华民族的独立、统一、民主、富强和自由、平等、博爱。孙中山的思想不仅反映了当时中国社会的经济、政治和文化的发展情况和中华民族的期待，也反映了亚洲殖民地国家反对帝国主义、殖民主义，实现民族独立、民主、统一和富强的强烈愿望。所以，孙中山的民族主义思想，属于东方殖民地民族主义思潮范畴，它具有明显的爱国主义和国际主义相结合的思想特征。

东方民族主义思潮是19世纪下半期，特别是20世纪以来东方国家和地区思想文化领域内的主要倾向，它是指导东方民族运动和进步的社会思潮。

这种思潮在中国是如何产生的？在中国在亚洲起什么作用？它对世界产生什么影响？它的主要内涵又是什么？对于这些问题学术界的看法并不完全一致。研究孙中山民族主义思想的特征，评论他的民族主义思想，不仅对今天的中国与世界各国处理民族问题有借鉴作用，就是对中国、亚洲和世界各国的发展也有启迪和裨益。

在半个多世纪的生涯中，孙中山有一半以上的生命是在异国他乡度过的，但他并没有完全西化或外国化，他仍然是中国人，而且是一位具有浓重传统文化思想和民族意识的中国人，从这个角度去看孙中山，他的确是一位地道的中国民族主义者。

孙中山民族主义思想的形成有内外的社会条件和思想影响，他的民族主义思想是中西文化经过复杂化合作用的产物，正如他说："余之谋中国，其所持主义，有因袭吾国固有之思想者，有规抚欧洲之学说事迹者，有吾所独见而创获者。"可见，孙中山的民族主义思想具有兼容性和多元性，但也不能因此就认为他的民族观都是完全正确的，其实他的观点也有时有片面的表现。

关于民族的形成和民族主义的产生等重要问题，孙中山曾作过这样的解释："民族是由于天然力造成的"，"换一句话说，自然力便是王道。用王道造成的团体，便是民族"。[①] 儒者主张以仁义治天下，称为"王道"。王道与霸道相对，但都是古代君主统治人民互相补充的两种手段。从王道形成民族这个角度去审视，孙中山把民族形成看作文化问题，不是族类问题，但在论述民族形

---

① 孙中山：《三民主义：民族主义第一讲》，《孙中山选集》，第618页。

成的要素时,孙中山又非常强调"血统",并认为"血统"是形成民族的第一个要素,说中国人"是由于根源黄色血统而成"的民族。孙中山把"血统"看作民族形成的首要因素,表明他在考察近代中国民族问题时,未能将以血统为纽带的种族与以共同经济生活、心理因素和文化认同为主要特征的民族加以正确区别。把民族看成生物学的现象,混淆了民族与种族的界限,这就无从正确论证民族不同于一般历史范畴的种族的科学论断。孙中山从"血统"论出发论证中国自秦汉而后,虽然掺杂有极少数的满、蒙、回、藏、苗等族,但他又认为多被汉族同化,在中国"民族"就是"国族"。由此可见,孙中山的族类观念是很强的,但从他对民族主义的解释来看,好像区别中国人和非中国人的标准又不全在种族,而在文化和道德,一时他强调"血统"形成民族,一时他又强调以文化来区分民族,可知孙中山对民族概念的阐述是有矛盾的。对于民族这一人们的稳定共同体,在开始时孙中山是没有作出明确界定的。

余英时先生曾指出,和古代世界上其他民族相比,中国人对"非我族类"的看法是颇为罕见的,中国在春秋战国时代已经肯定了"诸夏用夷礼则夷之,夷狄用诸夏礼则诸夏之"的大原则。① 秦汉帝国形成时,中国士大夫的民族认同已超越了种族和语言,已开始把华夷之辨放到伦常道德之中了。一个外国人如同信奉儒家伦理,士大夫就视其为同类,而一个中国人如果背叛儒家伦理,则被视为禽兽。这种观念一直延续到近代,在中国的士大夫中可谓根深蒂固。孙中山受到这种观念的影响是不足为怪的。有些外国人指责孙中山"其所受教育及生长环境多在外国,对中国内地各省中国民众之生活民情、传统及习俗等均一无所知"②,这种指责是毫无根据的。事实充分说明,孙中山不仅了解中国的文化传统,而且也了解中华民族的形成过程和各地的民情。

孙中山认为,中国人的民族观念并不像欧洲人的民族观念。中国的民族组合第一是家族,再说远点是同乡观念。积血统而成家,积家族以成国,这是中国普通人士的民族意识。基于这种意识,不少学者都认为,国族形成的基础为自然社会因素。正如一些学者所正确指出的,"作为一个多元和异族性颇高的国家,中国内族群众多,虽然各个族群本身的文化认同,族群认同,乃至提升到更高层次的国族意识,未必完全合致而无矛盾,但因自然环境、生态条件、经济生计及分布模式等因素,再加上主体社会汉族的同质性不高,传统多神信

---

① 参见余英时《国家观念与民族意识》,《文化评论与中国情怀》,允晨文化实业股份有限公司1988年版,第19页。

② U. S. Department of State, Foreign Relations of the United States (Washington, D. C: Government Drinting Office). 1912,第62页。参见台湾杨日旭先生赠送的《美国国务院外交关系文书中关于中山先生记载(1912—1925)》,该文是1985年台湾"孙中山先生与近代中国学术研讨会"论文。

仰导致的对异教的较大包容性"①，便形成一个由"许许多多分散孤立存在的民族单位，经过接触、混杂、联结和融合，同时也有分裂和消亡，形成一个你来我去、我来你去、我中有你、你中有我，而又各具个性的多元统一体"②。可见，造成族群之间的文化相互渗透，经过长期的各族历史的演变，便为中华民族的形成提供了条件。但是国家和民族是两个不同的又有联系的概念，民族不等于国家，中国除了主体民族——汉族，还并存有50多个少数民族，如果用中国各民族认同的中华民族来代替中国，虽然不十分恰当，但从宏观上看，大体上可以说是符合实际的，但如果说汉族等于中国的国族，汉族等于中国，这就不对了。在这个问题上，孙中山的观点是有失偏颇的。比如1912年5月11日，孙中山在广州孙氏宗族欢迎会上演说，指出："惟念四万万同胞，皆黄帝之子孙，其始均无所谓氏族者。自人民繁衍，而姓氏生，姓氏生，而家族之见重，由是家族以起。然此家族亦甚好，合无数之家族而即成为国家。今者民国成立，政治共和，合汉、满、蒙、回、藏而成一家，亦犹是一族；将来再为推广，连亚洲而联络之，岂我一族而已矣。"③ 在这里，孙中山不仅把家族与民族混杂起来，而且也把民族与国家等同起来。

我们知道，任何民族都不可能是由无数家族联合而成的，在中国没有纯血统的民族，不仅汉族是融合许多少数民族而成，就是一些少数民族也是经过分合、重组、融合他族而成的。费孝通先生指出："民族名称的一般规律是从'他称'，转为'自称'。生活在一个共同社区之内的人，如果不和外界接触，不会自觉地认同。"又说："民族是一个具有共同生活方式的人们共同体，必须和'非我族类'的外人接触才发生民族的认同"，因此任何民族都"有一个从自在到自觉的过程。秦人或汉人自认为秦人或汉人都是出于别人对他们称作秦人或汉人。必须指出，民族的得名必须先有民族实体的存在，并不是得了名才成为一个民族的实体的。"④ 由于孙中山存在"积血统而成家，积家族以成国"的观念，因此他未能科学地正确地论证民族形成的全过程。既然孙中山对民族的形成有不正确的看法，而与民族有关的民族主义也必然会受到他的民族观的影响。

民族主义，一般来说可分为族类民族主义、政治民族主义、文化民族主义、经济民族主义等。民族主义如果作为一种民族的文化意识，它就是被一个

---

① 杨庆坤著：《儒家思想与中国宗教之间的功能关系》，段昌国译，《中国思想与制度论集》，台北联经书店1976年版，第343～344页。
② 费孝通等：《中华民族多元一体格局》，中央民族学院出版社1989年版，第1页。
③ 据《孙族恳亲会欢迎中山记》传单（广州中山大学孙中山纪念馆藏原件）。
④ 费孝通等著：《中华民族多元一体格局》，第7～8页。

国家或民族大多数人认同的一种深层的观念。中国的民族主义是什么呢？孙中山认为，中国的民族主义是中国历史的产物，因为"中国自秦汉而后，都是一个民族造成一个国家"，所以，按照中国历史上的习惯情形讲，"民族主义就是国族主义"。① 他指出：过去中国人最崇拜的就是家族主义和宗族主义，因此中国只有家族主义和宗族主义，没有国族主义，而现在国家面临着各种危机，为了救国必须提倡"国族主义"，由此可见，孙中山所宣扬的民族主义等于"国族主义"，等于"救国主义"。他宣传民族主义就是为了确立救国的意识，属于政治民族主义范畴。也可以作这样解释，孙中山的民族主义就是民族的精粹——国魂，即爱国主义。从民族主义的主要功能去看，民族主义一是表现为对自己民族的认同，一是表现为对其他民族的态度。从孙中山对民族和民族主义形成所作的陈述来看，从他对本民族的认同感和发展去看，他的民族主义思想的产生很大程度上是受日本明治维新改革成功的诱发。但从他对其他民族的态度去审视，又具有非常强烈的"夷夏之辨"族类民族观念。他认为中国的危难是由于"外族"满洲人统治，而要救危就必须"光复汉族"，由汉人取代满人统治中国。这种传统的华夏民族优越感和鄙薄其他民族的民族意识，是孙中山民族主义思想产生的主要因素。所以，正如人们所说：孙中山的民族主义，"与其说是以民族利益为基础的，还不如说是以共同的文化为界定和认同的原则"② 更加符合实际。

孙中山在他投身革命以后谈到日本明治维新时，首先是从"民族主义救日本"的角度去叙述它的重大意义。他这样做的目的，很明显就是要求中国的爱国者以日本维新志士为楷模，为中国的独立、富强和民族的解放去奋斗。孙中山在晚年作三民主义演讲时，又一再强调：日本"乘欧化东渐，在欧风美雨中，利用科学新法发展国家，维新五十年，便成现在亚洲最强盛的国家，和欧美各国并驾齐驱，欧美人不敢轻视"。我们中国"至今被人轻视的原故"，就是因为没有民族主义，日本"因为他们有民族主义的精神，所以能发奋为雄，当中经过不及五十年，便由衰微的国家变成强盛的国家。我们要中国强盛，日本便是一个好模范"。③ 孙中山曾多次谈过，日本可以学西方，我们也可以学日本，从孙中山的言论看，他认为日本明治维新的成功和影响，是亚洲民族主义兴起的最早源泉，因此他认为明治维新是亚洲乃至世界历史的一大变动，这一点对孙中山民族主义思想的产生有很大影响。可是仔细地考察，我们

---

① 孙中山：《三民主义：民族主义第一讲》，《孙中山选集》，第 617 页。
② 葛剑雄：《天朝心态中的开放观》，香港中文大学中国文化研究所《二十一世纪》1993 年 2 月号。
③ 孙中山：《三民主义：民族主义第一讲》，《孙中山选集》，第 622 页。

会看到孙中山民族主义思想产生最直接的影响还是传统的"夷夏之辨"或称"夷夏之大防"族类民族观念。

"夷"和"夏"（或称华夏），这是中国古人用以表示自身与世界关系的基本概念，也是他们建立世界秩序的原初基点。所谓"夷夏之辨"的根本宗旨就是首先确认自己是具有高度文明的民族和国家，其他都是开化程度很低的劣等民族和国家，然后严格辨别华夏和夷狄的本质差别，防止华夏族高贵血统遭到玷污、高度文明遭到破坏。所以古代华夏族极端重视道德人伦，并将其视为"天下大防"，即绝对不可混淆的界限，这种观念的弊端是很大的。但在中国，早在春秋时期，建立在同一血统的宗族基础上的"族类"观念就非常强烈，从那时起，"非我族类，其心必异"的说法就被国内士大夫阶层普遍认同。华夏与非华夏的夷、戎、狄等族在生产和生活方式、语言、礼仪、风俗等方面存在很大差异，这种差异不仅从先秦起就成为区别华与夷的主要标准，而且也成为历代统治者处理民族关系的准则。尽管中国这种传统的民族观强调和坚持以汉族作为凝聚的中心，发挥了汉族优秀文化的渗透和凝聚作用，对中华民族的形成和发展起过积极作用，但由于这种观念是以汉族至上为基本的，所以它不仅使汉族长期保持着一种不切实际的高度优越感，以至于无视中国境内的少数民族和世界上其他地区的异族及其文明的存在，不承认在总体上汉族有向其他民族学习的必要性。这种观念的本质是唯我独尊、自高自大，因此它属于一种封闭的、自我阻隔的、激化仇外情绪的思想，存在明显的消极因素。中国社会科学出版社1996年出版王文亮一部大作《中国圣人论》，就中国与夷狄、"天下大防"观念的产生、发展及其与新时代国际秩序和外交关系的冲突等方面作了认真深入的研究，提出了很多有启发性的看法。他在谈到夷夏观念在近代所起的影响时说：自19世纪中叶开始，中国在西方列强坚船利炮的打击下，被迫开放门户，西方文化得以大量涌入中国，但是中国的士大夫阶层并不是自觉自愿而是被迫了解并有限度地接受西方文化的。于是，中国人根深蒂固的华夷等级秩序观念与新时代的国际秩序以及外交准则便发生尖锐的对立和冲突。这种对立与冲突发生在古老的封建帝国——中国与新兴的资本主义殖民帝国——西方列强之间，标志着中国的封建主义文化与西方的资本主义文化之间总决战的开始。这个看法是很实在的。但是在近代中西文化的冲突与斗争中，应该看到和重视的是一些先进的爱国人士在批判西方文化过程中学习西方，取众人之所长，补自己之所短，形成了自己优势互补的文化观和价值取向，改变了华夏独尊的盲目优越感，这大大有助于中国的发展，而孙中山就是一个有代表性的人物。

孙中山是这个时代向西方寻求救国真理的先进代表之一。他在1894年中法战争之后，立志倾覆清廷"光复"汉族，这明显的是受到西方国家和东方日本的影响。然而，在斗争的方式以及宣传的口号和理论上，他没有采用西方的所谓和平、民主、自由的手段和口号，而是采取中国传统的夷夏观念，通过宣传民族主义、打着"排满"的旗号来激起人们的救国热忱，共同投身革命，推倒清政府——这个"洋人的朝廷"。从表面上看，目的是先进的，手段是落后的；但从它的深层意义上去看，这正是孙中山高明之所在。在一个没有民主传统的国家里，不仅芸芸众生不懂民主共和为何物，就是一些自称有学问的绅士阶层也没有民主的习惯，如果空喊要民主、要自由去反清，不仅不会有多少人响应，恐怕就连那些原先支持革命的会党、新军及其他绅士们也会对革命抱观望的态度。所以，孙中山借用"夷夏的观念"，宣传倒清救国，虽然包含不少消极的因素，但他掌握时机不断地解释"排满"的意图，不断地发展和完善他的民族主义思想，使他的民族主义包括民族平等和反帝的内容，从而达到了倒清的目的，这正是孙中山超人之所在。

当然，应该如何评价孙中山的夷夏观念，不是三言两语可以说得清楚的，但有人怕影响孙中山的伟大连他思想中明白表现出来的夷夏思想和观念都不承认，这恐怕是多虑了。据林百克在《孙逸仙传记》中记述，早在1879年9月孙中山入火奴鲁鲁意奥兰尼学校就读时，常有友好的外国人问他："你为什么不把你的发辫剪掉呢？"孙中山答：留辫子这种愚蠢的风俗，"是满洲人强逼我们做成的，必须等全体中国人决心把它去掉，或者至少要有一个大多数，使全世界都知道才行。并且这发辫不过是中国所受许多耻辱的一种，我们应该立刻把许多耻辱全部都去掉"[①]，再将那发辫除掉。1883年夏秋，孙中山回到他的家乡广东省香山县（今中山市）翠亨村，他经常向村民抨击清政府的腐败，指出百姓交了赋税，却没有从满洲人为政的清政府中得到什么好处。他还以铜钱为例，指出铜钱上面的字"不是中国字而是满洲字，统治中国的不是中国人而是满洲人"[②]，并从太平天国老兵和天地会人中听到许多诱人的"打满洲仔"的故事，从中得到"排满"的启示。同年秋，孙中山与陆皓东在家乡毁坏北极殿神像，被迫赴香港入拔萃书室读书。1884年，孙中山在香港亲眼看到中法战争期间香港工人拒修法国军舰的行动时，得到的感受也是"中国人还有种族的团结力"。此后，孙中山决志倒清，"推翻满洲政府，还我汉族山河"。1893年冬初，孙中山在广州首倡组织团体，还以"驱除鞑虏，恢复华夏"为宗旨。直至1920年11月4日孙中山在上海中国国民党本部会议发表

[①] （美）林百克：《孙逸仙传记》中译本，广西师范大学出版社2011年版，第28页。
[②] （美）林百克：《孙逸仙传记》中译本，第33页。

演说，还指出："民族主义，当初用以破坏满洲专制，这主义也不是新潮流才有的。"① 1921年3月6日，孙中山在中国国民党本部特设驻粤办事处演说，当他讲到民族主义时，指出："今日满房虽被推翻，光复汉业，但是吾民族尚未能自由独立。"为此，他强调要实现民族自决，要使满、蒙、回、藏族同化于汉族，"成一大民族主义国家"，"仿美利坚民族的规范，将汉族改为中华民族，组成一个完全的民族国家，与美国同为东西半球二大民族主义的国家"。② 1921年12月7日，孙中山在桂林军政学七十六团体欢迎会演说，讲到革命党为什么要提倡民族主义时，他说是"因为满清专制二百多年，我们汉族受过亡国的痛苦，后来又受世界潮流的压迫，恐怕还要灭种，所以有少数人出来提倡鼓吹，要除去专制的异族"③。直到1924年5月30日，孙中山应上海《中国晚报》所作的留声演说中还说："中国亡国于满洲，二百六十几年，中国人民，在于二百六十几年之内，困着觉，所以中国政治退化，文明退化，中国工商业退化，中国所以到了今日成为民穷财尽，变成各国睇唔起。"④

由此可见，孙中山的民族主义思想虽然是中西文化复杂化的产物，但它产生的文化背景主要是受中国传统的"夷夏之辨"思潮的影响。孙中山坚持中国传统的族类观念，自有他的局限性。然而，孙中山毕竟与中国传统的士大夫不完全相同，他不仅能随着形势的发展不断地改变自己的思想，使他的民族主义思想由单纯的"排满"发展为具有民族平等含义的"五族共和"与"一切平等待我之民族共同奋斗"，而且还将民族主义、民权主义与民生主义结合起来，将他的民族意识同民主意识、社会意识相统一，从而使他的思想与时俱进，与社会发展的潮流相衔接，显示出他的高瞻远瞩和超人的智慧。从总的方面看，孙中山既反对极端排外的华夏中心主义，又反对全盘西化的极端开放主义；他既坚持维护合理的民族传统，继承和发扬华夏的优秀文化，又主张向外学习，取法乎上，表现出他具有兼容并包和择优而取、将民族性与时代性相结合的特性。所以，一个人的思想来源于什么文化并不重要，重要的是他能不能以及如何将自己的思想与日益发展、变化着的形势结合起来，从而使自己的思想处于不断发展、不断完善的序列中，而在这个方面，孙中山堪称典范。从孙中山的民族观来看，从他在实践过程中的表现来看，他绝对不是狭隘的民族主义者，他虽带有浓重的传统民族意识，但正因为他的民族主义是中国民族危机的产物，是以挽救民族危亡作为主要目的的，这使它具有东方殖民地国家民族主

---

① 《孙中山全集》第5卷，第392页。
② 《孙中山全集》第5卷，第473~474页。
③ 孙中山：《在桂林军政学七十六团体欢迎会的演说》，《孙中山全集》第6卷，第3页。
④ 郝盛潮主编：《孙中山集外集》，上海人民出版社1990年版，第106页。

义的属性,带有明显的反对"外族"侵略和"异族"统治,争取实现民族独立和解放的意图。

非常明显,孙中山在中国确立民族主义,就是要在中国确立国家的观念;他在中国宣传民族主义,就是在中国宣传爱国精神。他曾痛诋中国民众缺少生死赴之的爱国激情,"国亡,他可以不管,以为人人做皇帝,他总是一样纳粮"。他指出:在我国的民众之中,宗族与国家相比,宗族的观念强得多,家族和宗族的团结力非常强大,往往因为保护宗族起见,人们"宁肯牺牲身家性命"。至于说到对于国家,则从来没有一次具有"极大精神去牺牲"。[①] 所以,孙中山认为,中国人的团结力,只能及于宗族而止,还没有扩张到国族。这种情况,正如20世纪初年的革命者所惊叹的:"我民族之缺点所在,则不在于无爱乡思想,而在于无爱国思想;不在于无民族资格,而在于无国民资格。"[②]

中国人自古以来就有一种优越感,认为中国的历史悠久,是世界的文明古国之一,因此自觉地认为中国文化超越其他民族,总觉得一个民族只有一种文化,才能维护它的传统。孙中山认为,这种观念是一种危险,因为任何一个国家、一个民族的精神气质、文化心理,它的主体结构都不是单一的成分,而是一个具有主导倾向的多维动态结构。孙中山认为,中华民族在几千年的历史发展中,已逐渐形成了自己的文化特点,构成了相对稳定的格局和稳定的体系,这是中华民族发展的基础,但也不能故步自封,不求振作。所以,他认为,中华民族不仅应该弘扬自己民族文化的优秀部分,也应该向先进民族学习,吸收先进民族的科学技术及其他物质文明,"学欧美之所长,然后才可以和欧美并驾齐驱。如果不学外国的长处,我们仍要退后"[③]。如果不加促中国科学和教育的发展,形成多维文化交汇的模式,中国仍将永远落在先进国家之后。但他又明确地指出,中国人不应受文化落后的满洲人统治,因为让落后的满洲人统治中国则没有振兴的希望和民族复兴的可能。

总之,孙中山民族主义思想的基础,正如一位德国学者所指出的,它有两个方面:一方面是"复古的,保守的",一方面是"革命的,是学西方的"。孙中山是孔夫子的信徒,也是基督的信徒。[④] 孙中山不仅强调要继承自孔夫子以来中国"固有的道德""固有的知识""固有的能力",也极力主张向西方学习,把外来的因素变为本民族发展的动力。所以,孙中山不仅"尊孔重

---

① 孙中山:《三民主义:民族主义第一讲》,《孙中山选集》,第617页。
② 《论处、金、衢、严四府之关系及其处置之方法》,《萃新报》(1904年初夏)。
③ 孙中山:《三民主义:民族主义第六讲》,《孙中山选集》,第688~689页。
④ (德)海法特著:《孙中山传》,王家鸿译,第75页。

儒",而且也笃信基督,他不仅重人伦、重道德,而且也提倡自由、平等、博爱,他将民族主义与博爱主义结合起来,将中国古代的大同思想发展为"天下为公"的世界主义,从而显示了他的思想的多维交汇特质。但他同时又认为,假如中国人要想对世界有所贡献,只有健全的民族主义,才有真正的博爱主义。民族主义第一,博爱主义(或称世界大同主义)第二,这就充分说明孙中山的民族主义重在恢复和发扬中国的民族精神,发扬中国固有的优秀文化,树立民族的自尊、自信、自豪,以适应时代的要求和民族的发展。

(二)

孙中山的民族主义与亚洲民族主义思潮的兴起有密切的关系。孙中山的民族主义作为一种政治文化,不仅集中地反映了近代中国帝国主义与中华民族、封建主义与人民大众的矛盾,而且也体现了亚洲被压迫的民族反对帝国主义侵略、争取民族独立的强烈愿望。孙中山的革命奋斗,以民族、民权、民生三民主义作号召,这不仅提高了中国民众的民族、民主意识,而且因为他领导人民取得了推翻清政府的胜利,也极大地鼓舞了亚洲人民,促进了亚洲人民反帝反封建革命精神的发扬。所以,孙中山是亚洲伟大的民主主义者的代表,又是亚洲民族主义杰出的思想家。

19世纪下半期,东方民族主义思潮在亚洲兴起。这种思潮以中国的孙中山的民族主义、印度的甘地主义、土耳其的凯末尔主义、阿富汗的塔尔齐民族主义,以及中东伊斯兰的改革主义和早期的阿拉伯民族主义为代表。因为孙中山的民族主义以革命民主精神作为核心,因而它代表了东方民族主义思潮的最高水平。

孙中山虽然是19世纪末20世纪初中国民族主义的代表,但他不是狭隘的民族主义者,他不仅具有广阔的世界政治视野,而且也具有世界竞争意识。他在晚年讲到他的民族主义时,指出:"余之民族主义,特就先民所遗留者,发挥而光大之;且改良其缺点,对于满洲不以复仇为事,而务与之平等共处于中国之内,此为以民族主义对国内之诸民族也。对于世界诸民族,务保持吾民族之独立地位,发扬吾固有之文化,且吸取世界之文化而光大之,以期与诸民族并驱于世界,以驯致于大同,此为以民族主义对世界之诸民族也。"[①] 可见,孙中山是从世界的发展趋势与中国的情状来考虑中国的民族主义。从上海孙中山故居现存藏书可知,孙中山非常注意学习世界的历史,尤其关注第一次世界

---

① 孙中山:《中国革命史》,《孙中山全集》第7卷,第60页。

大战及战后世界历史的发展与演变。① 正由于孙中山具有世界意识，所以他对东方民族反对殖民主义者的斗争极表同情，这也是他能够置身于东方民族主义思潮最前列的重要源泉。

孙中山既然是面向世界的人物，因此他不可能是民族利己主义者。他不仅把争取本民族的独立与解放，作为自己民族、民主主义革命思想与活动的出发点，而且还把中国独立解放与保护、扶助邻近国家弱小民族作为中国义不容辞的义务。他说："中国革命一旦成功，便能给亚洲以大力援助，所以我同样从心底确信，我进行的革命必将获得亚洲的大力支援。"孙中山还经常强调"亚洲毕竟是亚洲人的亚洲"，"我们亚洲是一家"，"保卫亚洲和平是亚洲人应尽的义务"，"日本是亚洲最强大的国家，而中国则是东方最大的国家，两国如能互相协作，东洋和平，进而世界和平，易于得到保障"。②

孙中山为了实现其民族主义对外方面的内容，一方面，他坚决地反对外族的侵略和压迫，但另一方面，他不仅不拒绝接受外来的先进文化和物质文明，而且还始终把中国的前途与亚洲被压迫民族的命运联系在一起，毕生寻求振兴中华和复兴亚洲的道路。他说：亚洲本是世界文明的发源地之一，可是在西方殖民主义者东侵之后，衰落了。在日本明治维新以前，亚洲没有一个独立的国家。日本明治维新以后，大力输入西方文明，吸取外国进步因素，结果日本发展成为强国；日本通过明治维新，又在1894年废除了1854年和1858年同英、荷、俄、美、法等国签订的不平等条约，实现了独立。所以孙中山把日本明治维新看作亚洲复兴的起点，指出亚洲不要"做欧洲的殖民地，要做亚洲的主人翁"③，就必须学习日本，实行社会改革。他还认为，中国的振兴与亚洲的复兴是不能分开的，中国的独立富强，为兴亚大业所必需，亚洲的复兴又是中国和亚洲各国人民的共同事业，因此，亚洲各国应该联合和通力合作。正由于这样，孙中山在居留日本期间，曾先后与韩国开化党成员朴泳孝、安驷寿、俞吉清等有过密切交往，成为这些朝鲜流亡者的顾问。与菲律宾的彭西、越南

---

① 上海孙中山故居保留下来的藏书中，有许多世界历史著作，如1908年版的H. S. Williams主编的25卷本《世界史》，1906—1911年版的A. W. Ward主编的13卷本《剑桥世界史》，1881—1892年版的H. Won Holst《美国宪政史》，1908年两卷本《从经济角度看西方文明》等书。还有1917—1919年出版的Frank H. Simonds的3卷本《第一次世界大战史》，1921—1922年版的John Buchan的4卷本《第一次世界大战史》，1915—1916年版的Hilaire Belloc的两卷本《欧洲战争概略》，1919—1920年版F. W. Halsey第10卷本《世界大战史文摘》等多种第一次世界大战的著作，参见彭树智《东方民族主义思潮》，西北大学出版社1992年版，第24页注①，第29页注①。

② 孙文：《论东亚中日两国的关系》，日本《支那》第4卷第5号（1913年3月1日）。译文参见广州中山大学学报编辑部编《孙中山研究论丛》第5集，第204～206页。

③ 《中山丛书》第3册，第372～373页。

的潘佩珠、印度的巴什（Rosh Behari Bose）等人也有过密切交往。在 1889 年菲律宾抗美战争期间，孙中山积极为菲律宾革命志士彭西购买军火；还准备指派兴中会中人至菲参加阿奎纳多氏军队，帮助他迅速成功，然后将其势力转向中国大陆，在中原发动革命。①

据彭西回忆，1899—1900 年孙中山在日本时，对亚洲各国的民族解放事业极为关注。"在孙逸仙看来，远东各国所导致的许多问题，彼此牵连，必须对整个问题作一般性的研究，才能对每一特殊问题有所了解，从许多共同之点，才能把各国的问题连串起来。但是这些国家需要增进彼此的了解，因为只有彼此了解，才易于建立友善的关系。"因此，孙氏是最热烈帮助亚洲各国学生在东京组织东亚青年协会的人士之一。这个协会包括朝鲜人、中国人、日本人、印度人、暹罗人及菲律宾人，拥有相当人数的会员，获得日本政界重要人士的支持。孙中山还多次对东亚各国青年说："让我们进一步地互相了解，我们彼此当必进一步地相爱"。"对于有关远东的所有问题"都要认真进行研究，帮助有关方面谋求解决办法。② 所以，正如美国学者詹逊所说：孙逸仙是朝鲜、中国、日本、印度、泰国和菲律宾青年学生的热心赞助者之一。③

上述孙中山关心韩国民族的解放，多次表示支持韩国民族独立；他与彭西、潘佩珠等菲律宾和越南志士的交往，以及对菲越两国斗争的支持，对印度独立运动的关切，均为中外学者耳熟能详的史事。问题是孙中山这样做的目的是什么？孙中山这样做虽然包含利己的目的，他希望通过各国相互支持，使被支援的国家反过来支持中国推翻清政府的政治革命，但从更远一点去观察，则正如周恩来后来所指出："是由于同样原因而受到苦难和为了同样目的而进行的斗争。"④ 这种斗争既是为了我，也是为了你，是反帝、反殖、争取民族独立的共同需要，因此它包含孙中山"济弱扶倾"、支持弱小民族争取民族独立的明显国际主义倾向。正因为孙中山支持亚洲人民的反帝斗争，所以他在亚洲的影响也很大。1905 年潘佩珠前往日本，在横滨同孙中山就越南革命的问题广泛地交换了意见，在孙中山的影响下，潘佩珠摆脱康有为、梁启超的影响，后来组织了带有鲜明共和色彩的"越南光复会"。⑤ 1907 年，孙中山在河内又同创办东京义塾的越南爱国者进行笔谈，表示同情和支持越南的维新运动。1911 年 11 月，潘佩珠和越南其他革命志士到了广东。1912 年 2 月，潘氏又到

---

① 参见（日）宫崎滔天著《三十三年之梦》，林启彦改译，第 156 页。
② 黄季陆：《国父援助菲律宾独立运动与惠州起义》，台湾《传记文学》第 7 卷第 5 期。
③ 参见（美）詹逊《日本人与孙中山》，哈佛大学 1954 年版，第 70 页。
④ 《亚非会议文件汇编》，第 27 页。
⑤ 参见（越）谢诺《越南民族史新论》（1955 年巴黎版），第 189 页。

南京拜见孙中山,并在南京、上海、广州等地会晤了黄兴、陈其美、胡汉民等,商谈援越事宜,革命党人向潘氏提供了武器、弹药和经费,并同意接受越南革命志士进入华南中国学堂和军营学习。正因为这样,孙中山在越南革命志士中享有崇高的威望。

1925年,孙中山在北京逝世,潘佩珠写了一副挽联,沉痛哀悼:

"道在三民,志在三民,忆横滨致和堂两度握谈,卓有真神贻后死;

忧以天下,乐以天下,被帝国主义者多年压迫,痛分余泪泣先生。"①

1925年,潘佩珠的"越南国民党"在一份文告中又写道:"听啊!越南边境之外,炮声隆隆在鸣。全世界帝国主义者失败了,广东胜利了。这个消息,尽在我们耳鼓中颤动。哦!胜利了,广东,我们亚洲联邦共和国的将来首府广东。组织便有力量,这是解放中国民族的秘诀,同时也是解放一切被压迫者的途径。我们越南人现在处在最残酷帝国主义者法兰西暴力之下,所受的痛苦比任何民族都厉害。故我们当仿效中国,从速组织起来以图自由的实现。"② 这段话不仅说明孙中山的民族主义思想对于越南人民反对法国殖民主义者所起的鼓舞作用,也说明亚洲被压迫民族联合起来反帝,实现亚洲民族的独立,正是孙中山晚年民族主义思想的重要内容。

对于印度的独立运动,孙中山也密切注视并给予大力支持。1905年孙中山在日本认识印度独立运动的著名领导人巴什,并介绍他与日本友人头山满、寺尾亨等人相识,一起商议设法支持印度的独立运动;另一名印度独立运动的志士达斯亦曾于东京、上海等处多次会晤孙中山,并推崇孙中山为亚细亚洲的精神领袖,说他兼备"孔佛耶三者之人格"。据刘建一、李丹阳从英国国家档案馆发现的《孙中山与一个印度人的谈话》中得知,1918年7月间孙中山在上海多次向印度记者了解有关印度革命运动的情况,他赞扬巴什"很有势力",认为他在助长印度"反英情绪上其影响在不断扩大",并指出日本想利用印度独立运动者的宣传鼓动"正在损害英国,印度革命者们的工作对日本是有利的",③ 可见孙中山在领导中国革命的同时还致力于帮助和支持亚洲的民族解放。

中国在亚洲,亚洲的民族问题不解决,中国的民族问题也很难彻底解决。因此,孙中山作为中国的民族主义者和支持亚洲民族独立的先进代表,他不能不立足于亚洲大陆去考虑中国和亚洲的民族问题。"大亚洲主义"思想就是孙

---

① (越)潘佩珠:《自我批判》,第78页。转引自彭树智《东方民族主义思潮》,第53页。

② 黄泽苍:《越南》,商务印书馆1934年版,第100~101页。

③ 参见刘建一、李丹阳《孙中山与一个印度人的谈话》,中山大学《孙中山研究论丛》第10~11集合刊(1994年)。

中山晚年民族主义思想的一个重要方面，它所起的作用也是积极的、进步的、正面的，应该肯定。

孙中山的"大亚洲主义"，集中表现在他于1924年11月28日在日本神户作的"大亚洲主义"演讲。何谓大亚洲主义？孙中山说：亚细亚固有的文化，不论是政治方面、道德方面、工业方面都比欧洲的文明更为优秀；但是，现在亚洲各国还要受欧洲列强的压迫，"几乎处于殖民性境况之中的，仍然是大多数。暹罗如何？波斯如何？我一想到这样的现状，就觉得不可思议，我们为什么一定要受到如此的侮辱？总而言之，我们不能不承认，二千年前我们就具有的以正义、道德为基准的文化，结果是不能战胜西洋近时才发生的以武器武力为主的无道义性的文化"。因此，孙中山提倡"大亚洲主义"是想发扬以道德为基础的亚洲优秀文化，谋求一个大团结，"有效地防御西力的东渐"，对付"那以武力为基础的所谓西洋文化"。① 可见，孙中山在神户提倡"大亚洲主义"是企图从文化的视角去阐释东西方的冲突，号召亚洲各民族各国家联合起来以日本为榜样去争取民族独立。所以，孙中山指出："我们现在处于这个新世界，要造成我们的大亚洲主义，应该用什么做基础呢？就应该用我们固有的文化做基础。要讲道德，说仁义，仁义道德就是我们大亚洲主义的好基础。"而"大亚洲主义"要解决的问题，"就是为亚洲受痛苦的民族，要怎么样才可以抵抗欧洲强盛民族的问题。简而言之，就是要为被压迫的民族来打不平的问题"。② 孙中山提出的"打不平文化"，是反对强权霸道的文化，是求一切民众和平、平等解放的文化。正如胡汉民所说："孙中山先生之大亚细亚主义，含义甚为明显，约言之，为东方的王道主义、非西方的霸道主义的，为三民主义的，民族主义的，非帝国主义的，独占主义的。"③ 孙中山认为，照中国的王道主义，欧洲人对于他的殖民地随意分割，是与王道背道而驰的。王道主义是天下一家，属于"自然家庭"，一家人不能随意分开，也不能随意分裂。"对于国内弱小民族，政府当扶植之，使之能自决自治，对于国外之侵略强权，政府当抵御之"④，可见，孙中山的"大亚洲主义"正是为了批判当时的欧洲文化中心主义和世界主义两种帝国主义思潮而提出来的。他坚信，当时的亚洲只有在王道主义的基础上联合起来，和讲霸道主义的列强讲武，才会取得胜利。所以，孙中山的"大亚洲主义"是以"受屈部分之人类"为主体的

---

① 孙中山：《对神户商业联合会议所等团体的演说》，《孙中山集外集》，第116～117页。
② 孙中山：《对神户商业会议所等团体的演说》，《孙中山全集》第11卷，第407～409页。
③ 胡汉民：《大亚细亚主义与抗日》，台湾中国国民党中央委员会党史委员会编：《胡汉民先生文集》第2册，1978年版。
④ 孙中山：《国民政府建国大纲》，《孙中山选集》，第601页。

地域性反帝民族主义。尽管孙中山构想的"大亚洲主义"对日本充满幻想，但它同日本妄图称霸亚洲的"大亚洲主义"侵略政策有本质上的不同，不能把它看作"猫鼠同笼"。应该指出，孙中山晚年实行区域性的民族联盟，反对西方殖民主义的侵略，同列宁和当时共产国际关于东方民族与殖民地民族问题的思想对他产生的影响也有不可分割的关系，也正因为孙中山的大亚洲主义思想反映了亚洲被压迫民族联合起来、反抗西方殖民主义侵略的强烈愿望，因而才得到亚洲各国爱好和平的仁人志士的积极回应。

印度尼西亚前总统苏加诺非常崇敬孙中山，他多次读孙中山的著作，受到孙中山的爱国精神和民族主义思想的深刻影响。他在回忆中说道：我16岁时在泗水荷兰中学读书的时候，我受到一个向我讲课的社会主义者阿·巴尔斯的影响。他说："不要信仰民族主义，而要信仰世界人道主义，不要存有一点民族主义意识！……感谢真主！另外一个提醒了我，这就是孙逸仙博士！在他的著作三民主义中，我受到了教育，揭破了巴尔斯教给我的世界主义。我的心，就从那时起，在三民主义的影响下，深深地树立了民族主义的思想。"1956年，苏加诺访华，在北京清华大学的讲演中还激动地指出："作为一个青年，贫苦的青年，年轻的青年，十八、十九、二十岁之间的青年，我深深地受到你们的父亲孙逸仙博士的鼓舞。在青年时代，我阅读过三民主义，我不是一次而是两次、三次、四次，从头到尾地详细阅读三民主义。作为一个青年，我受到了孙逸仙博士提出的三民主义的鼓舞。三民主义，即民族、民权、民生鼓舞了我年轻的灵魂。"[①] 在上海，苏加诺又多次提到孙中山对他的影响，他深情地说："如果说中华民族把孙逸仙博士当作他们的领导者，那么我苏加诺作为一个印度尼西亚人，衷心地感谢孙逸仙博士，直到我进入坟墓那一天！"[②]

由此可见，孙中山的民族主义，从政治文化的角度去看，尽管缺乏深度，有些概念如"王道文化""霸道文化"则又过于简略，有些设想如将家族、宗族联合成为国族，以及对传统道德的改建都存在这样或那样的问题，然而，他的长处在于他能随着时代的前进而不断提高自己的思想认识，使自己能够适应形势的发展。有人说："对于一个强国来说，民族主义常常变成对外侵略的帝国主义的化身；然而对于一个弱国而言，民族主义则又成为民族独立、民族自尊的守护神。"[③] 然而，孙中山在晚年讲演民族主义时，非常注意避免上述两种倾向。当中国处在被人瓜分危境时，孙中山虽然强调中华民族在过去文明发

---

① 参见北京《人民日报》1956年10月5日。
② 《苏加诺演讲集》，世界知识出版社1956年版，第14页。
③ 胡春惠：《近代中韩民族主义的类似性》，香港中文大学中国文化研究所《二十一世纪》杂志，1993年4月号。

展中的伟大贡献，从而树立民族的自尊、自信、自豪与自强，但他没有固守在中国悠久的过去，而是立足于未来，说明当今落后的现状和应该如何向前奋进，改变贫弱的面貌。当中国人民在民族主义感召下，奋起救亡和振兴中华、复兴中国时，孙中山又清醒地强调："现在世界列强所走的路是灭人国家的；如果中国强盛起来，也要去灭人国家，也去学列强的帝国主义，走相同的路便是蹈他们的覆辙。"因此，他又说：我们中国强盛以后就要立下志愿："济弱扶倾"，"把那些帝国主义来消灭"。① 他还清醒地告诉国人：中国固有的传统文化，有许多"宝贝"应当继承，但我们中国也有许多不如人的地方。所以，我们说，孙中山的民族主义思想概括了时代的要求和历史的进步，它不仅初步完成了对中国旧制度的破坏性使命和新制度的建设性使命，而且也提出了不少解决中国民族问题的原则和政策，在理论和实践上都有他的贡献。孙中山作为东方民族主义思想的代表人物，他的政治民族主义思想给中国和亚洲留下一笔珍贵的遗产，继承这笔遗产对我们重振亚洲雄风、实现中华民族的伟大复兴仍然有重大的现实意义。

（三）

孙中山的民族主义思想属于东方民族主义思潮，但它与殖民地民族主义又有明显的区别，这主要是它不仅强调反帝，争取民族独立，更强调民族要振兴要发展，不同民族与国家之间要相互支持，共同赶上世界发展的潮流。所以在民族文化方面，他不仅反对文化封闭主义，而且强调要采取积极的态度去引进和吸收先进国家的科学和文明，改建民族文化的单一架构。他坚持在认识传统的基础上，批判传统；又在批判西方的前提下，学习西方。所有这一切都是他爱国、革命、反帝民族精神和对文化问题进行反思的结果。

姜义华教授在《中国民族主义的特点及新阶段》一文中讲过这样的话："在二十世纪中国民族主义中，族类民族主义、政治民族主义及文化保守主义特别发达，相形之下，建立在统一的国内市场基础上的经济民族主义则异常薄弱"，这"主要是由于救亡的急迫需要，而不是根植于民族经济的发展和民族统一市场的形成"，"这是一种无可奈何的选择。面对外部威胁而形成的尖锐的民族危机，成为呼唤民族主义的第一动力，形成统一的民族市场和强大的民族政治，这一发自民族内在的近代化需求的更为深层的动力，根本没有提到"。② 这个概括不仅指明了 19 世纪末 20 世纪初孙中山民族主义产生的社会

---

① 孙中山：《三民主义：民族主义第六讲》，《孙中山选集》，第 691 页。
② 香港中文大学中国文化研究所《二十一世纪》杂志，1993 年 2 月号。

条件，也指出了中国近代民族主义的特点和基本内涵。

孙中山的民族主义，既含有族类民族主义的因素，又具有文化民族主义的某些特色，但主要内容属于政治民族主义。孙中山的民族主义思想是一个不断发展的系统工程，它是一个动态的序列，在辛亥武昌起义以前主要是强调"排满"（反清），没有强调反帝；辛亥武昌起义后，强调"五族共和""五族一家"，也包含废除不平等条约、收回租界和领事裁判权的意向；"五四"运动后重点转入反帝和"济弱扶倾"，支持弱小民族争取民族独立、解放和平等的斗争。孙中山民族主义思想的发展，既反映了国内民族矛盾的变化，也反映了时代的变迁和孙中山适应历史作出的回应；既反映了近代中国救亡与启蒙的时代主题，也反映了中国贫穷落后需要外援的具体国情，具有鲜明的爱国主义和国际主义思想的特征。它的主要内涵有以下几点。

1. 救亡图存。

孙中山民族主义思想的产生，主要是由于民族的深重危机，他提倡民族主义的目的是为了救国，因此它具有救亡图存的性质和对内对外的双重任务。在对内方面，首先，他是通过宣传民族主义，唤起民族精神，使民气消沉的人民意识到国家灭亡的危险，促使他们自然形成一种信仰和精神力量，团结起来，对国家尽忠；其次，推翻清政府后，实施"五族共和"政策，实现祖国统一和振兴中华的任务。在对外方面，首先，鼓励中国人形成一种对外抗争和吸收外来先进文化、采取抵制帝国主义强权和学习先进民族长处的两手政策，实现中华民族的统一，加促中华民族的发展；其次，取消帝国主义强加给中国的一切特权，实现中华民族的完全独立和解放。

"欲救中国必先推倒满清"，"满清不倒，中国势必再亡"，这是孙中山民族主义的出发点。1906年7月，孙中山在槟城平章会馆演说，在陈述为什么要在中国提倡民族主义时说："自从满清进入中国来做皇帝，我们汉人便做了满人的奴隶"，但是清政府对于外国人"却是懦弱无能，非常的柔顺"。在这个讲演中孙中山还详细地叙述自鸦片战争以来清政府割地、赔款的惨状，他指出：半个多世纪来，不仅中国被人宰割，亚洲也被列强瓜分。英国之割香港，据缅甸、哲孟雄、巴达克山、阿富汗、拉达克；俄国之割黑龙江东北沿边地、吉林辽东沿边地，占乌梁海与科布多沿边地及布哈尔、浩罕、哈萨克、布鲁特、新疆西北沿边诸地；日本割台湾及澎湖诸岛、灭朝鲜、并琉球；法国割安南，葡萄牙占澳门，与帕米尔被迫于英俄而放弃，库页岛先后沦入俄日之手，暹罗、苏禄脱藩独立等，都是由于清政府的腐败。孙中山还列举大量史实说明清政府受兵力胁迫同列强签订不平等条约，不仅使中国大量赔款，统计达10余万万两，列强还利用不平等条约攫取各种特权，如德国租借胶州湾，俄国租借旅顺口、大连湾,英国租借九龙、威海卫,法国租借广州湾;军港要害,可以随便任人强行租去。关税不能自主,总税务司且要归英人充任。此外,列强还凭借不平等条约,在中国内地设立工厂,利用贱价的工值与原料,牟取了厚利;外国银行在中国因借赔款与外债的关系,又攫取了关税、盐税管理权。既可以限制我国的司法,又可以管理我国的交通。孙中山指出:"正由于满清政府这样丧权辱国",致使中国处于极危险的地位,"随时可以召外国瓜分的惨祸"。① 面对此情此景,孙中山指出:我们要挽救这种危亡,便要提倡民族主义,"用民族精神来救国"。

由此可见,孙中山提倡民族主义,起初是为了救亡图存,是为了保卫国家和民族的生存,反对清政府的腐败,他的民族主义思想虽含有种族主义情绪,但明显的是出于爱国。因此,它也带有东方殖民地国家的民族反对异族"侵略"、争取民族独立的明显特征。

2. 振兴中华,复兴亚洲。

振兴中华是孙中山宣传和鼓吹民族主义的主要目的,也是他立志投身革命的出发点。他早年成立兴中会就把救亡和振兴中华两大宗旨结合起来,号召天下。在辛亥武昌起义前后,孙中山反复强调:"革命胜利以后,百废待举,需材殷切,勉励大家要立志献身于国家的建设事业",他要求学生们"奋发学习,掌握科学技术,以期在不远的将来,在科学上迎头赶上欧美强国"。② 中华民国南京临时政府成立后,孙中山认为民族、民权主义目的已达,唯有民生主义尚待实行。为了实现民生主义目的,他便决心投身实业建设,发展交通,负责铁路督办,为振兴中华奠下基础。后来他还花费大量精力,认真地撰写了《实业计划》一书,全面地描绘了祖国建设的宏伟蓝图,动员国际力量共同参与开发中国,表达了他对建设中国最大的热心和毅力,决心把中国建设成为第一等强国、"使世界公认我国国民为世界第一等国民"③ 的愿望。

可见,孙中山的民族主义思想,虽以"驱除鞑虏,恢复中华"作为手段,但它明显是以建立民族国家、振兴中华作为目的。手段与目的相结合便构成他的民族主义对内方面的基本内容。

---

① 孙中山:《欲救中国必先推倒满清》(1906年7月在槟城平章会馆演说辞),杨汉翔编:《槟城阅书报社二十四周年纪念特刊》,转引自(澳)颜清湟撰《星马华人与辛亥革命》附录,李恩涵译,牛津大学出版部(吉隆坡)1976年版。关于孙中山这次演说的时间,一说是1907年,一说是1906年,今据吴文的考证(见《介绍〈孙中山全集〉(第一卷)的两篇佚文》,《华中师范大学学报》1991年第3期)。

② 孙中山:《在上海南洋大学堂的演说》(1911年12月31日),《交通大学校史》,上海教育出版社1986年版。

③ 陈霁云:《中山先生驻鄂五日记》(1912年版),转引自《孙中山集外集》,第50页。

至于对外方面，孙中山认为，中国的独立、富强为兴亚所必需。为了复兴亚洲，中华民国成立后，孙中山便积极主张建立中日联盟，成立"中日同盟会"，以摆脱帝国主义对亚洲的孤立政策。后来，他又同日本政界权要、陆军领袖之一桂太郎合作，策划复兴亚洲的大业，造成中、日、土、德、奥的同盟，以解决印度问题。

1919年以后，孙中山一方面批判日本，一方面仍然希望日本予以支持，但当孙中山希望日本、美国支持得不到响应时，他便与当时声称支持弱小民族和支持殖民地民族独立运动的苏俄联系，并考虑建立以中、日、俄为核心的"亚洲大同盟"来振兴亚洲争取实现亚洲的民族独立。孙中山的设想虽由于种种原因不能实现，但他关心亚洲复兴的思想与行为却给亚洲民族主义者留下深刻影响。

3. 爱国主义与国际主义相结合。

东方，长期以来被认为是"停滞的"地域。1862年托尔斯泰在《进步和教育的定义》一书中就把东方看作"静止不动的东方"。但是，自20世纪初在中国和土耳其等地爆发了民族民主革命后，便打破了东方地域相对静止的状态，亚洲开始进入从封建性、改良启蒙性的反殖民主义斗争向资产阶级民族民主革命运动的过渡。亚洲各国兴起了反帝的民族主义浪潮，成为影响欧洲、震撼世界的革命巨大力量。孙中山作为"三民主义"独特思想体系的创造者和亚洲大国中国的民族民主革命的先行者，不仅在当时就是在后来都具有崇高的世界声誉，尤其是在亚洲发生了巨大影响。

孙中山认为，真正的民族主义，必须包括对世界其他民族的尊重这一内容。孙中山把民族主义和国际主义结合起来，把国际主义和世界主义区别开来，也即是先实行民族主义，后实行"世界主义"（不是称霸世界的世界主义，而是天下为公的和平主义），国际主义根植于民族主义之中，民族主义包含国际主义。这说明孙中山已察觉到狭隘民族主义的危险，在晚年对民族主义所作的新发展使他的民族主义思想上升到一个新的高度。

尽管孙中山"并不否认大国与小国间由于历史联系形成的某些特殊关系，在提倡民族平等原则的同时，仍然把王道式的大国中心主义视为理想模式"[1]，但这并不排除孙中山的国际主义倾向。1984年史扶邻教授参加广州中山大学举办的"孙中山国际学术研讨会"，他为会议提供一篇论文题目就称作《孙中山的国际主义倾向》，首次提到孙中山的对外政策除了反对列强侵略之外，

---

[1] 桑兵：《试论孙中山的国际观与亚洲观》，广州中山大学学报编辑部编：《孙中山研究论丛》第7集，第95页。

"还有一个基本而一贯的国际主义主张影响着他的对外政策思想",这就是他的国际主义倾向。过去人们总是把民族主义与国际主义对立起来,说民族主义属于资产阶级的民族观,国际主义属于无产阶级的民族观。因为无产阶级与资产阶级是对立的阶级,因此,代表或反映这些阶级的思想家,有民族主义思想就不可能有国际主义思想,反之,有国际主义思想就不可能有民族主义思想。这种形而上学的思想方法限制了人们的视野,所以,史扶邻教授的文章提出的问题在大陆引起了人们的广泛注意,自那以后曾有几篇探索孙中山国际主义思想倾向的文章,尽管观点不一,但对史扶邻教授提到的问题都给予了应有的重视。然而,孙中山的国际主义倾向表现在哪些方面,作者多是语焉不详。笔者认为,孙中山的国际主义倾向主要表现在两个方面:一是强调国际上的相互合作,相互支持,建立一种平等的、相互促进发展的和平新秩序;一是主张用道德和平作为基础,反对侵略和霸权主义,实现民族间的平等和世界大同。

孙中山认为,一个衰弱的中国会招致外来侵略,外来侵略又会威胁世界和平。所以孙中山强调,要抵御帝国主义侵略,首先就要振兴中华,使中国富强起来。而要实现这个目标,就必须实现国际协作,反对掠夺性的战争。他说:"国际协作能够给人类带来比国际竞争和剥削"更大的利益。孙中山是一个现实主义者,他从现实的世界来看中国,又从现实的中国看世界,认为中国是世界的中国,解决中国的问题,也有待于世界问题和亚洲问题的解决。正由于孙中山具有广阔的世界政治视野,他在反帝的同时,又讲究斗争的策略,表示对世界性问题的关注,所以他具有国际主义倾向。① 这是毫无疑问的。

早在第一次世界大战期间,由孙中山和朱执信撰写的《中国存亡问题》,就表达了孙中山对战争的谴责,他认为任何大战都是由于贪得无厌和争权夺利而引起的一场徒劳无益的大屠杀。战后,孙中山更进一步指出:这次大战无论对战胜国还是对战败国来说都是毫无意义的和灾难的。他在《实业计划》一书中还明确地表示要通过国际合作共同开发中国,发展中国的实业,表现了他对建立一种新的世界秩序的希望。② 此外,孙中山还主张通过"济弱扶倾",使世界各被压迫的民族实现民族间的平等和世界大同。孙中山在民族主义讲演中,赞扬1917年俄国革命后,斯拉夫民族生出一种新思想,这种新思想是"专为世界上伸张公道打不平的",即是"抑强扶弱,压富济贫"。又说:"这种思想传到欧洲各种弱小民族都很欢迎,尤其是土耳其",因为"土耳其在欧

---

① 参见(美)史扶邻《孙中山的国际主义倾向》,广州中山大学学报编辑部:《孙中山研究论丛》第3集,第139~142页。
② 参见孙中山《中国实业如何能发展》,《孙中山全集》第5卷,第134~135页。

战之前,最为贫弱,不能振作,欧洲人都叫他做'近东病夫',应该要消灭。到了欧战,加入德国方面,被协约国打败了,各国更想把他瓜分,土耳其几乎不能自存,后来俄国出来打不平助他赶走希腊,修改一切不平等的条约。到了现在,土耳其虽然不能成为世界上的头等强国,但是已经成了欧洲的二三等国"。由此孙中山推论,"将来的趋势,一定是无论哪一个民族或哪一个国家,只要被压迫或委曲的,必联合一致,去抵抗强权"。① 1923年12月21日,孙中山在广州岭南大学与外籍教授和岭大学生代表座谈,在会上发表谈话指出:"在10年内将要爆发的世界大战之中,印度将和中国、俄国、德国、阿富汗、波斯、美洲和非洲的黑人联合起来!为自由独立而进行伟大的斗争。现在,中国人和俄国人是十分亲密的,俄国拥有世界上最强大的军队。中国将从德国取得她所需要的技术上的援助,然后转过手来再帮助印度。"② 1924年1月15日,孙中山在别人征询他对同一切被压迫国家民族革命运动结成联合战线时发表意见:"完全同意一切被压迫国家民族革命运动结成统一战线的观点,但不要列入国民党新的行动纲领。"③ 为什么不要列入国民党的纲领?大概有两个因素,一是怕引起列强的惧恨,从斗争的策略上去考虑;一是怕引起党内的分裂,从维护党内团结统一去考虑。既然孙中山已经同意同被压迫国家的民族革命运动结成统一战线,因此他一方面主张废除帝国主义强加给中国和一切被压迫民族的不平等条约和各种特权,一方面又确定"济弱扶倾"的政策,公开声明要支持和扶植弱小民族,抵抗世界列强的侵略,争取民族平等,并指出:要"用固有的道德和平做基础,去统一世界,成一个大同之治,这便是我们四万万人的责任","担负这个责任,这便是我们民族的真精神"。④ 孙中山能主动地把爱国主义同国际主义结合起来,这正是他爱国、革命和反侵略民族精神的结果,也是他"天下为公"思想、区别于其他狭隘民族主义者的重要标志。

总而言之,孙中山作为近代中国民族运动的政治领袖,把反映民族情感的民族主义同弘扬中华民族的精神,继承和发扬中华民族的优良传统,以及反对外族压迫的历史事件结合起来,从而深刻地改变了中国人民自卑、自弃、不求振作的民族习性,使民族主义与时代相呼应,掀起了反清革命和振兴实业的热潮,并实现了建立民主共和国家的理想。这是东方民族主义的领袖在中国通过宣传民族主义、实现建立民族国家、避免殖民主义统治所取得的重大胜利,从

---

① 孙中山:《三民主义:民族主义第一讲》,《孙中山选集》,第625页。
② (美)韦慕庭:《孙中山——壮志未酬的爱国者》,杨慎之译,第20页。
③ 陈锡祺主编:《孙中山年谱长编》下册,第1798页。
④ 孙中山:《三民主义:民族主义第六讲》,《孙中山选集》,第691页。

而为中国的现代化道路奠定了基础,又由于他具有国际主义和"天下为公"的互助思想和精神,也给亚洲人民极大的鼓舞。

前文谈到了孙中山民族主义思想产生的文化背景和对待世界各种文化的态度问题,又谈到了应该如何评价孙中山民族主义思想的问题,也谈到了应该如何看待他的民族主义的问题。笔者认为,孙中山作为亚洲大国——中国的民族主义领袖,他的思想尽管也有局限,但基本上反映了近代中国爱国、革命、建设和独立、民主、富强时代的主题,因此它具有合理的正确的因素,并发挥了巨大的精神力量,唤醒了中国,鼓舞了几代中国人。有人担心民族主义盛行会形成文化保守主义的强大势头,潜伏着危险的倒退,造成民族自我中心文化滑坡的危险形势。这一层可不必多虑。再说,什么民族都要以我为中心,只有增强以我为中心的思想氛围,才能产生强大的民族意识,才能形成保卫民族生存和为民族振兴献身的民族精髓,也只有以我为中心才能正确地对外开放和吸收外来的先进文化。所以,我们认为,孙中山的民族主义思想是中国政治思想的重要遗产,研究和继承孙中山的民族主义思想,发扬他的爱国主义和"济弱扶倾"的精神,树立自强、自立、自尊、自信和建立平等、和平、互助、尊重弱小民族的思想,不仅对当今中国的民族经济、思想和文化建设会起到应有的作用,就是对 21 世纪的中国的民族复兴和亚洲乃至全世界实现和平、稳定、合作和经济发展也将继续发生影响。

四、孙中山的民族主义思想与世界和平

(一)

孙中山的名字在世界上广为人知,但他的伟大思想和崇高人格则不一定人人皆知。孙中山的民族主义思想与世界和平的关系就是一个被人忽视的重要课题。

时下"世界主义"高倡,民族主义时遭贬斥,但是只要有民族、国家存在,就不可能没有民族主义。然而,民族主义有不同的内涵和表现,有进步民族主义,也有反动民族主义。对孙中山的民族主义应作何评价?回答是肯定的,它是属于反对帝国主义侵略、维护世界和平的进步民族主义,所以是对世界和平的一大贡献。

民族主义是启动近代世界政治运动的重要社会思潮,它的形成同近代民族

的形成紧密联系在一起①，在现实的世界仍然存在着民族压迫、民族歧视、民族侵略扩张；同时，在存在着争取民族的生存和发展、维持民族的尊严和权益的情况下，民族主义思潮不可能消亡。

　　生活在地球里的人群由于环境不同，具有不同的文化和不同的价值观；具有不同的肤色，又有不同的境遇；具有不同的追求，也锻造了不同的民族精神和特性。所以，不同的民族与不同的文化所陶铸的不同民族具有不同的意识，而由民族意识在同外界民族交往、斗争中产生和形成的民族主义也各有其不同的追求和所要实现的目标，因此，对不同国家和不同地区、不同时间和不同民族产生和形成的民族主义思潮不能作同一的评价和同样的要求。五大洲的民族，由于民族的压迫和战争、政治的风潮和民族的变动、波谲云诡的经济竞争和商战的残酷、观念各异的文化冲撞和交替并兴，造成各地的民族主义千差万别，种类非常多，有开放性民族主义，也有封闭性民族主义；有侵略扩张民族主义，也有反侵略的革命民族主义；有种类民族主义，也有宗教民族主义；有政治民族主义，也有经济、文化民族主义，不一而足。孙中山的民族主义属于东方殖民地范畴，它是在资本—帝国主义的侵略、掠夺下刺激起来的，所以它具有防御性，它同中华民族救亡图存的历史主题紧密联系在一起。这种思潮不仅深刻地影响了中国的社会历史进程，而且近代中国许许多多的爱国者都是在他的思想作育和造化下而成长为历史风流人物的。所以，我们说，孙中山的民族主义思想是近代中国民族主义思潮的主流代表，是近代中国"思想领域的一个强光点，也是摄取并折射那个时代雷电风云的一面聚光镜"②，是影响世界尤其是影响亚洲的一种最具深邃力和凝聚力、动员力的政治思想。

　　何谓民族主义？人们通常把它称为个人对本民族的一种自我体认，也有人把它视为可以表明个人对民族国家怀有高度忠诚的心理状态。可见，民族主义是一个模糊不清的概念，在中国有各种各样的解释。在过去，有人说"合同种异异种，以建一民族的国家，是曰民族主义"③；也有人说"富于政治能力之民族""守形造民族的国家之主义"是曰民族主义④；还有人说"民族主义者，复仇主义也"⑤。以上是 20 世纪初年资产阶级革命派中一些人的说法。而资产阶级改良派则认为，民族主义是"各地同种类、同言语、同宗教、同习

---

① 陶绪：《晚清民族主义思潮》，人民出版社 1995 年版，第 1 页。
② 唐文权：《觉醒与迷误》，上海人民出版社 1993 年版，第 1 页。
③ 余一：《民族主义论》，《浙江潮》第 1 期（1903 年 2 月）。
④ 精卫（汪兆铭）：《民族的国民》，《民报》第 1、2 期（1905 年 10 月、11 月）。
⑤ 参见《伸论民族、民权、社会三民主义异同再答来书论"新世纪"发刊之趣意》，《新世纪》第 6 期（1907 年 7 月）。

俗之人相视如同胞,务独立自治,组织完备之政府,谋公益而御他族是也",民族主义是"世界最光明正大公正之主义也,不使他族侵我之自由,我亦毋侵他族之自由,其在于本国也,人之独立,其在于世界也,国之独立"。① 而现在,人们则把它视为"建立和巩固民族国家、争取政治经济独立和发展社会文化的反帝国主义和殖民主义的进步思潮"②,较为通常的说法则将民族主义视为"资产阶级对于民族的看法及其处理民族问题的纲领和原则"③,而孙中山则说:"民族主义就是国族主义"。所谓"国族主义"就是"结合四万万"中国人"成一个坚固的民族",组成一个民族的国家。④ "民族主义这个东西是国家图发达和种族图生存的宝贝"⑤。很显然,这个民族的国家,毫无疑问就是中华民族的国家。所以,孙中山所说的民族主义,不是汉族的民族主义,而是"四万万人"(即中华民族)的民族主义。然而,从当时孙中山提倡民族主义所要解决的民族问题这个视角去审视,他的民族主义虽然不是汉族的民族主义,却包含为汉族及其他民族与满族争取平等权的意义,所以它具有两个功能,一个是对内,一个是对外。对内是反对清政府的民族压迫政策,结束一个民族——满族"宰制于上"的地位,实现民族平等、共和和统一;对外是为了洗刷近代以来的民族耻辱,反对以强凌弱、以大欺小,实现"天下为公"、世界大同。孙中山对内是为了对外,正如他在晚年作三民主义演讲解释什么是三民主义时所明确指出的:"三民主义就是救国主义",据此,也可以说,民族主义就是救国主义。既然他将三民主义视为救国主义,也就表明他提倡三民主义救中国包含两方面的意义,一方面是反对列强的侵略,维护民族的独立和权益;另一方面是反对以清政府为代表的封建统治者与侵略者签订不平等条约出卖主权和民族利益的卖国行为。救国是为了建国,建立一个新的、开明的、进步的共和政府来代替旧的、封闭的、充当帝国主义列强走狗的清朝政府,表明孙中山提倡三民主义的目的是实现国家的独立、民主和富强,建立一个统一的民族国家来维护领土的完整和国家的统一,以及财富不被掠夺,争取和扩大民族的生存权和发展权。可见,孙中山的民族主义思想具有明显的近代民族国家的性质,他所追求的目标是要实现民族平等、国家自由和社会民主。所以,他的民族主义反对盲目排外,也反对民族复仇主义。我们将孙中山的民族主义视为开放式的、反侵略的和平民族主义,就是基于他提倡民族主义思想

---

① 梁启超:《国家思想变迁异同论》,《清议报》第95册。
② 彭树智:《东方民族主义思潮》,西北大学出版社1992年版,第15页。
③ 《辞海》,上海辞书出版社1980年版,第1805页。
④ 孙中山:《三民主义:民族主义第一讲》,《孙中山选集》,第617、621页。
⑤ 孙中山:《三民主义:民族主义第三讲》,《孙中山选集》,第644页。

所要达到的最终目标而作出的界定。我们认为，这个界定是有充分根据的，也是实事求是的科学结论。这是因为：

第一，孙中山反对民族帝国主义对中国的侵略和瓜分政策，但他把帝国主义国家的侵略者同这些国家的人民严格区分开来，把帝国主义国家的政治、经济和文化侵略同这些国家的正常交往区别开来，从而显示了他追求世界和平、社会大同和"天下为公"的理想，以及广阔豁达的胸襟和远大的眼光。

什么是帝国主义？孙中山说：帝国主义"就是用政治力去侵略别国的主义"，又说这种侵略别国的政策，"现在名为帝国主义"。① 既然帝国主义是一种主义或一种政策，而且是一种侵略的世界主义和扩张的政策，它就不具有全民性，推行侵略政策的只是侵略国家的统治阶级。既然帝国主义是一种主义或政策，它是可以改变的，而改变的办法就是主张和平和正义的人联合起来反对那些主张侵略和战争的人，用孙中山的话就是用一种"和平的政策"去打破世界的帝国主义和世界的资本主义。为什么反对帝国主义同时又要反对资本主义呢？孙中山指出，因为现在列强各国表面上的政权，虽由政府作主，但是实在由资本主义从中把持。近百年来资本—帝国主义在中国推行政治经济压迫政策，使中国积弱积贫，所以他告诫国人说："百年以前，满人据有我们的国家，仍是很强盛的。当时英国灭了印度，不敢来灭中国，还恐中国去干涉印度。但是这百年以来，中国便失去许多领土。由最近推到从前，我们最近失去的领土是威海卫、旅顺、大连、青岛、九龙、广州湾。欧战以后，列强想把最近的领土送回，像最先送回的有青岛，最近将要送回的有威海卫，但这不过是中国很小的地方。从前列强的心理，以为中国永远不能振作，自己不能管理自己，所以把中国沿海的地方像大连、威海卫、九龙等处来占领，做一个根据地，以便瓜分中国。后来中国起了革命，列强知道中国还可以有为，所以才打消瓜分中国的念头。"② 由于东西方列强用政治、经济力量来压迫中国，所以中国不仅是领土逐渐缩小，而且经济上的损失更加严重，孙中山说："其一，洋货之侵入，每年夺我利权的五万万元；其二，银行之纸票侵入我市场，与汇兑之扣折、存款之转借等事，夺我利权者或至一万万元；其三，出入口货物运费之增加，夺我利权者约数千万至一万万元；其四，租界与割地之赋税、地租、地价三桩，夺我利权者总在四五万万元；其五，特权营业一万万元；其六，投机事业及其他种种之剥夺者当在几千万元。这六项之经济压迫，令我们所受的损失总共不下十二万万元。"至于战败的赔款，甲午赔于日本者二万万

---

① 孙中山：《三民主义：民族主义第四讲》，《孙中山选集》，第656～657页。
② 孙中山：《三民主义：民族主义第二讲》，《孙中山选集》，第632页。

五千万两，庚子赔于各国者九万万两，是属于政治上武力压迫的范围，当不能与经济压迫同论。其他尚有藩属之损失、侨民之损失，更不知其几何矣。尤其是经济的压迫，真是厉害得很。所以"今日中国已经到了民穷财尽之地位了，若不挽救，必至受经济之压迫至于国亡种灭而后已！"① 基于此，孙中山积极提倡民族主义，号召"我们四万万"中国人要联合起来抵抗外国侵略，废除列强同中国签订的一切不平等条约。此外，孙中山还指出，我们要将爱好和平的固有道德恢复起来，同那些不讲道德、随意去侵略和奴役其他国家的帝国主义行为作斗争。他说："现在世界上的国家和民族，止有中国是讲和平；外国都是讲战争，主张帝国主义去灭人的国家。"这个说法不准确，其实讲和平的国家不只是中国，讲战争的也不是除中国以外的所有国家，但他强调中国人几千年酷爱和平，都是出于天性，对于这种热爱和平的旧道德，孙中山把它视为中华民族的精神，不但要保存，并且要发扬光大，这一切都说明孙中山热爱和平，反对战争。因此，孙中山指出："现在欧风东渐，安南便被法国灭了，缅甸被英国灭了，高丽被日本灭了。"所以，中国如果强盛起来，我们不但是要恢复民族的地位，还要对于世界负一个大责任。这个责任就是"济弱扶倾"，变弱为强，变贫为富，变被压迫为独立。如果"中国不能够担负这个责任，那末中国强盛了，对于世界便有大害，没有大利"。②

由上述可见，孙中山对于帝国主义列强在世界各地分疆割土，尤其是对帝国主义列强对中国的政治经济压迫的事实有清晰的了解，但他治国平天下的思路不是步帝国主义之后尘，而是反其道而行之。帝国主义推行灭人国家的政策，他则制定"济弱扶倾"的政策；帝国主义以强凌弱，他就以多治少，提出联合全世界被压迫国家及其多数人民同压迫国家的少数侵略者抗衡。然而，孙中山与一般民族主义者所不同的是，他虽然反对帝国主义的欺凌压迫，争取民族的独立，但他又反对盲目排外。

早在1897年年初，孙中山在与《伦敦被难记》俄文译者的谈话中就明确声明："目前中国的制度以及现今的政府绝不可能有什么改善，也决不会搞什么改革，只能加以推翻，无法进行改良"。"我希望有一个负责任的、有代表性的政体"。此外，"还必须使我们的国家对欧洲文明采取开放态度"。③ 他一再对外国朝野人士强调：在中国排外的人是存在的，比如，电报线路初次在湖南架设起时，电线杆和电线立刻被百姓拉倒了，于是公开的报道就说中国

---

① 孙中山：《三民主义：民族主义第二讲》，《孙中山选集》，第642～643页。
② 孙中山：《三民主义：民族主义第六讲》，《孙中山选集》，第691页。
③ 孙中山：《与〈伦敦被难记〉俄译者等的谈话》，《孙中山全集》第1卷，第86页。

"人民群众的心情上过于排外,以致不能容忍这样一种革新"。孙中山指出,这是一种误解,其实,中国人民用破坏电线杆拉倒电线的行动是反对清政府,而不能据此就认为他们排外。他说:在中国真正"排外的人是官吏而不是群众,是清朝人而不是乡下的中国人",而且在这些官吏中,有曾经被英国保护过不曾落在太平天国的手中的人,是这些人"煽起了反基督教的叛乱和屠杀,事后把一切责任归罪于人民"。其中有一个叫周汉的人,就是"著名的排外煽动家",可他不是平民百姓,而是一个道台,他"在中国受着官府的重视有如伟大的英雄一般"。他又指出:在外国帮助下建立的天津铁路局是受人民重视的,并且运输量也很大,可是它破产了。为什么破产?"因为它在任意胡行的官吏掌握之下,行政人员也争着去拿钱贪污,其结果自然是铁路局破产"。所以,孙中山说,以上事实证明,中国排外是不对的,但仅"用输入物质文明的方法也不能改良中国,只有用根绝官吏贪污的办法才行"。① 可见,孙中山既反对中国人的盲目排外,但也反对将欧洲的物质文明"全盘照搬过来",这种思维定式便成为孙中山制定中国对外方针的出发点。正由于这样,孙中山在从事革命、拯救中国的过程中,一方面防止列强各国的干涉,造成战争,避免不必要的牺牲;另一方面又向文明世界的人民呼吁,要求他们在道义上与物质上给中国以同情和支持。1911 年 10 月革命党人在武昌起义后,11 月中下旬孙中山便到欧洲活动,他在英、法等国频繁地接触朝野知名人士,向报界发表演说,他的主要目的是转告中国的形势,请求他们权衡利弊对中国的问题作出理性选择,并反复宣布新中国政府未来的政策。他指出:"武汉起事以来,各省响应,均能维持秩序,保护外人之生命财产","共和成立之后,当将中国内地全行开放,对于外人不加限制,任其到中国兴办实业;但于海关税则须有自行管理之权柄,盖此乃所以保其本国实业之发达,当视中国之利益为本位",但他又表示"中国共和政府定能致力平和","共和政府之精神,决无帝国派之野心,决不扩张军备,但欲保其独立及领土完全而已"。② 在巴黎孙中山还与《政治星期报》记者谈话,他声明"新政府于各国通商一层,更为注意,当弃除与外人种种不便之障碍物。而新政府应将海关税则重行编订,务使中国有益,不能徒使西商独受其利",但是"重订税则亦须与西人和衷商议","至于满清政府从前与各国所立条约,新政府仍然承认;虽日俄逼清政府所订各种不公平之和约,新政府亦依然遵守也"。③ 尽管孙中山在欧洲作了很多与西方

---

① 孙中山:《中国的现在和未来——革新党呼吁英国保持善意的中立》,《孙中山全集》第 1 卷,第 105 页。
② 王耿雄:《孙中山史事详录(1911—1913)》,天津人民出版社 1986 年版,第 38～39 页。
③ 《巴黎〈政治星期报〉载有孙逸仙之政见》,上海《民立报》1911 年 12 月 15 日。

列强国家友好的姿态,而且被人们普遍指责为妥协的表示,但"对他所领导的任何政权,包括南京临时政府和广州的护法政府在内,没有一个外国政府予以承认。它们瞩目于袁世凯和南北军阀势力。孙中山及其他革命领袖力图捍格帝国主义向袁世凯政府和其他在北京的政府借款,但是毫无效果。对于孙中山所提出来的各种忠告,外国政府竟然是漫不经心地不予理睬"①。对此,后来孙中山虽然表现出不满和一再谴责西方列强对华的错误政策,但他只认为这是西方国家当局一些人的错误所为,并非代表这些国家包括工商业家和广大国民的意愿。为此,他表示"我们今日要把中国失去的民族主义恢复起来,用此四万万人的力为世界上的人打不平,这才算是我们四万万人的天职"②,所以"在我中华民族实现国际平等之前,我将不遗余力,以一亚洲国家的一个国民代表的身份奋斗不止,即有决心在国家独立实现之前不同[国外]政权接近"③。然而,他在制订拯救国家和振兴中华计划的过程中,一方面鼓吹民族主义去对抗西方列强的世界主义,一方面又把自己的方针政策同效法这些国家的政治经济制度和利用它们的人才资金结合在一起。这一切都说明,孙中山在看待世界范围内的问题时,总是站在全人类的利益的高度去考虑,他不盲目排外,也不主张闭关自守与列强国家相对抗,而是用一种理性民族主义去同东西方列强较量。所以,我们认为,仅从这个方面去评论孙中山,他比起那些东西方列强的决策者们不知高明多少倍。这一切既表现了他的自信和理智,也表现了他有全局观念和世界意识。

第二,在处理国与国之间的关系时,孙中山主张讲公理不要讲强权,要用东方的王道主义去感化西方的霸道主义,逐渐缩小文化的差距,为人类和平共处寻找共同点。

孙中山认为,帝国主义列强只讲强权,不讲公理,任意侵略弱小国家,随意宰割别国的领土,这是世界存在不公正、不道德、不安宁的根源。为了消除这种不安的战争根源,孙中山在晚年作民族主义演讲时反复强调,国与国之间要讲公理,不讲霸道。所谓讲公理就是讲文明、讲道德、讲信义、讲和平,专用武力去压迫人,用我们中国的古话说就是"行霸道"。他说:自从欧洲的物质文明发达,霸道大行之后,世界各国的道德便天天退步。我们东洋人向来轻视霸道文化,尊崇王道文化,所以我们要用东方怀德的王道文化,去感化西方压迫人的霸道文化。他指出:要想世界平和,就应该用我们东方的文化做基

---

① (美)韦慕庭:《孙中山——壮志未酬的爱国者》,杨慎之译,中山大学出版社1986年版,第304页。
② 孙中山:《三民主义:民族主义第四讲》,《孙中山选集》,第661页。
③ 孙中山:《与高木的谈话》,《孙中山全集》第11卷,中华书局1986年版,第393页。

础,"要讲道德,说仁义"。就是要主持公道,坚持平等原则不赞成用少数压迫多数,也不能用多数去压迫少数,"受压迫的民族,不但是在亚洲专有的,就是在欧洲境内,也是有的。行霸道的国家,不只是压迫外洲同外国的民族,就是在本洲本国之内,也是一样压迫的"。我们以王道为基础,强调讲道德仁义,"是为打不平"。所以"我们现在所提出来打不平的文化,是反叛霸道的文化,是求一切民众和平解放的文化"。孙中山在这里所讲的虽然是文化问题,但他所言不仅仅是文化问题,而是告诉人们认识真理:以少数去压迫多数,或用多数去压迫少数,"都是和正义人道大不相容的,反叛正义人道的行为,永久是要失败的","亚洲有名国家,象中国、印度、波斯、阿富汗、阿拉伯、土耳其,都不是独立的国家,都是由欧洲任意宰割,做欧洲的殖民地","但是在生死的关头也当然是要奋斗的",到那时只要亚洲民族联合起来,用亚洲固有的武力去和欧洲人讲武,那"一定是有胜无败的!"① 乍看起来,在这里孙中山讲了那么多不客气的话是在有意跟欧洲列强国家摊牌,但是他不是在跟列强讲对抗、讲战争,而是在讲和平;不过也很明显,孙中山虽反对战争,但他也不怕战争。他只是想"用固有的道德和平做基础",去反对战争,以和平主义"去统一世界,成一个大同之治",达到治国平天下的目的。②

战争是政治的继续,只要存在帝国主义,战争就不可避免,但是国家与国家之间既不可以长久从事战争,也不可以没有和平,更不可以没有正常的交往。而要正常地发展关系,孙中山说:"凡国家政策之既定,必先用外交手段以求达其目的,外交手段既尽,始可及于战争。战争既毕,仍当复于外交之序,故国与国遇,用外交手段与用战争手段,均为行其政策所不可阙者。然用外交手段之时多,……用战争手段者不得已而用之。不得以云者,……无可如何之谓也。"③ 就是说用战争的手段解决国与国之争端是迫不得已而用之,因为任何时候发生战争,造成的危害和消极影响都很大,而且会在几代人心中造成阴影。为此,孙中山指出:"国家之生存要素,为人民、土地、主权。故苟有害于此三者,可以抗之也。抗之不足,至于宣战,亦有其理由。然不能不审其损害之重轻,而向其重者谋之。"④ 基于此考虑,孙中山反对战争,尤其反对世界大战,比如1917年当时中国北洋政府赞同英国要求加入协约国参加反击同盟国的第一次世界大战,孙中山站在世界和平国家和中华民族利益的立场上反对中国参战。由他口授、朱执信执笔撰成的《中国存亡问题》一书,全书

---

① 孙中山:《对神户商业会议所等团体的演说》,《孙中山全集》第11卷,第402~408页。
② 孙中山:《三民主义:民族主义第六讲》,《孙中山选集》,第691页。
③ 孙中山:《中国存亡问题》,《孙中山全集》第4卷,中华书局1985年版,第40页。
④ 孙中山:《中国存亡问题》,《孙中山全集》第4卷,第44页。

约 4 万字，分 10 部分，从国家与战争的关系，战争的性质，参战的利害，中国自身的地位和实力、外交得失以及帝国主义的对华政策诸方面进行分析，论述中国决不能参战。他指出英国纵横捭阖促我加入协约国之种种谋略与原因，强调如若加入协约国对德宣战，则"中国终不免于亡"，因为"中国加入惟英国有利，中国既加入，则英国可以中国为牺牲，故加入者召亡之道，中立者求存之术也"。所以孙中山坚定地强调，"吾不惮千百反复言之曰"：中国要"以独立不挠之精神，维持严正之中立"。① 孙中山晚年在作三民主义演讲时，还讲到英国领事在广州劝他同意南方护法政府加入协约国、出兵到欧洲参战这个有趣味的故事。孙中山说：

> 一天，有一位英国领事到大元帅府来见我，和我商量南方政府加入协约国，出兵到欧洲。我就向那位英国领事说："为什么要出兵呢？"他说："请你们去打德国，因为德国侵略了中国土地，占了青岛，中国应该去打他，把领土收回来。"我说："青岛离广州还很远，至于离广州最近的有香港，……现在你们还要来取西藏。我们中国此刻没有收回领土的力量，如果有了力量，恐怕要先收回英国占去了的领土罢。"他受了我这一番反驳，就怒不可遏，便说："我来此地是讲公事的呀！"我立刻回他说："我也是讲公事呀！"两人面面相对，许久不能下台。后来我再对他说："我们的文明已经比你们进步了二千余年，我们现在是想你们上前，等你们跟上来。我们不可退后，让你们拖下去。因为我们二千多年以前，便丢去了帝国主义，主张和平，至今中国人思想已完全达到这种目的。你们现在战争所坚的目标，也是主张和平，我们本来很欢迎的。但是实际上，你们还是讲打不讲和，专讲强权不讲公理。我以为你们专讲强权的行为，是很野蛮的，所以让你们去打，我们不必参加。等到你们打厌了，将来或者有一日是真讲和平，到了那个时候，我们才参加到你们的一方面，共求世界的和平。而且我反对中国参加出兵，还有一层最大的理由，是我很不愿意中国也变成你们一样不讲公理的强国。如果依你的主张，中国加入协约国，你们便可以派军官到中国来练兵，用你们有经验的军官，又补充极精良的武器，在六个月之内，一定可以练成三五十万精兵，运到欧洲去作战，打败德国。到了那个时候，便不好了。"英国领事说："为什么不好呢？"我说："你们从前用几千万兵和几年的时间都打不败德国，只要加入几十万中国兵便可以打败德国，由此便可以提起中国的尚武精神。用这几十万兵

---

① 陈锡祺主编：《孙中山年谱长编》上册，第 1027 页。

做根本，可以扩充到几百万精兵，于你们就大大的不利了。现在日本加入你们方面，已经成了世界上列强之一，他们的武力雄霸亚洲，他们的帝国主义和列强一样，你们是很怕他的。说到日本的人口和富源，不及中国远甚。如果依你今天所说的办法，我们中国参加你们一方面，中国不到十年便可以变成日本；照中国的人口多与领土大，中国至少可以变成十个日本。到了那个时候，以你们全世界的强盛，恐怕都不够中国人一打了。我们因为已经多进步了二千多年，脱离了讲打的野蛮习气，到了现在才是真和平。我希望中国永远保守和平的道德，所以不愿意加入这次大战。"那位英国领事，半点钟前几乎要和我用武，听了我这番话之后，才特别佩服，并且说："如果我也是中国人，一定也是和你的思想相同。"①

笔者之所以不厌其详地在这里摘录孙中山与英国驻广州领事这番精彩的对话，是因为孙中山的话真正讲到了中国这个文明古国对战争与和平问题的基本看法，其实他是在说明中国同帝国主义列强国家的建国理念是完全不同的，列强讲打不讲和，中国讲和不讲打，列强讲强权不讲公理，中国讲公理不讲强权，所以列强是野蛮的国家，中国是讲礼貌讲文明的国家，也即是说明孙中山及他的护法政府真讲和平，共求世界的和平。诚如蒋纬国在美国席勒学会为纪念孙中山先生130周年诞辰、重印孙中山《中国存亡问题》一书的感言中所提到的："一国之存亡，系于其国家及其国民独立不挠之精神。我中华民族，雄据东亚，历五千年而不衰，盖我炎黄子孙承袭太极图形所演进之中道文化：以爱为本，以天地立心，讲信修睦，与人为善故也。"② 正由于中国是一个文明的古国，它便具有优良的道德传统，所以讲仁爱、讲友善、讲公理、讲和平，中国反对以强欺弱、以大欺小，遵奉孙中山的教导"济弱扶倾"，主张用王道文化战胜霸道文化，用民族主义反对世界主义（侵略主义），用国际主义（博爱主义）取代霸权主义，用民族自决反对民族压迫，用民族平等反对民族歧视，用共和反对战争。

由此可见，由于孙中山深受中国儒家传统人文主义思想的影响，"他的政治哲学已超越了以自我为中心的民族主义的界限。他深信，将来国际的冲突范围将不会从社会阶级之间垂直的和过渡的战争中出现，而是从帝国主义和被压迫民族之间的横向冲突中出现"。他认为，"中国一旦恢复了自主权，进入主要强国之列，将以恢复中国儒家传统外交政策为己任，即扶弱抑强"，并指

---

① 孙中山：《三民主义：民族主义第四讲》，《孙中山选集》，第 664～665 页。
② 蒋纬国：《〈中国存亡问题〉重印感言》，参见美国席勒学会 1976 年重印孙文著《中国存亡问题》，第 76 页。

出:"一个强大的中国,应该像过去那样,担负起把其他被压迫民族从帝国主义压迫中解放出来的任务"。① 他在民族主义演讲中又一再强调:民族主义的真精神是用固有的道德、和平做基础,去统一世界,成一个大同之治。所以,孙中山认为"和平是政治的永恒目标,而战争仅仅是达到这个目标的手段"②。孙中山在临终前还告诫他的同志和国人要"和平、奋斗、救中国",可见他是和平主义战士,他的民族主义带有国际主义倾向。

第三,只有废除帝国主义国家强加给被侵略被压迫国家的一切不平等条约,建立平等的关系,才能为国与国、民族与民族之间的对话和合作创造条件。

要和平不要战争,这是正义国家里人民的普遍愿望,但是只要讲强权的帝国主义通过武力胁迫的手段强迫被压迫国家签订的不平等条约不废除,民族主义就必然高涨,战争也不可避免。正如孙中山所指出:不平等条约像一条缰绳将被压迫的民族束缚起来,被压迫民族就必然通过振兴民族精神来开展救国斗争。这也是民族主义思想所以会勃兴的一个重要原因。所以,不要民族主义,首先是不要帝国主义,只要帝国主义存在,民族主义就不可能没有。孙中山以中国为例说明:"盖自数十年来,中国与外国所结条约,皆陷于侵害中国主权及利益之厄境。此固由中国当局愚弱所致,亦由列强怀抱实行帝国主义,实使之然"。③ 由于帝国主义通过不平等条约,取得领事裁判权、租借地权和关税权,以及其他政治、经济、文化欺压权对中国进行欺压,故引起中国人民反抗,但"我们所反对的,不是外国,是外国的帝国主义。外国之持帝国主义者,固是我们的敌人,外国之不持帝国主义,或已抛弃帝国主义者,便是我们的朋友"。④ 列强国家如果放弃帝国主义政策,就必须废除同中国签订的一切不平等条约,只有这样才符合双方平等和互尊主权的原则。所以,在1919年五四运动以后,孙中山一再强调"北政府媚外丧权,甘心卖国,凡我国民,同深愤慨",希望学生仍能继续坚持"爱国热忱,坚持不懈,再接再厉,唤醒国魂",收回国权。⑤ 1920年8月5日,孙中山在上海欢迎美国议员团会上发表演说,又指出解决中国问题的关键,就是废除日本强迫袁世凯签订的"二

---

① (德)金德曼:《孙中山学说的特征》,《孙中山思想与当代世界》,张斌译,台北编译馆1996年版,第70页。
② 戴鸿超:《孙中山论战争与和平》,《孙中山思想与当代世界》,第204页。
③ 孙中山:《中国国民党对于中俄协定宣言》,陈旭麓、郝盛潮主编:《孙中山集外集》,上海人民出版社1990年版,第523页。
④ 孙中山:《"九七"国耻纪念宣言》,《孙中山集外集》,第532页。
⑤ 孙中山:《致上海陈汉明》,《中央党务月刊》第12期。

十一条",因为这"二十一条款,所决定的,差不多完全把中国主权让给日本了","我们革命党,一定打到一个人不剩,或者'二十一条款'废除了,才歇手"。① 1920年11月30日,远东共和国驻华代表团由团长优林签名向中国南北政府正式宣布,俄国政府决定:(一)废除过去同中国签订的不平等条约;(二)恢复两国领事制度;(三)拒绝道胜银行要求;(四)发展两国商业;(五)恢复邦交,作为中俄谈判的基础。② 1921年7月3日,孙中山复函廖仲恺、胡汉民,告诉他俩主持编写《外交政策》一书的目的,在于"求恢复我国以前之一切丧失土地和主权,和恢复人民自由平等"③,这一切都说明,在1924年1月23日中国国民党第一次全国代表大会通过宣言宣布"一切不平等条约,如外人租借地、领事裁判权、外人管理关税权以及外人在中国境内行使一切政治的权力侵害中国主权者,皆当取消,重订双方平等、互尊主权之条约"④ 之前很长一段时间,孙中山就在考虑他领导的南方政府的对外政策。他一方面主张向外国开放,引进外资和外才,希望同世界各国合作共同开发中国的富源,为中国和全人类的社会福利服务;但另一方面他又坚持这种开放不能有损中国的主权,国与国之间正常关系的恢复必须遵循主权平等、互相尊重的原则,凡是从前同中国曾签订过不平等条约的国家必须宣布废除,并重新签订"双方平等、互尊主权之条约",才有合作的基础。他指出:我们中国如果不"争回租界、海关和领事裁判权,废除一切不平等的条约,我们中国便不是世界上的国家,我们中国人便不是世界上的国民"⑤。所以,孙中山考虑要建立一种正常的中国与外国的合作关系,作为稳定远东和世界的一种战略,因此,他强调国与国之间首先要建立一种互信关系,只有相互尊重,以及不干涉别国主权和内政,尊重各国人民有权选择自己的生活方式,世界才能有秩序地发展。为此,孙中山指出:在"俄国未革命(按,指1917年列宁领导的革命)之前,国际间只有两种国家,就是压迫人的国家和被人压迫之国家,前者是帝国主义的列强,后者是失了独立能力的弱小民族。直到俄国革命之后,才多一种国家,就是不压迫人也不被人压迫的国家,自己民族解放了,还不安乐,竟抱'己欲立而立人'之宏愿,来扶助弱小民族。要扶助弱小民族了,就公然的反对国际帝国"。所以,孙中山说:"任何民族、任何阶级,对于真正自由平等与独立之要求,都是一致的",我们应该同反对民族压迫的民族与国家结

---

① 上海《民国日报》1920年8月7日、8日连载。
② 上海《民国日报》1920年12月7日。
③ 陈锡祺主编:《孙中山年谱长编》下册,第1363页。
④ 孙中山:《中国国民党第一次全国代表大会宣言》,《孙中山全集》第11卷,第122页。
⑤ 孙中山:《在神户欢迎会的演说》,《孙中山选集》,第982页。

成"联合战线,向压迫人的国家攻击,以实现国际革命之成功"。① 上述这一切都表明孙中山是中国的民族主义者,但他又是同情被压迫民族的遭遇、关心他们的独立和解放的国际主义者。因此,爱国主义同国际主义也不都是对立的,关键是在于人们如何地理解和如何正确地将两者结合起来。所以,主张建立"世界村"的人反对爱国主义和民族主义,这是一种误解,而且是一种错误的主张。

综上可见,孙中山将其一生奉献给了人类的和平和发展事业,他关于世界和平的思想是人类的宝贵精神财富,不仅在现在就是在将来对于世界的和平和发展仍有其借鉴的意义。

(二)

如果从中国而言,孙中山所面临的现实问题是为使中国摆脱资本—帝国主义列强对中国的控制,振兴中华,复兴中国,促进中国社会的发展。如果从反帝的角度去考虑,他需要恢复中华民族的意识。他认为,只要中国人民意识到国家、民族面临亡国灭种的危险,他们自然会形成一种救国的信仰,形成一种强大的争取民族独立的精神力量。他说:"只有强烈的民族意识才能予中国以对外求生存的力量。中国之生存愈感威胁,中国的民族意识将愈加强。"② 这是孙中山提倡民族主义的一个重要原因;如果从振兴中华的角度去考虑,他要对外开放,要吸收世界各国发展经济和振兴科学的长处,为我所用。所以,孙中山的民族主义思想具有两面性。正因为这样,孙中山"终其一生都摆脱不开名流们对他的偏见"。由于"他生活在外国干涉中国的能力被认为是无限的时代",所以他"试图通过请求外国的支持"来实现他的救国目的,然而,他倾向请求外国支持决非权宜之计。因为"他真诚地相信,一个强大的现代化中国的建立,对全世界都有好处",并且他"尽最大的努力使外国人也相信这一点"。③ 既要反对帝国主义侵略,争取民族独立,又要请求外国对他的谅解和支持,似乎是二律背反。其实,孙中山这样做是可以理解的,他根据他所处的地位和力量的弱小,采取实用主义的策略,努力达到既能使他改革中国的革命和建设事业成功,又能摆脱帝国主义控制和摆布这两个主要目标。这就自然产生了孙中山具有双重意义的民族主义,既在口头上强调反帝,但在行动上又常常谋求与帝国主义妥协,其中混合了对列强的羡慕和追求,但又包含着对列

---

① 《广州庆祝十月革命盛况》,上海《民国日报》1924 年 11 月 14 日。
② (德)海法特(H. Herrfahrdt):《孙中山传》,王家鸿译,第 77 页。
③ (美)史扶邻:《孙中山与中国革命的起源》,丘权政、符致兴译,第 2 页。

强的悲愤和怨恨。一开始，孙中山在革命与反帝问题上就处于两难的选择，所以，有人说："当时，孙中山有两副面孔：软弱的追求者和自负的操纵者。追求者不得不谋求妥协；操纵者则相信他可以使妥协转过来对他有利。"①

1905年8月，中国同盟会在日本东京成立，标志着由中国爱国革命知识分子为核心组成的政治团体的形成，以及以孙中山为代表的政治民族主义的提出，并成为当时中国民族主义的主流。因为孙中山成为当时中国反清反帝政治斗争的统帅，他的民族主义思想也自然成为指导中国民族斗争的基本原则。关于孙中山提倡民族主义的目的，他有各种说法，唯在《〈民报〉发刊词》中，他作了这样的陈述："余维欧美之进化，凡以三大主义：曰民族，曰民权，曰民生。罗马之亡，民族主义兴，而欧洲各国以独立。"②很明显，孙中山提倡民族主义是借助欧洲的经验实现中国的独立，结束"异种残之，外邦逼之"的困境。然而，由孙中山与黄兴、章太炎等人在日本制订，经孙中山与胡汉民、汪精卫在新加坡增订的《中国同盟会革命方略》所制定的对外宣言，则宣布"中华国民军奉命驱除异族专制政府，建立民国；同时对于友邦各国益敦睦谊，以期维持世界之平和，增进人类之福祉"③。孙中山又强调："民族主义，并非是遇着不同族的人便要排斥他"④，显然，这是他就中国内部的民族问题而言，但也可以视为孙中山为解决中华民族与世界民族之间关系的一个重要原则。笔者这样说不是猜想，而是有事实作为依据。正如人们所知，孙中山有一个想法，那就是中国革命必须取得外国的理解和同情方能成功，而要达到这个目的首先要向世界各国宣传中国革命的道理，其次又要同世界各国保持友好的关系，所以革命与反帝、反帝与同友邦各国"益敦睦谊"表面看来是矛盾的，其实并不矛盾。为什么？因为1911年7月16日，孙中山在复日本东亚同文会成员宗方小太郎函时有过这样的陈述："近日支那革命潮飞腾千丈，大非昔年之比，实堪告慰于表同情者。而弟所交游者以贵国人（指日本人）为多，则日本人之对于支那之革命事业必较他国人为更关切，为吾人喜慰者必更深也。他日唇齿之交，将甚于是。"并表示"深望结合所识名士，发起提倡日本、支那人民之联络，启导贵国之舆论，游说贵国之政府，使表同情于支那革命事业，俾支那能复立于世界之上，与列国平等，则吾党受日本之赐多矣，汉族子孙百代必永志大德不忘也"⑤。在晚年他又强调"联合世界上平等待我之

---

① （美）史扶邻：《孙中山与中国革命的起源》，丘权政、符致兴译，第2页。
② 孙中山：《〈民报〉发刊词》，《孙中山全集》第1卷，第288页。
③ 孙中山：《中国同盟会革命方略》，《孙中山全集》第1卷，第310页。
④ 孙中山：《在东京〈民报〉创刊周年庆祝大会的演说》，《孙中山全集》第1卷，第324页。
⑤ 孙中山：《复宗方小太郎函》，《孙中山全集》第1卷，第524页。

民族共同奋斗"。所以，求之于外国的同情与支持是反帝的需要，也是弱者反对强者革命不得不采取的一种斗争策略。为此，中国同盟会革命方略将"驱除异族专制政府，建立民国"同"对于友邦各国益敦睦谊，以期维持世界之平和，增进人类之福祉"结合起来，正说明孙中山的革命具有世界的意义，也说明他之所以要从事革命事业，不仅仅是为了拯救中国，也是为了维持世界之平和，增进全人类的福祉。尽管孙中山的对外政策过去和现在都遭到一些人的非议与指责，认为他对世界列强国家过于讲信义、讲平和，没有采取尖锐的斗争政策，但是孙中山对他的主张却坚定不移，且表现为固执己见，那是因为他认识到，世界的不同民族和国家，不能也不要时时事事都搞对抗，哪怕是帝国主义侵略国家同殖民地半殖民地被侵略被压迫国家也不能没有对话和交流，如果只有对抗，只能加剧对立，造成强大的民族仇视，而民族的对抗和仇视是民族战争的外在原因。所以，孙中山认为，处理国家与国家、民族与民族之间的关系，首先要尊重对方，其次要理解和相互信任，只有这样才能排除"仇外心理"，也只有这样才能避免战争，维护和平。1912年1月1日，孙中山在《临时大总统就职宣言》中宣布：中华民国南京临时政府的对外政策是使"满清时代辱国之举措，与排外之心理，务一洗而去之，与我友邦益增睦谊，持和平主义，将使中国见重于国际社会，且将使世界渐趋于大同"①。由中国同盟会革命方略的"益敦睦谊"，改为"益增睦谊"，除了维护原来的提法外，也有增进与友邦国家友谊的含义。1月5日孙中山又发表对外宣言书，公布临时政府的对外政策，除宣布对过去中国清政府同外国签订的不平等条约维持不变外，还强调"凡各国人民之生命财产，在共和政府法权所及之域内，民国当一律尊重而保护之"②。这样做毫无疑义是一种妥协的表示，是孙中山基于"惊动外国人是没有好处"的考虑而作出的抉择。这个抉择的目的就是希望列强国家承认南京临时政府为合法政府，他这样做的对错很难说，但他坚信"外国人的支持，抑或至少持中立态度"，不仅是中国革命成功的必要条件，而且一旦帝国主义列强给予支持使中国能够富强起来，"一个现代化的强大的中国，不仅能威慑潜在的侵略者，还可消除侵略的祸根"，维护世界和平。③孙中山的上述对外政策虽然带有妥协性质，然而，在1911—1912年有那些想法也是合情合理的，因为当时列强正纠合起来阴谋瓜分中国，而中国自身又没有充足的力量与帝国主义势力抗衡，避免列强干涉中国革命和内部事务便是不

---

① 陈锡祺主编：《孙中山年谱长编》下册，第616页。
② 陈锡祺主编：《孙中山年谱长编》下册，第620页。
③ （美）史扶邻：《孙中山——勉为其难的革命家》，丘权政、符致兴译，第28页。

可避免要采取的策略。在《对外宣言》中，孙中山也宣布"外人有加助于清政府以妨害民国军政府者，概以敌视"，表明孙中山对反清与反帝两者关系早有认识，但因为清政府屡求外人支持镇压中国人民的反抗，故孙中山采用先反清后反帝的策略。1911—1912年间，孙中山在外国曾提及要废除不平等条约，但他完全是希望用一种和平的手段达到目的。这个时期孙中山认为，帝国主义是中国革命的主要障碍，但他也认识到，外国人并不都是帝国主义分子。他曾经说过，许多欧洲人都赞赏中国人和古代中国的文明；而喜爱中国文化的日本人也懂得"保全支那即自保也"。因此，孙中山在《支那保全分割合论》文章中继而强调：欲筹东亚治安之策，"惟有听之支那国民，因其势、顺其情而自立之，再造一新支那而已"①。可见，孙中山非常自信，他一直认为只要中国一旦革命成功建立一个新的国家使中国统一和强盛起来，便能够消除对外国帝国主义的一切不体面的让步，中国定能获得大国的地位。由此看来，孙中山不允许中国永远受任何形式的帝国主义的束缚。但他从事实出发，而不是从理念出发去考虑中国和世界的问题，他对于建立和平的国际新秩序的许多看法，说明他善于把握机遇，并主动地反映人类多数人追求和平和发展的愿望，善于运用各种政策和策略去化解矛盾。他这样做，既伸张了正义，又照顾到了现实，这一切均显示出孙中山作为"一位世界政治家的远见"②。所以，说孙中山曾对帝国主义妥协过是对的，但指责他不反帝是不对的。他前期反帝虽不太尖锐，但他对帝国主义支持军阀造乱中华，则采取非常强硬的批评态度。可见，孙中山是一位理性民族主义者，他坚持只要帝国主义不取消强加给中国的一切不平等条约，不尊重中国的主权和中华民族的独立，中国就一天也不会停止斗争；但强加给中国的不平等条约一旦废除，中国就恢复同世界的正常关系，中国的民族主义情绪也会随之消除，甚至允许外国同中国重新签订互惠互利的政治、经济、文化协约，共同为实现人类的和平和大同理想而奋斗。只要国与国之间能够遵循"益增睦谊"原则去处理各种关系，也就不再存在压迫与歧视，因此和平就有保证。

只要不同国家和民族之间能够按照孙中山相互尊重、共同发展的政策去正确处理各种关系，国家与国家之间的冲突便会减少，战争也会停止，这样，全世界所有民族都集中精力去发展社会经济，加强物质文明和精神文明的建设，人类社会便会出现和平共处、共同进步的大环境，人类便会为世界的文明发展

---

① 孙中山：《支那保全分割合论》，《孙中山全集》第1卷，第224页。
② （美）史扶邻：《孙中山的国际主义倾向》，广州中山大学学报编辑部编：《孙中山研究论丛》第3辑，第137页。

创造新的辉煌。所以，孙中山增进与世界各国相互了解、增加共识、发展友邦睦谊、不搞对抗的思想和主张，虽然未能避免列强对中国政治、经济、军事上的干预，未能消除列强对中国的威胁，但他的和平愿望和艰苦的努力则显示了中国这个文明古国一位杰出政治家的崇高品格和从容大度的风格。作为一位卓越的政治家，在对外关系的处理中，他既不激进也不保守；他讲妥协、讲道德、讲信义，又坚持国格与人格相统一；他讲原则，也讲斗争策略，但又不失理智；在他那个时代的中国的确非常难得。他的思想和人格深深地铭刻在中国和世界人民的心中，时刻都在启迪人们去思考和寻求世界和平的路向。

（三）

展望 21 世纪，世界上真正大的问题，带全球性的战略问题，仍然是和平问题、经济问题或者说是发展问题。当今世界和平的力量在发展，但战争的危险依然存在。尽管帝国主义国家还在干涉别国的内政，在世界各地制造麻烦，地区性的战争不断，恐怖分子又在各地捣乱，然而世界大战打不起来，这是由于欧洲人民不希望有战争，亚洲包括中国都不希望有战争，其他各大洲的人民也都希望和平不要战争。所以，维护世界和平、搞好各自国家的经济建设、提高各自国家人民的生活水平和社会福利是带全球性的战略问题。中国作为维护世界和平的稳定力量，中国的经济越发展，国家越强大，世界和平就越有保证。这是孙中山经常强调并一贯坚持的思想。过去，在国际上有人煽动"黄祸论"，认为中国经济的发展和国力的强大对世界是一种威胁；现在，世界上也仍然有人在担心中国的发展会对世界产生威胁，甚至出现过围堵中国、遏制中国的愚蠢行为并借助所谓海权问题向中国挑衅。除了一些别有用心的人有意制造麻烦外，大多数有此看法的人则属于误解。孙中山在 20 世纪初年发表过一篇《支那保全分割合论》文章，对于那些担心中国"若行新法，革旧蔽，发奋为雄，势必至凌白种而臣欧洲，而铁木真、汉拿比之祸，必复见于异日"的观点提出批评。他指出：那完全是一种借"维持文明之福，防塞黄毒之祸，宜分割支那，隶之为列强殖民之地"的理论。他强调：鼓吹这种理论的人不懂得中国的历史，连中国"为地球上最古老之文明国"的史实都不了解。他说：中国的"文明道德"不仅胜于人，"且其人民为地球上最和平之种族，当最强盛之时亦鲜有穷兵黩武、逞威力以服人者，其附近小邦多感文德而向化。今虽积弱不振，难以自保，然皆清廷失措有以致之，其汉民之勤忍和平亘古如斯，未尝失德也"。如要"世界和平、维持人道、奖进文明者，不可不保全此老大帝国"。并强调，中国的发展和强大不仅对西人无害反而有益。如果列强联合起来分割中国"不独有伤天和，实大拂乎支那人之性；吾知支那人虽柔弱不武，亦必以死抗之矣"，到那时，即使"非将支那人屠戮过半，则恐列强无安枕之时矣"。① 在 1904 年 8 月 31 日，孙中山用英文撰写的论文 The True Solution of Chinese Question: An Appeal to the People of United States（中文译为《中国问题的真解决——向美国人民的呼吁》）中，对于当时在西方流行诋毁中国的言论，孙中山作了解析。他说：那种认为"中国拥有众多的人口与丰厚的资源，如果它觉醒起来并采用西方方式与思想，就会是对全世界的一个威胁"是一种假设，它不可能成为事实，因为这种看法跟中华民族的基本精神相违背。至于"如果外国帮助中国人民提高和开明起来，则这些国家将由此而自食恶果"的论调，孙中山则明说无非是在诱说其他各国遵循一种"尽其可能地压抑阻碍中国人"的政策。孙中山指出：上述言论一言以蔽之，就是"所谓'黄祸'论"。这种论调似乎很动听，然而一加考察就会发现，用任何观点去衡量，它都是站不住脚的，因为这个问题除了道德一面的原因外，即一国是否应该希望另一国衰亡之外，还有其政治方面的原因，而且政治方面的原因是主要的。孙中山指出：中国人的本性就是一个勤劳的、和平的、守法的民族，而绝不是好侵略的种族，如果他们确曾进行过战争，那只是为了自卫。只有当中国人被某一外国加以适应训练并被利用来作为满足该国本身野心的工具时，中国人才会成为对世界和平的威胁。如果中国人能够自主，他们即会证明是世界上最爱好和平的民族，中国的发展不仅不会对任何人发生威胁，而且就经济的观点来看，"中国的觉醒以及开明的政府之建立，不但对中国人，而且对全世界都有好处"②。中国作为维护世界和平的稳定力量，需要发展经济，需要政治和社会的稳定，更需要民族的团结和国家的统一。

所以，坚持独立自主的和平外交是中国经济发展和社会前进的需要，它是一项长期不变的基本国策。只要我们能够以孙中山的"天下为公"观念去处理世界所面临的各种问题，国家与国家之间不搞对抗，不干涉别国内政，不相互争战，民族主义思潮必将日益消退，国际上便会出现和平竞赛、共求社会文明进步的亲和大环境。

近代中国并不是近代化的中国，不是一个商品经济发达、教育发达、工业化、民主化的国家，所以它需要发展工业，并实现民主化，尽快地提高人民的生活水平和教育质素。而要这样，孙中山认为首先要解决民族独立的问题，只有解除帝国主义及其在中国的代理人的严重阻力，使中国的社会经济迅速发展，使国家逐步富强起来，才能实现近代中国社会的全面转型，要实现中国富

---

① 孙中山：《支那保全分割合论》，《孙中山全集》第 1 卷，第 223 页。
② 孙中山：《中国问题的真解决》，《孙中山全集》第 1 卷，第 253 页。

强，孙中山又希望得到列强的帮助，这是弱者对强者不得不采取的对应。孙中山追求民族独立和社会发展的苦心是可以理解的，孙中山设法使帝国主义列强放弃侵略中国、使中国保持统一和加快经济的发展的意图也是应该肯定的，因为中国不能独立，远东不会有和平，亚洲不会有和平；中国的社会经济不发展，东亚和太平洋地区的和平安定就没有保证。

中国是世界的中国，而且是世界人口最多的发展中国家，中国的经济不能飞速发展、人民的生活得不到保证便是社会动荡和不安的根源，所以，孙中山非常重视中国的经济发展。早在第一次世界大战甫完之夕，孙中山就开始从事于研究国际共同发展中国实业的问题，并制订了发展经济的实业计划，孙中山坚信："中国富源之发展，已成为今日世界人类之重大问题，不独为中国之利害而已也。"① 所以，中国经济的发展不仅是中国的问题，而且是亚洲和世界各国共同关注的问题。可见，孙中山不是孤立地以狭隘的民族主义意识去审视社会的发展问题，他尽量使中国的实业发展与世界发展的趋势相吻合，使中国与外国在发展经济时相得益彰。为了使中国和世界明达之士了解他的建设主张，1919 年 8 月 1 日，孙中山命胡汉民与戴季陶、廖仲恺、朱执信等在上海创办《建设》杂志，作为宣传国际共同开发中国的思想和主张，以及作为指导中国经济建设的舆论阵地。孙中山为《建设》杂志撰写《发刊词》，说明创办本刊的宗旨为"以鼓吹建设之思潮，展明建设之原理，冀广为吾党建设之主义成为国民之常识，使人人知道建设为今日之需要，使人人知建设为易行之事务。由是万众一心以赴之，而建设一世界最富强最快乐之国家，为民所有，为民所治，为民所享者，此建设杂志之目的也"②。《建设》杂志为月刊，以六期为一卷，至 1920 年 7 月 1 日出满第 2 卷，则因粤军回粤的军事影响，停刊了四个月，至 12 月出版第 3 卷一期而止，共出 13 期。③《建设》杂志连载孙中山《实业计划》中译稿与《地方自治开始实行法》等，正如傅斯年所指出：中山先生在上海创办《建设》杂志，实给当时的文化运动以绝大的政治动向。因为孙中山"觉得专是一种文化的革新是不足的，必有政治的新生命，中国才能自立；必有政治的新方案，中国才能动转"。中山先生提倡中国近代化"之功绩是后来中国人所万不当忘的"。④ 近代化是世界发展的趋向，每一个国家都要经过近代化发展阶段，但发展模式又不可能是统一的，所以，每一个国

---

① 孙中山：《建国方略之二：实业计划（物质建设）自序》，《孙中山选集》，第 212 页。
② 孙中山：《〈建设〉发刊词》，《建设》杂志第 1 卷第 1 号。
③ 参见吕芳上《朱执信与中国革命》，第 242 页注 35，又见蒋永敬编《胡汉民先生年谱》，台北商务印书馆 1981 年版，第 240~241 页。
④ 转引自吴相湘：《孙逸仙先生传》，台湾远东图书公司 1982 年版，第 1375 页。

家都有自己的不同发展道路,强求统一是不可能,但如果因此就认为近代化发展只是各自国家内部的事情与外国无关,这也不符合事实。每一个国家的工业化都必须借助外国的技术,也需要外国的市场,但发展之权正如孙中山所言:"操之在我则存,操之在人则亡,此后中国存亡之关键,则在于实业发展之一事也"①。为了实现人类进化之目的"即孔子所谓'大道之行也,天下为公',耶稣所谓'尔旨得成,在地若天',此人类所希望,化现在之痛苦世界而为极乐之天堂",需要全人类的共同努力"。② 基于此种认识,孙中山强调要用社会进化的观点去审视世界的进步,今胜于昔,这是历史的必然,也是科学技术经济发展的必然。所以维护世界和平,发展科学技术,建设一个科学昌明、经济发达、人民安乐、政治修明、社会文明的新世界是全人类的共同愿望。

五、孙中山的"人学"思想与和平学说

(一)

"人学",顾名思义就是研究人的学问。中国是人学的故乡,人学也相当的发达。孙中山是人杰,他既重视人的作用,也重视人类本身的发展,他的"人学"思想是一个具有开发价值的研究课题。

日本池田大作先生在他的专著《我的人学》中文版序言中说:"中国——她是'人学'的宝库"。他指出:"综观中国历代王朝的'正史',唯始于司马迁的《史记》,竟以全书一百三十卷中的七十卷,用于撰写个人的人物传——'列传'。而且,收录在书中的人物,并不限于帝王,从哲人、商贾,直至游侠、刺客。正如司马迁本人所记:'过以德,思来者'。本书汇集各种人物传记的目的,可以说:是在于后世的人们,可从先人的事迹中发现人的普遍价值,并当做人生之龟鉴吧。这正是'人学'的先觉者。这种着眼于人的探索的传统,同样显示在《资治通鉴》《十八史略》等史书和稗史中,而且它也为盛于明代的历史小说所继承。尤其是《水浒传》和《三国演义》,在日本是有刻本,并出版了据此改编的小说等。这些书籍,深受广大民众的欢迎,遂成为他们人生的精神食粮。"据此,池田先生说:中国是人学的故乡。③

---

① 孙中山:《建国方略之二:实业计划(物质建设)自序》,《孙中山选集》,第212页。
② 孙中山:《建国方略之一:孙文学说——行易知难(心理建设)》,《孙中山选集》,第156~157页。
③ (日)池田大作:《我的人学》(上),铭九、庞春兰等译,北京大学出版社2010年版,第1~2页。

在中国近代史——中华民国史的研究中，人物的研究成果仍然占据重要地位，出版的新作数不胜数。虽然"人学"这个提法在中国学界不太盛行，但的确人物研究以人为核心，探讨人生应有的生活态度，人在创造物质文明和精神文明中的贡献，对人生面临的种种问题发表广泛而深刻的见解，毫无疑问这是中国丰富的文化遗产中熠熠生辉的珍品。人类学研究人种，研究人类的文化等，但与"人学"研究的范畴有所不同，我们应该重视对"人学"的重构，加强对"人学"的研究，使人回归到人的本位。人是属于他自己，他有个人欲望、个性和特点。现在的人物研究在解读人物的同时，或多或少都染上了研究者的主观色彩，存在抽空和肢解人物的现象。在解读人物的时候，喜欢用线条思维，跳跃式地勾勒他们的经纬，缺少对人物具体生活细节的关注，以及情感和周围身边人与事的影响，把活生生的人抽空成干巴巴的人，有的还预设语境，把英雄和失意者说成是天生、绝对的，这是缺乏对人这种特殊情感动物特性研究的结果。

人是复杂的，每个人的生活背后都有许多故事。一个人之所以成功或失败，抑或他之所以这样而不那样，在难以还原当时的情况下，现在的人来研究历史上的人，所得出的结论只能是相对知识，并非绝对真理。所以，学界应该造成一种风气，鼓励争鸣，支持相互讨论，这对于"人学"的发展将会是极大的促进。

这些年来，笔者一直在做近代人物研究，而侧重研究孙中山及与他有关的人物，虽也写了一些文章和著作，但是越做越觉得困难不少，要选择一个有新意的课题固然不容易，新材料的搜集也越来越困难，有时真有山穷水尽的感觉。如果我们从只停留于对孙中山圈定于资产阶级民主革命家的范围内移步，从政治史的角度去继续开发，当然还有路可走，但如果方法不更新，角度不改变，沿着旧套路走下去，要想作出有新意的成果，实在不太容易了。为此，笔者常在想，史学研究需要继承，但也需要创新和发展，要研究新问题，要有新成果。研究孙中山能否换一个视角与思维？可否将孙中山回归到平常人，用平常人的心态去研究平常人的人生和思想呢？伟人也是人，将伟人的生活、爱好、情趣、魅力、人格和品质之类人所共有的伦理，以及人生遇到过的问题和伟人为解决问题所表现的智慧、胆识和调运的手段，伟人与平民百姓和庶民大众，以及伟人同其他不同精英阶层的交往和态度，等等，作为研究和探讨的内容，似乎应该做的课题又远没有做完。比如说，孙中山虽不是学者，但他有没有学术思想？他又是如何将学术与政治结合起来？他的学术又如何为中国的现实服务？这就是没有人涉猎过的课题。如果从这个视角去思考，孙中山的"和平学"、孙中山的"人学"、孙中山的"社会学"和"政治学"都有待于我们去开拓和研究。别的暂不去谈它，仅就孙中山的"人学"思想就大有文章可做。孙中山谈到的人物，古今中外，林林总总，从纵向看远至中国史前的尧、舜、禹，以及后来的孔子、孟子、荀子、庄子、墨子，秦始皇、汉武帝、唐太宗、宋太祖、元世祖，以迄明代的朱元璋，清代的康熙、雍正、乾隆、同治、光绪各皇帝都有谈到。至于他讲过的其他各类人物更是数不胜数。从横的角度看，孙中山谈过的有关世界上的人物就更多，涉及政界、商界、新闻界、学界、实业界。仅是政界人物，就有美国的林肯、华盛顿，德国的马克思、俾斯麦，法国的拿破仑，俄国的列宁，英国爱尔兰复兴党党员摩根，日本的明治天皇及一批首相等；孙中山提到的思想家、学界名流也很多，如孟德斯鸠、卢梭、威尔切斯、达尔文、乔治·穆勒、威廉·克鲁泡特金、亨利·乔治、翟理斯、鲁道夫·休泰纳、维斯·施拉迈埃尔、伏尔霍夫斯基、富兰克林、牛顿、释迦牟尼、高尔基、康德黎、南方熊楠、鎌田荣吉等。在这许多人中，有的是自己的思想、学说，有的是自己的治国理念、建设成就，有的是用实际行动给予孙中山帮助，总之各类人物都从不同的角度给孙中山以各种不同影响。孙中山如何看待这些人？又如何对待这些人的事功和学术影响？这都涉及"人学"这个领域。

"人学"，就是人把自身作为对象来进行自觉思考的学问。这门学问是文化理论的中心部分，也是人类思想史、认识史上的重要部分。这门学问的出现和不断完善，标志着人类精神的日益觉醒。人们在研究人的本身，总结某人的思想和行为，无非是为了指导人类本身的未来，使人们认识到人的行为哪些属于善，哪些属于恶；哪些属于奸诈虚伪，哪些属于光明正大。无非都是为了充实"人学"的精神宝库，为人类的是非善恶指明一个评判的尺度。孙中山是思想家，他对人物的褒贬，对是非的判断，对事物的取舍，对问题的观察，都是站在中国人的立场。但他也同情世界上一切"受屈者"的命运，有时又以基督徒的身份，提倡"博爱"，主张和平、平等，提倡律己，主张随缘和中庸调和，"天下为公"，所以，孙中山也属于一种进步的、善良的、舍己利人的力量的代表，是重视"人学"研究的伟大先驱之一。

近代科学与技术的进步给人类带来物质文明的大发展，但同时也带来人文精神的衰退，以及人与自然环境和生态的恶化。正是由于科学技术的发展带来的消极影响，人的生命有可能被物化而失去了精神，因此灵魂的救赎就成为当务之急。而人如果没有健全的灵魂，就算你有非常健壮的体魄，一切美好的愿望都将如空中建楼、沙上建塔，没有根基，顷刻就会幻灭。基于这种深刻的认识，孙中山和鲁迅一样，都放弃医治人的身体，改为从事以疗治中华民族灵魂为宗旨的"心性文明"的工作。从孙中山早年写的《致郑藻如书》《上李鸿章书》，到后来的《孙文学说》《三民主义》，都是以人为本，强调人的教育、启蒙对国民的重要性。孙中山认为，救人与救国是一致的，只有救人才能救国。所以，孙中山从早年起就立志从事救人的工作，从救人的生命到救人的心灵，目的都是为了树立救济国家、拯救民族的大志，以振奋民族的精神来振兴中华，复兴中华。他告诫国民，不要墨守成规，不要受传统的旧思想旧观念所束缚，不知不敢行，不知不求知，一切盲从。他向国民发出号召，要勇于探求知识，追寻真理，给病态社会的不幸的人们灌输一种新的精神，从而改变"知易行难"的陈规，冲破封建古国国民愚昧盲从的陋习，希望人们能够从"知易行难"的盲目状态中拔出腿来迈上坦荡的人生之途，立志追求一个理想的人类社会：实现"天下为公""世界大同"。所以，"知难行易"说的确立，以及"心性文明"学说的诠释，便成为孙中山疗治中国国民精神的良方。

学问是为了阐明人类的基本生态和存在的根本，使人理解人生的意义和目的，找到正确的道路和生活方式。孙中山认为，人的能力各不相同，人的觉醒也分先后，因此他将人分为"先知先觉""后知后觉"和"不知不觉"三种。三种人不同，但他们都具有社会性的价值。以"先知先觉"去启导"后知后觉"者，说的是一个人需要在一生中继续不断地进行教育，包括自我教育。每一个人都有某些长处和天资，但也有不足，如何使每个人内在的长处和天资在生活和实践中得到发挥，关键是要树立正确的教育观和人生观，通过发挥人的智慧去改造人类，改造社会，建设美好的生活。所以，孙中山将人分为"先知先觉"和"后知后觉""不知不觉"，不是宣扬天才论，更不是在抹杀劳动人民的创造才能和价值，而正是说明孙中山从人本身的天资和受教育的程度去衡量人的作用和价值，说明人受教育的重要性。诚如英国著名历史学家阿诺尔德·汤因比博士所言：一个人需要在一生中继续不断地进行自我教育。学生在学校教育获得的资格和学位，不能成为一生的评价，只应看成是一时的成绩。一个人还在16岁或22岁的时候，只经过一次考试就终生被定为一等或三等，这是荒唐的，十分不妥当的。他指出："有的人是大器晚成，有的虽是少年得志，但后来却一事无成。"这就是说，一个人不是一生下来就注定他是"先知先觉"，反而都是经过学习、教育和实践才产生出"先知先觉"，都是由于其对待知识和实践态度认真与严格。"后知后觉"者，而超出"先知先觉"而成大业者更加普遍；就是所谓得不到教育"不知不觉"的人经过后来的教育和实践也不是一成不变。汤因比举例说明，"温斯顿·丘吉尔少年时期是明显的劣等生，青年时期焕发了才气，到了中年屡遭失败，而在60多岁时成了无可争议的伟大人物。给英国的历史以决定性影响的另一个人物是7世纪的希腊人、基督教传教士、塔尔苏斯的圣·狄奥多洛斯，他被派遣来改革英国的基督教会的那一年,和丘吉尔为拯救英国不受侵略而担任首相时的年龄相仿。和丘吉尔一样,狄奥多洛斯出色地完成了自己的使命。他从 60~80 岁共奋斗了 20 年,改革了英国教会。当然,与他们相反,也有许多人晚年一事无成。"①所以,一个人的成长,他的本事的大小不是天生决定的,而是由后天所接受的继续教育、勤奋学习和努力实践决定的。

人类的历史是文明的历史。孙中山在其论著中谈到"文明"时,先后提出了五种文明,即物质文明、教化文明、政治文明、道德文明和心性文明。其中,教化文明和政治文明属于制度文明,道德文明包括在心性文明之中,属于观念文明。孙中山在《孙文学说》中提出"心性文明"说,是有感于西方列强以物质的力量以强凌弱、去灭人的国家的弊端,用道德文明建设作为物质文明建设的辅助,避免物质文明的发展带来道德文明的衰落,造成社会发展的失衡和震动而提出来的。孙中山说:"夫国者人之积也,人者心之器也,而国事者一人群心理之现象也。是故政治之隆污,系乎人心之振靡。吾心信其可行,则移山填海之难,终有成功之日;吾心信其不可行,则反掌折枝之易,亦无收效之期也。心之为用大矣哉!夫心也者,万事之本源也。满清之颠覆者,此心成之也;民国之建设者,此心败之也。"② 孙中山在这里所讲的"心"是指社会心理,主要是指"知之非艰,行之惟艰"的国民心态。孙中山为要"破此心理之大敌,而出国人思想于迷津",特撰写《孙文学说》一书,说明"行易知难"的道理,告诫国民要立下决心追求知识和真理,要破除迷信和旧习惯,造成"万众一心,急起直追"的局面,应世界之潮流,去建设一个政治最修明、人民最安乐、社会最文明的国家,实现为民所有、为民所治、为民所享的理想社会。这说明,孙中山是将学问与现实结合起来,通过人学的本质阐释去开导人的心灵,形成团聚的力量去争取人类社会美好的未来。孙中山强调治理国家和建设社会都要靠人心的团结、理解和支持,他批评只重视物质文明不重视心性文明建设的倾向,指出忽视心性文明建设势必带来人性的歪曲。可见,"心性文明"说和知行统一说,构成孙中山精神文明建设的基本内容。所以,物质文明与心性文明建设必须同步进行,才能造成繁荣富强和文明日进的中国。如果轻视或忽视对人心性文明的建设,将会导致人伦的毁灭,造成人情冷落和社会失衡。这是孙中山对人类文明和"人学"的一大贡献,也是他的"人本思想"的出发点和立足点。

---

① (英)汤因比、(日)池田大作:《展望 21 世纪——汤因比与池田大作对话录》,荀春生、朱继征等译,第 62 页。

② 孙中山:《建国方略之一:孙文学说——行易知难(心理建设)》,《孙中山选集》,第 116~117 页。

如何处理人与自然、人文精神与自然科学的关系，是孙中山"人学"思想特别关注的又一个重大课题。人与自然、人文精神与自然科学的关系，其实也可称为在文化这个广泛意义上研究人生问题与物质科学之间的关系问题。科学也是文化，自然科学与社会科学、人文科学都是人类在创造历史过程中经过反复实践而总结和提炼出来的文化精品，它是人类赖以生存、发展的基础。重文化，就是重科学，就是要自然科学与社会科学和人文科学的协调发展，就是要人文精神与自然和社会科学三者的和谐与整合。如果将自然科学、社会科学与人文科学三者对立起来，造成人与自然、人与社会、人与人，以及人本身内在的不平衡、不协调，必然会造成人与自然界、人与社会的困扰，以及人与人的激烈对抗和人自身价值的失落。所以，人文精神与科学相互促进是中国社会和人类自身发展的需要，也是世界人类文明发展的需要。如果盲目地以强调弘扬道德文明、人文精神，反对自然科学；或者以强调发展自然科学，否定或忽视人文精神在社会发展中的作用，造成道德文明的衰落，都是不了解人类文明的缘故。盲目地将科学文化与道德文化分裂开来，必然给人类社会的发展、人与自然界带来新的矛盾，造成新的问题，乃至威胁人类的生存。有学者在讲到科学与文化问题的研究时，说了一些很有启迪的话。他说：研究科学与文化问题，"要注意研究自然的全体、文化的全体；既要注意其中杂多、相异的现象，也要注意杂多中统一的现象，见其异，还要寻其同；见其同，还要寻其异；见其正，必求其反；见其反，必求其正，这是辩证法，也是真正的科学方法，正如基础数学上，既要讲微分，也要讲积分，否则，不论讲科学也好，讲文化也好，都不免走入片面，把活的现实变成死的现实。它只适于分析死马，不适于分析活马"①。孙中山不是哲学家，也不是科学家，他不可能以哲学家的思维、科学家的方法去分析人文精神与物质、文化与科学之间的依存、辅助和相互制约的关系。他在早年革命时，重视物质的力量、武器的批判，但他也重视人的意志、决心和精神的力量，强调"人定胜天"和"有志者事竟成"。他说：致力于发扬民族主义精神，启迪民智是他"毕生的职责"。"这种精神一经唤起，中华民族必将使其四亿人民的力量奋起并永远推翻满清政府"，建立共和政体，② 合力建设国家。同盟会成立后，孙中山在《民报》发刊词中，又强调要将"非常革新之学说，其理想输灌于人心而化为常识"，表明其学说对思想在人们觉醒中所起的关键作用有深刻的认识。孙中山重视人的精神就是要通过人的力量，起到"人事补天工，人事夺天工"的作用。他说："天工

---

① 吕乃基、樊浩等：《科学文化与中国现代化》"序言"，安徽教育出版社1993年版，第3页。
② 孙中山：《在檀香山正埠的演说》，《孙中山全集》第1卷，第227页。

者，自然也"。"夫时势者，人事之变迁也；自然者，天理之一定也"。"时势者非自然也，自然是自然，时势是时势，时势者纯乎人事之变迁也。"然"人心之所为，则时势之可为"。治理人要靠科学，治理自然也要靠科学。① 讲科学就要破除迷信，坚持科学发展观，就是要用科学的精神去武装国民的头脑，也要遵循科学的规律去改造人的主观世界和客观世界。人可以改造自然，自然也可以制约人的思想和行为。所以，孙中山将人文精神与科学态度结合起来，发挥人的主观能动性去改造人群、社会和自然，便解决了人与自然、人与社会相协调的重大课题。孙中山重视自然科学和人文科学，关心人心的大局，注意人心的向背，重视人心的转向对革命和建设，以及对社会变革的影响，他的本旨是强调人是第一位的，人心的凝聚、人们意志的确立是追求和实现人类理想的关键。从这个角度去看，有了人且又有崇高的理想和素质就有一切，这是不错的论题。关键是人本身的素质，如果都是平庸的不学无术的人，这样的人不仅对社会的进步无益，反而有害。孙中山以人为本，但他又强调"学问为立国的根本"，不是人为立国的根本。他强调，世界进化，随学问为转移，革命需要学问，建设更需要学问，中华民族"振兴之基础，全在于国民知识之发达"。所以，他要求学界中人，要研究学问，要担负起培养和造就人才的重任。将学问确立为治国的根本，也就是国家建设要以人为本，以人的素质为本，以科学技术为本。正由于孙中山将人的素质高低和学问大小视为建设成败的关键，便为他立志建设一个社会富有、政治文明、经济发达的民有、民治和民享的伟大国家奠定了理论基础。②

培养什么样的人才？为谁培养人才？这是教育的根本问题，也是"人学"的核心问题。没有大批具有民主意识的人去对国民进行民主的启蒙教育，就不可能建立民主的国家；国民不具有近代化的综合素质，也就不可能建设近代化的国家。所以，孙中山在民国成立后对前代教育实行改革，尽量淡化传统教育，改造读书入仕的教育目标，提倡造就各种新型的具有新知识、掌握新科学（即他所称的新"学问"）、具有高尚人格和道德相结合的"公仆"，全心全意地为国民服务，为新社会效劳，表明孙中山的人本思想的核心在于人的学问的高低和人品的优劣，以及有无为国家、民族和社会服务的思想。

1912 年 8 月，孙中山在北京湖广会馆学界欢迎会上发表演说，指出，学界对于国家前途，关系极大。就从前之学说，而论人之生存竞争为优胜劣败；今日不宜主张此说，应主张社会道德，以弥补不足。"大凡天之生人，其聪明

---

① 孙中山：《平实开口便错》，《孙中山全集》第 1 卷，第 388 页。
② 参见林家有《孙中山与中国的近代化道路研究》，广东教育出版社 1999 年版，第 593 页。

才力各不相同。聪明才力之有余者，当辅助聪明才力之不足者，在政治上为工人，在社会上为社会公仆"。"今日在学校之学生，异日即政治上之工人，社会之公仆，与以前异日可做主人翁之思想大不相同"。所以，孙中山说："今日中国革命成功，适值改良学说之际，学说既宜改良，方针亦宜改变。所谓今日惟一之方针者，社会道德是也"。① 由培养和造就国家统治和压迫人民的主人翁，转变为培养和造就社会之公仆、"政治之工人"，这是价值观的转变，是教育学说和培养人才方针的转变。这个转变说明，孙中山的"人学"回归到人的本身需要，将社会道德与人才的培养结合起来，在德与才方面，把德放在第一位，强调人对国家和社会的责任感和奉献精神，建设一个人与人和谐、随缘、通融、相匡相助的文明社会。所以，孙中山一方面强调青年人要"立志"，另一方面又要"立诚"，也就是教育青年立志救国，求学在于立志做大事，忠诚于国家、社会和人民。这就从根本上否定了传统的"学而优则仕"的旧教育制度和传统"人学"的内容。

由此可见，孙中山的"学问为建国的根本"，实际上是以"人"为中心，以"人为本"，着重论证了人的因素在国家建设中的作用，这就奠定了孙中山"人学"的理论基础，从而也就奠定了教育在国家、民族发展中的首要地位。

胡适曾经讲过："教育救国"现在大家好像不注意了，"这不是不注意，不过认为老生常谈，也许听厌了"。他说，尽管如此，教育救国还得谈，无论如何"教育还是一个救国的要素"。② 旧时代的教育，目的是为了保存过去；新时代的教育，目的是为了现在和创造未来。所以，现时代的教育不是教人做个好公民便了，亦不是教人做环境的奴隶，而是教人做"人"，做个有知识有学问有崇高道德和人格、有伟大理想、能够完成伟大任务贡献于人类的人。这样的人不仅具有科学精神、科学方法、科学知识和态度，更要具有独立的人格和勇于献身的精神。因此，加强教育"培养民力，增进民智，扶持风俗，发展自治"非常重要。如果不提高国民的政治民主意识、经济意识、救国救民的意识，国家便潜伏巨大的危机。"不然徒舍近而图远，譬之巨厦，第事粉饰外观，不知其内之蠹蚀，日积月累，必至栋摧梁崩而后已"。③ 国家与社会的进步与发展，终归是人的思想和精神以行的结果，而关键又在于对人的教育。所以，教育与社会的进步，教育为先。教育的好坏不仅关系到人类本身的发展，更关系到国家的繁荣、社会的文明进步和民族的兴衰。所以，研究孙中山

---

① 孙中山：《在北京湖广会馆学界欢迎会的演说》，《孙中山全集》第2卷，第424页。
② 姜义华主编：《胡适学术文集》"教育"，中华书局1998年版，第170页。
③ 孙中山：《国者乡之积也　爱国者必爱乡——留别粤中父老昆弟书》，孟庆鹏编：《孙中山文集》下册，第714页。

的"人学"思想对于我们今天仍有非常重要的现实意义,具有开发的价值和进一步研究的必要。

(二)

所谓"和平学说",就是人们把威胁人类生存和发展的战争、争取和平作为对象进行思考和研究的一门学问。这门学问是政治学理论的重要组成部分,也是人类史、文明史和社会史的中心部分,它的内涵既包含战争的起因、性质和结果,也包含实现和平、维护和平的思想、主张以及方案。这门学问的出现与战争相随,研究和平问题的不断深入,标志着人们的普遍觉醒和反对战争提倡和平的思想已经成为全球人类多数关注的焦点。

孙中山虽然不是研究战争与和平问题的专家,也没有专门性的学术著作,但他对战争与和平问题有许多看法,他在《三民主义演讲》《中国存亡问题》等论著中对战争与和平的论述自成体系,且有相当高的学术水平。我们把他对战争与和平的看法不称为思想而称为"学说"或"学问",主要是基于孙中山对战争与和平的研究,他不只是停留于思想层面,更重要的是为了指导行动和实践,是对他"天下为公""世界大同"思想的延伸和发展,也是他"人学"的主要内容。所以,把它称为"学说"或"学问",不称为思想,似乎更加符合实际。孙中山的和平学说,并非一个完整的理论体系,但却有一种历久弥新的适应力,是孙中山留下的一种重要的精神遗产。

战争与和平问题是人类社会的历史问题,也是现实问题。英国历史学家汤因比曾经说过,"战争和文明是同时发生的","战争是文明所具有的先天的弊病之一",是人类暴力和残酷性的一种特殊表现形式。① 我们的祖先自成为人类以来,就一直不断地使用暴力,进行着不惜杀人的战争罪恶行径。所以,战争是如何发生的?怎样才可以制止战争实现和平?无论对我们的民族抑或对每一个人,还是对全人类,都是当前最重要最紧迫的课题之一。排除战争、选择和平实现全人类的共同发展从来也未像现在这样具有如此的重要性和迫切性。

人类社会为什么会发生战争?它的起因是什么?学术界有各种界说,大致说来有心理说、政治说和经济说不同的解析和说法。孙中山在他的重要著作《三民主义演讲》中考察了中国的历史,对于战争的本源,他认为在于人的内心世界的破坏。对于"战争始于人心"的说法,他表示赞同。他指出中国历史上的内战多是由于心理和政治上的原因引起。他认为,在中国有一种持久的

---

① (英)汤因比、(日)池田大作:《展望21世纪——汤因比与池田大作对话录》,荀春生、朱继征等译,第248页。

倾向，即野心家使用武力来满足他们的个人欲望。中国历代王朝的建立者和大多数起义领袖都是为了个人的政治得失而发动战争的。中国"自古以来大志之人多想做皇帝。像刘邦见秦皇出外，便曰：'大丈夫当如是也'。项羽亦曰：'彼可取而代也。'此等野心家代代不绝"①。因此"中国历代改朝换姓的时候，兵权大的就争皇帝，兵权小的就争王争侯"②。在近代中国如太平天国的农民领袖洪秀全与杨秀清，以及后来的军阀，都是为争做皇帝而大打出手，甚至他自己的追随者在革命中也有人以武力来满足个人野心。所以，孙中山指出："大家若有了想做皇帝的心理，一来同志要打同志，二来本国人更要打本国人，全国长年相争相打，人民的祸害便没有止境"③。"权力之争是人类历史上一种永恒的倾向"④。此外，人类为了生存也要奋斗，这些奋斗包含与野兽斗，与自然斗，人与人互相斗，平民与暴君斗，而战争通常是在后两种类型的斗争中发生的。然而，当孙中山谈到欧洲的战争即第一次世界大战时，则企图从经济利益方面来说明，他曾指出，西方国家想从别的国家得到经济利益，便使用其非常优越的军事力量来威胁人口多但又较为贫弱的国家。帝国主义的海军和陆军是他们的一只手，他们的经济力量是另一只手。他们用这两只手来剥削亚非国家，便造成人类的不安和反抗。他强调指出，欧洲的帝国主义国家不但向贫弱的国家发动战争，而且还在相互争夺世界霸权。其结果是"一个帝国主义打倒别国帝国主义，留下来的还是帝国主义"⑤。根据帝国主义相互争夺世界权益、掠夺殖民地斗争的矛盾，在1924年孙中山便作了预见性的总结，他指出："就我个人观察已往的大势，逆料将来的潮流，国际之间大战是免不了的。但是那种战争，不是起于不同种之间，是起于同种之间，白种（人）与白种（人）分开来战，黄种（人）同黄种（人）分开来战。"他指出，这是"被压迫者和横暴者的战争，是公理和强权的战争"⑥。

战争与和平是一个问题的两个方面。既然战争是人类私欲和利益的结果，所以战争便是一种强权行为，是强者对弱者的不道德侵夺。为此，有人认为"战争是绝对的坏东西，是向人的生命尊严的挑战"，"一次战争往往引起多次战争。战争中的技术进步，投入战争的整个社会剩余生产的增大，使每次战争

---

① 孙中山：《三民主义：民权主义第一讲》，《孙中山选集》，第707页。
② 孙中山：《三民主义：民权主义第一讲》，《孙中山选集》，第710页。
③ 孙中山：《三民主义：民权主义第一讲》，《孙中山选集》，第709页。
④ 戴鸿超：《孙中山论战争与和平》，《孙中山思想与当代世界》，台北国立编译馆1996年版，第196页。
⑤ 孙中山：《三民主义：民族主义第四讲》，《孙中山选集》，第659页。
⑥ 孙中山：《三民主义：民权主义第一讲》，《孙中山选集》，第624～625页。

都比前次战争增大了破坏力。最终延缓了战争的进程,造成了巨大的破坏。为此,最后只得采用剥夺好战的地方国家主权的方法来杜绝战争"。① 从人性和道德的角度去考察,我们必须消灭破坏文明、夺走人类宝贵生命进而招致人类灭绝的可怕的战争。人类不需要战争,但人类为了自己生存,又不得不全力以赴地同推行强权政治的好战分子作斗争,同民族分裂主义分子作斗争,同政治野心家的争权夺利行为作斗争。所以,在存在压迫与歧视、存在侵略与被侵略、存在民族分裂的情况下,战争是不可避免的。由于发动战争和反抗战争的双方所代表的利益和进行战争的目的不同,所以战争又分为正义和非正义两种。从人类的生命是最宝贵的财产和保卫人类创造的文明的角度去看,任何形式和性质的战争都不能轻易地发动。因此,世界上许多学者都指出,为了避免战争的发生,要求曾经发动过战争的国家必须作深刻的反省,至于其他国家的当权者,也必须平等地对待自己管辖下的民族和民众,给他们以平等的权利和平等的机会;国际上,要设法杜绝一个民族迫害另一个民族、一个国家欺凌另一个国家,或者不正当地对待另一个民族和国家权益的事情发生。如果不能用光明正大或者社会正义的良心和平等的政策去处理和解决内部不同民族与民族、不同阶级阶层之间利益分配之间的矛盾,以及国家与国家之间的问题,而是企图用一种行政的手段化解矛盾,或用一种以大欺小、以强凌弱的行为把另一个民族或国家压服,不仅压而不服,反而反抗会更加激烈,由绝望心理诱发出的愤怒抗争将会旷日持久,永无休止。

（三）

从国内的角度去考虑,为了防止中国推翻一个封建政权,但又引诱人们去建立另外一个封建政权的情况出现,孙中山在他的论著中反复地强调,国人必须从观念上和思想上来个彻底改变。首先,要在革命党人和国民中消除帝皇思想。孙中山认为,只要帝皇思想不消除,战争就会不止,革命也会不断。他说:"如果不明白这个意思,想做皇帝的心理便永远不能消灭。大家若是有了想做皇帝的心理",全国就会相争相打,人民的祸害便没有止境。② 所以,制止国内战争,首先,要消除国人想做皇帝的思想;其次,要在革命队伍或国民中防止出现野心家。孙中山认为,凡是有野心的人都想称王称霸,或主张国家、民族分裂,或在革命内部争权夺利,骨肉相残,自己打自己。他指出,

---

① （英）汤因比、（日）池田大作:《展望21世纪——汤因比与池田大作对话录》,荀春生、朱继征等译,第230～231页。

② 孙中山:《三民主义:民权主义第一讲》,《孙中山选集》,第709页。

"统一是中国全体国民的希望。中国人民对连续不断的纷争和内战早已厌倦,并深恶痛绝"。① 在民国成立时,曾有人主张我国南北分治,孙中山说:"那不行",因为"我国人民的感情是一致的"②,人民不允许国家分裂。为了防止野心家各自为政、分裂国家的阴谋得逞,孙中山认为,最好的办法是革命成功后国家实行民主共和政治。在"发起革命的时候,便主张民权,决心建立一个共和国"。共和国国家成立以后,如果还是有人来做皇帝的话,是用谁来做皇帝呢?孙中山说,是用人民来做皇帝,用四万万人来做皇帝。只有这样,才免得大家相争,才"可以减少中国的战祸"。③ 1912 年袁世凯接任中华民国临时大总统后,孙中山又指出:"我希望最终能公开宣布,尽管中华民国的敌人在过去和将来都不会放弃他们的颠覆的努力,但是我们的国家不会出现内战……袁世凯总统是国家首脑……我相信我在表达的是人民的共同心声,中华民族已经加入了共和的家庭,有了保留成员资格,我们将不惜任何代价和牺牲",维护统一。④ 即是说,只要中国各民族平等地结合在一起,实行民族共和和民众普遍参政的共和民主政治,那些想当皇帝和分裂国家捞取财富和名誉的野心家的欲望就能遏制乃至消除,从而中国的内战也可杜绝。再次,要坚持万不得已不要轻假兵戎的原则。孙中山在沉痛地描述民国以来兵连祸结造成的灾难情况时说:"回忆年来南北纷争,兵灾迭见,市廛骚扰,闾阎为墟,盗匪乘隙,纵横靡忌,百业凋残,老弱转徙,人民颠连困苦之情状,悚目恫心。文窃以为谋国之道,苟非变出非常,万不获已,不宜轻假兵戎,重为民困"⑤。"民国义军本为四万万人谋幸福,不得已而诉诸武力……南北本是一家,岂肯为彼少数人之私而流血"⑥。孙中山希望"从此南北一家,同心协力,竟破坏之功,开建设之绪,巩我共和民国之前途,增我五族人民之乐利"⑦。五族即汉、满、蒙、回、藏族,以这五族为中心建立的五族共和国,就是中华民族组成"一个中国",中国所有民族融合成一个"大中华民族",所以,中国即"中华民族共和国",不是两族或三族,更不是一个民族分裂为几块进行分治。"共和"就是全国各民族各地区联合起来组建一个统一的、民主的中央政府,实行共和民主政治制度。孙中山指出,只有中国统一成,而后一切兴革乃有可言,财政、

---

① 孙中山:《在广州与苏俄记者的谈话》,《孙中山全集》第 5 卷,第 527 页。
② 孙中山:《接见麦考密克时的谈话》,《孙中山全集》第 2 卷,第 141 页。
③ 孙中山:《三民主义:民权主义第一讲》,《孙中山选集》,第 710 页。
④ (美)里昂·沙尔曼:《孙逸仙:他的生活及其意义,评论传记》,斯坦福大学出版社 1968 年版,第 150~151 页。
⑤ 孙中山:《和平统一宣言》,《孙中山选集》,第 519~520 页。
⑥ 孙中山:《致王占元等北军将领电》,《孙中山全集》第 2 卷,第 49~50 页。
⑦ 孙中山:《致北方各将领电》,《孙中山全集》第 2 卷,第 99 页。

实业、教育诸端，始获次第办理。"中国的各省在历史上向来都是统一的，不是分裂的，不是不能统属的；而且统一之时就是治，不统一之时就是乱的"①。统一是永久的而非一时的，首先是人心统一，人心不能统一，必召列强干预，制造祸端。其次是要在统一宪法的指导下，制定各族人民具体的行使国家职能的内容，而非形式。"将来国家立法，凡有利于己者，我同胞皆得赞同之，有不利于己者，同胞皆得反对之"。"共和国家，既以人民为主体，则国家为人人所共有之国家；既为人人共有之国家，则国家之权利，人人当共享，而国家之义务，人人亦当共担"。② 国民一律平等，这就有利于国民的团结，有利于反对和遏制以权谋私的阴谋家和野心家利用军权和政权进行战争。

1919年以后，孙中山为了结束南北分治的局面，倡导和促成南北和谈。对于南北分裂分治给国家民族带来的灾难，孙中山认为这是帝国主义列强对华政策造成的结果。他指出："试举今日国内势力彼此不相摄属者，辜［姑］较计之，可别为四：一曰直系，二曰奉系，三曰皖系，四曰西南护法诸省。此四派之实际利害，果以何冲突，亦自难言。然使四派互相提携，互相了解，开诚布公，使卒归一致，而皆以守法奉公引为天职，则统一之实不难立见。文今为救国危亡计，拟以和平之方法，图统一之效果，期与四派相周旋，以调节其利害"，"在统一未成以前，四派暂时划疆自守，各不相侵，内部之事，各不干涉，先守和平之约，以企统一之成"。统一事成，各派遵守合约，组建中央政府，实行政治、经济、军事、外交、民族和文化教育统一管理的国策。"倘蒙各派领袖谅解斯言，文当誓竭绵薄，尽其力所能及，也使和平统一期以实现"。③

在1924年孙中山北上商谈国是之前，他即提倡中国不同团体组织国民会议机构，准备召开国民会议，商议和平统一。他指出，国民会议机构，由全国已有的团体，选派代表共同筹备召开国民会议，决定选举代表的办法及开会日期等议程。他建议由实业团体、商会、教育会、大学、各省学生联合会、工会、农会、反对曹（锟）吴（佩孚）各军队、各政党推选代表，参与筹备国民大会。④"我们国民要想是和平统一，便应该万众一心，全国各团体都派出代表来加入国民会议，研究现在时局的弊病，讨论补救的方法"⑤。为了实现和平统一，孙中山抱病北上，商谈召开国民会议，促成和平统一，但因过于劳

---

① 孙中山：《三民主义：民权主义第四讲》，《孙中山选集》，第746页。
② 孙中山：《在张家口各界欢迎会的演说》，《孙中山全集》第2卷，第451页。
③ 孙中山：《和平统一宣言》，《孙中山全集》第7卷，第50页。
④ 孙中山：《时局宣言》，《孙中山选集》，第954页。
⑤ 孙中山：《在上海新闻记者招待会的演说》，《孙中山选集》，第958页。

苦，未等国民会议召开，孙中山便不幸病逝，国家和平统一事业未能实现，但孙中山在逝世的前一天（3月11日）在病榻对汪精卫说："余此次来京，以放弃地盘谋和平统一，以国民会议建设新国家，务使三民主义、五权宪法实现。乃为痼疾所累，行将不起。死生常事，本无足虑，但数十年为国奔走，所抱主义终未完全实现，希望诸同志努力奋斗，使国民会议早日成立，达到三民、五权之主张，则本人死亦瞑目。"① 最后，孙中山呼吸困难，反复呼出"和平""奋斗""救中国"数语而离去。

由此可见，孙中山为了实现中国的和平和统一，提出过许多主张和方案，也有许多实际的行动，这些都是他为和平统一中国所作出的巨大贡献，既表明了他的智慧和勇气，也体现了他所代表的中国各族人民要求和平和统一的真诚意志。所以，孙中山对实现中国和平统一所提出的许多看法和主张是他遗留给中华民族的伟大精神财富，也是他赋予全体中国人的责任。

从全球的角度去考虑，孙中山认为，和平的实现有待于国与国之间政策的调整，以及文化的通融性和树立利他主义的伦理观诸方面的因素。

第一，西方列强必须调整其对外政策。孙中山指出，中国传统的外交政策与现代欧洲国家的政策完全不同。中国奉行传统的"益敦睦谊"（也称"益增睦谊"）和平外交政策，而欧洲则推行扩张主义政策，达到掠夺他人的利己主义侵略目的。"其侵略人固为战争，即欲避人侵略，亦决不能避去战争"。"国家既不可以长久从事于战争，而对外国之关系，则有日增无日减，于此关系日密之际，不能用战争以求达其存在发展之目的"。② 基于这个原因，孙中山反对中国参加第一次世界大战。他认为，第一次世界大战是帝国主义之间的战争，中国如果参加这样的战争，便说明中国也参与帝国主义侵略行动，英国便可以利用中国人口众多的优势，培训和装备中国人去打德国人，这样的结果损失的是中国，得益的是英国，这是与中国的传统和平政策和伦理相违背的不义战争。孙中山对英国驻广州领事说："中国脱离了讲打的野蛮习气，到了现在才是真和平。我希望中国永远保守和平的道德。所以不愿加入这次大战。"③ 因为战争的结果，是对文明的毁坏、人类的痛苦和折磨。帝国主义之间的战争没有正义与非正义之分，也没有绝对的胜者和彻底的败者。帝国主义为了瓜分和侵略中国，肆意制造中国威胁的论调，诬蔑中国的独立和进步是对和平的威胁。他指出："中国人的本性就是一个勤劳的、和平的、守法的民族，而绝对

---

① 孙中山：《与汪精卫的谈话》，《孙中山选集》，第638页。
② 孙中山：《中国存亡问题》，《孙中山全集》第4卷，第39～40页。
③ 孙中山：《三民主义：民族主义第四讲》，《孙中山选集》，第665页。

不是好侵略的种族,如果他们确曾进行过战争,那只是为了自卫,只有当中国人被某一外国加以适当训练并被利用来作为满足该国本身野心的工具时,中国人才会成为对世界和平的威胁。"① 也即是说,中国历来都反对世界战争,主张世界和平,即使有过参与战争的行为,也是帝国主义操纵的结果,作为一个和平的独立自主的中国绝不会去侵略和威胁别的国家。"如果中国人能够自主,他们即会证明是世界上最爱好和平的民族","中国的觉醒以及开明政府之建立,不但对中国人,而且对全世界都有好处。全国即可开放对外贸易,铁路即可修建,天然资源即可开发,人民即可日渐富裕。他们的生活水准即可逐步提高,对外国货物的需求即可增多,而国际商务即可较现在增加百倍"。孙中山指出,国家与国家的关系,正像个人与个人的关系。"从经济上看,一个人有一个穷苦愚昧的邻居还能比他有一个富裕聪明的邻居合算吗?"② 期盼中国贫弱就是帝国主义出于掠夺的自私自利企图,这是损人利己的行为。所以,孙中山最后指出,帝国主义列强必须端正其对华的政策,采取遏制中国,阻挡中国人民要求独立自主的革命和振兴中华、复兴中国决心都是不明智的愚蠢行为。为了抗拒帝国主义侵华的战争,他庄严宣布,"必须唤起民众及联合世界上以平等待我之民族,共同奋斗"③。非常明显,孙中山是强调西方列强国家不改变其对华侵略政策,东方被压迫民族如中华民族等就不会放弃抵抗,因而也就不会有真正的世界和平。

第二,用"固有的道德和平做基础"实现"世界大同",和平才能有保障。19世纪以后的西方国家处理国际关系的基本方针是损人利己、弱肉强食、尔虞我诈。到了20世纪,欧洲列强在世界各地推行强权政治,以霸道行为残夺外人,瓜分和掠夺殖民地。帝国主义为了重新分赃,打了两次惨绝人寰的世界大战,这与中国儒家的仁义道德传统背道而驰。孙中山出生于中国大一统时代,童年所接受的教育又是大一统政权拥护的,有利于社会安定、民族团结的儒家思想。可是后来他到了外国求学接触到的则是南辕北辙的西方文化。西方国家不讲道德,推行强权政治;国与国之间明争暗斗,不讲情理;对外则剑拔弩张,动辄发动侵略,欺凌弱小的民族和国家。这一切都使孙中山觉得中西方文化存在根本上的分歧。西方国家"讲功利强权,是用洋枪大炮来压迫人"④。

---

① 孙中山:《中国问题的真解决——向美国人民的呼吁》,《孙中山全集》第1卷,第253页。
② 孙中山:《中国问题的真解决——向美国人民的呼吁》,《孙中山全集》第1卷,第253~254页。
③ 孙中山:《遗嘱》,《孙中山选集》,第994页。
④ 孙中山:《大亚洲主义》,《国父全集》第2册,台北"中央文物供应社"1973年版,第306页。

东方国家讲仁爱、信义、和平。所以，孙中山认为，道德的力量胜过军事的力量，并把这种古老的正统儒家所服膺的一种政治哲学加以现代诠释，把《大学》所标榜的"格物、致知、诚意、正心、修身、齐家、治国、平天下"的古代政治哲学，放在知识范围中来探讨，认为应该先从个人的内省与自然修养做起，讲究自身的文明道德修养，然后才谈得上齐家、治国、平天下，并且以此作为处理国与国之间关系的最高道德准则，力求以王道来实现世界大同，在世界范围内形成和谐、平等、合作的新格局与新秩序，这样，孙中山就将东西方的文化作了区别。既然西方欺负弱小的民族与国家是一种文化，就不能简单地以枪炮对枪炮的战争解决问题。只有以文化对文化才能产生效应；只有以王道的文化去感化西方的霸道文化才能阻止西方好战分子发动侵略战争；也只有通过文化的力量才能对内增强凝聚力，对外产生共信和依存感。所以，孙中山主张，为使中国不受人欺侮，必须在中国培养起民族主义，用民族文化作为唤醒民众、团结民众的工具，然后构建民族国家，用全民族的力量合力共建中华民族，使中国强盛起来。但又要防避重蹈西方的老路强盛起来以后又去欺凌其他民族和国家，因此孙中山指出："我们今日在没有发达之前，立定扶倾济弱的志愿，将来到了强盛时候，想到今日身受过了列强政治经济压迫的痛苦，将来弱小民族如果受这种痛苦，我们便要把那些帝国主义消灭，那才算治国平天下。"① 可见，"用固有的道德和平做基础"，既是孙中山的理想和奋斗目标，也是他对列强国家的规劝，说明这个时期孙中山的和平学说已上升到一个理性的层次。

（四）

孙中山所处的环境，决定了他只能采用实用主义的策略去对付狡猾的西方列强。他有抗拒西方列强的决心，但他没有抗拒的力量，所以他只能以善意的劝导和希望有实力与西方列强抗衡的邻国跟他同道，抗拒西方侵略。

孙中山根据战争这种非人道的邪恶力量给人类和社会造成的危机从来也没有20世纪那样严重这一现实，在探讨全世界人类梦寐以求的和平的时候，只能用当时的实际和可能去构想他的和平理想，只能用当时中国所有的而别人又欠缺的道德观念作为精神武器去规劝和感化别人，他不可能像今天的政治家一样拿今天才有的核武器进行核威慑，他也不可能利用优良武器去恐吓和欺侮其他国家和民族。孙中山指出，我们中华民族必须振奋民族精神，必须具有英雄气概才能制止战争，维护和平；但他又强调任何时代、任何民族都需要越过民

---

① 孙中山：《三民主义·民族主义第六讲》，《孙中山选集》，第691页。

族、社会制度和意识形态的障碍，在整个文化领域进行交流，通过王道的力量去搭建人与人的心灵联结，建立互信、互谅、互助和互爱的精神，从根本上造成世界和平的人文环境，从根本上消除和驱逐"战争"，达到真正的持久和平。尽管这样做要走的道路是漫长的，但孙中山总算迈出了大胆的第一步，这一步非常重要，因为他以他的智慧、胆识和勇气提出了以弱者抗拒强者的方法和策略。可见，孙中山与民族利己主义者相比实在高人一筹。当然，孙中山也有局限，他是以一个弱者去对抗强者，所以他只能用他的智慧与胆识去跟西方民族利己主义者抗衡和周旋，他不可能理直气壮地与西方列强讲斗争。然而，孙中山并不懦弱，他没有在侵略者、战争的制造者面前低过头。诚如日本池田大作先生指出的："军事和武力是企图通过外在的压迫来威胁和统治人。与此相反，文化则是从内部使人本身获得解放和发展。而且，武力是贯穿着军事的或经济的大国侵略弱小国家这一实力的逻辑；而文化交流的前提则须是摄取、吸收的一方采取主动的态度。……包含在武力中的基本因素是破坏，而包含在文化中的基本因素是创造。……文化是以调和性、主体性和创造性为骨干的、坚韧的人的生命力的产物"，所以，"文化的开花结果，将是抵抗武力与权力、开辟人类解放道路的惟一途径"。① 然而在面对强权侵略时，孙中山不退缩，不是主张投降，而是主张以东方王道文化与西方霸道文化抗衡，这不是软弱的示意，而是一种进攻和反击。以文化和道德作为呼吁和平的手段，达到抗拒战争的目的是一种文明与野蛮的对抗。在弱肉强食的世界里，主张用本身的王道精神与西方的战争狂人对话，虽然带有几分天真，但在 20 世纪人类面临极大战争的危机时期，而孙中山又没有别的能力与西方列强较劲时，他作出这个抉择，在当时的世界无人能出其右。如果没有超人的智慧和气魄，要做到这一点根本不可能。所以，孙中山以东方王道精神与西方霸道文化抗衡的思想给我们的启迪是深层的思考课题，是理性和人格精神的高度结合。

  21 世纪世界上仍然有战争，但和平与发展是全人类发展的主潮流，这个潮流有人妄图阻挡，但是任何力量也不可能逆转。有的国家仍然想横行于世界，可是受屈者的亚非拉美国家已经不同于过去。中国等和平国家已取得世界瞩目的建设伟大成就，它已有能力与侵略者抗衡。在这样的条件下，少数的国家企图用强权来征服公理已经不可能。此外，横暴者在 20 世纪发动的战争给全球人类带来的苦难，仍然铭刻在人们心中，广大受屈者联合起来抗拒横暴者的欺凌压榨已经势不可挡。一些发达国家虽然仍在做着主宰世界的美梦，企

---

  ① （日）池田大作：《东西文化交流的新道路——在莫斯科大学的讲演》，何劲松：《池田大作集》，上海远东出版社 1997 年版，第 21～22 页。

图用战争的残杀来威胁人类，征服人心。恐怖主义分子也在各地制造事端，残杀无辜，可是近年来的战争作为，任何人都没有得到它希望得到的一切，反而引起世人的恐惧和嫉恨。今天世界上多数国家的人们都在声讨战争，控诉战争的罪恶，都在反对恐怖行为，呼吁告别战争，拯救人类。现代核战争一旦打起来，毁灭的不仅是人们创造的文明，也包括人类本身，就是那些参与制造、生产核武器的人也难逃厄运。所以，战争这种魔鬼如若放纵，如果让科学技术的发展带来的消极因素无限地发挥，人类就会遭殃。

孙中山作为20世纪世界最伟大的人物之一，他不仅属于中国，也属于世界。他的和平学说对全人类的伟大贡献，时至今日仍然有巨大借鉴作用，他的许多见解都集中了人类的智慧，放射着时代的光芒。

首先，要警惕野心家。近代中国的野心家、民族分裂分子都是打着民意的幌子追逐个人的权力、财产和名誉的贪欲，以个人的"小我"与国家民族利益的"大我"抗衡，这种局限于一己私利的欲望，英国历史学家汤因比博士称其为"魔性的欲望"，要遏制这种"魔性的欲望"，每个人都必须正视和控制内在的自我，要警惕被"小我"所愚弄，如果人们不注意自身的行为，自觉或不自觉地在欲望的泥沼中挣扎着行走，堕落成为蹂躏人类和文明的战争狂人，毁灭的不是别人，而是自己。所以，国民必须有清醒的头脑，要学会识别真假和辨别是非，善于识别和分辨野心家和分裂主义者借战争分裂祖国的行为，以维护祖国的和平和统一，以维护世界和平作为使命，从孙中山以"道德作为和平基础"的教育中，认真思考并变为自觉行动。

其次，历史的趋势已经指出一条通向世界一体化和世界共同体的道路。但是，由于狭隘民族主义、人种、宗教和文化的偏见，以及意识形态、不同宗教的对立，在理想与严酷的现实之间存在严重的对立，阻碍着全球性的命运共同体意识的建立。尤其是霸权主义的强盗战争行为，加剧了人类不同民族、不同宗教的对立、矛盾和斗争。为了实现全球不同种族、民族的持久和平与繁荣，各国的国民都要打破人种、民族和国家的隔阂，尊重宗教信仰的不同，在平等、互利、互助的人类共有的基础上，加强文化和经济上的交流，从而增加共识和互信，消除矛盾和隔阂，尤其重要的是要从严峻的意识形态的对立和国家利己主义泛滥的窠臼中挣脱出来，用不屈不挠的信念与勇气去建立起人类团结和平的坚固据点，只有这样，人类社会才会有光辉的、和平的明天。其实，这也就是孙中山为我们树立的"济弱扶倾"，共同进步，共同发展，实现"天下为公""世界大同"的伟大理想。实现这种理想的道路虽然相当漫长，但如若一切民族和国家之间都能以一种平等与正常的心态去对待不同国家和不同宗教信仰的民族，对于世界新秩序的建立和和平的发展，以及社会的稳定、人类文明的发展，将会起到重要的作用。

最后，民众是国家的主体，谋求和谐、平等、民主和富强是民族融合以及和平共存的基础。坚持以和为贵，通过文化的交流，弘扬和维护中华文化的通融性、调和性的传统，促进血统和文化融合，增进民众的相互了解，增强信任感和相互依存的意识，从而化解矛盾，消除误会，形成共存共荣、相互联合的中华大一统思想基础，是处理中国内部台海两岸关系的一项重要的紧迫的任务。进而在共同推进中国现代化的过程中，建构和完善国家的民主与法制制度，确认在一个中国原则基础上，实现中国永久和平、安定、团结、富强、民主与统一。共同努力为实现中华民族的伟大复兴，建设一个伟大的和谐的富强的文明的中国是全体中国人的共同目标，任何人都不应也不要背离这个目标。

民族和国家的利益高于一切。今天中国两岸时局混浊，令人担忧。两岸中国同胞，嗷嗷望治，中华民族子孙后代，为福为祸，全在两岸同胞团结一致，实现和平统一。目前首要的是要通过政治谈判，在一个中国的原则指导下，缔造和谐气氛，促进两岸同胞的全面交流，共同发展，商议国家统一的方针原则，制定实现和平统一的议程。"和平、奋斗、救中国"是孙中山的伟大遗愿，又是历史赋予每一个中国人的重大使命，我们没有任何的理由不去为中华民族的和平统一贡献我们的智慧和一切。

第三章　孙中山与民族国家理论的构建

一、孙中山与中国国民的觉醒

（一）

国民意识或国民观念是19世纪末20世纪初期随着西方民主政宪思想在中国传播而兴起的，国民意识的出现是中国人觉醒的表现，也是中国社会进步的象征。

孙中山作为中国民主政治的缔造者和执行者，他的国民意识具有代表性。孙中山国民意识的树立是同他的革命思想的形成和参政意识相一致的，也是同他组建中华民国政府相一致的。探讨孙中山的国民意识及他组建中华民国南京临时政府时国民觉醒的程度，目的在于说明领袖、国家与国民三者的互动关系及其相互制约对建国和施政的影响。

有国便有民。然而，中国古代封建社会的民均称为臣民、庶民、黎民。国民是近代民族国家的称谓，诚如1901年革命派秦力山、戢元丞、沈翔云等于日本东京编印出版的《国民报》所指出："秦汉以来，中人之屈服于专制者，二千年于兹矣。"[①] 两千余年来，"独夫民贼无代不作，率皆敝屣公理，私土地、人民为己有，使天下之人，知有朝廷不知有国家；又恐其民之秀杰者，不满于己之所为，乃施以种种牢笼、束缚、压制、威胁之术，以便其私图"，"中国之政治，为一人矣，而中国无政治"，"中国之法律，为一人也，而中国无法律"。而到了晚清，这种残酷的专制主义统治就更加严厉。当时，"报馆有禁，出版有禁，立会演说又有禁，倡公理目为邪说，开民智则诬为惑人"，故卒举一国之人，而"无一不为奴隶"。[②] 一国之中，可以无君，但一国之中，

---

① 《说国民》，《国民报》1901年第2号。
② 《说国民》，《国民报》1901年第2号。

不可以无民。"民主国之总统，不得谓之君，招之则来，挥之去则去，是无所谓君也。……民也者，纳其财以为国养，输其力以为国防，一国无民则一国为丘墟，天下无民则天下为丘墟。故国者民之国，天下之国即为天下之民之国"。大地之上，同是人类而有白、黄、红、黑之分，所以，同是一民也有国民、奴隶之分。"何谓国民？曰：天使吾为民而吾能尽其为民者也。何谓奴隶？曰：天使吾为民而率不成其为民者也。故奴隶无权利，而国民有权利；奴隶无责任，而国民有责任；奴隶甘压制，而国民喜自由；奴隶尚尊卑，而国民言平等；奴隶好依傍，而国民尚独立。此奴隶与国民之别也"。①

笔者不厌其烦地引用《国民报》先进所解析的"国民"意蕴，无非是为了说明一国之民有奴隶、国民之分别，而其分别的内涵就如 1905 年汪精卫在《民报》中所指出的："民族者自族类的方面言，国民者自政治方面言，二者非同物也"。"国民云者，法学上之用语也。自事实论以言，则国民者构成国家之分子也。盖国家者团体也，而国民为其团体之单位，故曰国家之构成分子。自法律论言，则国民者有国法上之人格者也。自其个人的方面观之，则独立自由，无所服从；自其对于国家的方面观之，则以一部对于全部，而有权利义务，此国民之真谛也。此惟立宪国之国民惟然。专制国则其国民奴隶而已，以其无国法上之人格也"。②

可见，国民是民主国家的成员，它具有国家宪法所赋予的权利和义务，它同专制国家的臣民、庶民具有完全不同的内涵。国民意识是由政治观念产生的，是因实行国民主义以颠覆君权专制政治而形成的一种政治、法律意识。孙中山的国民意识是立宪国的国民意识，即所谓国民者，有参政权、有权利义务之谓也。孙中山这种国民意识形成于何时？据笔者的研究，他先于康有为、梁启超等维新派提出国民概念，但晚于康有为、梁启超在我国弘扬国民意识，这是跟他与康有为、梁启超从事的维新运动和革命运动之先后有关系。

有学者说："中国近代，开始使用具有近代意义的'国民'一词者，是维新派领袖康有为。"他说，在 1898 年 6—7 月，正当维新变法之初，康有为上奏《请开学校折》，在这个奏折里，康有为使用了"国民学"与"国民"两个新概念。"国民学"是指欧美各国的近代新式教育，即"教所以为国民，以为己国之用，皆人民之普通学也"③。言"近代意义的'国民'一词"是康有为最早使用的提法不确切，因为离康有为上奏《请开学校折》差不多早一年

---

① 《说国民》，《国民报》1901 年第 2 号。
② 汪精卫（汪兆铭）：《民族的国民》，《民报》1905 年第 1 号。
③ 梁景和：《清末国民意识与参政意识研究》，湖南教育出版社 1999 年版，第 9 页。

半，孙中山就使用"国民"一词，所以就"国民"一词的使用而言，孙中山比康有为早。1896 年 10 月 24 日，孙中山在伦敦蒙难获释后，为感谢英国政府对他自中国公使馆获释所作的努力向伦敦各报主笔发出致谢函，孙中山表示"我对立宪政府和文明国民意义的认识和感受愈加坚定"①，这是孙中山第一次使用"国民"一词。"国民"是与"立宪政府"和"文明"结合在一起，当时中国不是立宪政府，中国人也不是文明国的国民，所以他在当时并不用"国民"来称谓中国人。1896 年年初，孙中山在《伦敦被难记》中又提到："至中国现行之政治，可以数语赅括之曰：无论为朝廷之事，为国民之事，甚至为地方之事，百姓均无发言或与闻之权；其身为民牧者，操有审判之全权，人民身受冤抑，无所呼诉。"② 1897 年 8 月，孙中山在日本横滨与日人宫崎寅藏、平山周谈话时又多次使用"国民"一词，可见，孙中山使用"国民"一词比康有为早一年多，不能说康有为是近代中国使用"国民"一词最早者；但也不能说孙中山使用"国民"一词的同时就具有国民思想和意识。孙中山与宫崎寅藏、平山周的谈话是 1897 年 8 月 16 日在日本横滨举行的。宫崎寅藏和平山周都是孙中山的好友，且于 1896 年在香港加入革命组织兴中会，是日本支持孙中山革命的国际友人。孙中山在横滨与宫崎寅藏、平山周谈话的主要内容是举行反清革命的目的、方法和手段。孙中山说："余以人群自治为政治之极则，故于政治之精神，执共和主义"。"人或云共和政体不适支那之野蛮国，此不谅情势之言耳。共和者，我国治世之神髓，先哲之遗业也。我国民之论古者，莫不倾慕三代之治，不知三代之治实能得共和之神髓而行之者也。勿谓我国民无理想之资，勿谓我国民无进取之气，即此所以慕古之意，正富有理想之证据，亦大有进步之机兆也"。他又说："且夫共和政治不仅为政体之极则，而适合于支那国民之故，而又有革命上之便利者也"。③

由此可见，孙中山使用"国民"一词是同他建构共和政治的理念联系在一起的，这个"国民"是"自治之民"，也即是他后来的"民国之民"。

在此以前，从孙中山见诸文字的早期著作，如 1896 年 12 月，孙中山在谈到 1895 年 10 月兴中会广州起义的起源时，谈到中国人时他只是用"民众""百姓""同胞""人民"的词来称呼，不见"国民"称谓。④ 又如 1890 年孙中山在《致郑藻如书》、1891 年的《农功》篇讲到中国的百姓时均称为"民"或"人"，不称"国民"。在《致郑藻如书》中，他说："窃维立身当推己以

---

① 孙中山：《致伦敦各报主笔函》，《孙中山全集》第 1 卷，第 36 页。
② 孙中山：《伦敦被难记》，《孙中山全集》第 1 卷，第 50～51 页。
③ 孙中山：《与宫崎寅藏平山周的谈话》，《孙中山全集》第 1 卷，172～173 页。
④ 孙中山：《第一次广州革命的起源》，《孙中山集外集》，第 1～7 页。

及人,行道贵由近而致远。某留心经济之学十有余年矣,远至欧洲时局之变迁,上至历朝制度之沿革,大则两间之天道人事,小则泰西之格致语言,多有旁及。"① 然后,他强调:远观历史,横览九洲,国家的强弱,实关教化,关键在于人才之盛衰,所以他主张"多设学校,使天下无不学之人,无不学之地"②。通篇只有一处提到"农民",其余只提"人",不讲"民"。在《农功》篇中,则大讲"民心""民力""民情""天下之民""古人"以及官吏"扰民",在这里他使用的"民""人"的概念,均是"庶民"或"黎民"百姓,没有近代的意义。他强调指出:对于那些"需索供应,骚扰闾阎"的官吏,除革职之外,还要重治其罪,"以兴事劝功,天下之民,其有豸矣。盖天生民而立之君,朝廷之设官,以为民也。今之悍然民上者,其视民之去来生死,如秦人视越人之肥瘠然,何怪天下流亡满目,盗贼载途也"③。1894 年 6 月孙中山在《上李鸿章书》中,通篇均是"人"如何如何,讲到"民"时则用"草野小民""生民""为民牧者""民有余力者","夫国以民为本,民以食为天",在这里虽则"人"与"民"同用,但仍未见"国民"一词。④ 1894 年 11 月,孙中山虽在檀香山成立兴中会革命团体,并提出"驱除鞑虏,恢复中国,创立合众政府"和振兴中华的口号,但在《檀香山兴中会章程》中,孙中山仍然没有国民意识,凡谈到中国人时,他均以"四百兆苍生""子民受制而无告"来表达。⑤ 三个月以后,在《香港兴中会章程》中,孙中山又用"四百兆人民""四百兆生民"来称呼中国人,用"民为邦本,本固邦宁"的民本思想来审视国人的作用。⑥

从孙中山留下的文字资料来考察,孙中山国民意识的形成同他提出"创建民国"大致是同步的,这是因为创建民国靠的是国民,靠的是具有民主自由观念、具有法制意识的"新民"。这种"新民"用梁启超的话作解释,就是"新民云者,非欲吾民尽弃其旧以从人也。新之义有二:一曰,淬厉其所本有而新之;二曰,采补其所本无而新之。二者缺一,时乃无功"。"凡一国之能立于世界,必有其国民独具之特质,上自道德、法律,下至风俗习惯,文学美术,皆有一种独立之精神,祖父传之,子孙继之,然后群乃结,国乃成;斯实民族主义之根底源泉也"。梁启超说:"昔者吾中国有部民而无国民,非不能

---

① 孙中山:《致郑藻如书》,《孙中山全集》第 1 卷,第 1 页。
② 孙中山:《致郑藻如书》,《孙中山全集》第 1 卷,第 2 页。
③ 孙中山:《农功》,《孙中山全集》第 1 卷,第 5~6 页。
④ 孙中山:《上李鸿章书》,《孙中山全集》第 1 卷,第 8~18 页。
⑤ 孙中山:《檀香山兴中会章程》,《孙中山全集》第 1 卷,第 19~20 页。
⑥ 孙中山:《香港兴中会章程》,《孙中山全集》第 1 卷,第 21~24 页。

为国民也,势使然也。"这是因为昔之中国屹立于大东,环列皆小蛮夷,与他方大国未一交通,"故我民常视其国为天下,耳目所接触,脑筋所濡染,圣哲所训示,祖宗所遗传,皆使之有可以为一个人之资格,有可以为一家人之资格,有可以为一乡一族人之资格,有可以为天下之资格,而独无可以为一国国民之资格"。所以,"今日不欲强吾国则已,欲强吾国,则不可不博考各国民族所以自立之道,汇择其长者而取之,以补我之所未及"。[1] 提高我国民的素质,养成我国民的民主、自由意识,才能建设新的中国。

孙中山期盼中国国民再造一个新中国,这个新中国就是他随后提出的共和民国。1903年12月13日,孙中山在檀香山发表演说,强调要拯救中国出于国际交涉之危惨地位,"革命为惟一法门",并指出:"今日之中国何以必须革命?因中国之积弱已见于义和团一役,二万洋兵攻破北京。若吾四万万人一齐奋起,其将奈我何!我们必要倾覆满洲政府,建设民国。"革命成功之日,要建立民国,这个民国要"效法美国选举总统,废除专制,实行共和"。[2] 此后,孙中山一再表示"在我国建立宪政政府的斗争必将获得最后胜利"[3]。可见,孙中山提倡建立的民国是属于西方宪政国家的共和国。

1905年7月30日,孙中山在日本东京召开中同盟会筹备会议,并为与会者主持加盟仪式,在中国同盟会中确定"驱除鞑虏,恢复中华,创立民国,平均地权"宗旨。8月13日孙中山在东京向中国留学生演讲又批驳那些认为中国人民此时还不能共和,以及中国国民没有独立资格的观点,并反复强调我们中国"决不能要随天演的变更,定要为人事的变更,其进步方速"。孙中山指出,我们要救中国,全靠"培养起国民独立的性根来",他说:如果"不把我们中国造起一个二十世纪头等的共和国来,是将自己连檀香山的土民、南米(美)的黑奴都看做不如了"。[4] 至此,孙中山由中国国民来建设中国民主共和国的思想已经十分明确,说明孙中山国民意识已经形成。此后,"国民"一词便普遍出现在他的文字中和口头上。1905年10月20日,孙中山在《〈民报〉发刊词》中明确指出:希望《民报》要以"非常革新之学说,其理想输灌于人心而化为常识"[5],促使国民觉醒,实现同盟会的革命政纲。

由此可见,将孙中山的国民意识的最终形成定在1905年8月中国同盟会成立前后较为符合他的思想实际。

---

[1] 梁启超:《新民说》,《饮冰室文集》卷1,台南大孚书局1999年版,第5～6页。
[2] 孙中山:《在檀香山正埠荷梯厘街戏院的演说》,《孙中山全集》第1卷,第226页。
[3] 孙中山:《在旧金山的演说》,《孙中山全集》第1卷,第239页。
[4] 孙中山:《在东京中国留学生欢迎大会的演说》,《孙中山全集》第1卷,第280页。
[5] 孙中山:《〈民报〉发刊词》,《孙中山全集》第1卷,第289页。

（二）

"民国者，民之国也。为民而设，由民而设，由民而治者也。"① 既然中华民国是由国民建立的政府，"凡为国民皆平等以有参政权。大总统由国民公举。议会以国民公举之议员构成之。制定中华民国宪法，人人共守"，"文明之福祉，国民平等以享之"，"敢有垄断以制国民之生命者，与众弃之"。② 可见，孙中山要建立的民国，就是"俟天下大定，当制定中华民国之宪法，与民共守"，即"民国则以四万万人一切平等，国民之权利义务无有贵贱之差，贫富之别，轻重厚薄，无稍不均——是为国民平等之制"。③ 民国既然是国民之国，国民的素质如何，将直接关系到国民参与政治的能力和水平。正因为这样，在1912年中华民国南京临时政府成立前后，孙中山一方面强调，民国是国民的国家，国家要对国民负责；另一方面又非常重视对国民的教育、要求和期待。

1912年1月1日，孙中山在《临时大总统誓词》中强调："倾覆满洲专制政府，巩固中华民国，图谋民生幸福，此国民之公意，文实遵之，以忠于国，为众服务。"④ 在《临时大总统宣言书》中，孙中山又表示："自推功让能之观念以言，文所不敢任也；自服务尽责之观念以言，则文所不敢辞也。"孙中山表示他将决心与国民在一起，"尽扫专制之流毒，确定共和，以达革命之宗旨，完国民之志愿"。⑤ 从这时起，孙中山凡提到中国民众时，都以国民或人民为称谓，并一再声明，作为国家的总统和各部门的负责人都是国民的"公仆"，他们不仅要为国家、民族的利益效劳，也要为国民的福祉尽力。而且他还表示"国民蒙共和之福。国基一定，选贤任能，一秉至公"⑥。孙中山是在说，君权国家为君主独治的一人之国，民权国家为国民共治的国民之国，所以国家强盛与否，非一人之力可以成功，"将来国家政治之得失，前途之安危，结果之良否，皆惟我国民是赖"⑦。孙中山经过长期革命斗争的洗练和磨难，非常明白国民人心的重要，他曾强调："人心就是立国的大根本。辛亥年满清之所以亡，是亡于他们失去了这个根本；民国之所以成，就是成于我们得到了这个根本。"⑧ 要得民心，施政者必须关心人民的冷暖，必须"以人民为主

---

① 孙中山：《为居正题词》，《孙中山全集》第5卷，第200页。
② 孙中山：《中国同盟会革命方略》，《孙中山全集》第1卷，第297页。
③ 孙中山：《中国同盟会革命方略》，《孙中山全集》第1卷，第317～318页。
④ 孙中山：《临时大总统誓词》，《孙中山全集》第2卷，第1页。
⑤ 孙中山：《临时大总统宣言书》，《孙中山全集》第2卷，第1～2页。
⑥ 孙中山：《劝告北军将士宣言书》，《孙中山全集》第2卷，第11～12页。
⑦ 孙中山：《在广州耶稣教联合会欢迎会的演说》，《孙中山全集》第2卷，第361页。
⑧ 孙中山：《在广州中国国民党恳亲大会的演说》，《孙中山全集》第8卷，第238页。

人","千万勿扰百姓","任官授职,必须贤能;尚公去私","政府之官吏,乃人民之公仆","其为国为公,则天下从之;其为己为私,则天下弃之"。"有志之士,当立心做大事,不可立心做大官"。以上是孙中山为民国官吏的要求和期待。另一方面,孙中山对国民则要求"有国民之天职","人人能尽职任,人人能尽义务,凡四万万人无不如此,则中华民国之进步必速"。①

孙中山要求国民除了尽义务,负责任之外,还要做到:

第一,立志。孙中山讲立志主要是向青年国民提出的要求。他说:立志为何?"(1)学生须要明白中国地位;(2)学生须要认定自己责任。能了解于斯二者,然后可以言立志"②。他强调"有志者事竟成"③。立志就是希望大家"要有国民的大志气,专心做一件事,帮助国家变成富强"④。"古今人物之名望的高大,不是在他所做的官大,是在他所做的事业成功。如果一件事业能够成功,便能够享大名"。所以,孙中山劝青年学生要立志"做大事,不可要做大官"⑤。"我们要图国家富强,必须要自己振作精神,大家团结起来,共同向前去奋斗。万不可自私自利,只知道要自己到什么地位,不知道国家到什么地位。我们有了这项志气,便是国民志气"⑥。可见,孙中山谆谆劝告青年学生要立志做大事,就是要青年国民学好本领做"救国拯民的事业","众志成城","为国奋斗","为全体国民之利益而奋斗"。这种努力报国的思想,也是孙中山自己精神的流露。

第二,要有坚强的毅力。孙中山强调,"天下之事,莫不成于艰难困苦之后",他希望国民力任艰巨,切勿退志,只要国民能以国民"党义奋斗于先","以毅力坚持于后","前途必日顺利"。孙中山强调:"我辈既以担当中国改革发展为己任,虽石烂海枯,而此身尚存,此心不死。既不可以失败而灰心,亦不能以困难而缩步。精神贯注,猛力向前,应乎世界进步之潮流,合乎善长恶消之天理,则终有最后成功之一日。"⑦孙中山将乐观的精神以及坚忍的毅力视为万事成功的基本要素,所以他强调:"乐观者,成功之源;悲观者,失败之因。吾人对于国民所负之责任,非图谋民生幸福乎?民生幸福者,吾国民前途之第一大快乐也。既然矣,则吾人应以乐观之精神,积极进行之,夫然后民

---

① 孙中山:《在南京参议院解职辞》,《孙中山全集》第2卷,第317页。
② 孙中山:《在广东省第五次教育大会上的演说》,《孙中山全集》第5卷,第557页。
③ 孙中山:《在广州对国民党员的演说》,《孙中山全集》第8卷,第568页。
④ 孙中山:《在广州岭南学生欢迎会的演说》,《孙中山全集》第8卷,第542页。
⑤ 孙中山:《在广州岭南学生欢迎会的演说》,《孙中山全集》第8卷,第535页。
⑥ 孙中山:《在广州岭南学生欢迎会的演说》,《孙中山全集》第8卷,第540页。
⑦ 孙中山:《致邓泽如及南洋国民党人函》,《孙中山全集》第3卷,第74页。

生幸福之日可达,而吾人之希望乃有成也。"① "悲观之心理为民国危险之事"②,而中国国民最大的弊端则为悲观。"自命高尚者流,闭门谢客,笑骂当世以为得,而热心之极者,更往往蹈海沉江,捐生弃世"③。这种"宁为太平犬,不作乱离王"的心理不改变,中国是永远不能太平的。因为有这种心理,样样敷衍苟安,枝枝节节,对问题不求彻底痛快的解决,对什么事情都畏首畏尾,怕这怕那,所以孙中山认为这个"怕"字必须"当先除去,然后才可有为"④。

第三,要具有"国家兴亡,匹夫有责"的精神。孙中山指出:"吾人生在恶浊世界中,欲打破此旧世界,铲除一切烦恼,以求新世界之出现,则必高尚思想。"⑤ 这种思想就是爱国思想,就是"人人须以爱国保种为前提"⑥。孙中山一再告诫我们"中国者中国人之中国"⑦,中国人必须"坚持不懈,再接再厉,唤醒国魂"⑧,同心协力拯救贫弱的中国,振兴中华,使中国"永久适存于世界"⑨,否则中国人"无国家思想,且无国民资格",在这个竞争激烈的时代里,在这强权政治的国际环境中,中国免不了成为列强的"次殖民地",成为亡国之民,然而"亡国人世界无位置也"⑩。因此,孙中山指出"根本救国,端在唤醒国民"⑪。只要国民都是"爱国之国民","人人对于国家社会,当视为我个人与他人组织而成。凡国家社会之事,即我分内事。有时凡有益于国家社会之事,即牺牲一己之利益,为之而不惜,然后国家社会乃能日臻于进步"。⑫

第四,具有高尚人格和博爱精神。孙中山强调:"想中国改良成为一个好国家,便是想得有一个机会,令四万万人都变成好人格。这个方法是在什么地方呢?要正本清源,自根本上做工夫,便是在改良人格来救国。"⑬ 人类的天职,就是令人群社会,天天进步,而要社会进步,国民就要身体力行,造成顶

---

① 孙中山:《〈国民月刊〉出世辞》,《孙中山全集》第3卷,第63页。
② 孙中山:《在上海报界公会欢迎的演说》,《孙中山全集》第2卷,第495页。
③ 孙中山:《〈国民月刊〉出世辞》,《孙中山全集》第3卷,第63页。
④ 孙中山:《在上海报界公会欢迎的演说》,《孙中山全集》第2卷,第495页。
⑤ 孙中山:《在桂林对滇赣粤军的演说》,《孙中山全集》第6卷,第35~36页。
⑥ 孙中山:《在南昌军政学联合欢迎会的演说》,《孙中山全集》第2卷,第536页。
⑦ 孙中山:《中国同盟会革命方略》,《孙中山全集》第1卷,第312页。
⑧ 孙中山:《复陈汉明函》,《孙中山全集》第5卷,第54页。
⑨ 孙中山:《中国之铁路计划与民生主义》,《孙中山全集》第2卷,第490页。
⑩ 孙中山:《在中国同盟会葛仑分会成立大会的演说》,《孙中山全集》第1卷,第523页。
⑪ 孙中山:《复黄玉田函》,《孙中山全集》第5卷,第116页。
⑫ 孙中山:《在潮州旅省同乡会欢迎会的演说》,《孙中山全集》第2卷,第361~362页。
⑬ 孙中山:《在广州全国青年联合会的演说》,《孙中山全集》第8卷,第319页。

好的人格，只有人格好，社会才会进步。这是孙中山一贯的思想。这种思想的实质就是有"聪明能力的人，应该要替众人来服务"。这种替众人来服务的精神就是新的道德。孙中山对国民的要求是先修身，再来讲齐家、治国。他在晚年强调："大凡一个国家所以能够强盛的原故，起初的时候都是由于武力的发展，继之以种种文化的发扬，便能成功。但是要维持民族和国家的长久地位，还有道德问题，有了很好的道德，国家才能长治久安。"① 孙中山将道德视为治理国家和世界的基础，用他的话说就是"有道德始有国家，有道德才有世界"②。

随着人类的进步，人虽然脱去兽性，但由于治理国家的人缺乏道德、人格低下，便经常作恶，所以孙中山指出人类要随着社会进步，不断改造自己，减少兽性，增加人性，"完全是人性，自然道德高尚；道德既高尚，所做的事情，当然是向轨道而行"③。在一个正常的社会里，人与人之间的关系是"己立立人，己达达人"④，只有做到每一个人都严格地要求自己，善待别人，人与人保持一种亲爱、互助、和谐的关系，人类的人格便高尚。"人类的人格既好，社会当然进步"⑤。孙中山企图通过改良人格来救国，目的很明显，就是要清除专制时代百姓之奴性、惰性和冷漠的故态，树立国民的主人意识，尽国民的义务；建设和谐的社会和营造人与人的和睦关系。孙中山认为，只要全体国民都树立起"为国牺牲""成仁取义"的信念，立下决心"舍性命来救国"⑥，中国就没有不强盛的道理。

由此孙中山推导出，人类不能相互欺凌、压榨，乃至于残杀。人类应该相互了解、和解和博爱。"博爱，即可谓之仁。……仁之种类，有救世、救人、救国三者"。"仁则不问利害如何，有杀身以成仁，无求生以害仁。求仁得仁，斯无怨矣。"⑦ 以仁爱为出发点，为全中国"四万万人谋幸福"、为全世界人民谋和平和福祉便是孙中山对中国国民的最高要求和殷切的期望。

第五，确立"学问为立国的根本"，要求国民要有为国家、民族效劳的本领。作为民主国家的国民，它不仅要具有遵纪守法的意识，更要具有治理国家、管理国家的意识，因此文化素质非常重要。随着社会的进步，中国的文

---

① 孙中山：《三民主义：民族主义第六讲》，《孙中山全集》第9卷，第242页。
② 孙中山：《在东京中国留学生欢迎会的演说》，《孙中山全集》第3卷，第25页。
③ 孙中山：《在广州全国青年联合会的演说》，《孙中山全集》第8卷，第316页。
④ 孙中山：《与门司新闻记者的谈话》，《孙中山全集》第11卷，第433页。
⑤ 孙中山：《在广州全国青年联合会的演说》，《孙中山全集》第8卷，第316页。
⑥ 孙中山：《应上海〈中国晚报〉所作的留声演说》，《孙中山全集》第10卷，第239页。
⑦ 孙中山：《在桂林对滇赣粤军的演说》，《孙中山全集》第6卷，第22页。

明、世界的文明都要求国民必须具有知识,具有学问;知识越多,学问渊博,进步越快。"世界进化,随学问为转移。自有人类以来,必有专门名家发明各种专门学说,然后有各种政治,实业之天然进化"①,所以,孙中山认为,革命需要学问,革命军"要有高深学问做根本"②。"建设事业,必须学问"③,"欲求此种建设的学问,必须假以时期,或十年,或六七年之苦心研究,方能应用"④,孙中山将学问视为立国的根本,自然他也认为"学者,国之本也"⑤,这样一来,在全国全社会形成一种尊重知识、重视教育、重视人才的风气,号召全体国民研究各种学问,智者"当用其学问为平民谋幸福,为国家图富强"⑥。愚者虚心接受教育,将不知不觉变为有知有觉。在全国兴起重视教育,"励行教育普及,增进全国民族文化"⑦。只要全中国四万万人皆受教育、国民的素质提高后,"人人各尽各的力量,有一分能力去做一分事情,大家都去实行"⑧,这样我们的国家就一定"转弱为强,反衰为盛"⑨。

综上可见,孙中山的国民意识是他建立民国意识的重要组成部分。民众是决定国家命运的重要力量,孙中山通过对国民决定国家前途和发展路向的阐释给国民指明参与国家政治和关注民族前途的重要性,国民是民主政治的主体,民国是国民的国家。国由民而建,只有国民参与和支持国家建设,国家才有振兴和复兴的可能。然而,国民也要以国家为主,以民族利益为重,遵纪守法,履行权利和义务。所以,建立共和民主的国家,必须同时培养国民的能力,陶冶国民的性格和精神。在这些方面,孙中山不仅用他的思想和智慧启导中国国民,教导国民不仅要有道德,要做一个高尚的人,而且也要从人类的本能博爱情怀去善待自己的同胞和外国的友好人士。他说:"人生有死,死有重轻,死以为国,身毁名荣"⑩,盖人类牺牲的价值,"有比生命还要贵重的,就是真理和名誉"⑪。对于那些国民的败类、卖国者、背叛国民利益者,要与众弃之,诋毁之。这就对国家、领袖与国民的关系作了全面合理的概括。

---

① 孙中山:《在北京湖广会馆学界欢迎会的演说》,《孙中山全集》第2卷,第423页。
② 孙中山:《在陆军军官学校开学典礼的演说》,《孙中山全集》第10卷,第297页。
③ 孙中山:《在东京中国留学生欢迎会的演说》,《孙中山全集》第3卷,第24页。
④ 孙中山:《在东京中国留学生欢迎会的演说》,《孙中山全集》第3卷,22页。
⑤ 孙中山:《令教育部通告各省优初级师范开学文》,《孙中山全集》第2卷,第253页。
⑥ 孙中山:《在北京湖广会馆学界欢迎会的演说》,《孙中山全集》第2卷,第423页。
⑦ 孙中山:《中国国民党宣言》,《孙中山全集》第7卷,第3页。
⑧ 孙中山:《在桂林学界欢迎会的演说》,《孙中山全集》第6卷,第75页。
⑨ 孙中山:《拟创立农学会书》,《孙中山全集》第1卷,第25页。
⑩ 孙中山:《祭武汉死义诸烈士文》,《孙中山全集》第2卷,第242页。
⑪ 孙中山:《在广州中国国民党恳亲大会的演说》,《孙中山全集》第8卷,第286页。

孙中山为真理而战，为名誉为国家和民族而生存的精神和品格，为全体中国人树立了一座光芒四射的人格丰碑。

（三）

辛亥革命后中国国民的意识怎么样？学术界似有不同的看法。在这里笔者不想从辛亥革命与社会变迁的大视角就辛亥革命对中国国民，以及国民对辛亥革命的相互影响作全面的陈述和争辩，只是想就国民的觉醒方面谈点个人的看法。1912年1月中华民国南京临时政府成立，无疑这是中国社会变迁中的重大事件，是近代中国社会转型最具典型性的事件。有学者认为，孙中山领导的辛亥革命是以暴力推翻或夺取现有政权而达到转变现存的政治秩序为目的的革命，是与改变社会和文化秩序不同的"小革命"。① 这个"小革命"是中国社会转型初期民族独立、国家统一和富强不可缺少的条件，它是自清末以来，中国一批具有民族主义思想的知识分子发动的以追求思想自由和民主政治进行宣传造成国人觉醒的结果。辛亥革命的成果为中国国民参与政治提升政治地位起了推进器的作用。随着辛亥革命推翻了统治中国两千多年的封建王朝，实现了政治体制的大变革，变家天下为公天下，变皇权为民权，中国人由臣民、庶民转变为国家的主人，为中国的进步发展、为中国的近代化提供了新的契机。孙中山创建了体现民主政治的共和国，在担任中华民国南京临时政府大总统的三个月任期内，他革故鼎新，移风易俗，制定和颁布了政治、经济、文化教育、社会生活等一系列政策、法令，为解放生产力和发展社会经济创造了条件。由于人民的权利和自由得到公认，法律赋予国民言论、出版、结社、信仰自由的权利，使中国国民摆脱了皇权、神权、宗族权的束缚，思想获得了前所未有的解放。

"国家之进步无穷，国民之幸福亦无穷焉"②，只有国家的进步发达，才有国民的幸福康乐，也只有国民对国家的奉献才会有国家的富强。没有国民的觉醒就不会有国家的繁荣，没有国家的繁荣也不可能有国民的福祉和幸福，所以国家与国民是相互促进和制约的统一体。孙中山领导的辛亥革命，以其宏伟的气魄第一次激发了中国人振兴中华、复兴中国的希望和信心，第一次鼓舞了中国人奋发图强、主动迎接挑战的勇气，第一次树立了中国人独立、自主、自信的精神，为中国人在世界民族之林树起一座令人仰望的巨大丰碑。

辛亥革命对中国国民观念和思想的转变极为明显，知识分子作为一个群体

---

① 张灏：《思想与时代》，上海文艺出版社2002年版，第362页。
② 孙中山：《〈国民月刊〉出世辞》，《孙中山全集》第3卷，第64页。

是最早觉醒的先知先觉者，他们是辛亥革命的主要发动者，也是新文化运动的发动者和领导者。城市市民对革命的感受不一，但都发生了震动。对于这些说者已不少，笔者不再重复。在这里笔者要再强调的是当时中国最没有地位的两种人：妇女和农民。辛亥革命对中国妇女和农民产生什么影响？从他们的变化中可以看到中国的变动。在封建礼俗的压迫下，"女子无才便是德"，中国妇女是作为男人的附属品而生存的，地位最卑微。中国同盟会为了女子的解放，将男女平等作为革命的宗旨，号召妇女走出家庭参与社会活动。在辛亥前10年间，宣扬女子解放，唤醒女性起来争取自由、平等、独立的刊物不断涌现，如《女学报》《女子世界》《中国女报》《神州女报》《留日女学生会杂志》等，在国民思潮蓬勃兴起之时，"女国民"思潮也应运而生。中国女性开始与封建礼教的"贤妻良母"决裂，走向社会接受教育，参与政治，从政从军，培养爱国心。她们以"女国民"半边天的身份，登上政治舞台、教育讲台和生产第一线，开辟了中国女性的新天地，这是清末民初中国女性的觉醒，也是中国妇女解放运动的肇始。诚如孙中山所言："女界多才，其入同盟会奔走国事百折不回者，已与各省志士媲美；至若勇往从戎，同仇北伐，或投身赤十会，不辞艰难，或慷慨助饷，鼓吹舆论，振起国民精神，更彰彰在人耳目。"①女性的解放最能说明中国社会的变迁。诚如革命先烈、女中豪杰秋瑾所言："我虽是个没有大学问的人，却是个最热心去爱国、爱同胞的人。"②秋瑾在诗文中分析了妇女在旧社会所处的奴隶地位，她指出妇女之所以受压迫，为社会所轻视，主要因为自己不能独立，事事靠着男子，妇女要求得解放，必须"求一个自立的基础，自治的艺业"。妇女要"自己养活自己"，首先必须做到经济上的独立，然后才能求得政治上的解放。③而要走上社会必须兴女学，女子只有接受教育才能觉醒，才会有本事。秋瑾通过革命实践，通过自己遭受封建家庭的迫害，使其认识到妇女所遭受的无穷灾难和痛苦，是同封建宗法制度和各种封建道德礼俗紧紧联系在一起的。所以，她大声疾呼要把千千万万妇女从火热的奴隶地位中解放出来，她的言论和她为革命牺牲的精神，在中国大地像狂风骤雨般袭来，给中国社会震动极大。在辛亥革命前后，所形成的兴女学、争女权、争平等、争自由思潮，激发亿万中华妇女奋勇前进，这占人口一半的中国妇女的觉醒实开中国有史以来的新篇章。

许多妇女豪杰投身革命和从政为20世纪20年代以后中国的崛起、为中国

---

① 孙中山：《复女界共和协济会函》，《孙中山全集》第2卷，第52～53页。
② 秋瑾：《敬告姐妹们》，《中国女报》1906年冬或1907年初，第1号。
③ 郭廷礼选注：《秋瑾选集》，人民文学出版社2004年版，第12～16页。

妇女争自由求解放起了模范带头作用。

农村与农民的情况如何，最能说明一场革命对社会的影响。农民占旧中国人口的大多数，农民对革命的态度既是对革命的回应，也是对革命成败的制约。

辛亥革命对中国农村和农民的影响是客观存在的事实，李喜所教授在20世纪80年代初便撰文叙述《武昌起义后的农村变动》，他利用280多种辛亥革命后编修的县志为主要材料，对武昌起义后的农村"乱哄哄，你方唱罢我登场"作了详细的分析，指出："武昌起义至1912年底，较大的群众起事有150多次。南北议和与南京临时政府建立后，各地革命党人的斗争已经接近尾声，但农村的群众起事却出现新的高潮。地主绅士们哀叹：'香烬灯残眠不得，晓窗无赖又啼莺。''大家挈眷赴春申，权作桃源可避秦。亦有举家匿山岙，林深菁密可藏身。'可见农民的反抗打乱了原有的封建秩序，他们在武昌起义后已成为农村一股不可忽视的势力，并直接影响着时局的转向。"① 农民是实用主义者，他们重视现实，注重看得见的东西，忽视理想。辛亥革命给农民什么实实在在的东西说不清楚，但革命期间通过革命党人的宣传"平均地权"的观念在一定程度上深入人心，这则是事实。加上"日出而作，日落而息"的习俗和追求，以及稳定求安居的本性，辛亥革命后的农民对过去只知"恒守古法，不思变通"，谁当皇帝他都是照样纳粮交税，不管国事的情况有了很大改变，否则我们就难以解析中国农民会有20世纪20年代初的革命热情和勇于奉献的精神。失去农民失天下。孙中山在就任南京临时政府大总统期间颁布了许多"关于慎重农事"的政策法令，说明他重视农民，随后在《实业计划》中，孙中山又将发展农业改善农民的生活列入计划，可见发展农业经济和稳定农村社会是他治理中国的重大决策，得到广大农民的拥护和支持。②

孙中山作为清末民初中国推行民主宪政的领袖，他的教诲为中国的国民觉醒起了促进作用，这是辛亥革命胜利的主要原因。然而，国民的觉醒是一个综合的课题，它包含对中国传统的国民性如宗族意识、奴性与盲目性、虚伪与自大缺点的改造，也包含国民综合素质的提高、国族意识的树立和对国家承担义务、享受权利意识的培养。所以就中国国民总体而言，民国初年中国国民并没有觉醒到西方民主国家国民的水平。民主意识、法治意识、传统意识和爱国意识的树立需要一个较长的时间，对民初国民的思想水平不能估计过高。正因这

---

① 李喜所：《武昌起义后的农村变动》，《纪念辛亥革命七十周年青年学术讨论会论文选》下册，中华书局1983年版，第603页。

② 参见林家有《孙中山对中国农村和农民问题的认识》，《孙中山振兴中华思想研究》，广东人民出版社1996年版，第335～363页。

样,国民并没有觉醒到中国只有实行民主政治、改变中国的政治体制与实现社会和文化转变的认识,因而缺乏坚定的政治信念,一时拥护革命,一时又反对革命,并对当时中国的领导人作了错误的选择,将袁世凯推上政治舞台,又将孙中山赶下政坛,造成民初中国政局的混乱。军阀混战,阻碍了辛亥革命引起的近代中国社会的最初转型,造成回归传统的逆向思潮,推迟了中国近代化的进程。

以上表述是为了说明对中国的社会变迁这个长过程要有一个正确的历史观才能作出正确的评定。黄仁宇先生讲过如下的话,他说:"即使我们对中国现代化不满,我们也要看清,中国的革命如一个长隧道,须要110年才可通过。我们平均的寿命,不可能长至99岁,所以我们片面对这段长隧道的反应,不能成为历史。"他又说:像光绪帝这样的人,或有他们局部错误的地方,但是"我们不能认为他们所代表的中国人物,及所有群众运动,全部糊涂,统统乱来"。如果我们误认为"光绪皇帝既错,康有为也错,孙中山仍错,袁世凯更错,蒋介石错,毛泽东错",这种以个人爱憎片面武断评论中国事务的做法,不可能令人了解何以20世纪初期的中国会蜕变为19世纪末年的中国。黄仁宇说:"辛亥革命打破了皇权,改变了上层结构;科举废后又无法下情上达。毛泽东革命,改变了低层结构。中国变动之大使人惊讶的。"① 黄仁宇先生说得蛮实在,如果不从近代中国这个长过程去审视,就不能了解近代中国社会变迁的方方面面。革命不仅是改朝换代的手段,更是社会变迁的推进器,革命作为一种手段不仅没有错,而且中国近现代每一次革命都多少促动中国社会的变动。但也不能肯定革命就否定其他温和的爱国者和为国民觉醒做了大量启蒙工作的知识分子、教育家和实业家。所以,近现代中国社会的转型是100多年来中国仁人志士和全中国人努力的结果,科学救国、教育救国、实业救国,以及维新、革命各自的功劳,是由量化的积累到质量的变化过程,如果没有过程也就没有历史,随便否定近代中国国民温和的各种救国思想和方案不对,随便否定国民的激进革命行为也是浅视和短视的武断行为,实在不可取,也不要恭维。

二、孙中山改造中国国民性的思想

(一)

国民性是指一个国家的成员的共性,它不是某一个民族的特性。1908年

---

① 黄仁宇:《大历史不会萎缩》,台北联经出版有限公司2004年版,第9、309、455页。

《东方杂志》第 5 卷第 6 期发表《论中国之国民性》一文，提出国民性就是"各国国民所独具之性质"，"无论何国，其国民之性质，亦必被其国之位置及境遇浸染而成色"。所谓"独具性"是就世界范围而言，而就一国的国民性而言，它是一国国民在特定的生态环境和社会条件下形成的独有特性。鲁迅经常把国民性与民族性概念等同使用，如果将中国的国民性视为中华民族的特性而言也可作如是说，但具体到中国的国民性，即梁启超所说的"中国人的德性""中国人的特点"，革命党人所说的"中国魂"，均属于中国国民性的内涵，指的是中华民族全体成员的共性。孙中山对中国国民性进行了分析，并提出了改造国民性的具体主张，而他之所以倡导改造国民性，是为了确立中华民族的国族意识，提高国民的综合素质，挽救中华民族的危亡，实现中华民族的伟大复兴和社会的文明进步。

1903 年 10 月，梁启超在《新民丛报》发表《政治学大家伯仑知理之学说》一文中谈到国民与民族之差别及其关系时说道："民族者，有同一之言语风俗，有同一之精神性质，其公同心渐因以发达，是固建国之阶梯也，但当其未联合以并一国之时，则终不能为人格、为法团，故只能谓之民族，不能谓之国民。"① 梁任公指出这点非常重要，因为民族与国家不同，民族只说明一个人的属性，但它不能说明一个人的国籍，更不能说明作为一个国家的国民所应具有的人格、国格、责任和要求，即国民应具有的国民性。孙中山晚年在作三民主义演讲，讲到民族主义时指出："用王道造成的团体，便是民族"，"用霸道造成的团体，便是国家"。民族是天然进化而成，不是用武力征服得来，所以民族与国家是两个不同的概念，具有不同的内涵。中国由中华民族各个民族共同组成，它代表中华民族的利益，也代表中国，所以中华民族各个民族对自己的国家也具有宪法赋予的权利和义务。中国国民是由中华民族各族的成员构成，而这种成员必然具有国民性。中国的国民性来源于各族人民的共同生活，来源于他们的创业精神，也即是来源于中国的人文精神，是"专从人类历史文化进展以及人类社会之日常人生与大群共业为出发，而依然即此为归宿的"。② 各民族应是平等的，但各民族的文化素质不同，经济发展不同，所以民族或民族内的成员不可能在事实上都是平等的，但成员之间应该是互助的，要"济弱扶倾"，要共同进步。作为一国之民族及民族间的成员从事的职业和贡献大小有不同，但作为统一国家的民族和国民应具有一国之民的人文精神，

---

① 梁启超：《政治学大家伯仑知理之学说》，《新民丛报》第 38～39 号合刊（1903 年 10 月 4 日出版）；《饮冰室文集》卷 2，台南大孚书局有限公司 1999 年版，第 15 页。
② 钱穆：《中山思想之新综析》，《中山思想要义》，台北台湾书店 1994 年版，第 148 页。

具有一国的传统文化及其所熔铸的人格、国格。

"中华民族"的称谓始见于 20 世纪初,"最初用来指汉族,辛亥革命以后,即已用来作中国各民族的总称"①,它是历史上和现在生活在中国境内的各民族的总称。中国的国民性就是指汉族及其他少数民族经过长期融合、陶冶、凝聚起来的中华各民族的个性而形成的带有普遍性(或称共性)、代表性的特征。孙中山说:"国与民弱且贫矣,不思有以救之,不可也;救之而不得其道,仍不可也。"② 国家靠国民来维护,国民素质差,国家就贫穷,所以要救贫,首先要救民,只有采取正确的办法去救民,才能救贫,才能拯救国家。想改良国家,提高国民的素质,关键在于教育发达,在于树立科学发展观,在于树立人的道德观,造就高尚的人格。没有道德就没有国家,没有道德就没有世界。③ "我们要人类进步,是在造就高尚人格。要人类有高尚人格,就在减少兽性,增多人性。没有兽性,自然不至于作恶。完全是人性,自然道德高尚;道德既高尚,所做的事情,当然是向轨道而行,日日求进步",即所谓"人为万物之灵"。④ 天之生人,虽有聪明才力之不平等,但人心则欲使之平等,斯为道德之上最高目的,要达到这个最高目的,则人不能利己,要重于利人。孙中山指出:"人人以服务为目的,而不以夺取为目的。聪明人力愈大者,当尽其才力,服千万人之务,造千万人之福。聪明才力略小者,当尽其能力以服十百人之务,造十百人之福。至于全无聪明才力者,亦当尽一己之能力,以服一人之务,造一人之福。"⑤ 人只有树立利人、利国的思想,立志为国家为民族为人民乐于奉献,才能达到现代国家对国民的基本要求。然而,孙中山看到"中国人对于家族和宗族的团结力非常强大,往往因为保护宗族起见,宁肯牺牲身家性命。像广东两姓械斗,两族的人无论牺牲多少生命财产,总是不肯罢休,这都是因为宗族观念太深的缘故。因为这种主义深入人心,所以便有替他牺牲。至于说到对于国家,从没有一次具极大精神去牺牲的。所以中国人的团结力,只能及于宗族而止,还没有扩张到国族"⑥。宗族意识是封建时代的落后意识,这种意识教人为小家去大家,为了小团体的利益,不愿去为国家牺牲。这种意识与近代民族国家对国民的要求是背道而驰的,但由于中

---

① 陈连开:《关于中华民族起源学说的由来与发展》,费孝通主编:《中华民族研究新探索》,中国社会科学出版社 1991 年版,第 53 页。
② 孙中山:《在桂林对滇赣粤军的演说》,《孙中山全集》第 6 卷,第 29 页。
③ 孙中山:《在东京中国留学生欢迎会的演说》,《孙中山全集》第 3 卷,第 25 页。
④ 孙中山:《在广州全国青年联合会的演说》,《孙中山全集》第 8 卷,第 316 页。
⑤ 钱穆:《中山思想之新综析》,《中山思想要义》,第 155~156 页。
⑥ 孙中山:《三民主义:民族主义第一讲》,《孙中山全集》第 9 卷,第 184~185 页。

国封建意识根深蒂固,家族、宗族意识是长期历史形成的,采取废除的办法不可取,不改变也不行,所以任何人都感到无奈。孙中山为了改造国民性,他做了研究,并向国人指出:为什么中国人只有宗族观念,而无国家思想?他说,那是因为"我国自有历史以来,人民屈服于专制政府之下,我祖我宗,以至于我之一身,皆为专制之奴隶,受君主之压制,一切不能自由。所谓国家者,亦不过君主一人一姓之私产,非我国民所有也。故人民无国家思想,且无国民资格"①。无国民资格便很难建立民国,所以在辛亥革命中华民国成立后,孙中山为了树立国民的意识和爱国的思想,确立中华民族的国族意识,便反复强调:欲图根本救治中国,"非使国民群怀觉悟不可"②。"根本救国,端在唤醒国民"③。"须知中国者中国人之中国"④,"今世界文明进化,尚在竞争时代,而非大同时代。处此竞争剧烈之时,人人须以爱国保种为前提"⑤。也即是说,中国由国民所造成,唯有第一等的国民才能造成世界第一等的民国,所以只要"中国同胞发生强烈之民族意识,并民族能力之自信,则中国之前途,可永久适存于世界"⑥。国民整体素质的提高体现了一个国家和社会的进步,以及文明的程度,没有高素质的国民,不可能有高速度的经济发展,也不可能有高度文明的社会,因此孙中山形成了有什么样的国民、便成就什么样的国家的观念,要建立一个民有、民治和民享的共和国,全赖国民的参与,以及国民参与的程度和水平,因此在全中华民族各民族中树立国民意识便成为孙中山一项重要的议题。1923 年 1 月 1 日,孙中山在《中国国民党党纲》中规定三民主义的民族主义"以本国现有民族构成大中华民族,实现民族的国家"⑦。所谓三民主义就是要"把全国的主权,都放在本族人民手内;一国的政令,都是由人民所出;所谓国家利益,由人民共享"⑧。"三民主义系促进中国之国际地位平等、政治地位平等、经济地位平等,使中国久适存于世界。所以说三民主义就是救国主义",而所谓的"大中华民族",就是包含全中国境内所有民族在内的 56 个民族。所谓"民族的国家"即中华民族的共和国家,而"民族主义就是国族主义",⑨ 也即是中国的国族主义。

---

① 孙中山:《在芜湖各界欢迎会的演说》,《孙中山全集》第 2 卷,第 537 页。
② 孙中山:《复廖凤书函》,《孙中山全集》第 5 卷,第 103 页。
③ 孙中山:《复黄玉田函》,《孙中山全集》第 5 卷,第 116 页。
④ 孙中山:《中国同盟会革命方略》,《孙中山全集》第 1 卷,第 312 页。
⑤ 孙中山:《在南昌军政学联合会的演说》,《孙中山全集》第 2 卷,第 536 页。
⑥ 孙中山:《中国之铁路计划与民生主义》,《孙中山全集》第 2 卷,第 490 页。
⑦ 孙中山:《中国国民党党纲》,《孙中山全集》第 7 卷,第 4~5 页。
⑧ 孙中山:《在广州对国民党员的演说》,《孙中山全集》第 8 卷,第 572 页。
⑨ 孙中山:《三民主义:民族主义第一讲》,《孙中山全集》第 9 卷,第 184 页。

孙中山在民族主义演讲讲到中华民族的国族主义时指出："如果中国人知道自己是受压迫的国民，已经到了不得了的时代，首先把各姓的宗族团体联合起来，更由宗族结合成一个民族的大团体，这个大团体就是中国四万万人的大团体国族。有了这个大团体无论什么外国用什么兵力、经济和人口来压迫，我们都不怕他。"可见，国族就是中国各民族团结的意思，就是各民族大联合的意思！它的真正目的在于振奋民族精神，对付帝国主义的侵略和维护民族的地位。中华民族在世界民族中算是唯一的历经数千年而不衰、直至现在"和世界的民族比较，我们还是人口最多最大的民族"，这"是我们民族所受的天惠，比较别种民族独厚。故经过天时人事种种变更，自有历史四千多年以来，只见文明进步，不见民族衰微。代代相传，到了今天，还是世界最优秀的民族"。① 这是我们中华民族适应自然和具有创新精神的表现。然而，孙中山则认为，中华民族处于今日世界激烈竞争的潮流中，受到列强政治力、经济力的压迫空前严重。此后中华民族如果单受天然力的淘汰，还可以支持 100 年，如果兼受政治力和经济力的压迫，就很难度过 10 年。这 10 年是中华民族的生死关头。"如果在这 10 年以内有办法可以解脱政治力和经济力的压迫，我们民族还可以和列强的民族并存。如果政治力和经济力的压迫，我们没有方法去解脱，我们的民族便要被列强的民族所消灭，纵使不至于全数灭亡，也要被天然力慢慢去淘汰。故此后中国的民族，同时受天然力、政治力和经济力的三种压迫，便见得中国民族生存的地位非常危险"②。孙中山在此时强调提倡国族主义就是要救危，就是要结合四万万中国人组成一个坚固的民族团体，用大中华民族的意志和力量、"用民族精神来救国"和建设。③ 他希望今日中国的国民大众，"当勉为爱国之国民"④。由此可知，孙中山在此时期强调改造国民的家族、宗族意识，提升民族意识，他的政治目的很明确，就是通过确立中华民族的国族意识，用去对抗侵略，用国民的团结全民的力量去捍卫国家主权和民族的尊严。

（二）

真正的爱国者，既要发扬民族优良传统，又要勇于发现民族性格、国民中的不良习性并力求克服它，不断地改造它。

中国是一个文明古国，历史悠久，民风淳朴，国民勤劳、勇敢，崇尚自

---

① 孙中山：《三民主义：民族主义第一讲》，《孙中山全集》第 9 卷，197 页。
② 孙中山：《三民主义：民族主义第一讲》，《孙中山全集》第 9 卷，第 198 页。
③ 孙中山：《三民主义：民族主义第一讲》，《孙中山全集》第 9 卷，第 189 页。
④ 孙中山：《在广东中国同志竞业社欢迎会的演说》，《孙中山全集》第 9 卷，第 359 页。

由，为人谦和，爱好和平。正如孙中山所指出："中国，由于它的人民性格勤劳和驯良，是全世界最适宜建立共和政体的国家。在短期间内，它将跻身于世界上文明和爱好自由国家的行列。"① 正由于中国人热爱和平，故孙中山指出："中国决无帝国派之野心，决不扩张军备"②，更加不会称霸世界。根据中国的历史和人文环境所造成的中国人的品性，孙中山一再强调一旦革新中国的目标得以完成，不但我们美丽的国家将会出现新的曙光，整个人类也将得以共享更为光明的前景。所以，孙中山指出，中国人要正确地认识自己，也要善待世界各国人民。中华民族有许多优良品质，但在一定的历史时期和历史条件下也存在着某些与时代不符的不良习性，所以改造国民性是社会发展所必需，也是人类本身发展的必然。近代中国是帝国主义支持下的封建专制国家，在霸道主义的侵凌和落后封建主义思想的统治下，自然经济和封建意识给中国人的心理、思想和意识都带来极其沉重的污染，使国人具有愚昧、偏私、奴性、苟安、守旧和缺乏自信等弱点。所以，在20世纪的中国不是要不要改造国民性的问题，而是应该怎么样认识中国国民性的缺点，以及如何更快地改造国民性的问题。过去，我们对梁启超的"新民"和新时代中国国民应有的"德性"，以及鲁迅的"立人"及其揭露中国人在封建专制和封建文化的遗毒下造成的愚昧落后、麻木不仁、自大好古的"民族劣根性"重视不够，还有人对梁启超、鲁迅的改造国民性主张提出批评；对于孙中山等革命党人改造国民性的认识也产生误解，致使改造国民性、提高中华民族的整体素质的教育一波三折，未能达到改造国民性的效果，不能通过实现人的近代化，达到实现经济和社会近代化的目的，这是中华民族在前进中的一大失误。承认中国人的落后，不等于就是妄自菲薄，就是自卑，就是民族虚无主义，相反，只有承认落后，只有树立荣辱感，才会有高尚的人格，才能有决心地消灭落后。孙中山在《建国方略》"心理建设"中就严肃地批评中国人"素自尊大"，不能虚心向先进民族学习，所以社会不能进步。在《伦敦被难记》中，孙中山又指出："中国之政，习尚专制，士人当束发受书之后，所诵习者不外于四书五经及其笺注之文字，然其中有不合于奉令承教，一味服从之义者，则且任意删节，或曲为解说，以养成其盲从之性。"学者文人如此，平民百姓更可想而知。"此所以中国之政治无论仁暴美恶，而国民对于现行之法律典章，惟有兢兢遵守而已"。③ 中国人这种盲从习性，造成他们对于"世界之大事若何，人民若何，均非其所知。国家

---

① 孙中山：《我的回忆》，《孙中山全集》第1卷，第558页。
② 孙中山：《在欧洲的演说》，《孙中山全集》第1卷，第561页。
③ 孙中山：《伦敦被难记》，《孙中山全集》第1卷，第51～52页。

之法律，非平民所能与闻。谈兵之书，不特为禁品之一，有研究者甚或不免于一死。至于新器之创造、新学之发明，人民以惕于死刑，罕敢从事。是故中国之人民，无一非被困于黑暗之中"①。1920年11月，孙中山在上海中国国民党本部会议发表演说，他指出："试看民国已经成立了九年，一般人民还是不懂共和的真趣"。"现在人民有一种专制积威造下来的奴隶性，实在不容易改变，虽勉强拉他来做主人翁，他到底觉得不舒服"。"中国奴制已经行了数千年之久，所以民国虽然有了九年，一般人民还不晓得自己去站那主人的地位。我们现在没有别法，只好用些强迫的手段，迫着他来做主人，教他练习练习。这就是我用'训政'的意思"。② 对此，包括笔者本人在内，过去也曾批评过孙中山对国民的认识估计过低、通过"训政"来教训国民的做法，现在想来，要推行民主政治，建设现代文明的社会，而人民的素质过低，的确困难重重。现代民主的社会是竞争的社会，如果国民奴性十足，对什么事情都畏首畏尾，没有新的思维，没有创新精神和敢为人先的意识，这种国民性对中国的振兴的确影响甚大。所以，采取各种办法，包括"训政"之类方法教育国民、提高国民的认识水平也不是可有可无之举，关键在于教育的目的和内容。1920年11月5日，孙中山在复电时任北京政府国务总理靳云鹏时又强调，"中国通病，在一个伪字"，这种积习不改，就无法"导人以诚"，否则"求统一而去统一愈远，言和平而破坏和平愈甚"。③ 孙中山晚年在作三民主义演讲时，在谈到修身、齐家、治国时又指出：我们中国人不仅正心、诚意这些内治的功夫做不到，就连修身、齐家、治国的外修功夫也还没有做到，所以本国便不能自治，外国人看到中国人不能治国，便要来共管。孙中山说，别的暂不去管它，仅是从修身一方面来看，我们中国人的功夫就很缺乏。除非来中国住上二三十年的外国人，或像英国罗素那样有学问的哲学家才可以看出中国的文化超过了欧美，才赞美中国。普通外国人总说中国人没有教化，是很野蛮的。孙中山指出，这是因为中国人对于一些平常的举动都不讲究，难怪人家瞧不起。对于中国人的鄙陋丑劣行为，孙中山总是不客气地指出来，这是为了引起咱们中国人注意并改正，提高个人素质。在《民族主义第六讲》中，孙中山举出不少例子说明中国人修身功夫欠缺对于中国国格的影响，并提出批评。孙中山说：中国人初到美国时，美国人本来是平等看待，没有什么中美人的分别。后来美国大旅馆都不准中国人住，大的酒店都不许中国人去吃饭，这就是由于中国人没

---

① 孙中山：《伦敦被难记》，《孙中山全集》第1卷，第51页。
② 孙中山：《在上海中国国民党本部会议的演说》，《孙中山全集》第1卷，第400～401页。
③ 孙中山：《复靳云鹏电》，《孙中山全集》第5卷，第395～396页。

有自修的功夫。孙中山指出，有一次在船上他和一位美国船主谈话，船主说："有一次中国公使前一次也坐这个船，在船上到处喷涕吐痰，就在这个贵重的地毯上吐痰，真是可厌。"孙中山问他："你当时有什么办法呢？"他说："我想到无法，只好当他的面，用我自己的丝巾把地毯上的痰擦干净便了。当我擦痰的时候，他还是不经意的样子。"像那位晚清公使在那样贵重的地毯上都吐痰，普通中国人大都如此。由此一端，孙中山说："便见中国人举动缺乏自修的功夫。"孙中山又以外国的大酒店都不许中国人去吃饭为例说，"有一次，一个外国大酒店当会食的时候，男男女女非常热闹、非常文雅，济济一堂，各乐共乐。忽然有一个中国人放起屁来，于是同堂的外国人哗然哄散，由此店主便把那位中国人逐出店外。从此以后，外国大酒店不许中国人去吃饭了。"孙中山指出：还有一次"上海有一位大商家请外国人来宴会，他也忽然在席上放起屁来，弄到外国人的脸都变红了。他不但不检点，反站起来大拍衫裤，且对外国人说：'嗌士巧士米（Excuse me，意思是'对不起'）'"，孙中山指出："这种举动，真是野蛮陋劣之极！"也许有人会说"有气必放，放而要响，是有益卫生"，孙中山指出："此更为恶劣之谬见。"① 孙中山将吐痰、放屁、留长指甲、不洗牙齿这些例子举出来教训中国人，他不是在有意与中国人过不去，而是要大家正视这些丑劣举止的不良，如不重视改正势必影响对外交往，也有损中国的形象。中国民族不从整体上提高国民的素质，学会文明礼貌，改变粗野的弊端，就人的文明性这一点而言就很难追赶世界文明国家的进步潮流。孙中山举上面一些例子在一些人看来只是小事一桩，好像不足挂齿，但若从只有人的进步才有社会的进步、只有实现人的近代化才有社会的近代化来看，这正说明孙中山的"人本"思想是在于教人从小事做起、从提高普通百姓的素质做起的苦衷。中华民族人口众多，但教育落后，人的综合素质不高，如果不从根本上下功夫，不从教育上入手，对国民进行普及教育，不解决好人与国家建设的关系、人与社会发展的关系，中华民族就不可能跟上世界的发展潮流，就不可能有国家的进步和社会的文明、民族的复兴。

  概括起来，孙中山改造国民性的思想是以民族自救为出发点，他着眼于提高国民的综合素质，追赶世界潮流，实现中国人的近代化和社会的文明进步。中华民族有许多优美品质，但也存在着某些不良习性，改造那些不良习性，正是中华民族重振雄风、恢复民族精神去改造我们的社会、建设我们国家所必需。不改造本民族落后的习性，提高民族文化的水平，则不复有本民族精神的复兴，而不学习和吸收西方先进国家的国民精神，则不会有中国人的近代化，

---

① 孙中山：《三民主义：民族主义第六讲》，《孙中山全集》第9卷，第248～249页。

更不会有中华民族的伟大复兴。所以,孙中山指出:20世纪之世界是科学互竞之世界,因此他对于菲律宾碧瑶华侨成立"爱国学校"表示祝贺,对他们"作育吾国侨菲之青年子弟,由非途轨进,而为他日研钻高深之学科,以与世竞,抑以供献祖国"①的行为给予肯定。可见,通过教育、发展科学提高国民的综合素质,树立竞争意识、强国的意识,追求中华民族的近代化和社会的文明进步,便是孙中山改造国民性的基本主旨。

(三)

中华民族与世界其他民族不同的是它虽是中国的"国族",但它不是单一民族,而是包含56个民族,大民族包含小民族,这是中国的特色。所以中国的"国族"的含义是非常模糊不清的,它不是56个民族的相加,也不是严格"民族"概念上的民族。中华民族是中国公民的集体称谓,各民族居住在中国国境之内,各民族具有不同习俗,但享有共同利益,并在同一领地上承袭共同的文化传统、民族精神与利害关系。然而,中国境内的56个民族中,谁也不能代表谁,它只能以自己独立的身份认同中华民族作为"国族",但不等于它已不独立存在。所以,在中国这个多民族统一体中,很难从概念的层次来讨论中国的"国族"。在这里,中国"国族"——中华民族的含义,是它在政治上所彰显的意义。正如英国著名"左派"历史学家埃里克·霍布斯鲍姆教授所言:"在当时,'民族'是国民的总称,国家乃是由全体国民集合而成,是一主权独立的政治实体,因此,国家乃民族政治精神的展现。由此观之,无论民族的组成是什么,公民权、大众的普遍参与或选择,都是民族不可或缺的要素。"②这个现代民族的新义基本符合中华民族——国族的含义。目前,中国境内有56个民族,每个民族都有自己的族名。同时,56个民族又有一个共同的族名,即中华民族。而中华民族的每个民族都存在它的特性和特点,但作为中华民族又具有许多共同的特征,如文字语言,除个别民族有自己的文字和语言外,多数民族都共同使用汉语、汉文,由于它们长期共同生活在东亚大陆这个具有完整结构的地理单元,经济生活和生活习俗也大同小异。正由于它们长期来杂居在中国各处,共同的生产活动和反对外族侵略的斗争,造成它们相互依存、共同进步的环境,形成你中有我、我中有你、谁也离不开谁的格局。所以正如我国社会学、民族学著名学者费孝通教授所指出的:中华民族实体是

---

① 孙中山:《菲律宾碧瑶爱国学校祝词》,《孙中山全集》第5卷,第458页。
② (英)埃里克·霍布斯鲍姆:《民族与民族主义》,李金梅译,上海人民出版社2000年版,第21页。

"一个休戚与共的自觉的民族实体","虽则中华民族和它所包含的五十多个民族都称为'民族',但在层次上是不同的"。① 孙中山作为中国的政治家和思想家,他高瞻远瞩,通过了解世界诸多国家的民族,为了追求民族独立可能带来的混乱和思想困扰,以及建立"民族国家"所造成的民族意识的大爆发,造成不同民族社群之间的对立和冲突,他及时地指出发扬民族主义,是为了造成中华民族各民族团结统一的国族意识。通过重构中华民族实体,弘扬传统文化中的道德传统,营造宽松、融洽、相互帮助、共同进步的环境。孙中山是想通过这些方法有意识地削弱和破坏中国的宗族、家族传统,以及民族之间的狭隘意识,改善国民和民族关系,改组社会结构,增强社会的稳定性。从分裂的社会和政治多元的格局中运用民族主义理论寻找替代物——国族主义,又通过国族主义对国民提出新的要求,通过思想革新,唤起国民的觉醒,实现救国和振兴中华的目的。有学者将这种民族主义思潮称为"乱世的潜流"②,这种比喻大体上说是不错的。因为近代中国面临救亡任务,所以"用民族精神来救国"是近代中国政治家、思想家和文人学士最响亮的声音,正是这种"乱世的民族主义潜流"将中国各族人民推向政治的前沿,接受时代和帝国主义侵略的双重挑战。

为了处理好中华民族多元与一体可能产生的问题,孙中山在晚年作民族主义讲演时,将亚洲人与欧洲人作比较,又将中国人与日本人作比较,从而得出结论,即白人能做的事,黄种日本人也可以做,而日本人可以做的事,中国人也可以做。所以,"世界上的人种虽然有颜色不同,但是讲到聪明才智,便不能说有什么分别"③。"我们中华民族和世界的民族比较,我们还是有许多优点"④。可是近来200多年,欧洲的科学发达、物质文明进步,中国则不及欧洲。而退步的原因不是中国人愚蠢和不努力,而是因为我们"失了民族的精神",不思进取。因此,孙中山提倡除了发展经济、增强政治军事力量抵御西方列强的欺凌外,又提倡在国内除了发展汉族人口外,对"中国的土人苗、瑶、僚、僮等族"也要增加人口。⑤ 其次必须改变中国人一盘散沙、没有国家观念的状态,形成"敬宗收族"的国族观念,改变过去"国亡他可以不管,以为人人做皇帝,他总是一样纳粮"⑥ 的意识,形成一个极大的国族团体,实

---

① 费孝通等:《中华民族多元一体格局》,第33页。
② 参见罗志田《乱世潜流——民族主义与民国政治》自序,上海古籍出版社2001年版。
③ 孙中山:《三民主义:民族主义第一讲》,《孙中山全集》第9卷,第190页。
④ 孙中山:《三民主义:民族主义第二讲》,《孙中山全集》第9卷,第197页。
⑤ 孙中山:《三民主义:民族主义第五讲》,《孙中山全集》第9卷,第237页。
⑥ 孙中山:《三民主义:民族主义第五讲》,《孙中山全集》第9卷,第239页。

现《尚书》所载尧的时候,"克明俊德,以亲九族;九族既睦,平章百姓;百姓昭明,协和万邦。黎民于变时雍"① 协和兴邦御敌保国的局面。最后,孙中山强调要正确地处理中外文化的关系,用继承中国传统文化中优良的东西,作为造成中国民族大团体——国族的文化基础,树立忠于国家、忠于人民,要"为四万万人去效忠"的精神,实现在"恢复我一切国粹之后,还要去学欧美之所长",然后和"欧美并驾齐驱"的目标。②

由此可见,孙中山改造国民性、重铸中华民族的精神是基于救亡图存的心理,是基于既要反对西方列强,又要学习西方列强先进科学文化双重挑战而作出的选择。他一方面生怕中国的落后造成中国人心的涣散,招致民族的分崩离析,通过强化国人的危机感,唤醒国人的强国意识;一方面他又怕过多地强调西方科学文化的先进、作出学习西方文化选择会带来国人心理结构的危机,产生依赖价值观,使历史的进步付出沉重的代价。在这一态势下,孙中山为了寻找心态的平衡,努力在中国传统文化中寻找作为接受现代西方文化的背景。然而,尽管他做了很多关于维护传统文化和向西方学习的解读,但由此又模糊了他的文化选择,他没有能够为中国文化的重构作出明确的导引,他强调弘扬传统文化来对待新文化的冲击,但由于对新的文化应如何调和、如何改造没有加以明说,因此又造成中国文化在变迁中产生逻辑对历史的排解和民族性对时代性的抗拒。

总之,孙中山看到中国人的素质、国民性格对国家兴亡的重大关系,因此他提出发扬中华民族精神之华,补以他民族精神之粹,以涤除民族的劣根性,铸造中华民族的新精神,奋发图强,大步前进。在孙中山的许多讲演和文章中,他都强调中华民族必须与世界民族平等,要有中国真正的独立。所以,孙中山改造国民性的一个明显特征就是改变"奴性",树立独立的人格。因为国民没有独立的精神,必然是依赖别人,依赖别人的人一定对别人阿谀媚人。所以一个强大的中华民族必须具有近代"文明的独立精神",将独立精神与"济弱扶倾"精神结合起来,造成新时代中国国民的新品质,以适应社会的发展和文明进步,便是孙中山改造国民性的基本出发点。

---

① 孙中山:《三民主义:民族主义第五讲》,《孙中山全集》第9卷,239~240页。
② 孙中山:《三民主义:民族主义第六讲》,《孙中山全集》第9卷,251页。

三、孙中山对中国社会变革道路的反思和设想

（一）

社会的变革与转型，一般有两种方式，一是采取温和的手段，进行体制内的改革，促使制度性变革实现转型；一是采取激进的方式，实行暴力革命，用强制性的手段，实行体制外的改革，促使制度性的转变，达到变革的目的。从中国的封建政体来说，所谓变革或转型就是由封建君主专制制度向民主共和的资本主义制度转变，或者说由1840年以后的半殖民地半封建社会向独立、民主和富强的社会转型。为了实现这种转型，近代中国的仁人志士进行了多方面的探索和艰难的实践，他们的言行都是时代的结晶和宝贵的精神财富。

中国社会科学院原院长胡绳先生说过：

> 半殖民地半封建的中国，要摆脱贫穷落后，进步起来，就必须从帝国主义的压迫下解放出来，成为独立的中国。不完成反帝国主义的任务，也不能完成反封建主义的任务。这二者是中国民主革命的基本任务。谁能完成这些任务？如果有一个能完成这些任务的资产阶级力量，中国就可能走上独立发展资本主义的道路。1898年以康有为为首的维新派，是近代中国最早带有资产阶级性质的政治派别。他们深切感受帝国主义侵略压迫之苦，有强烈的爱国情绪，提出了在政治上和经济上资本主义的纲领，并企图通过皇帝自上而下地实行这个纲领。但他们迅速地失败了。[①]

康有为、梁启超领导的维新运动是用温和的手段、企图实现体制内由上而下的政治变革，推动社会进步。当然还有清末的所谓"新政"，也是一些开明的官僚，企图通过清政府体制内的改革、缓和社会矛盾、延长清朝统治的温和改革。激进与温和的变革都是近代中国知识精英、开明官僚试图寻求一个比较适合中国国情的政体方案，对中国社会实行改革，促使政治及经济向前发展的痛苦摸索而提出来的。温和的自上而下的改革，即有序的体制内的改革，它不是那种属于自下而上的体制外的革命变革：你死我活的革命行动。清末中国能否两种变革并存，或只有温和的自上而下的改革，就是有序的体制内的改革，政界、学界的认识不一，并由此展开政体变革与国情之论争及其导致的中国社

[①] 胡绳：《为什么中国不能走资本主义道路》，原载《人民日报》1987年3月1日，又见《胡绳文集》（1979—1994），中国社会科学出版社1994年版，第36～37页。

会的变动则给中国民主进程和社会进步带来种种矛盾、曲折与闹剧。革命与改良，孰优孰劣，哪个进步，哪个落后，哪个可行，哪个不可行，成为人们议论中国政治与社会进步的焦点，两种对立思维造成的观点对立贯穿于近代中国社会、政治历史的始终。

孙中山虽是近代中国坚持革命激进路线改造中国的代表，但他也不是生下来就是主张革命激进路线的代表。改良、维新与革命是一个递进的过程，是一个相互促进相互影响的过程，很难说革命在任何时候都正确，改良或维新也很难说在什么时候什么情况下都不对或错误。1898年以康有为、梁启超为代表的改良、维新派跟清政府的保守势力相比，它是进步的激进的改革力量。正如袁世凯的首任政治顾问美国人古德诺所指出：

> 1898年，变法的时机看来似乎成熟了，这一年9月份的头21天之内（原文如此，百日维新的时间是这一年的4月23日至8月6日），光绪皇帝一连发布了15道激进色彩十分浓厚的诏书，维新变法运动开始了，然而，除了这些诏令之外，其他的具体工作做得很少。作为光绪皇帝的左膀右臂的激进的改革者们看来似乎相信只要一夜之间对国家的法令、政策来一场彻底的变革，就足以改变中国的现状，日本在不久之前的明治维新运动中所实行的那些被证明是有效的措施在中国却一点也没有被实际运用起来。中国的维新变法没有收到什么实际成效，不仅如此，由于没有将有变革要求的广大民众发动起来，提出来的方案又过分超前于当时中国人的观念，维新变法运动所产生的实际效果却是使本来认为有必要改革的民众反倒对改革变得疏远起来。①

维新变法的领导人康有为、梁启超与孙中山同是广东人，他们都是立志救国救民，实现中国独立、民主、统一和富强的先进人物，但由于他们对中国国情的认识深浅不同，因此要求变革中国的方式也不一。康有为、梁启超等维新派相对于清政府的保守派，他们是激进派；以孙中山为代表的革命派相对于康有为、梁启超为代表的维新派，又是更激进的改革派。尽管孙中山与康有为、梁启超对中国体制变革实行君主立宪还是民主共和、在政治革命与种族革命、在社会革命与政治革命等问题的看法和做法有分歧，但不是说孙中山一开始就反对维新和变法，更不能说孙中山反对社会的一切改良。

孙中山于1866年11月12日出生于广东省香山县（今中山市）翠亨村。

---

① （美）古德诺：《解析中国》，蔡向阳、李茂增译，国际文化出版社2005年版，第112～113页。

翠亨，两面环山，峰岳起伏，满目青翠，溪流潺潺，鸟语花香，气候适宜，是一个人杰地灵的乡村。但在半殖民地半封建社会的大环境下，翠亨村也同珠三角其他地区一样是一个欠发达的地区。据李伯新先生在《孙中山出生时期的翠亨村》一文中统计，全村 60 多户，土地 1102 亩。按当时经济状况大致划分为贫雇农 10 户，约 16 亩地，占 1.5%；佃中农 5 户，约 120 亩，占 11.5%；侨属及其他阶层 40 户，约占土地 100 亩，占 9%；地主买办 6 户，约占 860 亩土地，占 78%。由此可见，翠亨村的土地集中在地主和买办人家手里。孙中山出生在贫苦农民家庭。父亲孙达成，务农为生；母亲杨氏，家庭妇女，生下三男三女，家境并不宽裕，孙中山从小过着吃不饱、穿不暖的生活。他与其他村中的贫穷孩子一样，童年已参加农务劳动。① 他上山砍柴，下地割草，四处捡猪粪。稍大便下田插秧、除草、排水、打禾、放牛，有时还要跟着外祖父杨胜辉驾船出海采蚝，或到村中水塘边捞塘漂作猪饲料。② 由于家贫，孙中山交不起学费，10 岁时才进入翠亨村的私塾读书，直至 1879 年 6 月，孙中山随母亲乘木船离开翠亨村，到澳门转乘英国"格蓝诺号"（SS Grannock）海轮去夏威夷，投靠胞兄孙眉。在依靠胞兄孙眉读书之前，孙中山是一个尚未离开过乡村的农家孩童。但他个性倔强，敢于反抗欺凌，蔑视强权。由于环境和时代的局限，此时的孙中山并没有显示出超人的智慧，他也不是神童，只是一位生于斯、长于斯的乡间孩童。1879 年 9 月，孙中山进入火奴鲁鲁的英国教会办的意奥兰尼学校（LoLani School）读初中，1882 年夏季毕业。接着，他进入普纳胡学校（Punahou，当时叫 Oahu Collese）继续升学，念了半年，停学回国。这次出国和在外读书的经历对孙中山的后来发生巨大影响，这是无疑的，但他在夏威夷读书期间也还是一位拖着长辫子的中国传统学生。他学习认真，天资聪明，进步神速，但他与其他中国孩子也没有很大的区别。他在夏威夷读书最大的收获诚如孙中山的孙女孙穗华在为马衮生著《孙中山在夏威夷活动和追随者》一书所撰写的序文中所说："我的祖父在他的大哥孙眉的帮助下，在火奴鲁鲁的意奥兰尼和普纳胡两个中学读书。开始，我的祖父一个英文字母都不认识，但在短短的 3 年后，他居然获得全班英语语法第 2 名。这证明他天资聪明，勤奋学习。在夏威夷的教育使他接触到民主思想和基督教义。在他的思想里种下了建立自由和民主中国这一理想的种子。"③ 这个评价比较符合实际。后来孙中山自述："忆吾幼年，从学村塾，仅识之无。不数年得至檀香山，就

---

① 参见李伯新《孙中山故乡翠亨》，香港天马出版有限公司 2006 年版，第 13～64 页。
② 参见刘家泉《孙中山与香港》，中央文献出版社 2001 年版，第 4 页。
③ 孙穗华：《孙中山在夏威夷活动和追随者》序，马衮生：《孙中山在夏威夷活动和追随者》，台北近代中国出版社 2000 年版，第 2 页。

傅西校，其教法之善，远胜吾乡。故每课暇，辄与同国同学诸人，相谈衷曲，而改良祖国，拯救同群之愿，于是乎生。当时所怀，一若必使我国人人皆免苦难，皆享福乐而后快者。"①

1883年7月，孙中山回到了阔别5年之久的故乡。"家乡的贫穷与5年前相比几乎没有任何改变。官吏的腐败，却比从前更甚"，深感不满。但他的思想并没有意识到这是在中国延续几千年之久的封建专制制度阻碍中国发展而造成的恶果，更不可能由此就种下拯救和改造中国的雄心壮志。但他认为外国尤其是欧美建设得比中国好，于是产生一些改良家乡的意识，并曾一度说服乡绅宿者，支持修筑公路、改良农田水利、改革乡政、防贼防盗、入夜街道燃灯等主张。孙中山在家感到百无聊赖，除了有时帮助父亲干干农活外，还和同乡好友陆皓东一起毁坏了村庙中的神像，被迫离家到香港读书。② 他先进入香港拔萃书室读书，课余跟随基督教伦敦会长区凤墀补习国文，复结识美国传教士喜嘉里（C. R. Hager）。因喜嘉里之劝，偕陆皓东受洗加入基督教。1884年4月孙中山转学香港中央书院，11月再赴夏威夷，在姑剌牧场与胞兄孙眉见面，孙眉大发雷霆，不仅对孙中山在家乡破坏神像及在香港入教十分生气，还罚孙中山锯木，且加以责打。孙中山不甘示弱，跑到孙眉书房，将悬在壁上之关帝神像取下扔进厕所。此后，孙眉把孙中山送至茄荷蕾埠之商店帮做生意，并将以前赠给孙中山的财产收回。③ 1885年孙中山自夏威夷归国，8月往香港中央书院复学。在此期间，孙中山的思想发生较大的变化，不仅对国内的事情了解更多，而且对于清廷的腐败，以及官吏的无能，他更经常生发议论。然而，即使此时的孙中山思想有某些变化，但也并不是像他后来所忆述的"予自乙酉中法战败之年，始决倾覆清廷，创建民国之志"④。

孙中山在香港读书期间，思想发生一定程度的变化，这是事实。原因是什么？有主观上的原因，也有客观上的原因，但最主要的原因是他由中国而夏威夷，又由夏威夷而中国、而香港（时香港由英国统治），他的所见所闻与前有所不同。在出国之前，他对外国的了解只是书本上的，到了外国后他不仅见到世界之大，无奇不有，外国的建设成就，尤其是管理手段和人的素质较中国好，他初步认识到中国的确比欧美落后必须改变，"当时西方共和国的组织、法国大革命的故事、英国人民与王权斗争的经过"⑤，对他也产生了一定影响。

---

① 陈锡祺主编：《孙中山年谱长编》上册，第34页。
② 参见郝平《孙中山革命与美国》，第44～48页；李伯新《孙中山故乡翠亨》，第64～65页。
③ 参见陈锡祺主编《孙中山年谱长编》上册，第39页。
④ 黄彦编：《孙文选集》上册，广东人民出版社2006年版，第83页。
⑤ 吴伦霓霞：《孙中山早期革命运动与香港》，《孙中山研究论丛》第3集。

加上当时中法战争中国战败，维新、改良的思潮兴起，救亡图存成为当时社会思潮的主流，他读何启、郑观应的文章，受救亡图存、维新变法思想的影响，产生拯救中国、改良中国的愿望，产生改革中国，实现社会的进步、国民安康的思想，这是实在的，但并没有陈少白在《兴中会革命史要》中所说的那么进步。陈少白说：孙中山 1889 年在香港与他结识时"谈到革命的事，也很投机"，说"在孙先生的宿舍内谈天，天天谈革命的事，总是很高兴的"①，恐言过其实。孙中山的同学关景良也忆述，"至 1889 年，总理的言论已充满革命思想，要推翻清廷，废除帝制"②。但我们从孙中山的著作中看不到当时他有那么激烈的反清言论，从孙中山早期的言和行考察，孙中山并不像陈少白等人所言，可能这些人的忆述由于受当时环境影响有过分夸张孙中山和神化孙中山的可能性。如果当时孙中山已立志革命，用激进的方法"推翻清廷，废除帝制"，他就不太可能决定学医，到广州、香港读医学至大学毕业，他也不太可能希望在家乡推行改革，利用他的努力"求知于当道"，实行从下至上的改革，以贯彻他温和的救国主张。所以，孙中山不是天生的革命家，在 1894 年兴中会成立之前，孙中山也是置身于改良，尔后又把改良作为走向革命的阶梯，这都是学术界的共识。黄彦先生在其《孙中山早期思想的评价问题》中说：

> 孙中山开始用文字表达他的思想观点，是 1885 年清政府在中法战争中失败以后。在这场民族危机中，外国资本主义的侵略暴行、封建统治集团的昏庸怯懦以及人民群众的英勇抗争，给他上了很好的一课。战后不久他到香港西医书院学习，曾写了不少论文投寄香港、澳门、上海的报刊发表；毕业后行医期间，仍继续有作品问世。应该说，如此旺盛的写作热情正是经过中法战争而日益激发起来的爱国情愫的有力表露，而作品所表述的主张则是人们判断早期孙中山的基本思想倾向的最好根据。这些著作保存下来的共有三篇：1889 年致香山县籍退休官僚郑藻如书；1891 年前后写的论及农业的文章，后经郑观应酌加修改，以《农功》为题辑入《盛世危言》；1894 年上直隶总督北洋通商大臣李鸿章书。孙中山的这些作品，乃是当时改良主义思潮的带有个性的表现。③

总之，在兴中会成立前孙中山的主流思想是改良，他的爱国思想和行动就是提议用和平变革的主张，实现政治、经济的发展，促进社会的变化。其

---

① 陈锡祺主编：《孙中山年谱长编》上册，第 50 页。
② 简又文：《国民革命文献丛录》中册，香港中国文化协会 1941 年版，第 102 页。
③ 黄彦：《孙中山早期思想的评价问题》，《学术研究》1978 年第 2 期。

《致郑藻如书》和《农功》文章的思想主要是建议在乡下小范围试验发展乡村教育、仿行西法、试验用科学种田，改革乡村经济，这说明孙中山是一位实事求是而又务实的人，我们不要将孙中山思想的发展过程作偏离现实的解析，因为这样做对于研究孙中山并没有什么好处。

在《致郑藻如书》中，孙中山说他"今年二十有四矣，生而贫，既不能学八股以博科名，又无力纳粟以登仕版，而得之于赋界者；又不敢自弃于盛世。今欲以平时所学，小以试之一邑，以验其无谬，然后……而别为孙某《策略》，质之交［当］世……倘从此推而广之，直可风行天下，利百世"。①可见，孙中山《致郑藻如书》是属于建议发展乡村经济、解决乡村社会问题的私人建言、提议。他主要陈述三方面的建议：

第一，学习西方"兴农之会"，鼓励农民科学兴农。孙中山说："今天下农桑之不振，鸦片之为害，亦已甚矣！远者无论矣，试观吾邑东南一带之山，秃然不毛，本可植果以收利，蓄木以为薪，而无人兴之。农民只知斩伐，而不知种植，此安得其不胜用耶？"又说："蚕桑则向无闻焉，询之老农，每谓土地薄，间见园中偶植一桑，未尝不溥勃而生，想亦无人为之倡者。"所以，孙中山建议成立兴农之会，为之先导，发展农业，解决农村和农民的贫困问题。

第二，鸦片之为害甚巨，建议在香山县立会，劝戒、助戒鸦片。孙中山指出：今之鸦片为害尤烈，"举天下皆被其灾，此而不除，民奚以生？然议焚议辟，既无补于时艰；言禁言种，亦何益于国计。事机一错，贻祸无穷，未尝不咎当时主持之失计也"。他根据世界各地鸦片毒害的情况，建议郑藻如仿上海戒烟之规，在香山"立会以劝戒，设局以助戒"，严禁在香山种植和吸食鸦片，树立良好的社会风尚。

第三，建议在香山县成立兴学之会，发展教育，培养人才，实现国家和社会的富强与安定。孙中山强调："远观历代，横览九洲，人才之盛衰，风俗之淳靡，实关教他［化］。教之有道，则人才济济，风俗丕丕，而国以强；否则返［反］此。"又说："今天下之失教亦已久矣，古之庠序无闻焉，综人数而核之，不识丁者十有七八，妇女识字者百中无一。此人才（安得）不乏，风俗安得不颓，国家安得不弱？"为此，孙中山建议郑藻如在香山县先立兴学之会，每百户设男女蒙馆各一所，在县城设大学馆一所，其费通邑合筹。②

由此可见，孙中山企图通过郑藻如这个退休居乡的官僚在香山县提倡社会改良，"一倡百和，利以此兴，害以此除"，实现香山县社会改良的思想非常

---

① 孙中山：《致郑藻如书》，《孙中山全集》第1卷，第1页。
② 孙中山：《致郑藻如书》，《孙中山全集》第1卷，第1～2页。

明确和坚定。

在《农功》篇中，孙中山又建议学习泰西农政，设农部，专派户部侍郎一员，综理农事，参仿西法，"讲求树艺农桑、养蚕牧畜、机器耕种、化瘠为腴一切善法"，发展农牧业，做到"以农为经，以商为纬，本末备具，巨细毕赅"。孙中山还建议，在我国与英、俄国毗连之地，造铁路，守以重兵，仿古人屯田之法。"凡于沙漠之区，开河种树，山谷间地，遍牧牛羊，取其毳以织呢绒、毡毯。东南边界则教以树棉种桑、缫丝制茶之法。务使野无旷土，农不失时，则出入有节，种造有法"。孙中山说，只要做到这样，"我国之财"就恒足。①

孙中山上直隶总督、北洋大臣李鸿章书，是企图依靠他"步武泰西，参行新法"，以西方资本主义国家为楷模，改革教育制度以培养人才，采用先进科学技术以发展农工商业，从而使国家走上独立富强的道路。这次上书同样没有涉及改革封建专制制度及其经济基础封建土地制度的问题，而只限于提倡一种不必消除旧有统治阶级的主要基础的变革，②属于体制内的自上而下的改良。孙中山的目的是要清廷的重臣明白"欧洲富强之本，不尽在于船坚炮利、垒固兵强，而在于人能尽其才，地能尽其利，物能尽其用，货能畅其流——此四事者，富强之大经，治国之大本也"。并强调"我国家欲恢扩宏图，勤求远略，仿行西法以筹自强，而不急于此四者，徒惟坚船利炮之是务，是舍本而图末也"。③

孙中山对和平变革道路的思考反映了他对当时中国社会兴起的维新变革思潮的一种回应。他提出那些温和社会变革的主张带有试探性质，而且他的变革主张主要也是经济层面的内容，政治上几乎未曾涉及，而经济上的变革措施主要还是提倡向西方学习，就农工商的发展提出一些建议，如成立各种学会，利用科学的方法种田和重视教育培养人才，以及实现货畅其流方面的内容。如果清朝当局能礼贤下士，虚心听取孙中山的意见，并做一些相应的改革，他的态度会如何？由于上书李鸿章被拒和清廷的倒行逆施，孙中山"怃然长叹，知和平之法无可复施。然望治之心愈坚，要求之念愈切，积渐而知和平之手段不得不稍易以强迫"④。所以，由主张温和的和平变革向激进的革命的变革思想

---

① 孙中山：《农功》，《孙中山全集》第1卷，中华书局1981年版，第5～6页。
② 参见苑书义《国家政权与社会变革——孙中山"革命尚未成功"探源》；江中孝、王杰主编：《跨世纪的解读与审视——孙中山研究论文选辑（1996—2006）》，天津古籍出版社2006年版，第33～34页。
③ 孙中山：《上李鸿章书》，《孙中山全集》第1卷，第8页。
④ 孙中山：《伦敦被难记》，《孙中山全集》第1卷，第52页。

转变是孙中山社会建设思想转变的重要阶段。这个转变有外部的原因，也有内部的原因，而通过和平的或激进的手段实现中国社会的变革，促使中华早日振兴，实现中华民族的独立和国家的富强则是最主要的原因。

（二）

所谓激进变革，就是通过激烈的革命手段，实现政治体制的转型，为社会的发展扫除障碍。革命，100多年来在中国有人说它好，有人说它坏。应该如何对待中国的革命？有人说"革命是一种最激进的办法"，是"一种情绪化的东西"，并指出，"二十世纪中国第一场暴力革命，是孙中山领导的辛亥革命。……现在看来，中国当时如果选择康、梁的改良主义道路会好得多"，辛亥革命其实是不必要的。① 但学术界多数人都不同意这种看法。比如李侃先生早就说过：所谓"激进主义""激进派"和"激进分子"，是一个含义不定、是褒是贬也往往因时因地而异的政治概念。"激进"原是与"渐进"，有时也是与"保守""稳健"相对而言的。近年来认为孙中山及其提倡的民主革命是一种"激进主义"的批评，显然带有贬低和否定的用意，它不是指在变革和革命运动内部有"渐进"和"稳健"之分，而是用"激进主义"来贬低和否定孙中山和民主革命，并以此来赞美和肯定"稳健""温和"的清末"新政"。如果当时的中国是一个独立的国家，清政府是一个有能力、有作为的政府，实行"新政"未尝不是一个明智的选择，可惜，早已丧失独立自主、在半殖民地半封建深渊中极度腐朽的清朝统治集团再也没有挽救覆亡的"回天之力"了。清末"新政"，其实不过是统治者再也不能照旧统治下去，但是还要继续实行统治的一种垂死挣扎。所以，李侃先生说："在社会中还不具备客观的革命形势和主观的革命条件的情况下，革命是不会发生的；而当着革命的形势已经成熟和革命的条件已经具备的情况下，革命就必然要发生，任何人想要阻止也阻止不住。"孙中山领导的辛亥革命，一举推翻了清朝统治，并且永远埋葬了中国的封建帝制，开创了中国历史的新纪元。近代中国反帝反封建的民主革命任务，虽然没有经过辛亥革命和中华民国的成立而完成，但是它却开辟了一个新的时代。②

孙中山曾是主张温和改良的人，又是一个主张激进革命的人，说他是温和

---

① 李泽厚、刘再复：《告别革命——回望二十世纪中国》，香港天地图书有限公司1996年版，第75、79、129页。

② 参见李侃《所谓孙中山的"激进主义"质疑》，本文是作者在"孙中山与近代中国"国际学术研讨会上的发言，见《中山大学学报论丛》1995年第5期；又见《李侃史论选集》，中华书局2002年版，第435～444页。

改革家或激进的革命家都没有错，但他领导的辛亥革命终究以一种新的社会制度取代旧的社会制度，尽管这次革命最后是失败了，但我们不能因为前人的革命有缺点和不足乃至失误，就断定革命是不必要的也不应该发生的。如果以成败论英雄，往往会不合情理厚诬前人的付出和贡献，不能实事求是地评论历史，也无益于后人总结经验和教训。现在的问题不是讨论孙中山领导的革命该不该发生，重要的是要将孙中山革命思想的产生、他与中国民主革命的缘起搞清楚说明白。其实"革命"是一个说不清讲不明的概念，各有各的解析。马克思说："革命是历史的火车头。"① 列宁说："所谓革命，就是极端残酷的殊死的阶级斗争。"② 毛泽东则说："革命是暴动，是一个阶级推翻一个阶级的暴烈的行动。"③ 孙中山则认为："要人类进步，便不能不除去反对进步的障碍物，除去障碍物，便是革命。"④ 孙中山又说：改造中国第一步的方法，"只有革命"。"革命两字，有许多人听了，觉得可怕的。但革命的意思，与改造是完全一样的。先有了一种建设的计划，然后去做破坏的事，这就是革命的意义。"⑤ 孙中山还说："大家结合起来，改革公共的事业，便是革命。所以说革命，就是政治事业。中国近来何以要革命呢？就是因为从前的政治团体不好，国家处在贫弱的地位，爱国之士，总想要改良不好的旧团体，变成富强的地位。这种改良，要在短时间或者是一朝一夕之内成功，便是革命。"⑥

由此可见，对于革命各有各的解析，就孙中山来说，他一时说是为了扫除障碍而革命，一时又说革命就是破坏，破坏的事不能频频进行，破坏是为了建设，如果不建设就用不着去破坏。他还说，革命便是改良，"改良不好的旧团体"使国家富强。孙中山对于革命的认知是与马克思主义者完全不同的。正因为如此，"孙中山从和平改革转向武装革命，并非意味着他从此就放弃了'和平之法'，当时他只是想'稍易以强迫'而已"，所以，孙中山并没有

---

① 马克思：《1848年至1850年的法兰西阶级斗争》（1850年1月—11月1日），《马克思恩格斯选集》第1卷，人民出版社1972年版，第474页。
② 列宁：《关于用自由平等口号欺骗人民》（1919年5月19日），《列宁选集》第3卷，人民出版社1972年版，第850页。
③ 毛泽东：《湖南农民运动考察报告》，《毛泽东著作选读》上册，人民出版社1986年版，第16～17页。
④ 孙中山：《在广州商团及警察联欢会的演说》，《孙中山全集》第9卷，第62页。
⑤ 孙中山：《在上海青年会的演说》，《孙中山全集》第5卷，第124～125页。
⑥ 孙中山：《在黄埔军官学校的告别演说》，《孙中山全集》第11卷，中华书局1986年版，第268页。

"始终如一地坚持武装夺取政权的革命原则"。① 帝国主义和封建主义是当时阻碍中国社会发展的两个主要原因，中国辛亥革命未能实现中国的独立、民主与富强，无疑与孙中山的革命未能搬除帝国主义所支持的封建官僚、军阀和政客的统治有关系。所以，孙中山以"革命尚未成功"作为遗教，希望国民共同努力完成他的遗嘱，实现中华民族的复兴和社会的繁荣进步。

作为中国民主革命家的孙中山，他的革命思想的源起曾是中外学者争相探讨的重大课题，关于这方面的话语，香港科技大学的陈建华在他的《"革命"的现代性——中国革命话语考论》一书中有详尽的考论②，对于了解孙中山革命思想的产生及形成很有帮助。加上学术界对于这个问题的研究成果很多，尽管对孙中山革命思想的产生及形成的看法不太一致，但大致说来孙中山的革命思想产生于1895年香港兴中会成立，形成于1903的东京留学生倡言"排满"期间。1903年孙中山前往越南等地组织华侨创立阅书报社，开始宣传革命，随后驱俄运动、《苏报》案发生，孙中山革命思想形成在这个时候，是多数学人的共识，对此笔者也表示赞同。为避免重复，在这里也不打算就孙中山革命思想形成的表现作过多的陈述。应该作多些陈述的倒是孙中山的革命与社会建设的关系问题，因为学人过去谈得最多的是他的革命与中国的民主政治建设的关系，而对于革命与中国社会建设的关系则往往语焉不详。其实，就孙中山革命思想的目的而言，他是为了国家的富强，是为了中国社会能同西方社会一样地向着文明、进步的方向发展。所以，孙中山革命（破坏）是为了建设，不强调建设，就不要革命，这是他思想的精粹所在，用哲学的概念来说就是破与立的高度统一，显示出孙中山对革命的独特理解及其策略运用的良苦用心。

孙中山强调："万恶政府之唯一产物，是曰革命，此非国人之好乱，实恶政治之自身有以造成之"③。"夫世界古今何为而有革命？乃所以破除人类之不平等"④。"大（抵）革命之举，不外种族、政治两种，而其目的，均不外求

---

① 苑书义：《国家政权与社会变革——孙中山"革命尚未成功"探源》，江中孝、王杰主编：《跨世纪的解读与审视——孙中山研究论文选辑（1996—2006）》，天津古籍出版社2006年版，第32～33页。
② 参见陈建华《"革命"的现代性——中国革命话语考论》，上海古籍出版社2000年版，其中《孙中山与现代中国"革命"话语关系考释》《"革命"的注脚——孙中山〈伦敦被难记〉及"革命"话语研究》两篇文章就孙中山与中国民主革命的起源有详细的阐释，文中就大陆、台湾、香港以及美国、日本、英国、法国等地区和国家研究孙中山革命思想的文章进行整理和排比，对了解孙中山革命思想产生的研究有参考价值。
③ 孙中山：《致袁军征滇总司令某函》，《孙中山全集》第3卷，第239页。
④ 孙中山：《三民主义》，《孙中山全集》第5卷，第185页。

自由、平等、博爱三者而已"①。孙中山的思想很明确,就是"从革命这条路去走,拿革命的主义来救中国"②,"革命之功用,在使不平等归于平等"③,使中国变成富强,造成国利民福。所以,孙中山认为,革命不是目的,它只是手段。"革命是救国救民的事,是消除自己灾害,为自己谋幸福的事,为四万万人幸福的事"。为了达到"先破坏而后建设"的目的,孙中山制订的革命方略规定,革命推翻旧政权,建立新政权,第一为军政时期,第二为训政时期,第三为宪政时期。孙中山在他的《建国方略》中,明确指出,革命是为了建设,为了社会的文明进步。所以,"革命之破坏与革命之建设必相辅而行,犹人之两足、鸟之双翼也"④。孙中山强调,革命之事,破坏难,建设尤难,革命是为国家建设打基础,建设是为了社会的文明、繁荣和进步,即为民众的福祉和安康。因此,孙中山在革命之初,便考虑了革命过程中和革命后的各种问题,制订了建设的方略。在辛亥革命之后,孙中山即将注意力和精力转向建设,筹划建设铁路、公路和港口,发展实业,尤其是在《建国方略》中对物质建设、心理建设、社会建设作了全面、系统的陈述,为中国社会的发展和实现中国社会的现代化作了规划,既有宏观方面的远景式的描绘,又有全国和地方特色经济发展的考虑,既有发展农业、解决民生问题,又有发展工矿大企业、发展国家资本主义的宏伟设想,从建设的资金和人才的储蓄、吸收,到推行开放政策,使中国的社会发展与国际的和平发展相联系,都有谈到,说明孙中山不仅是一名杰出的政治家,具有卓越的领导才能和超人的智慧,还是中国社会建设的谋略家和中国近现代化建设的先驱。孙中山无疑是中华民族20世纪出类拔萃的、推动中国历史前进的伟大的政治家和思想家,也是社会的改革家和建设者。

无论怎么说,孙中山领导的1911年革命,并不只是一个政权代替了另一个政权,一种政治力量代替了另一种政治力量,而是用共和民主政治制度取代封建君主制度,是中国封建专制的君主制度的结束,是共和民主政制的开始,这是中国社会前所未有的大变革,是中国历史的新纪元,诚如他在1912年题词中所言:"民国建设,发轫于斯。"⑤ 所以,孙中山领导的激进革命是中国走向世界、走向近现代化的标志,也是中华民族复兴的新起点。孙中山选择了一条爱国—革命—共和—建设救中国作为在中国推进近现代化建设的道路,他的

---

① 孙中山:《在北京五族共和合进会与西北协进会的演说》,《孙中山全集》第 2 卷,第 438 页。
② 孙中山:《应上海〈中国晚报〉所作的留声演说》,《孙中山全集》第 10 卷,第 237 页。
③ 孙中山:《在北京五族共和合进会与西北协进会的演说》,《孙中山全集》第 2 卷,第 439 页。
④ 孙中山:《建国方略》,《孙中山全集》第 6 卷,第 207 页。
⑤ 刘望龄辑注:《孙中山题词遗墨汇编》,华中师范大学出版社 2000 年版,第 179 页。

思想反映了中国的国情，体现了时代的主题——救亡与发展。① 中国的未来，中国的共和、社会的文明、民主、进步是由多种因素造成的，它有经济、文化上的原因，也有制度和人的素质各方面的原因。辛亥革命后中国社会的乱象不断是由于维护传统和革新进取思想的冲突以及新旧政治制度的最后较量造成的，这不是孙中山的失误，也不是辛亥革命的结果，但它的确以沉痛的教训告诉国人，到了20世纪，中国的发展要走向独立、民主和富强，关键还是政治制度问题，没有民主的政治制度就不会有国民的觉醒，没有国民的觉醒和参与也不会有社会的转型和文明进步，所以，不是别的什么原因，而是政治、经济和文化的综合结果决定中国社会的未来。

（三）

自从孔子提出"大道之行也，天下为公"以来，"大同"便成为"天下为公"的最高社会理想，这种理想是对中国封建君权社会的不公正、不平等弊病的揭露和抨击，是对人类遭受苦难的同情和拯救人类理想的追求。大同思想对近代中国具有深远的影响，继承和发展孔子的大同思想，成为洪秀全、康有为、谭嗣同、孙中山、毛泽东等进步思想家、政治家的共同追求。他们把批判的锋芒直指封建君权，对封建的压迫和剥削、对帝国主义侵略造成的世界不公提出了强烈的抗议，废君权、兴民权、行立宪、倡人权，实现"天下为公""世界大同"便成为中国一代又一代人努力奋斗的方向和追求的理想。

《礼记·礼运》篇所描绘的"大同""小康"社会成为进步思想家所向往的理想社会，尤其是"大同"和"天下为公"更为近代不少人津津乐道。

《礼记·礼运》篇的作者借孔子之口对"大同"社会作了精彩的描绘：

> 大道之行也，天下为公，选贤与能，讲信修睦。故人不独亲其亲，不独子其子；使老有所终，壮有所用，幼有所长，矜寡、孤独、废疾者皆有所养；男有分，女有归。货恶其弃于地也，不必藏于己，力恶其不出于其身也，不必为己。是故谋闭而不兴，盗窃乱贼而不作。故外户而不闭，是谓大同。②

显然"大同"社会模式的最大特点就是"天下为公"。大同社会财产公有，社会事务由大家处理，没有阶级差别，人人参加劳动，女子有合理的归

---

① 参见林家有《共和国的追求——孙中山与毛泽东两位伟人的奋斗》，中国社会科学院近代史研究所编：《划时代的历史转折——"1949年的中国"国际学术讨论会论文集》，四川人民出版社2002年版，第399页；林家有《孙中山与近代中国的觉醒》，中山大学出版社2000年版，第32页。

② 刘望龄：《孙中山题词遗墨汇编》，华中师范大学出版社2000年版，第79页。

属，老有所养，少有所托，孤寡残疾之人享受社会保障。人与人之间讲诚信和睦，互相亲爱，人们安居乐业，夜不闭户，人与人和平相处，无战乱，无尔虞我诈；选贤能之士担任社会职务，管理社会。它把儒家的所谓"仁政""王道"，墨家的"兼爱"等社会理想与有关原始社会的传闻有机缀合在一起，勾勒出一幅令人心往神驰的人类生活画面。① 尽管近代中国进步思想家对"大同社会"作了不同的解读，但都对"大同"社会具有某种程度的认同。洪秀全的《原道醒世训》曾全文引录大同论断，作为"天下一家，共享太平"的天国依据，并在《天朝田亩制度》中提出"有田同耕，有饭同食，有衣同穿，有钱同使，无处不均匀，无处不饱暖"的平均主义纲领。康有为将"大同""小康"思想与公羊三世说相结合，撰《礼运注》②《大同书》《实理公法全书》③。诚如朱维铮先生在《导言——从〈实理公法全书〉到〈大同书〉》文中所言："直到1935年，即康有为去世后第8年，《大同书》全稿才由他的弟子钱安定整理后，在上海中华书局出版。"《实理公法全书》问世更晚，流落和埋藏于海内外的两份抄件，一份在1976年才首次在台湾刊印，而两份合校本在1984年才首次在上海发表。朱维铮先生说：《大同书》肯定不是康有为的早期著作，但它宣布的社会理想，对于中国社会弊病的揭露和抨击，对于"天赋人权"的张扬，说明康有为关于未来中国的设想，竟是如此超越他的时代和环境，并引起人们对康有为大同论的研究兴味。④ 谭嗣同在《仁学》文中，亦主张建立有天下，无国家，君臣废，贵贱平，公理明，贫富均，"仿佛《礼运》大同之象"的社会。

孙中山对于大同社会的论述缺乏系统性，在这方面他没有发表过专门的著作和演讲，但在他的政治学说中无疑占有重要的地位。他的有关论述，不仅反映了当时中国人民的期待和诉求，而且对于中国社会的未来也给予一定的启迪，体现了孙中山对国家和社会发展的一种探索和理解。

吴义雄教授说：孙中山对"大同"一词，有两种理解或诠释，其一，他将大同理解为国家消亡，世界各民族在一个大家庭内相互合作和平共处，即所谓"天下大同"或称"世界大同"。其二，他将大同理解为国家范围内的一种

---

① 参见王处辉《中国社会思想史》，中国人民大学出版社2002年版，第210页。
② 康有为为《礼运》作注。他强调指出："孔子之道有三世，有三统，有五德之运。仁、智、义、信各应时而行运，仁运者，大同之道；礼运者，小康之道。"而天下为家的小康之治是进入"天下为公"大同社会之前的必经阶段。见陈永正编注《康有为诗文选》，广东人民出版社1983年版，第360页。
③ 参见钱锺书主编《康有为大同论二种》，生活·读书·新知三联书店1998年版，《实理公法全书》，《康有为大同论二种》，第3～43页；《大同书》，《康有为大同论二种》，第47～369页。
④ 参见朱维铮《导言——从〈实理公法全书〉到〈大同书〉》，《康有为大同论二种》，第1～25页。

理想的社会制度，建立高度和谐的社会，并最大限度地为人民提供福祉，相当于实现民生主义。① 吴教授的概括大致符合孙中山"大同"思想的实际情况。关于第一方面的内容，说者不少，这里不重复；关于第二方面的情况，以往学界说得较少，这里作些补充说明。

据查，孙中山最早是在1912年9月3日《在北京五族共和合进会与西北协进会的演说》中第一次谈到"大同之世"和"大同主义"。他说："现在世界文明未达极点，人数（类）智识，犹不免于幼稚，故以武装求和平，强凌弱，大欺小之事，时有所闻。然使文明日进，智识日高，则必能（推）广其博爱主义，使全世界合为一大国家，亦未可定"。"蒙昧之世，小国林立，以千万计，今则世界强国大国仅六、七耳。由此更进，安知此六、七大国不更进而成一世界唯一大国，即所谓大同之世是也。虽然，欲泯除国界而进于大同，其道非易，必须人人尚道德、明公理，庶可致之。今世界先觉之士，鼓吹大同主义者已不乏其人，我五大种族皆爱和平，重人道，若能扩充其自由、平等、博爱之主义于世界人类，则大同盛轨，岂难致乎？"② 1916年8月21日，孙中山在游览浙江省绍兴上亭公园时，应老同盟会员、《越铎日报》社长孙德卿之请，又挥笔题写下"大同"二字悬挂于上亭公园朱舜水像旁。③ 在1911年前，因为孙中山要反清，要革命，所以他讲民族要振兴，国家要独立，他讲共和、讲民主，但不讲大同，他讲文明世界，但不讲世界大同；他强调"天下大事"，"公权利于天下"，"天下一家"，"天下安危，匹夫有责"，但他不讲"天下为公"，他这时所讲的"天下"还是中国，还没有"天下"即世界的意思。1912年他在北京五族共和合进会与西北协进会发表演说，第一次谈到世界"大同之世"。在这个讲话中，他虽讲"大同之世"的实现并不容易，但他也不否定未来它有实现的可能。可见，孙中山使用"大同""世界大同""大同之世""天下为公"是他政治思想、革命学说的发展，是同当时民主共和政治思想和西方社会主义思想在中国的传播分不开的。

联系到孙中山"博爱"和"天下为公"的社会政治思想来看，"天下为公"则与"大同"差不多都是在1912年出现的，我们现在见到的是1912年4月孙中山辞退南京临时大总统后访问武汉，应共进会员、参加武昌起义的曾尚

---

① 参见吴义雄《超越大国强权的窠臼——试论孙中山的大同思想与国家观念》；林家有、（日）高桥强主编《理想·道德·大同——孙中山与世界和平国际学术研讨会论文集》，中山大学出版社2001年版，第122～143页。

② 孙中山：《在北京五族共和合进会与西北协进会的演说》，《孙中山全集》第2卷，第439页。

③ 参见朱仲华《我有幸多次得见孙中山先生》，《浙江文史资料选辑》第32辑，浙江人民出版社1986年版。

武之邀请而题写"天下为公"字幅。"博爱""天下为公""大同"均是孙中山社会政治思想的重要内容。孙中山的博爱观是通过道德的感化，使人群在"互助"与"博爱"的精神启导下，努力消除人与人之间的矛盾和贫富的差别，实现人类的和谐、幸福和大同，这是孙中山对人类社会文明、进步与和谐作出的理论贡献。"天下为公"主要是讲人类不要仅是为自己、为家庭，更应该立志为国家、为民族献身作贡献，"舍小家为大家"，这是具有道德价值的革命。"大同"来自儒家经典，但孙中山给予其崭新的意义，使它与儒家原意相去甚远。"大同"就一个国家、民族内部而言，就是我为大家，大家为我，相亲相爱，如兄如弟，和睦亲爱，一视同仁，给人一种心理上的满足，在道德上感到正确。如果从世界范围来理解，孙中山认为"大同"是人类进化的必然，诚如他为戴季陶题词中所言："人类进化，世界大同。"① 就是在一个民主政府领导下建立一个世界国，一个没有亲属、民族和阶级分别的社会，一个没有资本主义剥削、压迫、侵夺，以及没有战争的和平世界、和谐世界。在国家消亡之前，为了人类的共同利益，为了世界和平，绝对不能容许任何民族、任何国家被国际社会孤立。人与人之间的差异，人文与文明的多样化，使世界变得更加丰富，所以，开展文明对话，探讨我们共同的未来，本着共生与和谐的主旨，相互学习、相互促进，必将改变现今人类不公正不平等的现实，才能扩充自由、平等、博爱主义于世界人类，大同盛轨才能实现。孙中山正视世界的现实，但他也对未来充满理想和信心。他相信"道德家必愿世界大同，永无争战之一日。我辈亦须存此心理，感受此学说。将来世界上总有和平之望，总有大同之一日，此吾人无穷之希望，最伟大之思想"②。

第一次世界大战后，帝国主义之间为了争夺殖民地，大打出手，造成人类的大灾难。孙中山认为，这是西方帝国主义霸道行为所致，所以孙中山主张要用东方的王道文化去感化西方的霸道文化，使人群在"互助"与"博爱"的精神启导下，努力消除人与人之间的矛盾和贫富的差别，实现人类的和谐、幸福和大同。这个时期，孙中山主张"天下为公""世界大同"带有抗议西方列强侵略的明显目的，是他对貌似大同思想的世界主义的否定和批驳。

就国内而言，第一次世界大战期间社会主义思想在中国开始传播，新文化运动的兴起又引起传统与现代文化之间的争拗，造成学习西方与维护传统之间互不相融的两极思维。1919 年 10 月 10 日，孙中山领导的中华革命党正式改组为中国国民党后，孙中山又重新领导救国的国民革命。1921 年中国共产党

---

① 孙中山：《题赠戴季陶联》，刘望龄辑注：《孙中山题词遗墨汇编》，第 280 页。
② 孙中山：《在东京中国留学生欢迎会的演说》，《孙中山全集》第 3 卷，第 25 页。

成立并领导新民主主义革命。此时的中国国共两党并存并独立革命,它们革命的目的不完全相同,但都有反帝反军阀的基本要求,然而国共两党在革命的方法上则有明显的分歧。共产党主张阶级斗争,通过新民主主义革命实现国家的独立和统一,当时的国民党虽主张反对帝国主义支持中国军阀打内战,但反对阶级之间的对立与斗争,所以国共两党在完成中国的统一,建立独立、民主共和国的要求和方法上毕竟有所不同。在共产国际的劝导和撮合下,孙中山有与共产党合作合力革命的要求,共产党也表示愿意与孙中山的国民党一起实行国民革命完成统一大业,但要求孙中山对他的三民主义作新的解析,因此,孙中山对革命的理论作了修正,采取中庸的策略。一方面,他反对阶级斗争是历史前进动力的说法;另一方面,他又宣扬民生史观,用解决民生这个民本主义的核心理论去宣传和动员民众起来革命,力图实现"天下为公"和"大同"的理念。从1922年起,孙中山曾两次书赠《礼运·大同篇》给他的同志和战友,一是书赠时任大元帅府秘书长、曾任广东省省长的杨庶堪;一是书赠广东参议员玉田,同时孙中山还书赠"大道之行也,天下为公"的条幅给蒋介石,又以"人类进化世界大同"书赠戴季陶,表明孙中山此时的心态是集中精力劝说各方要转变观念,合力革命共同奋斗,为实现"天下为公"的大同理想作贡献。

1924年1月,中国国民党第一次全国代表大会在广州举行,实现了国共合作合力革命的愿望。孙中山在1月18日发布的《国民政府建国大纲》中宣布:"建设之首要在民生。故对于全国人民之食衣住行四大需要,政府当与人民协力,共谋农业之发展以足民食,共谋织造之发展以裕民衣,建筑大计画之各式屋舍以乐民居,修治道路、运河以利民行。"① 将民生主义列为三民主义之首,用发展经济来解决社会民生问题,这是一种聪明的想法和务实的行动,表明孙中山建国思想和理念的转变,民权与民生位置的转换,是思想的变化,是他民本思想向人本思想、人权思想倾斜的表现。孙中山治国理念的转变,不是他政治思想的倒退,而是他建国思想的进步,比起那种劫富济贫的做法,更加符合国贫民穷和国民要求改善人权的实际。在随后的民生主义演讲中,孙中山又强调指出:

> 从前的社会主义错认物质是历史的中心,所以有了种种纷乱。这好像从前的天文学错认地球是宇宙的中心,所以计算历数,每三年便有一个月的大差,后来改正太阳是宇宙的中心,每三年后的历数才只有一日之差——

---

① 孙中山:《国民政府建国大纲》,黄彦编:《孙文选集》上册,广东人民出版社2006年版,第397页。

样。我们现在要解除社会问题中的纷乱,便要改正这种错误,再不可说物质问题是历史中的中心,要把历史上的政治、社会、经济种种中心都归之于民生问题,以民生为社会历史的中心。先把中心的民生问题研究清楚了,然后对于社会问题才有解决的办法。①

孙中山在这里对马克思"物质是历史的中心"的理论有误解之嫌,但他强调解决民生问题作为建国的中心的确反映了实际,通过解决国民的衣食住行各种生活的实际问题来稳定社会,使社会和谐,国泰民安,实现共同富裕,这的确是孙中山建国理念的一大发展。孙中山的意思是可用革命的手段解决政治问题,但不可用革命的手段解决经济问题、民生问题、社会问题。他指出:

> 共产主义就是最高的理想来解决社会问题的。我们国民党所提倡的民生主义,不但是最高的理想,并且是社会的原动力,是一切历史活动的重心。民生主义能够实行,社会问题才可以解决;社会问题能够解决,人类才可以享很大的幸福。我今天来分别共产主义和民生主义,可以说共产主义是民生的理想,民生主义是共产的实行。②

孙中山既批评共产党人通过阶级斗争实现共产主义的理论,又批评国民党的旧同志,"以为国民党提倡三民主义是与共产主义不相容"的理论,指出那些"在中国只要行三民主义便够了,共产主义是决不能容纳"的观点是对民生主义的误解。民生主义是什么?孙中山指出:

> 民生就是社会一切活动中的原动力。因为民生不遂,所以社会的文明不能发达,经济组织不能改良和道德退步,以及发生种种不平的事情。像阶级战争和工人痛苦,那些种种压迫,都是由于民生不遂的问题没有解决。所以社会中的各种变态都是果,民生问题才是因。照这样判断,民生主义究竟是什么东西呢?民生主义就是共产主义,就是社会主义。所以我们对于共产主义,不但不能说是和民生主义相冲突,并且是一个好朋友。③

共产主义既然是民生主义的好朋友,为什么国民党员要反对共产党员呢?孙中山说,这或者是由于共产党员也不明白三民主义为何物,而常有反对三民主义的言论,所以激成国民党员之反感。但是这种无知和妄作的党员,只是少

---

① 孙中山:《三民主义:民生主义第一讲》,黄彦编:《孙文选集》上册,第616页。
② 孙中山:《三民主义:民生主义第二讲》,黄彦编:《孙文选集》上册,第620~621页。
③ 孙中山:《三民主义:民生主义第二讲》,黄彦编:《孙文选集》上册,第624、626、626~627页。

数,不得归咎于共产党及其主义。国民党员中何以发生这种反对共产主义的行为？孙中山指出,"原因就是由于不明白民生主义是什么东西。殊不知民生主义就是共产主义"①。所以,国民党员既实行三民主义,便不应该反对共产主义,因为三民主义之中的民生主义,大目的就是要众人能够共产。不过我们所主张的共产,是共将来,不是共现在。孙中山建设中国社会的目标很明确,那就是"我们要解决中国的社会问题,和外国是有相同的目标。这个目标,就是要全国人民都可以得安乐,都不致受财产分配不均的痛苦。要不受这种痛苦的意思,就是要共产。所以我们不能说共产主义与民生主义不同。我们三民主义的意思,就是民有、民治、民享。这个民有、民治、民享的意思,就是国家是人民所共有,政治是人民所共管,利益是人民所共享。照这样的说法,人民对于国家不只是共产,一切事权都是要共的。这才是真正的民生主义,就是孔子所希望之大同世界"②。

由此可见,孙中山将他的民生主义与马克思主义者的共产主义作调适、诠释则变为中国古代孔子之大同本义,这样一来,西来的马克思主义,同他所创造的三民主义都变成中国传统的大同主义。孙中山的解析具有现实意义,说明他的国家学说和公天下之情怀并不是一个虚无缥缈的空中楼阁,也不是主观的空想。大同主义、民生主义、共产主义都是社会建设的最高理想,它的实现是在将来,孙中山没有机会实践验证他的"大同"学说,但毫无疑问他的"天下为公""世界大同"的民生主义理想是对现实世界中严峻的强权政治和人类的贫富不均、社会不公现实的严重挑衅,孙中山的"大同"学说对追求普世间的人类爱、人间的永世和平与大同社会的人民是极大的鼓舞。从孙中山的"天下为公"到"世界大同",有其发展过程,它不可能在短期内实现。依孙中山的意思,有了"天下为公",也不表示"世界大同"已经出现,但没有"天下为公","世界大同"则很难出现。所以,"天下为公"是走向"世界大同"的根本前提,"世界大同"是"天下为公"的终极目的,这也就是为什么孙中山在黄埔军官学校校训中明示"以建民国,以进大同"之意。③ 孙中山之高明处在于他把民生摆在社会建设的首要位置,立足于人的生存权、发展权,

---

① 孙中山：《三民主义：民生主义第二讲》,黄彦编：《孙文选集》上册,第627页。
② 孙中山：《三民主义：民生主义第二讲》,黄彦编：《孙文选集》上册,第634～635页。
③ 姜新立：《试论孙中山的"天下为公"与"世界大同"思想》,林家有、（日）高桥强主编：《理想·道德·大同——孙中山与世界和平国际学术研讨会论文集》,第146页。孙中山题黄埔陆军军官学校成立训词："三民主义,吾党所宗,以建民国,以进大同。咨尔多士,为民前锋；夙夜匪懈,主义是从；矢勤矢勇,必信必忠；一心一德,贯彻始终。"（刘望龄辑注：《孙中山题词遗墨汇编》,第304页）。

他抓住了人的根本权利，人为了什么而生存，又为了什么而存在和发展这个哲学、道德问题。"大同"就是平等，就是人人为公，就是建立人世间的"博爱"。如果全世界每一个国家用于民生的费用支出占国民生产总值的第一位，真正实现了"老有所终，壮有所用，幼有所长，矜寡孤独废疾者皆有所养"，社会的矛盾减少，社会公正得到保障，社会就会和谐，人民就会幸福，大同便有希望。这样的社会进化，不可能在短期内在一个人手中完成，甚至于不可能在一代人手中完成，但它无疑是一种人类向往美好未来的追求，它的作用是在于鼓舞国民的上进心，为人类的社会进步确立了奋斗的方向。所以，孙中山的大同思想对于社会进步，具有强大的推动力，对于当今和谐社会主义建设具有启导意义。

四、孙中山建构民族国家理论对中华民族觉醒的影响

（一）

民族国家的理念传入中国后，在中国产生了什么反应和影响？孙中山是如何将民族建国的理念结合中国的民族情况，使其合理化、理性化地发展的？这是一个值得我们注意、研究的课题。

民族国家的概念产生于欧洲，它是自17世纪以来在欧洲逐步形成的一种政治学说和理论，是欧洲民族运动兴起的必然结果。民族国家是近代建立在"民族"基础之上的国家建构，是社会政治、文化运动的过程。

关于民族国家的概念，徐迅在他的《民族主义》一书中这样解说："所谓民族国家，即国家的领土与某一民族所居住的疆域一致，国家由民族决定。这一情势的铸成，与十七、十八世纪欧洲历史演变关联甚深。"他又说："早期的民族国家消灭了封建割据，建立了中央霸权的君主制。但是国家的存在不是为了维护君主制，而是为了保障社会成员的权利。民族国家的权力必须分为立法、行政、外交三种，而不能集中在君主或政府手里。所以，开始于1640年的英国资产阶级革命，是以反专制独裁、要求民主自由为目的的，后来的法国大革命也是为了推翻君主专制统治，确立民主制度的革命。后期的欧洲民族国家便是现代的资产阶级民族国家。"[①] 民族国家的建构对于建立世界政治体系

[①] 徐迅：《民族主义》，中国社会科学出版社1998年版，第12～14页。中国社会科学出版社于2005年又出版徐迅的《民族主义》（修订本），在修订本中，徐迅又就"民族国家"的含义和民族国家的政治性组织，以及民族国家的形成及其标志等问题作了进一步的阐释，可供参考。

是具有世界历史意义的重大事件。由于民族国家的建立,促使国家之间政治、经济、军事和文化等各种对外主权的建立,导致国家对外主权的全面发展,它意味着一个民族国家不会屈从于任何国家的权威,各个不同的主权国家一律平等,都是世界大家庭中的成员。

李宏图在《西欧近代民族主义思潮研究——从启蒙运动到拿破仑时代》一书中指出,从"王朝国家"走向"民族国家"是历史的进步。"一部从中世纪迈向近代民族国家的建立不仅要摧毁普世世界国家,而且更重要的是要摧毁封建的王朝国家。因此,从王朝国家向民族国家的转型,在整个西欧社会的历史进程之中占据着重要的地位。"① 大致说来,应该作如是观。但是,对民族国家,即民族与国家统一这样一个政治实体的看法,学术界的意见历来不一。这跟西欧民族国家建立后,这些国家的民族主义将带有进步的争取民族独立和民主的民族主义发展为民族帝国主义向外发动侵略战争和扩张领土,以及助长民族分裂的倾向有关,但这不带有普遍性,民族国家不等于侵略国家,民族国家更加不是民族分裂的国家。民族国家是拥有一定的人口、领土,具有完备的法律的政治单位,每一个民族国家构成一个社会,在这个社会里,人们所关注的还是作为一个民族国家的民族和公民在世界民族和国家中的公平、民主的权利如何。尤其是在一个多民族国家,人们所关注的是少数民族与主要民族之间的关系如何,也即是民族权利是否平等的问题。民族国家,在世界国家中,首先是一个独立国家,占国家多数人口的民族应与少数民族一道组建一个独立国家、一个统一的团结的政治共同体,或者允许较大的少数民族组织属于统一国家中的一个自治区域。所以,正如加拿大克里斯廷·斯特拉尔(Christine Strahle)和威尔·金里卡(Will Kymlicka)在他们合著的文章中所说的:"民族国家并非有史以来就出现的,也不是一夜之间突然产生的。他们是国家为了传播、加强民族感而采取一系列精密的民族构建政策的产物","在有些国家,民族建构政策已经取得了令人瞩目的成就"。然而,"在许多国家,民族建构政策一直遭到大规模的领土集中的少数民族的抵制"。② 他们在全面考察世界许多民族国家建构政策成败的历史后指出:"我们更应将它视为对民族国家合法性的恢复——它们让民族国家得以集中精力实现自己能够成功实现的目标。同样,我们也没有必要将少数民族的自治者看成是对民族国家的威胁,而应将

---

① 李宏图:《西欧近代民族主义思潮研究——从启蒙运动到拿破仑时代》,上海社会科学院出版社1997年版,第249页。
② (加拿大)克里斯廷·斯特拉尔、威尔·金里卡:《世界主义,民族国家与少数民族的民族主义》,刘婵琪译,《中西政治文化论丛》第4辑,天津人民出版社2004年版,第303页。

其视为保证国家长远稳定的先决条件。"① 这篇文章为我们理解多民族国家如何处理多数民族与少数民族,或大民族与小民族之间的关系提供了一个新的视角。

由于人们对民族国家产生的历史和民族国家发展的了解和理解不一,所以对于民族国家的政治文化也褒贬不一。

根据《欧美图解百科全书》的定义,"民族"意谓统辖于同一政府之下的、一国人民的集称。② 正如英国历史学家埃里克·霍布斯鲍姆在其著作《民族与民族主义》中所说:"无论是基于哪一种主张,任谁也无法否认历史上老字号的民族国家如英国、法国、西班牙等,都是多民族、多语系的国家。"③ "民族国家"是由多民族所组成,"这在欧洲各地或世界各个角落都一样。各民族往往在同一领地上杂居,若想强将它们依族裔差别分隔开来,显然是不切实际的做法"④。所以,把"民族国家"视为单一民族建立的国家是一种误解。英国著名的社会理论家和社会学家安东尼·吉登斯在其《民族—国家与暴力》一书中则强调:"只有当国家对其主权范围内的领土实施统一的行政控制时,民族才得以存在在此","既然,固定的边界只有依赖于国家体系的反思性建构,多元民族的发展就是中央集权以及国家统治得以在内部进行行政扩张的基础"⑤。他又指出:"在多数后殖民民族—国家中,'民族'的出现并不先于国家,所以这些国家常常不无道理地被称作国族""后殖民国家——或者'国族'——植根于原来的殖民社会所建立的国家机器",所以"民族主义在发动社会运动转变成独立国家的过程中常常是厥功至伟"。⑥ 他认为民族国家是一种"权力集装器,是现代时期最为杰出的权力集装器"⑦。何谓权力集装器?徐波、陈林在《民族主义研究学术译丛》"代序言"中的解析是:安东尼·吉登斯宣称的"权力集装器"就是说"民族国家牢固地主宰了人们的社会生活,民族主义牢固地控制了欧洲各国人民的感情"。"民族"与"国家"已经完全

---

① (加拿大)克里斯廷·斯特拉尔、威尔·金里卡:《世界主义,民族国家与少数民族的民族主义》,刘婵琪译,《中西政治文化论丛》第4辑,天津人民出版社2004年版,第320页。
② *Enciclopedia Universal Illustrada Europeo-Americana* (Barcelona 1907-34), vol. 37, pp. 854~867: "nation"。
③ (英)埃里克·霍布斯鲍姆:《民族与民族主义》,李金梅译,上海人民出版社2000年版,第35页。
④ (英)埃里克·霍布斯鲍姆:《民族与民族主义》,李金梅译,第36页。
⑤ (美)安东尼·吉登斯:《民族—国家与暴力》,胡宗泽、赵力涛译,生活·读书·新知三联书店1998年版,第144~145页。
⑥ (美)安东尼·吉登斯:《民族—国家与暴力》,胡宗泽、赵力涛译,第321~322页。
⑦ (美)安东尼·吉登斯:《民族—国家与暴力》,胡宗泽、赵力涛译,第145页。

融合为一体,"民族第一"与"国家至上"观念深深融入人们的潜意识之中。在已经建立民族国家的地方,民族主义表现为对"民族权利"和"民族利益"的坚决伸张和维护;在其他一些地方,建立自己的民族国家就成为民族主义的首要目标。①

应该如何评价民族主义与民族国家是一个长期争论不休的问题,在评述孙中山建构中国民族国家的理论之前,必须有一个看法,否则一切都无从谈起。笔者的看法是,有民族存在就有民族主义,既然如此,通过宣传民族主义掀起民族运动,争取建立民族国家,这是历史的必然,不是谁说应该放弃民族主义就可以实现的。世界上恐怕没有哪个民族能够接受一个没有民族的民族主义的世界,也不会有任何民族国家情愿将自己的权力拱手让给一个所谓全球性的政治组织,让它们成为人们效忠和情感寄托的偶像。一个民族和国家与另一个民族和国家之间都有一个权益平等的问题,所以利益的均衡是任何一个民族都要坚持的原则问题。诚如人们所指出的,随着全球化的进程,国家与国家、民族与民族的利益争夺会更加激烈,而国家(政府)在国际竞争中的作用不仅没有削弱,而是日益增强,国家作为保护本国本民族利益、作为国际比较的基本单位的作用也不可能改变。所以,用世界主义取代民族主义,用全球化的观念来淡化民族意识,正是当今世界强权主义意识的一种掩饰。

郑州大学白贵一副教授在《从"政治国家"到"民族国家":孙中山国家统一的路径转换》一文中讲得好,他说:民族国家和政治国家都是现代主权国家。民族国家的形成标志和主要特征首先是确立对外不可侵犯、对内不可分割的国家主权,其统一的主要途径和表现形式为行政统一。政治国家就在于建立法治的民主秩序,建立三民主义、五权宪法的民主共和政治体制,但政治国家建设的动力来源于社会经济发展,主要内容是扩大政治统治基础。白贵一认为孙中山的国家观是民族国家与政治国家的等同与同一。孙中山认为国家强盛的基础在于国家统一,国家统一关乎国家的兴衰存亡。在寻求国家统一的斗争中,孙中山在理论上和逻辑上是将民族国家与政治国家等同的。但是,当政治国家在实践建设中一再遭遇挫折,在中国社会出现新的社会国家条件下,孙中山便开始放松对政治国家的追求而向民族国家转移。在民族问题上,他由国内民族问题转向中华民族与列强间的关系问题;在政体上,他开始倾心于俄国的党国体制和中央集权制,并赞同通过政治妥协寻求国家政治问题的解决。② 所

---

① 参见(英)埃里·凯杜里《民族主义》,张明明译,中央编译出版社2002年版,第11页。
② 白贵一:《从"政治国家"到"民族国家":孙中山国家统一的路径转换》,《贵州社会科学》2009年第9期。

以，孙中山的国家建设理念处于一个不断探索和实践的过程之中，由"政治国家"到"民族国家"观念的发展和转变，不能视为孙中山国家思想的倒退，相反是一个很大的进步和突破，因为民族国家思想的确立为孙中山制定、实现"大中华"政策奠定了理论基础，为中华民族的独立、统一和富强找到了一条符合中国国情的建设路径。

（二）

民族国家的称谓和理念传入中国是在20世纪初。据笔者所知，1902年梁启超在《新民丛报》发表《新民说》谈到"民族建国问题"时，指出："一国之人，聚族而居，自立自治，不许他国若他族据其主权，并不许干涉其毫末之内治，侵夺其尺寸之土地，是本国人对于外国所争得之自由也。"① 与此同时，《新民丛报》发表雨尘子《近世欧人之三大主义》一文，又提到"民族之国家"，并指出："近日世界之大事变，推其中心，无不发于民族主义之动力，意之独立统一是也，德之联邦是也，希腊、罗马尼亚之独立亦是也。凡言语同、历史同、风俗习惯同，则其民自有结合之势力，不可强分。反之而言语异、历史异、风俗习惯异，则虽时以他故相结合，而终有独立之一日。如拿破仑其力不可谓不强也，而其业终不就；说者谓拿破仑之缺点，即在强合无数言语不同、历史不同、风俗习惯不同之民族，结为一国也。故19世纪，实为民族国家发生最盛之时代。其民族不同者，则独立为一国，如意大利之独立，希腊、罗马尼亚之独立是也；民族同一也，则结合为一国，如德意志联邦，意大利之统一是也。"②

1903年《游学译编》发表《民族主义之教育》一文，此篇文章是据日本高材世雄所论增补而成的，作者不详。本文强调的重点是：

> 民族之所由生，生于心理上道德与感情之集合。因道德与感情之集合，而兴起政治组织之倾向；因政治组织之倾向，而民族建国主义乃星回日薄于大陆之上。德意志之所以统一，意大利、希腊之所以独立，菲律宾、图兰期法耳之所以抗战强敌，皆是物也。是故民族建国者，以种族为立国之根据地。以种族为立国之根据地者，则与本民族相提携，而不能与异民族相提携，与本民族相固著，而不能与异民族相固著。必能与本民族

---

① 中国之新民（梁启超）：《新民说》，《新民丛报》第1、3、6、7、8、10、11期，转引自张枬、王忍之编：《辛亥革命前十年间时论选集》第1卷（上册），生活·读书·新知三联书店1978年版，第137页。

② 《新民丛报》1902年3月第28期。

相提携、相固著，而后可以伸张本民族之权力，而吸集他民族之权力。是故帝国主义者，国民教育之生产物；而国民教育者，又民族建国主义之生产物也。今欲存支那者，不可不集合支那民族以自相提携、自相固著，集合皇汉民族以自相提携、自相固著，不可不言民族建国主义。①

又说："凡各国民族之鼓舞兴起于革命之事业者，未有不由于教育之影响也"。"教育者，时代精神之导火线也；时代精神者，教育事业之聚光点也。故言教育而不言革命，则不足以发扬时代之精神；不足以发扬时代之精神者，不足以胎孕民族之事业"。②

此后，关于民族建国的提法以及反清"排满"的各种言论充斥于中国人在国内外创办的各种报刊。在革命党人办的《民报》发表了章太炎、汪精卫、胡汉民、朱执信、宋教仁等人关于论述民族主义、民族建国的文章后，中国的民族运动由此高涨。可见，以孙中山为代表的革命党人通过宣传民族主义，教育人民起来革命是以"从发扬时代之精神""胎孕民族之事业"作为出发点，它明显来自于欧洲的民族建国理念。但他们的民族建国思想与欧洲有一个明显的不同，那就是他们所追求的并不是要建立单一民族的国家，更不是要汉人去取代满人当国家的最高领导人。

孙中山从1894年11月兴中会成立时起就高举民族主义的旗帜，提倡民族主义，掀起"反满"民族运动，但1906年以前在谈到革命推翻清政府后实行何种政体时，他除了讲到"建立共和政体""民主立宪政体"，以及实行三民主义、五权宪法政体之外，并不谈建立民族国家这个敏感的问题。1906年秋冬间，孙中山与黄兴、章太炎等人制定《中国同盟会革命方略》，在解析同盟会的纲领"恢复中华"时提到"驱除鞑虏之后，光复我民族的国家"③，所谓"我民族的国家"，也即汉族的国家。1906年12月在东京《民报》创刊周年庆祝大会上，孙中山发表重要演说，解析他的民族、民权、民生三民主义和五权宪法时，第一次提到将来革命胜利建立民国，制定中华民国宪法，中国便是"民族的国家，国民的国家、社会的国家"，并指出建立这样一个国家，是我汉族四万万人最大的幸福。④ 可见，孙中山实行民族主义的目的是为了建立"民族的国家"，这是非常明确的，但要建立"民族的国家"，就孙中山来说，除了要从理论上建构所谓民族、何谓"民族的国家"等重大理论问题外，还

---

① 《游学译编》1903年9月第10期。
② 《游学译编》1903年9月第10期。
③ 孙中山：《中国同盟会革命方略》，《孙中山全集》第1卷，第297页。
④ 孙中山：《在东京〈民报〉创刊周年庆祝大会的演说》，《孙中山全集》第1卷，第331页。

有应如何认识和处理中国这个多民族国家中汉族与其他少数民族的关系这个实际问题。在东京《民报》创建周年的演说中，孙中山谈到，"民族主义，并非是遇着不同族的人便要排斥他"，又说，"民族革命是要尽灭满洲民族，这话大错。民族革命的原故，是不甘心满洲人灭我们的国，主我们的政，定要扑灭他的政府，光复我们民族的国家"。① 不过，这个解析只是一个政策上的宣示，并没有理论上的创新。此后几年，革命党人要同改良派进行关于中国未来走向的论战，孙中山又忙于筹款和组织反清起义，未能集中精力从事建政方面的理论准备，所以直至中华民国成立前，孙中山及革命党人都未能就政治建国和民族建国建构有关理论问题，这是孙中山的重大缺失。直至1910年2月，孙中山在旧金山为华侨讲演，还说实行革命"废除鞑虏清朝，光复我中华祖国，建立一汉人民族的国家"②。可见，自1911年10月革命党人在武昌起义后、11月孙中山"自美徂欧"回国之前，孙中山对于如何建立"一个民族的国家"都没有一个基本的看法和主张。但国内的革命党人则展开了热烈的讨论，湖北革命党人还决议在革命胜利后，建立"五族共和"新国家。所以，孙中山被选为南京临时政府临时大总统时，即发表宣言书宣布："国家之本，在于人民。合汉、满、蒙、回、藏诸地为一国，即合汉、满、蒙、回、藏诸族为一人。是曰民族之统一。"又说："所谓独立，对于清廷为脱离，对于各省为联合，蒙古、西藏意亦同此。"③

可见，"五族共和"最先不是孙中山提出的主张，是武昌起义后，武汉革命党人在湖北咨议局讨论革命胜利后建立一个什么政体时议决的。当时孙中山尚在国外，但回国后即接受"五族共和"政体的主张，说明他已放弃原先建立汉民族国家的主张，并提出"所谓独立"，即是对于清廷为脱离，并不是建立某一单个民族的独立国家，对于各省，包括蒙古、西藏、青海、新疆各民族都要联合，实现民族和国家领土的统一，军政、内政及行政的统一，尤其是民族和领土的统一。这是孙中山民族思想的一个大进步。孙中山在1912年1月5日《对外宣言书》中，第一次使用"中华民族"④ 的概念。所谓"中华民族"，即以汉、满、蒙、回、藏族为中心的全中国境内的所有民族的总称，"中华民族"便成为代表中国民族的统一称谓。从此，所谓中国的民族国家，也即中华民族的国家，这就证明孙中山"反满"革命的结束，转入包括中国

---

① 孙中山：《在东京〈民报〉创刊周年庆祝大会的演说》，《孙中山全集》第1卷，第324～325页。
② 孙中山：《在旧金山丽蝉戏院的演说》，《孙中山全集》第1卷，第441页。
③ 孙中山：《临时大总统宣言书》，《孙中山全集》第2卷，第2页。
④ 孙中山：《对外宣言书》，《孙中山全集》第2卷，第8页。

境内各民族在平等基础上团结合作，并以"中华民族"族称代表中国各民族对外国民族进行交流和合作、建设国家，使中国进入一个新的时期。这也就是费孝通先生所说的"多元一体"结构的自觉民族实体的形成，这个实体包含着中国境内 50 多个民族。然而，中华民族和它所包含的 50 多个民族都称为"民族"，但在层次上又是不同的。"在中华民族的统一体中存在着多层次的多元格局"。① 为了实现中华民族这个多元一体的格局，孙中山遇到不少难题。首先是孙中山让权袁世凯后，沙俄策动蒙古独立，英国在西藏搞事，达赖潜逃，后达赖又在沙俄的指使下回到拉萨。1913 年初，达赖却派代表潜赴库伦，订立"蒙藏条约"，议定双方相互承认脱离中国而"独立"，"五族共和"遭受严重的威胁。孙中山进行了频繁的活动，与各界人士接触，宣传维护五族共和，除了揭露和指责外国人挑动、策划分裂活动的罪行外，在民族政策方面也略有调整。孙中山强调："今日重要之事，乃各省当统一是也。"② 在强调"五族一家"的前提下，孙中山又在《中国同盟会总章》和《国民党宣言》中将"厉行种族同化"作为同盟会和国民党的政纲③，并提出"将蒙古改为行省，与中国各省平等"④。所谓"同化"，亦即用汉族的文化、习惯及先进的科学技术与少数民族联结一气，促使少数民族的社会进步，同舟共济，实现民族的团结统一，以建巩固之国家。⑤ 民族同化不同于民族融合，民族融合是在民族共同进步和发展中自然形成的一种关系，而民族同化则带有强迫的性质。用民族同化政策去强迫少数民族放弃自己的民族特性，这种主张既不明智，又不现实。此后由于政局的动荡，孙中山也由国家的领导人变为在野，并成为政治边缘人物，他虽关心中国的民族前途，但未能深入探研。所以，在他改组国民党为中国国民党的一段时间里，对于如何变"五族一家"为中华民族、建立民族国家的问题上，显现出非常的无奈，时而提出要建立"大中华"；时而又说，他在这个问题上的错误是在民元年实现了"五族共和"；时而又强调要像美国那样，将汉族与其他民族"熔冶为一炉"变为一个国族，才能成就中国的建国事业，说明在五四运动前后，在孙中山的思想深处明显带有由一个民族（中华民族）造成一个国家（统一的中国）的思想去整合民族意识，为实现祖国的统一和民族团结、为复兴中华创造条件。

1919 年，孙中山在解析他的三民主义中的民族主义时，这样说：

---

① 费孝通等：《中华民族多元一体格局》，第 33 页。
② 孙中山：《在太原商学界宴会上的演说》，《孙中山全集》第 2 卷，第 471 页。
③ 参见《孙中山全集》第 2 卷，第 160、395、399 页。
④ 孙中山：《与香港〈士蔑西报〉记者的谈话》，《孙中山全集》第 2 卷，第 363 页。
⑤ 孙中山：《在太原各界欢迎会的演说》，《孙中山全集》第 2 卷，第 470～471 页。

中华民族者，世界最古之民族，世界最大之民族，亦世界最文明而最大同化力之民族也。然此庞然一大民族则有之，而民族主义则向所未有也。何为民族主义？即民族之正义之精神也。惟其无正义、无精神，故一亡于胡元，再亡于满清，而不以为耻，反谓他人父，谓他人君，承命惟谨，争事之恐不及，此有民族而无民族主义者之所谓也。①

孙中山说，要以西方民族同化为榜样，学习瑞士之民族，合日耳曼、意大利、法兰西三国之人民建立瑞士之山国，由是而成一瑞士民族。又要像美利坚之民族，合欧洲之各种族而"熔冶为一炉"，吸收数万万非洲之黑种而同化之，成为世界一最进步、最伟大、最富强之民族，为今世民权共和之元祖。还说，我国人民推翻清政府、脱离异族羁厄，即达到民族主义一消极目的，因以此努力猛进，以达民族主义之积极目的。"积极目的为何？即汉族当牺牲其血统，历史与夫自尊自大之名称，而与满、蒙、回、藏之人民相见于诚，合为一炉而冶之，以成一中华民族之新主义，如美利坚之合黑白数十种之人民，而治成一世界之冠之美利坚民族主义，斯为积极之目的。"孙中山还批评那些所谓"无知妄作者，于革命成功之初，创汉、满、蒙、回、藏五族共和之说，而官僚从而附和之"，造成"民国成立以来，所以长在四分五裂之中"。②

由此可见，到1919年，孙中山对于如何实现中华民族建国，还存在许多疑虑。因为"五族共和"平等组建中华民国出现了问题，外蒙古独立，西藏局势不稳，孙中山进行反思，认为中华民族未来的出路只有像瑞士、美国那样实行同化政策，"熔冶于一炉"，才能"驾美迭欧而为世界之冠"。

1920年11月4日，孙中山在上海中国国民党本部会议上发表演说，在讲到民族主义时又说："民族主义，当初用以破坏满洲专制。这主义也不是新潮流才有的。向来我们要扩充起来，融化我们中国所有各族，成个中华民族。"③他指出："有人说：'清室推翻以后，民族主义可以不要。'这话实在错了，即如我们所住的租界，外国人就要把治外法权来压制中国人，这还是前清造的恶因。现在清室虽不能压制我们，但各国还是要压制的，所以我们还要积极的抵制。……现在说五族共和，实在这五族的名词很不切当。我们国内何止五族呢？我的意思，应该把我们中国所有各民族融化成一个中华民族（如美国，本是欧洲许多民族合起来的，现在却只成了美国一个民族，为世界上最有光荣

---

① 孙中山：《三民主义》，《孙中山全集》第5卷，第186~187页。
② 孙中山：《三民主义》，《孙中山全集》第5卷，第187~188页。
③ 孙中山：《在上海中国国民党本部会议的演说》，《孙中山全集》第5卷，第392~393页。

的民族);并且要把中华民族造成很文明的民族,然后民族主义乃为完了。"①

由上述可见,1919年以后的孙中山的民族主义是以造就中华民族为主要目的的,他放弃"五族共和"共建新国的主张,改为向美国学习,将中国所有民族融合为一个大中华民族,成就中国的国族,组建一个统一的国族国家。这是一种新思维,是孙中山民族建国思想的一个发展,但无论民族同化也好,民族融合也好,都是一个长期的历史发展过程,短期内不可能将中国的所有民族融合为一个单一的国族,因此"多元一体"的民族格局将在一个长时期内存在。孙中山将中国各民族"熔冶为一炉"的主张,也跟其"天下为公""世界大同"理想一样,只能作为一种理想遗存下来,作为让国人去传承和努力奋斗的目标。国家和民族不同,但在一个多民族国家,两者又有着重要的关系。由单一民族建立的国家,如果不是共和民主的国家政体,就必然是封建的专制主义国家,专制主义的权力属于皇权,人民无权过问国家的政治,必然是一个民族压迫另一个民族,或一个民族压迫众多的民族的国家,这样的民族国家势必朝野对立,上下各阶层关系紧张,社会不安,国无宁日。所以,民族国家的理论是资产阶级民主共和的理论,是对古代君国同构理论的一种反叛,是德治与法治相统一的自由、民主、平等、共和政体的重构。所以,国家与民族必须结合在一起,形成同一体、团结统一才能构成民族国家,才能解决多民族带来的事实上的不平等以及各种差异。后来,孙中山在俄国十月革命成功经验的启导下,终于明白民族平等的真实意义。建设一个国家,正如他所说,"好像一个蜂窝一样,全窝内的觅食、采花、看门等任务,都要所有的蜜蜂分别担任,各司其事。总而言之,三民主义和五权宪法,都是建国的方略。建设一个国家,好像是做成一个蜂窝,在窝内的蜜蜂,不许有损人利己的事,必要井井有条,彼此毫无冲突。我们将来的国家做到民有、民治、民享,便是世界上最安乐的国家,在此国家之内的人民,便是世界上最安乐的人民。"② 孙中山讲得很清楚,所谓的民族国家是一个民族团结共建的共和民主政体,而不是什么分裂分治,更不是古代中国的皇权政治的重构。孙中山在国民党"一大"宣言中宣示:"国民党之民族主义,有两方面之意义:一则中国民族自求解放;二则中国境内各民族一律平等"。"民族主义实为健全之反帝国主义",只有全国人民努力与国民党结合,"中国民族之真正自由与独立始有可望也"。他还检讨国民党民族主义存在的缺点,指出:"辛亥以后,满洲宰制政策即已摧毁无余,则国内诸民族宜可得平等之结合,国民党之民族主义所要求者即在于

---

① 孙中山:《在上海中国国民党本部会议的演说》,《孙中山全集》第5卷,第394页。
② 孙中山:《宣传造成群力》,《孙中山选集》,第564页。

此。然不幸而中国之政府乃为专制余孽之军阀所盘据，中国旧日之帝国主义死灰不免复燃，于是国内诸民族因以有杌陧不安之象，遂使少数民族疑国民党之主张亦非诚意。故今后国民党为求民族主义之贯彻，当得国内诸民族之谅解，时时提示其在中国国民革命运动中之共同利益。"孙中山还说："国民党敢郑重宣言，承认中国以内各民族之自决权，于反对帝国主义及军阀之革命获得胜利后，当组织自由统一的（各民族自由联合的）中华民国。"① 在《国民政府建国大纲》中，孙中山又宣布："对于国内之弱小民族，政府当扶植之，使之能自决自治，对于国外之侵略强权，政府当抵御之；并同时修改各国条约，以恢复我国际平等，国家独立。"②

到这时为止，孙中山通过宣传民族主义，构建民族国家的思想、理论终于完成。从1894年兴中会时起至1924年中国国民党改组整整30个年头，这是一个漫长的历史过程，大致说来经历了三个阶段。①由民族主义宣传到民族国家建设理论的提出，将近10年，这期间主要是采取"五族共和"体制，促使中华民族自觉实体的形成，为建立民族国家奠定政治基础；②由建立民族国家到建立国族国家，又差不多经历了10年时间，这期间主要是强化培植民族精神，完善民族国家的使命，为实现中华民族的独立、民主和富强的理论和实施办法寻求支撑；③在探索建构中国民族国家过程中完善自己的政治理论，将民主政治国家与国族国家结合起来，促进民族统一和国家认同。

孙中山将民族国家与民主政治国家相统一，进行国家建设的理论，是他对近代中国政治思想的重大贡献。他是近代中国民族国家思想理论的探索者和创造者，又是对西方民族国家理念的发展和丰富者。他为解决中国这个多民族国家如何统一作了有益的探索，用中华民族代表中国各民族一致对外，在争取中华民族独立、平等的过程中作出重要贡献。中华民族的觉醒、国族意识的形成，使中华民族能在与帝国主义列强的斗争中成为胜利者，并以一种昂扬的姿态站立在世界的东方，孙中山功不可没。我们应该继承和发扬孙中山的国族精神，为中华民族的伟大复兴贡献智慧和力量。

（三）

孙中山为了将他弘扬民族精神、建构一个统一的独立的民主国族国家的思想和理论传承下来，在1924年国民党"一大"结束后，立即进行三民主义演讲，在民族主义的六讲中，他全面系统地阐释了他的民族主义思想的来源，对

---

① 孙中山：《中国国民党第一次全国代表大会宣言》，《孙中山选集》，第591～592页。
② 孙中山：《国民政府建国大纲》，《孙中山选集》，第601页。

如何形成大中华思想,应该如何弘扬民族精神、捍卫国家主权等问题都作了精细的讲解,这是孙中山在晚年为国人留下的一笔珍贵的思想遗产,我们绝不能轻视或扭曲他的思想精华,或歪曲他的民族建国理论为某些不可告人的目的服务。

孙中山在1924年1月的民族主义讲演中,将他对民族、民族主义和民族建国的主张作了一个系统的陈述,总结起来有三个明显特点。

第一,建构国族主义的理论和实施办法。孙中山说:"民族主义就是国族主义"。"我说民族主义就是国族主义,在中国是适当的,在外国便不适当。外国人说民族和国家没有分别"。[①]"中国自秦汉而后,都是一个民族造成一个国家。外国有一个民族造成几个国家的,有一个国家之内有几个民族的"。"所以在外国便不能说民族就是国族"。为了证明他这个看法的正确,孙中山便力图说明民族与国家的区别,他说,"民族是由天然力造成的,国家是用武力造成的","用王道造成的团体,便是民族。武力就是霸道,用霸道造成的团体,便是国家"[②],只要中国人"团结成一个民族,无论列强用什么霸道"都是不能改变的。孙中山还说:"我们鉴于古今民族生存的道理,要救中国,想中国民族永远存在,必要提倡民族主义",但中国人只有家族和宗族的团体,没有国族团体,也没有国族的精神,没有国族主义,致使中国贫穷落后,处国际中最低的地位。人为刀俎,我为鱼肉,所以"我们要挽救这种危亡,便要提倡民族主义,用民族精神来救国"。将中国的家族、宗族组合成强大的国族,我们便可以用多数人的力量去抗拒少数征服者的奴役,使中国能够生存和发展。[③]

孙中山通过提倡民族主义来建构国族主义,即"结合四万万人成一个坚固的民族"——中华民族来救国、建国,通过学习东西方民族的优长发展经济、繁殖人口,想办法来解脱列强的人口、政治和经济的压迫,否则,"无论中国领土怎么样大,人口是怎么样多,百年之后一定要亡国灭种的。我们四万万人的地位是不能万古长存的"。基于此,孙中山为中国民族的前途设想,认为最重要的是要想一个什么方法,去打消帝国主义列强人口、政治和经济这三个压迫力量,使中国变得富强。[④] 可见,孙中山提倡恢复民族精神是将树立国族意识、建设国族国家作为摆脱帝国主义列强欺凌压迫,实现国家独立、富强的一种利器。

---

① 孙中山:《三民主义:民族主义第一讲》,《孙中山选集》,第617页。
② 孙中山:《三民主义:民族主义第一讲》,《孙中山选集》,第618页。
③ 孙中山:《三民主义:民族主义第一讲》,《孙中山选集》,第621页。
④ 孙中山:《三民主义:民族主义第二讲》,《孙中山选集》,第643页。

第二，正确处理民族主义与世界主义的关系，为民族建国和正确处理与世界各民族的关系奠定理论基础。孙中山在《三民主义：民族主义第三讲》中说："民族主义这个东西是国家图发达和种族图生存的宝贝。"他指出，过去我们失去民族主义，"我们被异族征服。征服的民族，要把被征服的民族所有的宝贝，都要完全消灭"。① 为了救国，我们必须恢复民族主义，反对征服的和压迫别人国家的世界主义。他说："现在的英国和以前的俄国、德国以及中国现在提倡新文化的新青年，都赞成这种主义，反对民族主义。"他们认为"国民党的三民主义不合现在世界的新潮流，现在世界上最新最好的主义是世界主义"。② 孙中山指出，"世界主义"就是中国二千多年以前所讲的天下主义。我们现在研究这个主义，它到底是好不好呢？照理论上讲，不能说是不好。但是现在"世界上的国家，拿帝国主义把人征服了，要想保全他的特殊地位，做全世界的主人翁，便是提倡世界主义，要全世界都服从"，"如果民族主义不能存在，到了世界主义发达之后，我们就不能生存，就要被人淘汰"。③ 所以，不要民族主义存在，首先是提倡世界主义的人要设法让世界没有帝国主义存在，只要拿世界主义作为征服奴役其他民族的霸道行为不结束，我们就要发扬民族主义去抗拒世界主义。

孙中山说，俄国的列宁受世界列强的攻击，究其原因，就是因为他"敢说了一句话"，什么话呢？就是列宁说："世界上有两种人：一种是十二万万五千万人，一种是二万万五千万人；这十二万万五千万人，是受那二万万五千万人的压迫。那些压迫的人，是逆天行道，不是顺天行道。我们去抵抗强权，才是顺天行道，我们要能抵抗强权，就要我们四万万人和十二万万五千万人联合起来。我们要能够联合十二万万五千万人，就要提倡民族主义，自己先联合起来，推己及人，再把各弱小民族都联合起来，共同去打破二万万五千万人，共同用公理去打破强权，强权打破以后，世界上没有野心家，到了那个时候，我们便可以讲世界主义。"④ 这也就是孙中山所讲的"联合世界上以平等待我之民族共同奋斗"，用公理去打倒强权，用王道去打倒霸道，用中国四万万人的力量为"世界上的人打不平"，实现中华民族的独立，以及中国与世界民族的公平正义和平等。这就将中华民族建国的原则和实施对外政策的原则讲明白了。只要世界上仍然存在霸道行为，仍然存在强权政治，不讲公理，不讲正义，动辄就以武力去干预别国内政，为他本国本民族谋私利的情况下，不讲民

---

① 孙中山：《三民主义：民族主义第三讲》，《孙中山选集》，第644页。
② 孙中山：《三民主义：民族主义第三讲》，《孙中山选集》，第650页。
③ 孙中山：《三民主义：民族主义第三讲》，《孙中山选集》，第651～652页。
④ 孙中山：《三民主义：民族主义第三讲》，《孙中山选集》，第655页。

族主义去讲世界主义，就是在支持帝国主义的霸道行为去干预和损害弱小民族的核心利益、根本利益，这是对人类事业的极大的不负责任。

第三，发扬中国人固有的道德和智能，将失去的民族精神恢复起来，再去学习欧美人之优长，为民族复兴指明努力方向。孙中山说，中国的地位比较完全的殖民地更要低一级，所以他创造一个新名词，说中国是"次殖民地"，这是因为中国失去了民族的精神。我们今天要恢复民族的地位，"便先要恢复民族的精神"①。我们想要恢复民族的精神，一要能知，知道我们现在处于一个极危险的地位；二是"要合群，大家团结起来，成一个大国族团体，共同去奋斗"。他说，一个国家所以能够觉醒的缘故，起初都是由于武力发展，继之以种种文化的发扬，便能成功，但是要维持民族和国家的长久地位，还有一个道德问题，有了很好的道德，国家才能长治久安。因此，孙中山强调要将中国固有的道德——忠孝、仁爱、信义、和平恢复起来，将中国固有的知识唤醒，中国才有可能复兴。固有的知识就是我们政治哲学中的"格物、致知、诚意、正心、修身、齐家、治国、平天下"，这些知识是我们民族独有的宝贝。只有将我们固有的道德、知识和能力恢复，即恢复我一切国粹之后，再去学习欧美之所长，我们"才可以和欧美并驾齐驱"。②他说，此外还有一个价值观问题，就是当中国发展经济，强盛起来以后，我们应该怎么办的问题。是学帝国主义去灭人国家，还是确立"济弱扶倾"政策，"对于弱小民族要支持他，对于世界的列强要抵抗他"的问题。孙中山说，毫无疑问，我们只有立下"济弱扶倾"这个志愿，"中国民族才可以发达"，并且发达以后对于人类对于世界和平才有保证。这样到了中国强盛的时候，想到我们曾经受过列强政治经济压迫的痛苦，如有弱小民族也受这种痛苦，"我们便要把那些帝国主义来消灭，那才算是治国平天下"。然后"用固有的道德和平做基础，去统一世界，成一个大同之治，这便是我们四万万人的大责任"，"便是我们民族的真精神"。③

孙中山在这里讲到的问题，不仅仅是恢复民族主义、建立国族国家所应注意的问题，更重要的是强调民族之间要相互学习，共同进步，这就为中国建立民族国家确立了民族与民族、国家与国家之间应该坚持的立场和原则。民族与民族、国家与国家之间不可能没有利益矛盾，但对待这些矛盾的态度，应该坚持以"和为贵"的道德为准则，只有用道德"去统一世界，成一个大同之治"④，人类才有美好的未来。

---

① 孙中山：《三民主义：民族主义第六讲》，《孙中山选集》，第679页。
② 孙中山：《三民主义：民族主义第六讲》，《孙中山选集》，第688～689页。
③ 孙中山：《三民主义：民族主义第六讲》，《孙中山选集》，第690～691页。
④ 孙中山：《三民主义：民族主义第六讲》，《孙中山选集》，第691页。

综上而言，在20世纪20年代以前的中国，没有哪一位社会名流、知识精英或领导人具有孙中山那样的宽广胸怀，没有人能像孙中山那样具有豁达的度量去审视世界和注视中国；更加没有一个人具有像孙中山那样在中国尚未实现民族独立以前，号召被压迫人民相互支持平等，在中国实现民族独立、民主、富强，建立民族国家以后又号召中国人担负人类和平使命的思想。然而，孙中山虽然伟大，但他的话并非句句都是真理，他也有说得不对或不准确，乃至说错的地方，但这才是真正的孙中山，是一个非常坦诚、敢说敢为的孙中山。孙中山也是一位怎么想就怎么说的人，从不隐藏自己的观点，更不会当面说一套，背后做一套。尽管如此，我们看不出孙中山强调通过弘扬中华民族的优良传统，发扬民族精神去救国、去建设国家的爱国情怀有什么不对，更看不到他号召中国建立国族意识，建立国族国家与帝国主义抗衡，"将帝国主义来消灭"，实现世界"大同之治"有什么不对。相反，笔者认为在近代中国，孙中山建构民族国家的理论是基于反对帝国主义侵略和中国的卖国政府，是为了实现中华民族的完全独立，建立共和民主的政体，让人民去掌控国家权力，这是他对中华民族在政治思想文化上的一大贡献，他以他的智慧、胆识、胸怀和远见卓识，表明他是一位中华民族造就的杰出政治家和思想家，他以政治国家与民族国家相结合治理中国、建设中国的思想，至今仍有强大的生命力。

孙中山建构民族国家的理论对中华民族的觉醒，以及中华民族凝聚力的增强都起了很大的作用。在孙中山的提倡和鼓舞下，"中华民族"成为代表中国各民族的国族，随着国族意识的增强，民族的向心力和国家的认同感也加强了。在孙中山的建构和努力下，中华民族的成员无论生活在祖国的中心还是边缘，无论在国内还是国外，都产生了一种维系民族统一、争取实现中华民族的独立和富强的强烈爱国情怀。爱国与爱民族的结合，使中国人的自信心、自豪感、向心力都空前地增强，改变了中国"一盘散沙"式的无主无次、无上无下、无左无右的社会秩序，逐步形成为一个牢不可破的统一体——国族国家。中国形成了一个统一的国族国家意识，具有统一的意志和力量，随着主权意识、国权意识的增强和觉醒，中华民族在对外关系，尤其是在反帝斗争中显示出其具有广泛的社会、民族动员力量，开启了中国人以民族主义反抗西方侵略的历史进程。这是中国进步和民族觉醒的表现，为中华民族的完全独立和复兴开辟了一条康庄大道。由此，孙中山也成为中华民族最为人们爱慕和敬仰的时代伟人。

现在中华民族已经成为中国的一个象征、一种符号，它代表中国56个民族，代表13亿多中国人。它是民族实体，也是政治和文化的表征，只要提起中华民族，人们就有一种自豪感，明白它的分量、它的责任、它的使命、它的未来、它与全人类的关系。所以，笔者为孙中山未能在生前实现其建立一个强大的中华民族——国族国家的历史使命而感到遗憾，但他留下了他的精神、他的思想，以及他奋斗的足迹，为后人指明了一条建设未来的方向并奠定了理论基础，这就是团结起来为实现中华民族团结，国家的独立、民主和富强，复兴中华的伟大使命而努力奋斗。

台湾大学邱荣举教授在他和他的研究生邱启瑗合著的《论孙中山与民族文化》一文中说："孙中山晚期的国家发展论，可说是相当接近世界体系理论的观点"，孙中山在民族文化论中所"建构之'中华民族''中华文化'等概念，具有中国传统与创新之特色，对国家发展特别是政治发展，文化发展方面极具创意与助益"①。北京中央民族大学陈连开先生早在1988年12月在他的《中国·华夷·蕃汉·中华·中华民族——一个内在联系发展被认识的过程》长文中也指出：

> 中华民族的全部含义可以作如此归纳，即：中华民族，是中国古今各民族的总称；是由众多民族在形成为统一国家的长期历史发展中逐渐形成的民族集合体。众多民族各有其发展的历史与文化，是中华民族的多元性，有着长期在统一国家中共处并发展其统一不可分割的联系，最终自觉地联合成不可分割的整体，是中华民族的一体性。所以，中华民族的多元性与一体性的辩证统一，已有2000年的发展过程，只是在近代反帝、反封建斗争中，这种极深刻的内在联系才被认识，从而上升为中华民族的自觉意识和民族觉悟。②

读着各种不同论述孙中山关于民族和国家建设的文章，笔者感觉到，在20世纪初出现的中华民族，是古今中国各民族的总称，是涵盖了中国各兄弟民族的根本利益和长远利益整体的不可分割的联系和整体性的民族认同。孙中山具有兼容天下的广阔胸怀和历久弥坚的大一统观念，具有爱国主义和自强不息的奋斗精神。他对中国社会的转型，尤其是他建立国族（民族国家）的理念和主权国家的思想对现代中国政治建设的贡献是巨大的、深远的。孙中山是一位开辟新时代的伟人，他在理论上将中华民族的意识进行有益的整合，将国族意识与民族精神结合起来，将中华民族建立统一国家作为复兴中华的历史使命，这是历史与现实的统一、政治与民族的统一、人民与国家的统一。所以，孙中山建构的民族国家理论是一种符合历史潮流和中国国情，动员和启导中国各民族团结统一、进行社会建设和发展国家的进步理论。

---

① 邱荣举、邱启瑗：《论孙中山与民族文化》，《族群发展与文化产业》，台北国父纪念馆2009年版，第81～93页。
② 转引自陈连开：《中华民族研究初探》，知识出版社1994年版，第68～69页。

第四章 孙中山与中华文化的复兴

一、孙中山兴学育才的思想

（一）

孙中山在 1912 年 8 月 30 日于北京湖广会馆对学界发表演说，在这次演说中，他提出"学问为立国根本"这个重大课题。他说：

> 兄弟于我中华民国学界前途，对于诸君有无穷之希望。盖学问为立国根本，东西各国之文明，皆由学问购来。我国当革命以前，专制严酷，人无自由之权。然能提倡革命，一倡百和，以至成功，皆得力于学说之鼓吹。数十年来，奔走运动，都系一般学界同志之热心苦业，始得有今日之共和。今破坏已完，建设伊始，前日富于破坏之学问者，今当变求建设之学问。①

孙中山强调，世界进化，随学问而转移，革命需要学问，建设更需要学问，中华民族"振兴之基础，全在于国民知识之发达"。所以，他要求学界中人，要研究学问，要担负起培养和造就人才的重任。为了建设一个民族的、国民的、社会的国家，孙中山认为，人才是第一重要的任务。

所谓人才，在不同国家和民族，或对于不同的阶级和阶层，其需求不一样，解释也不一致，但一般说来，人才可以把它概括为是有才识有学问的人，指有才能才学的人。

无论什么时代，人才都是一个国家和民族赖以生存和发展的重要因素。因此，无论在什么时代，开明的政治家或思想家没有一个不爱才，也没有一个不重视兴学育才。尤其在近代中国，面对封建"衰世"埋没人才，以致"左无

---

① 孙中山：《在北京湖广会馆学界欢迎会的演说》，《孙中山全集》第 2 卷，第 422～423 页。

才相,右无才史,阃无才将,庠序无才士,陇无才民,廛无才工,衢无才商"①的状况,要求变革,促进社会发展的有识之士也没有一个不为兴学育才大声呼号的。还在鸦片战争前夕,地主阶级改革派龚自珍,在他的《己亥杂诗》中就悲愤地慨叹:"九州生气恃风雷,万马齐喑究可哀。我劝天公重抖擞,不拘一格降人才。"②龚自珍不仅深刻地揭露了清王朝给中国带来"万马齐喑"的死寂局面,抒发了对荼毒人才、埋没人才的不满;同时也强烈地表现了对挽救国家、民族于危亡,呼唤"九州生气",盼望"人才"降世的强烈愿望。

魏源更是提倡人才治国。他认识到人在社会发展中的作用,他说:"人聚则强,人散则尪,人静则昌,人讼则荒,人背则亡,故天子自视为众人中之一人,斯视天下为天下人之天下。"③他要求国家必须重视人才的培养,牢记"三代以上之人才,由乎教化"的历史经验,重视兴学育才。他指出:为人主者必须把"造士""作人"当作大事来抓,只有育才才能强国。他指责当时政府对人才产生严重存在"所用非所养,所养非所用"的不合理现象,致使国家多是一些"不识兵、农、礼、乐、工、虞、士、师为何事"的庸儒在主政。他认为这都是由于科学"选士制度不当"所致。他说:"今夫财用不足,国非贫,人才不竞之谓贫。令不行于海外,国非羸,令不行于境内之谓羸。故先王不患财用而惟亟人才,不忧不逞志于四夷,而忧不逞志于四境。"他分析汉唐以来中国国势盛衰的原因之后又指出:"人才进则军政修,人心肃则国威遒,一喜四海春,一怒四海秋。五官强,五兵昌。"他认为,只要有经邦治国的人才,则"何患于四夷,何忧于御侮"。④所以,魏源主张以实用知识考取士子、培养实学实用的人才作为治国兴邦强国富民的政纲。

洋务派官吏张之洞则从时局的变迁及兴办洋务的需要去审视和认识人才的重要性。他指出:"西国之强,强以学校"⑤,"中国之祸,不在四海之外,而在九州之内","人才之盛衰,其表在政,其里在学"。⑥所以,张之洞强调:"非育才不能图存,非兴学不能育才,非变通文武两科不能兴学,非游学不能

---

① 龚自珍:《乙丙之际箸议第九》,《龚自珍全集》,上海人民出版社1975年版,第7页。
② 龚自珍:《己亥杂诗》,《龚自珍全集》,第521页。
③ 魏源:《默觚下·治篇三》,《魏源集》上册,中华书局1983年版,第44页。
④ 魏源:《圣武记叙》,《魏源集》上册,第166~167页。
⑤ 张之洞:《劝学篇·序》,舒新城编:《中国近代教育史资料》下册,人民教育出版社1979年版,第973页。
⑥ 张之洞:《劝学篇·序》,舒新城编:《中国近代教育史资料》下册,第972页。

助兴学之所不足。"① 暂不管张之洞确立的"中体西用"人才观的是非曲直，但他"非育才不能图存"的价值判断，以及对教育问题的重视，说明"张之洞对于教育改革有浓厚兴趣"②，并且他把教育当作中国实现近代化的手段，则是应该充分肯定的有识之士。继张之洞之后，戊戌维新思想家康有为、梁启超、严复也非常重视人才的培养和使用。

康有为说："富而不教，非为善经，愚而不学，无以广才"，"夫才智之民多则国强，才智之士少则国弱"。③

梁启超说："人才不足，而国无与立"④，"变法之本，在育人才；人才之兴，在开学校；学校之立，在变科举；而一切要其大成，在变官制"⑤，"今欲振中国，在广人才；欲广人才，在兴学会"⑥。

严复则说："中国之弱，其原因不止一端，而坐国之人暗，人才之乏为最重。"为此，他强调"教育强国为根本"⑦，因而提出向国民进行"鼓民力""开民智""新民德"的三民教育主张，从体育、智育、德育三方面提高民族的身体素质、文化水准、道德修养。他主张通过三民教育陶铸国民，使之利行新制，推行革新。

孙中山继承了地主阶级改革派、洋务派和资产阶级维新派重视人才、推崇学问治国的主张，提倡大力发展教育，兴学育才，但他又否定了中国自古以来"唯才是举"，强调人治、反对法治的专制思想，强调培养人才要与国情相结合、学识要与道德相统一，做到德才兼备，使人成为真正的"人"，做大事的人。

早在1890年，孙中山还是香港西医书院的学生，就致书曾任清朝津海关道官员和出使过美国、西班牙、秘鲁三国，病休居乡的郑藻如，在书中他详细地陈述了对人才的看法，他对当时中国的衰败感触良多，建议郑藻如利用他的影响，在家乡香山县"先立一兴学之会，以总理其事，每户百家，设男女蒙馆各一所"，又于"邑城设大学馆一所"，选蒙馆聪颖子弟入学。他说：只要"一倡百和，利以此兴，害以此除，而人才亦以此辈出，未始非吾邑之大幸，

---

① 张之洞：《劝学篇·序》，转引自陈钧、任放：《世纪末的兴衰》，中国文史出版社1991年版，第301页。
② （美）周锡瑞：《改良与革命——辛亥革命在两湖》，杨慎之译，中华书局1982年版，第49页。
③ 汤志钧编：《康有为政论集》上册，中华书局1981年版，第130～131页。
④ 李华兴、吴嘉勋编：《梁启超选集》，第8页。
⑤ 李华兴、吴嘉勋编：《梁启超选集》，第13页。
⑥ 李华兴、吴嘉勋编：《梁启超选集》，第19页。
⑦ 王栻主编：《严复集》，第3分册，中华书局1986年版，第623～624页。

而吾国之大幸也"。①

这是孙中山最早提出的兴学育才、以学问治国建国的主张,它包含两个方面的意思:

第一,"人才盛衰",实关教化,"人才济济",则国家强盛,反之则国家衰弱。因此,兴学育才是建国的基础,是关系到国家、民族前途的大事。

第二,人才问题是全社会的问题,必须唤起全民的重视。人才的培养,关键在于有组织有计划地动员全社会办学,只有普及教育,使妇孺老少皆晓诗书,皆懂知理,人才才能脱颖而出。有了人才,则建国可望成功,建设工作可望完成,而缺乏人才,则建国计划等于空想。所以人才的培养是以学问治国、建国的根本。

1894年6月,孙中山在《上李鸿章书》中,陈述他幼年游学外洋、留心于泰西各国"富国强兵之道"的感受。他向李鸿章建议:"我国家欲恢扩宏图,勤求远略,仿行西法以筹自强"②,必须重视对人才的培养,必须学习泰西"庠序学校遍于国中",做到"人无贵贱皆奋于学"。因此,孙中山强调:第一,要设法育才;第二,要重视用才。

关于育才方面,孙中山指出:人的聪明睿智是不一样的,人有全才有偏才,但是"非学无以别其才","非学无以成其用"。所以,人才皆于学之中产生,"有学校以陶冶之,则智者进焉,愚者止焉,偏才者专焉,全才者普焉。盖贤才之生,或千百里而见一,或千万人而有一,若非随地随人而施教之,则贤才亦以无学而自废,以至于湮没而不彰"。人才虽然难得,但只要鼓励"通国之人童",发奋为雄,努力学习,卓异自立,只要士人有一才一艺之微,而国家都能宠以科名,给予重赏,人才必然大批涌现。他认为,只要做到国家尊重知识,重视人才,某一人"穷一新理,创一新器,必邀其国家之上赏,则其国之大,岂有不专心致志者哉?"③

关于用才方面,孙中山认为,人才难得,但有了人才,要做到"人能尽其才"也不容易,如果人不能尽其才,"人于所习非所用,所用非所长",则是人才的极大浪费。如果学非所用,不仅"智者无以称其职,而巧者易以饰其非,如此用人,必致野有遗贤,朝多倖进"。他指出:泰西各国的用人是"取所长而久其职",因此"为文官者,其途必由仕学院,为武官者,其途必由武学堂,若其他,文学渊博者为士师,农学熟悉者为农长,工程达练者为监

---

① 孙中山:《致郑藻如书》,《孙中山全集》第1卷,第2~3页。
② 孙中山:《上李鸿章书》,《孙中山全集》第1卷,第8页。
③ 孙中山:《上李鸿章书》,《孙中山全集》第1卷,第8~9页。

工，商情谙习者为商董，皆就少年所学而任其职。总之，凡学堂课此一业，则国家有此一官，幼而学者即壮之所行，其学而优者则能仕。且恒守一途，有升迁而无更调。夫久任则阅历深，习惯则智巧生，加之厚其养廉，永其俸禄，则无瞻顾之心，而能专一其志，此泰西之官无苟且，吏尽勤劳者，有此任使之法也"。孙中山认为，只要做到"教养有道，则天无枉生之才；鼓励以方，则野无郁抑之士；任使得法，则朝无倖进之徒"。"人既尽其才，则百事俱举；百事举矣，则富强不足谋也"。①

很明显，孙中山早期的兴学育才观受改良主义思想影响。他强调要兴学育才，但育才为了什么？答案很明确：富国强兵是也。那么，富什么样的国？强谁的兵？他没有明说，看来当时他没有能同清朝政府划清界限。不过，他当时提出许多富国强兵的主张，带有挽救民族危机、抵抗侵略的意义，也反映了他早年既要反对侵略的西方、又要学习先进西方的双重变奏心态。他要求国家培养具有世界意识和开放意识的人才，要求受教育者要了解世情和国情，掌握世界的新科学、新技术、新知识，具有较高的专业和文化素质；他把教育视为培养和造就国家各类人才的重要手段和根本途径，并主张国家要实行鼓励有贡献的知识分子的政策，都很有远见和具有前瞻性，这是应该充分肯定的。当然，这个时期孙中山的兴学育才观也还多少带有随意性，至于培养和造就什么性质、为谁服务的人才还没有确切地界定。

后来孙中山将兴学育才与革命建国、与振兴中华和服务社会结合起来，认为教育是建国的基石、"学问是立国的根本"，科学技术的发展以人为本，把培养人才看作为革命服务，为建国服务，为振兴中华服务，为近代化服务，有意识地罗致、培养和造就为实现其民族、民权、民生三民主义伟大理想奋斗和服务的人才，这就把他的兴学育才观升华到了具有近代意识的高度，确立了人才培养的新方向。

为新形势和新时代培养所需要的人才是革命的需要，也是建国的需要。1895年2月21日，孙中山在《香港兴中会章程》中讲到成立兴中会的宗旨时说："本会之设，专为联络中外有志华人，讲求富强之学，以振兴中华，维持国体起见"，"故特联络四方贤才志士，切实讲求当今富国强兵之学、化民成俗之经，力为推广，晓谕愚蒙"。因此，孙中山指出：为使国人能"联智愚为一心，合遐迩为一德，群策群力"，合力救国，必须"设报馆以开风气，立学校以育人才，兴大利以厚民生，除积弊以培国事"。② 1895年10月6日，孙中

---

① 孙中山：《上李鸿章书》，《孙中山全集》第1卷，第9～10页。
② 孙中山：《香港兴中会章程》，《孙中山全集》第1卷，第22页。

山在《拟创立农学会书》中又强调："欲我国转弱为强、反衰为盛，必俟学校振兴，家弦户诵，无民非士，无士非民，而后可与泰西诸国并驾齐驱，驰骋于地球之上。若沾沾焉以练兵制械为自强计，是徒袭人之皮毛，而未顾己之命脉也。"① 这就与洋务派划清了界限，把振兴学校与兴学育才看作振兴中华和革命救国、建国工作的基础，把兴学育才提高全民族的素质看作国家转弱为强、转衰为盛，关系自己国家民族命脉的根本，并将有无合格的人才视为他领导革命和建设成败的关键，表明其兴学育才思想与初期相比有所深化和拓展。

辛亥革命后，孙中山一再强调"百废待举，需材殷切"②，要求各级学校要为国家培养人才，学生要立志献身于国家的建设事业，并成为将来建设中的中坚。1912年1月孙中山在南京就任中华民国政府临时大总统后，他不仅颁布了许多政策、法令，极力维护学校的教学秩序，而且还亲自批阅文件，提倡改革教育制度，确立新的教育宗旨和鼓励创办各类新式学校，以造就人才。

1912年4月1日，孙中山正式解除南京临时政府临时大总统职，决心集中精力从事民生工作，加强实业建设，促进祖国的繁荣富强，他决心利用其影响广泛吸收和集聚人才，并将"搜罗人才"③视为他重要的施政纲领，他反复强调："中国人数四万万人，此四万万之人皆应受教育"，并提出特别要加强对女子教育和注重师范教育。④他指出，以后建设，靠科学，承担建设任务的重任是要由学生承担，所以"非学问无以建设"。⑤他说："予已卸却政治上事业，专办振兴工艺，及改良社会之大设施"，并"注重教育"，培养人才，具体的办法是"予将从根本上入手，先使每乡皆有蒙学校，由蒙学校而至高等，由高等学校而至大学堂"，促进教育普及。⑥他表示，他虽由政治战线转向经济战线，但他决心要为提高民族素质多做工作。

由此可见，孙中山对于教育，以及培养和造就人才在国家建设中的作用有非常明确和清晰的认识，"学问为立国根本"命题的确立便为他制订"建国方略"和实业计划确立了科学根据，将学问确立为治国的根本，也就是国家建设要以人为本，以人的素质为本，以科学技术的高低为本。孙中山对于人在改造社会、变革自然环境中的关键地位和作用有明确的认识。正由于孙中山有将人的素质和学问大小视为建设国家成败的关键的认识，便为他立志建设一个高

---

① 孙中山：《拟创立农学会书》，《孙中山全集》第1卷，第25页。
② 陈旭麓、郝盛潮主编：《孙中山集外集》，第47页。
③ 《孙中山莅临武汉五日记》，《武汉文史资料》第4辑，第5页。
④ 上海《民立报》1912年5月13日。
⑤ 上海《民立报》1912年5月28日。
⑥ 转引自王耿雄：《孙中山史事详录（1911—1913）》，天津人民出版社1986年版，第312页。

度文明，经济发达和民主的民有、民治、民享的伟大国家奠定了理论基础。

（二）

培养什么样的人才？为谁培养人才？这是教育的根本问题。

孙中山明白，没有近代化的人，就难以建成近代化的社会和近代化的国家。所以，在中华民国成立后，他一再说明要造就为国民服务、具有文化教育素质和民主意识的"公仆"。"公仆"意识的提出是适合近代社会转型的需要，也是改革中国政治和治国的需要。传统教育为我们国家培养了大量人才，为我们留下了丰富的历史遗产，然而，传统教育毕竟是旧社会的产物，它存在许多与近代社会不相适应甚至相悖的弊端，所以，传统教育不再与社会发展相适应，实际上成为社会近代化的障碍。于是，孙中山在前代教育家进行教育改革的基础上大大地推进了教育改革的步伐，形成了一套适应新社会需要的教育改革制度，培养具有科学技术学问以及立志为国家和社会服务的人才，这种人才不仅要有能力也要有道德，这是孙中山对中国教育史的重大贡献。教育近代化是整个社会近代化的重要组成部分，就教育观念、社会心理、价值取向等方面而言，孙中山尽量淡化传统的教育，改造读书入仕的教育目标，提倡造就各种新型的具有新知识、掌握新科学（即他所称的新"学问"）的专门人才，培养具有高尚人格和崇高国格相结合的"公仆"，全心全意地为国民服务，为新社会效劳。事实上，孙中山的主张已成为当时各类新式教育机构创办的基本动因和追求的目标，这就为辛亥革命后整个中国的教育改革确立了宗旨，为新式学校的创办指明了方向。孙中山对于教育革新的许多深刻见解，为中国的教育学说增添了带有中西结合的新内容。

1912年8月，孙中山应袁世凯之邀北上商谈国是。8月30日在北京湖广会馆学界欢迎会上，孙中山发表演说，指出：学界对于国家前途，关系极大。他说，就从前之学说，而论人人之知者，生存竞争，优胜劣败；今日不宜主张此说，应主张社会道德，以有余补不足。"大凡天之生人，其聪明才力各不相同。聪明才力之有余者，当辅助聪明才力之不足者，在政治上为工人，在社会上为社会公仆。"所以，孙中山特别强调学界应注重养成社会道德。他又指出：专制时代，"皇帝为全国之大主人翁，以压制平民，学生在校学成之后，辅助君主，欺辱平民，虽不能为大主人翁，亦可成为小主人翁。今则不然，现值政体改更，过渡时代，须国民群策群力，以图振兴"，"振兴之基础，尤赖国民知识之发达。学界为国民造成知识发达之源，当知自己责任之重。今日在学校之学生，异日即政治之工人，社会之公仆，与以前异日可做主人翁之思想大不相同。"孙中山说："今日中国革命成功，适值改良学说之际，学说既宜改良，方针亦宜改变。所谓今日唯一之方针者，社会道德是也"。① 由培养和造就国家统治和压迫人民的主人翁，转换为培养和造就社会之公仆、"政治之工人"，这是价值观和道德观的转变，是教育学说和培养人才方针的转变。这个转变说明，孙中山非常重视将社会道德与有学问的人才的培养结合起来，在德与才方面，把德放在第一位，强调人对国家和社会的责任感与奉献精神，这是孙中山教育思想和人才观的重要发展。

1912年5月7日，孙中山到广州岭南学堂视察，受到该校师生的热烈欢迎。在对岭南学堂师生演说中，他回忆自己的经历，"仆从前以致力革命，无暇向学读书。行医日只一两时，而事革命者实七八时，而学业遂荒，沿至于今，岁不我与。今见学生，令人健羡，益见非学问无以建设也。譬诸除道，仆则披荆斩棘也，诸君则驾梁砌石者也。是诸君责任，尤重于仆也。肩责之道若何，无他，勉术学问，琢磨道德，以引进人群，愚者明之，弱者强之，苦者乐之而已。物竞争存之义，已成旧说，今则人类进化，非相匡相助，无以自存"②。将"勉术学问"与"琢磨道德"结合起来全面地体现了孙中山的人才思想，所以，他强调学生要"立志""立诚"，努力学习，担负建设国家和为国民服务的责任。

所谓"立志"，孙中山说：

> 士贵立志，有万世之志，有千年之志，有数千百年之志，如耶稣、孔子、释迦牟尼，寿命最长，万世之志也。科学发明家佛兰克林、牛顿诸人，有功德于人民，数千年之志也。中国如郑康成、伏生等，亦立数千年之志，绍开古来也。又如神农、大禹利民，其志数千年后，可垂不朽，功业如华盛顿者，今虽数百年，其志则数千年也。其余如秦皇、汉武、元世祖、拿破仑，或数百年，数十年而斩，亦可谓有志之士矣。拿破仑兴法典，汉武帝纪赞，不言武功，又有千年之志者。余子言志，可谓自侩以下。盖为一人立志者，不过百数十年；为一国人民立志者，可数千年，为世界人民之立志者，可数千年，以到万年。③

孙中山的"立志"是立大志，立下做大事——为中国人民、全世界人民建功立业的大志，即他所说的"有功德于人民"的"数千年"乃至万年的大志。可见，孙中山气魄过人，志向远大，他的思想给人以鼓舞和力量。

---

① 孙中山：《在北京湖广会馆学界欢迎会的演说》，《孙中山全集》第2卷，第424页。
② 孙中山：《在广州岭南学堂的演说》，《孙中山全集》第2卷，第360页。
③ 孙中山：《论立志——民国成立前在横滨与刘成寓等的谈话》，孟庆鹏编：《孙中山文集》下，团结出版社1997年版，第688页。

所谓"立诚",就是要以诚待人、待事,宁可"以不欺伪失败",毋宁"以欺伪成功"。他指出:

> 予读中外史册,凡圣贤英雄,皆以诚率成功,及身有不成功者,而成功必在身后,吾人有千秋之业,不在一时获得之功名荣辱也。传曰:"修辞立其诚"。古人言语文字,尚以诚意为要,况事业乎?耶稣曰:"诚实者无后患";孔子曰:"正心诚意,不诚未有能动者也"。华盛顿昭大信于美洲,唐虞格有苗于千羽,诸葛亮七擒孟获而不诛,贞观放囚徒而皆返,虽汉高祖之谩骂,朱元璋自述父行乞,而己为僧,亦不失真率之道。此予读中外史,知其所以成功,而底于灭亡者,诚则有物,不诚无物而已。历代以欺世伪术而得大业者,灭亡不及其身,及其子孙,此篡弑攘夺残民以逞者,可不惧哉! 予以律己,对人无虚言,驭人无权术,一本诚率,人皆谅我,予一己成功矣。①

由此可见,孙中山提倡教育的目的在于要求学生"立志""立诚",也就是确立教育为救国,求学在于立志做大事,这就从根本上否定传统的"学而优则仕"的旧人才制度,为人才的培养确立了正确的指导思想和原则。

1918年孙中山完成《实业计划》一书的写作,当他在制订和考虑实施《实业计划》时,有两个问题一直在困扰着他,一个是资金,一个是人才。他指出:实施"国家经营之事业,必待外资的吸集、外人之熟练而有组织才具者之雇用、宏大计划的建设,然后能举"②。他一再声称,在我国发展实业有许多有利条件,所欠缺者"资本也、才能也"。他说:倘能得到资本和才能,则我国经济的发展"不特可与美国并驾,且当四倍于美国"。③ 为此,孙中山主张多办学校,多派留学生到国外专门学校学习。1919年11月中旬,孙中山在上海与张道藩等10余名赴法留学的青年谈话,他殷切地对他们说:"不管你们到哪一国去留学,也不论你们将来学什么,只要你们能够刻苦用功,切切实实地去学,将来一定会有成就。"孙中山指出:"中国还是一个贫弱的国家,事事都受世界列强的干涉和压迫。"你们到外国留学,不要只知道读死书、求知识,只学了外国学术的一些皮毛和外国人生活享受和恶习,不知道过问政治。"你们应该除了专门科目而外,随时随地留心考察研究各国的人情、风俗习惯、社会状况,以及政治实情等等。这些活的知识于你们学成归国后,对国

---

① 孙中山:《论诚》,孟庆鹏编:《孙中山文集》下,第688~689页。
② 孙中山:《建国方略之二:实业计划(物质建设)》,《孙中山选集》,第218页。
③ 孙中山:《中国实业如何能发展》,上海《民国日报》1919年10月10日"星期评论"。

家、社会会有很大贡献的"。① 与此同时，孙中山还举荐自己的秘书邵元冲赴美国留学，要他到美国华人较少的中部去学习，尽量接触当地美国人，了解他们的社会和生活，并指出："既学必求其通，勿浅尝辄止也。"② 孙中山还竭力主张运动法国退还庚子赔款，在法国里昂开办中国大学培养国内需要的建设和管理人才。

至于在国内，为了提高国民的文化素质和政治素养，孙中山主张以县为单位实行地方自治。地方自治的主要任务之一就是兴办各类学校，使凡在自治区域内的少男少女，皆有受教育之权利。"除教育青少年外，当设公共讲堂、书库、夜学，为年长者养育知识之所"。学校的等级，由幼稚园而小学而中学，当陆续按级而登，以至于大学而后已。孙中山指出："学校者，文明进化之泉也"。学校的目的，在于"读书、识字、学问、知识之外，当注重于双手万能，力求实用"。③

由此可见，到这个时期，孙中山的兴学育才思想，除了继续强调要培养和造就关心政治，立誓献身革命和建设的栋梁之材以及治理国家、管理社会的人民公仆之外，更多的是强调要普及教育和培养社会应用人才，提高人民的自治能力和为社会改革提供服务人才，并提出要因地施教："滨海之区，宜侧重水产；山谷之地，宜侧重矿业或林业，是固宜予地方以措置之自由，然受制及义务教育年限，中央不能不为划一范围，是中央亦不能不过问教育事业矣。"④说明孙中山已经认识到要从事社会文明建设的种种事业，"非有多数的人才莫可"⑤，不仅提高国民的文明素质要靠教育，提高国民的思想道德素质和民主法制意识也要靠教育，不仅青少年的成长要靠教育，就是年长者的改造与提高也要靠教育。这就把教育视作国家建设成败和国家强弱、盛衰的根本。

"学问为建国的根本"，也即是教育为建国和治国的根本。把教育视为国家的根本不仅把握了中国通向近代化的钥匙，而且开放了社会通向科学技术时代的大门。社会的转型，首先是要求人们观念的更新，社会的近代化首先要求人的思想近代化，而人的思想近代化首先是人的文化素质近代化。所以，教育是基础，教育停滞必然导致社会的阻滞。孙中山在辛亥革命后，为迎接新时代到来，提倡全社会重视教育，教育国民要以一种新的心理去迎接新的时代，培养和造就为国家、为社会和国民服务的公仆。用公仆精神去衡量人在社会变革

---

① 张道藩：《酸甜苦辣的回味》，台北《传记文学》第 1 卷第 6 期（1962 年出版）。
② 孙中山：《与邵元冲的谈话》，《孙中山全集》第 5 卷，第 166～167 页。
③ 孙中山：《地方自治实行法》，《建设》杂志第 2 卷第 2 期（1920 年 3 月 1 日出版）。
④ 孙中山：《中华民国建设之基础》，陈旭麓、郝盛潮主编：《孙中山集外集》，第 32 页。
⑤ 孙中山：《在上海中国国民党本部的演说》，《孙中山全集》第 5 卷，第 263 页。

中的作用，又用公仆精神去说明新旧时代人的本质区别，从而阐明人的文化素质、道德精神、政治素养和人的能力，在社会整体变革中的主导作用。

由此可见，孙中山的公仆精神，实际上是以人为中心，着重论证了人的因素在近代化过程中的作用，奠定了人的近代化在近代化过程中的基础性地位，从而也就奠定了教育在近代化过程中的基础性地位。

（三）

孙中山在1912年4月1日辞退中华民国南京临时政府临时大总统后，非常强调教育要以造就国民的人格作为目标，强调国民要树立爱国心，国家也应爱护国民。5月6日，孙中山在广州视察广东女子师范第二学校，同师生见面并发表演说。他说：

> 现在中华民国成立伊始，万种事业皆由此时发起，由此时举办。凡为中华民国之人民，均有平等自由之权，今国民既已完成，国民之希望甚大，然最要者为人格，我中国人民受专制者已数千年。近二百六十余年，又受异族专制，丧失人格久矣。今日欲回复其人格，第一件须从教育始。①

5月6日，孙中山在广东中国同志竞业社欢迎会上发表演说，他又强调：过去"洪门所以设会之故，系复国仇，倡于二百年前，实革命之导线，唯现下汉族已复，则当改其立会之方针，将仇视鞑虏政府之心，化而为助我民国政府之力。我既爱国，国亦爱之，使可以上感下孚，永享幸福，此求自立之真谛也"②。孙中山强调，"人贵自重"，人要有人格和国格，要做"爱国之国民"，做有益于国民的人。

所谓国格，即是说，作为一个中国人应有中国人的气度和精神，要有爱国心和为国家负责的精神。建设国家靠学生和知识，"国家强弱，以学生程度为差"③，所以，他要求学生要勇于担负建设国家的重任，要有为国家奉献的精神，"勉求学问，琢磨道德"。随后，孙中山一再强调："将来国家政治之得失，前途之安危，结果之良否，皆唯我国民是赖"④。"今民国成立，国民须人人有爱国心，则知中华民国乃自己的民国，非政府的民国，各就其业，改良提

---

① 孙中山：《在广东女子师范第二校的演说》，《孙中山全集》第2卷，第357～358页。
② 孙中山：《在广东中国同志竞业社欢迎会的演说》，《孙中山全集》第2卷，第358页。
③ 孙中山：《在广州岭南学堂的演说》，《孙中山全集》第2卷，第360页。
④ 孙中山：《在广州耶稣教联合会欢迎会的演说》，《孙中山全集》第2卷，第361页。

倡，尽应尽之义务，政府更扶助而掖励之，则将来之富强，可操券而得"①。孙中山在这里强调的，从其内心去看，是在要求国民尤其是学生要树立社会公德心，要为国家为民众办大事、办实事。这种社会公德心，实则是爱国心，用孙中山的话说是"求学问以福祖国"，"发愤求进""愤志图强"，目的是要国人尤其是学者文人"自今日起，消灭无有，从兹专心一致，合力以助新造之民国"。② 所谓"新造之民国"，就是要全体国民立下决心为我们这个拥有世界1/4人口的大国开辟一条真正的新路，并通过此路实现中国的近代化和社会大同，从而对整个人类作出贡献。为此，孙中山认为，教育是基础，但这种教育是新的教育、新时代的教育，不是"学而优则仕"，而是培养立大志做大事、建设新中国的各类人才。

胡适曾经讲过："教育救国"现在大家好像不注意了，"这不是不注意，不过认为老生常谈，也许听厌了"。胡适说：尽管如此，教育救国还得谈，无论如何"教育还是一个救国的要素"。③ 旧时代的教育，目的是为了保存过去；新时代的教育，目的是为了现在和创造未来。所以，现时代的教育不是教人做个好公民便了，亦不是教人做环境的奴隶，而是教人做"人"，做个真正有伟大理想、能够完成自己伟大人格贡献于全人类的人。这样的人不仅要具有科学精神、科学方法、科学知识，更要具有独立的人格、崇高的爱国精神和丰富的爱国情感。

1913年2月23日，孙中山在日本东京对中国留学生发表演说，他在追忆留学日本的学生对反清革命的不同态度，以及中国每一朝代的更替，必经三四代之设备、始得稍稍完全之后说：破坏事业与建设事业，成就于一人之手，实所罕见。

> 现在欲维持中华民国，必人人负建设之责任。建设事业，必须学问，实所赖于学生诸君！诸君在此留学，须要认真研究学问，不可同从前留学生一样。从前的留学生，大概分为两派：其一派鉴于祖国之危亡，异族之凭陵，废弃学业，奔走革命；其又一派，既不能与革命诸志士一致进行，又不能研究实学，只想弄一个方法，混一纸文凭，以夸耀乡里。这也难怪他们，此辈人见中国事已不可救，革命事业，自己扪心揣度，又做不来，求了学问，又无用处，无法可想，只好鬼混一辈子。将来中国不幸瓜分，横竖中国是已经亡过一次的，随便做那一国的顺民，那一国的奴隶，都是

---

① 《商界欢迎孙先生》，上海《民立报》1912年4月17日。
② 《中华民国第一国庆纪》，上海《民立报》1912年10月12日。
③ 姜义华主编：《胡适学术文集》"教育"，第170页。

无甚紧要的,只要有一个吃饭的所在就是了。①

孙中山批评这些混文凭鬼混一辈子的学生是胸无大志,一副奴隶真相,丧失人格。他要求在东京留学的学生都要立下决心有"一种牺牲性命的心",要为中华民国求幸福,非为一个人求幸福。他说:"有学问而无志愿,不徒无益,而反有害。"这种舍弃小我,服从大我,牺牲个人利益,立志为国家、人民奉献的思想,是中国传统的社会公德伦理观。在这种观念的导引下,孙中山不太主张个人的自由和追逐个人的利益,他说:"须求大家之利益,办大家之事业,不必计较私人之利害。"孙中山将这种思想称为"人道主义,社会主义"。他说:"古来学说,只求一人之利益,不顾大家之利益。今世界日进文明,此种学理,都成野蛮时代之陈谈,不能适用于今日,今日进行社会主义,注重人道,故不重相争,而重相助,有道德始有国家,有道德始有世界。"② 孙中山的伦理观、道德观强调"大我",融合矛盾,追求"大同"和"天下为公",这是他的希望,也是他的理想,这种理想的核心是通过政体的改良、国民道德的改良,建立一个"很道德、很文明、很高尚"的共和国。这种愿望固然良好,但是,过分强调个人服从大我,牺牲个人的一切包括个人的权益和生命,对于营造一种竞争上进的思想氛围和鼓励人们的进取精神并无好处,而且强调一切服从,对于学生个性的发展也是一种障碍。所以,孙中山的道德观、价值观也有消极的一面。

孙中山之所以在晚年如此郑重地强调人格的独立、道德的重要和精神的作用,要求学者文人和国民树立人格和国格相统一,为人类负责,为国家负责,并不是凭空说来,这同孙中山对当时中国国民厌倦政治、不关心国事造成道德衰退、人无大志的现象有关。1921年6月21—30日,孙中山在广州主持召开广东第五次全省教育大会,在会上他作了重要演说。他号召学生立志,否则"十年窗下任你读书几许卷,终亦无补于国家,只一书锥而已"。所谓立志,就是要求学生明白中国今日的地位,认定自己的责任,"发奋为雄,立志救国"。他要求学生"已立此志者,务求此志之实行;未立此志者,改从今日誓立此志,以图救国家之危亡"。③ 在大会闭幕式上,孙中山又就教育与建设的问题作了重要讲话。他指出:教育家最重要的任务是"助世界进化,改变人

---

① 孙中山:《求学问以福祖国——在东京中国留学生欢迎会的演说》,孟庆鹏编:《孙中山文集》下,第702页。
② 孙中山:《求学问以福祖国——在东京中国留学生欢迎会的演说》,孟庆鹏编:《孙中山文集》下,第702~703页。
③ 孙中山:《在广东省第五次教育大会上的演说》,《孙中山全集》第5卷,第557页。

生观","政治是促人群进化之唯一工具,故教育家当为政治的教育家",并批评教育"以不谈政治为高"的论调,指出:"当今民权发达时代,人人负国民责任,人人负政治责任,而曰不谈政治,尤为大谬"。① "教育进步,以政治为基础","政治不良,教育不能发展",所以,"教育家须谈政治、理政治,引导人民谈政治",② 同时他又指出:教育家又要提倡民志,同心协力改造中国。

要学生谈政治,参与政治,但又要学生不可立志做大官,这是孙中山晚年一个很鲜明的人才观、教育观,他的思想基础是要学生学好本领用学问去"救贫救弱",使中国"转弱为强,化贫为富","帮助国家变成富强",③ 而不是像旧时代"学而优则仕",读书是为了做官,不管国家和人民的死活。这就是通过"改造人心,除去国民的旧思想,另外换成一种新思想",造成"国家的基础革新"。④ 很明显,孙中山强调新时代的青年人要有知识,要有爱国精神,要有道德心,并且要主动地将技能(知识)、道德、精神和理想结合起来,为培养和造就成千上万既"成功",又"成仁"的杰出志士,做救国救民的大事。教育的目标明确了,就要用正确的方法教育青少年。他说:青少年受了教育,十多年之后,便成为有用的人才,可以继续你们的前辈去办事,如果他们失了教育,以后的人才"便新旧不相接,以后的事业便没有人办"。⑤ 他强调,读书人多了,文化素质提高了,人类社会就天天进步。否则"民众蠕蠕,不知所向",不但中国的革命无成,建设也没有希望。可见,发展教育,培养和造就成千上万的杰出人才,关系到近代化建设的全局,也关系到国家的前途命运。正是基于这种认识,孙中山认为,教育是建国的基石,只有教育搞好了,人才兴盛了,中国的一切兴革、振兴之事乃有可言,所以,孙中山将教育好坏视为国家能否发展的基础,而人才的优劣多寡则决定国家、社会的命运。

1913年3月13日,孙中山在日本神户参加华侨欢迎会,发表演说。在演讲中,他说:有人"以为从前革命成功,即马上能享幸福。现在幸福未至,且内地也有遇乱之地方,人民谋生,比从前稍难",便认为"现在共和政体,不及从前专制政体之善"。他批评这种看法"不但无国家思想之言",也"忘记了从前奴隶人格",他还以美国为例说:"昔日美国有一种作白人之奴隶,此种生长南美洲之黑人,可以叫他为黑奴,任白人鞭策,不识不知,反以作白

---

① 孙中山:《在广东省第五次教育大会闭幕式的演说》,《孙中山全集》第5卷,第563页。
② 孙中山:《在广东省第五次教育大会闭幕式的演说》,《孙中山全集》第5卷,第566页。
③ 孙中山:《在广州岭南学生欢迎会的演说》,《孙中山全集》第8卷,第539页。
④ 孙中山:《在广州对国民党员的演说》,《孙中山全集》第8卷,第572页。
⑤ 《孙总统之桂林学界之演说》,上海《民国日报》1922年2月6、7日。

人之奴隶为荣,非常安乐,非常幸福。"后来,南北战争,林肯救了他,把他等放了,"反以为林肯害了他等之生路,怨声载道"。孙中山指出:"今日之中华民国成立,一般无知无识人,以为遇之内地,农夫不能耕种,工人不能作工,反不及从前之优游快乐。此种人与黑奴之心理,同出一辙。"这种人便是"不知人格之可贵"。人既失去了人格,便放弃自己的责任,"不担国事",这样民国便造不成功。然而,"民国之衰弱,即国民之衰弱;民国之富强,即国民之富强"。所以,孙中山强调,国民应"以爱身爱家之思想之能力,合而爱国",只有人人有爱国心,担当责任,尽力为国,国家才能富强,"我国之能否富强,实系乎我国同胞之能否负国民之责任耳"。①

由此可见,孙中山反复强调要造就一大批具有独立人格和爱国心的人来担当建国的重任,他的目的很明确,就是国家的强弱盛衰、社会的良善与发展要靠国民去奋斗去争取。人的认识落差太大,意识未能跟上时代,不懂得国家与国民的关系、国格与人格的关系,任凭你政府如何地强调要建设国家、振兴社会、复兴中华,也无济于事。因此,加强教育以"培养民力,增进民智,扶持风俗,发展自治"非常重要。如果不提高国民的政治意识、经济意识、救国救民意识,国家的建设和民族的复兴便潜伏着巨大的阻力。"不然徒舍近而图远,譬之巨厦,第事粉饰外观,不知其内之蠹蚀,日积月累,必至栋摧梁崩而后已"。② 所以,国家与社会的进步与发展,终归是人的思想和精神以行的结果,而关键又在于教育,所以,教育与社会的进步,教育为先。

二、孙中山与近代中国文化发展的走向

(一)

孙中山生活在中国被资本—帝国主义侵略和压榨的年代,民族的耻辱和人民的痛苦激发了他的爱国热忱,使他自觉放弃医人的事业,投身救国救民的革命事业,历经千辛万苦,遭到清政府的迫害,他长期流亡国外,但他愈挫愈勇,终于在他的领导下推翻了统治中国两千多年的封建君主专制制度,开辟了共和民主的新纪元,为我国的近代化建设扫除了政治障碍,奠定了中国实现独立、民主和富强的坚实基础。正由于孙中山为我国由一个半殖民地和半封建的

---

① 孙中山:《爱身爱家合而爱国——神户华侨欢迎会的演说》,孟庆鹏编:《孙中山文集》下,第706~708页。
② 孙中山:《国者乡之积也 爱国者必爱乡——留别粤中父老昆弟书》,孟庆鹏编:《孙中山文集》下,第714页。

国家向近代共和民主国家转型作了努力和贡献，也使他成为激励中国人民奋发向前、为国家和民族做奉献的楷模，以及中华民族团结和国家统一的政治符号和英雄的象征。

在孙中山建设近代中国的理论和思想中，他没有就近代中国文化的发展发表过专论文章和演讲，但他使用"文化"一词则很广泛，对于近代中国文化建设的路向提出自己的看法，他的许多思想、主张对于近代中国文化发展具有重大现实意义和深远的影响，所以研究孙中山文化发展的路向对于我们复兴中华文化和国家的文化建设都具有重要的启迪。

中国的传统文化也即中国的历史文化、民族文化，它是中国杰出的思想家和各族人民在创造历史的过程中创造和积淀起来的，对人民具有普遍的认同感，所以，它是民族的命脉，也是中国各族人民赖以生存和发展的基本要素。

何谓文化？中外学术界的说法不一。有的说，文化是"指一定社会的社会生活全部内容而言"；有的说"文化，是社会和人在历史上一定的发展水平，它表现为人们进行生活和活动的种种类型的形成，以及人们所创造的物质和精神财富"；也有的说，"文化普通是与'自然'相对而言的词汇"，"一般地说，文化就是人类以自然为素材，设想着一定的价值（文化价值）并为其实现而努力"；有的则认为，"人们通常根据物质生产和精神生产这两种基本生产形式，把文化分成物质文化和精神文化。物质文化包括全部物质活动及其结果，精神文化包括意识和精神生产"；有的说，"文化这个术语从较狭义的意义来看，仅指人们的精神生活领域"；如此等等，不一而足。

什么叫文化？谁都讲不清。但从文化的功能来看，文化即是智慧，它教人如何地成长、怎样地生活，以及指导人们如何地生产、做事、做人和处理各种关系，它是指导人类生生不息，创造物质财富和精神财富，使人群、社会和国家繁荣进步、文明发达的准则和规范。

孙中山对于"文化"没有下过什么定义，然而，在他的著作里，他谈到的相关"文化"概念则很多，有"世界文化"和"中国文化"，"西方文化"和"东方文化"，"欧洲文化"和"亚洲文化"，"霸道文化"和"王道文化"，"功利强权的文化"和"仁义道德的文化"，"物质的文化"和"精神的文化"，"旧文化"和"新文化"，以及"正义仁道的文化""打不平的文化""平等解放的文化""反叛霸道的文化""哲学的文化""宗教的文化""伦理的文化""科学的文化""工业的文化""商业的文化""农民的文化"等。[①]

[①] 参见龚书铎《论孙中山的文化观》，《中国近代文化探索》，北京师范大学出版社1988年版，第137页。

此外，在学术界还经常提到精英文化、大众文化、主流文化、非主流文化，仅就广东而言，就有广府文化、客家文化、潮汕文化，还有港澳文化、海洋文化等，不一而足。

从上引孙中山及其他人谈到的"文化"看，文化既有哲学、宗教、思想、伦理等观念形态的文化，也包括工业以及衣、食、住、行等物质方面的文化，应该说属于广义的文化概念。对于精神文化与物质文化的关系，孙中山指出：

> 精神虽为物质之对，然实相辅为用。考从前科学未发达时代，往往以精神与物质为绝对分离，而不知二者本合二为一。在中国学者，亦恒言有体有用。何谓体？即物质。何谓用？即精神。譬如人之一身，五官百骸为体，属于物质；其能言语动作者，即为用，由人之精神为之。二者相辅，不可分离，若猝然丧失精神，官骸虽具，不能言语，不能动作，用既失，而体亦即成为死物矣。由是观之，世界上仅有物质之体，而无精神之用者，必非人类，人类而失精神，则必非完全独立之人。虽现今科学进步，机器发明，或亦有制造之人，比生成之人，毫发无异者，然人之精神不能创造，终不得直谓之为人。人者有精神之用，非专恃物质之体也。……故全无物质亦不能表现精神，但专恃物质，则不可也。①

所以，物质与精神相辅为用，不能分离。但从孙中山对物质与精神的比较看，他比较重视精神的作用。基于这一认识，孙中山认为"物质之力量小，精神之力量大"，这一方面反映孙中山对精神文化作用的重视，但另一方面也反映孙中山受中国传统的心性文明的影响较深。

中华文化具有强大的包容性和对异质文化的排拒性，如何地对待中国传统文化的"旧学"，以及西方异质文化的"新学"，便成为近代知识分子长期争论不休的中心问题。其实文化总是由新旧两个方面组成的，新学、旧学、中学、西学都是"学"，它们之间不是一个代替另一个，更不是一个消灭另一个，而是相互吸纳，相互促进，最理想的结果是相互包容，你中有我，我中有你，相互结合，优优互补。文化只能是交流，不能对抗，文化只能相互影响，不能相互取代。所以我们不允许别国用什么文化来征服中国，当然我们也反对用中国的文化去征服别国的文化。凡是文化都有两面性，无论是西方的资本主义文化，还是中国的传统文化，毫无例外，都是既有精华，又有糟粕，要吸收精华，去其糟粕，在分析批判中继承，在继承中发展，形成优优互补，为本国文化的发展寻求和总结正确的路向。这是由文化之所以是文化、不是侵略工具

---

① 孙中山：《在桂林对滇赣粤军的演说》，《孙中山全集》第6卷，第12～13页。

的特性决定的,文化对抗是一种灾难,宣扬文化冲突、文化对抗,必然造成人类的相互仇恨。阿里巴巴集团董事长马云在台湾一个论坛中说过:"中华文化有佛教的包容、道家的和谐与儒家的规矩,儒、释、道融合,强调人与人、人与自然的融合,只要找回中国文化的本源,对全球来说不是对抗,而是重大的贡献。"①

作为伟大的中华民族的杰出代表的孙中山,在探索如何提高中华民族文化素质,如何继承中国传统文化的精粹,弘扬民族精神,实现振兴中华,赶超欧美的道路上,以一种博大的情怀和超然的态度,力图取中西文化的优长而融贯之。他明确指出,无论古今中外的文化,"合我们用便是好",从而回答了为了用而去创造文化的主题。可见,孙中山对待中外、新旧、古今文化的基本态度是"合我们用便好,不合我们用便不好;合乎全世界的用途便是好,不合乎全世界的用途便是不好"②。用"合用与不合用"作为衡量文化的"好与不好"的标准,固然不科学,因为"合用与不合用"很难有一个固定的界说,某一国或某一种思想或文化今天可能有用,明天就可能没有用,在这里用得着,在别处也可能用不着,但他借以说明思想文化不论是古今中外都要取其精华,为我所用,用是第一位的、主要的;至于文化的时空,无论它是中国的古代传统文化或外国的近代文化,则都是第二位的、次要的。中国古代的传统文化,今天仍然用得着固然要保留,但对于那些已经过时的对建设近代文明没有帮助的则要抛弃。对于外来的文化也要有分析和批判,对于我国建构中华新文化有用的、好的文化应该吸收,对于那些与国情不合的异族文化就不能全盘地吸收进来,造成民风、民俗的异化,影响社会的和谐。这一切都说明孙中山起初对于文化的民族性并不特别地看重,同时也说明孙中山虽然重视继承和维护中国的传统文化,但他也并不像保卫自己的意识形态那样毫无保留地保卫中国的传统文化。所以,如何正确地对待中国的传统文化和外来的近代新文化,对于一个国家的建设和发展十分重要。

孙中山由于自己的经历非常艰难,联想到中国人的守旧意识,唯上、唯书的习俗对于近代中国社会的转型负累太重,对于中国社会的沉滞和落后关系极大。所以,孙中山深深地感到中国的社会必须改造,中国人的意识和价值观必须改造,中国文化落后也必须改造。如何地改造?正值孙中山领导中国民主革命,"揖美追欧,旧邦新造",实行改造中国的伟大目标时,西方资本主义世界矛盾激化,第一次世界大战爆发。正当中国的改革者学习西方进行资本主义

---

① 参见《团结报》2014年12月18日。
② 孙中山:《三民主义:民族主义第三讲》,《孙中山选集》,第651页。

性质的改良或民主革命，力图去旧图新建立君主立宪或民主共和政治制度时，西方资本主义世界充分地暴露出其有史以来的最严重的危机，第一次世界大战的爆发正是西方资本主义国家矛盾激化的大暴露。孙中山既希望中国走资本主义道路，又希望避免资本主义固有的弊端；既要学习西方的先进文化，又要避免西方"霸道文化"的不道德行为。因此，孙中山的文化观由起初的"拿来主义"转变为用得着的拿来，用不着的即使已经拿来也要抛弃，这种对西方文化有批判、有选择的吸收，有中国的具体原因，也与西方列强侵略别国、奴役其他民族带来的危害有关。

正当第一次世界大战爆发、一时间西方也有人对西方资本主义科学文化产生厌恶时，原来中国倡导向西方学习进行启蒙新进的学者如严复、梁启超等也对包括科学在内的西方文化丧失信心，并颇有以输出东方文明以拯救西方社会病态的意识。许多人包括孙中山在内都把西方文化概括为物质文化，把东方文化概括为精神文化。物质文化是侵略文化，精神文化是文明的道德文化。所以，孙中山主张用东方的王道文化去感化西方的霸道文化，提倡讲公理，反对讲强权，逐渐缩小东西方文化的差距，为人类和平共处寻找共同点。孙中山认为，帝国主义列强只讲强权，不讲公理，任意侵略弱小国家，随意宰割别国领土，这是世界存在不公平、不道德、不安宁的根源。为了消除这种以强欺弱、以大凌小的霸道行为，孙中山在晚年作民族主义演讲时反复强调，国与国之间要讲公理，不讲霸道。所谓讲公理就是讲文明、讲道德、讲忠孝、讲信义、讲仁爱、爱和平[①]，专用武力去压迫人，用我们中国的古语说就是"行霸道"。他说，自从欧洲的物质文明发达、霸道大行之后，世界各国的道德便天天退步。我们东方人向来轻视霸道文化，尊崇王道文化，所以我们要用东方怀德的王道文化，去感化西方压迫人的霸道文化。孙中山强调，要想实现世界大同，就应该用我们东方的文化作为基础，"要讲道德，说仁义"。孙中山虽然不反对讲武力，但他反对用武力去灭人国家，欺凌弱小的民族。他讲，我们讲王道，就是主持公道，不赞成用少数压迫多数，也反对以多数压迫少数。我们以王道为基础，强调讲道德仁义，"是为打不平"。"我们现在所提出来打不平的文化"，是反叛霸道的文化，是求一切民众和平解放的文化。孙中山的意思很明白，就是民族与民族、人与人应当宽容，无论是什么民族、什么人都应互助和共同进步。文化更应包容和相互学习，不应对抗。文化对抗就是不同种族、不同民族的对抗，文化对抗就是文化战争，这种战争虽然不见血，但一旦打起

[①] 孙中山：《吾志所向：孙中山的政治社会理想》，许仕廉编、赵诺译，世界图书出版公司2014年版，第145页。

来就永无穷期，遭罪的将是全人类，没有绝对的胜者。所以，建构不同文化优势互补的发展模式是一切国家和民族的努力方向。

（二）

前期孙中山用自然科学与人文精神来区分中西文化，后期又用"王道"和"霸道"来划分东西方文化的类型，表明孙中山的文化取向前后期发生了演变。前期他主要是效法欧美政治理念和民主法治来建设中国的共和民主政治和治理社会，并企图通过引进外资外才来发展中国的物质文明，改善人民的生活。后期他的初衷虽然未改，但他对西方的物质文化和民主政治能否帮其救治中国却发生了动摇。随后，他转而大力赞扬中国的固有文化（传统文化），并转向学习苏俄，改革中国的政治、军事和发展经济。大力提倡恢复、弘扬民族固有文化和"以俄为师"，企图从中国固有的传统文化和苏俄社会主义文化中寻掘出新的救世良方，说明孙中山在西方文化与中国传统文化之间进行仔细的考量后作出了自己新的选择。从此他主张向俄国学习，但反对"全盘西化"；他主张维持中国固有的文化传统，但反对维护君权至上的专制主义文化糟粕，并主张将中外文化的优长结合起来，从而对中国文化进行彻底的改造，通过文化的重构从根本上更新民族文化的内涵，提高国民的综合素质，进而树立新思维、新观念，建设一个既与西方民主共和政体不同，又与中国古代君主专制不同的"国家社会主义"，开创中国的近代物质文明和心性文明建设的新局面。

孙中山说：他"幼读儒书，一十二岁毕经业"，"一十二岁毕经业"有点夸张，因他10岁才读私塾，读了两年私塾就说已经"毕经业"，说明他当时根本就没有弄清楚什么叫经书，什么叫经业。经书就是以孔孟为核心形成的治理国家的儒家经典"四书""五经"。孙中山读了两年经书，只能说是初入读经书之门，正因为如此才有其后的"复治中国经史之学"。但他称"于中学则独好三代两汉之文，于西学则雅癖达文之道（Darwinism）；而格致政事，亦常浏览。至于教则崇耶稣，于人则仰中华之汤武暨美国华盛顿焉"。① 可见，孙中山虽系统接受西学的教育，但他也研习中国的经书和中国的历史，即使他长期侨居国外，但他主要是生活和活动在华人文化圈，所以，他的文化渊源来自古今中外的文化熏陶，正如他所说：他"所学多杂不纯"。② 即是说，他什么书都看，但没有专长。由于不纯，他没有独尊某人的学说，使其能"集合中

---

① 孙中山：《复翟理斯函》，《孙中山全集》第1卷，第47～48页。
② 孙中山：《复翟理斯函》，《孙中山全集》第1卷，第48页。

外的精华","将欧美之民主以为模范,同时仍取数千年前旧有文化而融贯之"。① 正因为这样,他既具有西方近代的民主意识和尊重个人主体权利的人权价值观和功利主义思想,又受到中国古代传统的唯上、唯书思维方式,尊敬长者、关爱弱势群体、尊重平等和自由的道德准则和行为习惯的影响。这种中西交融的特性铸造了孙中山知识渊博和足智多谋的个性。然而,最可贵的是他的独创性,他不盲目尊崇某人或某种学说思想,但他也不随意鄙弃或忽视中国古人或西方人的学说思想。孙中山维护中国优秀文化传统,但孔孟儒家学说又始终均未成为他文化观的主体和核心;他崇拜德国俾斯麦的国家资本主义和美国华盛顿、林肯等人的共和治国理念和思想,但他又不是将人家的建设经验照搬过来应用,而是加以改造使其与中国国情相结合,将中国建设为一个由国家掌控大企业的"国家社会主义"和统一的中央集权的共和国。孙中山是基督徒,但他对基督文化又信又不信,他主张人类平等,信教自由,可他又不强迫人们崇拜上帝,强迫别人按照"圣经"信奉基督,排斥别的宗教,他主张宗教平等,信仰和信教自由,提倡政治与宗教提携,这与西方人完全不同。1923年孙中山在《中国革命史》一文中追述他的革命思想时说:"余之谋中国革命,其所持主义,有因袭吾国固有之思想者,有规抚欧洲之学说事迹者,有吾所独见而创获者。"② "吾国固有之思想",既有儒、道、释的思想,也有我国自古流传下来成为中华民族各族人民尊奉的忠孝、信义、和平、世界大同、"天下为公"的道德理念。所谓"规抚欧洲之学说事迹者",除了美国的民主共和联邦政治,法国的自由、平等、博爱思想之外,也有德国和瑞士的国家资本主义(有时他又称"国家社会主义")和民族融合的理论,以及日本明治维新的改革思想。孙中山很自信,但他对外来的文化思想又具有虚心学习、耐得住的特性,由于他具有强烈的永不停止的求知欲,因而知识渊博,对世界发生的事情了解较多,对于世界文化发展的路向及其结果有深入的了解。正因为这样,孙中山的思想不主观、不独断,他对文化主张兼容并包,既具有吸取西方近代文化的明显特征,又带有继承中国优秀文化传统的烙印。他结合自己革命和改造中国社会的实践所创造的理论如三民主义、五权宪法、权能区分建国理念和思想,都显示其对中外文化融会贯通和创新的特色。

　　孙中山同其他许多先进的中国文人一样,自从西学东渐造成的中西比照,在迫不得已而承认西方的坚船利炮、声光化电物质文明,喊出"师夷之长技以制夷"的民族抗争呼声以来,他们对中华文化的自信,以及对外来的文明敢

---

① 孙中山:《在欧洲的演说》,《孙中山全集》第1卷,第560页。
② 孙中山:《中国革命史》,《孙中山全集》第7卷,中华书局1985年版,第60页。

于坚持，既不为其奴化，又不抗拒，既不惟古是崇，又不要虚无主义，要继承和学习，又要自我超越的精神，则是中华民族赖以维持民族自尊心和自信心的精神支柱。在当时中国科学技术落后造成国家经济不发达的情况下，中国人民虽起来与资本—帝国主义侵略国家抗争，维持主权和领土完整，但屡战屡败，丧权辱国，造成民心涣散，为此孙中山强调精神力量的重要，尽管往往流露出有夸大精神作用的倾向，但他以此来增强中华民族内部的自信心，造成民族的团结和凝聚力，其积极意义不难想见，其用心也不难理解，那就是以中国人文精神来清除对西方科技万能的恐惧，破除科学主义对中华民族的侵略和奴化。

先进文化要吸收，但思维必须统一创新，不能回头看，只能往前看。文化只能超越，不能故步自封，寸步不前，只有树立文化发展的新思维、新精神，才会生生不息，勇往向前。

一个民族没有一种强大的文化精神力量维系，它就不可能长盛不衰，文化不认同不会有民族的认同和国家的认同，文化不先进，民族不可能优秀，一个民族之间的成员没有文化的高度认同，也不可能有牢固的民族团结和国家的统一。所以，为一个民族大多数民众所体认的精神文化或思想文化是民族之魂、国家之魂，是民族和人民赖以生存和发展之本源。当这种精神文化或思想文化丧失了的时候，也就失去了维系民族、国家生存的力量。在国家面对列强侵略和军阀割据的两难下，孙中山从传统文化中直接继承了中国的爱国思想、夷夏大防的民族观念以及伦理道德、大同理想，勉励国人团结起来为民族的振兴和实现"天下大公"理想而奋斗，说明他具有把封建时代国民所向往的"好思想""好道德"表达为发达国家社会主义（或国家资本主义）文化的新倾向，这既适应了当时形势的需要，也继承并且弘扬了中华民族文化中的精华。

孙中山在晚年盛赞中国固有的传统文化，但他并没有过分地贬抑西方的近代文化。他只是较为重视和理智地强调，中国不是一切都不如西方，因为"中国是四千年文明古国，人民受四千余年道德教育，道德文明比外国人高若干倍；不及外国人者，只是物质文明。物质上文明，就是农工与各种实业，比较起来，实在不及外国多矣"[①]。任何国家和民族都有自己的文化和价值观，但在没有广泛交流和研究之前，因为没有比照，很难说哪种文化优，哪种文化劣。孙中山还说："我们现在要学欧洲，是要学中国没有的东西。中国没有的东西是科学，不是政治哲学，至于讲到政治哲学的真谛，欧洲人还要求之于中国。"[②] 孙中山这样说并非没有根据的，因为从中国传统文化中对于人际关系

[①] 孙中山：《在安徽都督府欢迎会的演说》，《孙中山全集》第2卷，第533页。
[②] 孙中山：《三民主义：民族主义第四讲》，《孙中山选集》，第666～667页。

方面的积累，的确比西方深厚。古代中国是人治，但它强调仁义、和平，反对强制性的霸道行为。在这里孙中山无非是要告诉国人，治理国家要建立自己的理念，"无德"便无天，治国"无德"则无序，要民主必须要法治，反对人治，但这种理念不能从外国照搬过来，"因为欧美有欧美的社会，我们有我们的社会，彼此的人情风土各不相同"，在外国行得通的东西，在中国则不一定行得通。因为中国处在转型期，我们要想将国家的事办好，加速中国社会的发展，只有按照中国的社会情形确立自己的理念，这就是行仁治，尊重道德，尊重民风民俗，讲信义，讲和平，反对用武力维护政治特权利益。只有政治文明，社会才会文明进步，国家才会富强，人民才会生活幸福。"如果不照自己社会的情形，迎合世界潮流去做，国家便要退化，民族便受危险"，也就是说，中国社会的文明进步，"虽然不能完全仿效欧美，但是要借鉴于欧美"。①如果我们依据孙中山强调治理国家要以中国的情形和固有的政治哲学作为基础，有人就指斥孙中山背离西方的近代文化，并以此证明孙中山的近代化理论框架没有超出"中体西用"文化模式，似乎缺乏说服力。

孙中山在晚年作民族主义讲演时强调要恢复中国固有的道德，他认为只有把固有的道德先恢复起来，然后固有的民族地位才可以恢复，并说，固有的道德"是我们民族的精神"，这种民族精神"首是忠孝，次是信义，其次是和平"。这种固有的旧道德是不是中国传统文化的核心内容，暂且不去论究，然而，孙中山强调维护固有的旧道德是因为当时世界是以强凌弱、以大欺小，不仁、不义、不忠、不孝，已经丧失了道德规范，孙中山在当时强调要恢复和继承固有的道德，具有拯救西方社会和人类明显的针对性，也反映了他对当时世界和人类社会人性堕落的忧虑。正如人们所指出的，近代西方资本主义文明对传统中国社会的冲击，最使人们普遍感到焦虑不安的似乎还不是割地、赔款，而恰恰在于道德观念的冲突与更替，因为它破坏了世界秩序，也破坏了维系中华民族与国家的强大凝聚力的人性文明和伦理道德。传统的优秀文化和普遍地被国民共同体认的伦理道德和忠孝、信义、和平思想和意识的丧失，就有可能引起整个社会的巨大震荡乃至国家的分崩离析。所以，孙中山说，只有道德才有世界，没有道德的世界只有压迫、欺凌和掠夺。孙中山把恢复"固有的旧道德"与恢复"固有的民族地位"直接联系起来大肆宣传，并要人们加以体认，说明孙中山自觉地反映了中国社会上精英分子对这一问题的普遍忧虑与维护世界新秩序的相应对策。

任何国家和社会都不能没有法治，但也不能没有道德。没有法治就是人

---

① 孙中山：《三民主义：民族主义第五讲》，《孙中山选集》，第 666～667 页。

治，人治就是专制，专制国家没有民主，也即没有人民治理国家的权利，势必造成社会的不公和人的不平等。所以治理国家要靠法治，但法治一般说来是带有强制性的社会规范，是统治阶级意志的表现，只有道德才是自觉形成的人与人之间的行为规范。只有法律与道德两种规范相互作用，社会才能有效地治理。所以，问题不在于要不要法治，也不在于要不要道德，而在于法治和民主如何相应，以及如何继承发扬中国固有的道德，依法治国相统一。所谓"固有道德"是历史时期人们根据当时的社会需要而总结和提炼出来规范人们行为的一种自觉意识，它带有维护特定时代和一定阶级利益的内容。新的时代应有新的道德规范以适应新的时代对人们行为的要求。所以，新时期应有健全的法制，以法治国，但人也应树立新的道德规范和价值观，建立一种新型的人际关系，但新总离不开旧，对旧有的固有的道德观进行分析、取其精神，用其所长，则是文化建设必不可少的前提。

孙中山提倡恢复的"固有的道德"，虽然与中国古代的封建道德范畴的字眼相同，但他并不是毫无批判地继承。比如，儒家的"忠君"是"三纲"的第一原则，而孙中山则批判"君为臣纲，束缚人心"是"中国政治之所以不能进化"的主要原因。他强调，"我们在民国之内，照道理上说，还是要尽忠，不忠于君，要忠于国，要忠于民，要为四万万人去效忠"，"在国家之内，君主可以不要，忠字是不能不要的，如果说忠字可以不要，试问我们有没有国呢？我们的忠字可不可以用之于国呢？我们到现在说忠于君固然是不可以，说忠于民是可不可以呢？忠于事又是可不可呢？我们做一件事，总要始终不渝，做到成功，如果做不成功，就是把性命去牺牲亦所不惜，这便是忠"。[①] 可见，用不用"忠"字并不重要，重要的是它的实质和内涵是什么。如果说孙中山借用了古人所讲的"忠"字，强调恢复传统道德便是维护旧的封建传统，就是回归旧文化，那便是大错。"仁爱""信义"与"和平"都是中国古代的道德，不仅古代需要这种道德，就是今天的世界和人类也还需要继承这种道德。道德的核心是仁爱，只有仁爱才有人类的和平，只有和平才有人心的团结，只有人心相通才会有相互信任，才能团结共同发展。

但是，检验道德的标志不能只停留于言论上说些什么，更重要的是行为上做些什么，所以行为道德才是真正的道德。

由此可见，孙中山从民族觉醒和文化觉醒的视角出发，建构他的政治和文化相统一的文化观。他强调文化的时代性，也重视文化的民族性，并将二者结合起来形成自己具有中国特色的文化思想，那就是在维护中国优秀文化传统的

[①] 孙中山：《三民主义·民族主义第六讲》，《孙中山选集》，第 681 页。

基础上去学习、接纳世界的先进文化，用中国的人文精神去化解西方的科学主义，改造中国传统文化的尊卑、等级观念，以及宗族、家族的狭隘意识，造成多元一体的近代文化模式，以适应近代中国社会的政治、经济、教育和文化全面的发展。然而，在以往，包括孙中山在内，对于西方文化和中国古代文化的分析都受到一定的局限，未能将西方文化和中国古代文化的精华加以整理有目的地引进、吸纳和继承，使得我们中国文化的建设存在许多难以填补的空白和无法解决的疑难，使得我们的文化事业一波三折，举步维艰。任何文化都有精华也有糟粕，学习和吸收东西方民族的优秀文化是中华民族发展的需要；在吸收东西方优秀文化的过程中，批判和剔除其糟粕也是我们避免盲目性和建立正常心态的需要。同样的理由，我们应该继承和弘扬本国传统文化的精华，树立中国文化的自信，因为只有这样才能树立起民族强盛的信心，增强民族的凝聚力；然而不能因此就全盘地继承中国的传统文化，所以批判与扬弃传统文化的糟粕也同样是必要的，因为只有这样才能破除保守和僵化的思维，求得精神的解放和鼓舞人们敢于创新、树立维护真理的决心。

我们通过分析孙中山的文化观，获得了一个重要的启示，那就是正确地区分中国的传统文化和东西方文化的精华与糟粕，采取正确的态度去对待中国的传统文化与吸收、融会世界一切先进民族的优秀文化，建构新的具有优优互补特色的文化价值观，提高中华民族的整体性文化综合素质，提高全民族的文明程度，确立自己的发展路向，建设一条具有中国特色的社会主义发展道路，便是中国未来文化走向以及实现中华民族复兴中国梦，建设一个经济发达，高度文明，文化先进，人民和谐、幸福，实现"天下为公"大同社会的重要问题。

（三）

文化是人类创造活动的积累，是历史发展的结晶；它是一种历史现象，也是一种社会现象。文化如果作为一种历史现象，它是历史发展中的一个组成部分；如果作为一种社会现象，它又是现实社会的经济结构、社会组织、政治力量在人们观念形态上的反映，并为它们服务。所以，文化不可能永远都是一个样，它是一个不断创新的过程。近代以来，随着资本—帝国主义的侵入、西学东渐，中国文化在中西文化的冲突、撞击、交融和吸纳变化中发展。人类文化有共通性，它可以相互交流，但各国各民族的文化在长期的发展过程中又形成了自己的文化特性，因此文化也具有民族性、特殊性和排他性。在近代中国，由于中西方处在一种不正常的侵略与被侵略的状态中，因此，在中西文化交流中，中国总是处在一种防御侵略的救亡心态中进行。从地主阶级改革派魏源提出"师夷之长技以制夷"到孙中山以革命求共和民主，到五四新文化运动时期，陈独秀、李大钊、胡适等提倡高举科学和民主两面旗帜，发展物质文明和精神文明使中国摆脱贫穷落后，都是力图借鉴西方，振兴中华，实现中国的独立、民主与富强。既要防止西方侵略、灭亡中国，又要学习西方达到振兴和救亡的目的，这是一种艰难的选择，包括孙中山在内都经历种种变化而最终不得不由激进转向调和。辛亥革命失败后，中国的先进人物在探寻中国的未来文化发展路向时对西方文化产生了怀疑，以后便产生了中西文化之争、全盘西化和本位文化之争。对于继承和发扬民族优秀传统文化与借鉴外来的尤其是西方的先进文化物质文明和宪政民主应该如何与传统中国文化的结合，以及应该如何建立民族的、科学的、大众的新文化，使其能指导中国社会变革和发展进步，便成为近代中国几代人探寻的焦点。

中西文化之争早在16世纪中叶伴随"西学东渐"便在中国开始。外来文化传入中国之后，在学界产生了两种截然不同的看法，一种是认为西方文化的传入于国有利，应该积极与当时来中国传教和传播西方文化的传教士建立一种正常的关系；一种是以中国儒家文化的价值观去审视西方的文化，认为西方文化是"外夷小技"，主张中断西方文化的输入，禁止西方传教士在中国的活动。鸦片战争失败后，中国封建的旧文化与西方的资本主义文化在一个更为广阔的空间接触，排斥西学东渐的思潮与学习西方先进文化思潮的冲突和论争，导致了近代学人两种对立观点的形成，即以中国传统文化为本位还是以西方文化为本位，形成"中体西用"与"西体中用"和"全盘西化"观的对立，并在新文化运动后期引发了西化派和东方文化派的争论。西化派从陈独秀到胡适到陈序经，虽然他们各人追寻的文化和目标不同，但都坚持文化的西方化，认为要实现中国的现代化，中国文化的出路只能是一刀两断割断传统文化的封建性、保守性，下定决心"全盘西化"或"彻底西化"。东方文化派包括以杜亚泉为中心的、以《东方杂志》为园地的一批知识分子和梁启超、张君劢等研究系的知识分子，梅光迪、吴宓等学衡派知识分子，章士钊等甲寅派知识分子，以及梁漱溟及其追随者。东方文化派中各人的思想主张不完全相同，但他们的共同特征都是"在捍卫中国传统文化的前提下对东西文化进行折中调和"，提倡新儒学与西学交融建构新文化，这也就决定了他们同顽固守旧派既有区别，又有着不绝如缕的联系。总之，"他们属于与封建势力有较多联系的那部分资产阶级知识分子"。①

孙中山作为一位民主革命的政治家和思想家，他不像其他学人那样通过发

---

① 张利民：《文化选择的冲突——"五四"时期东西文化论战中的思想家》，中国人民大学出版社1990年版，第53页。

表论著提出自己的文化主张参与文化论争,但他也有自己的文化观点。从他的许多谈论政治理论和建国纲领的演讲和文章中,我们也清晰可见,他不是西方文化派,也不是东方文化派,但他有调和论主张,所以他基本上是属于走中西文化融合之路的综合创造论者,是多元文化融会、建设国家的提倡者。正如蔡元培所说:"孙氏(按,孙中山)一方面主张恢复固有的道德与智能,一方面主张学外国之所长,是为国粹与欧化的折中。"①

中国文化的近代化是指精神文化越出传统文化的规范,从封建文化形态向资本主义文化形态转化,它基本上是指人们的思想面貌、人情风尚、社会风俗和价值观念的转变,所以,文化的近代化同社会的近代化息息相关。社会的转型,首先是文化的转型,社会的近代化需要以文化的近代化作为先导,文化的近代化又必然以社会的近代化为依归,因此,社会的近代化与文化的近代化必须同步进行。然而,任何一个国家的近代化过程都不可能一刀割断传统文化的脐带,死心塌地拿来别国的文化就可以铸造国民的新思想和新观念,实现文化的重建。为此,保留什么传统文化?拿来别国的什么文化?亦即是人们所常说的如何实现中外文化的交融和选择便成为中国文化近代化建设的关键,也是近代以来中国学术界争论最多的一个问题,弄得不好,把人们的思想搞乱,就会乱大谋,破坏原先的建设计划,造成灾难后果,欲速而不达。

中国历代封建皇帝都把儒家文化改造成为自己的意识形态,作为文化专制主义的核心,成为维护封建统治秩序的精神工具,但是到了近代,儒家文化的独尊地位毕竟已经丧失了,民主主义尽管未成为主流文化,但西方的重商主义以及西方的基督文化、东方的佛教文化的卷入和复兴已对儒家文化造成威胁。尽管直到现在仍然有人把中国传统文化仅仅理解为儒家文化,但在实际上,我们所说的中国传统文化,已经不仅仅是儒家文化,同时也包括道家文化、法家文化、墨家文化,还应包括伊斯兰教、佛教、基督教、道教等宗教文化,甚至还包括在"中国古代并没有崇高地位、只有在'五四'新文化运动以后才受到了重视的中国古代小说、戏剧这样的古代文化遗产"。② 孙中山作为政治家,他从政治角度去谈文化,又从文化的角度去看政治;他从政治的需要去选择文化,又以政治的结果去衡量文化的优劣长短,因此也可以说,孙中山的文化观属于政治文化范畴。他是为了政治去研究文化,同时将文化功能与政治需要紧密结合,建设民主共和国家而去破除代代相传的道统,建构中西文化包容的文

---

① 罗荣渠:《中国近百年现代化思潮演变的反思》,《从"西化"到现代化》,北京大学出版社1990年版,第11~12页。

② 王富仁:《中国现代学术文化的几大分化》,《开放时代》1998年10月号,第16~17页。

化建设新路向。

孙中山不是复古主义者,也不是"全盘西化"论者,他珍惜自己民族的优秀文化,称颂中国古代文化的成就,但他又具有反对"崇拜古人的心思",他批评"泥古而不通今"的学人是不了解古人也不了解今人的糊涂人。孙中山说,这些人看到"欧洲近一百多年来的文化雄心突进,一日千里,种种文明都是比中国进步很多"①,便积极主张盲目地崇拜外国,对欧洲文明采取全然开放的态度,全盘照搬西方的理念和价值观来建构中国的价值观。他说:"中国从前是守旧,在守旧的时候总是反对外国,极端信仰中国要比外国好;后来失败,便不守旧,要去维新,反过来极端崇拜外国,信仰外国要比中国好,因为信仰外国,所以把中国的旧东西都不要,事事都是仿效外国;只要听到外国有的东西,我们便要去学,便要拿来实行。"② 他认为,对中国和西方文化不加分析和批判,就盲目地崇拜外国的文化,否定中国的传统文化,这是一种错误的行为和错误的思想主张。孙中山说:"中国的旧东西",并不都不好,它也有好的东西,对这些好的东西我们不能随便就把它扔掉,然而继承中国旧有的文化,也要有分析,不要盲目地将中国古代的一些文化糟粕也当作好东西,在继承传统文化的掩盖下将其全部继承,没有传统文化就没有中国,但传统文化也救不了中国,光靠弘扬传统文化,不仅抵抗不了西方的价值观和思想文化的侵略,也不可能成就文化强国的重任。所以,他主张发扬中国固有的传统优秀文化,恢复固有的好道德、知识和能力。孙中山在晚年作三民主义讲演时曾说过要恢复"一切国粹",既然是"国粹",就是他常说的中国好的东西、优秀的东西,所以恢复"一切国粹",也就是恢复我国传统文化的精华,它不同于国粹主义者不加批判地继承和恢复一切旧传统旧文化,而是反对盲目地排斥中国固有的优秀的传统旧文化。

孙中山对古代传统文化的继承是多方面的、极其广泛的,既有汤武"应乎天,顺乎人"的革命思想,又有历代"民贵君轻""国以民为本"的"民本"思想;有墨子的"兼爱",也有儒家的"仁义";他因袭儒家的"大同"模式,又继承古代法家的变革思想。他对西方文化的仰慕起初集中在法国革命时的民权思想和自由、平等、博爱人权观念,美国林肯的民有、民治、民享思想,美国亨利·乔治的土地单税法,华盛顿的共和思想,俄国克鲁泡特金的"互助"思想,以及达尔文进化论思想;在晚年,孙中山强调最多的是中国只有学习欧美的科学,才能与欧美国家"并驾齐驱"。西方科学不仅仅是科学技

---

① 孙中山:《三民主义:民权主义第五讲》,《孙中山选集》,第758页。
② 孙中山:《三民主义:民权主义第五讲》,《孙中山选集》,第760页。

术先进的器械，也包含共和民主意识和开放的思维、竞争意识，以及自由、平等、博爱的人权法则等方面的内涵，孙中山的三民主义、五权宪法、权能区分、建国方略和建设共和、民主和富强国家的思想就是他集合中外科学文化精华的结晶，是他顺乎世界潮流、在政治上取得的成果；他的革命思想的基础也是效法美利坚、法兰西，并根据中国历代政治变革的常规而确立的。他的革命思想、建国理念和建国纲领也多依从欧美民主国家建国原则，尤其是实行国家资本主义，或国家社会主义发展国家实业、福利人民以实现国家富强的精神。他认为，建设独立、共和和强大的国家需要学习西方的科学，但他不认为科学万能，决定历史和国家命运的是人，人不先进不文明，科学的发展便不能为人类谋幸福。所以，孙中山一贯反对盲目抄袭西方的文化。他在《建国方略》的"物质建设计划"中，讲完总的建设计划之后，特别强调指出中国的建设不能追随"西方文明之旧路径"。他强调：我国的建设要取得"最直捷之途径"，必须创造新文化，"使外国之资本主义以造成中国之社会主义，而调和此人类进化之经济能力，使之相互为用，以促进将来之文明也"。①

孙中山是政治家，他从政治的角度去理解文化，又从文化的角度去谈政治。他立足于现实，抱着"天下为公"的政治抱负和"天下兴亡，匹夫有责"的社会本位去衡量文化的价值和决定自己的取向。如果从五四以后孙中山对文化的态度去审视，他基本上是属于"调和论"派。他认为，任何文化都不是一无是处，之所以对待文化的态度要采取调和折中的立场，不能宣扬对抗和对立，很明显这是他对当时中国学术界围绕东西文化能否调和问题展开争论的一种回应。

五四时期，中国新文化运动的彻底反传统主义，从积极方面看，它激起人们认识思维的觉醒，结束了中国传统文化的封闭性和自我中心主义及排斥外来文化的品性，它预示着整个中华民族"开始走向全然不同于古代文明的崭新文明境地"②。从消极方面看，因为将传统文化全盘否定了，却使人们面对多种不能回避的问题，首先是造成五四新文化与传统旧文化之间的尖锐对立、紧张和悬隔。这一文化断裂既使中国文化的发展失去了连续性，也在事实上造成了文化生活的失衡。其次是新旧文化的严重对立，从而使中国"整个社会的文化意识不可避免地分化成为两块水火不容的形态：一边是更加执着于西方的近代文化，从而更加坚决地反传统；一边则是更加迷恋于既往的传统，用传统

---

① 孙中山：《建国方略之二：实业计划（物质建设）》，《孙中山选集》，第369页。
② 曹锡仁：《中西文化比较导论——关于中国文化选择的再探讨》，中国青年出版社1992年版，第384页。

的标准评判眼下发生的事务"。① 因此，在全盘西化彻底反传统与坚决维护传统两极尖锐对立的氛围中形成的"调和论"便迎合了社会上相当一部分知识分子的心理。在中国这样一个有数千年文化传统的文明古国，想要与传统文化彻底决裂，不分青红皂白地否定一切传统，希望重建一个西方式的全新文化系统是根本不可能的，但也不能对西方先进的科学文化、重商主义和竞争意识不屑一顾。

任何一个国家和任何一个有悠久文明史的民族，它的向前发展都不可能完全离开本国民族的实际，超出自身的文化传统。② "调和论"派指出不同文化之间的类型区别，不能为了新而抛弃旧，相反，没有旧，就没有新，唯有旧，才能生出新，新与旧是联系在一起的。"西化"派只是揭露出新旧之间的对抗性质，却不能解释"新"的来源和内涵，以及"新"带来的种种问题，因此西化派将新与旧绝对对立的观点，便割裂了新与旧整体的历史关系。"调和论"派的新旧调和、社会自决，主张中西文化乃是不同类型的文化，与西方文化相比，中国文化自有所长，而西方文化自有所短。西方文化在某些方面自有所长，也有其所短。所以，选择什么文化只能由社会自决、人民自决，不能盲目鼓吹"全盘西化"，用西方文化来取代中国的传统文化，也不能全盘继承传统文化，用中国的传统文化抵御西方文化，因为中国的传统文化是在维护封建主义、君主专制的历史条件下积淀起来的，它具有维护封建君主统治的思想意识，它是封建等级制，是抗拒共和民主和资本主义的巨大力量。如若坚持两极对抗的文化观，各行其是，所谓新文化和旧文化都只能是在对抗状态中隔峰观望，所谓文化交流和融合也永远不可能实现。

由此可见，孙中山之所以坚持在继承中国文化优良传统的基础上去学习欧美各国文化的长处，这是因为孙中山看到了欧美科学技术的长处，但他又看到西方文化造就的人和社会的各种弊端，所以他反对不加分析地照搬过来应用。因此，他决定"拿欧美以往的历史来做材料"，考虑我们未来文化的走向，"不是要学欧美，步他们的后尘"将中国引向"全盘西化"向外扩张，奴役各国人民之路，而是建构一个中西优秀文化融合，更具多元性、包容性，相互学习，共同进步的发展新方向。"走自己的路"，实现多元现代化的建设模式，依靠自己的力量建设国强民富的和谐社会，实现"天下为公""世界大同"，这便是孙中山对中国文化发展方向作出的审慎抉择。

---

① 曹锡仁：《中西文化比较导论——关于中国文化选择的再探讨》，第387页。
② 参见林家有《孙中山振兴中华思想研究》，广东人民出版社1996年版，第454页。

（四）

在近一个世纪，中国许多知识分子都崇拜西洋文明，主张通过学习西方的文化来改变中国的文化路向。然而，中国人对西洋文化的特质，以及它的发展、变化过程究竟了解多少？应该承认在 19 世纪之初，中国人对西方文化了解得非常少。鸦片战争后，中国变为被外国人侵略欺侮的半殖民地半封建国家，我们并不想学外国，最初是采取传统的"师夷之长技""以夷制夷"的办法来排拒外国文化，后来虽提倡所谓"中学为体，西学为用"作为洋务运动的文化发展模式，想用西洋式的工业技术与军事技术来求强、求富，达到维护传统的封建君主政治制度与文化精神，但国家不仅没有因此而富强，反而造成不中不西的文化模式，结果使中国社会和文化的发展变迁延误了几十年。后来中国的部分文人总结中国失败的教训，如早期维新派何启、郑观应、容闳、薛福成，以及维新派的康有为、梁启超、严复等发现除了外国的船坚炮利要学习以外，连西洋的政治制度和西洋商业文化与竞争意识、强国思想也要学，五四以后，一部分知识分子觉得西洋文化造就了西洋国家的近代化，中国要发展要进步就得痛下决心向西洋学习，结果造成了崇洋的社会心理，到了 20 世纪 20 年代，甚至有人提出"全盘西化"的主张。林毓生在其文章中曾说过，这段历史有一个基调，就是我们在学习西洋时，"我们最基本的冲动是一个功利的冲动，而不是一个人文的冲动（当然也有例外，如王国维先生早年对叔本华的了解）。当功利的冲动导致我们学习西洋的时候，常常发生一种迫不及待的心情"。① 凡是外国的东西都急于拿来应用，造成消化不良，脱离中国实际。正由于这样，我们没有学到西洋文化的精华，而一些不管用的习俗，以及趋向时髦的霸道作风，不讲诚信，欺上压下，用假言假语骗取个人权益的所谓民主大行其道，那些只讲武力、霸道，对别的民族不仁、不义的观念则被照搬进来，造成军阀混战，危害中国社会和中国人民，教训不算不深刻。

对于中国传统文化，近代中国的政治家、思想家也只是从自己的理解和体认中去谈论，真正能从整体上去整理、分析传统文化的精华与糟粕的人不算多。通读孙中山的著作，我们发现像孙中山这类政治家虽常常谈论中国的传统文化，而且讲到古代中国文化的地方也不算太少，但对中国的传统文化了解究竟有多少，也大可怀疑。孙中山说，近代中国的科学技术不如人，而中国的人文精神如古代中国哲学则优于人，但他除了讲到中国的"知难行易"外，谈得最多的也还是"大学"中所说的"格物、致知、诚意、正心、修身、齐家、

---

① 林毓生：《中国传统的创造性转化》，生活·读书·新知三联书店 1988 年版，第 14 页。

治国、平天下"的道理。他说:"像这样精微开展的理论,无论外国什么政治哲学家都没有见到,都没有说出,这就是我们政治哲学的知识中独有的宝贝。"① 此外,孙中山经常讲到的便是中国"固有的道德、知识和能力"之类的话。所以,我们不能说,孙中山已经对中国的传统文化很有研究,也不能说他已经为中国的传统文化梳理出精华与糟粕,确立了继承和扬弃的内容和目标,但他对于传统文化采取既有继承又有所评判的态度,应该说他的智慧已经超出前人和同时代的许多人。

作为一个政治思想家,对于自己不太熟识的文化问题采用绕着走的办法也无可非议,然而,孙中山并没有采取这种简单的办法,他力图从继承传统优秀的文化中超越,又从吸收西洋文化中后来居上,这种心态反映中国人的文化自信,以及不甘示弱、不甘落后的觉醒,也预示了将来中国的文化发展必然在交流中吸收和扬弃,在继承中扬弃和超越,铸造一种新型的多元一体的文化模式。正如人们所说:"对于一个民族,特别是对于中华民族,任何新思想、新理论和新文化,如果不能根植于民族传统的基础上,不能与民族传统的思想、理论和文化融化,那么,这种新思想、新理论和新文化,就只能无根地游离在该民族之外,而不可能发挥其作用。"② 蒋梦麟在他的自传《西潮》中说过:中国的军阀只晓得武力,"他们根本不理什么叫法律","中国人爱好自由,但是对有组织的民主政治,也就是对宪政,却无经验,也不懂组织对民主的重要,中西国情不同,想使中国遵循西洋的宪政规模,无异赶东方之车,朝向西方的一颗星走着。宪政的失败,实在不足奇"。③ 所以,孙中山说在中国要实行民主宪政跟西方不同,在中国"国家统一是实行宪政的先决条件",先有国家统一,接着是实行"以党领政的训政时期,最后才过渡到正式的宪政时期"。如果中国离开自己的国情,照搬西方民主宪政的文化来改造中国的政治,则适得其反。所以,孙中山强调,无论是物质文化或政治文化都必须在继承本民族优秀文化的基础上,根据中国的国情,提倡中西文化交融和互补来建设未来中国的文化,这是中国文化发展的取向,无疑这是一条正确的路向。

孙中山的文化取向,集中了中西两种文化之长,而摒弃了中西两种文化之短。这种取向是在文化交流中自然形成的,它不是对文化冲突的回应,也不是中华文化强迫地输出和外来文化被迫地吸收,而是在文化交流中会通的基础上自由地、自然地吸收与选择,所以,它有别于"中体西用"或"西体中用"

---

① 孙中山:《三民主义:民族主义第六讲》,《孙中山选集》,第684页。
② 王树人:《中国的传统、西化与现代化》,《东西方文化交融的道路与选择》,四川人民出版社1993年版,第45页。
③ 蒋梦麟:《西潮》,台北辅欣书局1980年版,第162~163页。

人为的文化组合。为此，孙中山交融互补，形成你中有我、我中有你的文化取向，为中国文化的建设和发展指明了方向。

早在1896年，孙中山在答复英国汉学家翟理斯的来函时，说到他"半世无成，壮怀未已。生于晚世，目不得睹尧舜之风，先王之化"，但他决心"驱除残贼，再造中华，以复三代之规，而步泰西之法，使万姓超甦，庶物昌运"，并说到"仆等今欲除虏兴治，罚罪救民，步法泰西，揖睦邻国；通商惠工各等事端举措施行，尚无良策"。① 要"步泰西之法"，但又没有良策，即没有好办法，这一切都表明这时期的孙中山虽尚未明确提出中国的文化必须沿着中西文化融合的路向发展，但他已认识到中国必须走自己的路，建构中华多元一体的文化，因此既要继承中国优秀的文化传统，又要借鉴和吸收西方文化"步泰西之法"，使中国的文化由抗拒西洋文化变为主动吸纳西洋文化，由单一文化变为多元文化，努力为中国建立起多元一体的文化模式，这是一个很大的进步。1897年初，孙中山在伦敦与《伦敦被难记》俄文译者的谈话中又提出："必须使我们的国家对欧洲文明采取开放态度"，所谓开放的态度就是要与西方国家进行文化交流，要人员交往，要相互经商，发展贸易，但他又担心因此造成混乱，故他又声明："我不是说，我们要（将西方的文化）全盘照搬过来。我们有自己的文明，但是，因为无法进行比较、选择而得不到发展，它也就停滞不前了。时至今日，这种文明已经和人民群众完全格格不入了。"② 在这个谈话中，孙中山并没有说何种文化优，何种文化劣，但他已经说明中国的传统文化由于得不到比较而呈现停滞不前的状态，所以他主张"对欧洲文明采取开放态度"，目的是使中西文化在一种平等的交流中便于国民比较和选择，明显含有融合中西文化的优长、促进中国文化发展的倾向。

1911年11月，孙中山由美国抵欧洲，当他在回答革命胜利后，未来的中国将实行民主政治时，他指出："彼将取欧美之民主为模范，同时仍取数千年前旧有文化而融贯之，语言仍用官话，此乃统一中国之精神，无庸稍变。汉文每字一义，至为简洁，亦当保存；惟于科学研究须另有一种文字以为补助，则采用英文足矣。"③ 1912年1月南京中华民国临时政府成立后，孙中山在民主法制方面，皆主张参酌中西之所长来规范中国的政治体制。他说："查编纂法典，事体重大，非聚中外硕学，积多年之调查研究，不易造成。"④ 在回答李翊灼等请求设立佛教会函中，孙中山又明确指出："查近世各国政教之分甚

---

① 孙中山：《复翟理斯函》，《孙中山全集》第1卷，第46～47页。
② 孙中山：《与〈伦敦被难记〉俄译者等的谈话》，《孙中山全集》第1卷，第86页。
③ 孙中山：《在欧洲的演说》，《孙中山全集》第1卷，第560页。
④ 孙中山：《咨参议院请核议暂行法律文》，《孙中山全集》第2卷，第276页。

严，在教徒苦心修持，绝不干预政治，而在国家尽力保护，不稍吝惜。此种美风，最可效法。"但他又指出，"民国约法"已经载明"中华民国人民一律平等，无种族、阶级、宗教之区别"，"人民有信教之自由"，他只要求有行政之责者，"自当力体斯旨，一律奉行"。① 但他并不主张和提倡成立各种教会，他主张宗教与政治提携，反对教会干预政治，也反对政治干预宗教。1918年2月7日，孙中山在广州宴请国会及省议会议员时发表演说又指出："今民国已成立七年矣，所望速日产生完全优美之宪法，驾于欧美以上，作成一中西合璧的中国。"② 1924年4月，孙中山在作民权主义讲演时，又强调在吸纳西方的政制和文化时"要集合中外的精华，防止一切的流弊"③。

由上述可见，孙中山不仅主张中西文化融合，而且他所倡导的文化融合是优长互补，将西方近代优秀文化同中国的优秀文化融而贯之，摒弃了将中西文化的结合机械地割裂为"体"与"用"两个部分，将"中体西用"或"西体中用"的模式，改为"合璧""完璧"的有机融合模式。这是孙中山"集合中外底学说，应世界底潮流所及"的结果。

中华文化最本质的特征是它的包容性，无论是外来的何种文化都欢迎交流，并主动地吸收。孙中山继承中华文化的优良传统，他摒弃中西对立、体用二元的文化主张，从而排除了华夏中心论与欧洲中心论的干扰，从融合到创造，从创造到发展，使古今中外不同的文化系统，按照中国近代化建设的需要，相互吸收和相互融合，相辅相成和相互补充，做到外为中用，古为今用，继承中有创新，吸纳外来文化中有改造，这样一种多元文化的结合必然会使中国的文化出现新的风貌。

文化有时代性，又有民族性；有世界性，又有地区性。没有民族文化的独立性，近代化就无从谈起，没有文化的独立性，中华文化只能作为别种文化的附庸，也就不会有自己特色的近代化建设，所以民族的独立与民族文化的独立性是不可分割的，"西方文化虽然在整体上优于中国传统文化，但并非事事处处都来得高明"④。中西文化各有其独创性，亦各有其片面性，"尽管孙中山在早年曾主张以西方文化为基础进行中西文化的融合，但自民国以后，随着他对中国传统文化体认的日益贴切和了解的逐渐加深，他转而强调以中国传统文化

---

① 孙中山：《令教育部准佛教会立案文》，《孙中山全集》第2卷，第277页。
② 孙中山：《宴请国会及省议会议员时的演说》，《孙中山全集》第4卷，第332页。
③ 孙中山：《三民主义：民权主义第六讲》，《孙中山选集》，第800页。
④ 张岱年、程宜山：《中国文化与文化论争》，第392页。

为主导实现中西文化的融合"①。孙中山主张在继承中国传统文化的基础上实现中西文化融合、再造和超越，这一方面否定了"照本抄誊"西方文化中心论的主张，也批判了照搬传统文化、原封不动地保存中国传统文化的复古思想意识。文化属于全人类，民族不论大小强弱，都有其生存发展的文化背景，每一个民族在其向前发展过程中都要面向世界面向未来，所以，任何国家和民族在其走向近代化的过程中都面临着如何对待自己的传统文化和外国文化的问题。孙中山明确指出，我们既要继承和发扬民族的优秀传统文化，又要借鉴外来先进的文化，只有这样，中国文化才能创新和发展。这种中外文化交融互补主张的提出，反映了孙中山对文化问题与国家和社会发展的关系已有深切的了解，从孙中山的文化观看，他是将近代中国文化的发展建立在社会发展的基础上，为了政治和经济发展的需要而主张吸收外来文化的精华，摒弃自身传统文化落后于时代的种种糟粕；也是为了需要去铸造新文化的新特质，铸造中国人敢做敢为、敢为天下先的性格特征，勇于开拓进取，创造人类的辉煌。可见，孙中山的文化观是不断地发展变化的，他建构新文化的目的就是在与社会政治、经济同步前进中实现文化的自我更新、创造和超越，赶超世界，发展自己，建设一个富强的文明发达、科学先进的现代化国家。只维护传统就没有未来，只看到别人的文化长处，看不到别人文化的短处和不足，就没有比较，盲目拿来实行便害国害民。所以，孙中山的文化观是中西文化交汇融合，既是为了中国，也是为了世界，这不仅对近代中西文化的发展具有指导意义，而且对中国文化的建设也具有启发和借鉴作用。

（五）

中国文化发展的命运，决定权在于自己。殖民主义、帝国主义要消灭别的国家和民族，首先是消灭别的国家和民族的文化，然后便采用文武兼治的办法去奴役别的国家和民族的人民。所以，国家强首先文化要强，只有文化自信，才有人民的自信，才会产生强大的强国富民的社会正能量。

孙中山是一位历史人物，也是改朝换代的杰出政治家，但他与中国古代的政治家如孔子、秦始皇、唐太宗、元世祖、明太祖、康熙、乾隆等政治人物都不同，他是为了推翻中国的封建君主专制政治，而孔子、秦始皇、唐太宗等及其继承者则是为了开创和维护封建君主专制制度。孙中山既改朝又换代，而孔子、秦始皇、唐太宗等及其以后的封建帝王则是改朝不换代，一是代表先进，

---

① 陈金龙：《继承与超越——毛泽东与孙中山比较研究》，广东教育出版社1998年版，第345页。

促进社会的进步，追赶世界发展潮流；一是代表落后，因循守旧，维护落后的政治体制，维护君主专制。尽管他们对中国历史的发展也起过作用，然而他们的文化观是不同的。从中华文化的视角去看，诚如毛泽东所说，从孔子到孙中山，都要去研究都要去总结，但从中华民族的发展和国家的进步去审视，孙中山所代表的文化观则比他们高了一个层次，是在实质上完全不同的两种文化，我们不能将其等同。每一种文化都是特定国家和民族在创造历史的过程中形成的，它具有相对的稳定性、民族性和时代性，所以无论是传统文化或现代文化，反映的是不同时代人在创造历史过程中的行为和智慧，它具有历史和民族的特性，不具有普世性。不同的文化只能交流、相互学习、优优互补，不可能用一种文化替代另一种文化，宣扬一种文化去征服和消灭另一种文化，鼓吹文化冲突和文化替代是一种反动的文化观，是阻碍人类共同进步和不同文化友好相处的反动理论。

任何国家都是世界中的一员，任何民族都是人类的一个共同体，国家离不开世界，民族离不开世界的人民。所以任何民族创造的文化都是人类文化的组成部分，文明应当共享，文化应当相互尊重，兼容并包，共存共荣。知识改变人的命运，文化教育人们如何地生存、生活、做事和做人，是民族共同体的生命线，文化亡，民族亡，文化不先进，民族不可能先进，人类不和平就不会有幸福，更加不会有美好的未来，我们应该共同努力让未来世界多一点爱，少一点对抗和战争。所以伟大政治家的文化观、价值观，以及文化发展路向的选择都关系到国家、民族、社会、人类的前途和命运，坚持文化先进性、文化为人民的发展方向是关系到人类的未来、世界的未来的重大事件。

孙中山虽然不是文化学者，但他谈到的文化问题则不少，然而零碎、不系统，不能给人们一个明晰的答案，我们应该怎么样，不应该怎么样，他没有讲清楚。但由于他有学医为人治病的经历，所以他非常务实，他对人们的生命和生存，以及做人做事有深入的了解，为此他具有大爱精神和仁慈的品格。又由于他关怀人类的进步，所以他的文化观是主张不同国家、民族的文化相互关怀，相互学习，通过交流，选取对自己国家、民族发展有益的文化，创造一种符合中国国家建设的文化模式，建设国家，发展国家，这既是为了中国，也是为了世界，为了人类的和平、安定和文明、进步。他认为，只有认识旧中国，才能建设新中国。他坚持中国必须走自己的建设道路，中国文化发展的路向必须走中西古今文化优势互补的道路，全盘西化或回归传统都不适合国情和人类发展的必然性。正因为如此，孙中山关于国家文化建设的思想具有重大的意义，是他遗留给中华民族的重要精神财富。

梁漱溟在《中国文化的命运》一书中说：他在民国 10 年出版之《东西文

化及其哲学》中曾说过:"最近未来之世界文化,将为中国文化之复兴"创造条件。所谓中国文化复兴者,意指以伦理本位替代自我中心,原来一味向外用力是人对物的态度,而不是人对人的态度。"西洋人长处在人对物",我们中国人所长在"人对人",因为中国真能承认旁人,而不为外力所逼。因为承认旁人,便有"仁爱之情,是非主义。人与人之间,原是只讲道理,而不该讲力的。以强力加于物则可,加于人则不可"。① 中国文化的出路在于要在人对物以及人对人方面都树立正确的态度,既要善于对物,又要善于对人,才会有一个健康的美好的未来,否则会走向歧途歪路。梁漱溟关于中国文化命运的话语未必全面、正确,但他指出中国文化的命运决定权在自己手中,这对于我们建构中国的文化发展路向,对外确立和平发展、睦邻友好的对外政策,对内建设一个民主、文明、繁荣、富强的发达国家来说,的确是一个值得全社会、全中国人重视思考和行动的重大问题。

三、孙中山与中国的文明建设

(一)

何谓文明?文明与文化有何不同?自 1915 年新文化运动开展以来,我国学术界谈论文明与文化的人和文章便越来越多,由于看法不一,还时有争论。这是好现象,但由于各家认识不一,也给人们带来不少困扰,对于人们正确认识文明与文化、提高我国的文明程度、发展文化事业造成许多不利影响。

孙中山不是学者型的思想家,但他对于文明也有自己许多看法,理清孙中山对文明的解释,正确地了解他对文明认识的要义,对于我们建设社会主义文明,发展我国的文化事业,建设文明、和谐和幸福的理想社会,促进人类社会的发展具有重大的启迪。

笔者在 20 世纪 50 年代末 60 年代初在广州中山大学历史学系当学生时,曾经读过我们的老师陈序经先生的《文化学概观》一书。② 陈先生是我们历史学系的教授,兼任中山大学副校长。他的《文化学概观》一书,是他在抗日战争期间在西南联大开"文化学"课的课堂讲稿基础上写成的,是中国文化学研究的奠基之作。由于我们当时的知识有限,读完陈先生的书也没有留下多少印象。2005 年中国人民大学出版社又重新出版陈先生的《文化学概观》一书,

---

① 梁漱溟:《中国文化的命运》,中信出版社 2013 年版,第 188~189 页。
② 陈序经:《文化学概观》,上海商务印书馆 1947 年版。

笔者又重读了陈先生这部文化学研究的经典之作，觉得材料非常的丰富，他使用了国内外大量著名学者关于文化学的研究成果，论证很深入，读后不仅增加了很多文化知识，也为我们提供了许多思考文化问题的方法，获益匪浅。

陈序经先生说："文化不外是人类为着适应这些自然现象或是自然环境，而努力于利用这些自然现象或自然环境的结果。"它包括精神与物质两方面要素。① 他认为，文化与文明是有区别的，但又有不可分的关系，"文明可以说是文化的较高的阶段"，它是文化的一方面，但从其语源来看，"文明的意义，是比文化的意义为狭"，文化的意义较文明的意义为广。所以，他认为有学者"以文明为精神的，而以文化为物质的"的说法很不得当，事实上两者是不能分开的。② 因为"文化与文明，至多也不外是一个东西的两方面"。而胡适先生则明确指出："文明（Civilization）是一个民族应付他的环境的总成绩"。"文化（Culture）是一种文明所形成的生活的方法"。凡是文明都包括物质的（Material）和精神的（Spirit）两个方面。他对于讥贬西洋文明为唯物的（Materialistic），而尊崇东文文明为精神的（Spiritual）不以为然。他指出：这种言论是"一时的病态的心理，却正投合东方民族的夸大狂"，是对文明只作文字上或表面上的争论，而不能有根本的了解。"东方的文明的最大特色是知足，西洋的近代文明的最大特色是不知足"，故东方的文明"是懒惰不长进的民族的文明"，而西方近代文明则"是一种革新一切进化的动力"。③

文明这个名词，在我国用得很早。《易经》里就有"天下文明"的词句，但诚如陈序经先生所言，数十年来，国人应用"文明"这个名词，"大致是从西方的 Civilization 或 Culture 翻译而来"。而且，在民国初年，"所谓文明的东西，往往是指着新的东西而言"。"所谓文明的东西，或是新的东西，往往也就是西化的东西"。后来我国却逐渐普遍用"文化"这个词代替了"文明"这个名词。"无论西洋也好，中国也好，从时间上看起来，从前喜用文明这个名词的，后来虽有了普遍的采用文化这个名词的显明的趋势，然而在意义上，两者也是往往没有加以什么的区别的"。④

陈独秀的看法则明显与陈序经、胡适不同。1915 年 10 月 15 日，陈独秀发表《法兰西人与近世文明》一文。他明确指出：

---

① 陈序经：《文化学概观》，中国人民大学出版社 2005 年版，第 28 页。
② 陈序经：《文化学概观》，第 42 页。
③ 胡适：《我们对于西洋历代文明的态度》，原刊于 1926 年 7 月 10 日《现代评论》第 4 卷，第 83 期，又见《中国文化的反省》，华东师范大学出版社 2013 年版。
④ 陈序经：《文化学概观》，第 31 页。

> 文明云者，异于蒙昧未开化者之称也。La Civilisation 汉译为文明、开化、教化诸义。世界各国，无东西今古，但有教化之国，即不得谓之无文明。唯地阻时更，其质量遂至相越。古代文明，语其大要，不外宗教以止残杀，法禁以制黔首，文学以扬神武。此万国之所同，未可自矜其特异者也。近世文明，东西洋绝别为二。代表东洋文明者，曰印度、曰中国。此二种文明虽不无相异之点，而大体相同。其质量举未能脱古代文明之窠臼。名曰"近世"，其实犹古之遗也。可称曰"近世文明"者，乃欧罗巴人之所独有，即西洋文明也。亦谓之欧罗巴文明。移植亚美利加，风靡亚细亚者，皆此物也。欧罗巴之文明，欧罗巴各国人民皆有所贡献，而其先发主动者率为法兰西人。
>
> 近代文明之特征，最足以变古之道，而使人心社会划然一新者，厥有三事：一曰人权说，一曰生物进化论，一曰社会主义是也。

所以，陈独秀认为，"近世三大文明，皆法兰西人之赐。世界而无法兰西，今日之黑暗不识仍居何等"①。"文明之别于野蛮，人类之别于其他动物也"②，是法兰西人的贡献。他指出：所谓文明是指人类公有的文明，不是某一国或某一民族的文明。文化是人类社会发展的科学，以及祖宗所遗留的立言行事的习俗和善恶行为的规范、人们生存的工具。因此，创造文化是任何人类社会的民族的重大责任、艰难的事业。也即是说，没有文化，就没有文明，没有文明，也就没有人类社会的进步和发展。

过去，学术界一般都认为，中国古代是文明的，近世或近代则西洋是文明的。然而，辜鸿铭则不这样认为。他说：

> 文明的真正涵义，也就是文明的基础是一种精神的圣典。我所说的"道德标准"，指的就是这个。像道德标准这样的东西，一国之民，如果是紧密团结的，那么，他们所创造的文明就应该达到——制定并发展上述圣典——也就是道德标准的地步。然而，遗憾的是欧洲尚未拥有这样的道德标准。现在欧洲人所拥的精神的圣典，也就是道德的标准已经陈腐不堪了，已不存在指导人们如何生活的意义了。
>
> 欧美人以法律来取代道德的标准，并在尝试着以此来组成一个社会，然而以法律的纽带组成的社会需要警察。……现今欧洲以及美洲，需要警

---

① 陈独秀：《法兰西人与近世文明》，《独秀文存》，第10、13页。
② 陈独秀：《学术与国粹》，《独秀文存》，第545页。

察去对付纯粹的无政府状态。①

总之,辜鸿铭认为,"中国文明精神自元代以后,在中国本土就不复存在,但东洋文明是成熟文明,而西洋文明则是一种基础尚不牢固的文明"。欧洲人没有真正的文明,因为真正的文明的标志是有正确的人生哲学,但欧洲人没有。"在中国,把真正的人生哲学称为'道',道的内容,就是教人怎样才能正当地生活,人怎样才能过上人的生活"。②

治理人类社会,没有法律不行,但只有法律、没有道德去规范人的行为也不行,因为法律是强制性的,道德是自律、自觉的行为。辜氏认为,东西文明是有差异的,但这个差异不是物质文明与精神文明的差异,而是礼义廉耻和道德观念的差异。

我们应该如何地理解东西方文明,以及文明与文化的差异,虽然谈者不少,但谈起来总是不清、理还乱。正因为我们对文化与文明的问题认识不一,也使近百多年来,我们的国家在历史发展的进程中吃尽了苦头。一些人强调我国古代的文明如何伟大,一些人又讲中国的文化如何如何的悠久,对人类的贡献又如何的辉煌,但讲文明的人只讲我国古代的文明,不讲或少讲近现代的文明,其实古代有古代的文明,近现代也有近现代的文明,凡讲到近现代的文明,言必称西洋人的欧美文明,不讲自己的文明,因此民国后有一个新文化运动,掀起学习西方文化的热潮,过了一阵子又回归传统,掀起国粹主义思潮,后来又有全盘西化的呐喊,新中国又一切向俄国学习,弄来弄去什么也不是,结果则掀起反文化的"文化大革命"。所以,什么样的文化才符合中国的国情,什么样的道德文明才能制造具有国格和人格的人才,又极大地困扰着国人的神经,阻碍社会的发展和进步。只有在改革开放以后,国人才真正找到了一条符合中国的发展道路,各种文化共存共荣,文化强国才成为国人的共识。正因如此,在物质文明大发展的今天,人的精神文明应当如何地发展,人性又该当如何地改造,将是一个不能不引起我们重视的重大问题。

孙中山虽不是学者,但他喜欢读书和善于研究问题,加上他从小在外国和英国管治的香港读书,使他的知识广博,文化多元,对于世界各国的历史、社会、人文都有所了解。所以在他建构革命学的过程中,特别注意了解世界各国的历史、文化,以及社会的建设和发展情况。他研究历史和文化是为了振兴中华,建设文明的中国。孙中山不是全盘西化论者,也不是食古不化的国粹主义

---

① 辜鸿铭:《中国的文明复兴与日本》,《辜鸿铭文集》下,黄兴涛等译,海南出版社1996年版,第280页。

② 辜鸿铭:《东西文明异同论》,《辜鸿铭文集》下,黄兴涛等译,第303~304页。

者，他的基本史观是不管西洋，也不管东洋，也不管是什么民族、什么文化，都有其长处，但也有其短处，也不管是什么形态的人类社会，都是人类创造文化而不断文明、进步和发展的。所以，文明是相对于野蛮，也是人类相对于其他动物的标志。孙中山的思维以及看问题的视角都与当时许多著名学者不同，但他只让他们自由发表，并不以势压人。就以文明和文化问题来说，孙中山与上面提到的文化学者的看法有同也有异。

首先是孙中山谈文明比他们都早。他第一次使用"文明"一词是1896年10月伦敦蒙难前后。1895年秋广州起义失败后，孙中山流亡海外。1896年9月30日，孙中山抵英国伦敦被清驻英公使设计囚禁，得他的老师康德黎、英国新闻界和英国政府的干预，10月23日清使馆被迫释放孙中山。孙中山为英国政府致力于使他获释表示"深切的谢忱"，对报界的及时帮助和同情深表谢意，他于1896年10月24日发出《致伦敦各报主笔函》，他说："我对立宪政府和文明国民意义的认识的感受愈加坚定，促使我更积极地投身于我那可爱，而受压迫之祖国的进步，教育和文明事业。"在这里，孙中山表明他对英国立宪政府和文明国民营救他的感激，并声明从此更加坚定树立为实现中国的进步和文明事业而奋斗的决心。1897年初，孙中山在《伦敦被难记》书中又写道："予得释后，即投函各报馆，以谢英政府及英报纸相援之情"。"予此次被幽于中国公使馆，赖英政府之力，得蒙省释。前承报界共表同情，及时援助。予于英人之尚公德、好正义，素所钦仰，身受其惠，益堪微信。且予从此益知立宪政体及文明国人之真价值"。① 与此同时，孙中山在与《伦敦被难记》俄译者的谈话中又指出，未来的中国必须有一个负责的、有代表性的政体，并须使"我们的国家对欧洲文明采取开放的态度"。他说："我们有自己的文明，但是，因为无法进行比较、选择而得不到发展，它也就停滞不前了。时至今日，这样文明已经和人民群众完全格格不入了。"② 此后，孙中山在他的演说、谈话和文章中便经常使用文明这一概念。

其次是孙中山谈到的文明比其他学者的内涵宽泛得多。一般学者谈到的文明除物质文明、精神文明之外，就只有西方文明、东方文明、古代文明和欧洲文明。孙中山在其著作中，先后提到"欧洲文明""世界文明""华夏文明""国家文明""社会文明""古代文明""近代文明""民国文明""中国的文明""日本的文明""心性文明""物质文明""新文明""旧文明""教化文明""政治文明""道德文明""东西文明"等。孙中山的"文明"观属于广

---

① 孙中山：《伦敦被难记》，《孙中山全集》第1卷，第85页。
② 孙中山：《与〈伦敦被难记〉俄译者等的谈话》，《孙中山全集》第1卷，第86页。

义的文化，他将"文明"与"蛮野（或野蛮）"两词相对来谈论中外国家和社会以及人的行为。他前期谈"文明"多，谈"文化"少，但他同意"文明"即"放大了的文化"这个含义。

孙中山所指的"近代文明""现代文明""欧洲文明"，即资本主义国家的文明，他讲的"文明世界"指的也是资本主义世界。1905年中国同盟会成立后，孙中山常言要在中国成立"文明政府"来代替清朝的君主专制政府，他的"文明政府"也是资本主义立宪政府。他说："中国的文明已有数千年，西人不过数百年，中国人又不能由过代之文明变为近代的文明。"① 并指出，由野蛮而文明是社会的进步，是自然所致，不能逃避的历史必然。然而，他又告诉国民："文明有善果，也有恶果"，在社会发展过程中，在选择和吸收某国的文化时，"须要取那善果，避那恶果"。② 由此看来，孙中山对于文明，并不认为哪一种哪一国的文明就绝对的好，哪一种哪一国的文明就绝对的不好。好与不好选择来比较才知道，正确的态度是好的、对于我们建设国家有用的"善果"就吸收过来，对于哪些不好的、有害的"恶果"，不但不能吸收、引进，就是吸收进来了，也要废弃。正由于孙中山抱着审慎的态度去对待世界文化，所以起初他使用"文明"一词，而不使用"文化"一词，因为"文明"带有积极肯定的含义，而"文化"则是一个包罗积极和消极两方面的中性词。在1911年10月武昌起义前，孙中山只使用"文明"一词，没有使用"文化"一词。1911年11月，孙中山得知武昌起义的消息后，即离美国到伦敦和巴黎访问英法两国，寻求支持。他在此两地的一次演说中，讲到中国反清革命胜利后，"将取欧美之民主以为模范，同时仍取数千年前旧有的中国文化而融之"③，建设一个共和政府，推动中国社会向前进步，这是在孙中山的著作中首次见到"文化"一词。然而，这篇文章是由《欧洲邮报》的英文翻译过来的，不一定是孙中山的原意，很可能是译者的意思，就算是孙中山的原意，也只说明孙中山在谈到中国传统文化时，他将"文明"与"文化"并用，但他讲到欧美文化时，则使用"文明"不使用"文化"。由此可见，孙中山广泛使用"文化"一词是在辛亥革命后的民国初年，但与此同时又使用"文明"一词，这可能同当时中国学术界，尤其是新文化运动开展后对"文化"一词的广泛使用有关，但也可以说明，孙中山同意"文明"即"放大了的文化"这个含义。④

---

① 孙中山：《在东京中国留学生欢迎大会的演讲》，《孙中山全集》第1卷，第278页。
② 孙中山：《在东京〈民报〉创刊周年庆祝大会的演说》，《孙中山全集》第1卷，第327页。
③ 孙中山：《在欧洲的演说》，《孙中山全集》第1卷，第560页。
④ 参见林家有《孙中山国家建设思想研究》，第530～531页。

1912年8月30日,孙中山在北京湖广会馆学界欢迎会上发表演说,他批评生存竞争、弱肉强食,只讲强权、不讲公理的错误学说,指出:"二十世纪以前,欧洲诸国,发明一种生存竞争之学说。一时影响所及,各国都以优胜劣败、弱肉强食为立国之主脑,致谓有强权无公理。此种学说,在欧洲文明进化之初,固适于用,则今视之,殆是一种野蛮之学问。今欧、美之文明程度愈高,现从物理上发明一种世界和平学问,讲公理,不讲强横,尚道德,不尚野蛮。从前生存竞争之学说,在今日学问过渡时代已不能适用,将次打消。"① 可见,孙中山的所谓"文明"是相对"野蛮"而言的,他提倡研究"文明学问",就是为了废弃"野蛮学问"。中国只有"由野蛮学问而进于文明学问",才能"使中国学问与欧美并驾"齐驱。他说:"现在世界文明未达极点,人类知识,犹不免于幼稚,故以武装求和平,强凌弱,大欺小之事,时有所闻。然使文明日进,知识日高,则必推广其博爱主义,使全世界合为一大国家,亦未可定。"② 显而易见,孙中山对欧美人讲强权不讲公理、以强凌弱的行为提出批评,但也表明孙中山是想通过提高世界的文明来实现博爱主义达到世界大同、天下为公。

孙中山认为,西洋人和欧美国家的物质文明发展比较快,应该向西洋人和欧美人学习,但西洋人和欧美国家的道德文明则远不如中国。对于西洋人和欧美国家的物质文明,孙中山主张中国人应当虚心向人家学习,但学习的方法则不能随西方文明之旧路而行。因为"物质文明之标的,非私人之利益,乃公共之利益。而其最直接之途径,不在竞争,而在互助"。发展经济是要让"人民将一律享受近代文明之乐",不是让所谓的文明国人去压迫、欺凌那些贫穷落后的国家和民族,所以只能"欲使外国之资本主义以造成中国之社会主义,而调和此人类进化之两种经济能力,使之相互为用,以促进将来世界文明"。③ 这种"互助"论尽管不太符合经济发展规律,但它说明一个道理,那就是物质文明不同的国家有不同的表现,各国在物质文明的发展中,不能只有竞争,没有互相支援和帮助,没有"互助"也就没有世界的共同文明,如果只有以强凌弱、你死我活的斗争,人类缺乏相互支持的道德,什么发展世界文明都只是空谈而已。孙中山是有世界意识的政治家,尤其是他看到1914年第一次世界大战在欧洲爆发后,欧洲物质文明给人类带来的灾难,则更加坚定了对所谓欧洲文明的看法。他指出,"没有道德,就没有世界",没有世界,也就没有

---

① 孙中山:《在北京湖广会馆学界欢迎会的演说》,《孙中山全集》第1卷,第423页。
② 孙中山:《在北京五族共和合进会的演说》,《孙中山全集》第2卷,第439页。
③ 孙中山:《建国方略之二:实业计划(物质建设)》,《孙中山选集》,第369页。

世界文明。所以，他提倡"物质文明"，必须与"心性文明"同时发展的观点。孙中山虽是在《孙文学说》文中才正式提出，两种文明必须同时发展的观点，但他的酝酿则较早。在伦敦蒙难前后，孙中山就感到要振兴中华，仅仅仿效西方的教化文明、物质文明，还不足以使中国步入"百姓超甦，庶物昌运"的富强之境，只有通过革命变革政治制度，改变中国政治文明之落后，"建立一个贤良政府"，中国才能推行"物质建设"和"心理建设"的计划，才能把中国引向人民富裕和国家富强。但孙中山从欧美国家的发展历史中则意识到一个国家只有物质的文明、经济和军事的强大，而没有道德的文明，这些国家便会通过其物质的力量，推行强权政治，用霸道的行为去干预和侵略别的国家，这样的文明只会把所谓的文明国家弄得更坏，把世界弄得更糟。所以，孙中山把道德文明建设视为物质文明建设的前提，只有物质文明和道德文明同步建设、同步发展，才能避免物质文明的发展带来道德文明的衰落，造成人类社会发展的失衡和震动。可见，孙中山关于文明建设的许多思想和主张对于我们当今建设一个富裕、文明、和谐、幸福和法治、民主、富强、发达的社会主义社会具有重要的启迪。

（二）

文明不仅是未来的理想，也是现实的需要。没有人的文明，就没有社会的文明，更加不会有社会的和谐、稳定和人民的幸福。所以，建设一个高度文明的社会主义强国，实现中华民族的伟大复兴，是全中国人民的奋斗目标和努力方向。

文明是人类创造力的记录，是一个长久的历史过程。文明是一个含义广泛的概念，它不仅仅是物质文明，也是精神文明，既指文明的体系与制度，也指人类的品格、思想和行为的方方面面。文明是无止境的，随着科学的进步，人类的精神文明也要不断地进步，在这些方面，孙中山的确给我们中国的文明建设提出了很多很好的主张，正确地理解孙中山的文明要义，以及他有关文明建设的思想主张，对当今我们实现复兴中华民族中国梦具有重要的启迪，必须重视继承和发扬光大。

根据孙中山的《建国方略》《建国大纲》，以及《三民主义》和《中国国民党第一次全国代表大会宣言》等著述，我们可以清晰地看到，孙中山不仅要建设一个民主、自由、博爱的文明国家，他也希望建构一个文明和谐、富裕安康、人民幸福和道德高尚的美满社会，"化现在之痛苦世界而为极乐之天堂"①。

1. 实现政治文明，建设一个文明的民主的政府。

所谓民主的政府，用孙中山的话去说，就是"当以民权为本位，保障民权为第一着"②，建立共和立宪制度，重在立法，实行法治，以法行事，用法律治国，改变"人治"专制、独裁的弊端。

民主政府的内涵，就是人民有权管理国家和各级政府的权力，这就是"民众之主权"③，也就是孙中山强调的民权主义。

什么叫民权主义呢？孙中山说，要了解民权，首先要知道什么是民。"大凡有团体有组织的众人，就叫做民。什么是权呢？权就是力量，就是威势。那些力量大到同国家一样，就叫做权。"力量最大的那些国家，用中国的话说就是"列强"，用外国人的话说，便是"列权"。所以"权"和"力"实在是相同，"有行政命令的力量，有制服群伦的力量，就叫做权。把民同权合扰起来说"，就是民权。所以民权就是人民的政治力量。什么叫做政治的力量呢？孙中山说："政治两字的意思，浅而言之，政就是众人的事，治就是管理，管理众人的事便是政治。有管理众人之事的力量，便是政权。今以人民管理政事，便叫民权。"④ 有了民权，平等自由才能够存在。"民权发达了平等自由才可从长存；如果没有民权，什么平等自由都保守不住"⑤。"但孙中山也强调，我们的民权和欧美的民权不同。因为"欧美有欧美的社会，我们有我们的社会，彼此的人情风土各不相同。我们能够照自己的社会情形，迎合世界潮流做去，社会才可以改良，国家才可以进步；如果不照自己社会的情形，迎合世界潮流去做，国家便要退化，民族便受危险"⑥。欧美国家一般是实行"三权分立"的两院议会制度，两党竞争以议员多少控制议院，组织政府。他们认为"民权能够发达到那个地步，国家便算是很文明，便算是很进步"⑦。但孙中山说，那不尽然，因为欧美的议会政治，许多议员都是用钱贿选得来，只有口才好，能迎合民众的心理和利益追求的人才可以当选，但真正有真才实学、有本事的人，由于口才不好，不能哗众取宠，便不能当选。由于当选的人能力太差，由这些人当议员，有的还在各级政府中掌权，便使得人民无权，政府无能。我们

---

① 孙中山：《建国方略》，《孙文选集》上册，广东人民出版社2006年版，第46页。
② 孙中山：《在北京军警界欢迎会的演说》，《孙中山集外集补编》，上海人民出版社1994年版，第94页。
③ 孙中山：《三民主义》，《孙中山全集》第5卷，第188页。
④ 孙中山：《三民主义：民权主义第一讲》，《孙中山全集》第9卷，第254～255页。
⑤ 孙中山：《三民主义：民权主义第三讲》，《孙中山全集》第9卷，第294～295页。
⑥ 孙中山：《三民主义：民权主义第五讲》，《孙中山全集》第9卷，第320页。
⑦ 孙中山：《三民主义：民权主义第四讲》，《孙中山全集》第9卷，第299～300页。

实行的民权是要"把中国政府造成一个'全民改造'的民国，要驾于欧美之上"①。所以，"中国今日要实行民权，改革政治，便不能完全仿效欧美"，"如果一时的盲从附和，对于国计民生是很有大害的"②。为此，孙中山把国家的政治大权分为二个，一个是政权，一个是治权。政权是把大权"完全交到人民的手内，要人民有充分的政权，可以直接去管理国事"。把治权这个大权完全交到政府的机关之内，让有能力的人掌握政治的管理权，这样政府便有很大的力量去治理全国的事务。这样做的目的，就是要把"权"与"能"分开，把政治的大权分开成两个：一个是政府权，一个是人民权。这样分开，就是把政府当作机器，把人民当作工程师。人民对于政府的态度，就好比是工程师对于机器一样。③ 至于讲到国家的政治，根本上是要人民有权，管理政府的人要有真本事，即是将管理政府的权付之于有能力的专门家。这些专门家就好像是开汽车的车夫，或是看门的巡捕，或者是弄饭的厨子，或者是诊病的医生，或者是做屋的木匠，或者是做衣的裁缝。由他们来掌控政府的权力，就是专心为人民做事。总之，政府的官员是人民的"公仆"，是为人民服务的公务员，不是权贵，更不是统治者、压迫者。所以，孙中山主张在中国首先要"建设文明之政府"，就是要"更造文明之新政府以代其旧政府"，④ 然后"择地球上最文明的政治法律来救我们中国"⑤。

　　文明的政府必须以法治国，依法行事，人民有选举权、罢免权、创制权和复决权，政府有行政权、立法权、司法权、考试权和监察权。用人民的四个政权来管理政府的五个治权，这便是完全的民权政治机关。⑥ 孙中山之所以要设计这样的政治制度，就是要使政府的一动一静，人民有知情权、有权罢免，并受人民指挥和监管，政府的官员必须为人民谋幸福，为人民的生计着想，而不是高高在上地做官当老爷。官员如果贪污腐败，欺压民众，骚扰百姓，人民有权罢免，并受法律制裁。而人民也必须树立和养成民主、文明的观念，要爱好和平，遵守秩序，厉行权利和义务，破除一切野蛮和丑陋的不文明行为，更要尊重自己选择的管理自己事务的官员依法行事，依法管理。人民必须遵纪守法，如果违法、犯法必须接受司法制裁。这样，民与官、官与民都处在一种公平、正义的平等地位，各司其职，各行其是，勇于担当，敢于负责，勇于奉

---

① 孙中山：《三民主义：民权主义第四讲》，《孙中山全集》第 9 卷，第 314 页。
② 孙中山：《三民主义：民权主义第五讲》，《孙中山全集》第 9 卷，第 320 页。
③ 孙中山：《三民主义：民权主义第六讲》，《孙中山全集》第 9 卷，第 347～348 页。
④ 孙中山：《支那问题真解》，《孙中山全集》第 1 卷，第 247 页。
⑤ 孙中山：《在东京中国留学生欢迎大会的演说》，《孙中山全集》第 1 卷，第 281 页。
⑥ 孙中山：《三民主义：民权主义第六讲》，《孙中山全集》第 9 卷，第 352 页。

献。这样便成就"人民为主体"的共和国家,这个国家便是为民而设,由民而设,由民而治,也就是我们平常所说的民治政治。国民管理国家,为国家尽责,官吏要全心全意为人民服务,"人民所做不到的,我们要替他们去做;人民没有权利的,我们要替他们去争"。孙中山说,我们从前革命为三民主义去牺牲,就是为人民求幸福而牺牲,现在搞建设也是为人民谋幸福,"政纲既是依人民的要求来规定的,人民今年有什么要求,我们便要规定一种什么政纲;如果人民明年有别种要求,我们的政纲便要依他们的新要求重新去规定"①。这样我们的国家便是以人民为主体的依法行事、依法管理的民主、文明国家。

政治与国家、政治与人民、政治与社会都有密切的关系,不能离开实际去空谈政治。

孙中山指出:"说到政治,便要讲国家。国家的责任,是设立政府,为人民谋幸福。"政府这个东西,近来各国学者说法很多,有的说政府是可以保护人民、代谋幸福;有的说政府就是"干涉人民的幸福,威权太大,应该把它减少,减少至于零,便主张不应该的,而成无政府"。②孙中山强调,无政府即无人管理,无人管理就是各行其是,这样的社会,势必天下大乱,什么事也做不成。所以,"无论哪一个国家,不管它是不是强有力,只要号称国家,都是政治团体。有了国家,没有政治,国家便不能运用;有了政治,没有国家,政治便无从实行。政治是运用国家的;国家是实行政治的,可以说国家是体,政治是用"③。国家通过设立政府,管理社会,实现国民的权利,"为人民谋幸福"便是孙中山民主和文明政府的基本要义。政治作为上层建筑,是为经济基础服务的。人们运用政治无非是为了达到自己所追求的社会建设的目的。因此政治不文明,便不能取信于民,更加不能调适社会的种种矛盾,实现社会和谐。如果由于议员或政治团体的成员为了本身的利益,守旧不进步,反对政府正确与合理的政策,在议会中大打出手,造成蛮野与文明各种势力的对抗,阻碍经济的发展和社会的进步,就必须由政府的人员依照法律进行干预。因为社会是靠政治来维系和发展的,政治不文明,人民不能很好地直接参与政权的建设,不但经济建设、社会建设受阻,也造成人心的离散。所谓政治文明就是文明行事,要用法律维系共和民主政治,维持民心,只要民心不忘共和,国亦不变其为共和国。所以,孙中山说:"立国大计,即首在排去专制时代的种种恶习,从政者要以国家民族利益为重,去除小团体的私利,乃能发现文明国家之

---

① 孙中山:《中国国民党第一次全国代表大会闭幕词》,《孙中山全集》第9卷,第177页。
② 孙中山:《在广州全国青年联合会的演说》,《孙中山全集》第8卷,第318页。
③ 孙中山:《在黄埔军官学校的告别演说》,《孙中山全集》第11卷,第268页。

新精神。"① 孙中山的意思是要经济好,必须政治好,离弃政治的建设,不仅经济建设受阻,社会也会越来越混乱。晚年,孙中山决定著书立说,解决政策、经济和社会建设中出现的各种问题,对中国的经济建设和社会建设由简单的"毕其功于一役"转变为有步骤地逐步实现国家统一,组建共和的民族国家,完善法治制度,加强对国民进行政治和社会建设的教育,逐步前进。这是孙中山思想的进步,也是他建设中国文明政治和社会思想的发展。

2. 对文明和谐社会的构建。

恩格斯在《家庭、私有制和国家的起源》书中,根据摩尔根的《古代社会》② 一书,概括人类社会的发展都经过蒙昧时代、野蛮时代和文明三个主要时代,每一时代又分为低级阶段、中级阶段和高级阶段。恩格斯指出:人类进步的一切伟大时代,都是"跟生产资源扩充的各时代多少直接相符合的"③。摩尔根的《古代社会》1877 年出版于伦敦,1896 年 10 月孙中山伦敦蒙难获释后留英考察和学习半年多,估计读过这部名著,也可能读过恩格斯 1884 年 3 月在苏黎世出版的《家庭、私有制和国家的起源》一书。因为孙中山后来在建构民生主义理论中存在上述两书的思想痕迹。孙中山在建构中国文明社会的理论过程中,对于人类从蒙昧通往文明道路过程中,解决人民的民生问题,即人民的生活——社会的生存、国民的生计、群众的生命赋予极高的地位,并认为,外国近百十年来所发生的一个最大问题——社会问题,正是由于民生问题没有解决好,因此他下决心要通过社会的发展,发展经济和合理的财产分配,防止贫富差别过大,预防中国社会革命的产生,使中国的社会能够由野蛮向文明逐步迈向大同。所以,建设大同的文明社会,"在地球上造成一个新世界"是孙中山的最终目的和理想。

孙中山在开始建构他的革命纲领、建国思想时,将三民主义的民族主义列为第一,第二是民权,民生排在后面。1924 年 1 月 23 日,孙中山制定《国民政府建国大纲》时,便将民生列为"建设之首要"。对于全国人民之食衣住行四大需要,他认为政府当与人民协力,共谋农业之发展,以足民食;共谋织造之发展,以裕民衣;建筑大计划之各式屋舍,以乐民居;修治道路、运河,以

---

① 孙中山:《在上海国民党恳亲会的演说》,《孙中山全集》第 3 卷,第 2 页。

② *Ancient Society, or Researchen in the Lines of Human Progross Trom Savagery Through Barbarismto Civilization*, By Lewis H. Morgan. London:Macmillan and Co., 1877(路易斯·亨利·摩尔根《古代社会,或人类从蒙昧时代经过野蛮时代到文明时代的发展过程的研究》,伦敦麦克米伦公司 1877 年版)。

③ (德)恩格斯:《家庭、私有制和国家的起源》,《马克思恩格斯选集》第 4 卷,人民出版社 1972 年版,第 17 页。

利民行。① 这是孙中山解决社会问题、稳定政局、合力北伐统一中国的正确决策。民生问题是社会问题，也是世界性的人类共同问题。孙中山说："几十年来，各国的物质文明极进步，工商业很发达，人类的生产力忽然增加。"但广大的工人利用机器代替人工生产，造成大批工人失业，而发明机器的人则赚了大钱。这个变动，外国称为"实业革命"，因为有了这种实业革命，工人便受很大的痛苦。② 为此，孙中山主张推翻达尔文的"世界仅有强权而无公理"的天演进化学说，"推翻弱肉强食、优胜劣败"思想，而以和平慈善的办法，"消灭贫富之阶级"，"淘汰为野蛮物质之进化"，确立"公理良知""文明之进化"。③ 孙中山认为，"人类之在社会，有疾苦幸福之不同"，而生计则为主动力。"盖人类之生活，亦莫不为生计所限制，是故生计完备，始可以存，生计继绝，终归于淘汰。"④ 他说，资本主义以赚钱为目的，"民生主义以养民为目的。有了这种以养民为目的好主义，从前不好的资本制度便可以打破。但是我们实行民生主义来解决中国的吃饭问题，对于资本制度只可以逐渐改良，不能够马上推翻"⑤。为此，孙中山说，必须研究经济问题，进行社会革命。1912年4月1日，孙中山辞退南京临时政府大总统，在南京同盟会会员饯别会上说：我"解职不是不理事，解职以后，尚有比政治紧要的事待着手"，"中华民国成立，民族、民权两主义俱达到，唯有民生主义尚未着手，今后吾人所当致力的即在此事"，"今日许多人以为改造中国，不过想将中国弄成一个极强大的国，与欧美诸国并驾齐驱罢了。其实不然。今日最富强的莫过英、美，最文明的莫过法国。英是君主立宪，法、美皆民主共和，政体已是极美的了，但是贫富阶级相隔太远，仍不免有许多社会党要想革命"，"英美诸国因文明已进步，工商已发达，故社会革命难。中国文明未进步，工商未发达，故社会革命易"。英、美诸国社会革命，或须用武力，而中国社会革命，则不必用武力。因此，他采用"平均地权""节制资本"的政策，预防资本主义垄断之流弊，学习德国实行国家社会主义政策，将国家一切大实业，如铁道、电气、水道、矿山等皆收为国有，不使一私人独享其利。随着实业发展，国家收入余裕，则用这些钱办教育。"法定男子五六岁入小学堂，以后由国家教之养之，至二十岁为止，视为中国国民之一种权利。学校之中，备各种学问，务令学成以后，可独立为一国民，可有参政、自由、平等诸权。二十以后，自食其

---

① 孙中山：《国民政府建国大纲》，《孙中山选集》，人民出版社1981年版，第601页。
② 孙中山：《三民主义：民生主义第一讲》，《孙中山全集》第9卷，第356～358页。
③ 孙中山：《在上海中国社会党的演说》，《孙中山全集》第2卷，第507～508页。
④ 孙中山：《在上海中国社会党的演说》，《孙中山全集》第2卷，第510页。
⑤ 孙中山：《三民主义：民生主义第三讲》，《孙中山全集》第9卷，第410页。

力,幸者为望人,为富翁,可不需他人之照顾。设有不幸者,半途蹉跎,则五十以后,由国家给予养老金。此制英国亦已行之,人约年给七八百元。中国则可给数千元。如生子多,凡无力养之者,亦可由国家资养。此时家给人乐,中国之文明,不止与欧美并驾齐驱而已",而且一定感到更加幸福。所以,"采用国家社会政策,使社会不受经济阶级压迫之痛苦,而随自然必至之趋势,以为适宜之进步。所谓国利民福,莫不逾此"。① 可见,孙中山的社会文明的实践是实行民生主义,通过发展中国的经济,使国家富强,其目的是使"我同胞共享自由、平等、博爱之幸福"②,人人过着快乐、美满的和谐生活。这即是人们常说的实现人民均富,"俾全国之人,无一贪者,同享安乐之幸福"。"民富即国富",国富则国强。③ 只要实现这个目标,孙中山说:"中国之文明,不止与欧美并驾齐驱而已",而且一定比美、英更富足,比法国更文明。

3. 中国的文明建设关键是人的文明建设。

无论世界上人类的什么文明,都靠人去创造去维护和发展,所以人本身的文明是各种文明的关键。人类要生存就要创造物质文明,物质文明发展了又会带来贫富的不均、压迫与剥削,如何才能克服社会的矛盾,正确地处置人与人、社会与社会、民族与民族、国家与国家、这种文化与那种文化、这个宗教与那个宗教之间的关系,调和和融化各色人种与价值观的不同带来的困扰,人的文明的发展、人格的道德的培养便成为人类必须面对的重大问题。这有赖于人类本身文明的发展,更有赖于人的综合素质的提高,只有人类懂得用文明去对抗野蛮,用王道去对抗霸道,用和平去反对战争,用友好去反叛奴役,相亲相爱,相互救助,共同发展,共同享受共同创造的成果,人类社会才会和谐,而要如此人类就要有崇高的道德,要有仁爱之心和大爱的精神。

孙中山认为,因为有物质文明,所以"使人类安适繁华",但只有物质文明没有心性文明之发达,社会不可能进步。只有物质文明与心性文明相待、同时发展,社会才能进步。"中国近代物质文明不进步,因之心性文明之进步亦为之稽迟"④。"心性文明"亦即精神文明,其实质是讲人格、品质和道德。孙中山说:"所谓建设者,有精神之建设,有物质之建设"。"全无物质亦不能表现精神",然而只有物质文明,没有精神文明,人们必然会为了攫取物质成果而矛盾重重,只有当物质文明建设与精神文明建设合而为一,社会才能和谐、

---

① 孙中山:《在南京同盟会会员饯别会的演说》,《孙中山全集》第 2 卷,第 323～324 页。
② 孙中山:《洪门筹饷局缘起》,《孙中山全集》第 1 卷,第 528 页。
③ 孙中山:《在上海中华实业联合会欢迎会的演说》,《孙中山全集》第 2 卷,第 339～341 页。
④ 孙中山:《建国方略》,《孙文选集》上册,第 27 页。

文明和进步。所以，物质与精神文明建设，只有"相互为用"①，相互促进，才会有人民生活的幸福、社会的稳定。精神文明包括政治文明和道德文明，其要义不外是"政治修明"，为官者要诚心诚意地为人民服务，而人民则要改良劣根性，提高素质，升华"人格"，完善"人格"，树立忠于国家和为民族奉献的思想，培养为国家为社会为人民尽忠尽责的崇高品质。然而，人类虽有顽强的求生欲望和战天斗地的坚韧性格，但也具有兽性、惰性，往往容易知足，贪图享受，因此孙中山认为："我们要人类进步，是在造就高尚人格，要人类有高尚人格，就在减少兽性，增多人性。没有兽性，自然不至于作恶。完全是人性，自然道德高尚，道德既高尚，所做的事情，当然是向轨道而行，日日求进步。"②

中国是一个文明古国，中国人在创造文明的过程中，既改变中国人的生存条件，也培养了勤劳、驯良、友善以及平和等许多优良品质，中国人具有向善、关爱和"济弱扶倾"的价值观，但在一定的历史时期和历史条件下也存在着某些与时代发展不相适应的不良习性。孙中山说，在近代外国帝国主义和落后的本国清朝封建专制主义相勾结统治下，自然经济和封建的意识也给中国人的心理、意识和行为带来极其严重的污染，使国人具有愚昧、偏私、奴性、盲从、苟安、虚伪、诈骗、悲观、怕事、守旧等许多弱点。中国人"素自尊大"，又不能虚心向先进的民族学习，所以社会不能进步。"中国之政治无论仁暴、美恶"，以及现行的"法律典章，惟有兢兢遵守而已"。他举例说明"近者日本命将遣师，侵入吾土，除宅居战地之人民外，罕有知中日开衅之举者。彼内地之民，或并不知世界有日本国，而使微有风传，获闻一二，亦必曰是外夷之犯顺，而断不信其为敌国之相侵也。中国睡梦之深，至于此极。"如此下去，中国必亡。③ 1920年11月，孙中山在谈到为什么要"训政"时又说："民国已经成立了九年，一般人民还是不懂共和的真趣"，"现在人民有一种专制积威造下来的奴隶性，实在不容易改变，虽勉强拉他来做主公翁，他到底觉得不舒服"。"我们现在没有别法，只好用些强迫的手段，迫着他来做主人，教他练习练习。这就是我用'训政'的意思"。④ 后来孙中山在作三民主义讲演时，在谈到修身、齐家、治国时又指出：我们中国人民不仅正心、诚意这些内活的功夫做不到，就连修身、齐家、治国的外修功夫也还没有做到。普通外国人总说中国人没有教化，很野蛮。因为中国人总爱讲粗话、脏话、爱打架、

---

① 孙中山：《在桂林对滇赣粤军的演说》，《孙中山全集》第6卷，第12～13页。
② 孙中山：《在广州全国青年联合会的演说》，《孙中山全集》第8卷，第316页。
③ 孙中山：《伦敦被难记》，《孙中山全集》第1卷，第51～52页。
④ 孙中山：《在上海中国国民党本部会议的演说》，《孙中山全集》第5卷，第400～401页。

随地吐痰、随时放屁、留长指甲、不洗牙齿等许多鄙陋丑劣的行为举止，如果不从整体上提高国民的素质，学会讲礼貌，改变粗野的不文明举止，中国就很难追赶世界文明国家的进步潮流。所以，孙中山强调从小孩做起，从教育上入手，对国民进行普及教育，提高人的综合素质，这不仅有损中国人与世界各国的交往，也会阻碍国家的进步和社会的发展。

总之，孙中山认为，中国的国民性应该改造，应该从人的本身存在的不文明的不良习性改起，只有通过发展教育提高人的素质，培养有道德、有本领、有科学精神、有高贵的品质和人格，树立忠于国家、忠于人民、诚信、友善、进取、奋斗、成功、成仁的国民，铸造中华民族的新精神，才能担负起改造国家，实现社会和民族伟大复兴的使命。

21世纪，是中国人民为实现自己的中国梦，实现建设一个文明、富强、发达的具有中国特色的社会主义新社会的伟大时代，这是中国社会发生的前所未有的新时代。在这种环境下生长起来的国民，应当勇于担当历史使命，更要有勇于奉献的价值观，树立起有勇气、自信、道德、文明的新国民性格，才能走出传统的禁锢和崇洋媚外的精神迷失。作为新时代的中国的每一位国民都应当振作精神，不辱使命，为实现我们伟大的理想——复兴中华，建立一个伟大的富强文明的幸福社会贡献力量。

（三）

讲文明，自然又要回归到讲文化。文明是从文化中提炼出来的精华，没有文化也就没有文明，没有文明也就体现不了文化。有人类就有文化，文化是我们的祖先创造出来的，要认识文化的特色就必须认识人类的历史，认识人类自己。所以，要提升我们的文明，就必须强化文化建设。如何建设？文化可以交融和互补，但不能取代。20世纪西洋人企图用西洋文化去取代各种文化统治世界，推行殖民侵略政策，造成人类的大灾难，具有悠久中华文明的中国，在这场野蛮与文明的斗争中领会到、体会到文化的挑战不仅仅关系到人类文明的兴衰，也关系到不同人类的历史命运。孙中山晚年在作三民主义讲演时就一再指出：西方的文化是霸道文化，东方的文化是王道文化，要用东方的王道文化去反对西方的霸道主义来建构我们中国文化的未来。何谓霸？中国人说，"以力服人为之霸"。何谓之王？"以理服人为之王"。所以用霸道统一不了天下，就在一定时期能将人欺服也不能持久，只有王道才能使天下归心，才能使人诚服。费孝通先生在讲中国文化重建时提倡文化自觉，他说：文化自觉，"不带任何'文化回归'的意思，不是要复旧，同时也不主张'全盘西化'或'坚守传统'。自知之明是为了增强对文化转型的自主能力，取得为适应新环境、新时代而进行文化选择性的自主地位"。他说:"经过自主的适应,和其他文化一起,取长补短,共同建立一个有共同认可的基本秩序和一套与各种文化能和平共处、各抒所长、联手发展的共处守则"①,便是文化自觉重建文化的目的。费先生从世界文化的交汇中提出重建我们中华未来的设想,具有启发意义。

进入21世纪前,美国的亨廷顿出版了一部书,大讲"文化冲突""宗教冲突",他这套文化冲突论只能是加剧世界各国不同民族、不同文化、不同宗教之间的矛盾,渲染武力和霸权,这是逆时代潮流而动的一种理论。这种理论跟人类的愿望相背,势必为正义与和平的人们所不齿。

我们的世界和中国都需要一种新的道德力量,无论什么样国家的人民,只有树立与人为善、以邻为善、"济弱扶倾"、相互帮助、共同发展、共同进步的文化价值观,各国人民才有美好的未来。所以,孙中山讲"只有道德,才有世界",只有树立新的道德观才真正是中国人的世界观、人生观和价值观。我们在建设现代中国的文明时,也必须以树立新的道德观作为努力的方向。何谓新道德,李大钊说过:"道德这个东西不是超自然的东西,不是超物质以上的东西,不是凭空从天上掉下来的东西。他的本源不在天神的宠赐,也不在圣贤的经传,实在我们人间的动物的地上的生活之中。他的基础就是自然,就是物质,就是生活的要求。简单一句话,道德就是适应社会生活的要求之社会的本能。""物质开新","道德也开新"。物质变化,必然会带来思想、主义、哲学、宗教、道德、法制的变化。"物质既不能复旧,道德断无单独复旧的道理,物质既急于开新,道德亦必跟着开新"。② 所以,李大钊认为"一代圣贤的经训格言,断断不是万世不变的原则。什么圣道,什么王法,什么纲常,什么名教,都要随着生活的变动,社会的要求,而有所变革,而且必然要变革"。为此,李大钊指出,企图"拿陈死人的经训抗拒活人类之社会的本能,是绝对不可能的事"。他说:我们今天所需要的不是旧的道德,"乃是人的道德、美化的道德、实用的道德、大同的道德、互助的道德、创造的道德"。③ 孙中山不大同意李大钊的看法,他说:"讲到中国固有的道德,中国人至今不能忘的,首是忠孝,次是仁爱,其次是信义,其次是和平。这些旧道德,中国人至今还是常讲的。但是,现在外来民族的压迫,侵入了新文化,那些新文化

---

① 费孝通:《文化的自觉与反省》,《中国文化的重建》,华东师范大学出版社2014年版,第188页。
② 李大钊:《物质变动与道德变动》,《李大钊选集》,人民出版社1959年版,第268页。
③ 参见林家有《论李大钊的伦理观》,《孙中山与近代中国的觉醒》(增订本),中山大学出版社2014年版,第365页。

的势力此刻横行中国。一般醉心新文化的人，便抛下旧道德，以为有了新文化，便可以不要旧道德。不知道我们固有的东西，如果是好的，当然是要保存，不好的才可以放弃。"① 孙中山是说，道德问题不在于它是旧还是新，在于这种道德是否适于我们中国的发展，如果旧的道德是好是对当今中国发展有帮助的，尽管它名义是古代遗留下来的，但对于我们改造国民性、树立新的民族精神依然有帮助，还是要发扬光大，只有这样才可以恢复我们民族的地位。所以，孙中山就中国古代的旧道德忠孝、仁爱、信义、和平作了新的解释。

孙中山说，到了民国有人以为"便可以不讲忠字"，"以为从前讲忠字是对于君的，所谓忠君；现在民国没有君主，忠字便可以不用"了，"这种理论，实在是误解。因为在国家之内，君主可以不要，忠字是不能不要的"。什么叫忠？孙中山说："我们做一件事，总要始终不渝，做到成功，如果做不到成功，就是把性命去牺牲亦所不惜，这便是忠。所以古人讲忠字，推到极点便是一死"。"现在人人都说，到了民国什么道德都破坏了，根本原因就是在此"。孙中山指出，这是极大的错误。我们现在"不忠于君"，但要"忠于国，要忠于人民，为四万万人去效忠"。他说，讲到孝字，现在世界中最文明的国家讲到孝字，还没有像中国《孝经》中讲到这么完全。所以孝字更是不能不要的。"国民在民国之内，要能够把忠孝二字讲到极点，国家便自然可以强盛"。至于仁爱，孙中山说：仁爱，古时墨子说为"兼爱"，与耶稣所说的"博爱"是一样的。"中外交通之中，一般人便以为中国人所讲的仁爱不及外国人，因为外国教会在中国建立学校，开办医院，来教育中国人、救济中国人，都是为了实行仁爱的。可见，仁爱的好道德，中国现在似乎远不如外国。仁爱是外国的旧道德，但我们要学外国，所以必须把仁爱恢复起来，并把它发扬光大。"至于讲到信义，孙中山强调，过去中国人交易，没有什么契约，只要彼此口头说一句话，便有很大的信用。所以外国在中国内地做生意很久的人，都赞美中国人讲信用。"但是外国人在日本做生意的，和日本人订货，纵然立了合同，日本人也常不履行。在东亚住过很久的外国人，和中国人与日本人都做过了生意的，都赞美中国人，不赞美日本人。"这就是说中国人具有讲信用的好道德。至于义字，"中国在很强盛的时代也没有完全去灭人国家。北方从前的高丽，名义上是中国的藩属，实在是一个独立国家；就是在二十年前，高丽还是独立。到了近来一二十年，高丽才失去自由"，成了日本的殖民地。"中国强几千年而高丽犹在，日本强了不过二十年便把高丽灭了，由此便可见日本的信义不如中国，中国所讲的信义，比外国要进步得多"。"中国还

---

① 孙中山：《三民主义：民族主义第六讲》，《孙中山全集》第 9 卷，第 243 页。

有一种极好的道德,是爱和平。现在世界上的国家和民族,只有中国是和平;外国都是讲战争,主张帝国主义去灭人的国家"。中国几千年酷爱和平,都是出于天性。论到个人便是谦让,论到政治便说"不嗜杀人者能一之"。所以孙中山说:中国人从前的忠孝仁爱信义种种的旧道德,"固然是驾乎外国人",说到和平的道德,"更是驾乎外国人"。对于这种特别的好道德,便是我们民族的精神。"我们以后对于这种精神不但是要保存,并且要发扬光大,然后我们民族的地位才可以恢复"。①

由此可见,孙中山对于国内外的各种道德的态度是不反对旧的好道德,也不反对学习外国好的道德来改建中国的道德观。但他也不是不择手段去谈继承和吸收,而是有选择地继承和发扬,对于外国的霸道行为和讲打不讲和,以及不遵守信义的道德又持批评的态度。总之,为了建构中国的新道德,好的、古有的、外国的都吸收进来,进行改造,为我所用。孙中山这种对道德的态度应该说是既有原则,又有新的思维,是一种实事求是的态度。不过,笔者始终认为李大钊"物质开新""道德也要开新"的说法对于建立新的道德观仍然具有重大的启导意义。当今世界,尤其我们中国物质文明已达到很高的程度,人们的生活水平有很大的提高,但与此相适应带来的许多道德新问题则非常突出。许多违背道德规范的现象如攫利、虚伪、失信、欺诈、霸道、不义、不仁、不孝等势必给我们的民族和社会带来沉重的代价,不能不引起我们的重视。

文化是民族的血脉,在全国人民正在为复兴伟大的中国梦努力奋斗时,必须重视对文化的重构,必须学习孙中山,传承他的精神,高度重视对道德文明的建设,创设民主、法治、自由、平等、公平、正义、和平、理解、谦逊、包容、大同的大环境,造成一种正气,人人树立"以忠于国、以忠于民""勉进世界文明于无穷"为荣的风气,民众才能享受社会物质进步带来的文明善果,才能实现国民的富足、快乐与幸福的大同社会。

四、孙中山对新文化运动的态度

(一)

孙中山同新文化运动有什么关系?孙中山对新文化运动采取什么态度?对于这两个问题,在以往国内外学者的论著中有明显的分歧意见。有人说,孙中山对新文化运动起着"启发与引导,参与纠正"的作用,其思想"对新文

---

① 孙中山:《三民主义:民族主义第六讲》,《孙中山全集》第9卷,第247页。

运动有极大的影响",新文化派的"基本思想都是沿袭国父早年的部分主张"。① 也有人认为,孙中山不赞成新文化运动,不支持新文化运动。看法的不同,反映了人们对史实的不同态度和在问题研究的方法以及认识上的歧异。

新文化运动起初是由资产阶级民主派中具有不同思想倾向、比较激进的知识分子发动起来的,这个运动没有具体的团体去领导,也没有具体人去有计划组织,在开始时完全是一个自发的学术性质的运动。这个运动是在辛亥革命失败后,随着第一次世界大战爆发而引起的政治、经济关系的变化,"为了廓清蒙昧,启发理智"②、催促青年中国之诞生而发生的。从历史关系说,它既是近代新文化启蒙运动的发展,又是资产阶级文化对封建旧文化进攻的继续,从它引进、移植西方文化,彻底批判和否定中国的传统文化来看,它又是一个西化运动。所以,新文化运动是在辛亥革命失败后新旧文化并存的社会现象中,激进的资产阶级、小资产阶级知识分子在吸收西方进化论的学说和民权思想,回击封建旧文化的进攻中兴起的资产阶级文化运动。正如林毓生在《中国意识的危机——"五四"时期激烈的反传统主义》一书中所说:它是一个"借思想文化以解决问题"的运动③,也是陈独秀等激进知识分子企图从思想文化的角度来研究和探索解决中国出路问题的一种尝试。

陈独秀早年留学日本,回国后在上海编辑《国民日日报》,主张民主革命。他曾经同情和支持过孙中山领导的辛亥革命。在"二次革命"中,陈还发表文章斥责袁世凯是军事独裁者和革命的叛徒。④ "二次革命"失败后,陈再次逃往日本。在日本,陈独秀对中国的政治形势非常悲观,精神极为消沉。他在一封给章士钊的信中,认为中国最终恐怕要被世界帝国主义者瓜分。⑤ 1914年5月,陈独秀在东京佐章士钊创办《甲寅杂志》月刊,他在该刊发表《致甲寅记者函——生机》⑥ 一文,揭露袁世凯的反动统治。但随着袁世凯称帝,陈对中国的事态变化感到灰心。所以,陈独秀虽一度同情和支持孙中山的革命,但他的思想毕竟与孙中山不同,正如人们所说:陈的思想"总是属于他自己"⑦。陈独秀不仅参加过章士钊等人在日本组织的"欧事研究会",还在《甲寅杂志》发表《爱国心与自觉心》一文,说什么中国人民缺乏自觉心,所

---

① 林蕴石:《孙中山先生与新文化运动》,台北《近代中国》第37期(1983年10月)。
② 彭明:《启蒙运动》,《五四运动论文集》,广东人民出版社1973年版,第71页。
③ 林毓生:《中国意识的危机——"五四"时期激烈的反传统主义》,贵州人民出版社1988年版,第65页。
④ 参见傅斯年《陈独秀案》,《陈独秀评论》,第3页。
⑤ 参见章士钊《甲寅杂志丛刊》第2卷(上海1922年)。
⑥ 《甲寅杂志》第1卷,第2号。
⑦ 郭成棠:《陈独秀与中国共产主义运动》,美国新泽西塞顿霍尔大学出版社1975年版。

以也没有爱国心。因此他认为救国之道，即能"自今日始，外不举债，内不摸金，上下相合，岁计倍益。年减外债若干，斯以十稔，务使不为财政之累。然后十年教养，廿年治军，四十年之后，敌国外患，庶几可宁"①。陈认为，"其国存之无所荣，亡之无所惜"，对中国前途流露出极度悲观情绪。就是抱着这种心情，陈独秀在日本度过了两年不愉快的生活以后，于1915年夏回到中国。几个月后，他便创办了《青年杂志》，揭开了新文化运动的序幕。

文化是一种历史现象，也是一种社会现象。它是就"那一群传统的器物、货品、技术、思想、习惯及价值而言的，这概念实包容着及调节着一切社会科学"②。因此，文化不仅反映了人类的文明程度，也反映了一定社会的经济，包括道德上、精神上的情况。文化如果作为一种历史现象，它是历史发展中的一个组成部分，如果作为一种社会现象，它又是现实社会的经济结构、社会组织、政治力量在观念形态上的反映，并为它们服务。

辛亥革命失败，资产阶级的文化成了无所依附的游魂，为袁世凯政权服务的封建文化则大肆活动起来，并向资产阶级新文化发起了全面进攻。封建旧文化的顽抗，不仅是中国社会经济落后的反映，也表明要在中国确立资本主义文化形态和体系并非易事。因此，陈独秀认为，"我们要诚心巩固共和国体，非将这班反对共和的伦理文学等等旧思想，完全洗刷得干干净净不可"③。所以，新文化运动的兴起，也是当时中国社会经济、政治的发展在观念形态上的表现，是当时中国政治腐败、民族危机给予知识分子强烈刺激的反映。新文化运动，就是仁人志士对袁世凯从政治和思想文化两方面继续扑灭辛亥革命点燃的民主之火给予回应，目的就是企图通过灌输新的思想，振奋国民尤其是青年一代的精神，重新掀起新的改革运动，实现拯救中国的伟大历史使命。

既然如此，作为正在领导革命党人反对封建复辟、维护共和民主斗争的孙中山，是没有理由不支持新文化运动的。但说孙中山一开始就支持或赞同新文化运动，也不符合实际，因为他在五四前对新文化运动没有表示过任何态度。

五四新文化运动不等于就是五四群众爱国运动。新文化运动可以看作五四群众爱国运动"风起云涌般的民主性、群众性思潮之最深刻的精神源

---

① 《甲寅杂志》第1卷，第4号。又参见王光远编《陈独秀年谱》，重庆出版社1987年版，第22页。
② B. Malinowski：《文化论》，费孝通译，商务印书馆1946年版，第2页。
③ 陈独秀：《旧思想与国体问题》，《新青年》第3卷，第3号。

泉"①，这种新思想或新精神，加速了五四群众爱国运动的发生，但五四群众爱国运动发生的真正原因是第一次世界大战后巴黎和平会议危害了中华民族的主权，它是中国人民反帝（主要是反对日本帝国主义）反封建的政治运动，这个运动"包括新思潮、文学革命、学生运动、工商界的罢市罢工，抵制日货运动，以及新知识分子所提倡的各种政治和社会改革"②，因此，五四群众爱国运动是当时中国政治斗争和文化思想斗争的结果，它不是单一的思想文化运动，也不是单纯的政治运动。五四群众爱国运动"若无新文化发生的背景，也许不会如此激烈（扮演主要角色的学生便是新文化的产品）；新文化若无爱国运动的刺激，也许不会那样盛大"③。但新文化运动毕竟是"新一代的知识分子鉴于民初政治腐败，军阀割据的局面，认定政治革命不足以救中国"，而企图从思想文化入手"寻求救亡良策"④ 而产生的，它与孙中山为代表的资产阶级革命民主派为维护民主共和制度而进行的护国、护法运动不同，同五四群众爱国反帝反封建运动也不完全相同。

由此可见，新文化运动的发生不是资产阶级民主派团结统一的产物，而是他们分化、重组的结果。它反映了一部分资产阶级民主派企图从思想文化方面入手，通过办报刊，进行科学与民主宣传，唤起国民的自觉，重新探索救国真理。这反映了这部分人对当时中国国情和政局的认识，也反映了民主主义者之间对当时中国出路的不同认识和主张。

（二）

新文化运动是从反封建思想的斗争开始，运动的整个过程也都体现了实现民主政治、反对帝制复辟的要求。陈独秀和孙中山都反帝、反封建和反军阀，但在新文化运动开始时，陈独秀并不主张直接干预和批评时政。因此，新文化派的倡导者陈独秀与旧民主主义革命的旗手孙中山，虽然都是资产阶级民主主义者，都是爱国者，但由于各人经历不同，因此在对中国一系列问题，特别是对中国文化思想问题的看法存在明显的歧异。

1. 陈独秀与孙中山对当时中国国情的认识不一致。

陈独秀在《青年杂志》创刊号上发表《敬告青年》一文，认为中国社会

---

① （日）狭间直树：《五四运动的精神背景——对于恽代英无政府主义思想的历史评价》，《五四运动与中国文化建设》，中国社会科学文献出版社1989年版，第1051页。
② 周策纵等：《五四与中国》，台北时报文化出版事业有限公司1992年版，第22页。
③ 汪荣祖编：《五四研究论文集》，"卷首语"，台北联经出版事业公司1979年版，第3页。
④ 陈福霖：《孙中山与五四运动》，《孙中山廖仲恺与中国革命》，中山大学出版社1990年版，第52页。

的大多数人都充满腐朽的陈旧的无法补救的因素，唯有"青年如初春，如朝日，如百卉之萌动，如利刃之新发于硎，人生最可宝贵之时期也"。他在文章中郑重劝告青年要"自觉而奋斗——自觉其新鲜活泼价值与责任而自视不可卑也。奋斗者何？奋其智能力排陈腐朽败者以去"，表现了陈独秀把国家的希望寄托在青年一代身上的思想倾向。他对青年提出殷切的希望：（一）"自主的而非奴隶的"；（二）"进步的而非保守的"；（三）"进取的而非退隐的"；（四）"世界的而非锁国的"；（五）"实利的而非虚文的"；（六）"科学的而非想象的"。他大声疾呼："国人而欲脱蒙昧时代，羞为浅化之民也，则急起直迫，当从科学与人权并重。"他认为科学和人权（民主）"若舟车之有两轮焉"，不可离异。① 陈独秀高举科学和民主两面大旗，吹响了新文化运动的号角，也反映了部分激进知识分子投身从事文化救国的意向。

然而，陈独秀在新文化运动之初毕竟算不上是一个政治家，更谈不上是一个成熟的思想家。就思想而言，正如人们所说的：陈独秀往往是"继承，未吸取精髓；创造，没建立独立体系；抛弃，还藕断丝连"。从理论上言，他也"只是借用了西欧文明中的'科学'和'民主'两件武器，既未发展这个理论，也未在中国实践中建立自己独立的完整的民主主义的思想理论体系"。②"二次革命"失败后的中国政治形势曾经使陈独秀发出了"时日曷丧，与汝偕亡"的愤激哀叹，因此他一方面崇拜西方，并得出一旦"海外之师至，吾民必且有垂涕而迎之"的错误结论；另一方面，他又认为中国社会道德理论的传统方式，确实使中国人在变化的世界上裹足不前。所以，他指出：任何政治形式的表面改革都不会使中国人转变为勤劳和富有创造性的民族。为此，陈独秀小心翼翼地不直接牵涉政治。他在《答王庸工》的信中，批判了筹安会鼓吹君主立宪的种种谬论。同时，他又宣称："盖改革青年之思想，辅导青年之修养，为本志（指《青年杂志》）之天职。批评时政，非其旨也。"③ 在庆祝1916年新年时，陈又发表《一九一六年》一文，提出"以前种种事，至1916年死；以后种种事，自1916年生。吾人首当一新其心血，以新人格，以新国家，以新社会，以新家庭，以新民族"，就是说，要结束此前的政党政治和政党斗争。他对青年提出要做征服者，不要做被征服者；要独立自主，不做别人的附庸；要从事国民运动，不要囿于党派运动。他说："政党政治，将随1915年为过去之长物，且不适用于今日之中国也"。"吾国，年来政象，惟有党派

---

① 陈独秀：《独秀文存》，安徽人民出版社1987年版，第3～9页。
② 唐宝林：《陈独秀传》下册，上海人民出版社1989年版，第314页。
③ 《青年杂志》第1卷，第1号。

运动，而无国民运动也。……吾国之维新也，复古也，共和也，帝政也，皆政府党与在野党之所主张抗斗，而国民若观对岸之火，熟视而无所容心，其结果也，不过党派之胜负，于国民根本之进，必无与焉"。① 1916年汪叔潜致函陈独秀，谓"国事前途唯一之希望，厥为政党"。9月1日陈独秀复函汪叔潜，大谈"近世国家，无不建筑于多数国民总意之上，各党策略，非其比也"，"从舆论以行庶政，为立宪政治之精神。蔑此精神，则政乃苛政，党乃私党也"。② 抹杀政党政治的作用，很明显就是反对青年去参加政党、关心和参与政治斗争。可见，陈独秀创办《青年杂志》在开始时只是号召青年从伦理道德方面去修身，无条件地接受西方思想文化的熏陶，"以平易之文，说高尚之理"，对青年灌输"修身治国之道"。③ 陈独秀只从思想文化方面去侈谈理论道德修身，明显和当时的政治斗争脱节。陈独秀在孙中山正重组中华革命党、组织和发动新的政治斗争时，反对青年参加任何政党，其实是对孙中山当时救国活动的一种否定。所以，当新文化运动兴起时，孙中山不置一词是有其中奥秘的。

1915年10月25日，《青年杂志》发刊时，孙中山正在日本与宋庆龄结婚。为了争取日本各界支持他发动第三次革命（即护国运动），孙中山四处奔忙。孙中山是否知道陈独秀在上海创办《青年杂志》至今不可知。退一步说，孙中山即使知道陈独秀创办《青年杂志》，专门从事思想文化方面开辟救国之道，也不会支持。这不是说孙中山对陈独秀本人有什么成见，主要是因为孙中山对当时中国政局的看法和挽救危机的主张与陈独秀不同。

孙中山说："二次革命""失败以来，国内同志死亡枕藉，困苦流离，而爱国深忧，天日可矢，一种凌厉无前之气，磅礴积郁不可磨灭，亘两年于兹，风尘荏苒，无日不图谋再举，深恐国体变更，国运亦随之而斩矣，此正吾人振作奋发、急起直追、起兵除奸、舍身救国之秋也，是以本党决意积极进行，举年来所希望、所预备者，决意大举计划，务期一举即达吾党素志"④，因此他认为，"革命事业急待进行"，"俾筹款及整理党务两事，早一日就绪，即可早一日起兵"。⑤ "欲求达共和之目的，倒袁为必经之路，而吾人达到与否，视倒袁经过之事实如何"，并指出：中国的问题所在在于倒袁斗争的胜败，因此

---

① 《青年杂志》第1卷，第5号。
② 水如编：《陈独秀书信集》，新华出版社1987年版，第27号。
③ 陈独秀：《青年杂志社告》，《青年杂志》第1卷，第1号。
④ 《孙中山全集》第3卷，第194页。
⑤ 《孙中山全集》第3卷，第195页。

"吾党负保障共和之责，兴师讨贼；急不容缓"。① 孙中山在"二次革命"失败后，看到袁世凯"有帝制自为之意，首组中华革命党，谋推翻专制，而葆共和"②。孙中山把注意力集中在政治、军事方面，坚持通过革命的手段来改造中国。在帝国主义支持封建主义统治中国的情况下，不能说孙中山这样做不对，然而，孙中山由于集中精力从事政治、军事斗争，在一定程度上又忽视或放松了思想文化领域内对封建主义意识形态的斗争，因而他"既没有参加这场新文化运动，也没有对这个运动给予更多的注意"③。平心而论，陈独秀等新文化运动的先驱者发动新文化运动，与孙中山为维护民主共和制度、实现辛亥革命未曾实现的三民主义目标是一致的。然而，陈独秀认为要巩固共和制度，关键在于大多数国民的自觉，尤其是青年的自觉。他说：不使国民自觉，而只是空喊宪法、国会，"张空拳绳民贼于法度"是毫无用处的。④ 因此，他重视思想文化的灌输，但又忽视了对当时政治的直接干预。陈独秀虽对孙中山发动的第三次革命（护国运动）曾说过："袁世凯想做皇帝，若不是护国军用强力将他打倒，恐怕如今还坐在金銮殿上称孤道寡哩。"⑤ 但因为陈独秀抱着不干预政治的主旨，对孙中山的护国斗争采取回避的态度，所以，陈独秀发动新文化运动带有与孙中山分道扬镳的意向，这样，陈独秀和孙中山一样都只能各自照着自己的能力限度，适应着自己心灵的要求，进行自己的工作和从事自己的事业。陈独秀这样做，正如他后来自己所说："我对于政治的态度，一方面固然不以绝口不谈政治为然，一方面也不愿意和一班拿行政做官弄钱当做政治的先生们谈政治。换句话说，就是：你谈政治也罢，不谈政治也罢，除非逃在深山人迹绝对不到的地方，政治总会寻找你的。"⑥ 胡适后来也说：1918年的《新青年》杂志是有意不谈政治的。"不谈政治而专注意文艺思想的革新，那是我的主张居多。陈独秀、李大钊、高一涵诸先生都很注意政治的问题。蔡（元培）先生也是关心政治的改善的。……我们在当时，都不免有点'借他人之酒杯，浇自己之块垒'。我们大家都不满意于国内的政治和国际的现状，都渴望起一种变化，都渴望有一个推动现状的机会"⑦。不管是谁的主张，在当时只想提倡新文化、新思想，不谈政治是根本不可能的，正如陈独秀所说的，

---

① 《孙中山全集》第 3 卷，第 196 页。
② 《孙中山全集》第 3 卷，第 408 页。
③ 胡绳武、金冲及：《从辛亥革命到五四运动》，湖南人民出版社 1983 年版，第 285 页。
④ 陈独秀：《时事杂感》，《新青年》第 3 卷，第 4 号。
⑤ 陈独秀：《山东问题与国民觉悟》，《每周评论》第 23 号。
⑥ 陈独秀：《谈政治》，《新青年》第 8 卷，第 1 号。
⑦ 胡适：《纪念"五四"1935 年》，见《五四运动回忆录》，第 168～169 页。

你不谈政治,"政治总会寻找你的"。避开政治,实际上就是对孙中山的护国、护法运动作壁上观。孙中山在1916年1月11日致函美国友人咸马里夫人,抱怨地说:"我两年之苦心经营在我国内并非毫无结果,而且纵然我国人民貌似冷漠,毕竟不乏良知与爱国热情。"① 这个话不一定是针对陈独秀等新文化派所说,但孙中山对他们以一种超然的态度不表示支持他的第三次革命肯定存有无可奈何之感。

由此可见,孙中山对于五四运动前的新文化运动不予评论,不是没有道理的,更不是不可理解的。

2. 陈独秀和孙中山对中国文化思想的认识有分歧。

(1)对思想启蒙的态度不同。陈独秀重视思想启蒙,但反对文化运动和政治运动相结合;孙中山不反对思想启蒙,但坚持文化运动必须与政治运动相结合。

陈独秀认为,辛亥革命失败的重要原因是国民蒙昧,迷信落后,缺乏民主、科学的起码知识,因此他主张启封建之蒙,大力宣传欧美文明进化之理论观念,向传统的中国封建思想意识开战。② 于是,他认为救国的首要任务在于打破封建思想对人民的重重束缚,扫除人们头脑中的封建愚昧,宣传民主与科学。他说:因为"要拥护那德先生(按,即democracy),便不得不反对孔教、礼法、贞节、旧伦理、旧政治。要拥护那赛先生(按,即science),便不得不反对旧艺术、旧宗教。要拥护德先生又拥护赛先生,便不得不反对国粹和旧文学"。又说:"西洋人因为拥护德、赛两先生,闹了多少事,流了多少血,德、赛两先生才渐渐从黑暗中把他们救出,引到光明世界。我们现在认定,只有这两先生可以救治中国政治上、道德上、学术上、思想上一切的黑暗。"③ 因为《新青年》正是在鼓吹德先生与赛先生(民主与科学)、以求中国新生的前提下产生的,因此"《新青年》在介绍新思想时,自然而然对旧信仰和旧传统展开激烈的攻击"④,这应是《新青年》和陈独秀的显著功劳。然而,由于陈独秀的启蒙宣传是为了未来,跟当前的民众运动、社会运动,以及"各派政党,绝对断绝关系"⑤,这种"企图与现实保持一定距离,从文化深层来推动社会的变革"⑥ 的态度与孙中山的启蒙态度相去甚远。

---

① 《孙中山全集》第3卷,第231页。
② 魏知信:《陈独秀思想研究》,南京大学出版社1987年版,第15页。
③ 陈独秀:《本志罪案之答辩书》,《新青年》第6卷,第1号。
④ 蒋梦麟:《西潮》,香港磨剑堂1960年版,第115页。
⑤ 陈独秀:《本志宣言》,《新青年》第7卷,第1号。
⑥ 汪澍白:《思想启蒙运动的曲折道路》,《中国青年报》1989年4月29日。

孙中山非常重视思想启蒙和思想建设，但他的启蒙是为了启迪国民的觉醒，为实现政治的近期目标服务。

启蒙运动有两种形式：一种是"以复古为解放"的形式，如西方的文艺复兴运动便是；一种是反传统的形式，如我国的新文化运动便是。鉴于戊戌变法和辛亥革命的失败，五四前期陈独秀是通过反传统来启蒙的。孙中山不同意通过反传统来启蒙，但他也不是完全通过复古来启蒙，而是将新的（西方的科学文明）同旧的（中国古代的优秀文明）相结合，启迪国民在维护优秀文化传统的基础上革新，表现了他对文化的开放性和包容性、时代性与民族性相结合的特征。

1916年，孙中山开始写作《会议通则》(1917年2月21日写成，4月由上海中华书局出版)，后改名《民权初步》，并编为《建国方略》之三（社会建设）①。该书教人如何参政，如何与世运同步前进，将启蒙与革新紧密结合，表明孙中山启蒙观的鲜明时代特征。他说：中华民族"当此世运进化之时、人文发达之际，犹未能先我东邻而改造一富强之国家者，其故何也？人心涣散，民力不凝结也"。中国民众"等于一盘散沙"，实"异族专制，有以致之也"。今后中国之安危若何，"则全视民权之发达如何耳"。民权要发达，"则从固结人心、纠合群力始。而欲固结人心，纠合群力，又非从集会不为功"。然而，"以一盘散沙之民众，忽而登彼于民国主人之位，宜乎其手足无措，不知所从，所谓集会则乌合而已"。为了"教吾国人行民权第一步之方法"，孙中山便写了《民权初步》一书，使国会懂得行民权的普通常识②。1919年4月1日，孙中山在一个批函中，又明确指出："今日欲维持民国，须于地方上开通民智，振起民气，使知民国乃以人民为主人，使各地之人皆知尽主人之义务，则国事乃有可为也"，并说："予现时一切时事皆不问，只从事于著书，以开民智"。③ 由此可见，孙中山、陈独秀都主张启蒙，开通民智。但为什么要启蒙？为什么要开通民智？孙陈的看法则不一致。

陈独秀认为，国人而欲脱蒙昧，当以科学与人权并重。他把科学与民主看作检验一切政治、法律、伦理、学术以及社会风俗、人们日常生活一言一行的唯一准绳，凡违犯科学与民主的，哪怕是"祖宗之所遗留，圣贤之所垂教，政府之所提倡，社会之所崇尚，皆一文不值也"④。而孙中山则认为，要为中华民族"谋文明之进步发展"，则非决计将"妨害此目的之中国旧势力，歼除

---

① 陈锡祺主编：《孙中山年谱长编》上册，第1019页。
② 《孙中山选集》，人民出版社1981年版，第383～385页。
③ 《孙中山全集》第5卷，第40页。
④ 陈独秀：《敬告青年》，《青年杂志》第1卷，第1号。

清净"不可。① 因此，孙中山强调中国要进行政治革命须改变人的思想，要改变人的思想须通过宣传媒体的传播，通过"精神上之建设"，达到政治修明②、救中国、建设共和的目的，首先要进行思想建设。可见，孙中山的启蒙是为了救亡，把启蒙同直接的政治运动相结合，最终达到建立民主共和的目的。而陈独秀的启蒙，是要"采用西洋的新法子"来改造中国，因此他主张"不必拿什么国粹，什么国情的鬼话来捣乱"。③

世界万千，人各不一。孙中山从事血与剑的搏斗，重视武器的批判，虽然也重视思想启蒙，但毕竟减少了笔与墨的呐喊；陈独秀从事笔与墨的呐喊，但由于他不重视武器的批判，结果走向脱离现实的盲目追求西化的倾向。从本质上看，孙陈的思想都属于资产阶级民主主义范畴，但都存在明显的片面性。正由于他们的局限，妨碍了他们的正确决断，结果只好在各自主观设计的范围内从事自己的救国事业。孙陈都坚持要在中国实现资产阶级民主共和制度，但是怎样才能实现这个制度？经济基础与上层建筑又是怎样的一种关系？思想文化与政治又是一种什么关系？对这些问题，他们都不能作出圆满的回答。根本的原因就是思想的局限使他们未能深刻了解当时中国的国情，所以他们的思想都未能将民族性与时代性很好地联结起来，产生了片面性的追求。

（2）对儒家思想与孔学的态度不同。陈独秀创办的《青年杂志》从1916年初开始，连续发表文章，猛烈抨击儒家的"君为臣纲、父为子纲、夫为妻纲"的三纲教义以后，在社会上立时引起舆论界的关注④。儒家学说的创始人是孔子，陈独秀看到，一场辛亥革命，在政治上打掉了一个封建皇帝，但在文化上却没有打掉孔丘这个思想界的封建皇帝，既然革命未能从思想上摧毁儒学，就给了复辟势力以可乘之机。因此，陈从1916年1月开始，便写了《一九一六年》和《吾人最后之觉悟》等文，揭露三纲五常，号召废除奴隶道德，树立独立人格。陈独秀还针对康有为在《致总统总理书》中，请求北京政府"以孔教为大教，编入宪法，复祀孔子之跪拜"⑤的论调，发表《驳康有为致总统总理书》《宪法与孔教》《孔子之道与现代生活》等文，对尊孔的论调进行驳斥。他指出："孔教绝无宗教之实质与仪式，是教化之教，非宗教之教"，"孔教与帝制，有不可离散之姻缘"。⑥ 尊孔正是为了复辟，因此陈独秀坚决反

---

① 《孙（中山）程（璧光）等对于日本朝野之陈情》，上海《中华新报》1917年8月25日。
② 《孙中山全集》第3卷，第122～123页。
③ 陈独秀：《今日中国之政治问题》，《新青年》第5卷，第1号。
④ 任建树：《陈独秀传》上册，上海人民出版社1989年版，第104页。
⑤ 上海《时报》1916年9月20日。
⑥ 《新青年》第2卷，第2号。

对将孔教列入宪法，主张批孔，废除儒学的思想统治地位。

孙中山虽反对儒学的独尊地位，也极力主张废除封建的专制主义和揭露三纲五常，但对于孔子则十分尊崇。1917年7月21日，孙中山在广东省学界欢迎会上发表演说，指出："欲拥护共和，当先图富强"，而要国家富强，诸君需立志，"提倡兴国学"。他为了论证"行之非艰，知之惟艰"学说，便引孔孟的话作论据，指出："中国大成至圣有云：民可使由之，不可使知之"。"行之非艰，知之惟艰"，"实中国上古圣贤遗教之学说"，"先行后知，进化之初级也。先知后行，进化之盛轨也"。① 在《孙文学说》一书中，孙中山又引证孔子的话来论证他的"知难行易"学说，并将这一学说看作"救中国必由之路"。1919年孙中山在《三民主义》一文，讲到世界古今为何要有革命时，他说那是为了"破除人类之不平等也"。即孔子所曰："汤武革命，顺乎天而应乎人。革命之时义大矣哉！"在讲到"欧美工业发达之国，有富者日富、贫者日贫，遂生出资本家之专制"时，他又引孔子语云："天下不患贫，而患不均"。② 孙中山不仅大量引用孔子的话来说明他要说明的问题，还将孔子的"大同思想"作为自己的社会最高理想。1921年12月，孙中山在桂林对军界讲话，当他讲到如果此次北伐成功，必"将我祖宗数千年遗留之宝藏，次第开发，所有人民之衣、食、住、行四大需要，国家皆有一定之经营，为公众谋幸福。至于此时，幼者有所教，壮者有所用，老者有所养，孔子之理想的大同世界，真能实现"③。1923年11月16日，孙中山在《致犬养毅书》中讲到："日本当首先承认露国政府，宜立即行之，切勿与列强一致"。孙中山批评一些人认为"日本国之本与苏维埃主义不同，故不敢承认"的论调后指出："夫苏维埃主义者，即孔子之所谓大同也。孔子曰'大道之行也，天下为公，选贤与能，讲信修睦。故人不独亲其亲，不独子其子，使老有所终，壮有所用，幼有所长，矜寡孤独废疾者皆有所养，男有分，女有归。货恶其弃于地也，不必藏于己；力恶其不出于身也，不必为己。是故谋闭而不兴，盗窃乱贼而不作，故外户而不闭，是为大同'，露国立国之主义不过如此而已，有何可畏！况日本为尊孔之国，而对此应先表欢迎，以为列国倡，方不失为东方文明之国也。"④ 1921年6月30日，孙中山在广东省第五次教育大会闭幕式上发表演说，当他批评那种教育家"以不谈政治为高"时，又指出："不知其何所据而云然？中国最大之教育家厥为孔子，我国人视孔子为圣人、为宗教家。以世界

---

① 《孙中山全集》第4卷，第122～123页。
② 《孙中山全集》第5卷，第186页。
③ 《孙中山全集》第6卷，第39页。
④ 《孙中山全集》第8卷，第405页。

学者的眼光观察之，则孔子为政治家，为政治教育家。"并对孔子将"诚意、正心、修身"的道德教育与"齐家、治国、平天下"的政治教育结合起来表示赞赏。①

由此可见，在对待孔子的态度上，陈独秀与孙中山是完全不同的。陈独秀认为，"儒术孔道非无优点，而缺点则正多。尤与近世文明社会绝不相容者其一贯伦理政治之纲常阶级说也。此不攻破，吾国之政治、法律、社会、道德，具无由出黑暗而入光明"②。他说："鄙人说孔子不好，却确有证据，并非不虚心，不看书，轻易说话。"③ 孙中山则认为儒学孔道虽有缺点，但其优点则更多，所以他主张革命就是"破除人类之不平等"，实现孔子"顺乎天而应乎人"，而要实现国家大定，就必须实现"天下为公""世界大同"。

双方各执一端。从破除封建旧道德、旧伦理去看，陈独秀比孙中山表现得坚决和彻底，但不够客观，对中国古代文化否定得太多太过；孙中山肯定孔子较多，对中国的旧道德只改其内容，继承其形式，对孔子和儒学采取一分为二的态度，弃其所当弃，肯定其该肯定的部分精神。所以，在对待孔子与儒学问题上，陈独秀表现得比较激进，孙中山则比较保守。

（3）对传统文化的认识和态度不同。陈独秀认为，"一代有一代的文学"，继承旧文学，就是"抄袭老文章，算得什么文学呢？"④ 因此，陈独秀反对旧文学，指责"国粹论"者是"守缺抱残，往往国而不粹，以沙为金"。他还指出："吾人尚论学术，必守三戒：勿尊圣、勿尊古、勿尊国。"⑤ 并主张废汉字，存汉语，他说："中国文字，既难传载新事新理，且为腐毒思想之巢窟，废之诚不足惜。"还说："学术为人类之公有物，既无国界之可言，焉有独立之必要？"⑥ 文字属于一种传播性工具，没有世界性必然废弃。在《新青年》第4卷第6号上，陈在《答张耀子》信中，又批评了中国的旧戏，认为它"在文学上、美术上、科学上"没有丝毫价值，"愚诚不识其优点何在也"。陈独秀反封建，主张革新，但他为了反封建，对传统的文化也全盘否定，因此他主张"今欲学术兴，真理明，归纳论理之术，科学实证之法，其必代圣教而兴欤"⑦。

---

① 《孙中山全集》第5卷，第563页。
② 陈独秀：《答吴又陵》，《新青年》第2卷，第5号。
③ 陈独秀：《答张寿朋》，《新青年》第5卷，第6号。
④ 陈独秀：《答钱玄同》，《新青年》第3卷，第6号。
⑤ 陈独秀：《学术与国粹》，《新青年》第4卷，第4号。
⑥ 陈独秀：《答钱玄同》，《新青年》第4卷，第4号。
⑦ 陈独秀：《圣言与学术》，《新青年》第5卷，第2号。

孙中山不唯古，但他又不全盘否定古，比如对"知之非艰，行之惟艰"之古说，他就反复论证"行易知难"之正确，否定"知易行难"说。面对于陈独秀等人的废汉字、保汉语的主张，孙中山就表示其主张之不可行。他说："夫自庖羲画卦，以迄于今，文字递进，逾五千年。今日中国人口四万万众，其间虽不尽能读能写，而率受中国文字直接间接之陶冶。外至日本、高丽、安南、交趾之族，亦皆号曰'同文'。以文字实用久远言，则远胜于巴比伦、埃及、希腊、罗马之死语。以文字传布流用言，财虽以今日之英语号称流布最广，而用之者不过二万万人，未曾及用中国文字者之半也。盖一民族之进化，至能有文字，良非易事，而其文字之势力，能旁及邻国，吸收而同化之。所以五千年前，不过黄河流域之小区，今乃进展成兹世界两之巨国。虽以积弱，屡遭异族吞灭，而侵入之族不特不能同化中华民族，反为中国所同化，则文字之功为伟矣。"所以，孙中山指出："虽今日新学之士，间有倡废中国文字之议，而以作者观之，则中国文字决不当废也。"① 孙中山仔细地考察世界文明，并将近代中国文明与欧美文明比较，指出：在物质方面，中国"不逮固甚远，其在心性方面，虽不如彼者亦多，但能与彼颉颃者正不少，即胜彼者亦间有之"。然而，"彼于中国文明一概抹杀者，殆未之思耳"。因此，孙中山又指出："中国人之心性理想无非古人所模铸，欲图进步改良，亦须从远祖之心性理想，究其源流，考其利病，始知补偏救弊之方。"② 据此，孙中山认为，对中国古代文化要持分析的态度，切忌否定一切和肯定一切。但孙中山有时说话又缺乏深思熟虑，矛盾之处时有出现。他有时说"世界潮流的趋势，好比长江、黄河的流水一样，水流的方向或者有许多曲折，向北流或向南流的，但是流到最后一定是向东的，无论是怎样都阻止不住的"③，就是说，世界的潮流，总是向前发展的，今胜于昔。但有时他又说"中国两千多年以来，没有什么文化，现在的文化不如唐虞，不如秦汉，近人的知识，不如古人的知识"④。总之，孙中山在他的晚年崇拜古人的心态的确比较严重，他强调对中国古代文化不能全盘否定是正确的，但为了肯定古代文化，他则产生回头看的思想倾向，无形中又会造成对外来先进文化的排拒，使自己的思想由原来主张向外开放回归到固守中国传统的基础上，这虽然迎合了部分思想比较保守的士人的同情和支持，但又拉开了自己同思想比较激进的士人的距离。

（4）对中国的旧道德认识有分歧。陈独秀很重视道德问题。他指出："道

---

① 《孙中山选集》，第139页。
② 《孙中山选集》，第140页。
③ 《孙中山选集》，第706页。
④ 《孙中山全集》第6卷，第68页。

德为人类最高精神作用，维持群益之最大利器，顺进化之潮流，革故更新之则可，根本取消之则不可也。"他认为，封建时代之忠孝节义是"野蛮半开化时代之道德"，而平等、博爱、公共心等才是"文明大进时代之道德"。① 即是说，古代中国的道德不适合于今天中国。1917年3月17日，陈独秀在北京师范高等学校德育部作了一个关于道德问题的讲演。在这个讲演中，他指出："道德观念之成立，由于人类有探索真理之心，道德之于真理，犹木之于本，水之于源也。"他认为当前西方道德主要有两派："其一为个人主义之自利派，其二为社会主义之利他派。"至于中国的封建道德，他认为早已无讨论之价值。② 他说：旧道德与旧文学，有相依为命之势，因此它"将来必与八股科学同一命运耳"③，他指出：一切旧的道德都是欺人的、不合理的东西，都应该破坏，不能让它相传下去。"可以救治中国政治上、道德上、学术上、思想上一切的黑暗"的唯有科学与民主。④ 要拥护科学与民主，就不能保留旧的东西，旧的道德尤当迅速破除。

对于陈独秀的观点，孙中山认为他否定了不该否定的东西，固有的好道德，不但不该否定，而且应该保留。他强调任何一种文化都包括道德，因此都要依据自己的国情和时代的需要，采取"因袭""规模"和"独见"的方式，把三者结合起来而熔铸成一种新的道德。因此，孙中山希望把中国固有的封建道德形式与资产阶级道德的内容糅合为一体，创造一种新的道德体系。他把"忠"改为"忠于国，忠于人民，要为四万万人效忠"，把"仁"归结为"博爱"，把"成仁"归结为"为国出死力牺牲生命"的爱国主义献身精神。⑤ 孙中山对中国固有道德作了重新审查，认为对传统的道德不能简单抛弃，对其中合乎公理的道德要进一步加以发扬，对不合乎公理的道德则要予以清除。这样，孙中山就以一种民主的新的道德观念取代了封建的旧的道德观念，表达了新时代的道德革命的呼声。

对比孙中山与陈独秀的道德观，孙中山是将继承、吸收和改造结合起来，采取旧的形式，增添新的内容，提倡树立为革命服务、为人民和国家牺牲的新道德观。这个道德观的准则就是必须抛弃"醉生梦死"乃至"利己""害人"的道德观，这样孙中山就把做人的准则规范为"为众人服务，为民族为国家为革命来牺牲"。陈独秀的道德观的重心是强调"人权平等"，把个人的价值

---

① 陈独秀：《答淮山选民》，《新青年》第2卷，第6号。
② 王光远编：《陈独秀年谱》，第38页。
③ 陈独秀：《答张护兰》，《新青年》第3卷，第3号。
④ 陈独秀：《本志罪案之答辩书》，《新青年》第6卷，第1号。
⑤ 《孙中山选集》，第681页。

和作用提高到新的高度，修正了孙中山等人重视群体而忽视个人的倾向。陈独秀说："我希望道德革新，正是因为中国和西洋的旧道德观念都不彻底，不但不彻底，而且有助长人类本能上不道德的黑暗的成分。"① 因此，陈独秀虽然强调道德观念必须进一步更新，但由于过分强调伦理觉悟的重要性，容易导致将一切旧的道德都视为陈腐的东西统统抛弃的倾向。

综上所述，从孙中山与陈独秀对民初中国一些重要问题，尤其是对文化问题认识的歧异，可以看到，陈独秀是从文化、从国民心理、从伦理道德方面去寻找革新中国之路，掀起新文化运动。然而，新文化运动虽然"受到了辛亥革命影响"，但它不是辛亥革命的积极继承，而是"对于辛亥革命失望的产物"②。既然新文化运动不是在辛亥革命的直接推动下兴起的，因此它与孙中山的革命主张有相同的一面，也有相异的一面。

陈独秀在中国掀起新文化运动，目的是要通过批判中国封建文化，包括旧伦理、旧政治、旧艺术、旧宗教、旧文学，鼓吹用西洋的科学、民主作为改革中国的根本。然而，正如人们所指出的，当陈独秀等人在鼓吹西化时，"在他们心目中实际上也并不是用西方的社会与文化来机械地代替中国的社会与文化，而是按照经过精选的、他们心目中的西方形象来改造中国。"陈独秀等人之于西方，只是"希望采纳西方的科学与民主，反对中国采纳西方的基督教；而且，他心目中的科学与民主都带有明显的杜威学派的烙印，不能一般地代表西方类型的科学与民主"。③ 在中国这样一个有数千年文化传统的文明古国，想要与传统文化彻底决裂，不分青红皂白地否定一切传统，希望重建一个西方式的全新文化系统，是根本不可能的。任何一个国家和任何一个有悠久文明史的民族，它的向前发展都不可能完全离开本国本民族的实际，超出自身的文化传统。

孙中山着力于政治、军事斗争，所以他着重考虑的问题是保国保种、救亡图存，因此，他没有精力和可能在文化问题上进行充分的深入的探讨，形成一个完整的系统的文化观。为了救亡图存，他要振奋民族精神，强调民族的可爱、国家的可爱，因此他主张在继承本民族优良文化传统的基础上，吸收西方近现代先进和有益的文化来改良中国的传统文化。他主张重道德，但反对将道

---

① 陈独秀：《调和论与旧道德》，转引自吴熙钊：《中国近代道德启蒙》，吉林文史出版社1990年版，第37页。

② 左双文：《孙中山文化思想刍议》，《孙中山研究》第2辑，广东人民出版社1986年版，第349页。

③ （美）柯文：《在中国发现历史——中国中心观在美国的兴起》，林同奇译，中华书局1989年版，第5页。

德与封建礼教联结在一起；他强调发扬爱国主义传统，但反对将爱国与忠君、维护封建国家联结在一起，如此等等。这些都说明孙中山衡量和检验中国文化优劣的标准，是从中国传统文化和西方文化的具体形态中，选择、吸收与中国当代具体国情相适应的内容和形式，反对非此即彼的两极对立态度。所以，他既反对彻底否定中国的传统文化、鼓吹"全盘西化"的主张，又拒绝全盘继承传统文化、不学习和不吸收西方先进文化的倾向。由于孙中山既重视文化的民族性，又重视文化的时代性，所以他既重视文化外向的追求，主张取人之长，补己之短，由"并驾齐驱"而至"后来居上"，又重视文化的内向追求和人际关系的和谐完善，强调道德的力量，强调意志理想和自强不息的精神。

孙中山比陈独秀、胡适等高明之处，就在于他把中国文化跟欧美文化（西方文化）比较时，并不认为自己"百事不如人"，并不总觉得自己不足，他始终都觉得古代中国文明比西方文明强，只是近代落后了。孙中山这样做的目的就是反对宣传民族虚无主义，反对"全盘西化"，以维护中华民族优良传统文化做基础，强调树立民族自尊心、自信心去学习人家的科学技术，振兴中华，赶超欧美资本主义国家。孙中山比陈独秀较多地肯定中华民族共同的行为模式、共同的思维方式、共同的生活情趣、共同的价值观念，所以他与陈独秀等人在如何对待中国传统文化问题上存在明显的分歧。陈独秀等新文化派严重地怀疑中国的旧思想和旧制度，认识到废除传统的已经过时的文化思想和制度的必要性，但却没能够清楚地说明和科学地指出如何用新思想新制度去填补旧的一切，因此正如人们所说的，他们实际做到的是创造了新问题而没有解决老问题。

正当护国运动结束和第一次护法运动紧张进行中的时候，孙中山执着地按照自己原定的政治方案进行救国活动，对新文化派的言论还没有来得及进行认真的研究，因此他没有随便表示态度，包含有等着瞧的思想行为倾向。对于孙中山的这种做法不仅不该指责，而且应该看到他作为一个成熟的政治家和思想家，在对待自己不太熟悉的思想文化问题时所采取的正确的必要的慎重态度。

（三）

五四群众爱国运动是政治的、非纯文化的运动。五四群众爱国运动直接的目标是反帝反封建。而孙中山受五四群众爱国运动的影响和启迪，也是政治的、非文化的，是现实的，而非历史的。五四文化思潮所发生的效应，正如一些学者所指出的，是由政治而文化，又由文化而政治。政治是五四运动的最终目的，而文化只是它的手段。

五四群众爱国运动爆发后，"孙先生对于这一运动表现学生的自觉、民众的力量、社会的制裁非常重视,迅速采取支持的行动"①。孙中山对五四运动的重视不能解释为是对新文化运动的支持,因为五四运动的发生,虽然跟新思潮和文学革命的影响有关,但它直接的原因是北京学生进行示威游行抗议政府对日本的屈膝投降,反对凡尔赛会议不把德国在山东的租借地归还中国。五四运动迫使北京政府不得不指令中国代表团拒绝在和约上签字,并罢免亲日派曹汝霖、陆宗舆、章宗祥三人的职务。国民奋起斗争显示的巨大力量,使正在酝酿一场新的革命斗争的孙中山兴奋不已。5月6日,孙中山便指示上海《民国日报》总编辑邵力子要在《民国日报》大力宣传北京学生的反帝爱国运动和立即组织发动上海学生起来响应。可见,孙中山是从爱国的立场来支持和声援学生的,但他也只是赞扬学生们的"这种爱国行动很好",是"很了不起的胜利"。②5月8日,孙中山批复陈汉明来函,又表示支持学生维护国权的斗争,并表示"此间有一分之力当尽一分之力"支持学生③。5月12日,孙中山又复函陈汉明,谓:"此次外交急迫,北政府媚外丧权,甘心卖国,凡我国民,同深愤慨。幸北京各学校诸君奋起于先,沪上得诸君共为后盾,大声疾呼,足挽垂死之人心而使之觉醒";表示对国民的爱国热情极表同情,"当尽能力之所及以为诸君后盾";并希望国民"乘此时机,坚持不懈,再接再厉,唤醒国魂。民族存亡,在此一举,幸诸君勉力图之"。④由此可见,孙中山最早表示支持五四运动是支持学生的爱国行动,不是改变原来对新文化运动表示沉默的态度。不过,经过五四运动的启迪,孙中山开始重视宣传自己的学说、思想,表现了有用自己的思想去启迪国民的觉悟、重新发动革命的倾向;同时也传递出支持新文化派宣传新思想、同他们一起共同宣传和启迪国民的信息,如果从这个角度去看,"孙中山并不反对新文化,而是赞扬新文化"⑤。但奇怪的是,在这个时期他又一再声称"近日闭门著书,不问外事"。"闭门著书"是真的,"不问外事"则是假的,真假合一,表明孙中山还没有决断如何行动,也说明行动的条件还不成熟。

5月20日,孙中山前后花去3个月时间撰写的《孙文学说》由上海华强印书局付印。6月9日,上海《民国日报》刊登广告,谓《孙文学说》是孙中山"破天荒之学说,救国之良药"。据胡汉民忆述:孙中山重视宣传他的学说,是为了破除"一般党人把他的主义政策视为理想难行",因而轻视理想的

---

① 吴相湘:《孙中山先生传》下册,台北远东图书公司1982年印行,第1369页。
② 陈锡祺主编:《孙中山年谱长编》下册,第1172~1173页。
③ 《孙中山全集》第5卷,第53页。
④ 孙中山:《致上海陈汉明》,《中央党务月刊》第12期。
⑤ 龚书铎:《中国近代文化探索》,北京师范大学出版社1988年版,第145页。

错误认识①。与此同时，孙中山还指示上海《民国日报》创办副刊《星期评论》，用白话文刊行，加强对世界大势、新思潮等方面的评论和介绍，成为上海地区五四时期的重要刊物之一。该刊的出版影响遍及全国，但未见陈独秀对《星期评论》有何评论。倒是胡适在 6 月 29 日北京《每周评论》第 28 期著文《欢迎我们的兄弟——星期评论》，介绍戴季陶等创办这个刊物的情况。正由于这样，孙中山同胡适有过几次书信往返。7 月 11 日，廖仲恺致函胡适，转达孙中山之意，请胡适撰写文章评《孙文学说》，并告《建设》杂志将于 8 月 1 日问世，请胡适赐寄宏文。② 不久，胡适在《每周评论》发表《〈孙文学说〉评》一文，称赞孙中山"这部书是有正当作用的书，不可把它看作仅仅有政党作用的书"③。7 月 19 日，廖仲恺又致函胡适，转告孙中山希望胡适编写有关中国语法的书籍，"以竟文学革命之大业，且以裨益教育"④。7 月下旬，孙中山读胡适《〈孙文学说〉评》的文章，"以为在北京地方得这种精神上的响应，将来这书在中国若有影响，就是先生的力量"。廖仲恺还转告胡适：孙先生还望胡适"于书里不很完全的地方，指示指示，第二版付印的时候可以修正，请先生不要客气"，并说《建设》杂志已经出版，希望胡适"赏光寄篇大文"，又谓：另有一份《实业计划》书是孙中山寄胡适的。⑤

从孙中山嘱廖仲恺给胡适的书信和胡适复函的内容可知，这个期间孙中山支持胡适的文学革命（尤其是白话文改革），胡适也肯定和赞赏孙中山的《孙文学说》。然而，在此期间孙中山与陈独秀则没有任何联系。6 月上旬陈独秀被捕。中旬有人请求孙中山发电营救陈独秀，但孙中山婉拒发电营救，这不能说明孙中山对陈独秀有什么成见，但也可以看出孙中山与陈独秀的关系非常一般。不管陈独秀怎样对待孙中山以及他的事业，而孙中山则表现出政治家的风度。8 月上旬，孙中山在上海接见徐世昌、段祺瑞的代表许世英时，一见面就谈起了胡适和陈独秀。当时《每周评论》被查封，上海方面流传陈独秀、胡适被捕（胡并无被捕），所以孙中山对许说："独秀我没见过，适之身体薄弱点，你们做得好事，很足以使国民相信我反对你们是不错的证据，但是你们也不敢把来杀死；身体不好的，或许弄出点病来，只是他们这些人，死了一个，就会增加五十、一百个。你们尽做着吧！"许听了这番话，口口声声说："不该，不该，我就打电报去。"没有几天，陈独秀就出狱了。当时很多人都"很

---

① 胡汉民：《孙文学说的写稿经过与其内容》，《新亚细亚》1919 年第 1 期。
② 参见尚明轩、余炎光《双清文集》上卷，人民出版社 1985 年版，第 126 页。
③ 《每周评论》第 31 期。
④ 《双清文集》上卷，第 131 页。
⑤ 《双清文集》上卷，第 134 页。

赞同孙先生的话谈得好"。①

由此可见，孙中山在五四运动前后，虽然与胡适有书信往返，但直接谈论新文化运动的文字也不多。他在 6 月 18 日复函蔡冰若，告以著《孙文学说》的要旨在"纠正国民思想上之谬误，使之有所觉悟，急起直追，共匡国难"后，虽然也肯定数月来全国学生奋起，是由于"新思想鼓荡陶熔之功"，这虽带有肯定新文化运动作用的含意，但同时孙中山又指出：他"所注目之处，正在现在而不在将来"，这又表明他与新文化派进行思想文化启蒙、寄托未来有所不同。而且还指出他出版《孙文学说》向国民灌输学识，是使"国民有普遍之觉悟，异日时机既熟，一致奋起，除旧布新"②。他的"除旧布新"，也即是扫除封建军阀、官僚政权，恢复他原先的"国会"和"约法"，按辛亥革命时确立的政治方向去建设新国家。

思想文化是社会经济、政治的集中反映。对于这种关系，1919 年 6 月 22 日孙中山与戴季陶在上海谈论社会问题时有过明确的表示。他说：无论哪一国，"他们各种思想都是有系统的，社会上对于有系统的思想的观察批评，也是有系统的。政治运动是政治运动，经济运动是经济运动，各有各的统系，都随着人文进化的大潮流，自自然然的进步。如果没有特别的压力，像我国以前那样的政治，决不会有十分激烈的变态发生出来的。中国在社会思想和生活还没有发达，人民知识没有普及，国家的民主的建设还没有基础的时候，这种不健全的思想，的确是危险。不过这也是过渡时代一种自然的事实，如果要去防止他，反而煽动人的好奇心，助成不合理的动乱。……荒地开垦的时候，初生出来的，一定是许多的杂草毒草，决不会一起便天然生出五谷来的，也不会忽然便发生牡丹、芍药来的。这种经过，差不多是思潮震荡时代的必然性，虽是有害，但也用不着十分忧虑的"③。

这段话有些意思还不明白，比如他所指出的"不健全思想"是什么思想？就没有讲清。但它的基本内容则是清楚的，第一是讲社会思想文化运动同政治、经济运动有密切的关系，但它毕竟各有统系不是一回事；第二是讲要改变我国以前的政治形态，必须经过激烈的斗争手段，自然变态是不可能的；第三是讲在过渡时期，各种思潮竞兴是自然的事情，有些思潮尽管有害，但也用不着去防止和忧虑。我们不知道孙中山这话是针对谁而发的，但可以肯定这个谈话不仅没有丝毫肯定新文化思潮的意思，反而包含某些否定的含义。所以有人

---

① 《胡适来往书信选》上册，中华书局 1979 年版，第 77 页。
② 孙中山：《致四川蔡冰若》，《中央党务月刊》第 12 期。
③ 戴季陶：《访孙先生的谈话》，上海《民国日报》1919 年 6 月 22 日副刊《星期评论》。

说五四运动后，孙中山及其助手都积极参加和支持新文化运动，这种说法是不符合实际的。

8月7日，孙中山由于桂系军阀与政学系岑春煊操纵广州军政府实权，致电广州军政府辞政务总裁职。此后，孙中山反复强调："文近时观察国事，以为欲图根本救治，非使国民群怀觉悟不可"①。"最后之成败，自以民意之向背为断"②。并指出："默察年来国内嬗变之迹，知武人官僚断不可与为治，欲谋根本救国，仍非集吾党纯洁坚贞之士，共任艰巨，彻底澄清不为功。"③ 10月8日，孙中山在上海青年会发表演说，明确指出：今日改造中国的第一步方法"只有革命。革命两字，有许多人听了，觉得可怕的。但革命的意思，与改造是完全一样的。先有了一种建设的计划，然后去做破坏的事，这就是革命的意思"。而革命的目的就是要扫除前清的遗毒官僚、政客和武人三种陈土，"造成一灿烂庄严的中华民国"。④"三种陈土"之说，系取自1919年1月19日陈独秀《除三害》一文，可见孙中山还是读过陈独秀的文章，并吸收了他的正确观点，但主要是按照自己的既定方针行事。10日孙中山又将中华革命党改组为中国国民党，并发表纪念辛亥武昌起义八周年的文章《八年今日》。在文中，孙中山着重总结中华民国成立以来革命失败的经验教训，指出：革命失败是由于党人"多附官僚之主张，而不顾入党之信誓。三民主义、五权宪法，悉置之脑后，视为理想难行"。为了实现革命目的，"建设一为民所有、为民所治、为民所享之国家"，"凡今承认民国者，必当服膺于革命主义，黾勉力行"。⑤

综上可见，孙中山对五四群众爱国运动的回应，是对青年学生的爱国行动表示同情和支持。他从五四运动中得到的最大启迪，也是学生们的爱国行动所显示的巨大力量，这使他认识到：一是学生团结的力量强大。他说："试观今次学生运动，不过因被激而兴，而于此甚短之期间，收绝伦之巨果，可知结合者即强也。"⑥ 二是公理必然战胜强权。他说："诸君莫怕无拳无勇，不能抵抗武人的枪炮。要知民意和公理，到底定能打倒强权的。好像'五四'的运动，卖国政府也怕起来，把三个卖国贼赶掉去。这就是诸君的公理打倒强权的明证

---

① 孙中山：《复廖凤书函》，《孙中山全集》第5卷，第103页。
② 孙中山：《复刘湘函》，《孙中山全集》第5卷，第92页。
③ 孙中山：《复于右任函》，《孙中山全集》第5卷，第106页。
④ 上海《民国日报》1919年10月9日。
⑤ 上海《申报》1919年10月10日。
⑥ 孙中山：《在上海寰球中国学生会的演说》，《孙中山全集》第5卷，第140页。

了。"① 三是革命尚未成功，是由于"那些腐败官僚、跋扈武人、作恶政客"在捣乱和作恶。而要完成革命的任务，根本解决中国的问题，就要把那些腐败官僚、跋扈武人、作恶政客，"完完全全扫除干净"，重新创造一个"比现在的共和国家还好得多"的国民所有的新国家。② 四是国家民族的存亡，在于国民是否觉醒。他说："此次外交急迫，北政府媚外丧权，甘心卖国；凡我国民，同心愤慨。幸北京各学校诸君奋起于先，沪上复得诸君共为后盾，大声疾呼，足挽垂死之人心而使之觉醒。"③

综上所述，孙中山只是从政治方面去总结五四运动的重大意义，目的很明显，就是为他重新开展革命寻找积极因素。所以，孙中山只把五四运动看作青年学生的爱国政治运动，并非把它看作纯粹的文化思想运动。辛亥革命运动与五四运动，都是清末民初以革命形态出现的政治运动，但由于这两个运动的领导者和倡导者，在思想和学术上的成就不同，因而容易把辛亥革命运动看作政治运动，把五四运动看作文化思想运动，并非政治运动。但从五四运动发生的直接原因及其结果去考察，五四运动本身只是爱国反帝政治运动，它与"新文化运动本不是一回事"④。

孙中山是革命政治家，又是革命思想家，但不是一个学者型的思想家。他治革命学，研究革命的理论和学说，从事实际的革命斗争。虽然他自登上历史舞台，便自始至终承担着救亡和启蒙的双重重任，但他并非专以启蒙去救亡，也不是专事救亡而不启蒙。孙中山和陈独秀都并"非是作为启蒙者去补辛亥革命的救亡者的不足，也非'五四'示威后由启蒙者转向救亡者"⑤。

从 1918 年 7 月 15 日，陈独秀在《新青年》第 5 卷第 1 号发表《今日中国之政治问题》起，由重在输入学理，提倡科学与民主，不在批评时政，发展到直接干预时政，这是一大进步。然而由于《新青年》的内容多是学术性的大块文章，很难对现实政治斗争发挥指导作用。1918 年 12 月 22 日，《每周评论》创刊，这个完全针砭时政的战斗性刊物的问世，则震动了整个中国思想界，这与五四青年学生的斗争和觉醒有直接关系。从这个角度去看，"新文化运动直接为'五四'运动奠定了思想基础，准备了一批反帝爱国运动的中坚

---

① 孙中山：《在上海寰球中国学生会的演说》，《孙中山全集》第 5 卷，第 148 页。
② 孙中山：《在上海寰球中国学生会的演说》，《孙中山全集》第 5 卷，第 148 页。
③ 孙中山：《复陈汉明函》，《孙中山全集》第 5 卷，第 54 页。
④ 耿云志：《中西结合，创造新文化——五四新文化运动的再认识》，《五四运动与中国文化建设——五四运动七十周年学术讨论会论文选》，社会科学文献出版社 1989 年版，第 91 页。
⑤ 陈万雄：《革命家与启蒙者的双重身份——五四时期安徽知识分子》，香港中文大学中国文化研究所编：《二十一世纪》1991 年第 5 期。

分子"①。40年代,毛泽东赞誉陈独秀是五四运动的总司令,主要也是指陈独秀对青年群众的政治思想的影响。所以说,新文化的传播促进了五四运动的发生和发展,而五四运动又加速新文化运动朝向一个更高的阶段发展。这样的评述就较为符合实际。

无论当时及后世对五四运动的评价如何分歧,但它成为中国现代政治、思想、文化史上的转折点,却是一个不容争辩的事实。五四运动的确不仅仅是指五月四日那天发生的事情和曹、章、陆的罢免与巴黎和约的拒签,而"当认为是新文化意识的觉醒、青年的觉醒、与广大民众的觉醒"②。所以,正确地评价五四运动的历史意义及其与新文化运动的关系的确很重要。

(四)

五四运动以后,新文化运动进入第二阶段。这个阶段学术界围绕东西文化能否调和问题展开论争,着重探讨新文化和旧文化有无实质上的差别,以及应该如何对待新文化与旧文化的关系问题。在这个时期,封建主义文化、资本主义文化、社会主义文化,已成为人们关注的中心③。

五四新文化运动的彻底反传统主义,从积极方面看,它激起人们认识思维的觉醒,结束了中国传统文化的封闭性和自我中心主义及排斥外来文化的品性。它预示着整个中华民族"开始走向全然不同于古代文明的崭新文明境地"④。从消极方面看,因为将传统中国文化全盘地否定了,却使人们面对多样不能回避的问题。首先是造成五四新文化与传统文化之间的尖锐对立、紧张和悬隔。这一文化断裂既使中国文化的发展失去了连续性,也就在事实上造成了文化生活的失衡。其次是由于新旧文化的严重对立,从而使中国"整个社会的文化意识不可避免地分化成为两块水火不容的形态:一边是更加执着于西方的近代文化,从而更加坚决地反传统;一边则是更加迷恋于既往的传统,用传统的标准评判眼下发生的事物"⑤。因此,在全盘西化彻底反传统与坚决维护传统两极尖锐对立的氛围中形成的"调和论"便迎合了社会上相当一部分知识分子的心理。

---

① 任建树:《陈独秀传》上册,第142页。
② 罗家伦:《五四的真精神》,台北《中央日报》1950年5月4日。
③ 参见陈崧编《五四前后东西文化问题论战文选》(增订本),中国社会科学出版社1989年版,第5页。
④ 曹锡仁:《中西文化比较导论——关于中国文化选择的再检讨》,中国青年出版社1992年版,第384页。
⑤ 曹锡仁:《中西文化比较导论——关于中国文化选择的再检讨》,第387页。

"调和论"派从历史规律的哲学高度来讨论新旧文化的关系问题。他们抓住五四新文化派在全盘反传统中追求新文化的理论漏洞，指出不同文化之间的类型区别，不能为了新而抛弃旧，相反，没有旧，就没有新，唯有旧，才能生出新，新与旧是联系在一起的。因此，新与旧不仅不是分割的对立的关系，恰恰相反，两者间存在不可分离的相互联系。五四新文化派只是揭露出新旧之间的对抗性质，却不能解释"新"的来源和发生的问题，因此新文化派将新与旧绝对对立的观点，割裂了新与旧整体的历史关系。"调和论"派的新旧调和、社会自决，就是主张中西文化乃是不同类型的文化，与西方文化相比，中国文化自有所长，而西方文化自有所短；所以，选择什么文化只能由社会自决、人民自决，不能盲目鼓吹"全盘西化"，用西方文化来取代中国的传统文化。五四运动后的孙中山从政治的角度去理解文化，又从文化的角度去谈政治，他立足于现实，怀着以天下为己任、"天下为公"的政治抱负，用"天下兴亡，匹夫有责"的社会本位去衡量文化的价值和决定自己的取向。如果从五四以后孙中山对文化的态度去考察，他基本上是属于"调和论"派。他之所以要采取调和折中的立场，那是因为他从西方文化的缺陷中产生了对西方文化价值的怀疑，回头向传统文化作复归性认同。

1920年1月29日，孙中山致函海外国民党同志，促请发动华侨捐款，筹办英文杂志及印刷机关，其中谈到五四以来新文化运动的影响时对之作了很多肯定，这是孙中山对新文化运动第一次作正面的肯定。他说："自北京大学学生发生五四运动以来，一般爱国青年，无不以革新思想，为将来革新事业之预备。于是蓬蓬勃勃，抒发言论。国内各界舆论，一致同倡。各种新出版物，为热心青年所举办者，纷纷应时而出。扬葩吐艳，各极其致，社会遂蒙绝大之影响。虽以顽劣之伪政府，犹且不敢撄其锋。此种新文化运动，在我国今日，诚思想界空前之大变动。推其原始，不过由于出版界之一二觉悟者从事提倡，遂至舆论放大异彩，学潮弥漫全国，人皆激发天良，誓死为爱国之运动。倘能继长增高，其将来收效之伟大且久远者，可无疑也。"① 孙中山肯定新文化运动的成果，就是要"激扬新文化之波浪，灌输新思想之萌蘖，树立新事业之基础"，激发青年的爱国思想。

五四运动后，孙中山对宣传舆论工作有了进一步的认识。但由于广东政局的变化，他忙于讨桂战事，直到1920年4月25日以前，对当时思想界展开的各种论争未作任何表示，只是在4月25日复电浙江督军卢永祥，肯定其废督之议时，才谴责沪杭军警仇视学生、压迫爱国学生运动的行径。5月1日《新

---

① 孙中山：《致海外国民党同志书》，《孙中山全集》第5卷，第209～210页。

青年》杂志发表纪念劳动节专刊，请孙中山题词，他只题写"天下为公"四字，对《新青年》，以及新文化派对"调和论"派的论争，仍毫无表示。为什么会这样？一方面是由于孙中山认为"非革命无以成刷新之局"，所以他希望学生们"一本进取之精神，行高超之理想，课余之暇，于革命一途，深加研究"①，并不太重视当时思想文化问题的论争；另一方面是政治局势的变化，使孙中山无暇顾及思想文化问题。当时的形势，在北方，直皖两系军阀已在酝酿大战，在南方，滇桂两系军阀因争夺粤滇军的领导权，矛盾越来越尖锐，桂系军阀在广东的统治已发生动摇，孙中山觉得护法似乎又出现了转机，因此他把全部精力放在策动陈炯明统率粤军由闽返粤、驱逐桂系军阀、重组政权的斗争之上。

1920年11月28日，孙中山由沪经香港抵广州重组军政府。1921年1月后，孙中山又忙于召集国会非常会议，通过《中华民国政府组织大纲》，5月成立正式政府；6月18日，孙中山下令粤军讨伐广西军阀陆荣廷，统一两广；后又准备出巡桂林，出师北伐。工作日程安排得满满的，日理万机，军事、政事十分繁忙，所以，在1921年12月4日，孙中山抵桂林设大本营准备北伐之前，他不可能抽出很多时间来考虑文化思想问题，这是可以理解的。但这不等于孙中山不重视或忽视文化思想问题。北伐大本营在桂林安排就绪后，孙中山又回过头来考虑革命主义的宣传和思想的灌输，并把改造旧思想、发达新思想视为建设共和新国家的首要基础条件，这就便充分地说明孙中山对文化思想是很重视的，只是因为政治斗争的困扰，使他无法集中时间和精力去考虑更多更广泛的文化思想问题而已。

1922年1月4日，孙中山在桂林参加广东同乡会举行的欢迎会，并发表演说，谓："国家进化由野蛮而进于文明。人类亦然，由无知识而进于有知识，脱离旧观念，发生新观念，脱离旧思想，发生新思想。诸君今日当打破旧观念、旧思想，发生新观念、新思想。……国人因缺乏新思想，放弃权利，国中政权遂为一般强盗官僚乘时而操纵之。民国十年来所以如此大乱，其原因亦即在是。"因此，孙中山指出，今日要造成一最新式的共和国，吾人今日"当铲除旧思想，发达新思想。新思想者何？即公共心"。② 1月22日，孙中山在桂林学界欢迎会上又发表演说，指出：人们的"学问和思想都要经过一番革命"，改变"知之非艰，行之维艰"的旧思想，树立"知之维艰，行之非艰"的新观念。但是在这个讲话中，孙中山一方面肯定世界文明发达很快，特别是

---

① 孙中山：《复甘肃留日同乡会函》，《孙中山全集》第5卷，第322页。
② 上海《民国时报》1922年2月23日。

近来五六十年。"以后人类知识越发多，文明的进步便越发快"，另一方面，在谈到中国文化时，他则得出今不如昔的结论。为什么多年来中国文化没有进步呢？孙中山认为有两方面的原因，一是政治关系影响，二是古今人求进步的方法不同。所谓政治关系影响，就是"到了后来，政府一天专制一天，不是焚书坑儒，便是文字狱，想种种办法去束缚人民的思想，人民那里能够自由去求文化的进步呢？"所谓古今人求进步的方法不同，即是说："二三千年以前，求进步的方法，专靠实行。……到后来，不是好读书不求甚解，便是述而不作，坐而论道，把古人言行的文字，死读死记，另外来解释一次，或把古人的解释，再来解释一次。你一解释过去，我一解释过来，好像炒陈饭一群，怎么能够有进步呢？"①

孙中山根据上述看法，得出结论"中国现在底文明，一不如外国；二不如古人"。不如外国即不如西方，就物质文明去看，西方胜于中国那是对的，但"不如古人"就有点言过其实了。近百多年来，我国的文化发展没有欧美各国进步快，这是事实，但我们也在进步，这也是事实。

笼统地说"中国现在底文明"不如古代中国进步，是与事实不符的。然而，如果孙中山以此来说明要改变中国文明落后的情况，跟上时代潮流，一是要向外国学习一切先进的科学技术，改变中国的思维方式和价值取向；一是要向中国古代学习，继承优良文化传统，不要盲目崇洋媚外，搞民族虚无主义，全盘否定中国古代文明，搞"全盘西化"，则有它的合理的因素。但是，很显然，孙中山上述看法同"调和论"者持平，同新文化派相悖，此后，在孙中山的言论中，宣传和肯定中国古代哲学、社会道德和精神文明的言论日见增多，对于醉心新文化的人，则时有微词贬意，这表明孙中山对新文化派的态度有所转变。

1923年12月30日，孙中山在广州对国民党员发表演说，着重谈了宣传工作的意义。他说："我们用已往的历史来证明，世界上文明进步，多半是由于宣传。比如中国的文化自何而来呢？完全是由于宣传。大家都知道中国最有名的人是孔子，他周游列国，是做什么事呢？是注重当时宣传尧、舜、禹、汤、文、武、周公之道。他删诗书，作《春秋》，是为什么事呢？是注重后世宣传尧、舜、禹、汤、文、武、周公之道。所以传播到全国，以至于现在，便有文化。今日中国的旧文化，能够和欧美的新文化并驾齐驱的原因，都是由于孔子在二千年以前所做的宣传工夫。"② 孙中山的意思是宣传出文化，当前要

---

① 孙中山：《在桂林学界欢迎会的演说》，《孙中山全集》第6卷，第68～69页。
② 孙中山：《在广州对国民党员的演说》，《孙中山全集》第8卷，第566～567页。

革命成功、建设中华民国也必须靠宣传。宣传什么呢？宣传他的三民主义、五权宪法，宣传他的"知难行易"学说。孙中山自信地说："拿我的学说去做事，无论什么事都可以做得到的。"① 1923年12月，越南《中法学生》杂志请孙中山题词。在题词中，孙中山批评那种认为"今日当学生时代，苟能尽心求学，以宣传新文化为事，即已尽吾天职，不问其他"的言论时，指出："以国中高谈政治、空言无补者为殷鉴，宁甘独善，不问政治，若果如斯，未免大误。"并说："余为学生时，即研心于此，年来旧学商量，益力邃密"②。"几世纪以前，中国为现代世界上各文明国之冠。到了现在，中国文化停滞，西方各国驾乎我上，我反瞠乎其后。这全由于中国政治背道而驰"③。政治影响文化，文化又制约政治。因此，要发展文化，首先必须解决政治问题，这便是孙中山政治文化观的核心。

从这种文化观出发，衡量文化的价值只能是看它对政治产生什么影响。但是，政治是有阶级性的。文化作为一种观念，它是有阶级性的，作为物质形态又不一定都有阶级性。用政治去衡量文化，不仅往往会将文化的意义缩小，甚至会使其含义模糊不清。孙中山在1924年作三民主义演讲时，就公开宣称："大凡一种思想，不能说是好不好，只看他是合我们用不合我们用。如果合我们用便是好，不合我们用便是不好；合乎全世界用途便是好，不合乎全世界的用途便是不好。"④ 以合用与不合用作为衡量思想文化是非的标准，含有很大的随意性。

所谓"合不合我们用"，是很难说得清楚的。合用与不合用，不同的人便有不同的解释和认同。比如，对于民族主义思想，孙中山说："中国现在提倡新文化的新青年"都说它"是狭隘的，不是宽大的"，而孙中山自己则认为是"人类生存的工具"，"如果民族主义不能存在，到了世界主义发达之后，我们就不能生存，就要被人淘汰"。⑤ 两种看法，反映了两种认识。赞成世界主义的人，当然认为中国应有世界文化意识，引进西方文化，实现"全盘西化"，赞成民族主义的人，为了维护民族的利益，当然要处处提防世界文化的输入，要积极维护民族的文化传统。孙中山批评"近来讲新文化的学生，也提倡世界主义，以为民族主义不合世界潮流"，他说：这个论调，"如果是发自英国、美国，或发自我们的祖宗，那是很适当的；但是发自现在的中国人，这就不适

---

① 孙中山：《在广州对国民党员的演说》，《孙中山全集》第8卷，第577页。
② 孙中山：《越南中法学生杂志题词》，《孙中山全集》第8卷，第579页。
③ 孙中山：《与克拉克的谈话》，《孙中山全集》第9卷，第151页。
④ 孙中山：《三民主义：民族主义第三讲》，《孙中山全集》第9卷，第216页。
⑤ 孙中山：《三民主义：民族主义第三讲》，《孙中山全集》第9卷，第217页。

当了",因为我们现在遭外国政治、经济力的压迫,还有"亡国灭种之忧"。①所以,所谓"合不合我们用"是很难在国民中作选择的。一种文化,有人说"合用",有人说"不合用",总是对立的两极,这就很难造成国民的共识,也不可能正确地吸收和融合别国别民族的先进文化。

孙中山指责"今日中国的新青年,主张新文化,反对民族主义"是受列强世界主义的煽惑和诱惑②。为了论证在中国推行民族主义的必要性,孙中山便经常谈论中国古代文化如何先进,如何超越外国。他说:"中国的文化比欧洲早几千年。欧洲文化最好的时代是希腊、罗马,到了罗马才最盛。罗马不过与中国的汉朝同时。那个时候,中国的政治思想便很高深,一般大言论家都极力反对帝国主义。"③他批评我国的新青年"未曾过细考究中国的旧学说",便以为现在欧洲盛行的新文化和所讲的无政府主义与共产主义学说"就是世界上顶新的了。殊不知道在欧洲是最新的,在中国就有了几千年了"。④因此,孙中山指出:中国从前是很强盛的文明国家,"大凡一个国家所以能够强盛的原故,起初的时候都是由于武力发展,继之以种种文化的发扬,便能成功"。中国"到了现在便一落千丈",此中最大的原因,就是"由于我们失了民族的精神",为了"要恢复民族的地位,便先要恢复民族的精神"。⑤

民族精神是由民族文化积淀凝聚而成的一种深层力量,它深刻地影响着一代代人的性格特点。这个特有的民族性格有优点,也有劣点。不过,从孙中山晚年的言论看,他对中华民族的优点看得多,劣点看得少。因此,为了救亡图存,他总是强调要振奋民族精神,要继承中国固有的种种传统。他批评新文化派放弃旧道德,完全是受了外来文化的影响。他指出:"现在受外来民族的压迫,侵入了新文化,那些新文化势力此刻横行中国。一般醉心新文化的人,便排斥旧道德,以为有了新文化,便可以不要旧道德。不知道我们固有的东西,如果是好的,当然是要保存,不好的才可以放弃。"⑥并说:"我们今天要恢复民族精神,不但是要唤醒固有的道德,就是固有的知识也应该唤醒他。"中国固有的知识,"就是人生对于国家的观念",我们中国古代就有很好的政治哲学,欧美国家的新文化"还不如我们政治哲学的完全"。所以,孙中山认为,讲到修身,中国的"新青年便应该学外国人的新文化",但讲到治国,则必须

---

① 孙中山:《三民主义:民族主义第三讲》,《孙中山全集》第9卷,第219页。
② 孙中山:《三民主义:民族主义第四讲》,《孙中山全集》第9卷,第226页。
③ 孙中山:《三民主义:民族主义第四讲》,《孙中山全集》第9卷,第227页。
④ 孙中山:《三民主义:民族主义第四讲》,《孙中山全集》第9卷,第230页。
⑤ 孙中山:《三民主义:民族主义第六讲》,《孙中山全集》第9卷,第242页。
⑥ 孙中山:《三民主义:民族主义第六讲》,《孙中山全集》第9卷,第243页。

继承"中国几千年的旧文化",只有"恢复我一切国粹之后",再去"学欧美之所长,然后才可以和欧美并驾齐驱。如果不学外国的长处,我们仍要退后"。①

由此可见,孙中山与新文化派的分歧主要是如何看待欧美的文化和中国传统文化的分歧,即彻底反传统,实行"全盘西化",还是在继承中国文化优良传统的基础上去学习欧美各国的长处的分歧,这种分歧来源于两种不同的文化观造成的两种趋向。

孙中山比较高明之处是他紧紧扣住时代的主题——反帝、争取民族独立,反对步欧美的后尘,或成为欧美的附庸。这主要是孙中山看到了欧美科学技术的长处,又看到了西方资本主义制度的许多流弊,认识到,我们只能"拿欧美已往的历史来做材料",考虑我们的前途,"不是要学欧美,步他们的后尘"。他说:如果我们不能解决自己国家的问题,"中国便要步欧美的后尘;如果能够解决,中国便可以驾乎欧美之上"。②

基于这种认识,孙中山得出结论,学习外国不能离开中国的实际。而中国的一个明显实际,就是中国是一个文明古国,我们必须以中国的文化做基础,去考虑我们的问题,既要学习西方,又要维护和发扬中国固有的优秀文化。这样,孙中山就将新文化派的彻底反传统主义与封建保守派的中国文化优越论区别开来了。所以,孙中山比起陈独秀、胡适等人,在对待文化传统方面的认识要高出一个层次。他对新文化运动的态度,由暧昧到明朗,由同情支持到怀疑,都是根据他对文化思想的传播在中国引起的反响,以及自己对文化问题的认识作出的审慎抉择。

(五)

综合上述,孙中山对新文化运动的态度经历了从不支持到支持到怀疑几个阶段,他之所以会采取这种态度,主要的原因是他的文化观与新文化派不同。孙中山考虑问题的出发点是由政治而文化,而新文化派则是由文化而政治。关键的问题是孙中山与陈独秀等人对西方文化和传统文化的态度完全不同,孙中山主张学习欧美先进的科学技术,但反对"全盘西化",也就是要把西方先进的文化同中国固有的优秀文化结合起来,使中国文化处于不中不西、又中又西的融合调和状态。这同胡适等人的彻底否定中国的传统文化、实行"全盘西化"的主张全然矛盾;同陈独秀的看法也不同。因此孙中山面对民初的混乱

---

① 孙中山:《三民主义:民族主义第六讲》,《孙中山全集》第9卷,第251页。
② 孙中山:《三民主义:民权主义第四讲》,《孙中山全集》第9卷,第314页。

政局,而自己领导和发动的"二次革命",以及护国和第一次护法运动又遇到各种困难的情状,他对1915年陈独秀创办《青年杂志》掀起新文化运动采取等着瞧的态度,这一方面是由于他对新文化运动的发展方向一时还看不清,另一方面是由于他对中国政局应如何解决、未来的前途怎么样还没有一个清楚的认识。五四运动以后,政局朝着有利于中华民族和人民大众的方向发展,因此孙中山认同了五四反帝反封建的精神,产生了"重行革命"的念头,并重新改组中华革命党为中国国民党,发表《孙文学说》,掀起宣传三民主义学说的新热潮,目的都是为了实现辛亥革命未竟的事业,建立一个真正民有、民治、民享的中华民国。因此,他对于那些不符合他的政治主张的思想采取排拒的态度。他认为,共产主义包括在他的民生主义之内,是"好朋友",决定同其联合和合作,对于那些不符合其政治主张的思想,如"全盘西化论"、联省自治论、联邦制、无政府主义等都采取批评和排拒的态度,孙中山晚年对新文化派的观点多有指责,但他对于新文化派坚持民主与科学和反封建的精神,则从来都认为符合潮流,特别是对新文化派通过创办报刊,宣传新文化新思想的做法鼓励颇多。孙中山否定的是新文化派彻底反传统文化和盲目提倡学习西方的主张。至于孙中山与新文化派观点的是非谬误,在叙述到有关问题时略有谈及,但没有能够作过多过细的评述。这个工作只好留待下一步再做,这里就不去谈它了。

五、孙中山与中华文化的复兴

(一)

中华文化是中华民族共同创造的文化,是我们重要的精神财富。中华文化世代传承,为人类为中国历史的发展作出重大的贡献。但任何传统的文化都是历史的文化,它有精华,也有糟粕,我们只能传承那些对人类发展具有积极意义的文化精神,不能弘扬和传承那些阻碍中华民族向前发展、文明进步的消极文化。孙中山是一位很了解世界又了解中国文化的伟人,他既要发展物质文明,又要发扬心性文明,既要传承旧道德对今天仍然有用的内涵,又要创造新道德,重视教育,培养具有知识和崇高人格的新式人才。孙中山以人为本,重视科学、学术和人格,发展新的文明的文化观对中华民族的复兴具有重大的现实意义和学术价值。

孙中山是一位历史人物,他由一位医生变为一位民主革命家。为了革命,他不仅创造了三民主义、五权宪法理论,还制定了革命程序和建国方略等实践指南,可见他很用功读书,既有渊博的知识,也有思想和智慧。他领导的辛亥革命不仅结束了清政府 260 多年的统治，也结束了中国 2000 多年的封建君主政治制度，开辟了一个共和民主的新时代。他是中国杰出的政治家，当然热爱中国的传统文化，又由于他自幼在外国读书和受清政府的迫害在外国过着流亡生活，他对于世界的先进文化又了解较多，他勇于吸纳、融会，将中国的一元文化，构建为多元一体的先进文化，为中华民族的文化复兴和社会的进步作出重大的贡献。

文化是一个极其广泛而又模糊不清的概念。关于文化这个名词的解释，李文海先生曾经说过，至今已有 160 多种。[①] 而蔡尚思先生在《论中国传统文化的九大支柱》一文中则说："文化是一个极为广泛而笼统的名词。迄今为止，不少学者利用这一点而大发空论。据称，当今世界上关于文化的定义已达二百六十余种。"[②] 看来对于文化定义的界定有多少种说法，谁都没有也无法做精确的统计，但文化作为一种历史现象和社会现象[③]，是无时无处不在影响着人们的思想和行为。文化对于社会对于个人之所以重要是由文化所涵盖的内容、特点所决定的。

孙中山是近代中国民主革命的政治家和建设共和民国的思想家，但不是文化学者，如果说"文化的中心是思想"[④] 的话，那么孙中山的文化思想又是非常丰富、广泛和深刻的，而他关于文化强、民族强、国家强的看法，对于我们认识发展文化的重要性则具有巨大的启迪。

孙中山使用"文化"一词则比较晚，至五四运动前都使用"文明"概念，不使用文化。当时孙中山认为，西方的文明是资本主义文明，中国的文化是封建主义文化，因为他要反封建，终结中国的封建君主专制制度，所以他在辛亥革命、中华民国共和制度建立之前，几乎不谈中国文明或中华文化，但他具有治理社会发展经济最重要的思想，因为只有经济发达，才能解决国民的衣食住行生活问题，只有民富，文化才能发达，只有科学文化的发达，才有国家富强的思想。所以，孙中山强调，"欲上纾国计，必先下裕民生"[⑤]。"夫国以民为

---

① 参见李文海《中国近代文化史研究对象与任务刍议》，《中国近代文化问题》，中华书局 1989 年版，第 2 页。
② 蔡尚思：《论中国传统文化的九大支柱》，《中华文化的过去现在和未来——中华书局成立八十周年纪念论文集》，中华书局 1992 年版，第 22 页。
③ 龚书铎：《略论中国近代文化的特点》，《中国近代文化探索》（增订本），北京师范大学出版社 1997 年版，第 1 页。
④ 蔡尚思：《论中国传统文化的九大支柱》，《中华文化的过去现在和未来——中华书局成立八十周年纪念论文集》，第 23 页。
⑤ 孙中山：《致孙洪伊函》，《孙中山全集》第 3 卷，第 359 页。

本，民以食为天，不足食胡以养民？不养民胡以立国？"① 孙中山认为，发展经济，"下裕民生""不仅为政治进步之必需，实亦为人道之根本"。② 然而，孙中山又强调，发展实业"开发富源不仅仅是为了富有，而更重要的是为了我国人民的满足和幸福"。他说："一个国家的伟大，不在于它的人民富有，而在于它的人民幸福。"③ 所以，孙中山一再指出：我们要发展文明，但"发展文明，非仅关于财富一方面（即物质文明）"，还要担负谋人民之幸福与安全，要努力发展教育，提高国民的精神文明。④ 精神文明，孙中山也称为"心性文明"，心性也即思想，所以精神文明是由人们的思想凝聚形成的性格特征、做事做人的行为准则、规范。梁启超将精神称为"魂"，他说"日本魂""中国魂"，即指日本精神、中国精神。"中国魂者何？兵魂是也。""所谓爱国心与自爱心者，则兵之魂也"。⑤ 在清朝末年，不少学人则将中国之精神称为"中国魂"，也即"民为吾国之特质，吾历史之骨干者"，"读尽四千年之中国史，钩提事实，无论其为功业、为思想、为光荣、为耻辱，居历史之重要部分者，休莫非此主义所冲决所影响，字以'国魂'"。所以，中国之魂，则国人应树立民族主义精神和爱国心，否则"河山坐老，国魂浸衰，遂致后世异族侵凌，贻历史之污点也"。⑥ 如果用马克思主义的唯物史观去解释，精神文明属于意识形态范畴，它是经济基础的集中反映。孙中山并没有违背这个原则，所以不能把他视为唯心主义者。

西方的物质文明与东方的精神文明，孙中山在晚年有过许多论述，他的基本观点是说，近几百年来西方的物质文明突飞猛进，但精神文明则东方胜过西方，因为西方缺乏精神文明，所以它们的文化属于霸道文化，东方属于王道文化。东西方的文化差异，便决定西方人与东方人的心理素质和行为准则的不同。孙中山说，我们东洋向来轻视霸道文化，因为我们有一种"仁义道德的文化"，仁义道德的文化，是感化人，不是压迫人，是要人怀德，不是要人畏威。这种要人怀德的文化是"行王道"，不是"行霸道"。孙中山经过对东西文化的研究，比较其优势，他得出这样的结论："中国近代之文明以比欧美，在物质方面不逮固甚远，其在心性方面，虽不如彼者亦多，而能与彼颉颃者正不少，即胜彼者亦间有之。彼于中国文化一概抹杀者，殆未之思耳。且中国人

---

① 孙中山：《上李鸿章书》，《孙中山全集》第 1 卷，第 17 页。
② 孙中山：《在东京实业家联合欢迎会的演说》，附同题异文，《孙中山全集》第 3 卷，第 19 页。
③ 孙中山：《对外宣言》附《孙逸仙宣言》，《孙中山全集》第 6 卷，第 528 页。
④ 孙中山：《对外宣言》，《孙中山全集》第 6 卷，第 525 页。
⑤ 梁启超：《中国魂安在乎》，《清议报》第 33 册，1899 年 12 月 23 日。
⑥ 佚名：《中国魂》，《国民日报》第 1 期，1903 年 8 月。

之心性理想无非古人所模铸，欲图进步改良，亦须从远祖之心性理想，究其源流，始知补偏救弊之方。"① 孙中山说，我们处于这个新世界，应该用我们固有的文化做基础，要讲道德、讲仁义，我们有了仁义道德的好基础，另外还要学欧洲的科学，振兴工业，改良武器，保卫国家。② 所以，孙中山指出，中国是一个具有良好道德的国家，"有道德始有国家，有道德始有世界"③。"大凡一个国家所以能够强盛的原故，起初的时候都是由于武力发展，继之以种种文化的发扬，便能成功。但是要维持民族和国家的长久地位，还有道德问题，有了很好的道德，国家才能长治久安"④。孙中山还说，物质文明会使人类的生活"安逸繁华"，但它不能促进人类的心性文明，只有使用文字，进行启蒙教育，才可以"助人类心性文明之发达"。只有"物质文明与心性文明相待，而后能进步"。中国近代物质文明不进步，因之心性文明之进步亦受影响⑤，可见，孙中山还是以发展物质文明作为国家建设、社会发展的首要任务，正因为中国的经济不发达，才受帝国主义的欺凌、压迫、奴役，所以国家要独立，首先要发达科学和经济，但只有物质文明，政治不进步，文化不先进，我们也不能"齐家、治国"。正因为如此，"现在文明进化的人类，觉悟起来，发生一种新道德。这种新道德就是有聪明能力的人，应该要替众人来服务。这种替众人来服务的新道德，就是世界上道德的新潮流"⑥。

过去我们对于孙中山道德观的理解有不全面和不正确的地方。有的人过多地强调孙中山对儒学的道德规范的继承，因此讲孙中山对儒学的继承讲得多，但对孙中山的"新道德"则忽视了，其实孙中山的新道德观才真正反映孙中山对人类文明进步的观照。

何谓新道德？孙中山认为，新道德则新精神。1921 年 12 月 10 日，孙中山在桂林对滇赣粤军开讲座，共讲五次，第一次便讲精神教育。他说："救国救民，必要革命。革命须有精神"，此精神就现在的军人而言，"泛泛言之，智、仁、勇三者，即为军人精神之要素。能发扬这三种精神，始可以救民，始可以救国"。然后，孙中山分别就智、仁、勇和决心作了解释。他说：智就是"别是非，明利害，识时势，知彼己"。仁与智不同。"仁之定义，诚如唐韩愈所云'博爱之谓仁'"，"博爱云者，为公爱而非私爱，即如'天下有饥者，由

---

① 孙中山：《建国方略》，《孙中山全集》第 6 卷，第 180 页。
② 孙中山：《对神户商业会议所等团体的演说》，《孙中山全集》第 11 卷，第 407 页。
③ 孙中山：《在东京〈民报〉创刊周年庆祝大会的演说》，《孙中山全集》第 3 卷，第 25 页。
④ 孙中山：《三民主义：民族主义第六讲》，《孙中山全集》第 9 卷，第 242 页。
⑤ 孙中山：《建国方略》，《孙中山全集》第 6 卷，第 180 页。
⑥ 孙中山：《在岭南大学黄花岗纪念会的演说》，《孙中山全集》第 10 卷，第 156 页。

己饥之；天下有溺者，由己溺之'之意，与夫爱父母妻子者有别。以其所爱在大，非妇人之仁可比，故谓之博爱。能博爱，即可谓之仁"。而仁的种类则分救世之仁、救人之仁、救国之仁。"军人者，以救国救民为目的，有救国救民之责任。"所以，孙中山的所谓仁，就是为救国救民尽力，成功成仁，不惜牺牲自己的生命。至于勇，孙中山说："孔子有言'勇者不惧'"。"余以为最流通之用语是'不怕'二字"。"而军人之勇，是在夫成仁取义，为世界上之大勇"，"有主义、有目的、有知识之大勇，而为真正军人之勇"。最后，孙中山是讲军人应有决心"成功""成仁"，为改造国家、创造新世界勇于担当，"不成功，毋宁死"，"非成功，即成仁"，"成功则造成庄严华丽之国家，共享幸福。不成功，则同拼一死，以殉吾党之光辉主义，亦不失为杀身成仁之志士"。他说，人虽然都是一死，但死有泰山、鸿毛之别。"若因革命而死，因改造新世界而死，则为死重于泰山，其价值乃无量之价值，其光荣乃无上之光荣"。所以，孙中山强调，要创建新中国，改造新世界，"必有高尚思想，与强毅能力以为之先"。①

在这一讲演中，孙中山就将革命时代革命军人应有的思想、人格、道德和品质讲清楚了。

早在中华民国南京临时政府成立后，孙中山就提出要"琢磨道德""勉术学问"。他指出："物竞争存之义，已成旧说，今则人类进化，非相医相助，无以自存。"② 他提倡国民要为建设国家"立志""立诚"，树立"宁愿天下人负我，不愿我负天下人。天下人可以欺伪成功，我宁愿以不欺伪失败"③ 的精神。孙中山还一再强调："人生有死，死有轻重，死以为国，身毁名荣"④。"须以爱国保种为前提"⑤，忘我奋斗，建设一个很道德、很文明、很高尚的国家，令世界有和平，人类有大同，各人都有自由之权利和幸福。

1923年12月21日，孙中山在广州参观岭南大学向学生发表演说，他花很多时间讲立志。他说："二三十年以前的学生，他们有一种立志，就是闭户自读的时候，总想入学、中举、点翰林。以后还要做大官。"孙中山说，这是旧思想，这种立志只为个人谋幸福，不是为国家的富强。我们现在要立志改良

---

① 孙中山：《在桂林对滇赣粤军的演说》，《孙中山全集》第6卷，第16～17、22、29～31、35～36页。
② 孙中山：《学生要勉术学问琢磨道德》，孟庆鹏编：《孙中山文集》下，第693页。
③ 孙中山：《论立志》、《论立诚》，孟庆鹏编：《孙中山文集》下，第688页。
④ 孙中山：《祭武汉死义诸烈士文》，尚明轩主编：《孙中山全集》第2卷，人民出版社2015年版，第312页。
⑤ 孙中山：《在南昌军政学联合欢迎会的演说》，《孙中山全集》第2卷，中华书局2006年版，第536页。

国家，万众一心，协力奋斗，做大事。什么叫大事呢？他说："大概地说，无论做哪一件事，只要从头至尾，彻底做成功，便是大事。……至于学生立志，注重之点，万不可想要达到什么地位，必须要想做成一件什么事。因为地位是关系于个人的。达到了什么地位，只能为个人谋幸福。事业是关系于群众的，做成了什么事，便能为大家谋幸福。"为大家谋幸福，就要去图国家富强。"我们要图国家富强，必须要自己振作精神，大家团结起来，公同向前去奋斗。万不可自私自利，只知道要自己到什么地位，不知道要国家到什么地位。我们有了这项志气，便是国民志气"。"诸君立志，要有国民的大志气，专心做一件事，帮助国家变成富强"。"只要把国家变成富强，是世界上头等国，那么，我们面色虽是黄的，走到外国，自己承认是中国人，还不失为头等国民的尊荣"。① 1924 年 5 月 2 日，孙中山在岭南大学黄花岗纪念会演说，又强调："革命事业，在七十二烈士虽然是失败，但是他们死得其所。在我们后死的人看起来，还可以说是成功。所以我们今天来纪念，就是纪念他们当时的志气，纪念他们以死唤醒国民，为国服务的志气"②。"吾人立志，当国存与存，国亡与亡"③。

由此可见，孙中山提倡的新道德就是要人们立志，为改良国家、实现国家的富强努力奋斗，希望学生"以国家为重者为国友，争私人权利者为国仇"④，团结一致为改良国家、建设国家、复兴中国、振兴中华尽力尽责，尽义务。孙中山将旧道德规范人们的行为是为了个人的名利，效忠皇帝和封建主义达到升官发财的私欲，改造为立志为中华民族、为中国和国民服务，谋求国家富强和人民幸福，实现其"万众一心，急起直追，以我五千年文明优秀之民族，应世界之潮流，而建设一政治最修明、人民最安乐之国家，为民所有，为民所治，为民所享"⑤ 的理想。孙中山认为，人生的价值在于奉献，而不是在争地位。所以，他的新道德是对中国旧道德的深刻革命，它改变了一个人活着究竟是为了什么、为了谁这个带根本性的人生观、价值观的问题，为个人在社会中的地位、作用、努力方向、奋斗目标和成功、成仁指明了方向。

胡适说："究竟什么叫做道德？……韩愈的《原道》说'博爱之谓仁，行而宜之之谓义，由是而之焉之谓道，足乎己，无待于外之谓德。仁与义为定

---

① 孙中山：《在广州岭南学生欢迎会的演说》，尚明轩主编：《孙中山全集》第 7 卷，人民出版社 2015 年版，第 504～512 页。
② 孙中山：《在岭南大学黄花岗纪念会的演说》，《孙中山全集》第 10 卷，第 156 页。
③ 孙中山：《在广东全省军警欢迎会上的演说》，《孙中山全集》第 4 卷，第 126 页。
④ 孙中山：《对奉直两系派代表至粤的宣言》，《孙中山全集》第 6 卷，第 85 页。
⑤ 黄彦、萧润君主编：《建国方略》，广东人民出版社 2007 年版，第 3 页。

名，道与德为虚位。'"他说：借用韩愈的话来下道德的"虚位"的定义："由是而之焉，而宜之，之谓道。足乎己，无待于外之谓德"，翻成白话，就是："正当的行为，就叫做道。正当行为的结果，成了个人的正当品格，不须勉强，自然出来，就叫做德"。胡适强调："道德是变迁的，是随时随地变迁的。今日的正当，未必是千百年前的正当；这里的正当，未必是那里的正当。"因为变迁，道德没有刻板的标准，所以"依着个人的智慧的光明，对于那复杂、变迁、个别的人事问题，在行为上随地随时做相对的应付，这就是道。这种行为，久而久之，习惯了、圆熟了、不勉强了、成了品性了，这就是品格的养成，这就是德"，"用'道德教育'来教道德，远不如不用'道德教育'来教道德"。① 言下之意，胡适是说人的品格是自觉形成的，是在平时对人和做事中自然形成的。

胡适所讲的"品格"，即孙中山说的"人格"。孙中山说："我们要人类进步，是在造就高尚人格。要人类有高尚人格，应在减少兽性，增多人性。没有兽性，自然不至于作恶。完全是人性，自然道德高尚；道德高尚，所做的事情，当然是向轨道而行，日日求进步。"② 只要全国人民都变成有好人格，便可以把中国改良成一个好国家，所以改良人格是为了救国，是为了建设一个文明的和谐社会。只要国民具有良好的人格，人人对事都有是非观念、有为国家奉献的坚决心、有"牺牲一己利益"的精神，立志"舍身来救国，为中国前途来奋斗，不为个人图私利、谋求升官发财"。此外，孙中山还强调，每个人更要明白自己的小家与国家的关系，既要孝敬父母、长辈，又要关爱儿女和青少年的成长，既要热爱自己的家乡，更要热爱国家，只为个人之私事不为国出力，"不知国与己身之关系如身体之发肤，刻不可无"③，就不能说他人格高尚。

综上可见，文化是一种影响时代的力量。孙中山的道德文明，或称道德文化，是他对人学的巨大贡献，他将人与野兽区分开来，将个人的利益与国家的利益区别开来，把人的价值大小视为对国家的贡献大小，作为衡量人格的好与坏的标准。他将旧道德由对个人私利的追求，改造为对人类、对民族和国家的奉献和热爱。他强调，一个人的人生价值在于他有思想，在于有无所畏惧地追求真理的独立意志，以及有责任为人类为国家作贡献，这就为改良人格、树立新道德确立了努力方向和奋斗的新目标。

---

① 胡适：《道德教育》，杜春和、韩荣芳、耿来金编：《胡适演讲录》，河北人民出版社1999年版，第303～308页。
② 孙中山：《在广州全国青年联合会的演说》，《孙中山全集》第8卷，第316页。
③ 孙中山：《在中国同盟会葛仑会成立大会的演说》，《孙中山全集》第1卷，第523页。

千千万万的人都是平凡的人。孙中山把人分为先知先觉、后知后觉、不知不觉,不管是哪种人都应该受人敬重,只要大家改造人心,除去旧思想,另外换成一种新思想,大家都是国家的主人,只有大家都认识到"凡国家社会之事,即我分内事。有时凡有益于国家社会之者,即牺牲一己之利益,为之而不惜",这样"国家社会乃能日臻于进步"。① 孙中山是说,不管你是社会的哪一种人,只要都有人格,各就其位,各干其事,就具有高尚人格,都是对国家对社会有奉献的人,都应受到全社会的敬重和爱戴。

(二)

中华文化是现今中国国境内 56 个民族自觉认同形成的生命共同体中华民族的文化,它是中华民族凝聚力的核心力量。中华民族在几千年的历史发展中形成了多元一体的格局,又由于中国独特的地理环境和民族素质赋予中国文化强烈的包容性特征。"从秦汉统一开始,统一的格局便成为中国历史的主流"。在长期历史发展中,中原地区先进的生产水平和儒家礼乐文化、封建政治文化,长期为周边民族所仰慕,产生了巨大的向心力,随着民族主义认同的关系,又形成了中华民族统一的强大的思想纽带。"在中国历史上,当国家政权处于分裂割据时期,却也正是民族间经过斗争而进一步融合,民族文化认同和凝聚力突出地表现出来的时期"。② 由此又酝酿更大规模的统一。我国的少数民族在艰苦的情况下,为改造生活环境的奋斗精神,热爱家乡和祖国反对资本—帝国主义侵略英勇抗争的大无畏精神,在多民族地区各民族相互学习、共同进步和发展的精神,也为汉族所钦佩和学习。所以,中华文化是全国各族人民在长期共同创造中国历史进程中共同创造的,各族人民都有责任积极守护他们共同创造的传统文化,以及为发展中华文化贡献力量。

文化包含物质文化和非物质文化。物质文化涵盖人类生活的衣食住行方方面面的内涵;非物质文化则涵盖宗教、思想、理想、价值、人格、艺术,以及信仰、道德、法律、风俗和知识诸多方面内容。文化人类学则把文化规定为人类行为的一种模式,是思想与行为相一致的综合体。

文化是一种社会历史现象,有了人类就有文化,文化由人类创造的,是人类创造历史的成果,所以,文化是一个整体,带有普遍性,它是人们生活方式的总体,又是联结民族群体的纽带。③ 中国民族众多,每一个民族都有其文化

---

① 孙中山:《在潮州旅省同乡会欢迎会的演说》,《孙中山全集》第 2 卷,第 361～362 页。
② 陈其泰:《民族文化认同与中华民族的发展》,《历史编纂与民族精神》,国家图书馆出版社 2011 年版,第 182～184 页。
③ 参见沙莲香《中国民族性》(二),中国人民大学出版社 1990 年版,第 5～7 页。

的特征，但又具有中华民族共同的文化特点，正因为这个原因，才使中国 56 个民族能够稳固地联结在一起，形成谁也离不开谁的生命共同体。

孙中山谈论文明、文化的话语不少，但总觉得零散、不系统，没能给人一个明晰的文化概念，对中华文化的基本特征他也没有说过。诚如美国哥伦比亚大学孙中山研究的著名专家韦慕庭所指出的，孙中山"对于中国文化传统的优越性表示深信不疑"，并"训责他的国人，不该让中国在物质成就和科学知识方面落后于西方"。韦先生指出西方的大多数成就都是中国更早的固有发明的精炼和提高；而在精神文明、伦理关系和政治哲学这些问题，中国仍然是处于领先的地位。① 我们所见到的孙中山关于文明、文化的言论和文字，都是将中国与外国，尤其是与西方（即欧美，又称泰西）的文明、文化相比较，找出中外文化的不同和各自的优点和不足，却很少看到他将中华的汉族文化与其他少数民族文化的相同与不同方面的比较，这是他的弱点和不足。其实汉族有汉族的文化优点和长处，其他少数民族的文化也有优点和长处，两者应如何相互学习，取长补短，构建新的中华文化，使中华民族在一种新文化的启导下，创建一种多元一体的文化体系，达到中华文化的全面复兴，这是孙中山文化观的弱点和局限，其实在一个多民族的中国，这是探研中华文化必须引起重视的问题。

罗香林先生 1949 年前在广州中山大学历史系讲授《史学方法论》，第一讲便是"中华民族的成长"。他认为，"自夏朝起，中华民族始有完整的国家组织，同时也自夏朝起，中华民族始有显著的民族意识"②。李学勤先生则指出："中国从来就是一个多民族的国家，文献记载和考古发现都告诉我们，在中华辽阔疆土上，早在史前时代便有许许多多的民族部落生息居住，逐渐扩大融合，对国家和文明的形成作出了重要的贡献。进入文明时代以后，全国各个地区和民族更是经常交往通会，开创出既有大量共同因素，又有各自不同特点的文化。"他指出：如果"传说中的炎帝、黄帝是古代很多民族的共同祖先，也是种种文明事物的创造者"③，那么从炎黄帝，或从部落联盟的大酋长夏禹算起，中国各民族创造的传统文化有四五千年的历史。

关于中华民族包含多少民族，在 1949 年 10 月中华人民共和国成立之前，没有人讲得清楚。1912 年 1 月中华民国南京临时政府成立前的清政府承认中

---

① （美）韦慕庭：《孙中山——壮志未酬的爱国者》，杨慎之译，新星出版社 2006 年版，第 354 页。
② 罗香林：《中国民族史》，台北中华文化出版事业社 1953 年版，第 7 页。
③ 李学勤：《炎黄文化与中华民族》，黄爱平、王俊义编：《炎黄文化与中华民族》，中国人民大学出版社 1996 年版，第 1～3 页。

国是一个多民族的国家，除汉族、满族外，它承认北方有蒙古族，西北有回族、维吾尔族，以及天山北路一带的土尔扈特、和硕特等游牧部落，青海、西藏有藏族，云南、贵州、湖南、四川、广西等地有苗、瑶、壮、彝、僚等各民族，但因为清朝实行民族压迫和以夷治夷的统治，致使各民族不统一、不团结。1949年10月，中华人民共和国成立后，中央民族事务委员会组织各方面专家进行民族识别工作，最后确立中华民族除汉族外，还有55个少数民族。

1912年1月中华民国南京临时政府成立，孙中山宣布政体为汉、满、蒙、回、藏五族共和，国体为中央集权的中华民国，实现"民族之统一""领土之统一""军政之统一""内治之统一"和"财政之统一"。① 在《中华民国临时约法》中又明确规定："中华民国人民一律平等，无种族、阶级、宗教之区别"，"中华民国之主权属于国民全体"，"中华民国领土为二十二行省，内外蒙古、西藏、青海"，"中华民国由中华人民组织之"。② 这就结束了中国的封建帝制，开辟了各民族平等共和的新时代，也是中华民族多元一体自觉实体形成的具体表现。后来孙中山觉得中国不只是五族，还有其他民族如苗、瑶、僚、壮族，以及突厥人等，中华民国只是五族共和政体不妥当，因而他提倡学美国将各个不同的种族"合一炉而治之，自成一种民族"，叫做美利坚民族。又说，日本从前藩阀诸俊割据，明治维新后日本将各藩联络成了大和民族，因此，我们也要将一乡一县一省的各宗族联络，组成一个极大的团体——国族团体——中华民族，中国才能在世界民族中恢复它的历史地位。

国族是由无数的家族、宗族构成的，所以中华民族这个国族便是一个大家族，各个民族都是这个大家庭中的成员，都是兄弟姐妹，成员不分你我，对于弱小民族，政府当扶植之，使之能自决自治。对于国外之侵略强权，政府当抵御之；并同时修改各国条约，以恢复我国际平等、国家独立。③ 而维护国家的独立和领土的完整则是各民族的共同责任和义务。

在一个大家庭里，各个兄弟民族要一律平等，共同发展，要相互尊重不同民族的生活习惯和不同的宗教信仰。然而，孙中山也指出，科学和宗教比较，"科学自然较优"④。所以，我们要相信科学，不要相信迷信。宗教是讲人同神的关系，或人同天的关系，不是讲人同人的关系。孙中山说，他是基督徒，但

---

① 孙中山：《临时大总统宣言书》，《孙中山全集》第2卷，第1~3页。
② 孙中山：《中华民国临时约法》，《孙中山全集》第2卷，第220页。
③ 孙中山：《国民政府建国大纲》，《孙中山选集》，人民出版社1981年版，第601页。
④ 孙中山：《在广州全国青年联合会上的演说》，《孙中山全集》第8卷，第316页。

"他从来不信什么上帝,他也不相信传教士"①。可见,孙中山是一个无神论者,他主张信教自由,不反对别人信教,但他主张政治与宗教相互提挈,促进宗教与政治的协调发展,达到政治与宗教和谐相处,正确地解决各民族各宗教之间的关系。

文化是民族与民族联系的纽带,文化的发展有待于经济的发展,而经济的发展又有待于文化的提高和掌握科学,以及人的综合素质的提高。因之,为了发展少数民族地区的经济和开发富源,孙中山在《实业计划》中对于少数民族地区的发展作了具体的规划。在第一计划中,孙中山就规划筑北方大港于渤海湾,建筑铁路起于北方大港,迄中国西北少数民族居住的蒙古、新疆,将沿海、沿江各地稠集人民,移往蒙古、新疆天山一带从事垦殖。在新疆由迪化(按,今乌鲁木齐)修铁路至伊犁,由迪化修铁路至喀什噶尔(按,今喀什市),又在多伦诺尔、迪化间开一条线经库伦至俄罗斯恰克图。各地铁路相通,稠密省区无业之游民,可移民到此地开发,这不仅可以发展当地经济,使人民富足,也有利于世界商业的发展。所以,从内地向边沿少数民族地区修建铁路,无论从政治上、经济上言,都是中国必要和刻不容缓的事。

在第三计划中,孙中山又就建筑南方大港和建设西南铁路系统作了规划。西南铁路系统包含我国少数民族较多的四川、云南、广西、贵州等省,这些铁路以广州南方大港为起点,分别向重庆、成都筑铁路,经由湖南、贵州、广西向云南大理、腾冲至缅甸边界,由广州、钦州至越南界东兴,开发沿途各地的煤、铁、锑、锡、铜、银各种矿藏,并发展各省的农副产品、种植竹林、木材及其他一切森林。在第四计划的中央铁路系统,孙中山重点是发展中央铁路系统、东南铁路系统,扩张西北铁路系统,尤其引人注意的高原铁路系统,孙中山认为,完善铁路运输最重要的是将从兰州、成都、大理、于阗、诺和、亚东、提郎宗等地的铁路修到西藏拉萨。铁路是交通之母,路通财通,随着交通的发展,必然给少数民族地区经济的发展带来机遇。高原铁路境域包括西藏、青海、新疆之一部,以及甘肃、四川、云南等地方,面积约100万英里。孙中山说:这是"伟大之境域,外国多有未知者,而中国人则目西藏为四方宝藏,盖因除金产丰富外,尚有他种金属,黄铜尤其特产,故以'宝藏'之名加于此世人罕知之境域"②,随着铁路的修筑,人才、科学技术的发展势必将铁路经过的地方带来人和财的兴旺。

---

① 宋庆龄:《致新西兰友人詹姆斯·贝特兰函》,《宋庆龄书信集》,人民出版社1999年版,第652页。
② 孙中山:《实业计划》,黄彦、萧润君主编:《建国方略》,第267页。

这里讲的是物质建设，是物质文化，它属于硬实力，但物质文明的发展势必带来文化软实力的提升，软硬文化即物质文化与非物质文化的兼容发展，相互依存，和谐共生，就必然把我国各民族带入新的时代，成为追赶时代潮流、繁荣昌盛的共同体，为中华民族的全面复兴奠定坚实的基础。

（三）

陈序经先生说：五四运动前，我国的学者喜欢使用文明这个名词，很少应用文化的字样。后来我国逐渐地普遍用文化这个名词代替了文明这个名词，但也有人以为文明是物质方面的东西，而文化是偏于精神方面的东西。然而，陈先生则认为，文化是包括物质与精神两方面的，用物质与精神去区别文化与文明，是很不得当的。文明是文化的较高的阶段，文明的意义，比文化的意义为狭，文化的意义较文明的意义为广。① 中华文明有 5000 多年悠久历史，源远流长，所以中国是一个文明的古国，也曾出现过汉唐和清代康雍乾盛世。过去学者喜欢用"夷夏"的文化来区别汉族（华夏族）与少数民族（夷族），认为文化或文明程度高的就是华夏族，文化程度低的就是蛮、夷、狄少数民族，其实这种区分是很不科学的。诚如范文澜先生所指出的，"广大的中国疆域，不是哪一个民族所能独立开发出来的，她是许多已经消失了的和现时正在发展的各民族合力开发，经数千年的艰苦斗争，才逐步建立起这个伟大的中国来。依据历史记载，共同开发中国的各民族，一般说来（极其粗枝大叶的说来），汉族最先开发了黄河流域的陕甘及中原地区，东夷族最先开发了沿海地区，苗族（所谓'蛮'族'闽'族，实际就是苗族）、瑶族最先开发了长江、珠江和闽江流域，藏族（古代的羌族）最先开发了青海、西藏，彝族和西南各族最先开发了西南地区，东胡族（包括肃慎、乌桓、鲜卑、女真、契丹、满洲）最先开发了东北地区，匈奴、鲜卑、柔然、突厥、回纥、蒙古各族先后开发了蒙古地区，回族和西北各族最先开发了西北地区，黎族最先开发了海南岛，高山族最先开发了台湾。"② 所以，中华文化是各族人民共同创造和发扬光大的，汉族和各少数民族都有光荣的历史，都有悠久的文明。少数民族居住地面积广大，物产丰富，人民勤劳，自古以来就有许多发明。诸如在生产技术方面，秦汉以后驴骡是由西北少数民族传入中原的。农作物中的高粱、玉米、花生、棉花也是秦汉以后由少数民族传入中原的。秦汉以后传用的磨面、葡萄酒等，也是少数民族创造的。至于服装中，战国的"胡服"，近代的马褂、旗袍，也是

---

① 陈序经：《文化学概观》，第 42 页。
② 范文澜：《中华民族的发展》，北京《学习》杂志第 3 卷，第 1 期（1950 年 10 月）。

少数民族的贡献。在文学艺术方面,各族人民丰富的音乐、舞蹈、器乐、杂技,优美的绘画、雕刻、建筑,更是祖国文化中灿烂的明珠。少数民族如满族、蒙古族、维吾尔族、藏族、回族、白族、彝族、壮族、侗族等,在中华文化发展过程中的贡献,为减少篇幅,不再一一罗列,读者可参考黄爱平、王俊义主编的《炎黄文化与中华民族》一书。①

由上述可见,中华文化是中国境内以汉族为主体的各民族共同创造和一起守护和发扬的多元一体的文化。各民族的文化相互融合、互补、传承和发展,创造了中华文化,并把她推上了一个新的巅峰,造成空前辉煌灿烂景象,形成中华文化的新特征,并造就了勤劳、勇敢、热爱和平的人格特征,为世界和人类,以及中国的文明作出重大的贡献。但也正因为这样,中国人也容易自满,总认为自己有五千多年的文明,地大物博,人口众多,只要依靠自己的力量中国也能飞跃发展。所以,近三四百年来,先是欧洲,后是美洲,经过文化启蒙和工业革命,现代化建设成就辉煌,而我国的明、清政府还在闭关自守,关起门来称雄,结果人家利用物质文明和科学成就制造军舰、大炮向外扩张,多次发动侵略中国的战争,迫使清政府签订不平等条约,割地赔款将中国置于"瓜分豆剖"的危险局面,但清政府不能看清自己失败的根本原因——"落后挨打",连孙中山这样的伟人,在一个较长时期也还是认为西方的物质文明发达,但我们中国的政治哲学文明先进,我们的王道文化优越于"泰西"的霸道文化,总不想也不愿意从外国看中国,坚持从中国去看外国,更加不愿意放下架子虚心向别人学习强国的经验,实现中国的近现代化。孙中山在口头上虽说要与欧美国家"并驾齐驱",但如何地向先进国家学习,怎样才能达到"并驾齐驱",也没有一个整体的思考。在较长的时间里,孙中山都只是主张学习欧洲各国"富强之本",做到"人能尽其才,地能尽其利,物能尽其用,货能畅其流"②,至于政治,他在兴中会成立时虽提到"驱除鞑虏""振兴中华",但应该如何振兴中华,尤其是在文化和社会方面应该如何发展,都没有明说。

直到1912年辞退南京临时政府临时大总统后,孙中山才有空闲的时间认

---

① 《炎黄文化与中华民族》一书是中华炎黄文化研究会组编的《炎黄文化研究丛书》的一种,中国人民大学出版社1996年出版,其中有王钟翰先生的《满族在中华文化发展过程中的贡献》、李治亭先生的《满族与中华文化》、伊力奇的《13—19世纪蒙古民族对中华特色及其对中华文化的贡献》、特维库利·斯迪光的《维吾尔族文化漫论》、多吉的《藏族在中华文化发展过程中的地位和作用》、马启成的《论回族文化在中华文化中的特色和影响》、马曜的《古代白族诸王国的文化》、易谋远的《从彝族起源看炎黄文化》、刘美崧的《壮侗语族诸民族在中华文化发展中的地位和作用》等。

② 陈锡祺主编:《孙中山年谱长编》上册,中华书局1991年版,第73页。

真地思考复兴中华的有关问题。他认为，现在中华民国成立，要达到共和的目的，"莫如富强"。而"富强之道，莫如扩张交通政策。世人皆知农、工、商、矿为富强之要图，不知无交通机关以运输之，则着着皆失败"，"故今日欲言富国，必以此始，亦舍此别无良策也。……故鄙人以为欲谋强国，亦必自扩充铁路始也"。① 1912年8月30日，即孙中山在北京铁路协会讲以上意见的第二天，孙中山在北京湖广会馆学界欢迎会上演说便提出"学问为立国根本"这个带原则性的问题。他说："世界进化，随学问为转移。自有人类以来，必有专门多家发明各种奇门学说，然后有各种政治、实业之天然进化。"今日是学问过渡好时代，生存竞争、优胜劣败、弱肉强食为立国之主脑，这是有强权无公理，必须淘汰这种野蛮的学问。"弱肉强食、优胜劣败之学说，是社会之蠹，非共和国之所宜用"，"我国四万万同胞，智愚不一，不能人人有参政之智能。才智者既研究各种学问，有政治之能力，有政治之权势，则当用其学问为平民谋幸福，为国家图富强"。② "建设事业，必须学问"③，"学者，国之本也"④。"孙中山学问为立国根本"的主张，笔者在早几年便说过，这是孙中山科学发展观形成的初始阶段，这种思想一确立便改变了孙中山中西物质文明与心性文明对立的观点，说明他为建立"革命学"向建构"国家学"、建设一个文明的强国转变，这就与国粹学派和全盘西化派划清了界限，这是孙中山文化观的巨大进步。任何国家的所谓"文明"都是在特殊的历史条件下创造的，所以我们要理性地以平常的心态就中国与世界的文明作科学的解释，利用人家的优长来改造我们的短处，将好的优秀的中外文明结合起来建构新的文明。我们需要科学，但也要新人才，用科学与新的知识培养和造就新人才建设新国家、传承和弘扬古今中外的文明便是孙中山关于复兴中华的基本思想。

文化和人才的培养都跟教育有关，孙中山"学问为立国根本"思想确立后，便大力提倡多读书，通过办教育来"启文明"、促进化、促建设。1919年，孙中山对邹鲁说："一般人读书不认真还不要紧，我们革命党人却千万不可不认真。因为一般人读书，或是为个人的前途，或是为一家的生活，他读书不认真，成败得失，只他个人或一家。革命党人则不然，一身负国家社会之重，如果自己读书不认真，事情做错了一点，就不但害了我们的党，连整个国家社会也被害了。"⑤ 所以，为了救贫、救国、振兴中华，孙中山不仅强调国

---

① 孙中山：《在北京全国铁路协会欢迎会的演说》，《孙中山全集》第2卷，第420～421页。
② 孙中山：《在北京湖广会馆学界欢迎会的演说》，《孙中山全集》第2卷，第422～423页。
③ 孙中山：《在东京中国留学生会欢迎会的演说》，《孙中山全集》第3卷，第24页。
④ 孙中山：《令教育部通告各省优初级师范开学文》，《孙中山全集》第2卷，第253页。
⑤ 孙中山：《与邹鲁的谈话》，《孙中山全集》第5卷，第79～80页。

人要多读书、增长知识，还要树立为国家强盛、民族兴旺发达而奋斗的精神，如果没有革命和建国的精神，"就是一生学到老，死记得满腹的学问，总是没有用处"①。为了增长知识，培养人才，孙中山强调"非学术无以救国"，所以"凡有教育，应予提倡"，通过发展教育来"启文明，促进化"，"励行教育普及"政策，"增进全国民族之文化"。② 中国四万万人，皆应受教育，"使天下无不学之人，无不学之地"③。他说，小学、中学就是向青少年传授知识，大学则"以灌输及讨论世界日新之学理、技术为主，而因应国情，力图推广"④。学生要"研究为人类服务的各种学问"，"立志为国家服务，为社会服务"。⑤ 但是，"教育进步，以政治为基础"⑥。国民要有国民的天职，人人都要尽责任、尽义务，"教育者，乃引导人类进化者也"，"政治是促进人群进化之惟一工具，故教育家当为政治的教育家"。⑦ 教育家必须有正确的立场，教育学生热爱国家和民族，学好知识，具有很好的学问，共谋国家文化之进步，建设文明、发达的社会。

孙中山强调只有文化才能使一个国家真正地强大。文化传承的重要载体是人，人的品格和知识、才能决定国家、民族的未来。我们要传承的中华文化是各族人民共同创造的先进文化，不是某一人某一族的文化，更加不是那些维护封建君主专制的落后文化和中国人的一切丑陋不文明、不道德，不效忠国家和人民，而尊奉君主、帝皇的落后意识，以及只有家族、宗族，没有国族意识的一盘散沙式的自由主义行为。所以，孙中山晚年形成的文化观，不仅是中外文化互信、交流的桥梁，也是对中华民族人民树立正确的人生观、价值观的导引。他指出，中华民族要有忧患意识，也要有强国富民的奋斗精神。中华文化的本质是造就勤劳、勇敢、创新、奋斗，面向世界和全人类的人才。孙中山用他的行动和言谈促进和推动中国各民族的融合、相互依存、统一和发展，构建理想、信念，昂扬奋发，和谐共生，用文化来延伸各族人民的中国情怀，实现孔子的"大道之行也，天下为公""世界大同"。

1840年鸦片战争前，上至汉唐，下迄清代的康熙、雍正、乾隆，中国曾出现过盛世，但后来中国生产力的发展则长期陷在自然经济的泥潭之中，加上

---

① 孙中山：《在陆军军官学校开学典礼的演说》，《孙中山全集》第10卷，第297页。
② 孙中山：《中国国民党宣言》，《孙中山全集》第7卷，第3页。
③ 孙中山：《致郑藻如书》，《孙中山全集》第1卷，第2页。
④ 孙中山：《公布〈大学条例〉令》，《孙中山全集》第10卷，第530页。
⑤ 孙中山：《在岭南大学黄花岗纪念会的演说》，《孙中山全集》第10卷，第157页。
⑥ 孙中山：《在广东省第五次教育大会闭幕式的演说》，《孙中山全集》第5卷，第565页。
⑦ 孙中山：《在广东省第五次教育大会闭幕式的演说》，《孙中山全集》第5卷，第562页。

资本—帝国主义发动几次侵略中国的战争,通过不平等条约,中国则失去了独立,也失去了富强。孙中山为了振兴中华,制订"实业计划",企图通过发展经济,创造新的生产力,让中华民族从物质匮乏的枷锁中解放出来,改变中国贫穷、落后、挨打的局面,但是经济的问题,也是政治和文化的问题,政治不好,不仅不能集中力量搞经济,也不可能解决贫穷落后的社会问题;又由于文化不发达,不仅缺乏人才,科学技术又落后,使中国的工业和近代化进展缓慢,事实已证明仅靠物质的近现代化,还不足以体现人类社会的真正进步,因此孙中山改变自己的思维,强调以人为本,重视科学,提高学术,发展教育,大力培养新型人才,将物质建设与心性文明建设结合起来同时发展,便成为他复兴中华的奋斗目标。正是因为孙中山文化观的变化,使他晚年的建国思想达到一个新的高度。政治、经济、社会和文化,以及历史、政治、文化和人的素质都是相互关联的,缺一不可。旧的历史文化传统既是一种资源,但又是一种负担,如果负担愈重,不能建构一种新的文化,重塑我们的思想和行为,我们将陷入陷阱不能自拔,建设事业则欲速而不达。所以,只有在发展经济的同时,大力发展科学、文化,造就新型的开放型、具有全球意识和关怀全人类的命运前途、充满智慧的人才,才有我们中华民族的美好未来。文化是导引人类做事和生活的准则,只有文化强,民族才会强,也只有科学发达,才会有国家的富强。

文化的意涵,不是政治的意涵,但文化与政治、思想、道德又不可离异,因为一个国家的国民只有文化的认同,才有民族的认同和国家的认同,因此,复兴中华,不能不重视文化的复兴,不能不重视中华文化的发展,去中国化首先就是去中国的文化,斩断中华民族生存和发展的根系,所以对中华传统文化既要传承,又要发展,要建构多元文化优优互补的新文化,使文化的力量成为指引我们复兴中华的强大动源和力量。这是孙中山的文化观对我们当今复兴中华的重大启迪,必须引起我们的高度重视。

第五章 孙中山的大中华思想与国家的统一

一、孙中山大中华思想的内涵

（一）

已故的著名历史学家范文澜先生在20世纪50年代初发表过一篇题为《中华民族的发展》的杰作，指出："伟大中国的主人是伟大的中华民族。"他说："构成中华民族的各族，除了汉族，还有许多少数兄弟民族，这些兄弟民族的具体情况，向来不曾有过详细明确的调查。"据粗略估计，各少数民族的人口在全国总人口中当为1/10。中华民族在长期形成过程中民族之间相互融合和同化，所以中国没有一个纯血统的民族。范老指出："拿黄河来比汉族，黄河发源于星宿海，沿路吸收大小河流，终成巨大的黄河。同样，汉族发源黄炎族，五千年来，吸收数以百计的大小民族，终成巨大的汉族。谁也不能取出一杯黄河水，说这是星宿海的水。谁也不能指出一个汉族人，说这是黄炎的嫡派子孙。以血统谈民族，是荒唐无稽的谬说。"①

这里，范老为我们指明了探讨中华民族历史形成应注意的重要问题，也是我们认识和研究孙中山的大中华思想所应遵循的基本原则。

中华民族作为中国各民族整体的称谓，出现于20世纪初，它是中国各民族在共同缔造祖国的历史过程中逐渐形成的民族共同体。它最初是指中华民族的主体——汉族，辛亥革命后，出现了包括中国少数民族在内的提法，并越来越得到较广泛的认同。所以，中华民族称谓的出现，表明了中国各民族根本利益和长远利益的一致性，以及它们之间不可分割的联系和整体性的民族认同，是中华民族民族觉醒的具体表现。

"中国"一词出现于西周，最初仅指天子所在的"王畿"，后来泛指所辖

---

① 范文澜：《中华民族的发展》，《学习》杂志第3卷，第1期（1950年10月）。

的全部国土。"华"或"华夏"为春秋时期民族大融合的产物，它既是标志文化程度的族称，也是地域名称。"中华"一词最早出现于魏晋，魏晋人自诩人文昌盛，国中有掌握中原传统文化学术的"衣冠华族"，因而有意识地用这一称谓指王朝统治下的国王或王朝本身；同时也指居住在王朝域内创造着中原文化的诸民族，尤其是汉族。南北朝时期，在中原建立政权的少数民族统治者，为争取中原的统治权，亦多以中华正统自居，而斥对立政权为夷，诬之为"非我族类"。此后"中华"一词逐渐由指华夏式汉族发展为泛指中国各民族①。可见，这时期的"中华"，也即中国。

陈连开先生指出："中国作为国家名称，在西方国家未来以前，是历代中国王朝的通称，各朝代另有表明其一家一姓'社稷''天下'的朝代国号；西方国家侵入中国以后，中国的主权受到了侵略，无论是在平等地位上或不平等地位上与西方打交道的主权国家名称——'中国'，都已是主权中国的名称。"② 所以，"中国"无论作为地域名称或国家名称都包括中国的边疆民族地区在内，"中国人"也是指中国各民族。中华民族是近代中国在与外国交往中逐步形成的概念。诚如费孝通先生所指出："中华民族作为一个自觉的民族实体，是近百年来中国和西方列强对抗中出现的，但作为一个自在的民族实体则是几千年的历史过程中所形成的。"③ 中华民族这个自觉民族实体的形成，表明以汉族为核心以国家利益为根本自觉凝聚起来，被各民族体认的中华民族已经成为中国各民族的通称。

站在时代前列的一代伟人孙中山，首先喊出"振兴中华"的口号。1894年孙中山在《檀香山兴中会章程》一文中首先提出了"振兴中华"的口号。他在提到为什么要成立革命团体——兴中会和成立兴中会的目的时说："方今强邻环列，虎视鹰瞵，久垂涎于中华五金之富、物产之饶。蚕食鲸吞，已效尤于接踵；瓜分豆剖，实堪虑于目前。有心人不禁大声疾呼，亟拯斯民于水火，切扶大厦之将倾。用特集会众以兴中，协贤豪而共济，抒此时艰，奠我中夏。……是会之设，专为振兴中华、维持国体起见。盖我中华受外国欺凌，已非一日。"④ 在这里，孙中山"中华""中夏"并提，其实他的"中华""中夏"指的都是"中国"。所谓"兴中"，也即是振兴中国。与此同时，在《檀

---

① 参见刘荣焌等《中国各民族文化百科全书总论》，《民族研究动态》1993年第2期。
② 陈连开：《中国·华夷·蕃汉·中华·中华民族——一个内在关系发展被认识的过程》，费孝通等：《中华民族多元一体格局》，第98页。
③ 费孝通等：《中华民族多元一体格局》，第1页。
④ 孙中山：《檀香山兴中会章程》，《孙中山全集》第1卷，第19页。

香山兴中会盟书》中，孙中山又以"驱除鞑虏，恢复中国，创立合众政府"①作为纲领，不用"振兴中华""恢复中华"作为纲领和口号，也说明孙中山使用的"中华""中夏"和中国是一个意思。1895年10月6日孙中山在《拟创立农学会书》中，在谈到中西国家不同时，又将"中国"与"中华"并称，比如他说"我中国衰败至今""盖中华以士为四民之首""诚以中华自古养民之政，首在农桑"②便是。由此可知，此时孙中山所指的"中华"也还是指"中国"，还不是指中国各民族的总称"中华民族"。据笔者所查，孙中山在1896年10月伦敦蒙难以后一段时期，跟外国人交流时的书信或撰写的文章和函稿，除1896年11月孙中山在给英国汉学家翟理斯约请他写自传的复函中，将"中国"和"中华"并用外③，此后他混用"中华""中国"两个概念的情况日见减少。

1897年8月，孙中山在日本横滨与宫崎寅藏、平山周交谈，说他为什么要起来反清时，他还是从种族主义立场去阐述反清革命的必要性，说明这时的孙中山所坚持的还是以汉族为中心的种族主义观念。他说：

> 清虏执政于兹三百年矣，以愚弄汉人为治世第一义，吸汉人之膏血，锢汉人之手足，为满奴升迁调补之符。认贼作父之既久，举世皆忘其本来，经满政府多方面之摧残笼络，致民间无一毫之反动力，以酿成今日之衰败。④

将解除"汉种"被压迫的痛苦作为革命"推翻逆胡"的原因，试图通过民族斗争从所谓"鞑靼的桎梏下解救出来"⑤的思想，无疑是一种狭隘的民族意识。这种意识的发展便形成孙中山"反满"民族革命的基本框架，即以"驱除鞑虏，恢复中华"作为第一步，然后实现"创立民国，平均地权"的目的。

孙中山承认，他"志在驱逐满洲人"⑥，但他也坚持，革命的目的是为了"振兴中华""恢复中华"，也即是振兴中国，振兴中国当然也包含"光复"汉族的意思。这个时期的孙中山虽然也明白中国是个多民族的国家，振兴中华意思就是要振兴中国，因此，不改变"满胡以异种入主中原，则政府与人民

---

① 孙中山：《檀香山兴中会盟书》，《孙中山全集》第1卷，第20页。
② 孙中山：《拟创立农学会书》，《孙中山全集》第1卷，第24～25页。
③ 孙中山：《复翟理斯函》，《孙中山全集》第1卷，第46～48页。
④ 孙中山：《与宫崎寅藏平山周的谈话》，《孙中山全集》第1卷，第172页。
⑤ 孙中山：《致洛克哈特函》，《孙中山全集》第1卷，第174页。
⑥ 孙中山：《与斯韦顿汉等的谈话》，《孙中山全集》第1卷，第195页。

之隔膜尤甚。当入寇之初,屠戮动以全城,搜杀常称旬日,汉族蒙祸之大,自古未有若斯之酷也。山泽遗民,仍有余恨;复仇之念,至今未灰"① 的看法,用强化种族意识的办法来推翻满族皇帝,不仅与近代民族国家民族平等的理念相悖,也与近代中国中华民族观念和统一意识背道而驰。但是,认识是一回事,实践起来又是一回事。单纯强调民族之间的不平等,为解除民族压迫的痛苦而起来革命,固然具有动员作用,但民族主义并不是民主政治的理论基础。因此,当孙中山在进行组党和制定建党的目标时,又作进一步的理性的深层次的思考,思想产生了变动。从1903年12月孙中山在檀香山的演说中看到,这时的孙中山的思想有了根本的变化。他说:"今日之中国何以必须革命?因中国之积弱已见之于义和团一役,二万洋兵攻破北京。若吾辈四万万人一齐奋起,其将奈我何!我们必要倾覆满洲政府,建设民国。革命成功之日,效法美国选举总统,废除专制,实行共和。"② 八国联军侵略,创痛巨深,使孙中山认识到只有"四万万人一齐奋起"才能抵御侵略,这就开孙中山大中华思想的端绪。"四万万人",不是单指汉族,也不是单指某一民族,而是全中国各民族的总和。如果说孙中山上述的意思还含糊,而他强调推翻清朝后,建立民国,效法美国选举总统,废除专制,建立民主的、国民的、社会的以及各民族平等共和的国家,则非常清楚地说明了孙中山革命的目标已不再是为了"复九世之仇"了。孙中山改变了汉族复仇的狭隘观念,确立了各民族平等、建立民主国家的理念,表明孙中山建立民族国家的思想有了提升和突破。从此以后,孙中山放弃原来用强调种族压迫的事实作为"排满"宣传的唯一手段,他强调要"把圣经和基督教教育(正如我们在美国所认识的)作为一种传递手段,向我们的同胞转送通过正义的法律所可能得到的幸福。我们试图尽力采取一切手段,不经流血而夺取全国和建立政府"③。基于这种认识,孙中山在1905年2月在为旧金山致公堂起革新章程时,将原来"本爱国保种之心,立兴汉复仇之志,联盟结义"改为"驱除鞑虏,恢复中华,创立民国,平均地权为宗旨"④,这就为同盟会确立了革命建国的纲领。从1905年8月13日孙中山在日本东京为中国留学生欢迎大会发表的演说可知,这个时期孙中山的思想发生了深刻的巨大的变化。这个变化的主要表现为孙中山考虑问题的视角发生了变化,他不仅从世界看中国,又以中国跟世界各国相比,孙中山认为:"倘若是中国人如此能将一切野蛮的法制改变起来,比米国还是要强几分的"。

---

① 孙中山:《支那保全分割合论》,《孙中山全集》第1卷,第220页。
② 孙中山:《在檀香山正埠荷梯厘街戏院的演说》,《孙中山全集》第1卷,第226页。
③ 孙中山:《在旧金山的演说》,《孙中山全集》第1卷,第240页。
④ 孙中山:《致公堂重订新章要义》,《孙中山全集》第1卷,第262页。

中国土地人口，世界莫及。"我们生在中国，实为幸福。各国贤豪皆羡此英雄用武之地，而不可得。我们生在中国，正是英雄用武之时，反都是沉沉默默，让异族胡儿据我上游，而不知利用此一片好山河，鼓吹民族主义，建一头等民主大共和国，以执全球的牛耳，实为可叹！"①

由上述可见，从中国同盟会成立之日起，孙中山就将中国同世界联系起来考虑，形成了他的大中华思想。将中华的进退、国家的安危同世界的形势发展联系起来，说明中国不是孤立的中国，它是世界的中国，因此中国要获得独立、民主和富强，实现中国的近代化，除了中国的因素以外，世界的因素也很重要。这样，孙中山便确定要"择地球上最文明的政治法律来救我们中国"，也希望世界列强能以"最优等的人格来待我们四万万同胞"②，形成平等的中外关系格局和正常的稳定的社会秩序，这是孙中山民族主义思想的巨大飞跃，从此他便从国内国外两方面地阐述他的民族主义内涵，对内，他强调中国人的自觉、统一、创业、奋进；对外，希望全球的异民族能正确地、平等地对待中国，使中华民族独立、强盛，能享受到地球上最优的幸福和在世界上得到应该得到的地位。这个思想一经确立就为中华民族自觉实体的形成奠定了牢固的基础，也为他的大中华思想和平等的民族意识的确立创造了条件。

（二）

1905年8月中国同盟会成立后，为了结束中国"异种残之，外邦逼之"内外交困的局面，孙中山一方面从事唤醒华侨华人和各民族的爱国心，"使其与我们合力救国"；一方面制定革命方略，重申于"驱除鞑虏，恢复中华"之后，"国体民生尚当与民变革，虽纬经万端，要其一贯之精神则为自由、平等、博爱"，同时"对于友邦各国益敦睦谊，以期维持世界之平和，增进人类之福祉"。③ 孙中山还在《招降满洲将士布告》中宣布，满族人也是中国人，为满洲政府效力之将士，论情谊则为兄弟，论地位则为仇敌，"中国者中国人之中国"，"方今民族主义、国民主义磅礴人心，举国之人皆知明理仗义，固非若昔日人心否塞之世。军政府提挈义师，肃将天讨，期与四百兆人平等，以尽国民之责，亦与昔之英雄割据有别"④。他指出："今军政府与我国驱除鞑虏，恢复中华，大兵所至，举满洲政府不平等之政治，摧廓振荡，无俾遗孽。凡租税厘捐一切不便于民者，悉扫除之，俾我国民得怡然于光天化日之下。俟

---

① 孙中山：《在东京中国留学生欢迎大会的演说》，《孙中山全集》第1卷，第279页。
② 孙中山：《在东京中国留学生欢迎大会的演说》，《孙中山全集》第1卷，第281页。
③ 孙中山：《中国同盟会方略》，《孙中山全集》第1卷，第310页。
④ 孙中山：《中国同盟会方略》，《孙中山全集》第1卷，第314页。

天下大定，当制定中华民国之宪法，与民共守。"①"恢复中华"之后建立中华民国，这个中华民国将实施五权分立、五族共和的共和政治，表明孙中山的大中华意识是将中国的各民族用中华称谓来替代，实行国家统一、民族平等和共和，让中华全体国民掌握国家的权柄。1906年12月2日，孙中山在东京《民报》创刊周年庆祝大会的演说中，又进一步宣布民国成立后的民族政策，指出"民族主义，并非是遇着不同族的人便要排斥他，是不许那不同族的人来夺我民族的政权"。又说："惟是兄弟曾听见人说，民族革命是要尽灭满洲民族，这话大错。民族革命的原故，是不甘心满洲人灭我们的国，主我们的政，定要扑灭他的政府，光复我们民族的国家。这样看来，我们并不是恨满洲人，是恨害汉人的满洲人。假如我们实行革命的时候，那满洲人不来阻害我们，决无寻仇之理"。②"同是中国人""惟是兄弟""民族的国家"词语的出现，说明孙中山从这时起已经抛弃过去视满洲为"异种"、清朝建政"中国亡国"的理念，逐步形成中国各民族大团结实现中国领土统一建立民族的、国民的、社会的中国的大中华思想。

1911年10月武昌起义后，孙中山于12月25日由国外返抵上海。30日，孙中山在上海召开中国同盟会本部临时会议，会前孙中山起草《中国同盟会意见书》，这个意见书虽然未能摆脱种族主义情绪，但他公开声明"吾党所标三大主义，由民族而民权、民生者，进行之时有先后，而欲造成圆满稳定之国家，以副其始志者，则必完全贯彻此三大主义而无遗。即吾党之责任，不卒之于民族主义，而卒之于民权、民生主义者，则固无疑也"。并声称"昆仑之山为黄河之源，浑浑万里，东入于海，中有伟大民族，代产英杰，以维其邦国；吾党义烈之士，对兹山河，雄心勃郁，其亦力任艰巨，以光吾国而发挥其种性矣！"③孙中山的意思是，伟大的民族造就伟大的英杰，伟大的英杰维护和建设伟大的国家，这就将民族与国家和国民结合起来，较为全面地表达了他的建国思想和方略。

1912年1月1日，孙中山在南京就任中华民国临时大总统，在他起草和颁布的宣言书中，为了实现大中华的团结，强调国家之统一，说："国家之本，在于人民。合汉、满、蒙、回、藏诸地为一国，即合汉、满、蒙、回、藏诸族为一人。是曰民族之统一。"武汉首义，十数行省先后独立。所谓独立，孙中山说：即"对于清廷为脱离，对于各省为联合，蒙古、西藏意亦同此"，

---

① 孙中山：《中国同盟会方略》，《孙中山全集》第1卷，第317页。
② 孙中山：《在东京〈民报〉创刊周年庆祝大会的演说》，《孙中山全集》第1卷，第324～325页。
③ 孙中山：《中国同盟会意见书》，《孙中山全集》第1卷，第578～579页。

也即是说，全国行动统一，各民族合力组织中央政府，实现领土之统一。此外，孙中山还强调，中国还必须实行"军政之统一""内治之统一""财政之统一"。① 中华民国成立，孙中山宣布"易君主政体以共和"，并对外宣言"吾中华民族和平守法，根于天性，非出于自卫之不得已，决不肯轻启战争"②。孙中山在这里第一次使用了"中华民族"名称。

前面说过，"中华"，对于孙中山来说，它是个政治口号，比如"振兴中华""恢复中华"都是。所谓"中华"即"中国"。1912年后则称为"中华民国"。在中华民国南京临时政府《对外宣言书》中，孙中山使用"中华民族"称谓，这是在他宣布实行"五族共和"政体以后提出的，说明中华民族不是专指汉族，而是包括汉、满、蒙、回、藏以及其他中华民族认同的统一体，表明中国的主权属于中国各民族，属于中华民族。从此，"中华民族"便成为代表中国各民族统一的称谓，并以此称谓跟外国和世界其他民族打交道。中华民族作为中国古今各民族的总称、众多民族在长期历史发展中形成的民族统一体在孙中山的中华民国南京临时政府中得到体认，表明中国民族意识的觉醒，以及祖国统一和领土完整的观念已经牢固地在国民中树立，此后，"中华民族"一词就正式地成为中国各民族的总称，并被运用。

既然中华民族是全中国各民族的总称，那么，首先，各民族在中国政治、经济和教育各方面的权利就必须平等，用孙中山的话说，即"满、蒙、回、藏之待遇，与汉人平等"③。国民"群起解除专制，并非仇满，实欲合全国人民，无分汉、满、蒙、回、藏，相与共享人类之自由"④。其次，中华民国"由全国五族人共组织之"⑤，中华民国代表统一，所以，中华民族便是统一的象征。为了消融民族之间的猜疑和分歧，树立大中华大一统的思想，1912年2月18日孙中山向全国发表公电布告：

> 今中华民国已完全统一矣。中华民国之建设，专为拥护亿兆国民之自由权利，合汉、满、蒙、回、藏为一家，相与和衷共济，丕兴实业，促进教育，推广东球之商务，维持世界之和平，俾五洲列国益敦亲睦，于我视为唇齿兄弟之邦。因此敢告我国民，而今而后，务当消融意见，蠲除畛域，以营私为无利，以公益为当谋，增祖国之荣光，造国民之幸福。⑥

---

① 孙中山：《临时大总统宣言书》，《孙中山全集》第2卷，第2～3页。
② 孙中山：《对外宣言书》，《孙中山全集》第2卷，第8页。
③ 孙中山：《致黎元洪电》，《孙中山全集》第2卷，第29页。
④ 孙中山：《致贡桑诺尔布等蒙古各王公电》，《孙中山全集》第2卷，第48页。
⑤ 孙中山：《致何宗莲电》，《孙中山全集》第2卷，第105页。
⑥ 孙中山：《布告国民消融意见蠲除畛域文》，《孙中山全集》第2卷，第105页。

基于这个认识，1912年3月3日中国同盟会在南京召开动员大会，动员会员投身建国，孙中山为大会草拟了《中国同盟会总章》，将"实行种族同化"作为同盟会的政纲之一。此后，孙中山一再勉励中国"五大民族相爱相亲，如兄如弟，以同赴国家之事，主张和平，主张大同，使地球上人类最大之幸福，由中国人保障之，最光荣之伟绩，由中国人建树之，不止维持一族一国之利益，并维持全世界全人类之利益焉"①。

由此可见，孙中山的大中华思想形成于1905年中国同盟会成立以后，确立于1912年中华民国成立以前，这个思想的确立表明他所建立的中华民国政府是代表当时全国各民族的统一的政府，他则是全国各民族的合法的领袖，它的确立不仅表明大中华的意识在中国人民中树立，也标志中华民族作为中国各民族自觉认同的多元统一体的形成。这是中国人民觉醒的表现，也是在近代中国反帝反封建斗争中逐渐形成的各兄弟民族相互依存、相互发展、谁也离不开谁的兄弟关系的结果。中国人民这一思想的进步，为实现中国的民族独立和民族平等奠定了强大的精神支柱。从现在往上回溯，中国各民族在漫长的岁月中通过经济和文化的交往，彼此联合，通过政治的磨难和反帝反封建斗争逐步形成的相互依存关系，便为中国各民族逐步走向团结、统一、民主、进步奠定了牢不可破的思想基础。

（三）

明确中华民族的含义，弄清孙中山在中华民族自觉统一体形成过程中的作用，对于我们树立大中华的意识具有重大的意义。

我国古代的史学家往往把中国的范围局限于汉族建立的国家，把它同汉族居住区等同起来，只重视汉族文化而忽视各少数民族的文化，这都是不符合历史事实的，是一种错误的观念引导出的错误结果。自古以来中国就是一个统一的多民族的国家，汉族只是中国一个人口最多的民族，但不是中国唯一的民族。在现今中国960多万平方公里的领土上，居住着13亿多国民，它包括汉族和其他55个少数民族。中华民族是由汉族和其他历史上存在过但已消失和现有的民族，"经过接触、混杂、联结和融合，同时也有分裂和消亡，形成一个你来我去，我来你去，我中有你，你中有我，而又各具个性的多元统一体"②。

鉴于辛亥革命后革命形势的发展和思想的变化，孙中山便将三民主义的排

---

① 孙中山：《在北京五族共和合进会与西北协进会的演说》，《孙中山全集》第2卷，第440页。
② 费孝通等：《中华民族多元一体格局》，第1页。

列秩序：民族、民权、民生，改为民权、民族、民生三大主义。1913 年 1 月 10 日，孙中山在上海国民党恳亲会发表演说指出："自去岁民国成立，吾党竟堂堂正正开会于国内，研究建设民国诸问题，一言一行，均足以为轻重于现在之民国"。"吾中华积数千年专制国之恶习，一旦改革，千端万绪，不易整理。而今后立国大计，即首在排去专制时代之种种恶习，乃能发明文明国家之新精神，此亦国民不可不注意之事"。就是在这个讲话中，我们发现孙中山将三民主义原来排列的民族、民权、民生，改排为民权、民族、民生①三大主义，这个改变表明其革命建国思想重点在默默转移。3 月 6 日，孙中山在日本横滨国民党支部欢迎会上演说，又强调国家政治民权的发达必赖政党，只有政党遵照光明正大之主义，采取公开、公平、公正竞争，民权主义才能确立。与此同时，他又对国民党的民族政策的改变带来的积极效果加以肯定。他说："凡赞成共和者，我同人亦当相与为良朋"，甚至"专制我国民二百有余年之满族，但今次他赞成我之共和，故我国民不但待为益友良朋，更每年供他与四百万之年俸。此亦所以表我党之宽宏大量，而出乎他念之报仇尽灭之心，故此次赞成共和之最亲热者，莫若满之王族也"。并强调只要"民国合五族而成，凡五族之人，皆如兄弟，合心合力，以为民国之前途着想尽力。此兄弟之所厚望于诸君也"。②所以，孙中山认为民国政府是国民的政府，前清革命为生死之争，为异族之争，现在要为公理和为法律而争，为民权而争，吾党所怀抱之政策，将以正式国会为发表之机会，以进步思想、乐观精神，"准公理，据政纲，以达巩固中华民国图谋民生幸福之目的，当然为吾党之责"③。由此可见，民国成立后，孙中山强调民族统一、实现共和是为了建设一个统一的、民主的、富强的新中国，实现振兴中华复兴中国的目的。可见，孙中山的大中华思想就是统一的思想、平等的思想、强国的思想和富民的思想。

辛亥革命后，"中华"一词被广泛地应用，比如上海就曾成立中华实业银行，孙中山任名誉总董。为了讨伐袁世凯，孙中山于 1914 年又成立中华革命党和中华革命军，在孙中山为中华革命党撰写的誓约和总章中，规定以实行民权、民生为宗旨，"本党以扫除专制政治，建设完全民国为目的"④。收起民族主义，将三民主义改为二民主义，这一方面说明讨袁是全中国各民族的大事，不是民族之间内部之争，而是"重造民国"的政治斗争；另一方面也表明孙中山思想的变化，他认为清朝已被推翻，民族之间不平等问题已经解决，讨袁

---

① 孙中山：《在上海国民党恳亲会的演说》，《孙中山全集》第 3 卷，第 2 页。
② 孙中山：《在横滨国民党支部欢迎会的演说》，《孙中山全集》第 3 卷，第 40～41 页。
③ 孙中山《〈国民月刊〉出世辞》，《孙中山全集》第 3 卷，第 64 页。
④ 孙中山：《中华革命党总章》，《孙中山全集》第 3 卷，第 97 页。

护国是为了维护五族共和，奠定共和民主政治体制。这时期的"中华"显然已不是指汉族，而是中华民族的"中华"，是代表全中国各民族的统一体的大中华。孙中山淡化了种族之争的意向，强化中国对外国的大中华意识，这是孙中山民族主义思想的飞跃。此后，由于护国运动和第一次护法运动受挫，有一段时间孙中山隐居沪上"闭户著书，不理外事"，对于大中华的思想没有能够进行深层次的思考和阐释，但他所从事的救国救民事业的决心"未曾少衰"，因此在1919年五四运动后，经过一段时间的思考、总结，思想终于有了很大的进步。比如，孙中山指定胡汉民、汪精卫、戴季陶、朱执信、廖仲恺组织创办的《建设》杂志，树立起"建设一世界最富强最快乐之国家为民所有、为民所治、为民所享"的旗号，鼓吹建设之思潮，阐明建设之原理，广传建设之主义为宗旨，动员国民起来重建国家。在孙中山为《建设》杂志所写的发刊词中，孙中山感叹地说：

> 我中华民国以世界至大之民族，而拥有至大之富源，曾感受世界最进化之潮流，已举行现代最文明之革命，遂使数千年一脉相传之专制为之推翻，有史以来未有之民国为之成立。然而八年以来，国际地位犹未能与列强并驾，而国内则犹是官僚舞弊，武人专横，政客捣乱，人民流离者，何也？以革命破坏之后而不能建设也。所以不能者，以不知其道也。①

以后，孙中山致力于理论的探索和学说的研究，并出版《实业计划》《孙文学说》等书，欲以其主义普及国民，提高民族精神，力图再起，重建国家。

1919年9月，孙中山为姚伯麟著《战后太平洋问题》一书作序，指出："何谓太平洋问题？即世界之海权问题也。海权之竞争，由地中海而移于大西洋，今后则由大西洋而移于太平洋。昔时之地中海问题、大西洋问题，我可付诸不知不问也，惟今后之太平洋问题，则实关于我中华民族之生存，中华国家之命运者也。盖太平洋之重心，即中国也；争太平洋之海权，即争中国之门户权耳。谁握此门户，则有此堂奥、有此宝藏也。人方以我为争，我岂能付之不知不问乎？姚伯麟先生有鉴于此，特著《战后太平洋问题》一书，以唤起国人之迷梦，俾国人知所远虑，以免近忧焉。其救国之苦心，良足多也，故喜而为之序。"②

孙中山重新树立起中华民族民族主义的旗号，就是要国人树立民族的忧患意识，认真思考国内国外的大势，重视国权和民权的重建，以及集中精力建设

---

① 孙中山：《〈建设〉杂志发刊词》，《孙中山全集》第5卷，第89页。
② 孙中山：《〈战后太平洋问题〉序》，《孙中山全集》第5卷，第119页。

国家。这可以看作孙中山自第一、二次护法受挫后新思维新救国思路产生的标志。1919年10月10日，孙中山又将中华革命党改组为中国国民党，并将中华革命党的民权、民生二民主义，改为"巩固共和，实行三民主义为宗旨"①。在《八年今日》纪念辛亥革命武昌起义文中又强调："凡今日承认民国者，必当服膺于革命主义，黾勉力行，以达革命之目的，而建设一为民所有，为民所治、为民所享之国家，以贻留我中华民族子孙万年之业。"② 孙中山在《三民主义》一文中，重新强调在中国实现三民主义的重要性和必要性，尤其值得我们重视的是他再次强调民族主义的重要性，但孙中山在这里强调的是"中华民族的新主义""大中华民族主义"，不是汉族一民族或狭隘的民族主义。他指出："中华民族者，世界最古之民族，世界最大之民族，亦世界最文明而最大同化力之民族也。然此庞然一大民族则有之，而民族主义则向所未有也。何为民族主义？即民族之正义之精神也。惟其无正义、无精神，故一亡于胡元，再亡于满清"，现在又四分五裂，所以"汉族光复，满族倾覆，不过只达到民族主义之一消极目的而已，从此当努力猛进，以达民族主义之积极目的也。积极目的为何？即汉族当牺牲其血统、历史与夫自尊自大之名称，而与满、蒙、回、藏之人民相见于诚，合为一炉而冶之，以成一中华民族之新主义，如美利坚之合黑白数十种之人民，而冶成一世界之冠之美利坚民族主义，斯为积极之目的也。……以世界最古、最大、最富于同化力之民族，加以世界之新主义，而为积极之行动，以发扬光大中华民族，吾决不久必能驾美迭欧而为世界之冠，此固理有当然，势所必至也"。③ 孙中山在这里首次提出"中华民族之新主义"——民族主义，从而完成了他的民族主义思想的发展和转变。他强调以美国、欧洲之瑞士等国民族融合的事例作为中国各民族自然融合的模式，实现中国民族的永久统一，这不是要少数民族融合为汉族，而是要汉族牺牲其血统，历史与夫自尊自大之名称，"而与满、蒙、回、藏之人民相见于诚"，合为一个中华民族。这是一种新思维和新主张，尽管当时和现在都还不可能将长期形成的民族实体来一个根本的改变，实现完全的融合，但它毕竟代表了未来民族发展的方向和发展的趋势。这无疑是一种思想的进步和进步的思想。

1921年澳洲雪梨国民党恳亲大会出版纪念册，孙中山为之作序。在序中他再次强调三民主义，实现"建设大中华民族之志愿"。他再次重申1919年

---

① 孙中山：《中国国民党通告及规约》，《孙中山全集》第5卷，第127页。
② 孙中山：《八年今日》，《孙中山全集》第5卷，第132页。
③ 孙中山：《三民主义》，《孙中山全集》第5卷，第186～188页。

在《三民主义》一文中的观点，指出：

> 民族主义有消极的、有积极的。消极的性近于自卫与抵抗；积极的则发扬光大之谓也。辛亥革命，仅及于光复，此不过一消极的民族主义而已。吾党今所有事者，为积极的民族主义。
>
> 美国混合数十种之民族以成国，其间有条顿、斯拉夫、日尔曼等各具特性之民族；然一经调治，以国家之关系，使各自忘其为条顿、为斯拉夫、为日尔曼，斩成一吸取各民族之善性，以国家为基础之新民族，曰美国民族。此积极的民族主义之一格也。
>
> 瑞士立国于意、法、德、奥之间，其人民之邻于法境者，则用法国言语，俨然与法人同族也；其邻于意、奥者亦然。然瑞士为政治制度最良好之国家，彼能以政治之方法，调治各民族以成一极优美之瑞士民族。此又积极的民族主义之一格也。吾国今日既曰五族共和矣；然曰五族，固显然犹有一界限在也。欲泯此界限，以发扬光大之，使成为世界上有能力、有声誉之民族，则莫如举汉、满等名称尽废之，努力于文化及精神的调治，建设一大中华民族。①

差不多同时，即 1921 年 3 月 6 日，孙中山在中国国民党本部特设驻奥办事处发表演说，讲了与上述大致相同、略有区别的话："本党尚须在民族主义上做功夫，务使满、蒙、回、藏同化于我汉族，成一大民族主义的国家……仿美利坚民族底规模，将汉族改为中华民族，组成一个完全底民族国家，与美国同为东西半球二大民族主义的国家。"②

此后，孙中山则为建设大中华民族、提倡中华民族之新主义而努力，使他的民族主义思想有了一个飞跃。孙中山的新民族主义思想内涵是代表中国民族，它既不是指满族，也不是指汉族，更不是指其他什么民族，而是中华民族。既然中国是中国各民族的中国，所以民族、民权、民生三种主义，"亦可谓之民有、民治、民享，与自由、平等、博爱无异"，"民有即民族也。天下者，天下人之天下，非一二族所可独占。民权即民治也"，"民生即民享也"。"天下既为人人所共有，则天下之利权，自当为天下人民所共享"。③ 随后，孙中山强调："民族主义，即世界人类各族平等，一种族绝不能为他种族所压

---

① 孙中山：《〈国民党恳亲大会纪念册〉序》，《孙中山集外集》，第 28～29 页。
② 孙中山：《在中国国民党本部特设驻奥办事处的演说》，《孙中山全集》第 5 卷，第 473～474 页。
③ 孙中山：《在梧州对国民党员的演说》，《孙中山全集》第 5 卷，第 628～629 页。

制。"① 1924 年 1 月，孙中山主持中国国民党第一次全国代表大会通过的宣言，明确宣布："国民党之民族主义，有两方面之意义：一则中国民族自求解放；二则中国境内各民族一律平等。"又谓："国民党之民族主义，其目的在使中国民族得自由独立于世界"，"盖民族主义对于任何阶级，其意义皆不外免除帝国主义之侵略"，使"国内诸民族宜可得平等之结合"。② 在《国民政府建国大纲》中，孙中山指出：民族主义"对于国内弱小民族，政府当扶持之，使之能自决自治。对于国外之侵略强权，政府当抵御；并同时修改各国条约，以恢复我国际平等、国家独立"③。这一切均表明孙中山的中华民族之民族主义的内涵是为了实现国内各民族的共同发展，"把受压迫的人民完全来解放"，对外是将世界受帝国主义压迫的民族联络起来，共同反对帝国主义的侵略，实现世界和平和我国的独立，使中华民族享有与世界其他民族同等的权利。为了完成中华民族民族主义的历史使命，孙中山在晚年作三民主义讲演时，就民族主义的内涵、民族的起源、民族的兴衰，以及发扬爱国主义传统、弘扬民族精神的重要性作了系统的阐释，并提倡将民族主义发展为国族主义，反对帝国主义列强鼓吹的有强权无公理的世界主义，恢复我们的民族地位。

综上可见，孙中山的大中华思想是在反帝反封建斗争不断深入的过程中形成的，也跟中国人民的民族觉醒、中华民族自觉统一体的形成相一致。中华民族统一称谓的出现是在国家统一中各民族共同的追求，也是民族平等、团结进步新型关系形成中出现的伟大奇观。孙中山为振兴中华所进行的奋争，及其所奠定的五族共和政治体制，提出国家统一的纲领不仅是中华民族自觉实体形成的精神支柱，也是他的大中华思想得以树立的基础。可见，孙中山的大中华意识凝聚了民族的认同，它维持了国家的统一和社会的稳定。在对外关系上，孙中山运用大中华民族主义强化了国家主权的行动能力与正当性，团结全国各民族人民，在国际上形成一股以公理反对霸权，以和平反对侵略，用民族主义反对列强霸权主义，用理性的非强权非暴力的思想，与中国传统所阐扬的"世界大同"理念来取代帝国主义列强的强权政治和非人道的狭隘民族主义。所以，孙中山的大中华思想，以及他的中华民族的新民族主义具有强大的凝聚力和生命力，是在中国特定时期形成的一种新的思潮，它极大地促进了中国各民族的团结和国家的统一，促进了中华民族独立和解放的进程。

---

① 孙中山：《在广东旅桂同乡会欢迎会的演说》，《孙中山选集》，第 508 页。
② 孙中山：《中国国民党第一次全国代表大会宣言》，《孙中山选集》，第 591～592 页。
③ 孙中山：《国民政府建国大纲》，《孙中山选集》，第 301 页。

二、孙中山大中华思想与中华民族的团结统一

（一）

所谓大中华是与小中华相比较而言的。孙中山在 1894 年《檀香山兴中会章程》中提出"振兴中华"的口号，"振兴中华"即是振兴汉族，当时还没有中华民族的称谓，所以我们将孙中山这时期"振兴中华"的思想视为小中华思想。孙中山的大中华思想，也称大中国思想，是在辛亥革命中后期形成的，它的主要含义有两层：其一是对外而言，即代表中国的不是汉族，也不是别的少数民族，而是中国各民族自觉形成的总称——中华民族。这个原则一确定下来，对外代表中国的国体是中国，代表中国国民的是中华民族。其二是对内而言，体现了中国各民族的平等、团结和统一，中华民国就是中国的所有民族（以汉、满、蒙、回、藏为代表）共同参与建立的民族民主共和国。这里所说的"民国"，首先是民族的，其次才是民主的。所谓"民族的"即"国家之本，在于人民。合汉、满、蒙、回、藏诸地为一国，即合汉、满、蒙、回、藏诸族为一人"①，实现民族之统一。孙中山的思想是中国由各民族合力组织中央政府，实现领土之统一，即中国之统一。这是孙中山 1912 年 1 月在南京就任中华民国临时大总统时发表的宣言书中提到的。在对外宣言书中孙中山又提到，中华民国就是"易君主政体以共和"，"建设共和民国"，实行民权，服从公意②。孙中山对内宣布中华民国是民族联合建立的共和国，对外宣布中华民国是服从公意，实行民权（民主）的共和国。孙中山经过深思熟虑做出的上述解析，充分地反映了他当时的建国主张。就孙中山而言，他认为辛亥革命时期的中国实现"领土之统一""军政之统一""内治之统一""财政之统一"最为重要，而这些统一实现的关键在于"民族之统一"，所以能否实现民族之统一又是实现其他统一之关键的关键。然而，他又不能不对新政府的政体与君主政体性质的不同作解说，所以他选择在《对外宣言书》中说明政体的性质则很有一番用意。即对内讲民族团结，对外讲共和民主，将民族与民主结合起来充分表明他的深层意识：实现振兴中华的伟大目标——统一中国，实行民主政治，发展经济。

孙中山在 1912 年 1 月中华民国南京临时政府成立，宣布实行汉、满、蒙、

---

① 孙中山：《临时大总统宣言书》，《孙中山全集》第 2 卷，第 2～3 页。
② 孙中山：《对外宣言书》，《孙中山全集》第 2 卷，第 8 页。

回、藏五族共和政体后,在《对外宣言书》中首次使用"中华民族"称谓,表明孙中山的民族意识有了新的提升,说明中华民国代表当时中国民族的团结和祖国的统一,也标志长期来中华民族由自在的统一体向自觉的民族统一体过渡的完成。这是由时局的变迁所带来的新的文化和新的社会环境造成的。

  灾难沉重的近代中国,经济被摧残,中国人民心灵遭创伤,但也催促先进中国人的觉醒,一代又一代的中国人在思考,在斗争,在觉醒。由1840年鸦片战争开启的军事失利和西方文化的冲击所产生的"师夷之长技以制夷"思想,到"中体西用"、到"中西文化之争"、到"全盘西化"思想,使中国知识分子从古老的"夷夏之辨"思想迷雾中解放出来,认识到西方的"夷人"与中国过去的"蛮夷"是不一样的,西方这个"夷"是侵略的"夷人",但也是先进的"夷人",所以,中国既要反对侵略的"夷人",又要学习先进的"夷人",因此有魏源的"师夷之长技以制夷",因此有严复新的"夷夏之辨"。严复说:"夫与华人言西治,常苦于难言其真,存彼我之见者,弗察事实,辄言中国为礼义之区,而东西朔南,凡吾王灵所弗届者,举为犬羊夷狄,此一蔽也。明识之士,欲一国晓然于彼此之情实,其议论自不得不存是非善否之公,而浅人怙私,常詈其誉仇而背本,此又一敝也。而不知徒塞一己之聪明自期,而常受他族之侵侮而莫与谁何,忠爱之道,固如是乎?周孔之教,又如是乎?公等念之,今之夷狄也,今之称西人者曰:彼善会计而区。又曰:彼擅机巧而已。不知吾今兹之所见所闻,如汽机兵械之伦,皆其形下之粗迹,即所谓天算格致之最精,亦其能事之见端,而非命脉之所在。其命脉云何?苟扼要而谈,不外于学术,则黜伪而崇真,于刑政则屈私以为公而已。斯二者,与中国理道初无异也,顾彼行之而常通,吾行之而常病者,则自由不自由耳。"①也因此才有孙中山的"振兴中华",以及"联合世界上平等待我之民族共同奋斗"的呼唤②。

  总之,孙中山大中华思想的产生和形成与100多年来中国人探讨和实践民族复兴大业的历程紧密相连,这是他主动适应时代发展潮流和国民的意愿而提出来的,民族意识更改,也是近百年来中国民族国家形成的结果。

  民族意识是一个民族的成员在长期的共同创造历史和文化、改造自然中形成的文化认同,这种意识深入民族成员的心中便成为一种挥之不去的精神力量。我国是一个多民族国家,汉族有汉族的民族意识,少数民族也有其各自的民族意识。由于孙中山起义反清,打起"反满"的旗号,因此满汉民族意识

---

① 严复:《论世变之亟》,《直报》1895年2月4—5日。
② 孙中山:《遗嘱》,《孙中山选集》,第994页。

都在增长，加之当时帝国主义推行瓜分中国的强权政策，沙俄在外蒙古策划独立，日本强占了台湾，英国觊觎我国西藏，法国觊觎我国西南，中国仍然面临着"亡国灭种"的大难。中国人靠什么力量才能抵御大难？中国要生存要发展靠的是团结起来，振奋民族精神，这种民族精神用孙中山的话说，就是要树立"中国人对于国家观念"[1]，形成一个"极大中华民国的国族团体"[2]来抵抗外国的侵略，就是要通过"振兴民族精神，求民权、民主之解决，以与外国奋斗，以维持民族的地位，免至于灭亡"[3]。由此看来，孙中山鼓吹此种民族精神并非偏执和保守，而是通过文化的梳理来整合我国多元的民族意识，形成大中华意识，实现各民族的团结，共同积极参加振兴中华、复兴中国的伟大事业，使我中国扬眉吐气于世界。所以，孙中山弘扬中华民族之民族主义，用大中华意识代替小中华的狭隘意识，是中华民族觉醒的表现，也是当时国内外形势发展的必然选择。

民国成立后，孙中山为了整合民族意识，做了大量的工作。他对满人说："清廷以退让而释干戈，皇室报酬，应示优异……至于皇室可察以尊号，给以年金，保其所有财产；其旗民生计，则各省正在筹议中。"[4] 他对汉人说：清帝退位，"满、蒙、回、藏之待遇，与汉人平等"[5]。他对蒙古人说："汉、蒙本属同种，人权原自天赋，自宜结合团体，共谋幸福。"全国同胞"群起解除专制，并非仇满，实欲合全国人民，无分汉、满、蒙、回、藏，相与共享人类之自由。究之政体虽更，国犹是国"。而蒙地辽远，"俄人野心勃勃，乘机待发，蒙古情形，尤为艰险，非群策群力，奚以图存"，希望"蒙古同胞，戮力一心，共图大计，务坚忍以底成，勿误会而偾事"。[6] 他对蒙、藏以及回疆（指新疆及西部地区信奉伊斯兰教各民族）说："我国民以自由、平等、博爱三主义造成共和国家。凡我蒙、藏同胞，首即当知共和国家异于专制国家之要点。专制国家，其利益全属于君主，共和国家，其利益尽归于国民，此即共和与专制之特异点。前清极盛时代，合并蒙古、西藏、青海、回疆为亚洲东部一大部，然国民实无丝毫之利益，其利益尽为皇帝一人所占有……共和国则反之。在共和国度中，其国民利益之增减，视国家之强弱为正比例。国家强盛，其国民之利益日日增多，国家衰弱，其国民之利益日日减少。盖共和国以国民

---

[1] 孙中山：《三民主义：民族主义第五讲》，《孙中山选集》，第674页。
[2] 孙中山：《三民主义：民族主义第五讲》，《孙中山选集》，第676页。
[3] 孙中山：《三民主义：民族主义第五讲》，《孙中山选集》，第678页。
[4] 孙中山：《复直豫谘议局电》，《孙中山全集》第2卷，第20页。
[5] 孙中山：《致黎元洪电》，《孙中山全集》第2卷，第29页。
[6] 孙中山：《致贡桑诺尔布等蒙古各王公电》，《孙中山全集》第2卷，第48页。

为国家之主体故也。"孙中山进而强调:"今我共和成立,凡蒙、藏、青海、回疆同胞,在昔之受压制于一部者,今皆得为国家主体,皆得为共和国之主人翁,即皆能取得国家参政权。"①

孙中山还用临时大总统和《临时约法》的名义向国人公告谓:"今中华民国已完全统一矣。"中华民国"合汉、满、蒙、回、藏为一家","而今而后,务当消融意见,蠲除畛域,以营私为无利,以公益为当谋,增祖国之荣光,造国民之幸福"。②并宣布"中华民国由中华人民组织之","中华民国之主权属于国民全体","中华民国领土为二十二行省、内外蒙古、西藏、青海"。"中华民国人民一律平等,无种族、阶级、宗教之区别"。③

由此可见,辛亥革命胜利、南京中华民国临时政府成立后,孙中山是从一个民族(中华民族)造成一个国家(统一的中国)的思想出发整合民族意识,为祖国统一和民族团结奠定基础,为中华民族的振兴创造条件。

(二)

中国自古以来就是一个统一的多民族的国家,但又是以华夏族为中心,经过长期的融合、凝聚和联系的作用才奠定的在中国这个疆域以内许多民族联合成为中华民族的多元统一体。各民族的联合和团结不只是政治上的原因,更有经济上的原因,经济上的相互依存、相互支援,比政治上的作用还要大还要明显。

中华民族的家园坐落在亚洲东部,西起帕米尔高原,东到太平洋西岸诸岛,北有广漠,东南是海,西南是山。这片大陆四周有自然屏障,内部有结构完整的体系,形成一个地理单元。中华民族的祖先就生存在这个空间④。中华民族现今包括56个民族,汉族的人口最多,少数民族聚居的地域最大。中国的地大物博、人口众多,是汉族人口最多,少数民族地大物博,而且汉族多数聚居中国的中原地区,而少数民族则分居于中国的四周。由于地域的差异和自然条件气候的不一,不同民族从事的经济活动有很大的不同,所以,不同民族之间的相互依赖性很大。近代以来,由于面对共同的帝国主义列强的侵扰和封建主义统治的压迫,各民族之间经济活动的加强,从而奠定了中国各个民族联合成为不可分割的统一体——中华民族的基础。

---

① 孙中山:《在北京蒙藏统一政治改良会欢迎会的演说》,《孙中山全集》第2卷,第429~430页。
② 孙中山:《布告国民消融意见蠲除畛域文》,《孙中山全集》第2卷,第105页。
③ 孙中山:《中华民国临时约法》,《孙中山全集》第2卷,第220页。
④ 费孝通:《中华民族多元一体格局》,中央民族学院出版社1989年版,第2页。

然而，在封建主义体制下的分散的自供自给的经济是中国贫弱的结果，要改变中国贫弱的状况，孙中山认定，中国最紧迫的事是政治革命完成后要立即进行社会革命，只要"文明越进，国家越富，一切财政问题断不至于难办"①，孙中山在任南京临时政府大总统后，发布了许多关注各族民生的文告。在《令内务部通饬各省慎重农事文》中说："军兴以来，四民失业，而尤以农民为最。田野荒芜，人畜流离，器具谷种之类，存者盖鲜。自近海内粗平，流亡渐集，农民凤无盖藏，将何所赖以为耕植之具？夫一夫不耕，或受之饥。若全国耕者释耒，则虽四时不害，而饥馑之数，已不可免。国本所关，非细故也。"要求内务部咨行各省都督，饬下所司关心农民的疾苦，解决农民的劳耕问题，"不得以虚文塞责，勉尽厥职"。② 1912 年 4 月 1 日，孙中山在南京向参议院提出解除临时大总统辞中强调："今中华民国，南北统一，五族一家，本总统已在一个月前，提辞职书于参议院，当时因统一政府未成，故辞职之后，仍由本总统代理。现在国务员已均由国务总理唐君（按，指唐绍仪）发表，政府已宣告成立，本总统自当辞职，当日特莅贵院宣布。"并云："本总统今日解职，并非功成身退，实欲以中华民国国民之地位，与各国民之力量，与四万万人协力造成中华民国之巩固基础，以冀世界之和平。"③ 同一天，孙中山在南京同盟会员饯别会上发表演说，解释他辞职不是不理事，"解职以后，尚有比政治紧要的事待着手"。他指出："五十年前，太平天国即纯为民族革命的代表。但只是民族革命，革命后仍不免为专制，此等革命，不能算成功"。"因为种族革命，只要将异族除去便了，政治革命，只要将机关改良便了，惟有社会革命，必须人民有最高程度才能实行"。他表示，从今以后要着手进行民生主义，实行社会革命，"采用国家社会政策，使社会不受经济阶级压迫之痛苦"，加速国家文明进步。④

为动员全国各族人民同心同德进行社会革命，加速经济建设，孙中山强调："满洲专制政府倒矣，以中国史例证之，大可以本族专制政府代之，而乃不然，帝王思想，不谋而绝迹于天下，意见虽偶有参差，而无不同向于共和。是种族革命与政治革命两种，皆以一致之目的行之。今社会革命着手伊始，仆以是希望各团体，复以其一致之精神，从事斯业。"⑤ "今民国成立，国民须人人有爱国心，则知中华民国乃自己的民国，非政府的民国，各就其业，改良提

---

① 孙中山：《在东京〈民报〉创刊周年庆祝大会的演说》，《孙中山选集》，第 86 页。
② 《孙中山全集》第 2 卷，第 233～234 页。
③ 孙中山：《在南京参议院解职辞》，《孙中山全集》第 2 卷，第 317～318 页。
④ 孙中山：《在南京同盟会会员饯别会的演说》，《孙中山全集》第 2 卷，第 319、324 页。
⑤ 孙中山：《在武昌十三团体联合欢迎会的演说》，《孙中山全集》第 2 卷，第 332 页。

倡，尽应尽的义务，政府更扶助而掖励之，则将来之富强，可操券而得"①。中华之弱，由于民贫；列强之富，在于实业。中国如能合全国之资本与能力从事实业建设，开采中国的矿产，并能多筑铁路以便运转，如是则民富，"民富则国富"。可见，中国"能作务本之谈者，皆以为振兴中国惟一之方法，止赖实业"。实业的范围甚广，农工商矿，繁然待举而不能偏废者，指不胜屈。"然负之可举者，其作始为资本，助之而必行者，其归纳为交通"，"故交通为实业之母，铁道又为交通之母。国家之贫富，可以铁道之多寡定之，地方之苦乐，可以铁道之远近计之"。②孙中山说，他曾"首绘学堂应用之中国地图，精神所最注射者，为内部之干路，幸而亦有助于变易时人耳目之小效，于是京汉、津浦、粤汉、川汉等之干路问题，人人视为重要矣"。然而，此仍为腹地狭隘之计划，是"屈于前清孤儿寡妇愚弱政府之下，得此苟且聊以自足而已，尚非通筹全局，诚得完全强固、捷速振兴之要图者也"。为将铁道修向边疆少数民族地区，加强少数民族与汉族之间的经济联系，达到强国富民的目的，孙中山建议修筑三条铁道干线：一、南路，起点于南海，由广东而广西、贵州，走云南、四川间，通入西藏，绕至天山之南，进入新疆；中路，起点于扬子江口，由江苏而安徽，而河南，而陕西、甘肃，入新疆而迄于伊犁；北路，起点于秦皇岛，绕辽东，折入于蒙古，直穿外蒙古，以达于乌梁海。③孙中山还将中国与美国比较，"美国现有铁道二十万里，合诸中华里数，则有七十万里，乃成全球最富之国。中华之地五倍于美，苟能造铁道三百五十万里，即可成全球第一之强国。否则，人民虽多，不能一呼即集，与少何异。幅员虽广，自南而北，自西徂东，交通不便，载运不灵，虽大无济"④。基于这种认识，孙中山提出"实行平民政治""发展地方自治，厉行种族同化，采取民生政策"等主张⑤，通过民族平等政策的实施，共同振兴中国的实业，发展经济和文化，逐步消灭民族之间的差别，实现民族同化，使中华民族统一体稳固地树立起来。这便是孙中山在中华民国成立后的基本治国思路。

后来，孙中山在《实业计划》一书中，将他整合中国经济，实现汉族与少数民族共同发展的主张具体化，全面地规划了中国修筑铁道、开辟港口、疏导内河、发展公路，以及开矿和其他与生活有关的工业、建设内河商埠等作了详细陈述，为中国的工业近代化作了第一次规划。尤其值得注意的是孙中山特

---

① 孙中山：《在沪南商会分会欢迎会的演说》，《孙中山全集》第 2 卷，第 339 页。
② 孙中山：《在上海与〈民立报〉记者的谈话》，《孙中山全集》第 2 卷，第 383 页。
③ 孙中山：《在上海与〈民立报〉记者的谈话》，《孙中山全集》第 2 卷，第 383～384 页。
④ 孙中山：《在上海中华民国铁道协会欢迎会的演说》，《孙中山全集》第 2 卷，第 391 页。
⑤ 孙中山：《致同盟会各支部电》，《孙中山全集》第 2 卷，第 395 页。

别重视蒙古、新疆地区的经济建设。随着铁道的修建，他主张东南沿海省份人口繁多之地向蒙古、新疆地区移民（他称为"殖民"）。他说："假能以科学上方法行吾人之殖民政策，则其收效，将无伦比"，"假定十年之内，移民之数为一千万，由人满之省徙于西北，垦发自然之富源，其普通于商业世界之利，当浩极大"①。这个计划假若能次第进行，无疑将对我国的民族团结和统一起到巨大作用，中华民族的凝聚力便会大大加强。

可惜的是，由于袁世凯的倒行逆施和南北军阀的对立破坏了经济建设的环境，孙中山虽进行了不屈不挠的斗争，但终究无法恢复社会的稳定。后来，孙中山因为要进行讨袁护法斗争，再也无力过问经济建设，但他并没有就此忽视通过施行各种政策来整合中华民族的经济问题。比如1919年2月孙中山在《复函四川安健》时便指出："川边地域辽阔，物力充牣，如能善为规划，则异日展拓富力，增进民智，其关系西藏甚重。"他认为"边民性本淳厚"，若能"按以诚信，勉以大义，使彼心悦诚服，自渐能乐为我用。至边军苟可联络，亦可善以待之"。②又比如，1919年8月1日，孙中山指派朱执信、廖仲恺等创办《建设》杂志在上海出版。孙中山在《发刊词》中又指出，中华民国成立八年以来，"国际地位，犹未能与列强并驾；国内则犹是官僚舞弊，武人专横，政客捣乱，人民流离"，所以如此，在于"革命之后而不能建设也。所以不能者，以不知其道也"。他强调创办该刊的目的即是"以鼓吹建设之思潮，阐明建设之原理，冀广传吾党建设之主义，成为国民之常识；使人人知建设为今日之需要，人人知建设为易行之事功。由是万众一心以赴之，而建设一世界最富强，最快乐之国家，为民所有，为民所治，为民所享"。③正由于国势艰危，经济建设无成，孙中山在五四运动以后，便重新举起民族主义的旗号，号召国民发挥民族精神唤醒国民起来重新救国。所以，革命也好，建设也好，孙中山也都必须通过整合民族精神才能达到目的，这也正是民国初年孙中山为什么要放弃狭隘的民族意识、提倡大中华思想的根本原因。

（三）

民族意识首先是个文化认同问题，没有认同就不会有共同的意识，没有共同的意识也就不会有民族的共同追求和一致的行为取向。中华民族的各个民族由于共同生活在同一国土，又共同遭受共同的敌人：同受资本—帝国主义的共

---

① 孙中山：《建国方略之二：实业计划（物质建设）》，《孙中山选集》，第227～228页。
② 《孙中山年谱》，中华书局1980年版，第238页。
③ 孙中山：《〈建设〉杂志发刊词》，《孙中山全集》第2卷，第89页。

同压迫和国内封建主义的剥夺,所以才有共同的反帝反封建的要求,有追求国家独立、统一和民主、富强的伟大理想,因此它们虽不同文、不同种,但不存在国家认同、民族认同问题。然而,由于地域的差异和事实上的不平等,民族之间的矛盾和不协调的现象是存在的,加上一些狭隘民族主义者、有独立倾向的分裂主义分子的挑唆,也存在统而不一、合而不固的情况。这种现象的存在使我们缺乏与列强抗衡的力量。针对这种情况,孙中山除了强调"中华民国之主权属于国民全体""中华民国领土为二十二行省、内外蒙古、西藏、青海"外,还特别重申"人民有言论、著作、刊行及集会、结社之自由","人民有书信秘密之自由","人民有信教之自由"。①

后来,孙中山在《孙文学说》中便有意地用中华传统文化去整合、去帮助国人认同中国的文化。他说,他之所以要写《孙文学说》,就是要破"知之非艰,行之惟艰"这心理之大敌,而点破国人思想之迷津,"夫如是,乃能万众一心,急起直追,以我五千年文明优秀之民族,应世界之潮流,而建设一政治最修明、人民最安乐之国家,为民所有、为民所治、为民所享者也"②。与此同时,孙中山一方面强调近代以来中国的文明进化,事事皆落人后,但他又指出,中国也不是一切不如人,中国比西方强的东西也很多,比如中国的烹调就是世界一流,又比如中国文字实用久远,且远胜于巴比伦、埃及、希腊、罗马之死语言。孙中山说,今日英语号称流布最广,而用之者也未及用中国文字者之半。所以五千年前,中国"不过黄河流域之小区,今乃进展成兹世界无两之巨国。虽以积弱,屡遭异族吞灭,而侵入之族不特不能同化中华民族,反为中国所同化,则文字之功为伟矣"。又比如,中国的印刷术、火药、瓷器、丝茶,皆为人类所需要者,还有开今日世界交通之盛运之罗经(指南针)都对人类文明史作出过贡献③。孙中山要说的是,近代中国虽落后了,但不是自古以来就落后,近代的落后是因为科学不如人,但只要立下决心,改变中国的旧观念和思维方式,重视教育,培养人才,加强学术研究,发展科学,中国还有振兴的希望。孙中山强调:"夫国者,人之积也。人者,心之器也。国家政治者,一人群心理之现象也。是以建国之基,当发端于心理。建国之后,建设无能,非不能也,而是不为也。"孙中山从文化的角度证明和论述中国过去的辉煌不是在为封建君主专制制度歌功颂德,而是要国民鼓起勇气,树立信心,"急起直追,万众一心,先奠国基于方寸之地,为去旧更新之始,以成良心上

---

① 孙中山:《中华民国临时约法》,《孙中山全集》第2卷,第220页。
② 孙中山:《建国方略之一:孙文学说——行易知难(心理建设)》,《孙中山选集》,第117页。
③ 孙中山:《建国方略之一:孙文学说——行易知难(心理建设)》,《孙中山选集》,第151页。

之建设也"。① 一个国家或民族经济上的暂时落后并不可怕，怕的是人心的涣散，民族精神的丧失，"一国之趋势，为万众之心理所造成，若其势已成，则断非一二因利乘便之人之智力所可转移也"②。因此，通过文化的整合，使中国各民族形成统一的多元一体的心态，形成统一的国族意识，便成为孙中山追求的理想。

　　1919年，由于第一次护法运动受挫，孙中山寓居上海闭门著书，他总结以往革命的艰难的历程，认识到只有鼓吹民气，唤醒社会，促使群众之心理丕变，"则澄清瑕秽之功，庶有可期，然后乃足以建设真正民治也"③。世界潮流趋向于民治，民治的成败自以民意的向背为断。然而要民治，先要民立，民族不独立，国家受人欺凌，要实现真正的民治也很难。为了救国，为了结束帝国主义在中国支持军阀打内战破坏中国民治政治的实行，孙中山从事著述的工作，企图从思想文化的角度来整合国人的思想，并说："救国，文之本怀，尽力则不必在军府中也。"④ 救国的办法择其可行者行之，要来武的就来武的，但文攻也很重要。如国民不了解革命和建国的真义，欲由革命而达建民治国家之目的就无法实现。为了给国民灌输正确的建国理念，1919年孙中山又重新高扬三民主义的旗帜，重新阐释三民主义的真义。他在讲到民族主义时，讲的不再是汉族的民族主义，而是中华民族的民族主义，用大中华思想取代狭隘的汉民族主义思想。这个"取代"是孙中山思想的飞跃，也表明中华民族作为一个自觉的各民族认知的实体业已存在。

　　他说："中华民族者，世界最古的民族，世界最大之民族，亦世界最文明而最大同化力之民族也。然此庞然一大民族则有之，而民族主义则向所未有也。何为民族主义？即民族之正义之精神也"。"民族主义之范围，有以血统、宗教为归者，有以历史习尚为归者，语言文字为归者"，然而"最文明高尚之民族主义范围，则以意志为归者也。如瑞士之民族，则合日尔曼、以大利、法兰西三国之人民而成者。此三者各有血统、历史语言也，而以互相接壤于亚剌山麓，同习于凌山越谷、履险如夷，爱自由、尚自治，各以同声相应、同气相求，遂组合而建立瑞士之山国，由是而成为一瑞士之民族。此民族之意志，为共图直接民族之发达，是以有异乎其本来之日、以、法之民族也"。孙中山又以美利坚民族，含欧洲各民族而熔冶为一炉，且吸收非洲黑种而同化，"成为世界一最进步、最伟大、最富强之民族"的事实，强调"汉族当牺牲其血统、

---

① 孙中山：《建国方略之一：孙文学说——行易知难（心理建设）》，《孙中山选集》，第177页。
② 孙中山：《建国方略之一：孙文学说——行易知难（心理建设）》，《孙中山选集》，第169页。
③ 孙中山：《复李梦庚函》，《孙中山全集》第5卷，第91页。
④ 孙中山：《复广州政府电》，《孙中山全集》第5卷，第110页。

历史与夫自尊自大之名称,而与满、蒙、回、藏之人民见于诚,合为一炉而治之,以成一中华民族之新主义",以发扬光大中华民族。① 由强调汉民族主义到弘扬光大中华民族之主义,建立统一的中华民族新国家,便是孙中山整合中华民族文化、凝聚中华民族精神之精髓所在。

1924年1月23日,中国国民党第一次全国代表大会通过的宣言强调:"革命之目的,非仅仅在于颠覆满洲而已,乃在于满洲颠覆以后,得从事于改造中国。依当时之趋向,民族方面,由一民族之专横、宰割过渡于诸民族之平等结合;政治方面,专制制度过渡于民权制度;经济方面,由手工业的生产过渡于资本主义的生产。循是以进,必能使半殖民地的中国,变而为独立的中国,以屹然于世界。"② 为了实现民族平等,"以求中国民族之解放","于反对帝国主义和封建军阀之革命获得胜利以后,当组织自由统一的(各民族自由联合的)中华民国"。③ 孙中山在1924年1月开始三民主义演讲时就强调民族主义不是某一民族的主义,而是国族主义。所谓"国族主义",就是一个民族造成一个国家,不要像外国一个民族分裂为几个国家。所谓"一个民族",就中国而言就是中华民族。

由此可见,孙中山从文化的角度去整合中国各民族的意识,形成中华民族的国家意识,目的就是要锻造中国统一和民族团结的基础,发展经济和文化教育事业使国家富强,人民幸福,实现平天下的伟大理想。

三、孙中山与中华民族精神的复兴

(一)

民族精神是一个民族的灵魂,它是民族在发展过程中形成的民族特性,也是民族赖以生存和发展的力量支撑。一个民族,没有振奋的精神和高尚的品格,不可能持续发展,也不可能自立于世界民族之林。中国各族人民是孙中山事业的继承者,孙中山培育和积淀的民族精神对中国人的影响巨大,对今日建设和谐社会和复兴中华也具有深远的启迪。

刘师培在《黄帝纪年说》中指出:"民族者,国民特立之性质也。凡一民族,不得不溯其起源。为吾四百兆汉种之鼻祖者,谁乎?是为黄帝轩辕氏。是

---

① 孙中山:《三民主义》,《孙中山全集》第5卷,第186~187页。
② 孙中山:《中国国民党第一次全国代表大会宣言》,《孙中山选集》,第586页。
③ 孙中山:《中国国民党第一次全国代表大会宣言》,《孙中山选集》,第592页。

则黄帝者,乃制造文明之第一人,而开四千年之化者也。故欲继黄帝之业,当自黄帝降生为纪元始"。"欲保汉族之生存,必以尊黄帝为急。黄帝者,汉族之黄帝也。"钱玄同在该文的附记中说:"宋君渔父(教仁)尤力主黄帝纪年之说,故民元前七年乙巳同盟会成立,其机关报之《民报》即用黄帝纪年,称其年为'中国开国纪元四千六百零三年'"。"自此以后,民党书报及各处覆清之师多用黄帝纪年。迨民元前一年辛亥,武昌义军兴,各省相继反正,军政府一切文告皆称'黄帝纪元四千六百零九年',用至其年阴历十一月十二日即阳历十二月三十一日。翌日,中华民国政府成立于南京,大总统孙公就职,即明令改用阳历,称是日为中华民国元年一月一日,黄帝纪年自此始不复用矣"。① 1903年上海东大陆图书印刷局又出版湖南善化(今长沙)人黄藻编的《黄帝魂》一书,该书辑录清季报刊中有关反清的革命论著,如《国民报》的《亡国论》《正仇满论》,《开智录》的《义和团有功于中国说》(即《义和团与中国之关系》),《苏报》的《驳革命驳议》,《国民日日报》的《黄帝纪年说》《王船山史说申义》。此外,还收有《孙逸仙与白浪庵滔天之革命谈》等文。其后该书一再重刊,有45篇、44篇、29篇等刊本,在当时流行甚广,影响巨大。

由此可见,以孙中山为首的革命党为了实现"联络中外有志华人,讲求富强之学,以振兴中华、维护国体"②的目的,都尊奉中华民族的始祖黄帝。

革命党人所称颂的《黄帝魂》,也即《国魂》。

所谓"国魂",蒋百里(飞生)在《国魂篇》中说:

> 一民族而能立国于世界,则必有一物焉。本之于特性,养之以历史,鼓之舞之以英雄,播之于种种社会之上。扶其无上之魔力,内之足以统一群力,外之足以吸入文明与异族抗。其力之膨胀也,乃能转旋世界而鼓铸之,而不然者,则族必亡。兹物也,吾无以名之,名之曰"国魂"。③

《国民日日报》第1期(1903年8月)发表的一篇未署名的《中国魂》中又说:"吾中国魂,有以异于欧美各国之魂"者,则曰"民族主义"是矣。也即是说,"国魂",亦称国民精神、民族精神,也是以后人们所热心讨论的

---

① 原载《黄帝魂》,又见《民国日日报汇编》第1集,署名无畏,按其所署黄帝纪年推算,为1903年7月11日;又见钱锺书主编《刘师培辛亥前文选》,生活・读书・新知三联书店1998年版,第3～7页。
② 孙中山:《香港兴中会章程》,《孙中山全集》第1卷,第22页。
③ 飞生:《国魂篇》,《浙江潮》第1期,1903年2月出版;第3期,1903年4月出版;第7期,1903年9月出版。

国民性。诚如章开沅先生在《论国魂》文中所指出的：精神有优劣之分，国魂也有新旧之别。"在19和20世纪交接的年代里，革命的先行者们极端愤激于国土的沦丧和民族的危亡。为了唤起全国同胞奋起复兴中华，他们慷慨陈词，奔走呼号……这些仁人志士对于国魂是有所抉择的，他们召唤的是新魂，摒弃的则是旧魂"①。1903年10月，革命党人在《江苏》杂志发表《民族精神论》一文，号召青年为民族牺牲，为革命立志，"振其气，坚其志，固其操，不以富贵撄其心，不以生死挠其志，不以目前之小小成败挫折其目的"②，将发扬民族精神与成就革命事业明确地提了出来，显示革命党人已将民族革命与民权革命结合起来。与此同时，孙中山又在国外发表发扬"民族主义精神"的演讲（1903年12月中旬）。他在檀香山正埠向华侨发表演说，强调："我们一定要在非满族的中国人中间发扬民族主义精神，这是我毕生的职责。这种精神一经唤起，中华民族必将使其四亿人民的力量奋起并永远推翻满清王朝然后将建立共和政体。"③ 从孙中山在1897年8月说他以"人群自治为政治之极则，故于政治之精神，执共和主义"④ 作为他"推翻逆胡"、建立共和政体以救中国的思想来看，孙中山的所谓"新国魂"即新精神，就是发扬民族主义精神，实行革命，建立共和国家。可见，在1903年前后，关于发扬民族精神的呼唤已经在国内形成。关于民族精神内涵的概括不一，但有一个简单和明确的概括，就是"民族主义"。民族主义是什么？普通回答就是救国主义，它的基本精神是通过唤起民族的感情和本能，适应新时代的要求，不断改造国家的形式，即由汉民族建立民族的国家，实现民族独立、民族自决，达到民族的自由、平等。诚如五四时期人们所说："民族的国家，非侵略的主义也，乃扶植的主义也；非排他的主义也，乃互助的主义也；不以威力胁人之相从也，而以引力致人之相同也；不以吞并为务，而保护各民族之独立也；不以统治压迫为贵，而听各民族之自由活动也；不加以拘束限制，而听其自由扩大进化也。"⑤ 这里所说的"民族国家"是独立、自由、平等的国家，也即属资本主义性质的国家。这种民族精神无疑是西方反对封建专制主义统治、要求民族建国、实现共和民主政治的精神。中国的情况与西方不同，中国是一个多民族国家，在秦朝统一中国后，中国不只是汉族（或称华夏族）做中国的统治者——皇帝，

---

① 章开沅：《论国魂》，《辛亥前后史事论丛》，华中师范大学出版社1990年版，第132页。
② 佚名：《民族精神论》，《江苏》杂志第7期，1903年10月20日出版；第8期，1903年11月19日出版。
③ 孙中山：《在檀香山正埠的演说》，《孙中山全集》第1卷，第227页。
④ 隐青：《民族精神》，《东方杂志》第16卷第12号，1919年12月15日出版。
⑤ 隐青：《民族精神》，《东方杂志》第16卷第12号，1919年12月15日出版。

少数民族也做过中国的统治者，但不管哪一个民族当国家的统治者，也都是封建专制主义统治，不可能由多民族联合执政，实行共和政体。这即是孙中山在晚年作三民主义讲演时所说的："中国自秦汉而后，都是一个民族造成一个国家。"① 这话不确切，应该是说，自秦汉以后，中国都是一个民族建立一个政权。

1906年12月2日，孙中山在东京《民报》创刊周年庆祝大会上发表演说，指出他提倡民族主义，"并非是遇着不同族的人便要排斥他，是不许那不同族的人来夺我民族的政权"②。但在辛亥革命成功之前，孙中山同多数革命党人一样，所谓的发扬民族精神都带有浓重的种族主义意识，目的都是为了推翻满族人统治的清政府，"光复"汉族，由汉族人来掌管国家政权。这种民族意识在一个多民族国家内高涨，所产生的消极影响是非常明显的。所以，武昌起义成功后，革命党人在武汉讨论成立新政权时，有人提出要建立汉、满、蒙、回、藏五族共和政体，立即得到多数人的同意，这就表明中国的民族觉醒在这个时期已达到一个新的层次，表明"满洲人的排汉主义"同革命党人的"排满主义"都同样得不到多数国民的赞同。1910年2月28日，孙中山在旧金山丽婵戏院对华侨演说，就他的"排满"革命作解析，他说：

> 一种族与他种族之争，必有国力为之后援，乃能有济。我中国已被灭于满洲二百六十余年，我华人今日乃亡国遗民，无国家之保护，到处受人苛待。……故今日欲保身家性命，非实行革命，废灭鞑虏清朝，光复我中华祖国，建立一汉人民族的国家不可也。③

孙中山还强调："凡非我族类，其心必异"，并对华侨说："吾人今日出外，受种种之困苦、之苛辱，无非清政府为之！"④

孙中山这样解析他的"排满"革命主张，明显带有情绪化的倾向。为了达到反清革命的目的在民族之间煽动仇视，无疑是非理性的狭隘民族意识。所以，在辛亥革命前，孙中山的所谓"中华"指的都是汉族，发扬民族精神即发扬汉族的精神。

历史伟人也是人，不可能没有错误和缺点，像很多开辟一个历史新时代的人一样，孙中山不仅有缺点也有错误，比如他迁就有武力的人，不到群众中去组织革命力量，他对袁世凯"有一种盲目的信任"，"很安心地把政府大权交

---

① 孙中山：《三民主义·民族主义第一讲》，《孙中山选集》，第618页。
② 孙中山：《在东京〈民报〉创刊周年庆祝大会的演说》，《孙中山全集》第1卷，第324页。
③ 孙中山：《在旧金山丽婵戏院的演说》，《孙中山全集》第1卷，第441页。
④ 孙中山：《在中国同盟会葛仑分会成立大会的演说》，《孙中山全集》第1卷，第523页。

给袁世凯",这都是他的政治失误。孙中山不仅在政治上有失误,在理论和思想上也有前后矛盾和局限,比如他的"排满"宣传就有许多过激言论,甚至有时还会说出无常识的话来,比如他说满族人入关建立清朝是中国"亡国",便遭梁启超的批驳,几至于无话可说的地步。但孙中山毕竟是一个有伟人气质的人,他能够顺应时代和形势的发展,一旦认识到自己的失误便立即改正。当1912年1月中华民国南京临时政府成立确立共和政体之后,孙中山在《临时大总统宣言书》中便宣布:"国家之本,在于人民。合汉、满、蒙、回、藏诸地为一国,即合汉、满、蒙、回、藏诸族为一人。是曰民族之统一。"又说:"武昌首义,十数行省先后独立。所谓独立,对于清廷为脱离,对于各省为联合,蒙古、西藏意亦同此。是曰领土之统一。"① 1月5日孙中山发表对外宣言书,第一次公开使用"中华民族"一词,将民初学界使用"中华民族"作为中国的国族,正式列入国家的正式文件加以确立,从此中华民族代表中国各民族,并宣布"吾中华民族和平守法","民国与世界各国政府人民之交际,此后必益求辑睦","交相提挈,勉进世界文明于无穷"。② 此后,孙中山的民族意识从汉族意识中逐步剥离出来,形成自己的大中华意识——国族意识(中华民族意识),因此,他的民族精神也是中国人的精神、中华民族的精神。这是孙中山的民族意识的一个根本性变化,也是他民族精神的飞跃。

(二)

孙中山强调弘扬民族精神是在五四运动以后,这跟他对中国国情和帝国主义侵略本质的认识密切相关,也同当时国人对救国道路的探索,提出的各种救国主张的启导有关。晚年,孙中山对自己的民族主义思想进行调整,加强了对帝国主义的抨击,对于那些"醉心"西方文化的言论不以为然,在评价儒家伦理和传统政治哲学方面,与新文化运动提倡者完全异趣。③ 正如蒋廷黻所说:"中山先生是一个革命家,不是一个复古的人"。"中山先生领导我们建立新中国,是要我们往前进,不是要我们往后退;是要我们向前看,不是要我们转过头往古代看","中国的文化是伟大的,但现在的时代不同了,遭遇的困难问题也与以前不同了。中国古代固有伟人,现在也有伟人,而将来也会产生更伟大的伟人,所以中山先生训勉我们不可妄自菲薄,不要以为我们祖先的一切已达高峰,没有再进步的可能,没有再建设的可能,中山先生领导我们革

---

① 孙中山:《临时大总统宣言书》,《孙中山全集》第2卷,第2页。
② 孙中山:《对外宣言书》,《孙中山全集》第2卷,第8~11页。
③ 参见欧阳哲生《从〈三民主义〉看孙中山的晚年思想及其冲突》,《团结报》2009年12月10日第7版。

命、前进、建设，是要使中国的政治、经济、文化臻于完善"。① 蒋先生指出这一点很重要，他告诉人们，孙中山肯定中国传统的优秀文化不是要人们复古，而是为了中国更好地发展和向前。所以，孙中山晚年作三民主义讲演时，强调恢复和弘扬我们民族的精神，在对待中国传统道德问题上与那些提倡世界主义的新文化运动提倡者不同，但绝不是主张回归旧传统，更不是要坚持传统的政治哲学，而是坚持中西方政治文化的"中和性"，通过弘扬中华民族的中和性，来建构新的政治文化，指导中国的发展和进步。蔡元培先生也指出：当时中国"主张保存国粹的，说西洋科学破产；主张输入欧化的，说中国旧文明没有价值，这是两极端的主张。孙先生讲民族主义的时候，说中国要恢复民族的地位，要把固有的道德、固有的知识、固有的能力先恢复起来，是何等着重国粹！"然而孙中山又说，"恢复我一切国粹之后，还要去学欧美之所长"；又说，"我们要学外国，要迎头赶上去，不要在后跟着他，这又何等的看重欧化！"② 对于孙中山的思想和精神的确需要全面地理解，是要"执其两端，用其中"。孙中山对于中西民族性、中西文化的态度不是要人们走任何一个极端，而是选取两端的长处，使之互相调和，为我所用。蔡元培先生说：我们学习孙中山先生要学他的精神。这的确是应该坚持的正确态度。蔡元培在回忆孙中山时说过："记得孙先生曾对我说：'我不善处成功，而善处失败；愈失败，我的精神愈焕发。'这种奋斗的精神，真是我们所少见的"，"孙先生心目中只有他的主义。无论何人，苟能赞成他的主义，都不妨引为同志。就是从前极端反对他的人，苟一旦肯赞成他的主义，也就引为同志"。③

蔡先生说，孙中山这种不念旧恶、纯以主义作为衡量人正误的标准，真豁达极了。孙中山伟大，他的思想和精神更伟大。我们应该学习孙先生的卓识远见，学习他豁达的度量，更要学习他愈挫愈勇的伟大精神，努力奋斗实现中华民族的伟大复兴。

在民族主义讲演中说，民族和国家是有界限的，"民族是由于天然力造成的，国家是用武力造成的。用中国的政治历史来证明，中国人说王道是顺乎自然，换一句话说，自然力便是王道，用王道造成的团体便是民族；武力就是霸道，用霸道造成的团体便是国家"④。所以，孙中山说："我们鉴于古今民族生

---

① 蒋廷黻：《伟大的中山先生》，刘真主编：《中山思想要义》，台北台湾书店1994年版，第127～129页。
② 蔡元培：《三民主义的中和性》，刘真主编：《中山思想要义》，第15～16页。
③ 蔡元培：《在伦敦举行的孙中山追悼会致词》，《蔡元培全集》第5卷，浙江教育出版社1997年版，第318～319页。
④ 孙中山：《三民主义》，广东人民出版社2007年版，第4～6页。

存的道理，要救中国，想中国民族永远存在，必要提倡民族主义。"① 如何提倡民族主义？1952年3月13日，蒋梦麟在台湾说："这三十几年来，我们最大的一个悲剧，是把三民主义经院化了。谈了好多什么三民主义的哲学基础哩，什么三民主义的联环性哩。我们愈经院化了，就离人民日常生活愈远。终至我们愈讲得多，人民愈觉得不懂，或觉得讨厌。"蒋先生说："三民主义真是救国救民的主义，但是既不可经院化，也不可标语化，更不可形式化，要从日常生活中使它民众化。"② 蒋梦麟讲到了国民党研究和宣传孙中山三民主义的致命缺陷，讲到了我们研究孙中山三民主义应该重视的方法问题。孙中山的三民主义本来并不深奥，但被国民党的一些所谓理论家妖魔化了，将其说得神乎其神，弄到国民不知所以然，反而讨厌起来，这是悲哀。细看孙中山的三民主义讲演，他讲了许多民族危机、拯救民族的大道理，但他用通俗的口头语告诉国人三民主义就是"救国主义"，是国家图发达和种族图生存的"宝贝"。

时下"世界主义"高倡，民族主义时遭贬斥。有学者指出，民族主义是一个概念不清的东西，"提倡一个并不清楚的东西是危险的"③。也有学者指出，应放弃过去的"民族"概念，正式使用"族群"概念。中国是有56个族群的单一民族国家，应全面使用"中华民族"来指代由全体中国公民组成的民族"。就现在而言，中国是一个由56个民族组成的人民共和国，讲民族主义应讲中华民族的主义，而不能强调汉族或某一民族的主义，这是完全正确的。诚如费孝通先生所指出的：中华民族是多元的，又是一体的。所以"中华民族和它所包含的50多个民族都称为'民族'，但在层次上是不同的。而且在现在所承认的50多个民族中，很多本身还各自包含更低一层次的'民族类集团'。……各个层次的多元关系又存在着分分合合的动态和分而未裂、融而未合的多种情状。"④ 中华民族有整体的民族意识，多元的各民族也具有自己的民族意识，这是由中国民族构成的情状造成的，我们应当强调树立中华民族的国族意识，反对狭隘的民族意识，但不能因此就强调中国不应该有民族主义，应该无条件放弃爱国主义民族意识，树立全球化意识或世界意识。我们应该有全球意识，但不能放弃民族意识，而且民族意识也不是你想放弃就可以放弃得了的，因为它是在长期各族人民共同改造历史中形成的，是不可能自动

---

① 孙中山：《三民主义》，第8页。
② 蒋梦麟：《从日常生活经验谈三民主义》，台湾《新生报》1952年3月13日。
③ 参见刘再复、李泽厚《"提倡一个并不清楚的东西是危险的"——关于"民族主义"的对谈》，《同舟共进》（广州）2009年第12期，第26~29页；王正绪《中国的族群政策怎么调整》，《同舟共进》（广州）2009年第12期，第23~24页。
④ 费孝通等：《中华民族多元一体格局》，中央民族学院出版社1989年版，第33页。

消亡的，民族意识消亡，就意味着民族消亡，在中国，民族消亡也就是国家消亡，即孙中山所强调的"亡国灭种"。所以，正确的态度是用各种政策进行合理的调整，使各个民族在共同发展中，形成你中有我、我中有你、谁也离不开谁的和谐合作情状，从而生成统一的、平等的格局，逐渐地消除民族之间的差异，用爱国主义去代替民族主义，用理性的民族主义去取代狭隘的民族主义，这是应该坚持的正确原则。这是就国内而言。就世界范围看，只要帝国主义存在，只要霸权主义存在，就不可能没有民族主义。只要遵行"霸道"思维的帝国主义列强，或所谓的超级大国不能以平等的思维去处理不同民族产生的问题，由此而产生的反抗意识也就不可能消除。所以，随意地提倡用"世界主义"去取代民族主义是一种真正的危险。

孙中山在民族主义讲演时讲道："近来讲新文化的学生也提倡世界主义，以为民族主义不合世界潮流。这个论调如果是发自英国、美国或发自我们的祖宗，那是很适当的；但是发自现在的中国人，这就不适当了。"为什么呢？因为"德国从前不受压迫，他们不讲民族主义，只讲世界主义；我看今日的德国，恐怕不讲世界主义，要来讲一讲民族主义罢"，因为德国在第一次世界大战后也觉得被人压迫了，所以要讲民族主义了。孙中山是说，只要世界上存在民族压迫和不平等就不能只讲世界主义，不讲民族主义。如果不讲民族主义，不发扬民族的爱国精神，"一受外国的政治力和经济力来压迫，以后又遭天然的淘汰，我们便有亡国灭种之忧"。只要我们"恢复民族主义，……那么就是外国的政治力和经济力无论怎么样来压迫，我们民族就是在千万年之后，决不至于灭亡"。所以，只要世界上存在强权政治、霸权主义，就要提倡民族主义，只要"强权打破以后，世界上没有野心家，到了那个时候我们便可以讲世界主义"。①

由此可见，孙中山的民族精神，来源于他的爱国情怀，来源于他对世界局势的考量。因为世界存在强权政治，存在侵略与被侵略，存在压迫与被压迫，世界上就必然会存在两种人，即压迫者和被压迫者。在这种情况下，就只有被压迫者联合起来，团结起来，"用公理去打破强权"，才有世界的和平和进步。所以，孙中山是爱国者，也是国际主义者，他有全球意识，但不同意提倡不平等的世界主义。可见，孙中山的民族精神不仅表现为他对中华民族的热爱，也表现为他对世界被压迫民族的同情和支持，表现为对全人类的命运和前途的关注。

民族精神与民族文化是互为因果的，是支配民族生命表里的力量；"民族

---

① 孙中山：《三民主义：民族主义第三讲》，第45～46页。

精神的真实效能是在尊重自己民族的历史，意识自己民族的地位，增强民族的信心，团结民族的力量，促进民族的发展和巩固民族的基础"①，所以，孙中山说：世界文化有两种，一是"欧洲的文化，是霸道的文化"；二是"亚洲的文化，就是王道的文化"。"我们现在处于这个新世界，要造成我们的大亚洲主义，应该用什么做基础呢？就应该用我们固有的文化做基础，要讲道德，说仁义。仁义道德，就是我们大亚洲主义的好基础"。② 欧洲民族讲打不讲和，我们东方民族，尤其是中华民族讲和不讲打，"中国人的心理向来不以打得为然，以讲打就是野蛮"。我们保守这种精神，扩充这种精神，提倡弘扬这种精神，就是为了世界和平，就是讲"世界大道德"，就是为了表彰我们的道德文明。③ 可见，孙中山并不反对世界主义，他只是认为由民族主义发展为世界主义需要时间和条件，由"民族的归属感"到"全人类的归属感"，是文化特征的改变、民族性的改变、民族意识的改变，这需要时间，不能说变就变。孙中山提倡民族主义、弘扬民族精神，既具有防御性的一面，又具有攻击性的一面，是一把双刃剑。诚如日本宗教领袖、和平主义和国际创价学会的理事长池田大作先生所指出的：对于民族主义"不可随便地去否定它。过去，在西方诸国的殖民主义中曾被典型地体现过的就是歪曲了攻击性侧面，这形成了全球性的重要性问题"④。很明显，孙中山提倡民族主义、弘扬民族精神，就是向西方列强叫板，废除帝国主义与中国签订的一切不平等条约，取消其在中国的一切特权，改变其向中国进行政治、经济、文化侵略，压迫中华民族，瓜分中国领土和企图灭亡中国的错误政策。孙中山认为，在西方列强没能给中华民族平等的权利、继续推行"强权无公理的主义"时，大谈世界主义，那是一种误导，是要中华民族丧失抵抗意识，甘心做"次殖民地"的奴隶。孙中山强调说："我们中国四万万（人）不但是很和平的民族，并且是很文明的民族。近来欧洲盛行的新文化和所讲的无政府主义与共产主义，都是我们中国几千年以前的东西。比如黄老［按，即黄帝、老子（老聃）］的政治学说，就是无政府主义。列子所说华胥氏之国，'其人无君长，无法律，自然而已'，是不是无政府主义呢？我们中国的新青年，未曾过细考究中国的旧学说，便以为这些学说就是世界上顶新的了。殊不知道在欧洲是最新的，在中国就有几千年了"。"世界主义在欧洲是近世才发表出来，在中国二千多年以前便老早说过

---

① 高良佐：《民族精神与民族文化》，《建国》第 35 期，1929 年 1 月出版；第 37 期，1929 年 2 月出版。
② 陈锡祺主编：《孙中山年谱长编》下册，第 2080～2081 页。
③ 孙中山：《三民主义：民族主义第四讲》，第 59 页。
④ （俄）戈尔巴乔夫、（日）池田大作：《二十世纪的精神教训》，第 292 页。

了"。"至于欧洲人现在所讲的世界主义,其实就是强权无公理的主义。英国话所说的'能力就是公理'(Might is Tight),就是以打得的为有道理。中国人的心理,向来不以打得为然,以讲打的就是野蛮。这种不讲打的好道德,就是世界主义的真精神。……所以我们以后要讲世界主义,一定要先讲民族主义,所谓欲平天下者先治其国。把从前失去的民族主义重新恢复起来,更要从而发扬光大之,然后再去谈世界主义,乃有实际"。① 可见,孙中山讲民族主义,但他不反对世界主义。他认为只要世界真正实现了讲公理、讲正义、讲平等、讲和平,世界主义由侵略主义转变为无政府主义、共产主义,实现了世界大同,到那时中国自然也要"去谈世界主义"。由此可见,孙中山提倡"天下为公""世界大同",对世界主义作了正确的诠释,反映了中华民族的包容和大度。杜亚泉说:国民所遵奉的孙中山三民主义的民族主义,是为"团结自己的民族,保持民族的国家,以抵抗他民族的压迫"②。中华民族的民族主义是反对侵略、压迫,维护民族独立的救国主义,不是侵略主义,更不是分裂主义。这一切都说明,中华民族各民族在2000多年来逐渐建立起来的政治、经济、文化与精神关系,注定是中国各民族相互依存、共同发展、共同进步。各民族在近代共同反对帝国主义侵略和国内民族压迫而自觉形成的中华民族精神是历史和现实发展的必然,也是凝结各族人民的意志和奋发向前的潜在力量,以及独立不羁的思想意识。在世界仍然存在歧视或偏见的时候,主张不要讲爱国主义,不能讲民族主义,只讲世界主义、全球意识,这样一刀两断中华民族历史的、民族的情结,就是放弃民族的独立性,忍受列强的奴役。其实任何一个民族,越是弘扬民族精神、维护民族文化的特性,就越有民族的自信心和自豪感,也只有世界不同民族保留先进的文化,才能体现出世界文化的丰富多样性,才能凸显出不同民族的特有品格。

孙中山在民族主义讲演中强调,过去由于中国"失去了民族的精神",所以"从前做满洲人的奴隶,现在做各国人的奴隶","如果不想方法来恢复民族主义,中国将来不但是要亡国,或者要亡种"。③ 他说:"中国人对于国家观念本是一片散沙"④,中国人对于家族和宗族的观念是很深的,但没有国族意识。所以,中国要防止他人来灭国,必须形成坚固的国族意识,振起民族精神,求民权、民生之解决,以与外国奋斗,使外国帝国主义减少作用,以维持民族的地位,免致灭亡。可见,孙中山强调恢复民族精神,就是号召人民要振

---

① 孙中山:《三民主义:民族主义第四讲》,《孙中山选集》,第666～667页。
② 杜亚泉:《人生哲学》,《杜亚泉著作两种》,新星出版社2007年版,第126页。
③ 孙中山:《三民主义:民族主义第五讲》,《孙中山选集》,第668页。
④ 孙中山:《三民主义:民族主义第五讲》,《孙中山选集》,第674页。

作起来努力奋斗,"恢复我们民族的地位"。他绝对不是提倡民族主义去灭别人的国家和民族,也绝对不是号召中国人无原则地与别的民族对抗,中国提倡民族主义不会去威胁任何人,也不会给任何民族带来威胁。外国有人说,中国提倡爱国主义、弘扬民族精神是在威胁别人,这种论调是过去"黄祸论"的翻版,是一种不负责任的别有用心的挑唆和鼓噪。

　　孙中山说,一个国家强盛的原因很多,但专靠武力是不能维持长久的,必须"以种种文化的发扬"才能成功。辜鸿铭在《中国人的精神》演讲中也说文化是民族精神的核心。"中国人的精神"是"本民族固有的心态、性情和情操。这种民族精神使之有别于其他任何民族,特别是有别于现代的欧美人"。他说:真正的中国人"没有丝毫的蛮横、粗野或残暴"。"用一个词可以把典型的中国人所给你们留下的印象归纳出来,就是'温良'(gentle)。我所谓的温良,绝不意味着懦弱或是软弱的服从"。①"中华民族这一古老的民族,在目前仍是一个带有幼稚之像的民族。但有一点诸位务必牢记,这个幼稚的民族,虽然过着一种心灵的生活,虽然在许多方面尚显幼稚,但他却有着一种思想和理性的力量,而这是一般处于初级阶段的民族所不具备的。这种思想和理性的力量,使得中国人成功地解决了社会生活、政府以及文明中许多复杂而困难的问题。我敢断言,无论是古代还是现代的欧洲民族,都未能取得像中国人这样辉煌的成绩,他们不仅将亚洲大陆上的大部分人口置于一个庞大帝国的统治之下,而且维持了它的和平"。②"如果说中华民族之精神是一种青春永葆的精神、是不朽的民族魂,那么,民族不朽的秘密就是中国人心灵与理智的完美谐和"③。这正如孙中山所说的,中国人所"固有的道德",或称"中国固有的精神",都是世界民族所无的。孙中山将中国"固有的道德"归结为中华民族的精神,表明他对中国固有道德的重视;但这不是他在有意复古、"回归"古代,恰恰相反,这正是他创新思维的表现。孙中山从古今中外民族发展和生生息息,以及民族的兴亡历史中体会到,一个国家和民族要维持长久的地位,存在着一个道德问题,"有了很好的道德,国家才能长治久安","有了固有的道德,然后固有的民族地位才可以图恢复"。

　　所以中国从前的忠孝、仁爱、信义种种旧道德,以及热爱和平,都是我们中华民族的好传统,"是我们民族的精神"。④ 有了这种精神,我们便可以恢复我们民族的地位。由此可见,孙中山是真诚的爱国主义者和相当理性的国际主

---

① 辜鸿铭:《中国人的精神》,海南出版社1996年版,第29～30页。
② 辜鸿铭:《中国人的精神》,第37页。
③ 辜鸿铭:《中国人的精神》,第39页。
④ 孙中山:《三民主义:民族主义第六讲》,《孙中选集》,第684页。

义者，在那个年代，孙中山通过弘扬民族精神体现他的爱国情怀，也是通过宣传民族主义去弘扬他的和平理想，并公开承诺中华民族维护世界和平的责任，充分显示出他作为一个杰出政治家的宽广胸襟。对于孙中山所强调的中华民族的优秀文化，我们应该采取肯定的态度。诚如钱穆先生在他的《中山思想之新综析》文中所说的：无信仰即无力量。目前的中国人，因对自己民族失却信仰，因此也就失却了力量。不仅道德实践的力量没有了，即知识上开悟与了解的力量亦没有。因为要主张推翻一切旧道德、旧伦理、旧传统、旧文化，来全盘西化。我们要恢复固有道德，便该同时恢复固有的智能。即像《大学》里的话，我们该把近代人的目光，近代人的智能来重新研讨，再加发挥。我们该懂得许多过去的道理，一样还可以是今天的道理。如近代的西方，也何尝把希腊、罗马以及中古时期一切思想理论知识教训全推翻了？（中山先生对此有详细发挥，此处不具引。）只因近代中国失却了民族精神，所以西洋的无古无今都对，自己的无古无今都不对，那只是一种可耻的无知。

钱穆先生说得很对，"中山先生所讲的民族主义，是更着重民族文化精神的"。"中山先生的思想，实在能融会旧传统，开创新局面"。"他对西方思想不仅能接受，还能批评"，他的思想"实在能承续近代中国思想所必然趋向的客观路向"。①

总之，孙中山所提倡弘扬的民族精神具有普遍性和永恒性，超越了当时许多思想家和学者的水准和见识。他的见解不仅在当时具有凝聚人心、鼓舞志气、发奋为雄、不断进取的作用，对今天建设和平社会、和平世界，复兴中华，仍具有借鉴和启迪意义。

（三）

孙中山的民族精神是近代中国以汉族为中心的各个民族在对外关系中逐渐形成的中华民族自觉意识的表现，它反映了当时中国汉族与少数民族相互依存、共同发展的共同追求和期待，也体现了中华民族在发展过程中所遇到的内外民族问题的真实情况。

严复曾经说过，"国也者，各有其特别之精神也"，"从未有不重其亲而能爱其祖国者"。他指出：

> 孔子有言："自古皆有死，民无信不立。"管子曰："礼义廉耻，国之四维；四维不张，国乃灭亡。"是知国于天地，其长存不倾，日跻强盛

---

① 钱穆：《中山思想之新综析》，台北《自由中国》第5卷第6期（1951年9月16日出版）。

者，必以其民俗、国性、世道、人心为之要素。此所由来旧矣。且不独吾国之圣经贤传所言为然，乃至观诸外国，其中国亡种灭，或为异族所奴隶，亦以道德扫地，人心痛涣为之先，从未有好义首公，忠信相扶之民，而不转弱为强，由衰而盛者。①

梁启超在《新民说》书中也说：

> 有冲突则必有调和，冲突者调和之先驱也。善调和者，斯为伟大国民，盎格鲁撒逊人种是也。比之颐步，以一足立，以一足行；比之拾物，以一手握，以一手取。故吾所谓新民者，必非如心醉西风者流，蔑弃吾数千年之道德、学术、风俗，以求伍于他人；亦非如墨守故纸者流，谓仅抱此数千年之道德、学术、风俗，遂足以立于大地也。

> 我国民所最缺者，公德其一端也。人人独善其身者谓之私德，人人相善其群者谓之公德，二者皆人生所不可缺之具也。无私德则不能立，合无量数卑污虚伪残忍愚懦之人，无以为国也；无公德则不能团，虽有无量数束身自好、廉谨良愿之人，仍无以为国也，吾中国道德之发达，不可谓不早，虽然，偏于私德在，而公德殆阙如。②

孙中山、严复、梁启超等社会名流，在清末民初都强调国民应树立公德心，养成爱国爱民族的本性，陶冶现代国民的爱国思想。而陈独秀则站在相对立场认为，东西洋民族风土不同，民族思想也不同，西洋民族以战争为本位，东洋民族以安息为本位。指斥那些强调以道德立国，以尚贤、礼让、忍辱的所谓民族精神去跟"好战健斗""彻头彻尾个人主义""以实利为本位"的西洋民族争自由、平等，是痴心妄想，并批评那些企图以恢复固有道德来恢复民族地位的人是"高谈礼教"，教人传承"卑劣无耻之根性"。陈独秀的意思很明白，就是要中国像西洋国一样"以法治、实利为重"，"以独立之生计，成独立之人格，各守分际，不相侵渔。以小人始，以君子终，社会经济亦因以厘然有叙"。他们之间的分歧在于是培养国人的集体观念、团结精神，以民族感情为本位，培育爱国情怀；还是按西洋人"依法立据"，依法治家庭，依法治国家，树立国民的权利义务观念，③造就国民的独立个性。这个分歧很难说谁是谁非。共和民主的国家，应以法治为根本，但在一个法制不完善的国家，有法

---

① 严复：《导扬中华民国立国精神议》，《宗圣杂志》第 10 号，1914 年 11 月出版。
② 梁启超：《新民说》，李华兴、吴嘉勋编：《梁启超选集》，上海人民出版社 1984 年版，第 211～213 页。
③ 陈独秀：《东西民族根本思想之差异》，《青年杂志》第 1 卷第 4 号（1915 年 12 月 15 日出版）。

不依、有法等于没有法，而且掌权者利用特权及其财富控制政权的核心，以人治代替法治，乃至于胡作非为的事也常有发生。所以，作为强制性的法律，未必就能治理好国家和社会。但没有法律也就没有秩序，无法无天的社会也干不了任何事情。因之，无论是古代社会还是现代社会，除了法治之外，都必须重视人的自觉、人的品德和素质。通过自觉修身，自觉遵循传统道德来控管自己的行为，通过恢复固有之道德，用忠孝仁义去维系社会的和谐和国民的团结，逐步养成民族之自觉，形成国族意识去抗衡列强压迫，而图自存。此举虽远不如强大的物质力量有效，但也不失为一种理性主义的精神力量。中国若"一盘散沙"，对哪一个列强侵犯都不能抗御，但若形成一个坚固的国族，对于侵犯我民族者"合群力而抵抗之"，则其力量无可限量。所以，孙中山等人强调通过恢复民族主义或曰"民族精神"来维护国家的安宁和统一，是一个弱者对强者最有效的对抗办法之一。在那个中国人受人欺凌压迫的年代，因为中国贫穷落后，不可能有先进的科学技术，也不可能通过武力对抗武力。孙中山说，讲打不是中国人的道德，讲和，也即调和，通过宣传中华民族热爱和平、讲和不讲打的传统，向世界宣布，中国虽讲民族主义，但中国遵循"睦邻友好"和"济弱扶倾"的对外政策，绝不称霸，也反对侵略。这就是用东方的"王道"去抗拒西方的"霸道"，是文明对野蛮的较量。这种民族主义是理性民族主义，是用文化民族主义去反抗列强的政治民族主义和经济民族主义。孙中山的民族主义明显包含国际主义，是爱国主义与国际主义的统一，这种民族主义对谁都不是威胁，对哪一个民族和国家利益都没有损害，只是一种对中华民族实行自觉教育，造就近代民族国家意识和献身、奉献精神的行为。可见，孙中山提倡恢复民族精神来救国，拯救中华民族，看不出它有什么不对，也看不出它对国家对人民对历史有什么不是。相反，正是在孙中山用民族精神救国，立志振兴中华、复兴中国的鼓荡和呼唤下，才有20世纪二三十年代中国高昂的强国精神，才有那全国一致的"打倒列强""打倒军阀"的呼声，乃至于有后来不愿做奴隶的中华民族的觉醒，才有抗日精神的昂扬，并取得抗日战争的胜利。

现在的世界还不能说是和平与稳定的人类乐园。为了解决世界上的各种问题，需要具有杰出才智和雄才大略的领袖，但也需要全人类、各国人民的觉醒以及树立和平发展的理念，并形成强大的舆论力量，推动社会正义、文明的发展，学会管理自己、治理自己、保护自己，否则人类就不可能有社会的稳定、和平和幸福的生活。所以，国民应当爱国，但也更应该爱人类、爱和平。对以孙中山为代表的先进中国人的民族精神，诚如英国哲学家罗素所指出的：

> 中华民族是世界上最有忍耐性的民族；其他民族的人考虑几十年时间

去完成的事情，中国人则考虑用几个世纪的时间去完成。中国人的这种忍耐性是根深蒂固的，他们能够经得起等待。……假如中国能够避免被别的国家策使而卷入战争，那么那些至今压迫中国的外国列强可能最终在互相争斗中自己耗尽力量，使中国可以自由地追求人道而高尚的目标，而不是去追求所有的白人国家喜好的战争、劫掠和破坏。也许对中国来说是一个很渺茫的希望，然而对我们西方国家来说，则不会有比失望更好的结果。但是，除非列强各国学会一些适度节制和宽恕容忍，我看不到有任何更好的可能性。我看有许多事情表明，压迫中国的列强的后果会比我所说的更糟。①

罗素劝告列强要学习中国人那样容忍和节制狂妄的行为，这只是一种妄想，但他讲到列强如继续压迫中国则会失败得更惨，则看到了中华民族的力量所在。

总之，孙中山虽然鼓吹民族主义，弘扬民族精神，但他是和平主义者，他的民族主义属于反对帝国主义侵略、维护世界和平的进步民族主义，是对世界和平的一大贡献。

但我们不要误以为孙中山所讲的中华民族的精神就等于孙中山的民族精神，其实孙中山的民族精神的内涵比这要宽泛得多、丰富得多。如为实现民族独立和统一的奋斗精神；争取民族自由、平等和博爱的献身精神；振兴中华，为国家民族求强求富的精神；爱好和平与发展美好未来，"天下为公""世界大同"与"济弱扶倾"的民族互助精神；争取实现民族融和、共同进步的民族共和精神；等等，都是孙中山民族精神的重要内涵。

回顾孙中山的民族精神，我们深切地感到，孙中山在一个世纪前陈述的许多观点、看法对今天的世界和平和复兴中华仍有巨大的现实意义和启迪，说明孙中山是一位有世界眼光和远见卓识的政治家和思想家，他的一些思想，尤其是他的精神不会随时光的消逝而远去。毛泽东讲过，从孔夫子到孙中山，我们都应该研究、学习和继承他们的思想遗产。徐儒宗在他的专著《人和论——儒家人伦思想研究》中讲到：儒家开宗明义地说人伦是把人的行为作规范。人伦以和为贵。把夫妇、父子、兄弟、君臣、朋友五种最具典型的人际关系归纳为"五伦"，提倡夫妇互相爱敬、父慈子孝、兄友弟恭、君义臣行、交友以信等品德，以期人与人之间和睦相处，从而达到家庭的和睦与幸福，国家的统一与世界和平。这些对于实现社会的和谐、安定、文明和发展，对于当今建设

---

① （英）罗素：《东西方文明比较》，《罗素文集》，王正平译，北京改革出版社1996年版，第26页。

和平社会具有积极意义。① 可见，儒家的一些思想，在调和社会矛盾、维护世界和平中仍然具有积极的作用。孙中山对于儒学，是在否定中肯定、在肯定中发展，从而利用儒学忠孝、信义、仁爱、和平等伦理的积极作用，作为他重构政治理念的资源，把正心、诚意、修身、齐家的道德范围扩展为治国平天下之本，以"用固有道德和平做基础去统一世界，成一个大同之治"的政治哲学号召天下，唤醒国民以爱国爱种为前提，以实现国家富强、民族复兴为目标，使他的理论和思想更加与国民的认识水平和接受能力相一致。所以，孙中山思想的"回归"，是以调和中西矛盾，融合国内各民族实现团结统一，令人群、社会进步为目的的，这个"回归"是一种进步，对于当今社会和平、世界和谐都具有普遍性的意义。

（四）

当今的世界非常复杂，总是有那么一些人希望中国崛起受挫，更希望中国分裂，让其回到殖民时代，由列强欺凌、摆布、指使和统治，虽然这是"白日做梦"，但必须引起我们的高度警惕。孙中山说得好："古人云'无敌国外患者国恒亡。'"又说："多难可以兴邦。"② 我们为了应付世界的复杂形势，应当学习孙中山"恢复民族精神"，团结建设强盛的国家，弘扬和继承孙中山关于增强中华民族凝聚力的文化精神遗产。

近代由于资本—帝国主义列强与中国封建主义相勾结将中国推入半殖民地半封建的深渊，中华民族生息、繁衍的神圣领土被列强宰割，人民努力创造的物质财富遭受列强的掠夺。资本—帝国主义列强通过发动侵略中国的战争和强迫中国签订不平等的条约，不仅使中国的领土、领空、领海、关税和司法等主权遭到破坏，给中华民族造成空前的灾难，而且也离散了中华民族的团结、统一，造成民族离散力恶性膨胀。清朝政府不仅无力带领人民起来抗击侵略者，维护国家的独立和主权的完整，反而推行民族压迫、涣散民族团结的政策，造成中国"一盘散沙""贫穷落后"，正是清政府实行不平等的弱化中华民族凝聚力的政策，决定了当时的中华民族各族人民无法避免帝国主义和封建主义两个敌人相结合的压迫、欺凌和剥削。如果不能摆脱中华民族空前严重的民族危机，实现中华民族的独立、民主和富强，诚如孙中山所说，"中国不仅要亡国，还要灭种"。

孙中山是中国最早提出振兴中华口号、发扬民族精神拯救国家的政治家，

---

① 参见徐儒宗《人和论——儒家人伦思想研究》，人民出版社2006年版，第2～17页。
② 孙中山：《三民主义：民族主义第五讲》，《孙中山全集》第9卷，第232～233页。

也是最早提倡建立国族意识，实现中华民族团结、统一，完成中华民族由自在到自觉实体转变的思想家，孙中山的思想不仅为中国的民族团结、统一起到启导作用，而且对增强中华民族的凝聚力、自信力和认同感也有重要的影响。

研究历史人物，最可怕的不是无知，而是不能从大历史的视角去透视人物，离开国家和民族这个根本利益的评价标准，对于孙中山这样带有时代象征性的人物，我们不是要为孙中山争"伟大"还是"不那么伟大"，也不是要为孙中山争"先进"还是"不那么先进"，而是要站在国家和民族的立场上去说明孙中山给我们国家、民族和社会发展带来了一些什么，他的思想和行动对国家的建设、社会的发展和民族的振兴起了什么作用。我们后人研究前人的思想和行动，只能将人物的思想和行动放在特定的历史条件下，将其原委讲清楚，说明白，总结成功和失败的原因和教训，为国家建设提供借鉴。这些年来，由于对孙中山研究的深入，笔者总觉得孙中山的确很了不起，他看问题比别人深刻，有远见。100多年来，我们国家、我们伟大的中华民族走过的历程，尽管反反复复、曲曲折折，但都是在孙中山为中国所开辟的共和、民主和富强的道路上前进的，国内外的反动势力，尽管企图阻碍中国和中华民族的崛起、发展和强大，但终将成为梦想，孙中山开辟的共和、民主和富强的发展道路虽然遭到挫折，但他的思想仍有生命力，他开辟的道路也不可逆转。为什么？是因为孙中山和革命者教育中国人民懂得了一个真理，那就是中国只有实现共和、民主和富强的强国梦，才会有美好的未来；中华民族只有发扬我们民族统一、团结、奋斗，不怕一切艰难险阻的精神，才会有国家的稳定、社会的和谐和人民的幸福，才能应对世界上任何围堵、仇视和分裂中华民族的各种行为。

孙中山在晚年作民族主义讲演时反复强调列强总想利用政治、经济和文化强势将中国搞垮，但他顽强地领导人民进行一场反对帝国主义列强和北洋军阀分裂势力的国民革命，号召人民起来打倒军阀及其背后的帝国主义，废除与列强签订的一切不平等条约，实现中华民族的统一和国家的独立，为中国后来的发展指明了方向。

孙中山有坚忍不拔的民族精神，有世界的眼光和意识，以及勇于探索和实践的精神。他志存高远，努力报国，勇于献身；他品格高尚，具有任劳任怨、百折不屈的品格；他廉洁奉公，甘为人民公仆；他关爱人类，倡导文明，互助和友好；他提倡社公正义、人类平等、扶持弱势群体；他倡导世界人类要树立替众人服务的新道德，确立"天下为公"的理念，他主张用新的道德去建构世界的新秩序，为人类，为中华民族的文明、进步、发展忘我地奋斗，他的思想和精神具有普世价值和世界意义。在近代中国，像孙中山这样被多数中国人和世界进步人士认同、尊敬的人不多见。孙中山离开我们90多年了，但尊敬他的人那样多，研究他的人那么多，出版研究他的著作那么多，怀念他的人那么多，在近代中国在世界也不多见。目前，全球有中山公园43个，纪念馆数十个，以孙中山的名字命名的街道、纪念堂及其他纪念场景也遍布全中国。孙中山已成为一个在海内外有强烈号召力的文化符号，成为全球华侨、华人无可争辩的精神领袖，在中国内地、香港、澳门、台湾均获得高度认同，他用他的思想、智慧、精神和魄力守护国家、民族和人民的整体利益，成为凝聚中华民族各族人民和海外华侨、华人团结、关注国家发展前途的重心。所以继承他的思想，弘扬他的精神，发扬他的爱国爱民族和爱人民的情怀，对于民族团结、祖国的完全统一，实现他的强国梦，具有巨大的影响和作用。

孙中山说他，"忧国之责，未敢稍懈"①，"忧国之责，义不敢懈"②。他强调民族分裂必将导致国家灭亡，"故爱国心重者，其国必强，反是则弱"。救世、救人、救国靠的都是民族的团结、民族的凝聚力。何谓团结？团结就是一种力量，团结就是万众一心为着一个目标去奋斗。何谓凝聚力？凝聚力就是强国的黏合力、骨肉同胞的亲和力和汇聚力；也是民族的坚强意志和不可分割的震撼力。中国具有悠久的历史和文化，在各族共同创造中国历史的过程中凝聚起来的坚忍不拔、艰苦奋斗的精神是中国有力量的表现。中华民族各族人民不仅具有高度的认同感、亲密无间的黏合力和不可动摇的团结力，还有开拓创新，敢为天下先，以及热爱和平，实现"天下为公"的伟大理想。中华民族是中国各民族自觉认同的人们共同体。中华民族由自在实体到自觉实体的形成是人们觉醒的体现，是中华民族凝聚力的前提，没有民族的觉醒就不会有民族的真正强大的凝聚力，而没有民族凝聚力的民族就不是优秀的民族。孙中山着力建构民族国家的理论，在他鼓舞和提倡下，"中华民族"成为代表中国各民族的国族，并随着国族意识的增强，民族的向心力和凝聚力也不断地加强。所以，中华民族力量的大小强弱是与中华民族的觉醒程度成正比的。所谓民族觉醒就是整个民族的大多数人认识到民族的艰危，团结奋起以改变民族的生存环境，建设美好的社会，使整个民族有能力对付国内外各种反动行为，坚强地朝着正确的、理想的美好未来奋进。孙中山为了振兴中华，建设强大的中国，他首先是重视对中华民族的研究，寻索中华民族的精神，并加以总结和弘扬，使我国各民族迅速觉醒，并用他毕生的精力去建构中华民族的国族意识和促进中华民族自觉实体的形成，他强调中国各民族都是中国的主人，谁也离不开谁，民族之间应坚持相互促进，共同发展，团结一致为拯救国家和实现国家富强、

---

① 孙中山：《复伍肖岩丞》，《孙中山全集》第5卷，第16页。
② 孙中山：《复黄玉田丞》，《孙中山全集》第5卷，第21页。

社会文明、进步效力。这些都表现了孙中山思想的高深和智慧魅力的超凡。

中华民族作为一个自在的民族实体，虽然是在几千年的历史过程中形成的，但作为一个自觉的民族实体，则是在近百年来"中国和西方列强对抗中出现的"。自觉民族实体的形成必有赖于自觉民族意识的形成。中华民族从自在到自觉的过程，也是各民族对中华民族自觉认同的过程。但是，导致民族分离和联合的具体条件是复杂的。政治上的歧视、压迫会增强被歧视和被压迫民族的反抗心理和民族意识，拉开民族之间的距离；但政治上的优势并不就是民族在社会上和经济上的优势。文化强民族强，文化的认同是民族认同的核心，因此，民族的团结、融合主要是出于社会和文化、经济发展的需要。近代中国各民族在抵抗列强侵略和封建君主专政的斗争中形成一个休戚与共的自觉民族实体，各民族以汉族为核心凝聚起来，结成无可抗拒的坚强力量，形成自觉认同的民族意识，主要的目的虽然是为了保卫国家和民族的生存，以及推动中国社会的进步发展，但这种局面的形成，经济上的发展和文化上的联系和认同才是主要的、关键性的原因。

近代中国由于资本主义入侵，封建自然经济开始瓦解，产生资本主义经济因素，这种因素发展缓慢，虽尚未成为中国社会经济的主要成分，但这是近代中国社会经济发生的巨大变化之一。正由于经济的变化，我国各民族的联系加强了，并产生了统一的民族经济和商品市场，随着经济的联系，各民族在政治和文化上的联系也空前地加强，而在共同的民族利益和经济要求下又形成了新的文化和民族心理素质，以及建设独立、共和、民主和富强中国的强烈愿望，才为中华民族由自在实体向自觉实体的转变、由自在民族意识向自觉民族意识的转变奠定了基础。中华民族自觉实体的形成是中华民族精神和凝聚力增强的体现，也是中华民族文化认同和民族认同的表现，是中华民族自信和有力量的核心。

近代中国由于内外民族压迫造成民族的不平等，所以，反对内外民族的压迫，争取共和、民主和平等是中华民族内的所有民族人民的根本诉求。由于外来民族的侵略压迫是毁灭我们的国家和民族，使我国一些地方成为帝国主义的殖民统治，帝国主义的侵略，掠夺我们的土地和资源，离散我们的民族团结，使中国贫穷落后，是为了毁灭中国和中华民族，这同国内民族的压迫是为了维护统治民族的利益有本质的不同，所以外来民族的压迫高于国内民族的压迫和阶级压迫。救亡成为近代中国的首要任务。如果不救亡，国家亡了，民族亡了，什么"自强""维新""新政"，都只能是封建主义、殖民帝国主义的统治之"强"，维护封建主义和殖民帝国主义统治之"新"，将中国变为帝国主义的殖民地，成为列强的附庸。如果是这样，中华民族就永远没有振兴和崛起的可能。所以，要中国人民起来救亡，靠的是精神、是觉醒，靠的是团结、是统一和奋斗。全国各民族的民众团结起来，奋起救亡，靠的是精神的复兴和思想的觉醒，正由于民族精神的复兴，以及民族的觉醒，才改变了国内各民族之间的关系，也正由于近代中国的国家利益和中华民族各族人民的利益的一致性，便将中国56个民族凝聚起来，团结起来，为共同担负拯救和建设国家和民族的历史重任奠定了政治、思想和文化的基础。

中华民族有无力量，它的凝聚力的大小强弱关系到国家的生存和发展，也关系到民族的复兴和国家的富强。一个民族无论处在哪一个发展阶段，因为共同体的人们长期生活在一起、创业在一起、团结战斗在一起，他们必然都热爱自己的家园、爱恋自己的生活，都有凝聚力和向心力。但这种自然形成的民族意识只能是属于低层次的自在意识，而不是属于自觉的意识。如果不在发展民族经济和文化教育事业的基础上，提高民族的素质，提高人民的素质，加速民族自觉意识的觉醒和民族精神的弘扬，这种意识就不可能形成稳固的和坚强的向心力以及奋发向上的精神力量。一个民族处于落后地位，不仅维系民族团结的精神纽带容易断裂，就是民族共同体也会出现松动，产生离心倾向，这样的民族势必会被日益进步的世界潮流所淘汰。所以，任何民族要增强自己的凝聚力，加强民族团结和统一，在集中力量发展民族经济、改善人民物质生活条件的同时，必须重视发展民族的文化教育事业，提高国民的素质，加速民族大多数人民意识的觉醒。无论是什么时候，只要遭遇外国的侵略，我们都要挺起民族的脊梁，发扬民族精神，加强民族的团结奋起抵抗。只要我们发扬中华民族的优良传统，牢固地树立团结统一的爱国主义精神，凝聚全民族的力量，为了民族的理想奋斗，中华民族便无敌于天下。孙中山强调树立民族意识和发扬民族精神，就是为全民族增强凝聚力和向心力，抵制世界强权国家的欺凌、威慑和驱使。孙中山在他的演讲和文章中教导中华民族的同胞要铭记历史，不要忘记历史，那是因为只有铭记历史才会产生责任感，才会产生民族的情感认同和文化认同。

我们中华民族有伟大的人类文明，有辽阔富饶的土地、丰富的资源和13亿民众，又有悠久的历史和世代流传的文化传统。毫无疑问，这些都是中华民族有强大凝聚力的前提条件，但是有这些客观条件，如果不能认识它们，或者说不能正确地认识它们，也不会成为民族向心力和建设国家的根本力量。孙中山认为，一个民族不了解自己走过的艰难历程，不了解和不认识自己民族过去的状况、现在的处境和未来的前途，是不会自觉地凝聚起来的。中华民族要坚固地凝聚起来，产生巨大的正能量，自觉地承担建设一个伟大的富强国家的历史重任，必须通过长期斗争和实践使自己的人民鲜明而又清晰地看到一个团结统一的中国，一个蕴藏着巨大的潜力、才能与爆发力的中国的存在和在世界民族中的地位，以及在维护国家权益斗争中的重要性和必要性，这样才会产生自觉的向心力和凝聚力。所以，孙中山在晚年作民族主义讲演时，强调我们必须重视民族精神的研究，用正确的态度去总结和弘扬我们民族的伟大精神①，加速中华民族意识的觉醒，只有这样才会有自觉凝聚力的产生，也只有这样形成的凝聚力才会坚固。而要加速中华民族的觉醒，增强中华民族的凝聚力、向心力，就必须对全体国民加强爱国主义教育，强化爱国主义意识，使中华民族的全体国民树立起强烈的强国精神，这样才会增强民族的自信心、自豪感和认同感。

文化认同高于政治认同，只有文化自觉才会有人心的统一。中华民族由自觉而自信，由自信而自豪，都是中华文化的认同和形成国族主义精神的呈现。自觉是人心的统一，自信与自豪是力量的根源。孙中山重视弘扬中华民族的精神，强调各族人民团结起来，他的目的是为了反帝反封建革命的胜利，是为了建构新的独立、民主和富强的国家。可见，民族精神的弘扬、民族凝聚力的问题，是国家政治建设中的新议题。当今的世界虽然已经不是孙中山生活时代的世界，当今的中国也不是19世纪末20世纪初的中国，但是民族危险依然存在，某些发达国家妄图围堵和遏制中国的图谋依然存在。它们总是希望中国的崛起和民族的复兴受挫，这是力量的较量，也是智慧和民心的检验。所以，强调民族精神的复兴和民族文化以及国家的认同仍是一项关系国家、民族前途的历史使命。只有中华民族团结统一，增强中国各民族文化的认同，合力共建一个文明、共和、民主和富强的国家，中华民族才会有振兴和强盛的未来。中华民族的复兴需要民族精神，我们必须学习孙中山发扬民族精神，自觉地守住中华民族的文化根系，奋发向前，只有这样，我们的民族才能朝气勃勃地奋发向前。

孙中山认为，民族是自然形成的人们生命共同体，它有共同的心理和信仰，以及共同的语言、文字。国家则是用武力造成的政治团体，它有统治权、领土和人民等基本要素。孙中山主张打倒君主制的王权国家，建立中华民族团结统一的共和民族国家，这是一个巨大的思想进步。他说，一个民族能否存在，在于它有无民族精神，所以，一个国家能否强盛在于国民有无爱国心，在于国家各民族的态度。孙中山强调用民族精神来救国，也强调用民族精神来建国。中华民族精神是中华民族优秀文化的结晶，也是中华民族在创造物质文明和推动历史发展过程中积淀起来的信仰、行为和力量，它是民族团结、思想统

---

① 孙中山：《三民主义：民族主义第六讲》，《孙中山全集》第9卷，第242页。

一的纽带，也是促进民族繁荣、发展、增强民族凝聚力的动力。民族精神，为全民族人民所认同，便具有很强的号召力、吸引力和凝聚力。所以，任何民族，任何时候都不能不强调民族精神的发扬以及民族精神的作用。诚如孙中山所说："国家兴亡，匹夫有责"[①]，"我们要图国家富强，必须自己振作精神，大家团结起来，公同向前去奋斗"[②]。所以，一个民族要振兴、要发展，除了社会的稳定、民族团结以及其他国际环境因素外，最重要的是要有全民族的奋起和上下一心、朝野同心同德的民族精神。现在，中华民族正在迈向光辉灿烂、伟大复兴的未来，总结中华民族走过的历程，在新的历史条件下，发扬和继承民族精神、爱国传统，增强民族的凝聚力、向心力，实现祖国的和平统一，以及发展为一个强大的稳固的自觉民族实体，对于实现我们的强国梦和中华民族的伟大复兴具有非常重要的意义。为此，要使中华民族自觉地树立民族意识，增强民族凝聚力，实现中华民族复兴的中国梦，我们必须自觉地树立民族精神，正确地处理好几个关系。

第一，中华民族包含中国的汉族和其他少数民族，因此中华民族既是统一体，又存在多元格局，我们既要看到中华民族各民族的统一性（共性），又要看到不同民族的差异性（个性）。在中华民族自觉实体形成的过程中，统一、联合和团结虽然是主要趋向，但在多元关系形成过程中又存在过分分合合的动态和分而未裂、融而未合、凝而不固的多种情状。这些特点说明，要实现中华民族的统一，加强中华民族的凝聚力，一方面必须注意总结中华民族在形成中分合、重组、融合、凝而不固的历史经验和教训，避免不利于民族团结统一的历史重演；另一方面，必须增加各民族在经济、文化、教育乃至于生活各方面的共性，减少各民族之间的差异性。而要做到这点，就必须坚持中华民族各民族一律平等和共同发展、繁荣进步的原则，迅速地发展经济、文化、教育和科学事业，逐步消除民族和地区之间的差异。中华民族经济越发展，社会越富裕、越现代化，各民族和不同地区之间的联系和共同的东西也必然会越多。所以，在促使中华民族发展繁荣的大前提下，各民族各地区都要利用自己的优势因地制宜地发展民族经济、科学、文化、教育事业，提高人们的综合素质，并通过相互学习、互通有无、团结互助，达到共同进步和富裕的目的。只有做到这一点，中华民族的凝聚力和向心力才会极大地增强。

第二，中华民族的各民族各地区都要正确地认识本民族本地区的长处和短处，正确地处理汉族和其他少数民族的关系。在中国不管是人数多的民族，还

---

① 孙中山：《致饶潜川丞》，《孙中山全集》第6卷，第109页。
② 孙中山：《在广州岭南学生欢迎会的演说》，《孙中山全集》第8卷，第540页。

是人数少的民族都是兄弟民族，各族民众都是中国的重要成员。由于历史的原因，汉族虽是中华民族凝聚力的核心，但是在中华民族形成自觉共同体过程中，汉族被其他民族融合，充实了其他民族；其他民族也被汉族融合，充实了汉族。中华民族的辽阔疆土是各民族共同开辟和建设的，中国的历史是各民族共同缔造的，所以中华民族是中国各民族的生命共同体，中国是各民族自觉认同的祖国。讲凝聚力，首先是要强调中华民族的凝聚力，讲中国的凝聚力，不能只讲汉族的凝聚力，不讲少数民族的凝聚力；也不能只讲少数民族的凝聚力，不讲汉族的凝聚力。其实，汉族有汉族的凝聚力，其他少数民族也有其他少数民族的凝聚力，但这都是中华民族的凝聚力。陈述中国的历史和现状时，必须处理好中央与地方的关系、这个地区与那个地区之间的关系、汉族和少数民族的关系；尊重各民族的宗教信仰以及生活风俗习惯，反对大汉族主义和地方民族主义，坚持民族平等、共同发展的政策，提高各民族的综合素质，缩小各地区之间的发展距离，实现共同富裕。

论人口，汉族最多，少数民族的人口较少；论土地，则少数民族居住地最辽阔，汉族居住地区相对狭小。正如毛泽东所说："我们说中国地大物博，人口众多，实际上是汉族'人口众多'，少数民族'地大物博'，至少地下资源很可能是少数民族的'物博'。"① 我们要巩固各民族的团结，增强民族的凝聚力，共同努力建设繁荣、富强的祖国，实现中国的现代化和中华民族的伟大复兴，必须正确地处理好汉族与少数民族的发展关系，政府应在政策和其他方面提供方便，让汉族向少数民族地区迁移，鼓励少数民族向汉族地区，尤其是向城市流动，促进各民族的交流和融合。

第三，汉族与少数民族，我中有你、你中有我的格局将长期存在，这是中华民族形成统一体的过程中形成的基本特点。在我国悠久的历史上虽然出现过多次民族之间的互相渗透和融合，但直至今天仍然是汉族与少数民族共同生活在一个大家庭中，各民族仍保留各个兄弟成员的民族特点，构成多元格局。汉族和少数民族都认同中华民族是自己的民族，中国是中华民族各族自觉认同的国家，但由于中国的历史和地理条件等各种因素，生活在不同地区人民的共同体，则存在明显的心理素质、语言、风俗习惯、宗教信仰的不同和经济、文化生活的差异。因此，汉族同少数民族是不同的民族，由不同的民族组成一个中华民族，形成大民族包括小民族统一的多元格局，这是中华民族的特点，也是中华民族的优点。但由于共同的政治、经济、文化和其他原因，形成中国没有汉族不行、没有少数民族也不行的关系。这种关系不仅使各族人民能够联合在

---

① 《毛泽东著作选读》下册，人民出版社1986年版，第732页。

一起，团结在一起，创业在一起，发展在一起，而且还为他们互相学习、共同进步创造了优良条件。但因为汉族人口多，经济和文化比较发达，它对国家和民族贡献最大，国家赋予它的任务也最重，所以，中华民族必须以汉族为核心，但不能以汉族代替中华民族。中华民族自觉共同体是中国各民族在长期艰难困苦的发展中认识自己、认识他人的基础上形成的，所以，无视中华民族的凝聚力是不对的，但忽视中华民族的多元一体格局、多元关系也是不对的。我们必须重视对中华民族的历史和文化传统的研究，也必须重视对中华民族分合、重组、融合、凝聚力等方面历史的研究，从而得到启迪，为中华民族的崛起，为各民族经济的繁荣发展和社会的文明、进步，人与人、人与自然的和谐作出贡献，为建设一个文明、强盛的中国，复兴中华民族作出努力和贡献。

第四，侨居国外的华侨是中华民族移居国外的一部分，而且是重要部分。他们在国外不仅为所在国作出了应有的贡献，而且对祖国的反帝反封建斗争和建设强盛的祖国贡献了他们巨大的力量。我们应该对华侨的国际意识和爱国主义精神和行动加以表彰，作为我们学习的榜样，因此，我们应该加强对华侨史的研究，做好这个工作不仅可以为我国政府制定外交政策、经济政策、文教政策和华侨政策提供科学的依据，而且对广大群众进行国际意识和爱国主义的宣传教育也很有帮助。要增强华侨对祖国的凝聚力，一是要加强对华侨的历史、华侨对祖国的贡献的研究，宣扬他们的光辉业绩；二是要加强对华侨年轻一代进行祖国历史、地理、民族、文化的学习和爱国主义教育，帮助他们认识祖国的过去、现在和未来，让他们懂得中国的历史、地理和文化，提高民族自豪感、自信心和作为一个中国人的荣誉感。中华民族只有将决心和实力相结合才有力量。孙中山不仅给予我们中华民族振兴的决心，也鼓舞中国人民努力发展科学技术，增强实力，捍卫国家的主权和领土完整，所以，孙中山是我们中华民族共同尊崇的历史伟人。民族精神如何关系到民族的前途命运，如果一个民族失去支撑的精神结构，它必然堕落，必然腐败，失去前进的方向。孙中山在晚年作民族主义的讲演，以及制定有关民族和国家发展的政策、思想时，核心就是重视总结和弘扬中华民族的精神遗产。孙中山反复强调弘扬和继承中华民族的精神遗产，是因为民族文化和精神是我们中华民族向前发展的根本和核心，是永远激励我们前进的力量。中国失去民族精神就失去自信和未来，所以，弘扬民族文化和精神、增强民族凝聚力是复兴中华民族和实现国家繁荣富强中国梦的需要，也是祖国统一、民族团结、实现强国富民的需要，继承和弘扬中华民族爱国的精神，增强中华民族的凝聚力，就能应对来自国外和国内民族分裂势力的破坏行为。所以，弘扬和继承中华民族精神是保卫国家主权独立和繁荣富强，社会文明、进步、发达的根本保证。我们必须改变旧的意识，树立新的思维，中国需要独立、民主和富强，也需要坚持真理和为实现伟大理想而奋斗的精神。只要中华民族的各民族相互尊重，互相学习，形成一个多元一体的无坚不摧的生命共同体，我国各族人民就会发挥巨大的正能量，定能早日实现复兴中华的伟大理想。

第五，正确理解和处理家族、宗族与国族的关系是中华民族复兴的一个重要条件。国族就是中华民族，只有建构中华民族的国族意识，树立爱国的精神，才会产生有国才有家、为国家去小家的国族意识，为中华民族的团结、统一，反抗外来侵略，不惜牺牲家族、宗族和个人的利益，乃至于生命的社会氛围。

家是指家庭，由兄弟若干个家庭构成的是家族。由有血统关系或没有血统关系组成的家族构成的同姓社团称为宗族。在中国2000多年的封建君主制统治时期，中国只有家族、宗族，没有国族。诚如孙中山所指出的，中国人只有家族、宗族意识，没有国族意识，所以往往为了宗族的利益经常械斗，大打出手，可是对于国家的事甚至被人侵略，他都不管，管你什么国家大事，我都只是交皇粮纳税。正由于中国人缺乏这种国家意识，因此被人讥讽为一盘散沙；没有形成团结的力量，人再多也办不了大事，致使中国被列强欺凌压榨，蒙受割地赔款的耻辱。所以孙中山强调，我们应该热爱家庭、家族，因为家庭、家族都不热爱的人，什么他都不可能爱。但只热爱家庭、家族，崇尚宗族，没有国族意识，没有民族观念，对国家、民族没有认同感，就会产生分离、分裂的意识，这种意识不扫除、不淡化，要国家强大不可能，要人民幸福也不可能，更加不会有社会的和谐、稳定和幸福。因此，孙中山下大力气去弘扬中华民族的精神，强调中国必须以家族、宗族为基础，形成国族——中华民族。只要我们团结起来，形成一个强有力的国族团体，中华民族就一定能够强大。但是强大了也不要学帝国主义去侵略和欺凌别的国家和民族，我们应传承我们中华民族的优良传统"济弱扶倾""睦邻友好"，帮助别人，共同发展，走天下为公"世界大同"的理想大道。

过去，我们一度强调阶级斗争，批判家族、宗族意识，其实在中国的二元社会结构（即城市·乡村）里，乡村家族、宗族对于维系社会的和谐、稳定和发展仍然具有积极的作用，我们不能随便地否定家族、宗族存在的合理性。中国人有敬宗念祖的老传统，崇拜祖先，怀念先人，关爱宗族，相互支持，共同发展，对于这种好的传统，我们应该永远继承，并将其发扬光大，使其为我们建设和谐、幸福的社会服务，为实现复兴中华民族中国梦服务。

然而，在我们伟大的国家，不管你是哪一个民族，也不管生活在哪里、姓甚名谁，都是国民，都是兄弟姐妹，都要怀抱中华民族和为贵的精神，团结、真诚、关爱，大家都亲受宪法给予的自由、平等权利，但也要尽义务，为国家和民族、社会发展，勇于担当，努力奉献。在相互支持、相互提携中共同发展和进步。

人都有祖先，我们的先人在发展中国政治、经济、文化过程中，有成功的经验，也有失败的教训。所以，我们学习历史、研究历史要坚持历史唯物主义的观点，要求真求实用真正的历史去教育人民，要树立往前看的观念，不能纠缠过去的某些恩怨，挑起纷争，更加不能有动不动就动拳头、不讲理的荒唐行为产生。我们现在是法制社会，以法治国，谁也没有特权，如果某民族或某人组织煽动群众闹事、群斗，或进行民族分裂活动就犯组织罪，要判重刑。

总之，每个人都应有崇高的爱国主义思想，排除狭隘的民族意识和小农经济式的旧思想、旧观念，树立我为人人、人人为我的思想，确立我爱我家、我更爱我们的国家的情怀，全国全民要团结，全村、全乡、全姓的人要团结，56个兄弟民族要团结，大家都要有往前看的伟大胸怀，只有做到这样，你才不会与时代隔绝，你才将是一位永远站在历史发展前头的人。历史会记住你，后人会缅怀你，也只有这样，作为一个人，才活得有意义。

四、弘扬孙中山的爱国主义思想，实现中华民族的伟大复兴

（一）

孙中山不仅将半殖民地半封建黑暗时代的中国人民带领走进共和民主的新时代，而且还开拓出一条新的发展道路——振兴中华，实现中国的独立、民主和繁荣富强。

近代由于资本—帝国主义列强与中国封建主义相勾结将中国推入半殖民地半封建的深渊。中华民族生息、繁衍的神圣领土被列强宰割，人民努力创造的物质财富遭受列强的掠夺。资本—帝国主义列强通过发动侵略中国的战争和签订不平等的条约，不仅使中国的领土、领海、关税和司法等主权遭到破坏，给中华民族造成空前的灾难，而且也离散了中华民族的团结、统一，造成民族离散力恶性膨胀的严重挑战。清朝政府不仅无力带领人民起来抗击侵略者，维护国家的独立和主权，反而推行"闭关"锁国，以及实行一民族"宰制于上"的压迫政策，造成民族之间的不团结，使中国"一盘散沙"。由于清政府实行弱化中华民族的政策，造成国家贫穷落后，中华民族各族人民无法避免资本—帝国主义列强的侵略、压迫、欺凌和剥削。如果不能摆脱中华民族空前严重的

民族危机，实现中华民族的独立、民主和富强，振兴中华，诚如孙中山所说，中国人不尽快觉醒，"还是睡觉，不去奋斗，不知道恢复国家的位"，中国就没有美好的未来。①

孙中山不仅用他的智慧和意志领导辛亥革命取得胜利，他也用他的理想去感动、启导国人，使中国走出困境，决心建设一个共和、民主和富强的中国，实现振兴中华、复兴中国的中国梦。

爱国、革命和建设一个共和强盛的国家，实现中华民族的振兴是孙中山的理想，也是他的抱负。他用他确立的民族、民权、民生三民主义思想去指导和发动国民起来反清革命，结束了中国2000多年的封建君主专制主义统治的旧时代，而且开辟了中国走向共和、民主和富强的新时代，所以三民主义是他坚忍不拔、勇往直前的力量源泉，也是他建设国家的文化思想基石。

研究历史人物，要全面、真实地了解，除了材料外，还有一个评判标准的问题。人不能没有立场，也不会没有自己的情感，如果离开国家和民族这个根本利益的评价标准，就很难作出符合人民大众利益要求的评价。所以，我们后人研究孙中山，不能要求孙中山要怎么做，不能怎么做，更不能要孙中山只能做什么，不能做什么，我们国家有今天的进步，民族有今天的繁荣，人民有今天的地位，都跟孙中山发动辛亥革命开辟的道路分不开，都跟中华民族的凝聚力，以及进步的各党各派和全国各族人民团结奋斗分不开，都跟中国共产党的领导分不开。

诚如美国学者韦慕庭教授所说：孙中山是"一个颇有争议的人物"②，"中国人民对于他们的民族英雄的充满激情的忠诚"表示敬佩，"但在追求实现其目的过程中，孙博士也做了一些似乎有欠谨慎的事情"。③ 从学术上讲，孙中山不是完人，他是一个有局限有缺点的人。但辛亥革命后孙中山领导的"讨袁""护法"斗争屡遭挫折，这里面的原因很复杂，有孙中山的局限，也有当时社会的种种条件的限制，但孙中山没有停步不前，他不断追随时代潮流，与时俱进，他的思想总是跟时代和国家的进步发展相一致。他根据20世纪20年代前国民党的局限——脱离广大工农大众、没有远大理想，确立了改组国民党，实行联俄、联共、扶助农工的三大政策，领导人民进行一场反对北洋军阀分裂势力，统一国家、废除与列强签订的一切不平等条约，实现中华民族和国家统一的国民革命运动。他的思想和实践不仅反映了中华民族的意志，也体现

---

① 孙中山：《三民主义：民族主义第六讲》，《孙中山选集》，第690页。
② （美）韦慕庭：《孙中山——壮志未酬的爱国者》，杨慎之译，新星出版社2006年版，第1页。
③ （美）韦慕庭：《孙中山——壮志未酬的爱国者》，杨慎之译，第9页。

了人类进步的普遍趋向，不仅使他和邻国苏俄、印度、越南等建立了"益敦睦谊"的友好关系，也使他确立和推动世界和平，实现"大同世界"即所谓"天下为公"的政策①，获得不同社会制度和发展层次的国家和人民的认同与支持，也使中国成为一个和平友好国家的象征和榜样。

（二）

人创造文化，文化是守护和培育民族发展、进步的根由和命脉。无论什么民族，它在向前发展的过程中都是以文化作为先导，文化不先进，民族不可能优秀，所以培育人才、发展文化是孙中山振兴中华、实现强国梦的出发点，也是归宿点。当孙中山提出"振兴中华"口号后，他便将现代西方的物质文明与中国的政治文明糅合起来，提倡中外优秀文化互补，建构一个中外文化调和、多元文化交汇、选择和融合的文化发展模式，改变中国中外文化对立、矛盾和冲突的发展模式。孙中山认为，只有文化强，民族才有力量，只有文化自觉，才有强国的力量。民族文化是强国的黏合力、人民坚固的团结力，也是骨肉同胞的亲和力和汇聚力，也只有文化的认同才有民族的认同。中华民族只有文化的高度的认同感，才会有亲密无间的黏合力和不可动摇的团结力，只要全民族团结奋斗，就一定能够实现强国富民、复兴中华的中国梦。

中华民族的觉醒和认同是中华民族由自在转变为自觉实体的前提，没有民族的觉醒就不会有民族的真正强大的凝聚力，而没有民族凝聚力的民族就不是优秀的民族。中华民族不觉醒，也不可能有中华民族的振兴。所以，孙中山首先是重视对中华民族文化和精神的总结和弘扬，他用毕生的精力去建构中华民族的国族意识、总结中华文化的优长，努力促进中华民族自觉实体的形成，为民族的团结和国家的统一指明方向，表现了他思想的高深和智慧魄力的超凡。

基于上述粗浅的认识，我们认为，中华民族国家意识的形成，以及民族凝聚力的大小强弱受到很多条件的限制，它是一个复杂的、多方面、多层次的课题。先进的民族有凝聚力，落后的民族也有凝聚力，但是先进民族的凝聚力是进步民族文化自觉意识的反映，落后民族的凝聚力是落后民族文化意识的反映。即使像中华民族这样优秀的民族，如果不重视弘扬民族文化和精神，加强民族的自信心和自豪感教育，让各族人民牢固地树立爱国主义精神，它的凝聚力也是不能坚固和持久的，在当今世界错综复杂的国际斗争中也有可能会失去方向和丧失主动性。由此可见，一个民族没有民族文化意识的真正觉醒，就不

---

① 孙中山：《在桂林对滇赣粤军的演说》，《孙中山全集》第6卷，第36页。

会有民族的真正凝聚力和向心力,也不会有为民族的进步、发展勇于奉献和自觉担当的历史使命感,以及维护民族团结和国家统一的伟大精神。

(三)

记得梁漱溟先生说过,文化与民族有密不可分的关系,文化亡,民族必亡。任何民族都有长处,但也有缺点,中华民族是有五千年文明的民族,但它的缺点也很明显,主要的缺点,一是不讲公德、缺乏国家观念、自私心重;二是缺乏纪律习惯,公共场所没有秩序;三是缺乏组织能力,如一盘散沙;四是好徇人情,缺乏法治精神。所以,梁先生说:"今天要民族复兴",必从复兴民族精神入手,否则精神不振,既不能吸收外来的东西,也不会有自己文化的自觉。中华民族在形成过程中创造了伟大人类文明,形成了中华民族悠久的历史和世代流传的文化传统。① 毫无疑问,中国具有悠久的历史文化,有辽阔的陆地和海洋,有丰富的自然资源,有古代传承下来的文明,有众多人才的优势,这些都是中华民族的优长。但是,有这些优势而不能客观认识它,或者说不能正确地认识它,也不会成为民族向心力的根本原因。一个民族不了解自己走过的艰难历程,不了解和不认识自己民族过去的历史、现在的处境和未来的前途,是不会自觉地凝聚起来,更不会自觉地团结起来为振兴中华、复兴中国忘我奋斗和努力担当历史的重任。所以,中华民族要坚固地凝聚起来,自觉地承担建设一个伟大的富强国家的历史重任,实现振兴中华的中国梦,只有通过自己的长期斗争和实践使自己的人民鲜明而又具体地看到一个团结统一、稳固的中国,一个蕴藏着巨大的潜力、才能与爆发力的中国的存在和在世界民族中的竞争和维护国家权益,尤其是在维护国家核心利益斗争中的重要性和必要性,才会有自觉的向心力和凝聚力。所以,只有民族意识的觉醒,只有中华文化的觉醒,才会有自觉凝聚力的产生,只有在自觉意识指导下产生的民族凝聚力才会坚固。而要加速中华民族的觉醒,增强中华民族的凝聚力、向心力,就必须对全体国民加强爱国主义教育,强化爱国主义意识,使中华民族的全体国民对自己的国家产生敬慕,对自己的民族树立起强烈的自尊心、自信心和自豪感。中华民族由自觉而自信,由自信而自豪,自觉是为了国家,自信与自豪也是为了国家。人民起来反帝反封建革命是为了建构新的独立、民主和富强的国家,各族人民自豪地、积极地、主动地投身国家的建设也是为了国强民富、人民幸福,各族人民反对分裂、坚守国家的统一也是为了民族的复兴和社会的和谐和稳定。可见,民族凝聚力的问题,是国家建构中重要的新议题,它的终极

---

① 梁漱溟:《中国文化的命运》,中信出版社2013年版,第136页。

目标是中华民族各民族必须团结统一。

民族精神是民族优秀文化的结晶，也是民族的物质生活条件和历史发展的反映，是民族团结、思想统一的纽带，也是促进民族繁荣、发展、增强民族凝聚力的动力。民族精神有很大的稳定性，但又不是一成不变的，它随着历史条件的变化而变化，随着经济、文化的发展而发展。但是，既然是民族精神，无论怎么变化，它都是全民族的精神财富，为全民族人民所自觉认同。因此它具有很强的号召力、吸引力和凝聚力。所以，任何民族、任何时候都不能不强调弘扬民族文化，发扬民族精神。现在，我们中华民族正在迈向光辉灿烂、伟大复兴的征程；总结我们中华民族在过去走过的历程，以及孙中山为振兴中华、凝聚国家力量的思想主张，在新的历史条件下，发扬和继承孙中山振兴中华的民族精神，传承爱国传统，增强民族的凝聚力、向心力，实现祖国的和平统一，以及发展为一个强大的稳固的自觉民族实体，对于实现我们的强国梦和中华民族中 56 个民族的共同发展、共同富裕，消除贫富之间的差距，具有非常重要的意义。

民族精神，是无形的巨大的救国和建设国家的力量。1942 年中国近现代著名的民主爱国人士和教育家黄炎培先生应邀为南京金陵大学开设"中华复兴"讲座，他讲了10 次。1943 年黄先生将原讲稿合成一书，名为《中华复兴十讲》，交由重庆国讯书店印行。在如何恢复"国魂"一讲中（"国魂"，也即民族精神），他反复强调"大我"与"小我"的问题。他说："大我对小我而言，小我是指自己一个人，大我乃指全群，如果指全国，当是更大的我，至于全世界、全宇宙、当是顶大的我了。"至于小我，什么东西都可以丢掉，什么心事都可以放下，自然我也就无惧于死了。只要大我好，小我什么样都无所谓。"总之，我个人的身体，一会儿就完结的，但没有关系，我恭候在此。终有'呜呼哀哉'的一天，我满不在乎。因为大我不会死的，有大我在，我死了同样得到安慰的。恰如我的家被敌人弄光了，我也满不在乎，因为'我'的范围还大。……四万万五千万中国人，是无法杀光的，而且这一代的人死了，还有下一代，一个小民族（按，指日本），要灭掉大民族（按，指中华民族）那不是容易的事，所以敌人尽管用尽他的方法来对付我们，只要我们有牺牲精神，中华民族的前途，一定乐观"。① "大我不死""大我不会死"，日本想灭亡中国只是白日做梦。黄炎培先生强调"我们也倡国家主义，也爱国家、爱民族，但不是狭义的，不是自私的。我们要基于爱国家、爱民族的观念

---

① 黄炎培：《中华复兴十讲》，生活·读书·新知三联书店 2014 年版，第 98～99 页。

面对的团结，要基于人道主义、泛爱主义而合作"①。

其实，黄炎培先生的"大我"精神同孙中山的国族意识和大民族——中华民族的精神是相互吻合的，同是树立中国魂，建构大中华的民族，实现振兴中华、复兴中国梦，使中国独立、民主、文明和富强，为人类的进步、发展作出我们的贡献。

1924年1月27日，孙中山在广州国立高等师范学校礼堂演讲民族主义第一讲时，他强调："什么是三民主义呢？用最简单的定义说，三民主义就是救国主义。什么是主义呢？主义就是一种思想、一种信仰和一种力量。大凡人类对于一件事，研究当中的道理，最先发生思想；思想贯通以后，便起信仰，有了信仰，就生出力量"。"何以说三民主义就是救国主义呢？因为三民主义系促进中国之国际地位平等、政治地位平等、经济地位平等，使中国永远适存于世界。所以说三民主义就是救国主义"。② 孙中山说三民主义是救国主义，不说是爱国主义，是就当时面临反对帝国主义侵略和封建军阀分裂国家的实际而言的，"救国"就要有行动，"爱国"可以只有情感，当然也应该既有情感，也要有实际行动。三民主义是孙中山的信仰，也是他奋斗的纲领，如果从学术上说也即是孙中山的爱国、革命、建国思想学说，即用三民主义去启导人民实现中国的独立、平等、共和、民主和富强。用现在流行的话说，三民主义是孙中山的信仰，也是他实现振兴中华、复兴中国的理想，即中国梦。

在讲到如何救中国时，孙中山说："要救中国，想中国民族永远存在，必要提倡民族主义。"要提倡民族主义，中国就必须建构大中华民族，因为只有中国各个民族构成一个大民族——中华民族才有力量去救国、去建设国家。他说："就中国的民族说，总数是四万万人，当中掺杂的不过是几百万蒙古人，一百多万满族人，几百万西藏人，一百几十万之突厥人。"他说：人可以说多数是汉人，少数民族的人数相对较少，但基本上是同一血统、同一言语文字、同一宗教、同一习惯，完全是一个民族，即中华民族。我们这种民族同世界上各民族的人数比较起来，我们人数最多，民族最大，文明教化也有悠久历史，应该和欧美各国"并驾齐驱"。但是中国人没有民族精神，所以虽有四万万人结合成一个中国，实在是一盘散沙，弄到今日，是世界上最贫弱的国家，在国际中只有最低下的地位。人为刀俎、我为鱼肉，我们的地位在此时最为危险。"如果再不留心提倡民族主义，结合四万万人成一个坚固的民族，中国便有亡

---

① 黄炎培：《中华复兴十讲》，第102页。
② 孙中山：《三民主义：民族主义第一讲》，《孙中山选集》，第616页。

国灭种之忧。"①

为了改变中国贫弱、一盘散沙,遭受帝国主义欺凌、压榨、掠夺的困境,孙中山提倡中国各族人民团结起来,用民族精神去救国,这无疑是应该的,也是正确的,但因孙中山毕竟不是一个学者型的政治家,所以在谈论中国各民族时只强调它的相同点,忽视它的差异性,这就为他制定民族政策带来误区。其实中国是个多民族国家,不仅语言文字不同,生活习惯和宗教信仰也不同,所以不能说它们是同一民族,只能如费孝通先生所说中华民族包含着中国56个民族,因此中华民族既是一个自觉形成的统一体,但又存在多元格局,既然如此,我们既要看到中华民族各民族的统一性(共性),又要看到不同民族的差异性(个性)。在中华民族自觉实体形成的过程中,统一、联合和团结虽然是主要趋向,但在多元关系形成过程中又存在融而未合、凝而不固的多种情状。这些特点说明,要实现中华民族的团结统一,加强中华民族的凝聚力,一方面必须注意和吸取中华民族在形成中分合、重组、融合、凝而不固的历史经验和教训,避免不利于民族团结统一的历史重演;另一方面,又必须增加各民族在经济、文化、教育,乃至于生活各方面的共性,减少各民族之间的差异性。而要做到这点,就必须坚持中华民族各民族一律平等和共同发展、繁荣进步的原则,不同民族要从经济、文化和科学技术各方面相互支持,共同发展,而欠发达民族也要自觉地向先进的民族和地区学习,迅速地发展经济、文化、教育和科学事业,逐步消除民族和地区之间的差异,实现文化的自觉和认同。中华民族经济越发展,社会越富裕、越现代化,各民族和不同地区之间的联系和共同的东西也必然会越多。所以,在促使中华民族发展繁荣的大前提下,各民族各地区都要利用自己的优势因地制宜地发展民族经济、文化教育事业,提高人们的综合素质,并相互学习、互通有无、团结互助,坚持科学发展观,达到共同进步和富裕的目的。只有做到这一点,中华民族的凝聚力和向心力才会极大地增强。

中华民族的各民族各地区都要正确地认识本民族本地区的长处和短处,正确地处理好汉族和其他少数民族的关系。

中华民族的辽阔疆土是各民族共同开辟和建设的,中国的历史是各民族共同缔造的,所以中华民族是中国各民族稳固的生命共同体,中国是各民族自觉认同的祖国。所以,我们在陈述中国的历史和现状时,必须十分注意处理好汉族与少数民族的关系,反对大汉族主义和地方民族主义、分裂主义仍然是当今

---

① 孙中山著,许仕廉编:《吾志所向:孙中山的政治社会理想》,赵诺译,世界图书出版公司2014年版,第81页。

我国必须要坚持的民族政策和不变的原则。

孙中山是我们中华民族共同尊崇的历史伟人，他为我们中华民族的团结、统一和发展所作出的贡献将永远激励我们前进。增强民族凝聚力是复兴中华民族和实现国家繁荣富强中国梦的需要，也是祖国统一、民族团结，实现强国富民、幸福美满生活的需要，自觉地增强中华民族的凝聚力是我们的基本国策，也是实现中华民族振兴的保证，每个人都应以身作则，忠实地维护。

任何一个国家和民族的今天，都来源于昨天。昨天就是我们今天的历史，只有了解昨天的中国，才会更加热爱今天的中国，才会更加信心百倍地珍惜今天、向往明天。我们今天之所以重视对孙中山的思想和他的奋斗精神，以及文化遗产的研究，就是为了增强中华民族的凝聚力，坚定自己的信仰，树立爱国主义精神，团结奋斗为实现祖国的和平统一、中华民族的伟大复兴和美好的明天而努力奋斗。

后　　记

2016年11月12日，是我国民主革命先行者、中国伟大的爱国者孙中山先生150周年诞辰，也是由孙中山亲自创建的中山大学92周年校庆。为了缅怀和纪念孙中山，传承他的爱国、革命、建设国家，实现中华民族的振兴，复兴中国的核心思想，弘扬他救国、救民、救世的奋斗精神，中山大学出版社领导决定出版研究孙中山的学术专著。当邹岚萍女士将这个情况转告给我，我感到很振奋，中山大学孙中山研究所的同人，在纪念孙中山150周年诞辰时，应当有所表示，有所贡献。

然而，由于近一两年来，我为中华书局编《孙中山全集续编》，以及为应付各种学术会议撰写文章，准备讲演稿，忙得精疲力竭，加上年事已高，已不可能在短期内撰写完成孙中山研究的新书，只能将我研究孙中山与孙中山振兴中华、复兴中国相关的文章选取23篇结集成《孙中山与中华民族的复兴》一书，由中山大学出版社出版。这些文章多数已公开发表过，这次编纂本书时，除了统一体例外，还对一些文章作了删改和增补。中山大学出版社徐劲社长及其他领导对本书的出版很重视，邹岚萍女士及其他编校的同志非常认真，提出不少问题，对我修改本书帮助很大。凡是对本书出版作出过贡献的各位同志，在此一并致谢。由于本书一些文章写于二三十年前，尽管我作了努力修改使其具有新意，但不足之处在所难免，我诚恳地恭请读者提出批评指正。

林家有

2016年4月于中山大学孙中山研究所